CW01643242

Manifesta 9
The Deep of the Modern
A Subcyclopaedia

MANIFESTA

Cuauhtémoc Medina (Curator)
Dawn Ades and Katerina Gregos (Co-Curators)

Edited by Cuauhtémoc Medina
and Christopher Michael Fraga

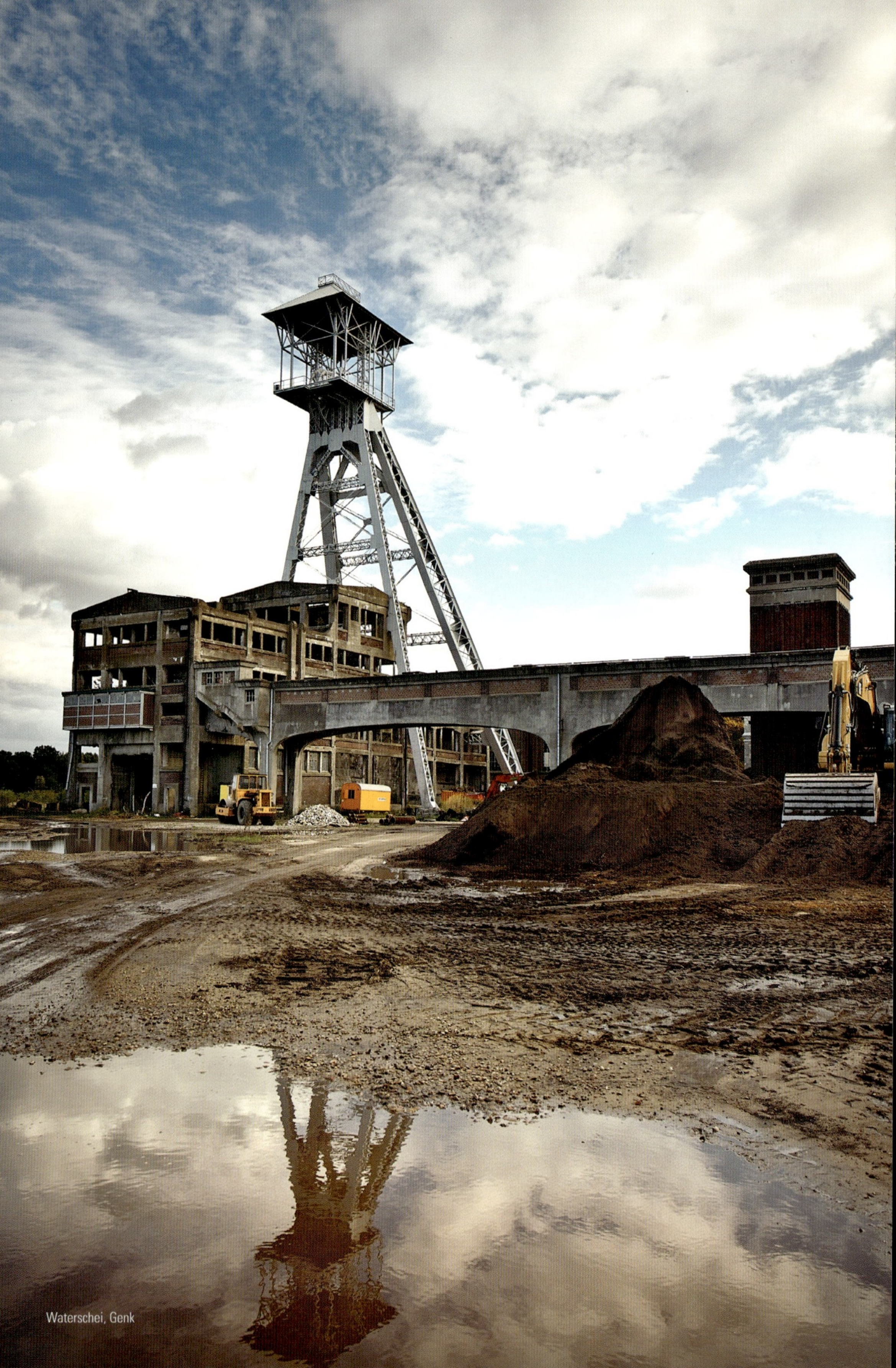

Waterschei, Genk

Index
Inhoud

Limburg

Limburg, en in het bijzonder Genk, heeft de eer om het unieke decor van Manifesta 9 te zijn. Manifesta is de enige reizende Europese biënnale voor hedendaagse kunst en behoort samen met de biënnale van Venetië en dOCUMENTA in Kassel tot de meest vooraanstaande kunstmanifestaties van Europa. Met Manifesta 9 wordt de internationale kunstwereld naar Limburg gehaald en toont Limburg zich aan de wereld als een regio met een groot cultureel potentieel. Het is belangrijk dat jong en beloftevol talent zich in Limburg kan ontwikkelen. Dankzij de internationale belangstelling voor Limburg zullen er veel nieuwe contacten ontstaan tussen kunstenaars, culturele organisaties en ondernemingen. Daarbij komt ook nog dat het evenement ervoor zorgt dat onze jonge kunstenaars zich kunnen meten met de internationale normen. Op die manier tilt Manifesta 9 onze regio op een hoger niveau.

Tot mijn grote genoegen werd het oude mijngebouw in Waterschei gekozen als hoofdlocatie voor de kunstmanifestatie. Het is een krachtig industrieel pand met een grote waardigheid en sterke historische betekenis. Genk werd dan ook een belangrijke lokale partner in dit verhaal. Het is een stad in volle ontwikkeling die ook de voorbije jaren fors investeerde in cultuur.

Een kunstproject met de omvang en allure van Manifesta is voor Limburg niet alleen goed op het gebied van beeldende kunst, maar is ook een katalysator in tal van andere sectoren. Het zorgt ervoor dat de lokale economie, het toerisme en de socio-culturele actoren van de hele streek in een stroomversnelling worden gebracht. Limburg is een sterk merk en dat wordt gevoed en bevestigd door de aanwezigheid van Manifesta 9. De tentoonstelling wordt in totaal 120 dagen voor het publiek opengesteld.

Het mijnverleden van de regio dient als inspiratiebron voor een project dat focust op geografische en verbeeldende aspecten van het industrieel kapitalisme als globaal fenomeen. Manifesta 9 staat voor een unieke dialoog tussen hedendaagse kunst, mijnerfgoed, (kunst)geschiedenis en sociale reflectie.

Ik ben ervan overtuigd dat Manifesta 9 voor ieder wat wils kan zijn. Het omarmt een gevarieerd en aangepast aanbod, waarbij kunst als troef voor de regio en Genk wordt ingezet. Als gedeputeerde van cultuur ben ik dan ook zeer tevreden met dit schitterend initiatief.

Gilbert Van Baelen
Gedeputeerde van Cultuur, Provincie Limburg

Limburg

Limburg, and more specifically Genk, has the honour of being home to Manifesta 9 in 2012. Manifesta is the only travelling European biennial of contemporary art and belongs, together with the Venice Biennale and dOCUMENTA in Kassel, among the leading art exhibitions on the continent. With Manifesta, the international art world is brought to Limburg and in turn, this reveals the cultural potential of the region to the wider world. It is important that young and promising talent can be further developed in Limburg. The present focus on Limburg will stimulate many new contacts between artists and creative corporations, and vice versa. Moreover, the event allows our young artists to measure themselves against international standards, helping to lift our region to a higher level.

To my delight, the former mine building in Waterschei was chosen as the main location for Manifesta 9. Visitors will be struck by the force, the architectural dignity and the strong historical aspects of this old mining complex. Our local partner, the city of Genk, is a cosmopolitan urban centre in full development, having energetically invested much in culture over the past few years.

An art project of the size and allure of Manifesta is not just good for Limburg in terms of expanding the field of visual arts, but it also serves as an engine for dynamism and movement. It makes sure that the local economy, tourism and other socio-cultural events are able to grow rapidly throughout the whole region. Limburg is a strong brand - this is fortified by an art project with such a deep, international impact, with the main exhibition running for a period of 120 days.

The mining history of the region serves as a source of inspiration for a project which focuses on the geographical and representative aspects of industrial capitalism seen as a global phenomenon. Manifesta 9 creates a unique new dialogue between art, history and social reflection.

I am convinced that Manifesta has something for everyone. It embraces diversity, offering an event where contemporary art is played as the trump card for Genk and the region. As Deputy of Culture I am very pleased to be part of this magnificent initiative.

Gilbert Van Baelen
Deputy of Culture, Province of Limburg

Genk

De diversiteit die het mijnverleden met zich meebracht kleurt onze stad. De culturele symbolen die vanuit alle hoeken van Europa naar Genk werden gebracht bepalen nog steeds het typische straatbeeld met gebedshuizen, gezellige restaurantjes en kleurrijke winkeltjes. Maar bovenal is er de monumentale mijnarchitectuur.

We zijn dan ook bijzonder trots dat het monumentale hoofdgebouw van de voormalige mijnzetel van Waterschei deze zomer het decor zal vormen van Manifesta 9. Een oude en historische plek, opgenomen in het huidige Thor Park Technology Complex, biedt tijdelijk ruimte aan hedendaagse kunst. Met Manifesta laat Genk de bezoeker 'creativiteit' vanuit verschillende invalshoeken beleven, prikkelt hem met nieuwe verrassende belevenissen en inspireert tot nieuwe inzichten.

Uniek is dat Manifesta niet alleen aandacht besteedt aan eigentijdse kunst, maar ook aan het culturele erfgoed van Genk en haar betekenisvolle transformatie van heden naar toekomst.

In onze mijnstreek zijn er nog heel wat 'getuigen' van dit bijzondere verleden. Heemkringen, erfgoedactoren en vrijwilligers steken veel tijd en liefde in de erfenis van Genk. We zijn blij dat Manifesta deze zorgvuldig bewaarde archieven op een originele en verrassende wijze wil gebruiken. Want via de verhalen achter de voorwerpen leer je over de verhalen van de mensen.

Op die manier slaagt Manifesta er ook in onze Genkenaren te betrekken. We kiezen daarom voor een duidelijke communicatie die zich bewust richt naar een ruim publiek, met een specifieke aandacht voor educatieve programma's.

De Genkse verenigingen en amateurkunstenaars werden in de aanloop naar en in het kielzog van Manifesta 9 geprikkeld om zelf naar buiten te komen. Aanvullend op de activiteiten van de biënnale zelf, kende Genk, en heel Limburg, een groot aanbod van kunstprojecten, thematische tentoonstellingen en workshops.

We zijn ervan overtuigd dat Manifesta 9 de stad en de hele Euregio op de kaart van de hedendaagse kunst plaatst en een rol speelt in het uitlichten en ontwikkelen van de Euregio als een aantrekkelijke en dynamische ontwikkelingspool voor bezoekers, kunstenaars en ondernemers.

We kijken er alvast naar uit u te ontmoeten en samen met u cultuur en creativiteit te beleven in dit indrukwekkend voorbeeld van industrieel erfgoed.

Wim Dries
Burgemeester van Genk

Anniek Nagels
Schepen van Cultuur van Genk

Genk

The diversity resulting from the mining past colours our city. The cultural symbols which have been brought to Genk from all corners of Europe still define our typical street scenes; prayer houses, cosy little restaurants and colourful shops. But above all, we have the monumental mining architecture.

Genk allows you to experience creativity from different perspectives; it stimulates people with new and surprising events and inspires new insights. We are thus extremely proud that the monumental main building of the former mining site at Waterschei and the current Thor Park will serve as the setting for Manifesta 9: an old and historic site is now opening itself up to contemporary art.

It is quite unique that this Manifesta will not only pay attention to contemporary art but will also look at the cultural heritage of Genk and its significant transformation from present to future.

Our mining region still preserves many 'witnesses' of our special past. Local history clubs, heritage actors and volunteers dedicate a lot of their time and love to it. We are happy that Manifesta 9 wants to make original and surprising use of these carefully archived records, because the stories of objects also tell us the stories of people.

This is exactly how Manifesta 9 succeeds in involving the community of Genk. Therefore we are going for clear communication, directly aimed at a broad audience, and attention to educational programs.

Genk's civil associations and amateur artists have been stimulated to come out in the past couple of months – in the wake of Manifesta. Genk and the whole of Limburg are presenting an endless range of art projects, exhibitions and workshops in the period ahead.

We are convinced that Manifesta 9 will put the city and the entire Euroregion on the map as an attractive and dynamic pole of development for visitors, artists and entrepreneurs alike.

We are already looking forward to meeting you and to experiencing culture and creativity together with you in this impressive piece of industrial heritage.

Wim Dries
Mayor of the City of Genk

Anniek Nagels
Cultural Alderman, City of Genk

De ban van de moderniteit

Al onze pogingen ten spijt om de moderniteit te overstijgen, te deconstrueren of bekritiseren, lijken we er nog steeds door betoverd. Het lukt ons zelfs niet om er met nostalgie over te spreken omdat de moderniteit nog steeds ons heden is en niet 'ons verre verleden'. Meer dan vijftien jaar Manifesta bevestigt het. Het initiatief voor Manifesta is ontsproten aan het idee dat het heden beter is dan het verleden en aan de hoopvolle gedachte dat de toekomst beter zou kunnen zijn dan het heden. Van het begin af aan heeft Manifesta vastgehouden aan intrinsieke waarden zoals de menselijke dialoog, communicatie en samenwerking, gestoeld op het vermogen van mensen om verder te kijken dan hun eigen subjectiviteit en een gemeenschappelijk project te realiseren. Het geloof in het concept van het project als een model voor culturele en sociale transformatie was in feite één van de fundamentele overtuigingen van Manifesta. Dientengevolge was Manifesta er voortdurend op gespitst getuige te zijn van de eigen transformatie en werden er verschillende project-, kunst- en curatoriële benaderingen uitgeprobeerd. De band met het moderne bevestigend, was Manifesta steeds meer en steeds obsessiever op zoek naar het nieuwe.

De moderniteit heeft een lange geschiedenis, maar Manifesta zelf is ook niet meer de jongste. Het diepgaand doorgronden van de moderniteit, "*deep into the modern*", is ook een specifiek modernistische perceptie. Terwijl ze haar vertrouwen aan de toekomst geeft, gelooft de moderniteit tegelijkertijd in het verleden. Op haar beurt is Manifesta altijd gevoelig geweest voor de eigen geschiedenis, bouwend aan een archief, de eigen herinnering levend houdend, reflecterend op haar eigen verleden, terwijl ze voortging in het tweede decennium van haar eigen bestaan. *The Deep of the Modern* is dan ook een verwijzing naar het modernistische vermogen om terug te keren naar het begin en zelfs nog verder, naar de pre-moderniteit, met de bedoeling om zichzelf opnieuw uit te vinden en vervolgens het onbekende te verkennen. Manifesta 9 gaat terug naar de beginfase van de Manifesta-geschiedenis en gaat zelfs voorbij dit punt in de tijd, met de bedoeling om dat wat je de Manifesta-canon zou kunnen noemen, te herzien.

De vroegere nadruk op beginnende kunstenaars en het tonen van de actuele kunstproductie wordt in deze editie vervangen door een bredere historische reflectie in de vorm van tentoonstellingsruimtes waar kunstwerken en al dan niet verwante andere objecten uit verschillende periodes worden gepresenteerd.

Manifesta neemt afstand van enkele van haar uitgangspunten om andere juist te behouden. Zo benadrukt Manifesta 9 de waarde van het project zelf, de opvatting van de tentoonstelling als een vorm van bewustwording. Door dat te doen, ontdekt het iets nieuws - de opvatting van het huidige moment als een tijdelijke complexiteit. In haar eeuwig modernistische poging om zichzelf opnieuw uit te vinden, heeft Manifesta begrepen dat het verleden 'hedendaagser' kan zijn dan het heden. Een idee dat geen openbaring is en zelfs als evident kan worden beschouwd, maar alleen vanuit volle wasdom in alle diepte tot uitdrukking kan komen. Met haar negende editie is Manifesta volwassen geworden.

Viktor Misiano
Voorzitter Internationale Stichting Manifesta

The Spell of Modernity

In spite of our attempts to bypass modernity, to deconstruct or criticise it, we still seem to be living under its spell. We can't even be truly nostalgic about modernity, since it is not 'our antiquity', but still part of our present day. This is confirmed by more than fifteen years of the Manifesta experience. The Manifesta initiative was born from the idea that the present is better than the past, and with the hope that the future would be better than the present. From the very beginning, Manifesta insisted on the intrinsic value of human dialogue, communication and collaboration, based on a subject's capacity to see beyond his or her own personal subjectivity in order to build up a common project. The concept of the project as a model of cultural and social transformation was, in fact, one of Manifesta's fundamental beliefs. As a consequence Manifesta was always keen to witness its own transformation, testing different forms of processes, artistic practices and curatorial approaches. Confirming its link to modernity, Manifesta progressively and obsessively looked for the new.

Modernity has a long history, but Manifesta is no longer a youngster either. To gaze into "the deep of the modern" is also a specifically modernistic perception. While trusting in the future, modernity simultaneously believes in the past. Manifesta in turn was always sensitive to its own history, establishing an archive, keeping its memory active, reflecting on its past, changing its perspective while it continued into its second decade. *The Deep of the Modern* is a reference to the modernistic capacity to go back to a time before its starting point, to pre-modernity, with the intention to renovate or re-invigorate itself, and then to break through again into the unknown. Manifesta 9 is returning to the initial phases of Manifesta history, and even preceding this point in time, with an intention to review what could be seen as the Manifesta canons. The previous focus on emerging artists and the representation of current artistic production is substituted in this edition with a broader form of historical reflection, realised as a series of exhibitions of artworks and other aligned objects from various periods. Sidestepping some of its former canons, Manifesta nevertheless insists on retaining others. Manifesta 9 emphasises the value of the project itself, an understanding of the exhibition as a form of cognition. Through this, it discovers something new – the comprehension of the present moment as being a temporal complexity. In its perennially modernistic attempt to renew itself, Manifesta has understood that the past could actually be more up-to-date than the present. This idea is no revelation, it might even be considered obvious, but it takes maturity to express this deeply. With its 9th edition, Manifesta has reached maturity.

Viktor Misiano
President, International Foundation Manifesta

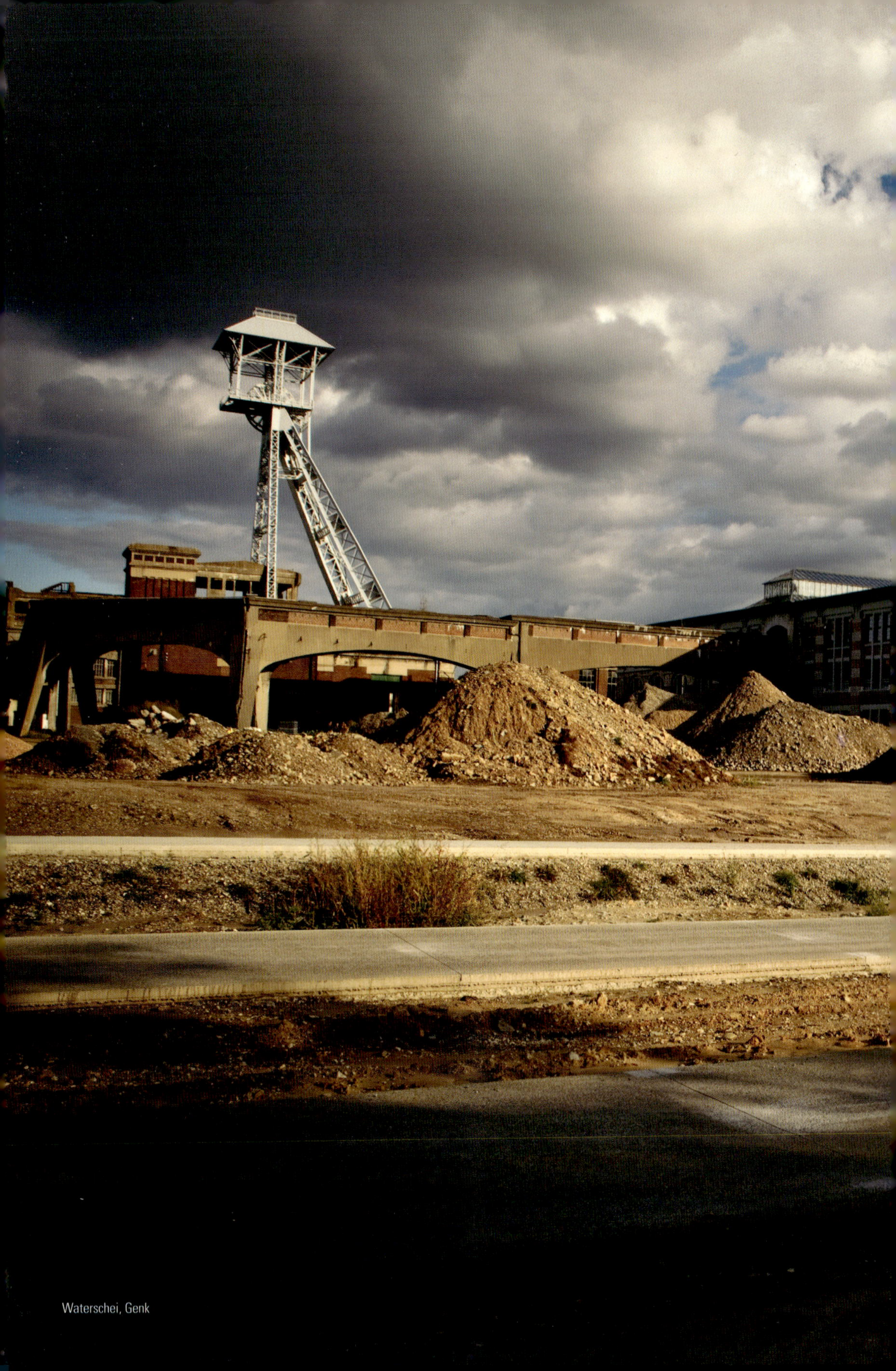

Waterschei, Genk

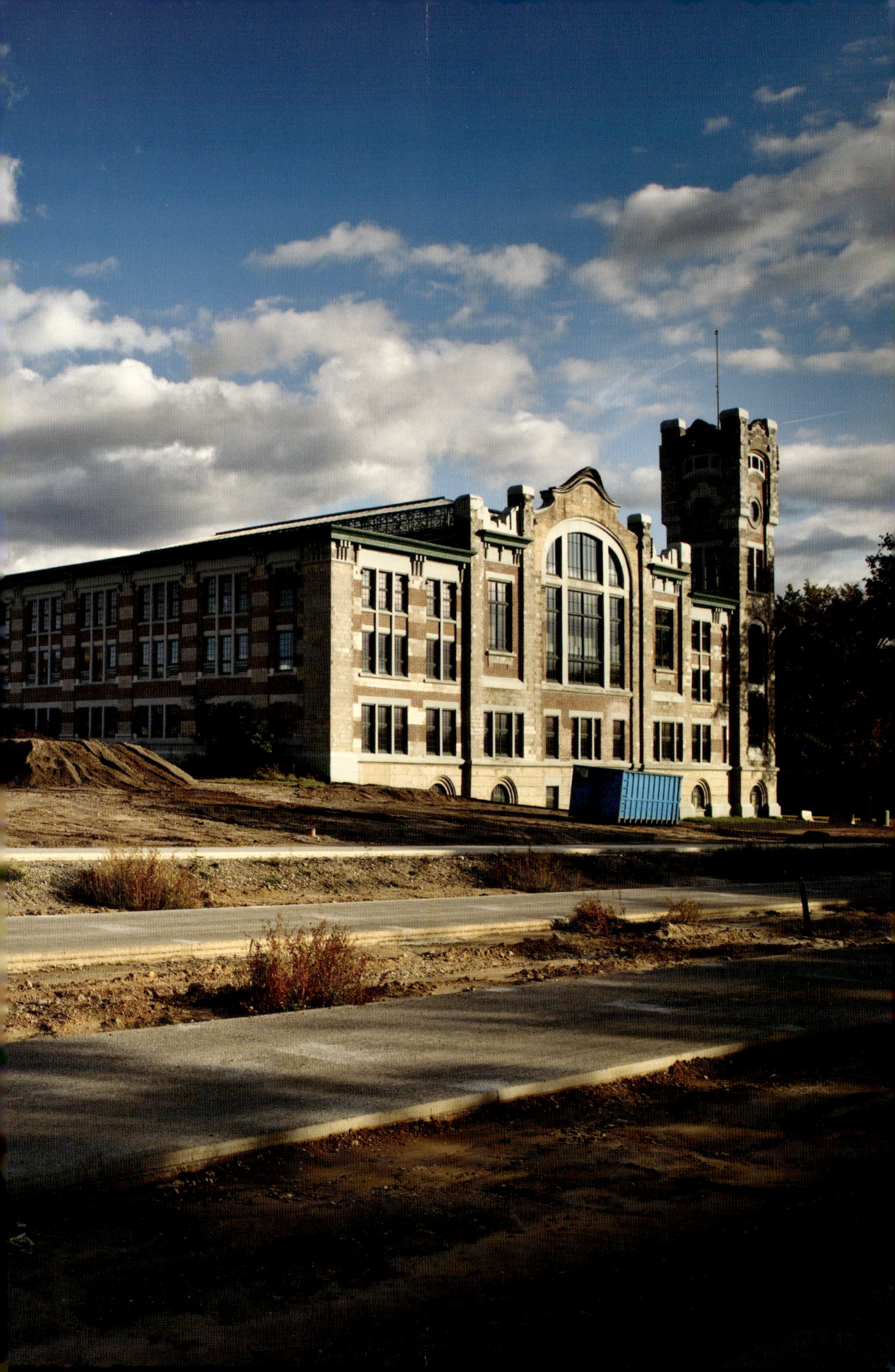

Manifesta 9

De eerste keer dat we, midden in de zomer van 2009, in Genk aankwamen, op zoek naar steden die mogelijk kandidaat zouden kunnen zijn om Manifesta 9 te organiseren, waren we direct onder de indruk van het artificiële landschap van de *Campine terrills*. Dit 'verschrikkelijke gebied' dat Vincent van Gogh zo treffend beschreef in de dagboeken die hij bijhield toen hij lekenpriester was in de Borinage, bestaat uit kolossale bergen, gevormd door het afvalgesteente uit de kolenmijnen. Toen we zagen hoe het majestueuze complex van de voormalige André Dumontkolenmijn in Waterschei zich aftekende tegen het dorre landschap van de Kempen, was het juist de met het landschap contrasterende elegantie van dit industriële Art Deco monument dat ons raakte. Het verlaten hoofdgebouw was oorspronkelijk bedoeld als het zakelijk hart van de regio rond de tuinstad Waterschei; de kolenmijn werd pas 25 jaar geleden gesloten. Het gebouw dat werd geconstrueerd in het hart van wat eens de meest geïndustrialiseerde streek van Europa was, symboliseert de geschiedenis van de arbeid en is een indrukwekkend aandenken aan de twintigsteeeuwse architectuur.

Volgens de Nederlands architect Rem Koolhaas is de Europese Maas-Rijnregio een transnationale zone die bestaat uit de aaneenschakeling van uitdijende steden zoals het Nederlandse Maastricht, het Duitse Aken en het Belgische Luik. In het spoor van de industriële revolutie, aan het begin van de twintigste eeuw, werd juist dit deel van Europa intensief geëxploiteerd: er werd zogenaamd 'zwart goud' gewonnen. Het ging om een gebied dat zich uitstrekte van Beringen in België tot Genk in Limburg, van Heerlen en Sittard in zuidelijk Nederland tot aan het Ruhrgebied in Duitsland. Deze strook land werd de toegangspoort tot wat veel later de westerse verzorgingsstaat zou heten, en veranderde een agrarisch landschap in een geïndustrialiseerde omgeving. Het Maas-Rijn regio is een transnationale zone, waar ooit een clustering van intensieve mijnbouw locaties ontstond, een gebied dat een meertalig 'subcontinent' vormde waar drie talen werden gesproken: Duits, Frans en Vlaams. De Limburgse regio rond Genk, waar Manifesta haar onderzoek naar de mogelijkheid om een Europese biënnale te wijden aan de sociale en economische geschiedenis van het Europa in de beginperiode van de industrialisatie startte, heeft een minder hechte band met de rest van Vlaanderen. Deels vanwege het gezamenlijke mijnverleden is de regio Belgisch Limburg nauwer verwant met het Duitse en Nederlandse achterland dan met Vlaanderen en belangrijke steden als Antwerpen en Brussel.

Een jaar na het begin van de zwaarste economische en monetaire crisis die Europa in tientallen jaren heeft getroffen, realiseerden we ons dat er geen regio geschikter was voor Manifesta 9 dan deze, omdat het thema deze keer draait om het analyseren van het DNA van het postindustriële Europa. Limburg is een microkosmos, een compacte versie van het grotere project dat Europa heet, waar sociale, historische, politieke

Manifesta 9

The first day we arrived in Genk in the midsummer of 2009, during our search for potential candidate cities to host Manifesta 9, we were instantly impressed by the man-made landscape of the Campine slag heaps. This "terrible terrain" so aptly described by Vincent van Gogh in the diaries he kept during his priesthood in the Borinage, is formed by the mountainous slag heaps of coal waste. When we saw the majestic André Dumont Coal Mine complex standing out from the barren landscape of the Campine region, we were struck by the elegance of this industrial Art Deco monument. The deserted main building was originally developed as the business core of the Waterschei garden city area; the coal mine only closed 25 years ago. As a symbol of the history of labour, it is a massive relic of twentieth-century architecture, constructed at the centre of what was once the most industrialised part of Europe.

As defined by Dutch architect Rem Koolhaas, the EU Meuse/Rhein region is a transnational district formed by linking the urban sprawl around the cities of Maastricht in The Netherlands, Aachen in Germany and Liège in Belgium. At the beginning of the last century, in the wake of the Industrial Revolution, the area stretching from Beringen in Belgium to Genk in Limburg, and from Heerlen and Sittard in the south of The Netherlands to the Ruhr region in Germany was heavily exploited through the mining of "black gold". This belt of land created an open gateway to the western welfare system, transforming an agricultural landscape into an industrial society. The Meuse/Rhein River area is a transnational zone, where intense pockets of coal mining once clustered together, forming a multi-lingual 'subcontinent' with three languages: German, French and Flemish. The area of Limburg around Genk, where Manifesta initiated its research into setting up a biennial based on the social and economic history of former industrial Europe, is segregated from the rest of the Flemish part of Belgium. Partly because of its shared mining history, the region of Belgian Limburg is closely related to the Eastern Hinterland, and regions in Germany and The Netherlands, rather than focusing its attention on cities like Antwerp and Brussels.

Now, after the beginning of the worst economic and monetary crisis Europe has faced for decades, we realise that we could not have found a more appropriate region to stage Manifesta 9, with its theme based on the DNA of post-industrial Europe. Limburg is a microcosm, a smaller version of the larger project called Europe, where social, historical, political and geographical configurations often change, revealing the slag heaps around Genk to be part of a landscape undergoing continual and significant transformation. Limburg, with its multi-layered cultural diversity, provides an ideal conceptual framework for the next roving European biennial of contemporary art. It signifies what Europe was, is and should be.

en geografische configuraties aan voortdurende verandering onderhevig zijn. De bergen afvalgesteente rond Genk komen voor het voetlicht als onderdeel van een landschap dat een voortdurende en betekenisvolle transformatie ondergaat. Limburg voorziet met zijn rijk geschakeerde culturele diversiteit in een ideaal conceptueel kader voor de reizende Europese biënnale Manifesta. Limburg laat zien wat Europa eens was, wat zij nu representeert en wat zij in de toekomst kan worden. Wanneer we het er over eens zijn dat Belgisch Limburg in een notendop het veranderende Europa symboliseert, dan zou de regio ook de huidige staat van crisis en verandering in Europa kunnen weerspiegelen. Manifesta 9 geeft rekenschap van de manier waarop gaststeden worden geselecteerd door uit te leggen hoe een specifieke locatie, in combinatie met instituten uit de regio en alle betrokkenen, een dynamische biënnale kan creëren die energie uitstraalt. Het werd ons duidelijk dat deze voormalige mijnbouwregio het klassieke prototype was van een complex Europees, industrieel knooppunt, ontstaan tijdens de hoogtijdagen van het kapitalisme. Dit vormt een scherp contrast met de post-Fordistische werkomgeving van tegenwoordig, met haar individualisme, neoliberalisering, flexibele werktijden en gedeelde werkplekken, waar mentale arbeid de plaats heeft ingenomen van het gezwoeg van mijnwerkers.

De gaststad of gastregio waar we Manifesta organiseren wordt telkens minimaal drie jaar van tevoren gekozen, voordat het team van curatoren wordt samengesteld. Door de keuze voor de Belgische Kempen, vlakbij de verlaten mijnen in Nederlands Limburg, Wallonië en het Duitse Ruhrgebied, geeft Manifesta duidelijk aan dat de *locus* de toekomstige curatoren van een specifieke context heeft voorzien, waarbij meespeelt dat het hele continent lijdt onder een ernstige crisis, het einde van de afgelopen periode van een wereldwijd kapitalisme, en de transformatie van de Europese economie van een florerend industrialisme naar een instabiel post-industrieel model. Des te opmerkelijker dat we het recentelijk gerestaureerde Waterschei kolenmijn complex tot onze beschikking kregen als de hoofdlocatie voor Manifesta 9. Mede dankzij het feit dat de stad Genk ons de aanwezige 23.000 vierkante meter tijdelijke tentoonstellingsruimte onder één dak aanbood, hebben we Genk als gaststad voor Manifesta 9 in 2012 kunnen selecteren. Onze keuze werd vergemakkelijkt doordat we wisten dat het voormalige hoofdkwartier van de Waterschei kolenmijn, nadat Manifesta 9 heeft plaatsgevonden, duurzaam zal worden ontwikkeld tot een regionaal centrum voor ecologisch onderzoek dat deel uit zal maken van een groter technologisch complex. Het is steeds onze bedoeling om na afloop van iedere editie van Manifesta de pas gerenoveerde gebouwen achter te laten voor zich verder ontwikkelende culturele doelen. Dit is bovendien een overtuigende demonstratie van het overkoepelende thema van Manifesta 9, dat gaat over de manier waarop industrialisatieprocessen en het modernisme ons dagelijks leven en onze manier van denken hebben beïnvloed.

Bij eerdere edities van Manifesta werd de tweejaarlijkse tentoonstelling voor het voetlicht gebracht als een artistiek model waarbij curatoren als collectief optraden, verspreid over verschillende locaties en waarbij een groot aantal interdisciplinaire kunstenaars en deelnemers reageerden op een context die deel uitmaakte van een interregionale of transnationale setting. Voor 2012 hebben we dit model drastisch veranderd. Manifesta 9 slaat een nieuwe weg in, wat betekent dat de inbreng van de curatoren wordt

If we agree that that Belgian Limburg can symbolise Europe in a nutshell, then this region can also represent the current state of Europe in crisis/flux. Manifesta justifies how it selects a host city by explaining how the specific locality, regional institutions and stakeholders can create a biennial with dynamically radiating energies. With clarity, we saw that this former coal mining region functioned as the classical prototype of a vast European industrial hub constructed during capitalism's heyday, as opposed to the post-Fordist working environment of today, which promotes individualism, de-regulation, flexible working hours and impermanent spaces, where mental labour has replaced the hard toil of the proud coal mining work-force.

The host city or region for each edition of Manifesta is decided up to three years in advance, before the curatorial team is determined. By selecting the Campine region in Belgium, close to the abandoned mines in Dutch Limburg and Germany's Ruhr region, Manifesta clearly indicated that the locus provided a precise context for the future curatorial team, in consideration of the severe economic crisis across the continent, the end of the previous era of global capitalism and the transformation of Europe's economy from booming industrialism to an unstable post-industrial model. Significantly, the recently restored André Dumont coal mine complex was made available for use as the principle venue of Manifesta 9. By giving us the use of 23,000 square metres of temporary exhibition space under a single roof, Genk was chosen by Manifesta 9 as its host city for 2012. Our decision was made more compelling and persuasive knowing that after Manifesta 9 had used the premises, the former headquarters of the André Dumont coal mine would be transformed into a regional centre for ecological research as part of a larger technological complex. With each edition of Manifesta, it has been our consistent aim to leave behind newly refurbished buildings for ongoing cultural use. This is also a convincing demonstration of the overriding theme of Manifesta 9, about how industrialisation and modernism still continue to affect our daily lives and ways of thinking.

Former editions of Manifesta have seen the staging of the biennial exhibition as an artistic model with a built-in collective curating structure, spread across a multitude of venues, with a large group of interdisciplinary artists and participants responding to a context devised as part of an interregional or transnational overview. In 2012, this has been radically adapted. The new direction taken by Manifesta 9 has been to condense the curatorial voices and scale down the number of venues, so as to allow audiences to interact better, and to become more directly involved in the many layers of the exhibition's narrative. Our master plan employed factors of scale and legacy, so as to facilitate a long-lasting impact, not only in terms of our institutional mission statement, but as part of the cultural infrastructure of the broader Campine region.

The Deep of the Modern is the proposal for which Mexico's Cuauhtémoc Medina was selected as chief curator of Manifesta 9. This was the result of a long process in which three independent candidates were shortlisted and invited to the City of Genk in Limburg to study the pre-selected venue. They then presented precise and developed proposals conceived specifically for this edition, at this time and place in Europe. The curatorial team of Manifesta 9 is under the guidance of Medina, who teaches

geconcentreerd en het aantal locaties wordt verminderd, zodat het publiek de betekenis van de tentoonstelling beter zal kunnen ervaren en zich directer betrokken zal kunnen voelen bij het verhaal dat de tentoonstelling in al haar geledingen wil vertellen. In ons masterplan is gebruik gemaakt van factoren als de schaal van het gebouw en erfgoed in de ruimste zin van het woord om een effect op de lange termijn te kunnen genereren, en dat niet zozeer in termen van de taakstelling die we zelf voor de eigen organisatie formuleren, maar als onderdeel van de culturele infrastructuur van de Kempense regio in zijn geheel.

The Deep of The Modern is het voorstel dat reden was om de Mexicaan Cuauhtémoc Medina te selecteren als hoofd curator van Manifesta 9. Zijn aanstelling was het resultaat van een langdurig proces waarbij drie onafhankelijke kandidaten werden voorgedragen en uitgenodigd naar de regio te komen om de eerder gekozen locatie te bestuderen. Vervolgens presenteerden zij ieder een gedetailleerd en duidelijk plan dat ze speciaal voor deze editie, dit moment en deze locatie in Europa hadden opgesteld. Het team van curatoren van Manifesta 9 staat onder leiding van Cuauhtémoc Medina, die als professor is verbonden aan de Universidad Nacional Autónoma de México (UNAM) in Mexico-Stad. Hij heeft geschiedenis en kunstgeschiedenis gestudeerd, werkte vijf jaar als curator van de Latijns-Amerikaanse collectie van de Tate Modern in Londen en was curator van het Mexicaanse paviljoen tijdens de 53e Biënnale van Venetië in 2009, waar hij een tentoonstelling organiseerde van Teresa Margolles. Medina stelde een team samen dat bestaat uit co-curatoren Katerina Gregos, de van oorsprong Griekse kunsthistoricus uit Brussel die eerder tentoonstellingsmaker was van de tentoonstelling *Freedom of Speech* die in het Deense paviljoen werd gehouden tijdens de 54e Biënnale van Venetië in 2011, en Dawn Ades, een in Londen gevestigde kunsthistoricus die zich ondermeer heeft gespecialiseerd in de historische betekenis van de surrealistische beweging.

The Deep of The Modern belichaamt haar zelf opgelegde taak om zowel professionals als het grote publiek inzicht te verschaffen in de complexe relatie tussen de historische notie van Genk, het behoud van de herinneringen van en aan de mijnwerkers, en de tentoonstellingslocatie die zelf cultureel erfgoed is. Tenslotte is het de verbeelding van de kunstenaars die de sterk gelaagde geschiedenis van deze mijnstreek kan veranderen in een visueel verhaal, waarin tal van talen, dialecten en accenten opgenomen zijn.

The Deep of The Modern is de eerste Manifesta Biënnale die opzettelijk afwijkt van het oorspronkelijke uitgangspunt dat het tentoonstellingsmodel geworteld moest zijn in het eigentijdse. Manifesta 9 is een Europese manifestatie van hedendaagse kunst, en neemt als zodanig afstand van het zo vaak gebruikte model van dit soort mega-shows, waarbij alleen het meest recente werk van opkomend talent getoond wordt. In plaats daarvan wordt een kritische poging ondernomen de verschillende disciplines en generaties aan te zetten tot een dialoog over de geschiedenis van de locatie en van de mijnwerkersgemeenschap, die nog al te vaak over het hoofd wordt gezien. Manifesta 9 probeert zo consciëntieus mogelijk tegemoet te komen aan de sociaal-historische behoeften van de Kempense regio en presenteert een kunsthistorisch overzicht over de wijze waarop de mijnbouw in het verleden esthetisch

at the National Autonomous University of Mexico City. Trained as an historian, he worked for five years as the Curator of the Latin American Collection at the Tate Modern in London, and he was curator of the Mexican Pavilion at the 53rd Venice Biennial in 2009, with a show by Teresa Margolles. Medina composed a team consisting of associate curators Katerina Gregos, the Greek-born, Brussels-based art historian and curator of the Freedom of Speech exhibition at the Danish Pavilion at the 54th Venice Biennale in 2011, and Dawn Ades, the London-based art historian, who specialises in the surrealist movement.

The Deep of the Modern embodies the mission with which it has tasked itself: to help both professionals and the general audience to understand the complex dialogue between the historical notion of Genk, the conservation of the memory of the miners, and the heritage of the site. On a meta-level, this might even have all-encompassing consequences for Europe's current financial woes. After all, through their imagination, contemporary artists can translate the multi-layered history of this mining region into a visual narrative, incorporating many languages, dialects and accents.

The Deep of the Modern is the first Manifesta biennial to intentionally leave behind its strictly contemporary origins as the basis of its exhibition model. As an uncompromising European contemporary art event, Manifesta 9 distances itself from the much-hyped model of showcasing only the latest artistic production by emerging talent, typical of these mega-shows. Instead it embarks on a critical attempt to foster interdisciplinary and intergenerational dialogue between the history of the site and the sometimes overlooked memories of the mining communities. Conscientiously responding to the socio-historical needs of the Campine region, Manifesta 9 provides an overdue art historical review of how the mining industry has been aesthetically represented in the past, and the role coal played as the fuel for two centuries of European progress and economic clout. The cohesion between the three components of this biennial - contemporary artistic production, an art historical perspective, and social ramifications of interdisciplinary culture in trans-regional mining communities in Belgium, The Netherlands and Germany - will allow broader access to a diverse audience.

Our efforts have seen the will to re-activate artistic energy in the Limburg region and in nearby border-crossing areas. We have set out to include many regional participants who have been developing interdisciplinary visual, dance and theatre programs for decades. They are now being included in Manifesta 9 Parallel Events. This collateral program is developed in order to promote greater awareness of the density of high quality cultural practices in the region, to include a vast array of artistic events at all levels as part of the overall biennial program and to encourage the biennial goer to visit existing museums, theatres and cultural institutions. The result is an ongoing circulation of ideas and concepts involving many people with an active, sustainable legacy in cultural matters in the trans-regional area of Limburg, eastern Flanders, The Netherlands and Germany.

Manifesta 9 emerges from a mutual investment by hundreds of individuals who, for a period of two years, form a cohesive team generously

werd gerepresenteerd en over de rol van steenkool als aanjager van twee eeuwen Europese vooruitgang en economische slagkracht. De samenhang tussen de drie onderdelen van deze biënnale – de eigentijdse kunstwerken, het kunsthistorische perspectief en de sociale vertakkingen van interdisciplinaire cultuur in transregionale mijnwerkersgemeenschappen in België, Nederland en Duitsland – zal meer mensen aanspreken dan alleen het professionele publiek en een gedifferentieerder, en vooral ook regionaal publiek trekken.

Ons doel is om de artistieke energie in de regio Limburg en de nabijgelegen grensregio's te activeren. We wilden een groot aantal regionale deelnemers, die zich al tientallen jaren bezighouden met het ontwikkelen van interdisciplinaire programma's van beeldende kunst, dans en theater, bij ons programma betrekken. Zij maken nu deel uit van het parallel programma van Manifesta 9. Dit secundaire programma is ontwikkeld om mensen bewuster te maken van het grote aantal kwalitatief uitstekende culturele activiteiten dat in de regio plaatsvindt, maar vooral om de bezoekers aan Manifesta 9 aan te moedigen bestaande musea, theaters en culturele instellingen in de regio te bezoeken. Het resultaat is een voortdurend rondzingen van ideeën en concepten, waardoor zoveel mogelijk mensen betrokken worden bij een actief cultureel klimaat in het gebied dat Limburg, Vlaanderen, Wallonië, Nederland en Duitsland met elkaar verbindt

Manifesta 9 komt voort uit de gezamenlijke investeringen van honderden mensen die gedurende een periode van twee jaar een hecht team hebben gevormd. Zij hebben hun kostbare tijd, inspanningen, energie, ervaring en creativiteit aan de realisering van een ideaal gewijd. Ik wil graag iedereen bedanken die bij Manifesta 9 is betrokken: de kunstenaars, vormgevers, schrijvers, theoretici, historici, voormalige mijnwerkers, redacteuren, vertalers, en alle andere medewerkers, maar vooral het curatorenteam van Manifesta 9, Cuauhtémoc Medina, Katerina Gregos en Dawn Ades. Het was een groot genoegen met hen samen te werken en ze waren een geweldige bron van inspiratie voor mijzelf en de rest van de staf.

Zonder de politieke wil van de provincie Limburg en de gemeente Genk zou Manifesta 9 niet zijn geworden wat ze nu is. Onze dank gaat uit naar de bestuursleden van de Foundation Manifesta en de bestuursleden van de Stichting Manifesta 9 Limburg, voor hun niet aflatende steun en hun vertrouwen in deze onderneming. We willen vooral Wim Dries bedanken, de burgemeester van Genk, die er regelmatig in slaagde nieuwe oplossingen te vinden voor wat onoverkomelijke problemen leken.

Onze bijzondere waardering gaat uit naar de nieuwe ambassadeurs van Manifesta. Zij personifiëren een hernieuwde samenwerking tussen particuliere verzamelaars en de steeds terugkerende biënnale. Om een duurzaam samenwerkingsverband in de regio en daarbuiten te realiseren, helpen de ambassadeurs van Manifesta ons ruimhartig een vruchtbare context voor artistieke projecten te scheppen. Mijn oprechte dank gaat uit naar het gehele team van Manifesta 9, de vaste staf, de vele deskundigen uit deze regio en al diegenen die hebben bijgedragen aan eerdere edities.

Manifesta bestaat nu bijna twintig jaar. We zijn een niet-institutionele organisatie in een voortdurend veranderend Europa en weten nooit zeker waar de volgende editie van Manifesta zal gaan plaatsvinden en hoe die

donating their valuable time, efforts, energy, experience and creativity to an ideal. I would like to thank all who have been involved - the artists, designers, writers, theorists, historians, former miners, editors, translators, cooks, thieves, chiefs and lovers but foremost our Manifesta 9 team of curators, Cuauhtémoc Medina, Katerina Gregos and Dawn Ades, with whom it has been such a pleasure to work and who have tremendously inspired me and the staff.

Without the political willingness of the Province of Limburg and the City of Genk, Manifesta 9 would not stand before you as it does today. Thanks to the members of the Board of the Manifesta Foundation and the members of the board of Foundation Manifesta 9 Limburg for their unflagging support and their belief in this enterprise. A special thanks to the Mayor of Genk, Wim Dries, who frequently managed to invent new solutions to what seemed to be unresolvable problems.

A special note of appreciation goes out to our new Manifesta Ambassadors, personifying a new and innovative collaboration between private collectors and an ongoing biennial. Aiming for a sustainable program of cooperation in the region and beyond, the Manifesta Ambassadors are generously helping us to create an enthusiastic setting for artistic acquisitions. My most sincere thanks to the whole Manifesta 9 team, the permanent staff and the many professionals from the region and from former editions.

Manifesta is nearing its second decade of existence. As a non-institutional structure in an ever-changing Europe, we are never sure about where future editions of Manifesta will take place, nor how they will be perceived. In Manifesta Journal #13, a philosophical and practical attitude is suggested by Raqs Media Collective from India, formerly co-curators of Manifesta 7, and ongoing participants of Manifesta 9. They describe this essence of collectivity and collaboration which has always been the basic principle of Manifesta – the roving European Biennial of Contemporary Art.

"If Man is always counting, adding, subtracting, figuring and accounting, it is because nothing is ever really one thing. No one is alone. We are many, our name is legion, and sometimes we are divided within ourselves or possessed by more things than we just know."

Hedwig Fijen
Director Manifesta

zal worden ontvangen. De Indiase kunstenaars Raqs Media Collective, die eerder actief waren als co-curator tijdens Manifesta 7 en ook nu weer deelnemen aan Manifesta 9, suggereerden in het *Manifesta Journal #13* een filosofische en praktische houding. Hun beschrijving treft de essentie van gezamenlijkheid en samenwerking die altijd de grondslag is geweest van Manifesta – de reizende Europese Biënnale voor Hedendaagse Kunst.

"De mens is altijd maar aan het tellen, optellen, aftrekken, rekenen en sommen maken en dat komt doordat niets ooit echt één is. Niemand is alleen. We zijn met velen, onze naam is legio, en soms zijn we onderling verdeeld, maar altijd zijn we bezeten van méér, dan we wel weten."

Hedwig Fijen
Directeur Manifesta

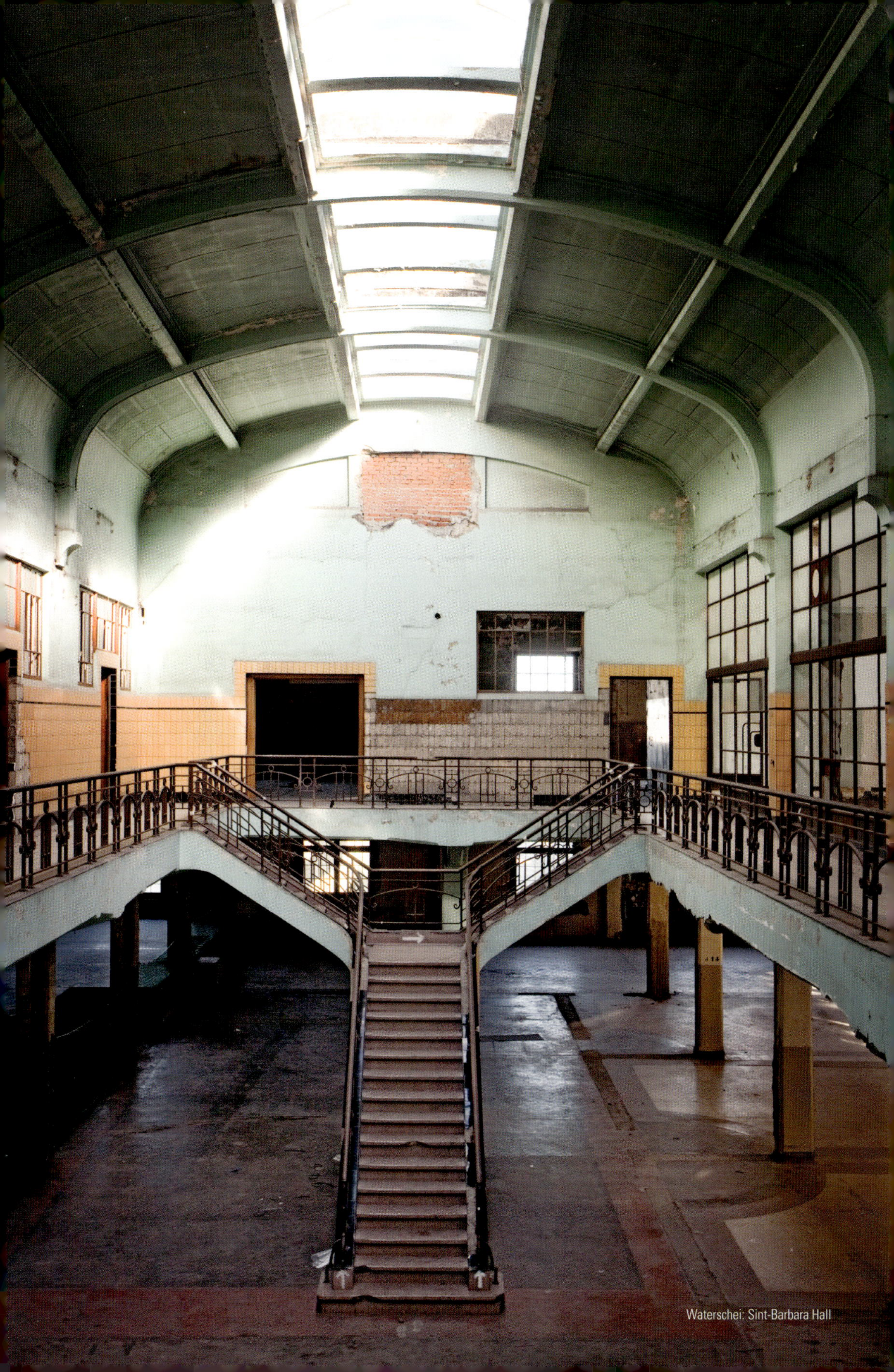

Waterschei: Sint-Barbara Hall

Tentoonstellingen zijn ook 'materiële krachten'

Over de vrees voor nostalgie

Tijdens de zomer van 2010 was ik een van de drie kandidaten die waren geselecteerd voor de functie van curator van Manifesta 9. Terwijl ik Genk en Limburg verkende, op zoek naar een mogelijke insteek voor het uitwerken van mijn project, was ik verbaasd over de uitzonderlijke samenhang van de industriële geschiedenis van het steenkoolgebied. Ik stond niet alleen versteld van de zichtbare sporen van de mijnindustrie die aan de basis lag van de gehele samenleving in de regio. Ook in de terrils, tuinwijken en bij de mensen en hun herinneringen, kon ik een glimp opvangen van een eigenaardige angst over hoe het mijnverleden niet alleen bewaard maar ook overwonnen kon worden; hoe het niet alleen behouden kon blijven maar ook voortgezet kon worden in de toekomst. Terwijl ik oude mijnsites in Limburg bezocht en de lokale organisaties en personen ontmoette die de herinnering en het erfgoed van de Kempense mijnstreek willen bewaren, voelde ik de behoefte om de relatie tussen de hedendaagse kunstproductie en het bewustzijn van de historiciteit van de kapitalistische modernisatie in vraag te stellen. De kloof tussen de buitengewone kracht van herinneringen bij ex-mijnwerkers en voorstanders van een erfgoedcultuur en het streven van de lokale autoriteiten naar een nieuwe economische en sociale bestemming voor Limburg, toonde me duidelijk hoe fragiel de relatie is tussen heden en verleden, bezien vanuit het perspectief van de postindustriële maatschappij en haar instituties.

Op een uiterst dwingende manier – hoewel niet anders dan andere locaties in deze paradoxale toestand die we moderniteit noemen – leek Genk te lijden onder een culturele neurose die ik zou omschrijven als een vrees voor nostalgie. Uiteraard hebben het geweld van de kapitalistische modernisatie en het grillige proces van plotse, ongelijke en fragmentarische sociale veranderingen die in verschillende delen van de wereld werden veroorzaakt, problematische vormen van politieke en sociale nostalgie voortgebracht. De ergste en meest hysterische vorm van nostalgie is de vurige wens om een geïdealiseerd en niet-bestaand verleden terug te brengen dat onherroepelijk verloren is gegaan door de uitbreiding van het globale kapitalisme: fenomenen zoals religieus fundamentalisme en rechtse politiek zijn deels afhankelijk van de utopische illusie terug te keren naar een denkbeeldige tijd van eenvoud, homogeniteit en orde. Zonder te vergeten dat zulke gevoelens onder bepaalde omstandigheden kunnen, en zullen, leiden tot zelfmoordbomaanslagen, diverse vormen van racisme en identiteitspolitiek, heb ik de indruk dat het verleden vaak opduikt als een vage verschijning die verhindert wat verschillende elites en sociale discoursen graag omschrijven als het nastreven of ontwerpen van een andere toekomst. Mij lijkt het alsof veel vertegenwoordigers van het hedendaagse graag geloven – vaak zonder reden – dat je door te jongleren met het verleden riskeert in een soort demonische bezetenheid te komen, of dat een buitensporige interactie met het geheugen het

Exhibitions 'Are Material Forces,' Too

On the fear of nostalgia

In the summer of 2010 I was one of three shortlisted candidates competing for the position of Curator of Manifesta 9. Exploring Genk and Limburg in search of a possible agenda for the organization of my project, I fell under the spell of the extraordinary texture of the industrial history of the coal field region. Not only was I amazed at the visible traces of coal mining, the industry which had laid the foundation of the society and the territory, but in the slag heaps, garden cities, and also the people and their memories, I had a chance to witness a specific instance of a peculiar cultural anxiety about the way mining's past could be both preserved and overcome, retained and carried forward into the future. Visiting former mine sites in Limburg and meeting the local organizations and individuals trying to preserve the memory and heritage of the Campine coal region made me feel the urgency of questioning the relationship between contemporary artistic practice and the consciousness of the historicity of capitalist modernisation. The rift between the extraordinary energy of memory among the ex-miners and advocates of a culture of heritage, and the local establishment's pursuit of a new economic and social destiny for Limburg made me acutely aware of the fragility of the relationship between the past and the present in the outlook and institutions of post-industrial societies.

In an especially compelling way – though not unlike other locations of this paradoxical condition we call modernity – Genk seemed to me to be symptomatic of a cultural neurosis that I would describe as a fear of nostalgia. Certainly, the violence of capitalist modernisation and the unsettling process of sudden, uneven and discontinuous social changes it brings about in different parts of the world have produced troubling forms of political and social nostalgia. The worst and most hysterical of these is the violent wish to restore an idealised and nonexistent past that has been irrevocably lost to the extension of global capitalism: phenomena such as so-called religious fundamentalism and Right Wing identity politics depend to a certain extent on the utopian fantasy of returning to an imaginary time of simplicity, homogeneity and order. Without forgetting that, under certain conditions, such sentiments can and do give rise to suicide bombers, diverse forms of racism and identity politics, my impression was that the past frequently shows up as an undefined apparition preventing what different elites and social discourses tend to describe as the pursuit or design of a different future. It seems to me that many contemporary agents tend to believe – often for no reason – that cavorting with the past entails a risk of falling into some sort of demonic possession, or that an excessive interaction with memory would somehow hinder the ability of citizen, consumer and producer to engage in the next phase of development. It is as if resistance to the violent policies of modernisation were the result of an enthrallment with the past rather than of a distrust stemming from a more or less rational experience of the unfulfilled promises of the neoliberal ideologies of the last decades.

vermogen van burger, consument en producent zou aantasten om in een volgende fase van ontwikkeling te geraken. Het lijkt alsof de weerstand tegen de gewelddadige politiek van de modernisatie eerder het resultaat is van een fascinatie voor het verleden dan van een wantrouwen afkomstig van een min of meer rationele beleving van de onvervulde beloften van de neoliberale ideologieën van de laatste decennia.

Hoe kan een biënnale met een aanpak die schijnbaar de zelf-reflexiviteit van het heden in de hand werkt, bijdragen aan een ruimere verkenning van de culturele spanningen eigen aan het proces van de industriële modernisatie? Hoe kan een biënnale voldoen aan de eis van een specifiek sociaal milieu zoals Genk, waar de spanning tussen verschillende fasen van industriële beschaving zich zo scherp aftekent voor zowel buitenlanders als lokale bezoekers? Een dergelijke eis creëerde de behoefte om de rol van biënnales als *tool* om een soort sociale kaart uit te tekenen, te betwijfelen, en ons af te vragen hoe om te gaan met de kloof tussen het nastreven van het sociaal geheugen en het verlangen naar modernisatie. Manifesta 9: *The Deep of the Modern* wil aantonen dat culturele en artistieke betrokkenheid bij de historische omstandigheden van productie niets te maken heeft met nostalgie: dat het in feite meer te maken heeft met een creatief veld van esthetische, zintuiglijke en intellectuele reacties op het constant veranderen van het leven dat gepaard gaat met de industriële moderniteit, doorgaans te breed en complex om te worden teruggebracht tot een eenvoudige tegenstelling tussen nostalgie en de vlucht naar een nieuwe sociale formatie.

Dit is in een notendop hoe M9 zich heeft ontwikkeld vanuit de bewuste keuze om afstand te nemen van het standaard biënnale concept, dat pretendeert een volledig overzicht te generen van de artistieke praktijk van vandaag de dag. In plaats daarvan, wil de Manifesta 9 tentoonstelling de culturele productie als een op zichzelf staande exercitie reactiveren, als onderdeel van een groter integraal politiek proces. Dat is waar Antonio Gramsci acht decennia geleden op aanstuurde toen hij wees op het "minieme, moleculaire proces [...] opgebouwd uit een eindeloze hoeveelheid" teksten, beelden, kunstwerken, conversaties en mondelinge discussies, en zelfs utopieën die, "talloze keren herhaald", wereldvisies, sociale gebruiken en politieke mogelijkheden beïnvloeden (1971:194). In die zin ziet dit project biënnales en andere kunstprojecten als interventies in die discursieve en denkbeeldige politieke domeinen, en ziet het kunstwerken bijgevolg als inherent aan geschiedenis, wat betreft hun rol in het structureren en herstructureren van bepaalde hegemonieën. Het bekijkt ook de vorming van cultuur, zelfs in haar meest poëtische en autonome vorm, als meebepalend voor de politieke structurering en herstructurering van macht. Daarom verdedigt dit project de betekenis van cultuur, kunst en tentoonstellingen als deel van de echte wereld. Gramsci legde ook uit dat "'populaire overtuigingen' en gelijkaardige ideeën op zichzelf materiële krachten zijn" (165). Op een moment waarop 'economisme' aan de basis ligt van de dominerende ideologie van de geglobaliseerde wereld, wanneer zelfs het woord 'kapitalisme' de openlijke zelfbeschrijving is geworden van het machtssysteem, zou een verdediging van de complexe werking van cultuur en kunst in geschiedenis een vorm van 'productieve' weerstand kunnen zijn.

How could a biennial exhibition serving practices apparently committed to the self-reflexivity of the present contribute to an expanded exploration of the cultural tensions involved in the process of industrial modernisation? And how would it be able to answer the call of the specificity of a social milieu such as Genk, where the tension between different phases of industrial civilisation are so acutely apparent to foreigner and local observer alike? Such an appeal defined the need to question the role of biennials as tools for a certain social mapping, to question how to intervene in the gap between the pursuit of social memory and the desire for modernisation. *Manifesta 9: The Deep of the Modern* aims to demonstrate that cultural and artistic engagement with the historical conditions of production has nothing to do with nostalgia: in fact it has more to do with a creative field of aesthetic, sensory and intellectual responses to the constant revolutionising of life that accompanies industrial modernity, always too rich and complex to be reduced to a simple opposition between nostalgia and the flight toward a new social formation.

This is, in a nutshell, how Manifesta 9 developed out of the self-conscious decision to depart from the standard biennial model of producing a contemporary art mega-show that would provide the semblance of a certain synoptic survey of the condition of art practice at an appointed time. Instead, the exhibition wishes to instantiate an exercise of cultural production understood as part of a political process on its own. This is what Antonio Gramsci hinted at eight decades ago when he pointed toward the "minute, molecular process [...] made up of an endless quantity" of texts, images, artworks, conversations, and oral debates, and even utopias that, "repeated countless times," shape worldviews, social mores and political possibilities (1971:194). In that sense, this project understands biennials and other artistic projects to function as interventions in those discursive and imaginary political fields, and thus conceives of artworks as immanent to history, in terms of their role in the structuring and restructuring of particular hegemonies. It also views the shaping of culture, even in its most poetic and autonomous forms, as constitutive of the political structuring and restructuring of power. This project therefore takes a stand in defence of the significance of culture, art and exhibitions as part of the real world. Gramsci also pointed out that "'popular beliefs' and similar ideas are themselves material forces" (165). At a moment when 'economism' has become the core of the dominant ideology of the globalised world, when even the word capitalism has become the system of power's avowed self-description, a defence of the complexity of the workings of culture and art *in history* might be a form of 'productive' resistance.

Reworking historical mediations

From the start it was clear to me that the challenges posed by the Campine region to an event like Manifesta 9 could be answered with the more or less canonised means by which biennials in recent years have negotiated between the methodological and disciplinary claims of contemporary art on the one hand, and the need to respond to a specific social and historical context on the other. These might include the commissioning of site specific projects by contemporary artists (in an effort to update the traditional concept of the monument as the dominant model of public art in modernity), or the more recent rise of community-based or situational interventions. Rather than indulging in the circularity of practices aimed

Historische bemiddelingen herbekeken

Vanaf het begin was het mij duidelijk dat de uitdagingen die de Kempen stelde aan een evenement als Manifesta 9 konden worden beantwoord met de min of meer heilig verklaarde middelen waarmee biënnales de voorbije jaren hebben onderhandeld tussen de methodologische en disciplinaire eisen van hedendaagse kunst enerzijds, en de behoefte om te beantwoorden aan een specifieke sociale en historische context anderzijds. Hierbij horen bijvoorbeeld opdrachten voor sitespecifieke projecten door hedendaagse kunstenaars (in een poging het traditionele concept bij te stellen van het 'monument' als heersend model van openbare kunst in moderniteit), of de meer recente opkomst van gemeenschaps- of situationele interventies. *The Deep of the Modern* vergrijpt zich niet zozeer aan de circulariteit van praktijken die micro-ruimtes van gezelligheid, participatie en vriendelijkheid willen creëren door "leefwijzen en actiemodellen" voor te stellen die onvermijdelijk beperkt zijn tot betekenisloze tussenruimtes van modern kapitalisme,[1] zoals gangbaar werd in een belangrijk deel van de postindustriële kunstbeoefening in Europa en andere plekken. Wél wil deze tentoonstelling zowel in opzet als in benadering de Waterschei-site en de Kempenstreek vooropstellen als een voorbeeld – omwille van en niet ondanks hun specifieke karakter – van wereldwijde sociale en esthetische omstandigheden. Daarom wil dit project een interactiepolitiek voortzetten die de kritische en ethische verschillen in stand houdt tussen instellingen van sociale geschiedenis en collectief geheugen enerzijds, en hedendaagse kunstprojecten anderzijds. Het gaat ervan uit dat de bemiddeling tussen lokale gemeenschappen, kunstenaars en heemkundige instanties tegelijk tactisch en tactvol kan zijn bij het vooropstellen van hedendaagse kunst als specifieke vorm van sociale kennis, zonder de reeds bestaande collectieve ervaring en kennis van artistieke interventies daarbij te overrulen. Dit project begrijpt dat er nog steeds een reden is om relevante sociale interventies te onderscheiden van praktijken die een intern vermogen missen om geschiedenis te integreren als zijnde 'deel uitmakend' van.

De synergetische politiek van deze verschillende culturele vormen, hield tevens in dat de rol die kunstgeschiedenis speelt in de reflectie over culturele productie in vraag gesteld moest worden. In mijn onderzoek stelde ik een systematische verwaarlozing vast van de steenkooleconomie en van de esthetische effecten ervan in kunsttentoonstellingen en kunsthistorische studies. Ik kon geen bewijs vinden van algemene onderzoeken over dit thema, behalve een reizende kunsttentoonstelling over de Britse kolenmijnindustrie, georganiseerd door de Britse Arts Council en de National Coal Board in 1982. Ironisch genoeg ging die van start amper enkele maanden vóór de grote Britse mijnwerkersstaking waarvan de nederlaag de weg vrijmaakte voor de regering van Margaret Thatcher. Die regering haalde de steenkoolindustrie onderuit en baande de weg voor het neoliberaal gedachtegoed wereldwijd.[2] Ondanks de toename van culturele onderzoeken de voorbije decennia, kon ik ook maar één wetenschappelijk boek vinden dat de rol schetst van steenkool in de moderne culturele productie.[3] Behalve enkele catalogi van films en literaire werken over dit thema, waren er weinig andere werken aan de hand waarvan ik een beeld kon krijgen van deze onderwerpen.

1
Hier geef ik een kritische parafrasering van Nicolas Bourriauds argumenten in *Relational Aesthetics* (2002:11-24).

2
British Coal Mining in Art, 1680-1980, London, Arts Council of Great Britain, 1982. De checklist van de tentoonstelling omvat 161 werken, vooral schilderijen, tekeningen, afdrukken en foto's geleend van Britse instanties. Het materiaal werd opgedeeld in vier thema's: mijnlandschap, mijnbedrijf, mijnwerkers en ondergronds landschap.

3
Dit boek is *Caverns of Night: Coal Mines in Art, Literature, and Film* (2000), samengesteld door William B. Thesing. Het omvat een verzameling essays die werden ingediend voor een symposium op de jaarlijkse vergadering van de Modern Language Association in Washington in 1996. De algemene bibliografie *on Coal Mining in Art, Literature, and Film* bestaat vooral uit verwijzingen naar de sociale en economische geschiedenis. Daarnaast vond ik enkel verwijzingen naar twee Duitse studies over gelijkaardige onderwerpen: een boek door Heinrich Winkelmann (1958), dat ik niet heb kunnen inkijken, en een van Gerhard Heilfurth (1981), dat zich eerder toespitst op de sociale cultuur en uitingen van mijnwerkers dan op formele culturele productie. Er bestaat nochtans een gedetailleerde studie van de vertegenwoordiging van mijnwerkers in speelfilms door Bert Hogenkamp (1982), en een catalogus van een tentoonstelling over literatuur over de mijnindustrie georganiseerd door het Literair Museum in Hasselt in 1988: Marijke Rekkers en Imelda Selurs *et. al.*, *Waar de Dag Nacht is: De Steenkoolmijnen in de Literatuur.* (Met dank aan Bert van Doorslaer, die me toegang verleende tot deze en andere publicaties.)

to instigate micro-spaces of conviviality, participation and sociability by staging "ways of living and models of action" that are inevitably confined to marginal interstices of modern capitalism,[1] as has become customary in a significant portion of post-industrial artistic practices in Europe and other places, *The Deep of the Modern* intends to vindicate both in design and in practice a reading of the Waterschei site and the Campine region as exemplary – *because* and not *in spite* of their specificity – of worldwide social and aesthetic conditions. Therefore, this project aims to sustain a politics of interaction that maintains critical and ethical distinctions between institutions of social history and collective memory on the one hand, and contemporary art projects on the other. It assumes that a structure of mediation between local communities, artists and institutions of memory can be at once *tactical* and *tactful* in advancing the agency of contemporary art as a specific form of social knowledge, without allowing it to supplant collective experiences of knowledge that already take place with no further need of an artistic operation. This project understands that there is still a reason to distinguish pertinent social interventions from practices lacking an internal ability to incorporate history as 'constitutive' of them.

The politics of synergising these different cultural forms also implied questioning the role of art history in reflecting on cultural production. In researching for the exhibition I came to perceive a systematic neglect of the significance of the economy of coal and of its aesthetic consequences in art exhibitions and art historical scholarship. I was unable to find evidence of any general surveys of the issue, except for a travelling show on artworks about British coal mining organized by the Arts Council and the National Coal Board in 1982. Ironically, it opened just a few months before the miner's strike whose defeat would open the road for Margaret Thatcher's government to dismantle the coal industry, paving the way for neoliberal policies worldwide.[2] Likewise, despite the boom of cultural studies in the last decades, I could only get hold of a single proper academic book that explores the place of coal in modern cultural production.[3] Save for a few catalogues of films and literary works on the subject, there were very few other works with which I could begin building a perspective on these issues.

One possible explanation for such a paucity of interest in the subject is that conservative tastes have rejected coal as a suitable subject and material for art. As recently as the 1980s critics like Peter Fuller, the founder of *Modern Painters*, were ready to claim that "Coal is antipathetic to the human senses, hands and imagination alike," arguing that no significant artwork had been created with it (quoted in Danahay 2000:3-4). Such prejudices are consistent with genre hierarchies inherited from traditional art and so-called connoisseurship. They do not, however, explain the lack of interest in issues of art and coal in contemporary academia.

Such silence appears tantamount to the rather too easy way we have allowed ourselves to regard industry, and coalmining in particular, as a thing of the past, hidden beneath the general representation of a global transition towards "post-industrialism". In fact, in most contemporary industrial economies, as well as in places like the USA, China, India, Australia and South Africa, coal, in the words of Barbara Freese, "has been marked by increasing size and decreasing visibility" (2003:166). More than half of the electricity in the USA is produced in low efficiency coal burning plants, launching about 20 tons of carbon dioxide per capita

1
Here I am critically paraphrasing Nicolas Bourriaud's arguments in *Relational Aesthetics* (2002:11-24).

2
British Coal Mining in Art, 1680-1980, London, Arts Council of Great Britain, 1982. The checklist of the exhibition includes 161 pieces, mostly paintings, drawings, prints and photographs borrowed from British institutions. The material was organized into four thematic sections: mining landscape, colliery, pit people and landscape underground.

3
This volume is *Caverns of Night: Coal Mines in Art, Literature, and Film* (2000), edited by William B. Thesing. It collects papers submitted to a symposium at the annual meeting of the Modern Language Association in Washington in 1996. Its general bibliography *on Coal Mining in Art, Literature, and Film* consists mostly of references to social and economic histories. Beyond that, I have only found references to a pair of German studies on similar issues: a book by Heinrich Winkelmann (1958), which I have not been able to check, and one by Gerhard Heilfurth (1981), which is devoted to the social culture and expressions of miners rather than to formal cultural production. There is, however, a detailed study of the representation of miners in feature films by Bert Hogenkamp (1982), and a catalogue from an exhibition on literature about coalmining organised by the Literair Museum in Hasselt in 1988: Marijke Rekkers and Imelda Selurs *et. al., Waar de Dag Nacht is: De Steenkoolmijnen in de Literatuur.* (I am grateful to Bert van Doorslaer for giving me access to these and other publications.)

Een mogelijke verklaring voor de schaarse interesse in dit thema is dat conservatieve voorkeuren steenkool altijd hebben verworpen als geschikt onderwerp en materiaal voor kunst. Zelfs in de jaren 80 beweerden critici als Peter Fuller – stichter van Modern Painters – nog dat "Steenkool compleet in strijd is met de menselijke zintuigen, handen en verbeelding" (geciteerd in Danahay 2000:3-4). Dergelijke vooroordelen passen binnen de genre-hiërarchieën afkomstig van de traditionele kunst en zogenaamde connaisseurs. Ze verklaren echter niet het gebrek aan interesse in de thema's van kunst en steenkool in hedendaagse academische instellingen.

Dat stilzwijgen lijkt gelijkwaardig aan de veel te gemakzuchtige manier waarop we onszelf toestaan de industrie te bekijken, en dan vooral de steenkoolindustrie, als iets van het verleden, verborgen onder het algemene beeld van een mondiale verschuiving naar 'postindustrialisme'. In de meeste hedendaagse industriële economieën alsook in landen als de VS, China, India, Australië en Zuid-Afrika, werd steenkool, om het met de woorden van Barbara Freese te zeggen, "gekenmerkt door toenemend volume en afnemende zichtbaarheid" (2003:166). Meer dan de helft van de elektriciteit in de VS wordt geproduceerd door weinig efficiënte steenkoolcentrales die meer dan 20 ton koolstofdioxide per hoofd uitstoten, en één van de sterkste conservatieve lobby's in de hedendaagse politiek voeden (Goodell 2007:xii, 234).

Een kunsthistorisch perspectief integreren in dit project betekende een manier vinden om een meer uiteenlopend publiek aan te spreken dan normaal door hedendaagse kunstbiënnales wordt beoogd. We hopen dan ook dat het uitvoerige historische perspectief van de tentoonstelling een lokaal publiek zal aantrekken in een regio die geen gangbare consument is van hedendaagse kunst, alsook enkele wetenschappers en nakomelingen van de mijnwerkers die de regio opbouwden. In dat opzicht respecteert het curatorieel project van Manifesta 9 de politieke macht van de culturele en artistieke autonomie als een voorwaarde voor kunstwerken die, om Adorno te citeren, "zich overleveren aan de historische inhoud van hun tijdperk zonder de pretentie er superieur aan te zijn" (1997:182). Op dezelfde manier weigert het iedere band met een vooraf bepaald formeel of methodologisch programma in de hoop dat een dialoog tussen professionele kunstbeoefening en andere vormen van culturele productie, zowel erfgoedpraktijken als kunsthistorisch denken, wederzijds het vermogen tot verleiding en kritische verheldering kan verbeteren.

Om al deze redenen beoogt *The Deep of the Modern* een complexe dialoog te creëren tussen verschillende lagen in de kunst en de geschiedenis. Het uitgangspunt is de betekenis van het kolenmijngebied in de Belgische Kempen als locus van het denkbeeldige en de ecologische kwesties die deel uitmaken van het industrieel kapitalisme als globaal fenomeen. Op basis van de keuze voor de mijnruïnes van Waterschei in Genk, Limburg, als hoofdgebouw voor Manifesta 9, en van de geografisch-ecologische 'mijnmachine' die vervat ligt in de tuinwijken, ruimtelijke ordening, kanalen, wegen en spoorwegen gecreëerd door de steenkoolindustrie tijdens de 20e eeuw,[4] bestaat *The Deep of the Modern* uit drie aparte luiken.

1) Poëtica van de herstructurering

Dit deel bestaat uit bijdragen van hedendaagse kunstenaars en anderen uit het culturele veld, en focust op esthetische antwoorden op de

4
Ik ontleen dit concept van stedenbouwkundige Peter Bongaerts, die het als basis gebruikte voor zijn Master Plan van Genk (persoonlijke communicatie).

into the air, and fuelling some of the strongest conservative lobbies in contemporary politics (Goodell 2007:xii, 234).

Introducing an art historical perspective into this project thus constituted a way of appealing to a more diverse audience than that normally targeted by contemporary art biennials. Our hope is that the long historical perspective of the exhibition will attract a local audience in a region that has not customarily been a consumer of contemporary art, along with a number of scholars and the descendants of the miners that built the region. On that level, the curatorial project of Manifesta 9 respects the political powers of cultural and artistic autonomy as a condition of artworks that, to quote Adorno, "surrender themselves to the historical substance of their age without the presumption of being superior to it" (1997:182). Similarly, it withholds any attachment to a predetermined formal or methodological program in the hope that a dialogue between professional artistic practices and other forms of cultural production, both heritage practices and art historical thinking, might mutually enhance their powers of seduction and critical illumination.

For all these reasons, *The Deep of the Modern* intends to create a complex dialogue between different strata of art and history. Its point of departure is the significance of the former coal mining region of Belgian Campine as a locus of industrial capitalism's imaginary and ecology. Taking cues from the choice of the remains of the Waterschei mine in Genk, Limburg, as the main venue of *Manifesta 9*, as well as from the overall geographical-ecological "mining machine" embodied in the complex of garden cities, landscape planning, and canals, roads, and railroads created by the coal industry over the course of the 20th century,[4] *The Deep of the Modern* consists of three separate sections.

1) Poetics of Restructuring
A section consisting of contributions from contemporary artists and cultural practitioners, focusing on aesthetic responses to the worldwide economic restructuring of the productive system in the early 21st century. This section is installed on the top two floors of the main building at the Waterschei in Genk, so that it may interact as directly as possible with the current state of ruin of the building and its immediate surroundings. The curatorial team has worked to create a balance between time-based works, installations, and other artistic media, and to provide a geographically and gender-diverse representation of contemporary artistic practice today.

2) The Age of Coal
An art historical exhibition comprising artworks from 1800 to the early 21st century about the history of art production related aesthetically to the industrial era. This essay on a new kind of Material Art History is organized into several thematic sections with artworks in which coal – as the main fuel of industry, as a major factor of environmental change, as a fossil with significant consequences in the field of natural science, as the main referent of certain forms of working class culture and as a material symbolic of the experience of modern life – affected and defined artistic production.

3) 17 Tons
In addition to the two sections dedicated to art, Manifesta 9 will include a new element: an exploration of the cultural production that has been

4
I borrow this concept from urban planner Peter Bongaerts, who used it as a basis for his Master Plan of Genk (personal communication).

wereldwijde 'economische herstructurering' van het productiesysteem in de vroege 21e eeuw. Het is ondergebracht op de twee bovenste verdiepingen van het hoofdgebouw in Waterschei, Genk, waar de meest rechtstreekse interactie mogelijk is met de huidige vervallen staat van het gebouw en zijn omgeving. Het curatoriële team streefde naar een balans tussen videowerken, installaties en andere media, maar evengoed ook naar een geografische spreiding en genderdiverse voorstelling van de hedendaagse kunstbeoefening.

2) Het Steenkooltijdperk
Een kunsthistorische tentoonstelling met kunstwerken van 1800 tot de vroege 21e eeuw over de geschiedenis van de kunstproductie die esthetisch verwijst naar het industriële tijdperk. Deze beschrijving van een nieuw soort 'Materiële Kunstgeschiedenis' is opgedeeld in verschillende thema's met kunstwerken waarin steenkool – als basisgrondstof van de industrie, als hoofdoorzaak van klimaatverandering, als fossiel met belangrijke gevolgen voor de natuurwetenschappen, als hoofdreferentie van bepaalde vormen van de arbeiderscultuur en als een materiaal dat symbool staat voor de ervaring van het moderne leven – de artistieke productie beïnvloedde en definieerde.

3) 17 Ton
Naast de twee delen gewijd aan kunst, bevat Manifesta 9 een nieuw element: een overzicht van de culturele productie gedreven door de kracht van de herinnering bij de verschillende erfgenamen van de mijnindustrie in de Limburgse Kempen, en in vele andere gebieden in Europa. Dit deel is het resultaat van een samenwerking tussen individuen en organisaties die, vanuit verscheiden disciplines en verschillende vormen van sociale dienstverlening, het collectief geheugen blijven aanspreken en die ook het behoud van het materiële en immateriële erfgoed van de mijnindustrie levendig blijven houden.

Hoewel de tentoonstelling is opgedeeld in verschillende delen en locaties in het hoofdgebouw van Waterschei, zijn er toch thematische, poëtische en methodologische eigenschappen die de werken over de afdelingen heen met elkaar verbinden. De selectie en presentatie ervan overstijgt de verschillende genres, tijdsindelingen of positionering in het gebouw. We hopen dat de hedendaagse kunstwerken nieuwe inzichten bieden in de aanwezige kunsthistorische objecten en erfgoedpraktijken, en visa versa. In die zin stelt dit project zijn hoop op de kracht van een tentoonstelling en in het vermogen van het publiek om het geheel te verkennen door te vergelijken en zich een weg te banen door de verschillende elementen van culturele productie. Op dezelfde manier werd deze publicatie zo opgevat dat ze de veelheid aan betekenissen in het hele project weergeeft, alsook de rijkdom van de individuele elementen zelf. Om zowel de fragmentarische als algemene discussies in de tentoonstelling te behandelen, kozen we voor de publicatie van een boek dat breekt met de vorm van de meer conventionele tentoonstellingscatalogi. We neigen naar de vorm van de encyclopedie als middel om een geheel bestaande uit vele entiteiten te structureren, waarvan elke entiteit weer wordt georganiseerd en gereorganiseerd in een eindeloos aantal onderdelen. Deze Subcyclopedie zal dus dienen als overzicht van het onderzoeksproces achter de biënnale, maar ook als instrument om de tentoonstelling grondiger te bestuderen. Ons neologisme wil een link leggen tussen het gebruik van

powered by the energy of memory that courses through the diverse heirs of coal mining in the Campine region of Limburg, as well as several other regions in Europe. This section is the product of a collaboration between individuals and institutions who, coming from disparate disciplines and practicing different social forms of agency, continue to activate the collective memory and the preservation of both the material and immaterial heritage of coal mining. The title of the show refers simultaneously to the most famous song about coal miners worldwide (*16 Tons*, recorded in 1946 by Merle Travis) and to the title of one of Marcel Duchamp's most famous installations (*Sixteen Miles of String*, 1942). The discrepancy between 16 and 17 is meant to suggest the need to take a step beyond the current stage of the coal industry's memory claims and policies in order to understand and appreciate the richness of the many levels at which heritage produces culture: i.e., in minds, bodies and objects.

Although the exhibition is divided into different sections and locations in the main Waterschei building, there are thematic, poetic, and methodological affinities that interlace the works of all three of its sections. The selection and organisation of the exhibition aim to create resonances between the different levels and elements of the show across different times, genres and positions within the building. We hope that the contemporary artworks will provide novel insights into the art historical objects and heritage practices represented, and vice versa. In that sense, this project places its trust in the power of exhibition and in an audience's ability to make sense of the three exhibits by comparing and working through different elements of cultural production. Likewise, this publication has been designed to suggest the complexity of meanings involved in the whole project, as well as the richness of the individual elements themselves. To encompass both the fragmentary and overall arguments in the exhibition, we have chosen to publish a book that breaks from the mould of more conventional exhibition catalogues. We evoke the form of the encyclopaedia as a means of organizing a whole made up of multiple unities, each of which is, at the same time, subject to being organised and reorganised into an indefinite number of groupings. This *Subcyclopaedia* will thus serve as a record of the research process behind the biennial as well as an instrument with which to explore the exhibition in more depth. Our neologism is meant to suggest a comparison between the use of this reference book and the exhumation of modernity's underworld in the heritage, culture and history of coal mining.

Manifesta 9 proposes to redirect the course of Manifesta toward an advocacy of art production and historical knowledge as loci of aesthetic and social reflexivity and intergenerational responsibility. In that sense, the exhibition reflects the complex mediation of artworks, images, historical information and cultural institutions in the production of modern and post-industrial ways of thinking. The project's three sections attempt to explore the ways that art and culture are immanent to the social processes that both record and transform the outlook of specific social formations. In general terms, the project assumes that poetic gestures, social representations and contemporary social interventions are distinct – and sometimes contradictory – means of social and historical knowledge, which, as Theodor Adorno argued, frequently operate as the "self-unconscious historiography of their epoch" (1997:182).

Cuauhtémoc Medina
Curator, Manifesta 9

dit naslagwerk en de opgraving van de onderwereld van de moderniteit in het erfgoed, de cultuur en de geschiedenis van de steenkoolindustrie.

Manifesta 9 suggereert een nieuwe koers voor Manifesta. Het houdt een pleidooi voor kunstproductie en historische kennis als *loci* van esthetische en maatschappelijke reflectie en intergenerationele verantwoordelijkheid. In die zin weerspiegelt de tentoonstelling de complexe bemiddeling van kunstwerken, beelden, historische informatie en culturele instanties in de productie van moderne en postindustriële denkwijzen. De drie tentoonstellingen trachten weer te geven op welke manier kunst en cultuur inherent zijn aan de sociale processen die onze kijk op specifieke sociale formaties vastleggen en transformeren. Algemeen genomen gaat het project ervan uit dat poëtische gestes, sociale voorstellingen en hedendaagse sociale interventies duidelijke – en soms tegenstrijdige – middelen zijn van sociale en historische kennis die – zoals Theodor Adorno beweerde – vaak te werk gaan als de "zelf-onbewuste historiografie van hun tijdperk" (1997:182).

Cuauhtémoc Medina
Curator, Manifesta 9

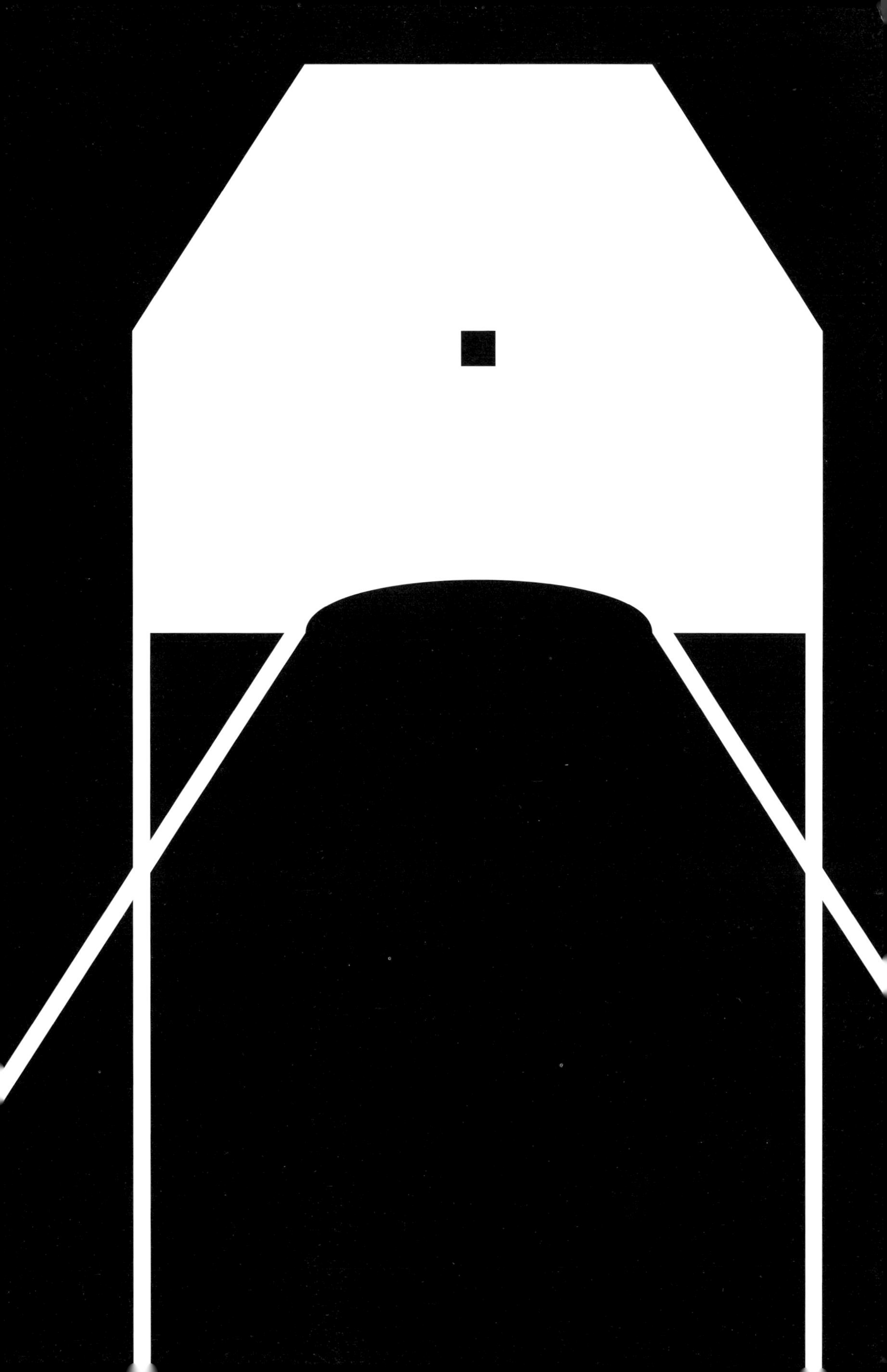

Accumulatie

In economische termen verwijst de uitdrukking 'accumulatie van kapitaal' naar het verzamelen van waardevolle voorwerpen en het vergaren of creëren van rijkdom. Dit kapitaal kan verschillende vormen aannemen, zoals productiekapitaal (in de vorm van industriële goederen), geldkapitaal (in de vorm van financiële activa) en goederenkapitaal (bijvoorbeeld vastgoed, edelmetalen of kunstwerken).

Accumulatie kan worden beschouwd als een pathologie die zowel onze consumptiemaatschappij als het milieu aantast. Kapitalisme is afhankelijk van en voedt de drang naar accumulatie door denkbeeldige beloften van geluk en 'vrijheid' te creëren door middel van consumptie en door behoeften te definiëren waarvan we niet wisten dat we ze hadden. Karl Marx noemde dit 'de vermenigvuldiging van behoeften' (2005:308). Mobiele telefoons zijn hiervan een goed, recent voorbeeld. De logica van accumulatie heeft de fundamentele beleving van het hedendaagse leven aangetast. Ze beïnvloedt onze verlangens en verbeelding net als menselijke relaties die allemaal 'nieuwe gebieden' zijn geworden voor kapitalistische expansie en het vergaren van rijkdom.

Ondanks de huidige crisis van het kapitalisme, lijkt het einde ervan niet meteen in zicht. Dat komt omdat het volgens socioloog Zygmunt Bauman "het ingebouwde wonderbaarlijke vermogen bezit om te herrijzen en zich te herstellen, een eigenschap die het deelt met parasieten [...]. Na de volledige of bijna volledige uitputting van een gastorganisme zoekt en vindt een parasiet een ander gastorganisme dat hem opnieuw voorziet van levenssappen, zij het voor een beperkte periode" (2011). De 'parasiet' sterft alleen als hij geen gastorganismen meer heeft waarmee hij zich kan voeden. Ondertussen gaat hij onverminderd voort, tenzij een politieke ommekeer hem doet ontsporen. Rosa Luxemburg sprak overigens ook over de rol van staatsgeweld dat samenspant met de uitbreiding van het kapitalisme. Er zitten nog steeds voor miljarden dollars aan natuurlijke hulpbronnen verborgen onder het aardoppervlak (een van de grootste mijnprojecten wordt momenteel uitgevoerd in de Gobiwoestijn in Mongolië). De virale besmettelijkheid van het kapitalisme en de creatie van nieuwe territoria voor zichzelf (bijvoorbeeld de financiële producten die de huidige crisis hebben veroorzaakt), gaan onverminderd voort en dus ook de accumulatie van rijkdom en afval. De accumulatie van afval is een vorm van 'toxische' accumulatie: van de woestenij van definitief gesloten mijnen en schadelijke dampen die ontsnappen uit schoorstenen van fabrieken tot het kwik in de oceanen, de opeenhoping van koolstofdioxide in de atmosfeer en andere giftige stoffen in rivieren, meren en oceanen.

KG

> Kapitalisme in crisis

Alexandrov, Grigori

geb. 1903, Jekaterinenburg, Rusland; overl. 1983, Moskou, Rusland

De heldere weg, 1940
Zwart-witfilm, 93 min.

De heldere weg (1940) is een van de populairste Russische Assepoesterverhalen en schetst de evolutie die Tanya Morozova ondergaat van een anoniem leven als ongeschoolde boerin naar bekwame weefster in een textielfabriek. De berichtgeving over het record dat mijnwerker Alexey Stakhanov had gevestigd, zet haar ertoe aan het onwillige management te verplichten de productiemethoden van de fabriek te moderniseren. Tanya was er vurig van overtuigd dat de productie kon worden verhoogd. Ze werd hiervoor onderscheiden met de Orde van Lenin en kon met een knappe ingenieur trouwen. Zoals het koor van de musical zingt in het Kremlin: "Het sprookje dat werkelijkheid wordt, wordt door ons gecreëerd / en de verzinsels in oude sprookjes / verbleken bij de waarheid van onze tijd". (geciteerd in Enzensberger 1993: 105).

CM

> Sovjetpropaganda
> Stakhanovisme

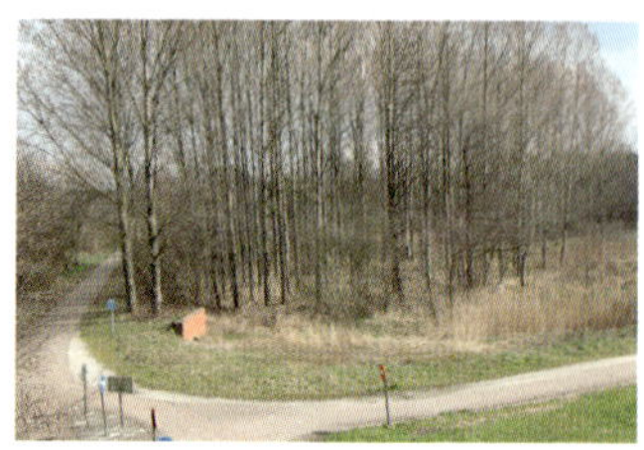

Lara Almarcegui, *Wasteland (Genk)*, 2004-16

Almarcegui, Lara

geb. 1972, Zaragoza, Spanje; woont en werkt in Rotterdam, Nederland

Een braakliggend terrein in Genk, 2004-2016
Meer dan 1 hectare restruimte
Een project in samenwerking met FLACC en de stad Genk

Accumulation

In economic terms the phrase "accumulation of capital" refers to the gathering of objects of value and the amassing or creation of wealth. This capital can take different forms, such as production capital (in the form of industrial assets), money capital (in the form of financial assets), and commodity capital (real estate, precious metals, or art, for example).

Accumulation can be seen as a pathology afflicting consumer-driven societies as well as the natural environment. Capitalism both depends on and fosters the drive toward accumulation by creating imaginary promises of happiness and 'freedom' through consumption, and by identifying needs we did not know we had. Karl Marx called this "the multiplication of needs" (2005:308); mobile phones would be a good recent example. The logic of accumulation has infected the fundamental experience of contemporary life, influencing our desires and imaginations as well as human relationships, all of which have become 'new territories' for capitalist expansion and the accumlulation of wealth.

Despite the current crisis of capitalism, its end does not appear to be in immediate sight. And that is because, in the words of sociologist Zygmunt Bauman, it has "an inbuilt wondrous capacity of resurrection and regeneration; though this is capacity of a kind shared with parasites [...] After a complete or near-complete exhaustion of one host organism, a parasite tends and manages to find another, that would supply it with life juices for a successive, albeit also limited, stretch of time" (2011). The 'parasite' will only die when it has run out of host organisms on which to feed. In the meantime it will proceed apace, unless it is derailed by a political sea change. Incidentally, in her seminal and prophetic book *The Accumulation of Captial* (1913), Rosa Luxemburg also wrote about the role of state violence in colluding with the expansion of capitalism. With billions of dollars' worth of natural resources still hidden beneath the earth's surface (one of the largest mining developments is currently under way in the Gobi desert in Mongolia), capitalism's viral contagiousness and its production of new territories for itself (the financial products that caused the current crisis, for example) will continue unabated, and so, therefore, will the process of accumulation: of wealth, as well as waste. The latter is a form of 'toxic' accumulation: from the wastelands of decommissioned mines and noxious fumes belching out of factory chimneys, to mercury in the oceans, accumulation of carbon dioxide in the atmosphere, and other poisonous elements in the world's rivers, lakes and oceans.
KG

> Crises of Capitalism

Alexandrov, Grigori

b. 1903, Yekaterinburg, Russia; d. 1983, Moscow, Russia

The Radiant Path, 1940
Black and white film, 93 min

The Radiant Path (1940) tells the story of Tanya Morozova's ascent from obscurity as a backward peasant to becoming a skilled weaver in a textile factory. Upon reading the news about Alexey Stakhanov's record, she is inspired to force the reluctant management to modernise the factory's methods of production. Her ardent conviction in raising production levels grants Tanya both an Order of Lenin and the chance to marry a handsome engineer, in one of the most popular Soviet Cinderella stories. As the chorus of the musical sings in the Kremlin: "The fairy tale come true is being created by us, / And the inventions of old fairy tales / Grow pale before the truth of our time" (quoted in Enzensberger 1993: 105).
CM

> Soviet Propaganda
> Stakhanovism

Almarcegui, Lara

b. 1972, Zaragoza, Spain; lives and works in Rotterdam, NL

Wasteland (Genk), 2004-16
More than 1 hectare of wasteland in public space.
A project in collaboration with FLACC and the City of Genk

Lara Almarcegui's gaze is drawn to abandoned and interstitial spaces that escape the intervention of architects and city planners, like empty lots, wastelands and demolished buildings. By underscoring and then protecting the disutility of such spaces, she introduces unlikely diminuendos into urban development schemes. She conceived *Een braakliggend terrein in Genk* in 2004, under the auspices of FLACC (Workplace for Visual Artists). For her project, Almarcegui identified a neglected plot of land situated between the Jaarbeurslaan and Europalaan highways in Genk. Accompanied by a local nature guide, she carefully scouted, surveyed and described the land. Through negotiations with

Lara Almarcegui's blik wordt gestuurd door verlaten restruimtes die ontsnappen aan de vormgeving van architecten en stadsplanners, zoals braakliggende terreinen en afbraakwoningen. Door het benadrukken en beschermen van de in onbruik geraakte publieke ruimtes, introduceert ze een onverwachts *decrescendo* in het stedelijke ontwikkelingsritme. In 2004 koos ze op uitnodiging van FLACC (werkplaats voor beeldende kunstenaars) een *braakliggend terrein in Genk*. Almarcegui vond een restruimte gelegen tussen de Jaarbeurslaan en de Europalaan. Samen met een lokale natuurgids verkende, inventariseerde en beschreef ze het terrein nauwgezet. In onderhandelingen met het stadsbestuur wist Almarcegui het terrein voor een periode van tien jaar te vrijwaren van elke toekomstige herbestemming. Centraal stond de bescherming van de restruimte, een plek waar de natuur ongeremd haar gang zou kunnen gaan, enkel beïnvloed door wind, regen, zon, beplanting, spontaan gebruik en zwerfvuil.

De nabijheid van het stadscentrum wakkert de nieuwsgierigheid van de bezoeker aan. Het gebied blijft een plek die toegankelijk is – ook wanneer de meeste andere percelen allang opnieuw bebouwd zijn. Het is een plek waar de verbeelding ruimte krijgt. Voor Manifesta 9 stemde de stad in met de verlenging van haar overeenkomst met nog eens twee jaar terwijl ondertussen onderzocht wordt in hoeverre een permanente bescherming mogelijk is.

SodB

> Landschap
> 17 Ton

Amalrik, Leonid, Dmitri Babichenko & Vladimir Polkovnikov

Amalrik geb. 1905, Moskou, Rusland; overl. 1997, Moskou

Victorious Destination, 1937
Animatiefilm in zwart-wit, 7 minuten.
Soyuzmultfilm Studios

Lenin deed een beroemde uitspraak met te stellen dat "de filmkunst voor ons van alle kunsten de belangrijkste is" (Loenatsjarski 2005:57). Sovjetbioscopen lieten langspeelfilms doorgaans voorafgaan door korte animatiefilmpjes zoals *Victorious Destination*. De staatsstudio Soyuzmultfilm produceerde honderden zulke kortfilms die een sterk dualistisch beeld moesten scheppen van Stalin en zijn vijanden. *Victorious Destination* vat de successen van de eerste twee vijfjarenplannen samen in een inspirerend lied: "Het leven is beter geworden, het leven heeft meer glans! / Lang zal hij leven, gezond zal hij zijn, Stalin, mijn beste!"

CMF

> Sovjetpropaganda
> Stakhanovisme

Amorales, Carlos

geb. 1970, Mexico Stad, Mexico; woont en werkt in Mexico Stad

Coal Drawing Machine, 2012
Installatie met plotter printer, papier en houtskool, variabele afmetingen

De recente schetsen van Carlos Amorales zijn het resultaat van een doorgedreven zoektocht naar het raakvlak tussen mens en machine. Hij neemt afstand van het manuele aspect van het schetsen – en in het verlengde daarvan elke holle garantie van auteurschap die zogezegd inherent is aan de stijl van de kunstenaar. Zo installeerde Amorales zijn *Coal Drawing Machine* in een ruimte met de allure van een kantoor, waar deze zoals een telex- of faxmachine, boodschappen ontvangt van een ongeziene en onbekende bron. De machine behoort tot dezelfde klasse van gedisciplineerde *cyborgs* waarvan de hypergespecialiseerde verrichtingen nood hebben aan

Carlos Amorales, *Coal Drawing Machine*, 2012

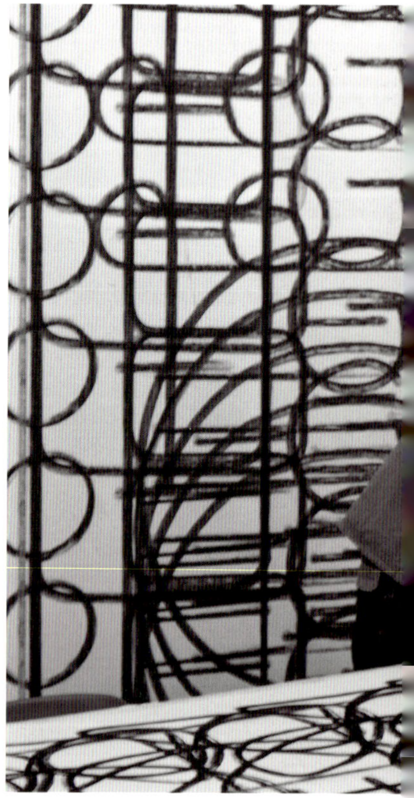

the City of Genk, Almarcegui then arranged to protect the terrain from development for a period of ten years, preserving the wasteland in its untouched state and allowing nature to take its own course, subject only to the forces and the temporality of wind, rain, sun, vegetation, spontaneous use and litter. The site's proximity to downtown Genk is designed to encourage visitors' curiosity. The area will remain open to the public, even as most of the adjacent plots are built upon, standing as a memory inscribed on the landscape. For Manifesta 9, the City of Genk has agreed to extend the work for an additional two years, and is currently in the planning stages of protecting it in perpetuity.
SOdB

> Landscape
> 17 Tons

Amalrik, Leonid, Dmitri Babichenko & Vladimir Polkovnikov

Amalrik b. 1905, Moscow, Russia; d. 1997, Moscow

Victorious Destination, 1937
Black and white animated film, 7 min.
Soyuzmultfilm Studios

Lenin famously declared that "of all the arts for us the most important is cinema" (in Lunacharsky 2005:57). Soviet theatres typically preceded screenings of feature-length films with short animated pictures like *Victorious Destination*. The state-owned animation studio Soyuzmultfilm produced hundreds of such shorts, promoting a starkly Manichaean vision of Stalin and his enemies. *Victorious Destination* summarises the accomplishments of the first two Five Year Plans in a rousing song: "Life's gotten better, life's got more cheer! / Long life, good health to you, Stalin, my dear!"
CMF

> Soviet Propaganda
> Stakhanovism

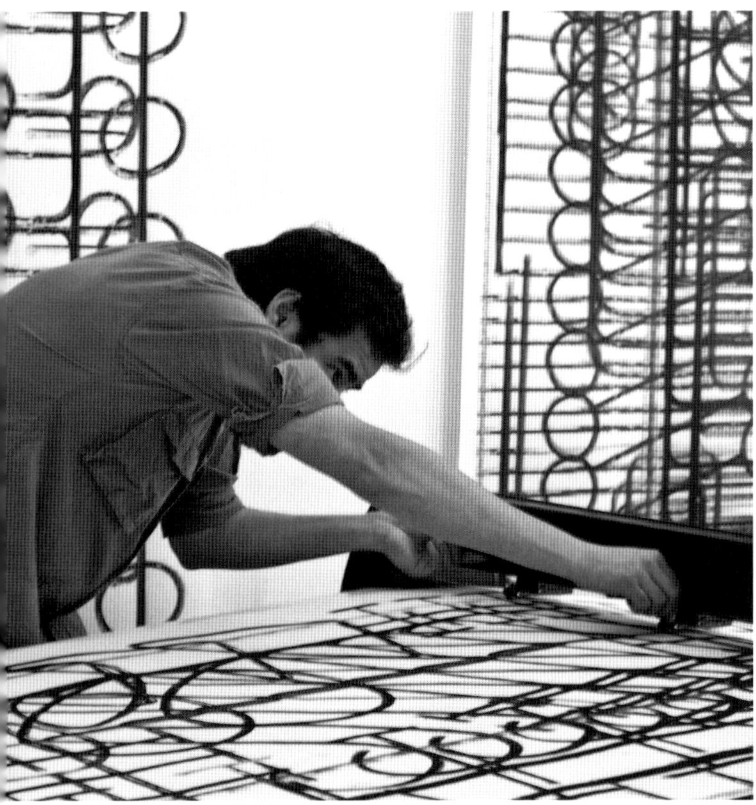

Amorales, Carlos

b. 1970, Mexico City, Mexico; lives and works in Mexico City

Coal Drawing Machine, 2012
Installation with plotter printer, paper and charcoal, variable dimensions

Carlos Amorales's recent drawings are products of a sustained exploration of the interface between human beings and machines. Distancing his practice from the manual aspect of drawing – and by extension from any empty guarantee of authorial presence conventionally presumed to inhere in the physical trace of an artist's touch – Amorales has installed his *Coal Drawing Machine* in a would-be office, where, like a telex or a fax machine, it receives transmissions from an unseen and unknowable source. Duly situated within the classes of well-disciplined cyborgs whose hyper-specialised labour requires the prosthesis of sophisticated digital tools, the millimetric precision of the *Machine*'s electronic components is nevertheless countervailed

gesofistikeerde digitale *tools*. Toch vormt één rudimentair organisch attribuut een tegenwicht voor het millimeterwerk van de elektrische componenten van de machine: in plaats van synthetische kleurstoffen of verf gebruikt Amorales houtskool in zijn schetsen, één van de basiselementen van grafiek. Het bovenmaatse papier dat door de plotter wordt uitgespuwd, wordt vervolgens via 'organische' weg gestuurd en moet het apparaat zien te overtreffen. De geprinte exemplaren stapelen zich op, worden aan het plafond van de tentoonstellingsruimte gehangen en vormen een doolhof dat voortdurend evolueert. De papieren wandelgangen van Amorales' labyrint dragen esoterische symbolen van hekserij en afgoderij die onder de mijnwerkers werden ontwikkeld en dienen om de gevaarlijke krachten van de Minotaurus die in het machinetijdperk werden verdrukt te verstoppen.

CMF

> Poëtica van de herstructurering
> Putheks

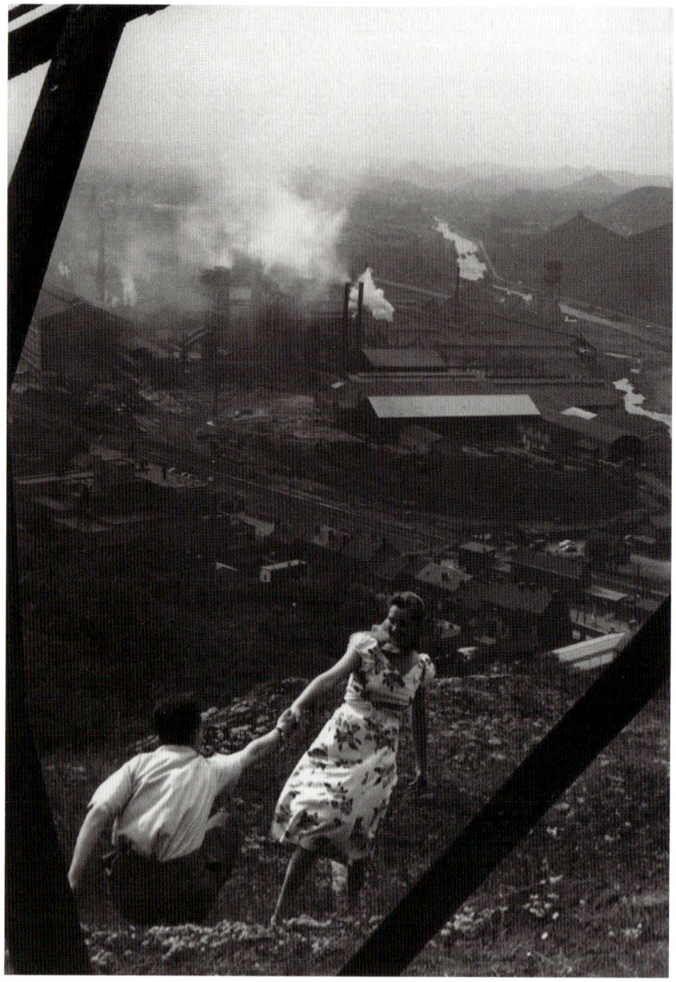

Roger Anthoine, *Région de Charleroi*, 1955

Anthoine, Roger

geb. 1925, België

Région de Charleroi, 1955
Gelatine zilverdruk, 38,5 x 26 cm
Collectie: Musée de la Photographie, Charleroi, België

Deze foto van de Belgische fotograaf Roger Anthoine toont ons een romantische scène op een terril in Charleroi. De vlekkeloze kledij van beide geliefden straalt optimisme uit en vertrouwen in de toekomst, ondanks het feit dat de luchtvervuiling in de jaren 50 zo erg was dat men de schone was niet buiten te drogen kon hangen. Het optimisme van het verliefde paartje staat in schril contrast met de donkere wolken die zich figuurlijk boven Wallonië verzamelden. Tegen 1965 waren zo goed als alle Waalse steenkoolmijnen gesloten. Dat dergelijke tegenstellingen erotiek naar boven kunnen brengen, maakt dat de foto een mysterieuze sfeer uitstraalt die vandaag voorgoed vervlogen is.

FL

> Pollutie

Apóstol, Alexander

geb. 1969, Barquisimeto, Venezuela; woont en werkt in Madrid, Spanje en Caracas, Venezuela

Contrato Colectivo Cromosaturado, 2012
16mm film, 45 min.
In samenwerking met Rafael Ortega

Alexander Apóstol onderzoekt in zijn werk de relatie tussen architectuur, stedenbouw, kunst en politiek. *Contrato Colectivo*

by a vestigial organic appendage: in lieu of synthetic toners or dyes, Amorales realises his drawings with charcoal, that most elemental of graphic implements. The oversized paper that spews from the modified plotter thereby finds itself re-routed through the organic realm that the apparatus is designed to surpass. As the resulting print-outs multiply, they are hung from the ceiling of the exhibition space to form a continuously evolving labyrinth. Bearing esoteric symbols derived from forms of witchcraft and idolatry that have developed among miners the world over, the paper corridors of Amorales's maze serve to ensconce the dangerous Minotaurean forces that have been repressed in the machine age.

CMF

> Poetics of Restructuring
> Putheks

Anthoine, Roger

b. 1925, Belgium

Région de Charleroi, 1955
Gelatin silver print,
38.5 x 26 cm
Collection: Musée de la Photographie, Charleroi

This image by Belgian photographer Roger Anthoine depicts a romantic scene atop a slag heap in Charleroi. The lovers' spotless clothing radiates hope for the future, despite the fact that pollution was so bad in the 1950s that one could not even hang laundry out to dry. This optimism stands in direct contradiction to the dark clouds in the Walloon sky, which foreshadowed mine closures throughout Belgium. By 1965 almost all mines in Wallonia were closed. That eroticism should emerge from such contradictions bestows the image a mysterious condition that is unrecoverable today.

FL

> Pollution

Apóstol, Alexander

b. 1969, Barquisimeto, Venezuela; lives and works in Madrid, Spain and Caracas, Venezuela

Contrato colectivo cromosaturado, 2012
HD video, 3 screen installation, 45 min.
In collaboration with Rafael Ortega

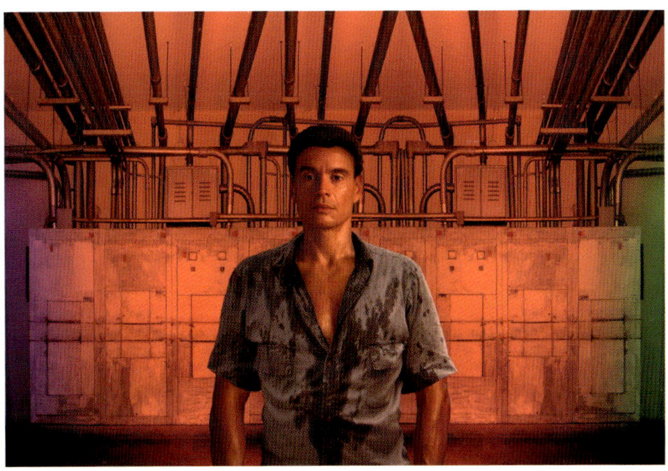

Alexander Apóstol, *Contrato coletivo cromosaturado*, 2012

Alexander Apóstol seeks out images that reveal the relationships between architecture, urban planning and art. *Contrato colectivo cromosaturado* is an audiovisual installation reflecting on Venezuela's recent political history, translated into colourful and vibrating kinetic art. After a period of dictatorship in the 1950s, Venezuela underwent radical political and economical changes in the 1960s. In the wake of the 1973 energy crisis the OPEC country enjoyed a period of economic prosperity, accompanied by the rise of a promise of 'democracy'. Apóstol marks this historical timeframe in colour, reflecting on the way that kinetic art in Caracas came to function as a mirror for the country's imaginary of progress. The work of Carlos Cruz-Diez was at the forefront of this trend: the light, colour and movement of his *Chromosaturations* were designed to captivate spectators' attention. By the early 1980s, overambitious misgovernment and corruption threw Venezuela into a downward spiral of strikes, ailing industry, revolts and coups, a political crisis whose effects can still be felt today. Although Cruz-Diez's work has endured, it now stands for the collapse of Venezuela's democratic dreams. *Contrato Colectivo Cromosaturado* uses the vibrant graphic language of the public spaces in Caracas to re-read these political chapters of Venezuela's history. Reflecting on the slogans of the period's politicians – "Democracy and Energy",

Cromosaturado is een audiovisuele installatie die reflecteert over de recente politieke geschiedenis van Venezuela, gefilterd door kleurrijke, vibrerende kinetische kunst. Na een dictatoriale periode in de jaren 50 onderging het land radicale politieke en economische hervormingen in de jaren 60. In het kielzog van de energiecrisis van 1973 beleefde het OPEC land een economisch welvarende periode, begeleid door een beloftevolle roep om 'democratie'. Apóstol markeert dit historisch tijdsframe in kleur, focussend op de kinetische kunst – als spiegel van de illusie van vooruitgang – in de publieke ruimte van Caracas. Carlos Cruz-Diez was één van de best vertegenwoordigde kunstenaars in Caracas: zijn 'Chromosaturaties' trokken met kleur, licht en beweging 'actief' de aandacht van de toeschouwer. Begin jaren 80 stortte een overambitieus wanbeleid en corruptie het land in een neerwaartse spiraal van stakingen, noodlijdende industrie, opstanden en staatsgrepen, een politieke crisis die tot op vandaag voelbaar is. Het werk van Diez is nog steeds in het straatbeeld aanwezig, maar weerspiegelt nu Venezuela's versplinterde democratische droom. Contrato Colectivo Cromosaturado hanteert de vibrerende, kleurrijke, grafische taal in Caracas' publieke ruimte om een aantal politieke hoofdstukken van Venezuela te belichten. Gebruik makend van politieke slogans – Democratie en Energie / Waar is het Geld? / Herrera regelt het wel! – spiegelt Apóstol de illusie van democratie met de illusoire taal van kinetische kunst.
MM

> Poëtica van de herstructurering

Ashington Groep, De

In oktober 1934 woonden 38 studenten, grotendeels mijnwerkers uit de Ashington-kolenmijnen, Robert Lyons Kunstwaarderingsles bij (Feaver 2008). Verrassend genoeg kwamen verschillende leden van de begingroep 40 jaar later nog steeds wekelijks en op hetzelfde tijdstip samen om kunst te bekijken en te bespreken en om elkaar hun recentste schilderijen te tonen. Dit dankzij Robert Lyon die op het idee was gekomen om de mijnwerkers kunst te leren waarderen door hen zelf kunst te laten maken. Hij droeg hen op naar huis te gaan en aan de slag te gaan met om het even welk materiaal dat ze in handen konden krijgen en gaf hen onderwerpen als 'Dageraad' of 'Mijn Eerste Werk'. In de volgende les moesten ze hun huiswerk dan meebrengen en elkaars resultaten beoordelen.

The Ashington Group at Work in the Hut. Left to right: unknown, J.R.Dobson, G. Brown, c. 1941

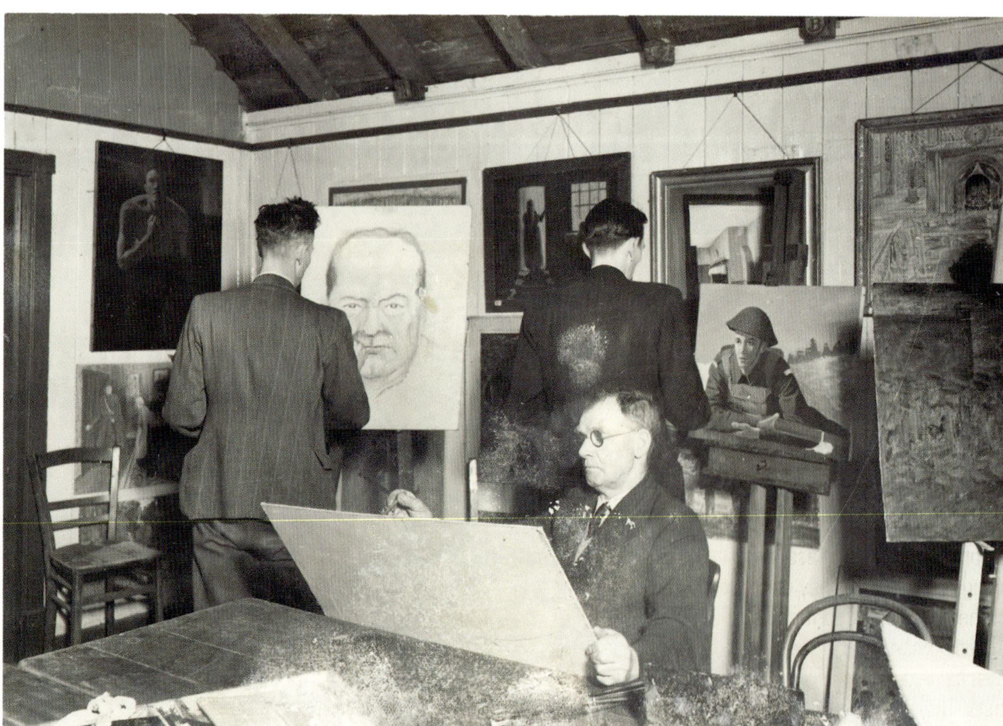

"Where's the money?", "Herrera fixed it!" – the artist mirrors the illusion of democracy with the illusory language of kinetic art.
MM

> Poetics of Restructuring

Art

Undefined.

Ashington Group, The

Thirty eight students, mostly miners working in the Ashington Collieries, turned up to Robert Lyon's Art Appreciation class in October 1934 (Feaver 2008). Amazingly, forty years later several of that initial group were still meeting, same time every week, to look at art and talk about it and show each other their latest paintings. That's because Robert Lyon had been inspired to get the men to appreciate art by doing it themselves. He instructed them to go home and use whatever materials they could scrounge, setting them subjects such as 'Dawn' or 'My First Job'. They'd bring their homework to the next class and discuss one another's efforts.

It wasn't long before Lyon decided that what he described as 'An Experiment in Art Appreciation' warranted a public viewing, so he organised in Newcastle the first of many exhibitions of paintings produced by the class. The Ashington Group, as they came to call themselves, found themselves lionised, condescendingly in some ways, as genuine working class artists. They shrugged this off.

During the war Robert Lyon went off to run the Edinburgh College of Art and the Group resolved to carry on without even a nominal tutor. By the early Seventies there were only three members of the original class left, and no newcomers to continue. The paintings, however, were as fresh as ever and were shown in China, in 1980, and around Europe. Eventually the paintings found a permanent home in the Woodhorn Colliery Museum in Ashington.
WF

> Cycles of Realism
> Kilbourn, Oliver
> Miner/Worker
> 17 Tons

Auden, W. H. [Winston Hugh]

b. 1907, London, England; d. 1973, Vienna, Austria.

Considered one of the greatest modernist writers, he was briefly associated with the GPO Film Unit in Britain. He contributed to documentary films like *Coal Face* (1935) and *Night Mail* (1936) with scripts, poems and songs that experimented with avant-garde forms, raw references to modern life and media, and a proletarian nerve.

> Coal Face

Het duurde niet lang voordat Lyon besloot dat wat hij beschreef als 'Een Experiment in Kunstwaardering' aan het publiek moest worden getoond. Daarom organiseerde hij in Newcastle de eerste van vele tentoonstellingen van de schilderijen die de klas had gemaakt. De Ashington Groep, zoals ze zichzelf waren gaan noemen, voelde zich op een voetstuk geplaatst, in sommige opzichten denigrerend, als authentieke arbeidersklasse-kunstenaars. Het raakte hen niet.

Tijdens de oorlog trok Robert Lyon naar het Edinburgh College of Art waar hij als directeur aan de slag ging en de Groep besloot om ook zonder mentor door te gaan. Aan het begin van de jaren 70 bleven nog slechts drie leden van de oorspronkelijke klas over, nieuwelingen om de Groep verder door te zetten waren er niet. De schilderijen bleven echter even fris en werden tentoongesteld in China (1980) en over heel Europa. Uiteindelijk kregen de schilderijen een permanent onderkomen in het Woodhorn Colliery Museum in Ashington.
WF

> Cycli in Realisme
> Kilbourn, Oliver
> Mijnwerker/Arbeider
> 17 Ton

Auden, W. H. [Winston Hugh]

geb. 1907, Londen, Groot-Brittanië; overl. 1973, Wenen, Oostenrijk.

Auden wordt beschouwd als een van de belangrijkste modernistische auteurs en was gedurende een korte tijd verbonden aan de GPO Film Unit in Groot-Brittannië. Hij werkte mee aan documentaires als *Coal Face* (1935) en *Night Mail* (1936) waarvoor hij het scenario, gedichten en liedjes schreef. In deze creaties experimenteerde hij met avant-gardistische vormen, ongepolijste verwijzingen naar het moderne leven en de moderne media alsook proletarische brutaliteit.

> Coal Face

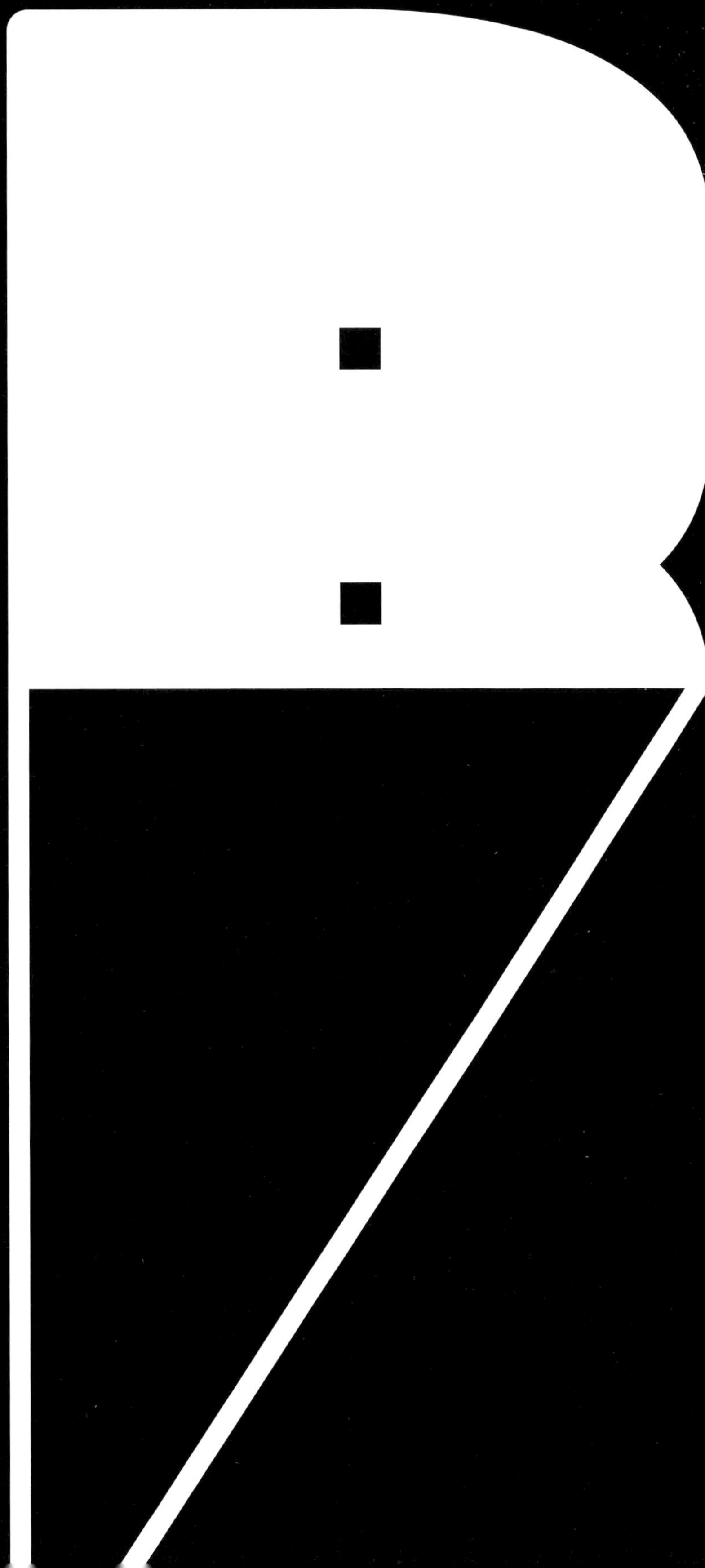

verlaten complexen zijn niet langer productief en bieden geen werkgelegenheid meer. De Industriële Revolutie kwam net zo snel aan haar eind als ze een aanvang had genomen. Begonnen aan het eind van de 18e eeuw was ze in de tweede helft van de 20e eeuw alweer grotendeels afgelopen. De steenkoolmijn van Winterslag in Genk was één van de zeven mijnen van het Kempens steenkoolbekken. De mijn werd eind 1906 geopend. De Bechers fotografeerden hem in 1988, het jaar dat hij voorgoed werd gesloten. Een geschiedenis van 82 jaar verstild in 36 foto's.

FL

Die Photographische Sammlung/SK Stiftung Kultur, Cologne, purchased with funds from Kulturstiftung der Länder, the Minister of State for Culture and Media, the Sparkasse Cultural Funds of Deutscher Sparkassen- und Giroverband, the Kunststiftung NRW and the Sparkasse KölnBonn

> Industriële Revolutie
> Landschap

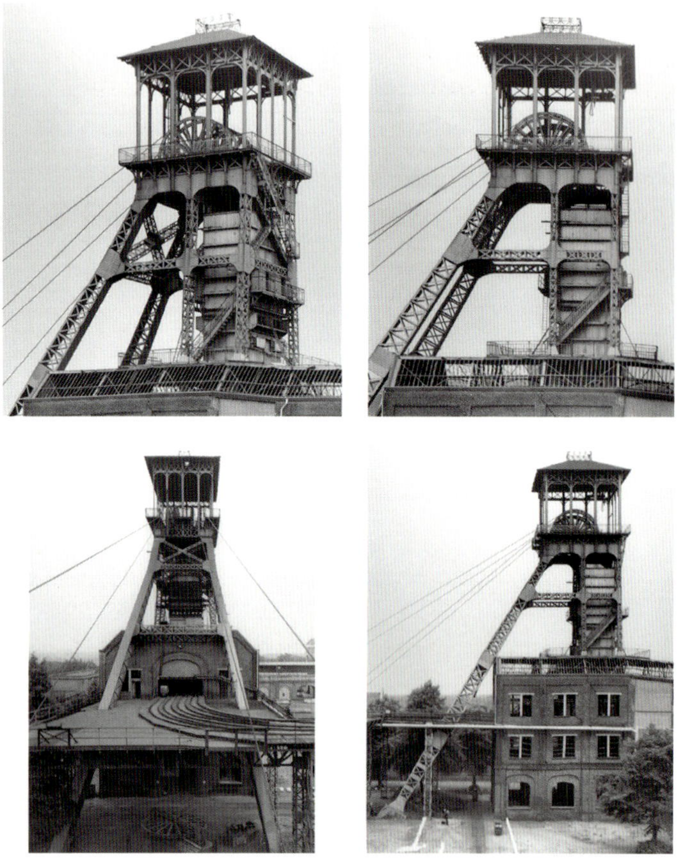

Bernd and Hilla Becher, *Winterslag Mijn*, group C, 1988

Becher, Bernd & Hilla

Bernd geb. 1931, Siegen, Duitsland; overl. 2007, Rostock, Duitsland
Hilla geb. 1934, Potsdam, Duitsland ; woont en werkt in Düsseldorf, Duitsland

Winterslag Mijn, 1988
36 gelatine zilverdruk zwart-witfoto's, 35 ca. 31 x 41 cm, 1 van 25,7 x 50,8 cm
Afmeting installatie ca. 70 x 1600 cm
Collectie: Die Photographische Sammlung/SK Stiftung Kultur, Keulen

Het kunstenaarsechtpaar Bernd en Hilla Becher werkte tot Bernds dood in 2007 als fotografenduo. De Bechers zijn vooral bekend geworden door hun strenge zwart-witfotografie van industriële installaties zoals koeltorens, gashouders en liftschachten van mijnen. Hun foto's van meestal in de 19e eeuw ontstane industriecomplexen laten een verdwenen wereld zien. Hoewel hun belangstelling voor het industrielandschap hoofdzakelijk formeel en esthetisch gericht is, hebben hun foto's ook een sociaal-economische en politieke lading. De totaal in verval geraakte en nutteloze overblijfselen van de industriële revolutie zijn een soort hedendaagse dinosauriërs; monumentaal en indrukwekkend, maar ontzield; zonder doel of toekomst. Het zijn zinnebeelden van een verstoorde droom, van een avontuur dat verkeerd is afgelopen. Deze

Beehive Design Collective

Sinds 2000 in Machias, VS

The True Cost of Coal, 2008
Digitale print op doek (reproductie naar originele tekening met potlood en inkt), 500 x 250 cm

Het Beehive Design Collective is een overwegend vrouwelijk, op vrijwilligers gebaseerd designcollectief dat gevestigd is in Maine (VS), maar actief is in het hele land. Beehive ontwerpt grafische campagnes in de vorm van op maat gemaakte spandoeken en gratis verspreide posters die

Becher, Bernd & Hilla

Bernd b. 1931, Siegen, Germany; d. 2007, Rostock, Germany
Hilla b. 1934, Potsdam, Germany; lives and works in Düsseldorf, Germany

Winterslag Mijn, 1988
36 gelatin silver prints, 35 at 31 x 41 m, 1 of 25.7 x 50.8 cm
Collection: Die Photographische Sammlung/SK Stiftung Kultur, Cologne

Bernd and Hilla Becher worked as photographic collaborators until Bernd's death in 2007. The Bechers became especially well known for their strict black and white photography of industrial installations like cooling towers, gas containers and mine elevators. Their photographs of industrial complexes of mostly nineteenth-century origin portray a lost world. Although their interest in the industrial landscape is mainly formal and aesthetic, their work is nonetheless socially, economically and politically fraught. In front of their lens, the spent and disused remains of the Industrial Revolution become the fossils of modern day dinosaurs: monumental and impressive, but lifeless, with no future. These deserted complexes are no longer productive, and offer no employment. The Winterslag coalmine in Genk was one of seven mines on the Kempen coalfield. It opened in 1906, and the Bechers photographed it in 1988, the year it closed for good, distilling 82 years of history in 36 pictures.
FL

> Industrial Revolution
> Landscape

Beehive Design Collective

Since 2000 in Machias, USA

The True Cost of Coal, 2008
Digital reproduction of original ink and pencil drawing on canvas, 500 x 250 cm

Based in Maine, USA, but working throughout the country. The Beehive Design Collective is a predominantly female, volunteer-based design group that develops graphic design campaigns in the form of custom-made banners and freely distributed posters which serve as educational materials for raising awareness on a wide array of issues including globalisation, industrialism, climate change, pollution, militarism, colonialism, and biotechnology.
Working as a non-profit, grassroots activist organisation whose income derives predominantly from donations, their mission is to spread awareness of environmental sustainability, organic agriculture and the importance of supporting local economies, through their design work as well as lectures, workshops and anti-copyright images. *The True Cost of Coal* is an epic banner produced collectively by a number of the 'bees', following two years of collaborative research, story development, and meticulous drawing. The banner examines the impact of coal mining on human and ecological communities and unfolds as an intricate and

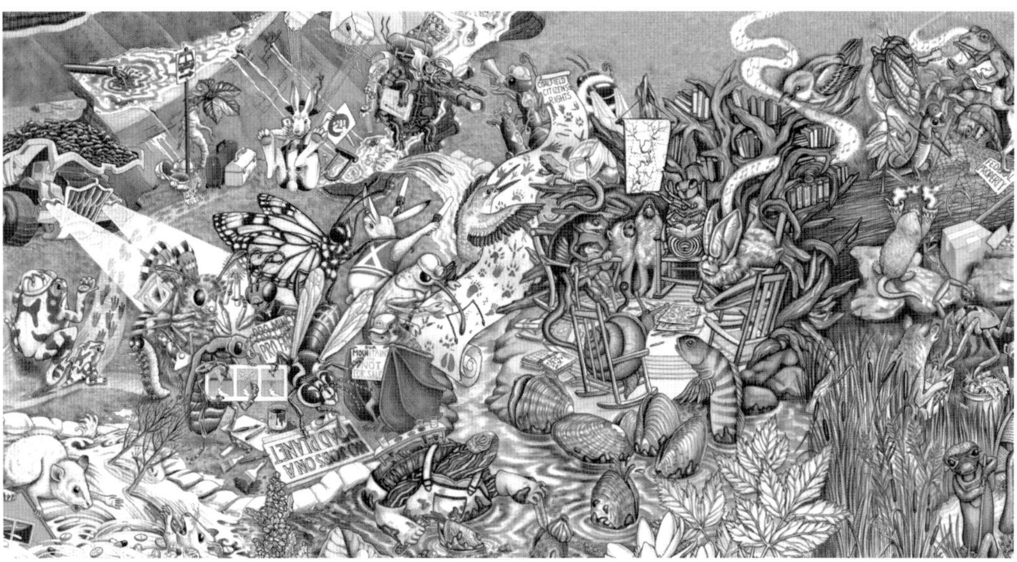

Beehive Design Collective, *The True Cost of Coal*, 2008

dienen als educatief materiaal om het bewustzijn te vergroten rond uiteenlopende thema's zoals globalisering, industrialisatie, klimaatverandering, vervuiling, militarisme, kolonialisme en biotechnologie. Als niet-winstgevende, lokale activistenvereniging haalt het collectief zijn inkomsten hoofdzakelijk uit donaties. Zijn missie is mensen bewust maken van milieu en duurzaamheid, biologische landbouw en het belang om de lokale economie te steunen, zowel via designwerk als via lezingen, workshops en anti-copyrightbeelden. *The True Cost of Coal* is een spandoek dat door enkele van de *bees* gezamenlijk werd ontwikkeld na twee jaar uitvoerig onderzoek, het schrijven van een script en nauwgezet tekenwerk. Het spandoek onderzoekt de impact van de mijnindustrie op menselijke en ecologische gemeenschappen en ontvouwt zich als een ingewikkeld en encyclopedisch verhaal rond de geschiedenis van steenkool en industrialisatie, en de gevolgen van open oppervlakte-mijnbouw waarbij bergtoppen worden opgeblazen om steenkool te winnen. Het resultaat is een uitgestrekt visueel landschap vol metaforen uit de natuur, bevolkt door planten en dieren die zich verzetten tegen de opmars van de industrialisatie en de onverzadigbare honger van ondernemingen. Het werk is niet alleen visueel verbluffend door de complexe tekenkunst, maar ook onmiskenbaar utopisch qua ambities. Het is een anti-industrieel *Gesamtkunstwerk* dat een sprong in de verbeelding toevoegt door een betere wereld en een schonere planeet voor te stellen, en tegelijk oproept tot actie aan alle lokale bewegingen die voor verandering pleiten.

KG

> Residu
> 17 Ton

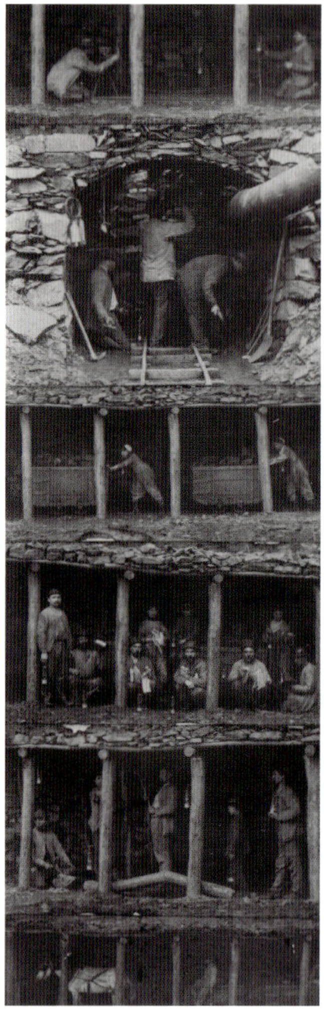

Olivier Bevierre, *Mineurs au travail*, 1892

Bevierre, Olivier

geb. 1869, Charleroi, België; overl. 1950 Ukkel, België

Mineurs au travail, 1892
Fotomontage, 90,5 x 26,5 cm
Collectie: Musée de la Photographie, Charleroi

Olivier Bevierre was eind 19e eeuw actief in Charleroi, waar hij zich specialiseerde in het statige portret, reproducties in alle mogelijke genres, industriële scènes en landschappen. In 1892 kreeg hij van Houillères Unies de opdracht om het werk in de steenkoolmijn vast te leggen. Het resultaat is een opmerkelijke fotomontage die gebaseerd is op een reeks foto's die zijn vader, Prosper Bevierre (1822-1893) had gemaakt. De beelden tonen de stratigrafie van de ondergrond, de laag boven laag opgebouwde mijngalerijen en onder meer het gebruik van paarden voor het transport van kool in de ondergrond. De afzonderlijke beelden zijn bovengrondse opnames die mogelijks voor educatieve doeleinden werden ingezet. In sommige mijnen werden er immers 'leerpijlers' ingericht aan de voet van een terril, deels bedekt met het steengruis. Daar kon de nieuwkomer ingewijd worden in de ontginning van steenkool. We zien mannen, vrouwen én kinderen met paard en kolenwagen aan de slag, duidelijk poserend voor de camera. Hoewel spelend met perspectief en afstand ten aanzien van het gekozen frame, zien we een drietal 'decors' terugkeren, telkens met een andere 'act'.
Het geheel focust op de continue herhaling van eenzelfde aantal handelingen, inherent aan de steenkoolontginning.

MM

> Ondergrondse hel
> Ondergrondse Vakschool

Bidmat

> Prayer mats

Biscotti, Rossella

geb. 1978, Molfetta, Italië; woont en werkt in Amsterdam, Nederland

encyclopaedic narrative revolving around the history of coal and industrialisation, and the effects of mountaintop removal coal mining. The result is an expansive visual landscape, dense with metaphors drawn from the natural world, populated by plant and animal characters who resist the onslaught of industrialisation and the insatiable appetites of corporations. Both visually stunning on account of its complex draughtsmanship, but also undeniably utopian in its aspirations, the work is an anti-industrial *gesamkunstwerk* that enjoins a leap of the imagination in trying to envision a better world and a cleaner planet, while at the same time being a rallying cry behind all grassroots resistance movements fighting for change.
KG

> Residue
> 17 Tons

Bevierre, Olivier

b. 1869, Charleroi, Belgium; d. 1950, Uccle, Belgium

Mineurs au travail, 1892
Photomontage, 90.5 x 26.5 cm each
Collection: Musée de la Photographie, Charleroi

Olivier Bevierre was active in Charleroi at the end of the 19th century. He specialised in formal portraiture, reproductions in a range of genres, industrial scenes and landscapes. In 1892, he was commissioned by Houillères Unies (United Collieries of Charleroi) to create a striking photomontage that represented work in coal mines, based on photographs that his father, Prosper Bevierre (1822-1893), had taken. The image depicts layer upon layer of adits and galleries, showing, among other things, the use of horses to transport coal underground. The individual images consist of aboveground photographs of a sort that had once been used for educational purposes: some mines constructed 'training galleries' at the foot of a slag-heap, which would be partly covered by slag so that novice miners could be taught the fundamentals of coal mining. In the montage, men, women and children work with horse and coal cart, clearly posing for the camera. Although playing with perspective and distance in relation to the selected frames, Bevierre used recurring backdrops, each of which featured a different task. Taken as a singular whole, the seriality of *Mineurs au travail* mirrors the repetitive labour of coal mining.
MM

> Underground, Models of the
> Underground as Hell

Biscotti, Rossella

b. 1978, Molfetta, Italy; lives and works in Amsterdam, NL

Title One: The Tasks of the Community, 2012
Installation, lead from Ignalina nuclear power plant, variable dimensions.

A Conductor, 2012. Main electrical wire, recycled copper from Ignalina nuclear power plant, 500 kg

Although she has pursued a variety of strategies in her practice, Rossella Biscotti has frequently entrusted the physical traces of sculptural work with the task of serving as an historical witness to contemporary society, creating narratives that involve a moment of material and bodily affect. *Title One: The Tasks of the Community* borrows its title from the 1957 treaty that established the European Atomic Energy Community (Euratom), one of the documents that serve as basis of the European Union, to take an ironic, post-minimal stance toward the ideologies of environmental regulation and recycling on a broad, continental level. On December 31, 2009, despite extended popular resistance and profound economic consequences, Unit 2 of the Ignalina Nuclear Power Plant in Lithuania was closed under pressure of the European regulatory bodies.

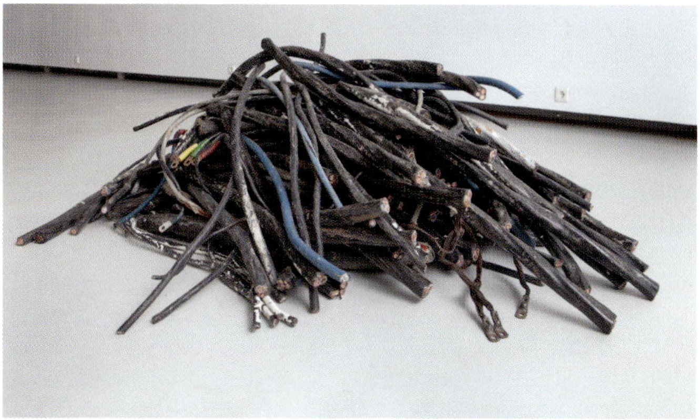

Rossella Biscotti, T*itle One: The Tasks of the Community*, 2012

Title One: The Tasks of the Community, 2012
Installatie, lood van de Ignalina kerncentrale, variabele afmetingen

A Conductor, 2012
Electriciteitskabel, gerecycleerd koper van de Ignalina kerncentrale, 500 kg

Hoewel Rossella Biscotti in haar oeuvre verschillende strategieën volgt, dienen de tastbare sporen van sculpturen vaak als historische getuigen van de hedendaagse maatschappij en creëert ze verhalen met een materieel en lichamelijk karakter. De titel van het werk, *Title One: The Tasks of the Community*, is ontleend aan het verdrag dat leidde tot de oprichting van de Europese Gemeenschap voor Atoomenergie (Euratom) in 1957. Het is één van de documenten die aan de basis liggen van de Europese Unie. Hiermee wil Biscotti een ironische, postminimalistische houding aannemen ten opzichte van de ideologieën van milieuwetgeving en recycling op een breed, continentaal niveau. Ondanks hevig verzet van de bevolking en zware economische gevolgen werd reactor 2 van de kerncentrale Ignalina in Litouwen op 31 december 2009 gesloten onder druk van de Europese regelgevende instanties. Paradoxaal genoeg werden in 2011, als onderdeel van het door de EU gefinancierde ontmantelingsproces, verschillende materialen van de nucleaire site geveild. De website van de kerncentrale Ignalina omschreef dit als 'overbodig bezit'.

Biscotti woonde twee openbare veilingen bij die werden georganiseerd in de kerncentrale. Ze kocht loden en industriële koperen kabels die ze liet overbrengen naar België zodat ze konden worden gebruikt voor Manifesta 9. Het lood gebruikte ze om een beeldhouwwerk te creëren, het koper werd gerecycleerd tot nieuwe elektriciteitskabels om het evenement van elektriciteit te voorzien. Deze acties maken niet alleen een toespeling op het klimaat van maatschappelijke bezorgdheid over de rol van nucleaire energie in het Europa na de Koude Oorlog, maar veroorzaken ook een kortsluiting tussen verafgelegen sociale processen die normaal gezien verborgen blijven voor de bevolking. Hierdoor wordt kunst samen met haar instellingen en doelpubliek fysiek in de complexe levenscyclus van het productiesysteem geïncorporeerd.
CM

> Poëtica van de herstructurering
> Pollutie
> Residu

Bissill, George

geb. 1896, Fairford, Gloucestershire, Groot-Brittannië; overl. 1973, Berkshire, Groot-Brittannië

Removing Props, z.d.
Olieverf op doek, 55,5 x 65 cm
Collectie: National Coal Mining Museum, Wakefield

Bissill, een van de weinige mijnwerker-schilders die de industrie de rug toekeerden om zich professioneel met kunst bezig te houden, ging al op zijn 13de de mijnen van Nottinghamshire in. Tijdens de Eerste Wereldoorlog raakte hij door mijngas bedwelmd en werd hij bedolven. "Zijn afschuw om naar de mijnen terug te keren was... onbeschrijflijk" (McManners en Wales 2002:45). Hij worstelde aanvankelijk om de kost te verdienen als schilder maar behaalde succes in de jaren 20. Zijn vrije kubistische stijl paste bij de harde structuur van de mijntunnels, hoewel zijn vaak anoniem voorgestelde mijnwerkers de kritiek kregen "een beetje Sovjet" te zijn (ibid 46).
DA

> Ondergrondse hel

Boltanski, Christian

geb. 1944, Parijs, Frankrijk ; woont en werkt in Malakoff, Frankrijk

Les régistres du Grand-Hornu, 1997
Installatie met blikken dozen, fotografie en etiketten
4,72 x 40,15 x 0,19 m, elk blik 35,5 x 19 x 19 cm
Collectie: Musée des Arts Contemporains, Grand-Hornu

Les régistres du Grand-Hornu is een groots en imposant werk dat hij in situ maakte voor het hooimagazijn van de oude steenkoolsite in Grand-Hornu. In de 19e en eerste helft van de 20e eeuw was dit één van de talrijke steenkoolmijnen die in de Waalse Borinage ontwikkeld en geëxploiteerd werden. Sinds 2002 biedt de oude mijnsite onderdak aan het MAC's, museum voor hedendaagse kunst. Naar aanleiding van de toekomstige museale functie van de site kreeg Christian Boltanksi de uitnodiging om met haar rijke mijnverleden aan de slag te gaan. De installatie beslaat een lange wand, volgestapeld met oude blikken dozen, beplakt met foto's en registernummers van mijnwerkers – zowel mannen, vrouwen als

Paradoxically, as part of the EU-financed dismantling process, in 2011 several materials from the site were put up for auction as what the Ignalina plant's website described as "unnecessary property."

Biscotti attended two public auctions held at the plant, acquiring lead and industrial copper cables, which she then imported to Belgium to be used at the venue for Manifesta 9. She used the lead to produce a floor-based sculpture, and had the copper recycled into new electrical wires to supply electricity to the show. These gestures allude to the climate of social concern around the role of nuclear energy in post-Cold War Europe, but they also create a short circuit between distant social processes that typically remain opaque to the citizenry, physically inserting art, its institutions and audiences into the complex life cycle of the productive system.
CM

> Poetics of Restructuring
> Pollution
> Residue

Bissill, George

b. 1896, Fairford, England; d. 1973, Berkshire, England

Removing Props, n.d.
Oil on canvas, 55.5 x 65 cm
Collection: National Coal Mining Museum for England, Wakefield

Bissill, one of the few pitmen painters who left the industry to become a professional artist, went down the mine at the age of thirteen in Nottinghamshire. In the First World War he was gassed and buried underground, and "the horror of returning to the mines... was indescribable" (McManners and Wales 2002:45). After struggling to make a living as a painter he achieved success in the 1920s, his spare cubist style matching the hard architecture of the underground tunnels, though his often faceless miners were criticised as "somewhat Soviet" (ibid 46).
DA

> Underground as Hell

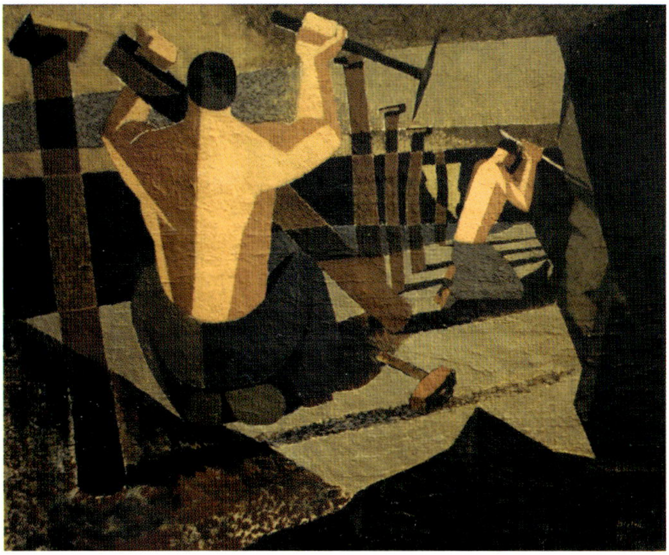

George Bissill, *Removing Props*, n.d.

Boltanski, Christian

b. 1944, Paris, France; lives and works in Malakoff, France

Les régistres du Grand-Hornu, 1997
Metal boxes, photographs and labels, 4.72 x 40.15 x 1.9 m, each box 35.5 x 19 x 19 cm
Collection: Musée des Arts Contemporains, Grand-Hornu

Les régistres du Grand-Hornu is a huge and imposing work that Christian Boltanski made *in situ* in the hay storehouse at the former Grand Hornu coal mine. From the 19th through the first half of the 20th century, Grand-Hornu was one of many such mines developed and operated in the Walloon Borinage region. Since 2002 the old mining site has been the home of the Museum of Contemporary Art Grand Hornu. In anticipation of the site's role as a museum, its director invited Christian Boltanski to create a work based on the site's rich mining past. His installation covers a large wall, stacked with old tin boxes, which are covered with the photographs and registration numbers of the miners – including men, women and children – who worked at Grand-Hornu. These came from all corners of Europe: Wallonia, Flanders, Poland, Greece, Italy. The names of more than 3000 of them are displayed on the yellowing labels of the biscuit boxes. Such boxes were often used to store personal documents and family pictures behind a cupboard or under the bed. These objects are thus ingrained in our collective

kinderen – die in de steenkoolmijn hebben gewerkt. Ze komen uit alle windstreken: Walen, Vlamingen, Polen, Grieken, Italianen ... Meer dan 3000 mijnwerkers prijken met hun naam op vergeelde etiketten van de koekendozen. Het zijn objecten uit ons collectief geheugen: de blikken doos die achter de kast of onder het bed persoonlijke documenten en familiefoto's bewaren, als zijnde de samenvatting van een mensenleven. Met deze installatie geeft de kunstenaar de mijnwerkers een naam en een gezicht. Vertellen dat er 5000 mijnwerkers in Grand-Hornu hebben gewoond en gewerkt, blijft een anonieme en dus een moeilijk te bevatten historische melding. Wanneer je *les mineurs* bij naam noemt, krijg je te maken met 'individuen' en komen er verhalen tot leven.

MM

> Epos van de overbodigheid
> Mijnwerker/Arbeider

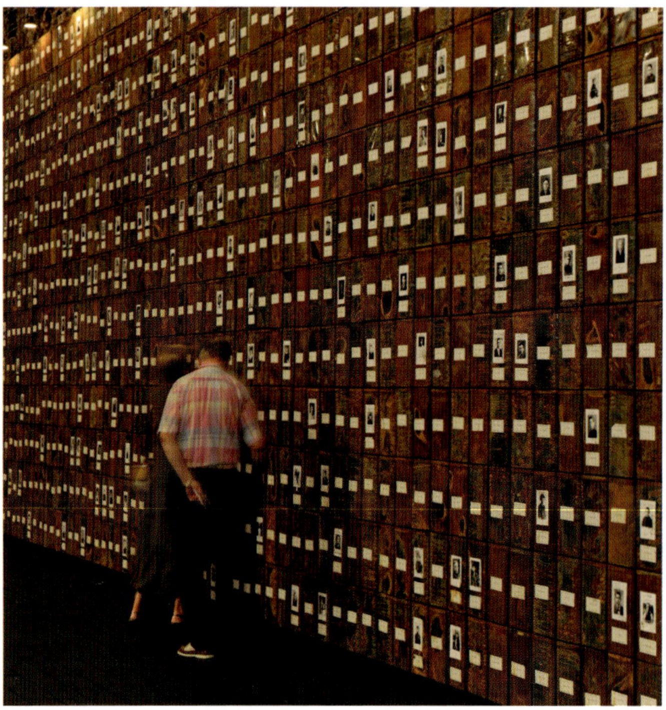

Christian Boltanski, *Les régistres du Grand-Hornu*, 1997

Boom, Irma & Johan Pijnappel

Boom geb. 1960, Lochem, Nederland; woont en werkt in Amsterdam, Nederland
Pijnappel geb. 1958, Gendt, Nederland; woont en werkt in Mumbai, India

Think Book, 1996-1896
Uitgever: SHV Holdings, Nederland. 1996. 22,5 x 17 x 11 cm

Thoughts on a Think Book, 2012-1991
Video installatie met boek, variabele afmetingen

In 1991 kreeg de Nederlandse boekontwerper Irma Boom, in opdracht van Paul Fentener Van Vlissingen, CEO van SHV, de taak om een jubileumboek te ontwerpen voor de stakeholders van het bedrijf. SHV ontstond in 1896 als kolentransportbedrijf in Utrecht en groeide tijdens de 20e eeuw uit tot Nederlands grootste familiebedrijf dat zich voortdurend heroriënteerde en vandaag één van de grootste distributeurs van LPG gas in Europa is.

Gedurende vijf jaar werkte Boom samen met historicus Johan Pijnappel aan een project dat vooraf nauwelijks restricties of specificaties meekreeg, behalve dan dat het een 'bijzondere' uitgave zou worden. *Think Book* kan allesbehalve opgevat worden als een klassiek 'jubileumboek'. Geïnspireerd door experimentele artistieke praktijken zoals die van Robert Filliou met zijn boek *Ample Food for Stupid Thought* (1965), neemt de 2136 pagina's tellende publicatie je als lezer mee op een reis doorheen een subjectieve geschiedenis van SHV, bevrijd van conventionele, academische structuren. Het is een massief en gesloten object, exclusief gecreëerd voor de stakeholders van SHV, een accumulatie van verhalen en geschiedenissen, inclusief die van Irma en Johan.

Vandaag staat *Think Book* symbool voor grafisch design dat vijftien jaar later nog steeds ten dienste staat van het bedrijf en haar herinneringen, maar tegelijk ook het medium 'grafische vormgeving' een ongeziene creatieve vrijheid verleende. *Thoughts on a Think Book* is gebaseerd op een geregistreerd gesprek tussen Johan en Irma met vijf studenten van de Rietveld Academie, terwijl de camera focust op het boek. Vragen en verhalen vullen de tentoonstellingsruimte terwijl handen door het boek bladeren. Archiefmateriaal dat tot nog toe onaangeroerd bleef, vult het verhaal aan. Het geheel ontsluit

memory; the summary of a man's life, as it were. With this installation the artist gives the miners a name and a face. Explaining that 5000 miners lived and worked at Grand-Hornu is an anonymous historical fact that is difficult to comprehend in human terms. By calling *les mineurs* by name, their individual stories come to life.
MM

> Epics of Redundancy
> Miner/Worker

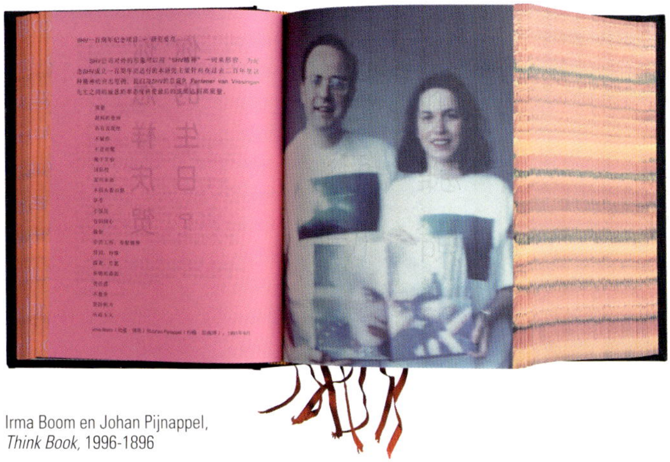

Irma Boom en Johan Pijnappel,
Think Book, 1996-1896

Boom, Irma & Johan Pijnappel

Boom b. 1960, Lochem, NL; lives and works in Amsterdam, NL
Pijnappel b. 1958, Gendt, NL; lives and works in Mumbai, India

Think Book, 1996-1896
Publisher: SHV Holdings, NL.
1996. 22.5 x 17 x 11 cm

Thoughts on a Think Book, 2012-1991
Video installation with book, variable dimensions

In 1991 Paul Fentener van Vlissingen, CEO of the coal transport firm SHV, asked the famous Dutch book designer Irma Boom to develop a book project for his company's shareholders in celebration of its centenary. Founded in Utrecht in 1896, SHV became one of the largest family-owned businesses in the Netherlands. Evolving over the course of the twentieth century, it is now one of Europe's largest distributors of liquefied petroleum gas.

For five years, and practically without restrictions or specifications beyond looking to make a work that would be truly unusual, Boom collaborated with historian Johan Pijnappel to create *Think Book*, which was anything but a traditional festschrift. Inspired by experimental artistic practices like Robert Filliou's book *Ample Food for Stupid Thought* (1965), the 2136-page publication takes readers on a journey through a subjective history of SHV, liberated from any conventional scholarly structure. A massive and closed object produced exclusively for the SHV stakeholders, it is an accumulation of stories and histories, including that of Boom and Pijnappel.

More than fifteen years later, the *Think Book* stands as a remarkable case where graphic design is at the service of the memory of a company, but also granted an extraordinary creative freedom. For this project, Boom and Pijnappel recorded a discussion of their experience with five students from the Rietveld Academy while a camera focused on the book. Questions and stories fill the exhibition hall while hands flip through the object. Archival materials that have gone untouched since finishing *Think Book* complete the narrative, disclosing both some of the contents of the book along with details of the remarkable history of its commission.
MM

> Accumulation
> Poetics of Restructuring

Brandt, Bill

b. 1904, Hamburg, Germany; d. 1983, London, England

Coal Searchers near Haworth, 1930
Gelatin silver print, 40.5 x 30.3 cm
Collection: The National Coal Mining Museum for England, Wakefield

Brandt settled in England in 1931. In 1929 he had spent a few months in Man Ray's studio in Paris, and later identified two main trends in modern photography – the poetic and the documentary. He regarded his work of the 1930s, which highlighted conditions in Britain and the shocking contrast between rich and poor, as predominantly documentary: 'moment-of-truth school'. However, they are also highly composed and darkly atmospheric, as in this image of coal scavengers

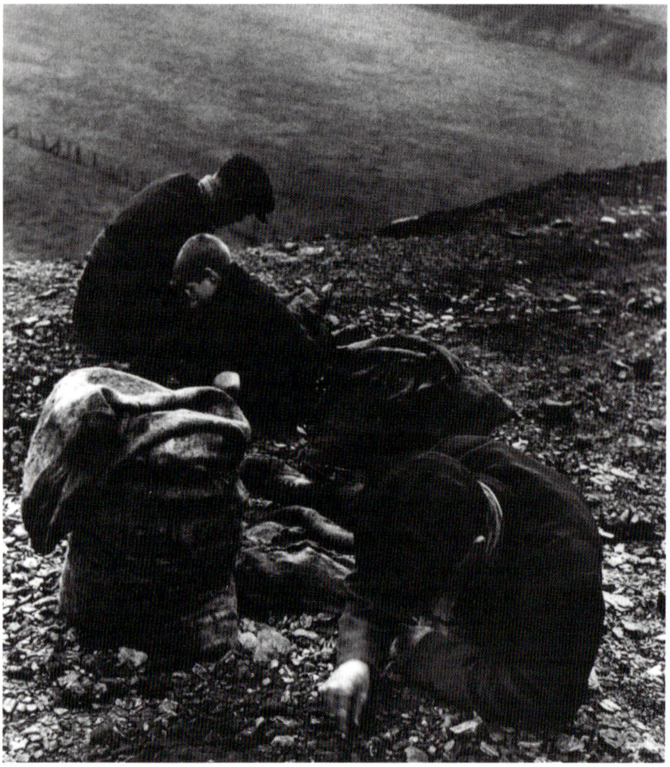

Bill Brandt, *Coal Searchers near Haworth*, 1930, © Bill Brandt Archive

fragmenten die in het boek aan bod komen, verrijkt met details over de opmerkelijke geschiedenis van haar totstandkoming.
MM

> Accumulatie
> Poëtica van de herstructurering

Brandt, Bill

geb. 1904, Hamburg, Duitsland; overl. 1983, Londen, Groot-Brittannië

Coal Searchers near Haworth, ca. 1930
Gelatine zilverdruk, 40,5 x 30,3 cm
Collectie: The National Coal Mining Museum for England, Wakefield

Brandt vestigde zich in 1931 in Engeland. In 1929 had hij enkele maanden doorgebracht in de studio van Man Ray in Parijs en later overscheidde hij twee overheersende trends in de moderne fotografie: de poëtische en de documentaire. Hij bestempelde zijn werk van de jaren 30 – waarin de focus lag op de levensomstandigheden in Groot-Brittannië en het onthutsende contrast tussen rijk en arm – hoofdzakelijk als documentair: de 'moment-van-de-waarheid-stijl'. Niettemin zijn de foto's sterk 'gecomponeerd' en stralen ze een donkere atmosfeer uit zoals in dit beeld van de steenkool 'lezers' die, net als in Don McCullins *Coal Scavenging* (1963), kennelijk niet graag werden gefotografeerd. Brandt's beelden van mijnwerkers in Wales en Noord-Engeland tijdens de industriële crisis van de jaren 30, zijn "representatief voor deze periode van massale werkloosheid" (Brandt 1993: 30). Eén beeld – we zien een losse-steenkoollezer in het graafschap Durham die zijn fiets in een desolaat gebied voortduwt – werd getoond in *Picture Post* in 1947 (19 april, 1947) met als onderschrift 'De man die wellicht ooit tonnen steenkool heeft uitgehouwen, schraapt nu restjes bijeen op de terril.
DA

> Cycli van realisme

Britten, Benjamin

geb. 1907, Lowestoft, Groot-Brittannië; overl. 1976, Aldeburgh, Groot-Brittannië.

Deze componist, pianist en dirigent is een van de belangrijkste moderne Britse muzikanten van de 20e eeuw. In het midden van de jaren 30 nodigde Alberto Cavalcanti hem uit om mee te werken aan de experimentele productie van geluidsfilms voor de GPO Film Unit. Samen met de dichter W. H. Auden werkte hij aan de films *Coal Face* (1935) en *Night Mail* (1936) en de liederencyclus *Our Hunting Fathers*, op. 8 (1936).

> Coal Face

Broodthaers, Marcel

geb. 1924, Brussel, België; overl. 1976, Brussel

Bac à cendre, 1971-1972.
Sculptuur met asbak en as, 91 x 45 x 22 cm
Collectie: Estate Marcel Broodthaers

who, like those in Don McCullin's *Coal Scavenging* (1963), seem reluctant to be photographed. His photographs of miners in Wales and Northern England during the industrial depression in the 1930s are 'symbolical of this time of mass unemployment' (Brandt 1993: 30). One, of a loose-coal searcher in County Durham pushing his bicycle in a desolate waste-land, was reproduced in *Picture Post* with the caption "The man who might have been hewing coal in tons, scratches for ounces in the slag heaps" (April 19, 1947).
DA

> Cycles of Realism

Britten, Benjamin

b. 1907, Lowestoft, England; d. 1976, Aldeburgh, England.

A composer, pianist and conductor, Britten is one of the main modern British musicians of the 20th century. In the mid-1930s, Alberto Cavalcanti invited him to collaborate in the experimental production of sound films for the GPO Film Unit. His collaboration with poet W. H. Auden includes both the films *Coal Face* (1935) and *Night Mail* (1936), and the song cycle *Our Hunting Fathers*, op. 8 (1936).

> Coal Face

Broodthaers, Marcel

b. 1924, Brussels, Belgium; d. 1976, Brussels

Bac à cendre, 1971-72
Sculpture with ashtray and ashes, 91 x 45 x 22 cm
Collection: Estate Marcel Broodthaers

Deux morceaux de charbon, (anthracite) entourés d'ouate blanche, 1967
Sculpture with coal and cotton wool, 12 x 7.5 x 6 cm and 12 x 5 x 10.5 x 5 cm
Collection: Estate Marcel Broodthaers

Trois tas de charbon, 1967
Installation with coal, wood, paper, variable dimensions.
Collection: Estate Marcel Broodthaers

Between 1966 and 1967, Marcel Broodthaers incorporated coal into his trademark material vocabulary, a choice he wittily systematised in the title of his 1966 exhibition at the Wide White Space Gallery in Antwerp: *Moules Oeufs Frites Pots Charbon* (Mussels Eggs Fries Pots Coal). Beyond alluding to the emergent ontology of an art that was merging with the everyday, coal became part of Broodthaers's skewed critique of Belgian identity, entrusted to "materials that symbolically duplicate the tautological structure of the nation-state and then undo their own symbolic power" which were made laughable upon being inserted into the artwork (Haidu 2010:37). That these anti-monuments practically coincide in time with the political crisis caused by the violent clashes between the Belgian police and the miners picketing the Zwartberg coal mine in Genk (January 1966) would tempt the viewer to feel that when René Magritte reproached Broodthaers for being "more a sociologist than an artist" (Broodthaers 1988:41), he may have had works like *Trois tas du charbon* in mind. However, at the time the work was shown, Pierre Restany preferred to argue that the work involved a comparison between an excess of coal production in the 19th century and an "excess of information and visual solicitations" in the 20th (1998:55). Perhaps, then, the historical import of these works, indicated in the artist's awareness that the "exploitation of the political consequences of art" had become, not unlike theory, "a private property" (Broodthaers 1988:45), derives from their occupying a peculiar space of aesthetic ambiguity and opacity, refusing to choose between literalness, critique and ridicule.
CM

> Dark Matter

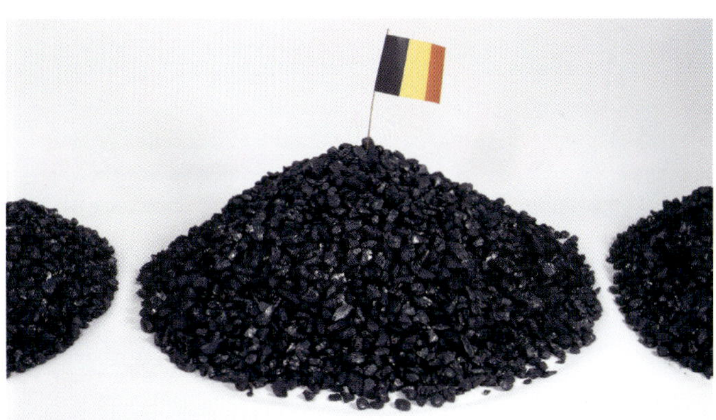

Marcel Broodthaers, *Trois tas de charbon*, 1966-67 (detail)

Deux morceaux de charbon (anthracite) entourés d'ouate blanche, 1967. Sculptuur met steenkool en katoen, 12 x 7,5 x 6 cm and 12,5 x 10,5 x 5 cm
Collectie: Estate Marcel Broodthaers

Trois tas de charbon, 1967. Installatie met steenkool, hout en papier, variabele afmetingen
Collectie: Estate Marcel Broodthaers

Tussen 1966 en 1967 incorporeerde Marcel Broodthaers steenkool in zijn typische materiaalgebruik, een keuze die hij in 1966 op gevatte wijze verwerkte in de titel van zijn tentoonstelling in galerie Wide White Space in Antwerpen: *Moules Oeufs Frites Pots Charbon*. Naast een zinspeling op de opkomende ontologie van een kunst die versmolt met het alledaagse, maakte steenkool deel uit van Broodthaers' enigszins absurde kritiek op de Belgische identiteit, toevertrouwd aan "materialen die de tautologische structuur van de nationale staat symbolisch nabootsen en dan hun eigen symbolische macht tenietdoen" en die een komisch karakter kregen door te worden gebruikt in het kunstwerk (Haidu 2010:37). Dat deze antimonumenten nagenoeg in dezelfde periode worden gecreëerd als de politieke crisis veroorzaakt door de zware rellen tussen politie en mijnwerkers die de kolenmijn van Zwartberg (Genk) bezetten in januari 1966, zou de kijker ertoe verleiden te denken dat René Margritte werken als *Trois tas de charbon* in gedachten kon hebben toen hij Broodthaers verweet "veeleer een socioloog dan een kunstenaar" te zijn (Broodthaers 1988:41). Toen het werk verscheen, stelde Pierre Restany echter liever dat het een vergelijking inhield tussen een overmatige steenkoolproductie in de 19e eeuw en een "overdaad aan informatie en visuele verlokkingen" in de 20e eeuw (in 1998:55). Misschien zijn deze werken historisch belangrijk omdat ze een bijzondere plaats van esthetische dubbelzinnigheid en onduidelijkheid innemen en weigeren te kiezen tussen fantasieloosheid, kritiek en spot. Dit werd duidelijk gemaakt door het feit dat de kunstenaar zich ervan bewust was dat de "exploitatie van de politieke gevolgen van kunst" net als theorie "privébezit" was geworden (Broodthaers 1988:45).

CM

> Donkere materie

Buckle, Janet

geb. 1945, South Yorkshire, Groot-Brittannië; woont en werkt in Doncaster, Groot-Brittannië

Hatfield – A Working Colliery, n.d. (ca. 2006)
Olieverf op hout, 110 x 145 cm
Collectie: The National Coal Mining Museum for England, Wakefield

Hatfield is een van de laatste actieve steenkoolmijnen in Yorkshire. Het industriële landschap, en voornamelijk het landschap dat ontstaan is door mijnontginning, vormt de rode draad in het werk van Buckle. Ze is gefascineerd door "de vreemde kleuren van deze maanlandschappen" (McManners and Wales 2002:186). Hier herinnert de rode hemel aan de helse nachtscène van Coalbrookdale afgebeeld door de Loutherbourg. De eenvoudige volumes krijgen een zekere zwaarte mee door het lage perspectief en weerspiegelen op die manier enigszins het sublieme.

DA

> Landschap

Burian, Zdenek

> Carboonlandschappen

Burtynsky, Edward

geb. 1955, St. Catharines, Ontario, Canada; woont en werkt in Toronto, Canada

China, Manufacturing, 2005
Selectie van acht foto;s, variabele afmetingen

Al meer dan 20 jaar fotografeert Edward Burtynsky industriële landschappen. Tussen 2003 en 2005 reisde hij uitgebreid rond in China om de industriële ontwikkeling van het land vast te leggen. Zijn foto's van scheepswerven, kolenmijnen, staalfabrieken, recyclageparken en grootschalige stedelijke ontwikkelingsprojecten geven zowel de evolutie als de gevolgen van industriële productie weer. Zijn fotoreeks *China* is een diepteonderzoek naar alle aspecten van industrie – van de ontginning en productie van grondstoffen tot het verbruik en de afvalverwerking ervan. Met *Manufacturing* besteedt hij aandacht aan de productiesites en de sociale structuur die hierrond werd opgebouwd maar ook aan de menselijke arbeid die de drijvende kracht vormt van de industriële productie in de tweede grootste economie in de wereld. Burtynsky concentreert zich op de nieuwe productielandschappen in Guangdong, provincie in Zuidoost-China. Hij is vooral geïnteresseerd in de locaties waar traditionele industriële producten zoals elektrische apparatuur, stoffen en kledij worden gemaakt. Zijn foto's tonen een gestandaardiseerd, homogeen

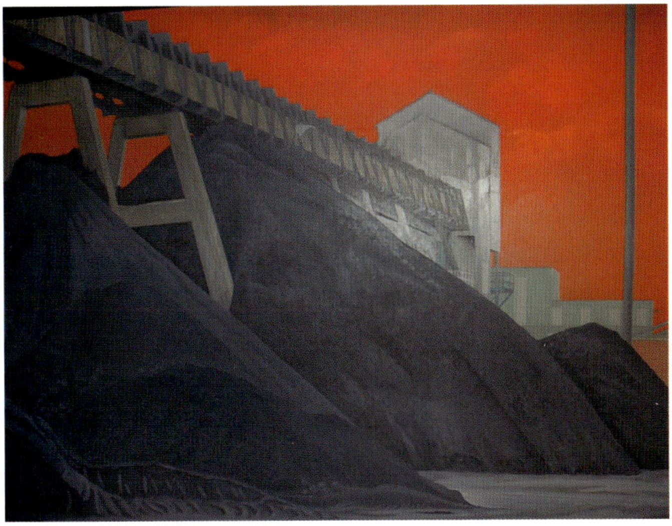

Janet Buckle, *Hatfield – A Working Colliery*, n.d.

Buckle, Janet

b. 1945, South Yorkshire, England; lives and works in Doncaster, England

Hatfield – A Working Colliery, n.d. (c. 2006)
Oil on wood, 110 x 145 cm
Collection: National Coal Mining Museum for England, Wakefield

Hatfield is one of the few working mines left in the Yorkshire coalfields. Buckle has made the industrial landscape and especially that created by mining her chief subject. She is fascinated by "the strange colours of these lunar landscapes" (McManners and Wales 2002:186). Here the red sky recalls the hellish night scene at Coalbrookdale depicted by de Loutherbourg, and the simple shapes made more massive by the low viewpoint retain something of the sublime.
DA

> Landscape

Burian, Zdenek

> Carboniferous Landscapes

Burtynsky, Edward

b. 1955, St. Catharines, Ontario, Canada; lives and works in Toronto, Canada

China, Manufacturing, 2005
Selection of 8 photographs, variable dimensions

Edward Burtynsky has been photographing industrial landscapes for over two decades. Between 2003 and 2005 he travelled extensively in China to document the country's industrial development. His photographs of shipyards, coalmines, steel mills, recycling plants, and large-scale urban development projects document both the processes and effects of industrial production. The resulting *China* series is an in-depth exploration of all aspects of industry, from extraction of raw materials and production to consumption and waste. *Manufacturing* looks at both the sites of manufacturing and the social fabric that has been constructed around them, as well the human labour that drives industrial production in the world's second largest economy. Burtynsky focuses on the new manufacturing landscapes in Guangdong province in southeast China. Burtynsky directs his attention toward sites that produce traditional industrial commodities like electrical appliances, textiles, and garments. His photographs depict a standardised, homogeneous landscape of factories and workers' dormitories, which house the millions of workers who have come from the countryside to drive China's growing industrial economy by means of hours of repetitive labour. These photographs capture the extraordinary scale of this machine economy in seemingly boundless assembly lines, enormous, cavernous cafeterias and non-descript housing. Forming a faceless mass extending as far as the eye can see, the sea of labourers appears to merge into the belly of these huge edifices or factories. Any notion of the human individual is negated here where the human being appears almost as reduced as a pixel on a screen.
KG

> Accumulation
> Poetics of Restructuring
> Production

landschap van fabrieken en slaapzalen voor arbeiders, waar miljoenen werklieden van het platteland verblijven. Deze mensen vormen door hun urenlange repetitieve arbeid de katalysator van de steeds groeiende Chinese industriële economie. De foto's schetsen de buitengewone omvang van deze machine-economie die bestaat uit ogenschijnlijk grenzeloze productielijnen, enorme, duistere eetzalen en karakterloze woningen. De stroom van arbeiders, die een eindeloze massa zonder identiteit vormt, lijkt op te gaan in de buik van deze gigantische gebouwen en fabrieken. Elke notie van enige menselijke individualiteit wordt hier tenietgedaan waardoor de mens gereduceerd wordt tot slechts een pixel op een beeldscherm.

KG

> Accumulatie
> Poëtica van de herstructurering
> Productie

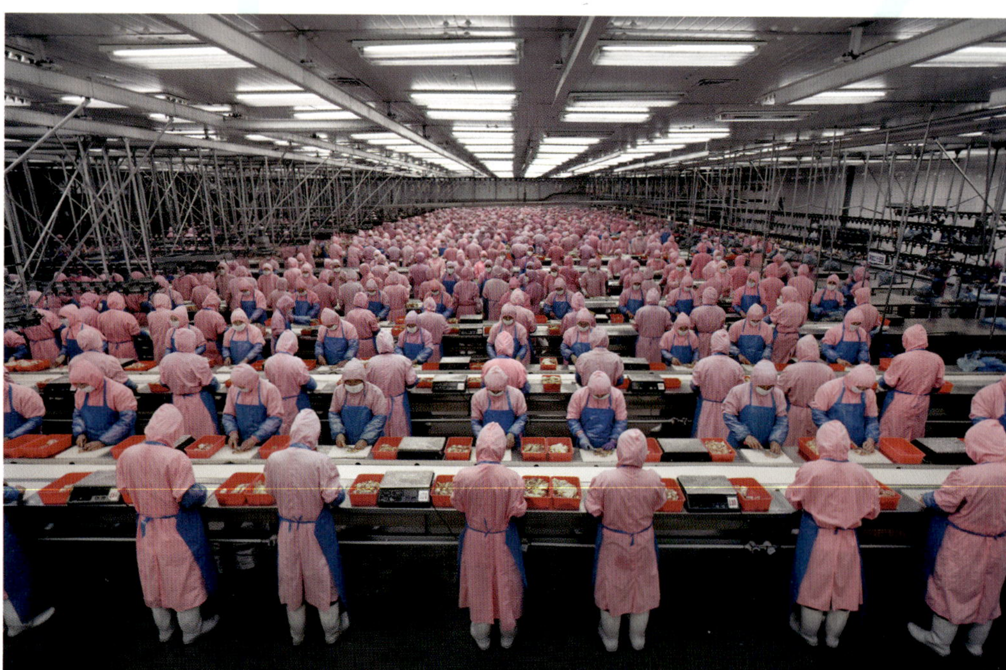

Edward Burtynsky, *China, Manufacturing #17, Deda Chicken Processing Plant, Dehui City, Jilin Province*, 2005

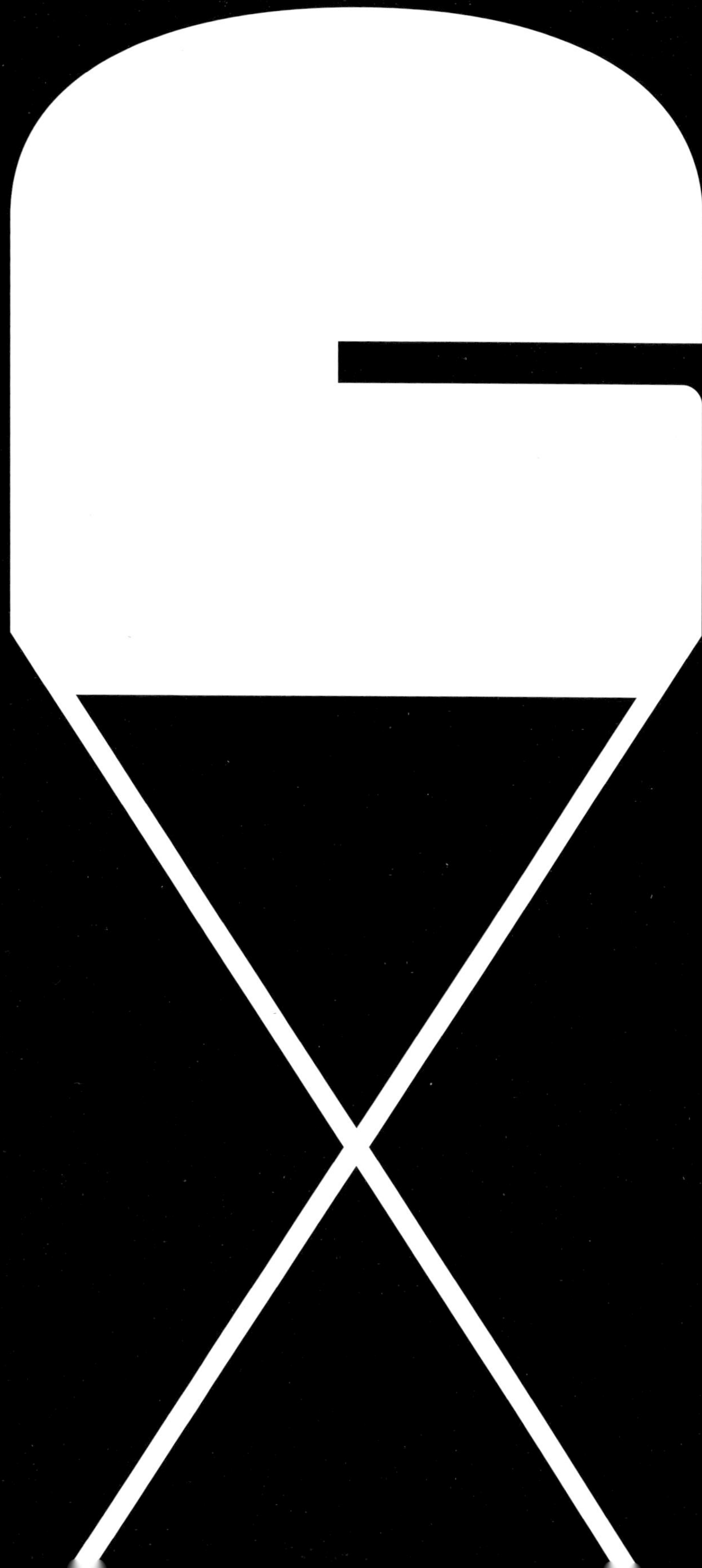

Cain, Ben

geb. 1975, Leeds, Groot-Brittannïe; woont en werkt in Londen, Groot-Brittannïe en Zagreb, Kroatië

Work in the Dark, 2012
Handbeschilderde houten onderdelen, elektrische machine met lederen riem en affiches, variabele afmetingen

De doelstelling van het post-fordisme is niet zozeer de afschaffing van arbeid, maar wel de dematerialisatie van de productie. Het streven naar een vermindering van de arbeidskosten weerspiegelt de fantasie van een immateriële diensteneconomie die is opgebouwd rond een volledig geautomatiseerde industrie. Hierbij wordt uiteraard verhuld dat het productieproces gepaard gaat met moeilijkheden en de vorming van afval door alle manuele en fysieke taken, vervuiling en residuen te verplaatsen naar ontwikkelingslanden die worden gekenmerkt door 'goedkope arbeid'. Zo wordt dus de opvatting gecreëerd dat de 'postindustriële' maatschappij in de richting van nieuwe creatieve industrieën beweegt waar producten en transformerende processen haast vanzelf ontstaan alsof ze voortvloeien uit een onafgebroken, naadloos en geurloos ballet van machines en ruwe materie. Het werk van Ben Cain ensceneert de omslag van commodity fetisjisme naar het concept van het industriële, als ware het witte magie. Dat doet hij door environments te scheppen die eindelijk vrij zijn van de storende aanwezigheid van arbeiders en hun fysieke en spirituele behoeften. In zijn installatie wordt de voormalige kolenmijn van Waterschei het toneel voor ontmoetingen tussen objecten, nutteloze machines en teksten die affiches versieren en zijn geïnspireerd op de kalligrafie van het vroege modernisme, gesitueerd op een onbepaalde plaats tussen het verleden en de toekomst. Dit wordt aangevuld met decoratieve motieven van de kolenmijn zelf. De affiches met bijbehorende teksten hebben een dubbelzinnig karakter: ze zijn zowel het grondbeginsel als het product van de spookachtige 'intellectuele arbeid' van deze 21e-eeuwse werkplaats die het publiek kan interpreteren als onderdeel van een nieuwe manier van consumptie-productie.
CM

> Kapitalisme in crisis
> Poëtica van de herstructurering

Campbell, Duncan

geb. 1972, Dublin, Groot-Brittannië; woont en werkt in Glasgow, Groot-Brittannië

Make It New John, 2009
Video, 50 min.

Campbells epische film is een parodie op één van de meest bizarre hoofdstukken uit het naoorlogse kapitalisme: de geschiedenis van de DMC-12, de futuristische droomauto met de vleugeldeuren die werd gecreëerd door de Amerikaanse ingenieur en ondernemer John Zacharias Delorean (1925-2005). Campbell documenteert de vreemde poging om de productie van de wagen te gebruiken als een instrument voor *social engineering*. Sterk steunend op archiefbeelden waarin hij enkele zelfbedachte scenes integreert om een politieke en biografische allegorie toe te voegen, probeert Campbell een panoramisch beeld te geven van de uitersten die het sociale leven van dit icoon van het consumentisme hebben gekenmerkt: enerzijds de bewering dat de vestiging van een fabriek van DMC in Dunmurry, Noord-Ierland, de kloof tussen katholieken en protestanten zou overbruggen door hen als arbeiders te verenigen; anderzijds het onvermogen om de auto te verkopen in een economisch moeilijke periode en de ondergang van het project onder het neoliberale beleid van Margaret Thatcher. In Campbells casestudy is de auto een aangrijpend symbool van de ongerijmdheden van modernisering, veeleer dan dat dit het geval was in zijn populaire verpersoonlijking

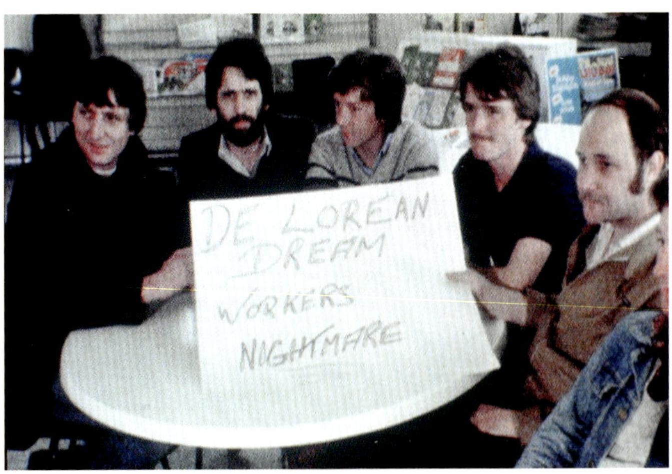

Duncan Campbell, *Make It New John*, 2009, 50', video

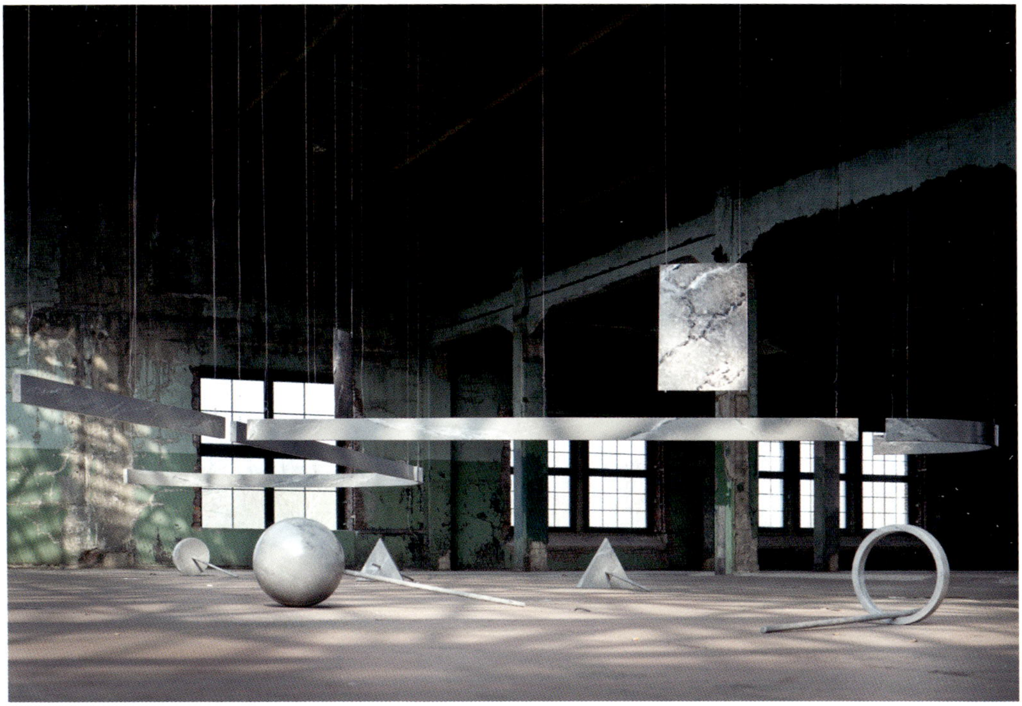

Ben Cain, *Work in The Dark*, 2012 (detail)

Cain, Ben

b. 1975, Leeds, England; lives and works in London and Zagreb, Croatia

Work in the Dark, 2012
Hand-painted plywood beams and other types of wood, electricity-operated machine with leather belt, set of posters, variable dimensions

The goal of post-Fordism is not so much the abolition of work as the dematerialisation of production. The drive toward lowering the costs of labour projects the fantasy of an incorporeal service economy built around an entirely automatised industry, which of course conceals the hardships and dirt of production by displacing all manual and physical tasks, pollution and residue to the geographies of "cheap labour" in the global South. This gives rise to the extended view that "post-industrial" societies are moving to a new stage of creative industries, wherein products and transformative processes appear almost on their own, as if they had originated from a continuous, seamless and odourless ballet of machines and raw matter. Ben Cain's work evokes this staging of the turn from "commodity fetishism" to the concept of industry as white magic by creating environments that are finally free of the troublesome presence of the workforce and its bodily and spiritual needs. His installation subtly transforms the former working space of the Waterschei mine into a theatre of encounters between objects, purposeless machines and texts adorning posters inspired by the calligraphy of early modernity, lying in an indeterminate place between the past and the future, along with ornamental motifs borrowed from the coal mine itself. Such posters and their texts appear ambiguously as both the principle and the product of the ghostly "intellectual labour" of this twenty-first-century workshop, which the audience is invited to read as part of a new mode of consumption-production.
CM

> Crises of Capitalism
> Poetics of Restructuring

Campbell, Duncan

b. 1972, Dublin, Ireland; lives and works in Glasgow, Scotland

Make it New John, 2009
Video, 50 min.

Campbell's epic film is a parody of one of the most bizarre chapters of post-war capitalism: the history of the DMC-12, the extravagant, futuristic automobile created by American engineer and entrepreneur John Zacharias Delorean (1925-2005). Campbell documents

als tijdmachine in *Back to the Future* (1985). De roestvrije stalen carrosserie van de DMC laat ons binnenkijken in een alternatieve toekomst waar autodesign aanleiding zou geven tot een fetisj van onbeperkt verlangen, arbeiders zouden rekenen op de gebundelde kracht van vakbondsacties en de regering luxe en consumptie als statussymbool zou gebruiken om sociale rechtvaardigheid te creëren. Dat dit vandaag allemaal een onverstandig avontuur lijkt, is te verklaren door het feit dat het concept van een 'nationale economie' even utopisch en verouderd is als de staartvin van een vintage Cadillac.

CM

> Epos van de overbodigheid
> Poëtica van de herstructurering

Carbon / Koolstof

"In feite is koolstof een buitengewoon element: het is het enige element dat zich kan verbinden tot lange, stabiele ketens zonder dat dit veel energie kost. Voor het leven op aarde – de enige vorm van leven die we tot nog toe kennen – zijn net dergelijke lange ketens vereist. Net daarom is koolstof het belangrijkste element van levende materie." (Levi: 227).

Carboon-landschappen

Het carboon (299-359 miljoen jaar geleden) is een van de belangrijkste perioden in de geschiedenis van de aarde die ook de geschiedenis van de mens sterk heeft beïnvloed. Tijdens het carboon leidde de evolutie van het leven op aarde tot enkele indrukwekkende veranderingen. Landplanten koloniseerden de continenten. Het was een vreemde wereld die werd gedomineerd door reusachtige varens, boomachtige paardenstaarten, wolfsklauw en primitieve pijnbomen. Bloemen waren er echter nog niet. Bossen breidden uit, absorbeerden atmosferische CO2 en deden het zuurstofgehalte in de lucht voortdurend stijgen. Dieren kregen hierdoor meer energie zodat hun spieren sterker werden en hun brein groeide. Grote dieren, van vliegende insecten tot zoogdieren en uiteindelijk de mens, hebben hun bestaan te danken aan de carboonbossen.

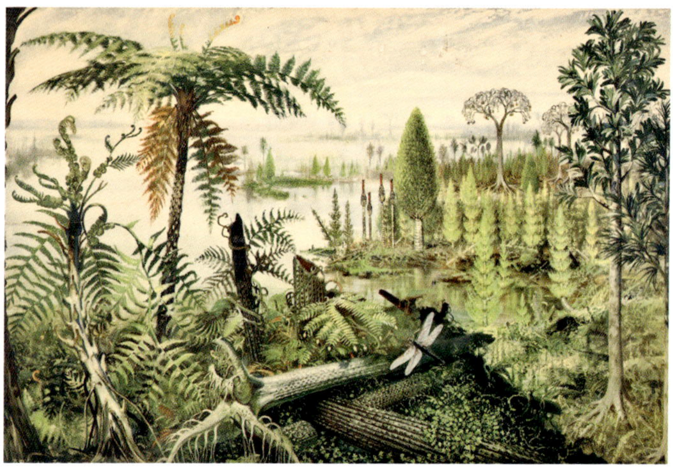

Zdenek Burian, *Carboniferous Forest*, 1950

Het deel van de aarde dat nu West-Europa is, bevond zich voor de contintendrift rond de evenaar. Gedurende tien miljoen jaar bestond het ecosysteem uit tropisch laaglandregenwoud. De botsing van de continenten die leidde tot het ontstaan van Pangea creëerde een sutuur onder dit woud, wat resulteerde in de uitzonderlijke accumulatie van steenkool. Plantaardige materie moet zich tot een diepte van tien meter opeenhopen om te worden samengeperst tot ontginbare steenkool met een diepte van één meter. Het duurt bovendien 100.000 jaar voordat deze hoeveelheid is geaccumuleerd door de voortdurende groei van een steenkoolmoeras (Elliot 1985). De geologisch gezien korte periode van afhankelijkheid van fossiele brandstoffen – van de negentiende eeuw tot nu – heeft bijgedragen tot een enorme technologische vooruitgang en leidde tot de overheersing van een steenkoolrijk West-Europa en Noord-Amerika tijdens het moderne industriële tijdperk. Het carboon leverde de bodemschatten die de industriële revolutie voedden. Deze revolutie verrijkte voornamelijk het koninkrijk België in de 19e eeuw en bepaalt vandaag de dag nog steeds het geopolitieke landschap, zelfs na de teloorgang van de Europese steenkoolindustrie aan het einde van de 20e eeuw.

De belangrijkste manier om de steenkoollagen te identificeren die aan het begin van de 20e eeuw werden gevonden in een ondergrondse mijn, was het bestuderen van de fossielen die het oorspronkelijke profiel van het oude ecosysteem bepaalden. Mijndirecteurs waren uiteraard geïnteresseerd in de stratigrafie van de steenkool in hun mijnen en aldus in de

the strange attempt to use its production as a tool of social engineering. Relying heavily on archival footage, and incorporating a few staged scenes that introduce a political and biographical allegory, Campbell attempts to construct a panoramic view of the polar extremes that have characterized the social life of this icon of consumerism: i.e., the claims that the establishment of a DMC factory in Dunmurry, Northern Ireland, would help to bridge the divide between Catholics and Protestants by uniting them as workers, the failure to sell the car at a time of economic gloom, and the demise of the project under the axe of Margaret Thatcher's neoliberal policies. In Campbell's case study, the car emerges as a more compelling symbol of the paradoxes of modernisation than it did in its popular incarnation as a time machine in *Back to the Future* (1985). The stainless steel body of the DMC provides a glimpse into an alternate future when automobile design would give birth to a fetish of untrammelled desire, workers would trust in the unifying powers of industrial action, and the government would use luxury and conspicuous consumption to produce social justice. If today all this seems to have been a misguided adventure, it is because the concept of a "national economy" is as utopian and outmoded as the tailfin of a vintage Cadillac.
CM

> Epics of Redundancy
> Poetics of Restructuring

Carbon

"Carbon, in fact, is a singular element: it is the only element that can bind itself in long stable chains without a great expense of energy, and for life on earth (the only one we know so far) precisely long chains are required. Therefore carbon is the key element of living substance" (Levi: 227).

Carboniferous Landscapes

The Carboniferous Era (299-359 million years ago) is one the most important periods in the history of Earth and strongly influenced human history as well. During the Carboniferous Era evolution of life led to some dramatic changes. Land plants colonised the continents. It was a strange world, dominated by giant ferns, arborescent horsetails, lycopods and primitive pine trees, but no flowers yet. The expansion of forests absorbed atmospheric carbon dioxide and forever raised the oxygen content of the air, thereby providing animals with more energy for muscular power and growth of brains. Large animals, from flying insects to mammals and ultimately man owe their existence to the Carboniferous forests.

Prior to 'continental drift', what is now western Europe once had an equatorial position and maintained a tropical lowland forest ecosystem for 10 million years. The collision of continents to form Pangaea created a suture underneath this forest, which resulted in its exceptional accumulation of coal. It takes a 10 m depth of accumulated vegetal matter to compress into a 1m depth of (mineable) coal, and 100,000 years to accumulate this quantity by continuous growth of a coal swamp (Elliot 1985). The geologically brief episode of reliance on fossil fuel, from the 19th century to the present, contributed to a giant technological leap forward and led to the predominance of coal-rich Western Europe and North America throughout the age of industrial modernity. The Carboniferous Era supplied the mineral resources that powered the Industrial Revolution, which enriched the Kingdom of Belgium in particular during the 19th century and which still shapes the geopolitical landscape today, even after the demise of the European coal industry toward the end of the 20th century.

The main way to identify the coal layers encountered in an underground mine in the early 20th century was by studying the fossils that defined the original profile of the ancient ecosystem. Mining directors were naturally interested in the stratigraphy of the coal measures in their mines, and thus in the description, identification and interpretation of fossils, mostly of plants. Collections of fossils allowed scholars at institutes closely linked to the mining industry to reconstruct entire plants and their biotopes, and the mining engineers to recognize plant assemblages typical of the different coal beds.

Different trends in landscape reconstruction can be discerned irrespective of scientific accuracy or aesthetic quality: the landscape as a theatre for animal evolution and/or behaviour, the coal swamp depicting the major taxons of the Carboniferous forest, and the paleogeographic maps derived from ecosystem distribution. The first group is mostly encountered in natural history museums, the second also in mining museums (or originally in institutes devoted to coal research), the last in scientific publications but rarely of artistic interest.

beschrijving, de identificatie en de interpretatie van fossielen, vooral planten. Dankzij fossielenverzamelingen konden wetenschappers in instellingen die nauw samenwerkten met de mijnindustrie planten en hun biotoop volledig reconstrueren. Ze stelden mijningenieurs ook in staat plantenverzamelingen te herkennen die de verschillende steenkoollagen karakteriseerden.

Er kunnen verschillende tendensen in landschapsreconstructie worden onderscheiden, ongeacht de wetenschappelijke nauwkeurigheid of esthetische kwaliteit: het landschap als toneel voor de evolutie en/of het gedrag van dieren, het steenkoolmoeras dat de belangrijke taxa van het carboonwoud beschrijft en de paleogeografische kaarten die worden gecreëerd op basis van de indeling van het ecosysteem. De eerste groepering komt vooral voor in natuurhistorische musea, de tweede ook in mijnbouwmusea (of aanvankelijk in instellingen die zich bezighielden met steenkoolonderzoek), de laatste groepering in wetenschappelijke publicaties, maar ze zijn zelden van artistiek belang.

Voor een artistieke weergave van carboonlandschappen was nauwkeurige informatie vereist over de fossielen en hun ecosysteem. Dergelijke werken werden altijd gemaakt in opdracht van musea of mijnbouwbedrijven en waren het resultaat van een nauwe samenwerking tussen de wetenschapper en de kunstenaar. De meeste schilderijen boden een botanische weergave van het carboonlandschap gebaseerd op tal van ontdekkingen van fossiele planten uit de kolenmijnen. Slechts in zeldzame gevallen mocht de kunstenaar een romantisch landschap maken, zoals het schilderij van het carboonwoud dat in opdracht van de kolenmijn van Waterschei werd gemaakt door Jan Habex. In dit geval was de kunstenaar belangrijker dan de wetenschapper en schetste hij een mysterieus landschap van een ongerept woud, gehuld in een ondoordringbare mist. Toch zijn alle belangrijke boomachtige plantengroepen en klimaatomstandigheden aanwezig die het carboon karakteriseren.

MD

> Habex, Jan
> Steenkooltijdperk

Calvacanti, Alberto

Rio de Janeiro 1897-Paris 1982

> Coal Face

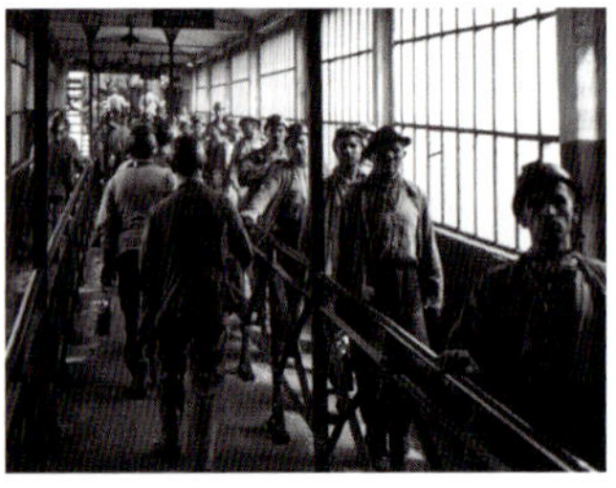

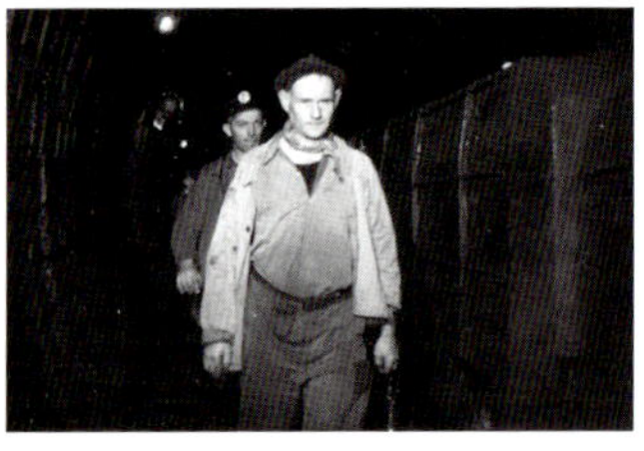

Belgavox, *Het zwarte goud van de Kempen*, 1951

Cinematek Brussel

The Mines
14 films over de Belgische steenkoolindustrie, 2012
DVD box set, 185 min.

Het ondergrondse leven van mijnwerkers vastleggen op film houdt serieuze technische uitdagingen in. In de vroege twintigste eeuw dwongen de relatieve lage lichtgevoeligheid van film en de beperkte opties voor kunstmatige verlichting de filmmakers om de scènes bovengronds op te nemen, waar ze de mijnbouwactiviteiten konden filmen die in het daglicht werden uitgevoerd. Zodra de technologie flexibeler werd, begonnen cameramannen ook af te dalen naar de diepste gangen.

Naast educatieve films of documentaires probeerden heel wat producties het werk in de mijn positief voor te stellen: om een bepaalde onderneming en haar producten te promoten of om arbeidskrachten aan te trekken, zowel lokaal als verder van huis. Vaak gaf een gebeurtenis aanleiding tot het draaien van een mijnfilm, zoals het mijnongeluk in Marcinelle in 1956, stakingen van mijnwerkers en tenslotte de sluiting van alle actieve mijnen in België. Filmmakers vonden ook inspiratie in het sociale leven in en rond de mijnen. In 1911 realiseerde Victorin H. Jasset *Au pays des ténèbres*, een stil melodrama over passie en overspel in de schaduw van de mijntoren.

CINEMATEK heeft zijn krachten gebundeld met andere archieven, erfgoedverenigingen en vroegere mijnen om veertien films te selecteren die het collectieve mijnverleden vanuit verschillende perspectieven belichten. De publicatie die de DVD aanvult, herneemt teksten van deskundigen zoals Bert Van Doorslaer en Alain Forti, die de films in hun historische context plaatsen.

EM

> 17 Ton

Artistic rendering of Carboniferous landscapes required accurate information on the fossils and their ecosystems. Such works were always commissioned by museums or mining companies and resulted from close collaboration between the scientist and the artist. Most paintings represent a botanical vision of the Carboniferous landscape, based on numerous discoveries of fossil plants from the coal mines. Only in rare cases was the artist allowed to create a romantic landscape, such as the Carboniferous forest painting commissioned by the Waterschei colliery and completed by Jan Habex. In this case the artist dominated the scientist and rendered a mysterious landscape of a pristine forest untouched by man, veiled in an unfathomable mist. Nevertheless, all the leading arborescent plant groups and climatic conditions typical for the Carboniferous era are still represented.
MD

> Coal, The Age of
> Habex, Jan

Calvacanti, Alberto

Rio de Janeiro 1897-Paris 1982

> Coal Face

Cinematek Brussels

The Mines
14 Films about Belgian Coal Mines, 2012
DVD Box set, 185 min.

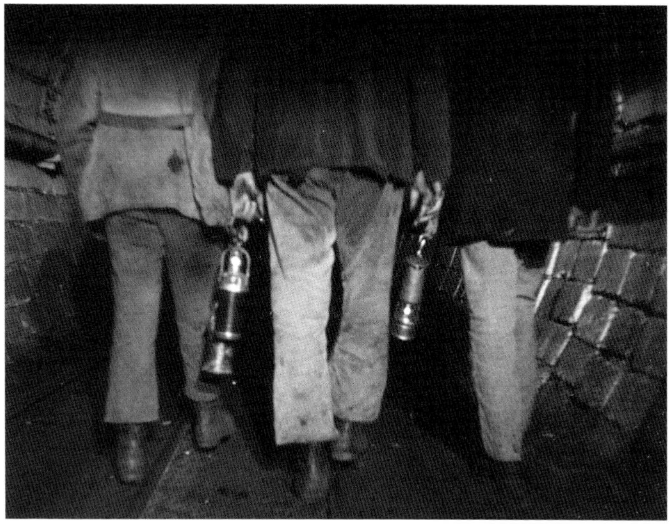

Belgavox, *Het zwarte goud van de Kempen*, 1951

Documenting the underground life of miners on celluloid presents serious technical challenges.
In the early twentieth century, the relatively low light sensitivity of film and limited options for artificial lighting confined filmmakers to shooting above ground, where they could film mining activities that took place in daylight. Cameramen only began to descend into the deepest galleries once technology had become more flexible.
In addition to films with educational or documentary aims, many productions sought to portray mining in a positive light: to promote a given company and its products, or to attract a labour force, whether locally or from afar. Often the motivation for producing a mining film would arise from current events, as happened with the mining accident in Marcinelle in 1956, with miners' strikes and finally with the closure of all of Belgium's operational mines. Filmmakers also found inspiration in the social life in and around mines. In 1911, Victorin H. Jasset made his *Au pays des ténèbres*, a silent melodrama about passion and adultery in the shadow of the mine tower.

Cinematek has joined forces with fellow archives, heritage societies and former mining sites to select 14 films that reconstruct the collective mining past from a number of different perspectives. The publication that accompanies the DVD features texts by such experts as Bert Van Doorslaer and Alain Forti, who frame the films in the relevant historical context.
EM

> 17 Tons

Claire Fontaine

since 2004 in Paris, France

The House of Energetic Culture, 2012
Double and triple outline neon glass on aluminum characters, aluminum framework, transformers, flasher unit and cabling, approx. 10.1 x 21.75 m

Claire Fontaine's practice constitutes an ongoing interrogation of the political impotence and the crisis of singularity that together

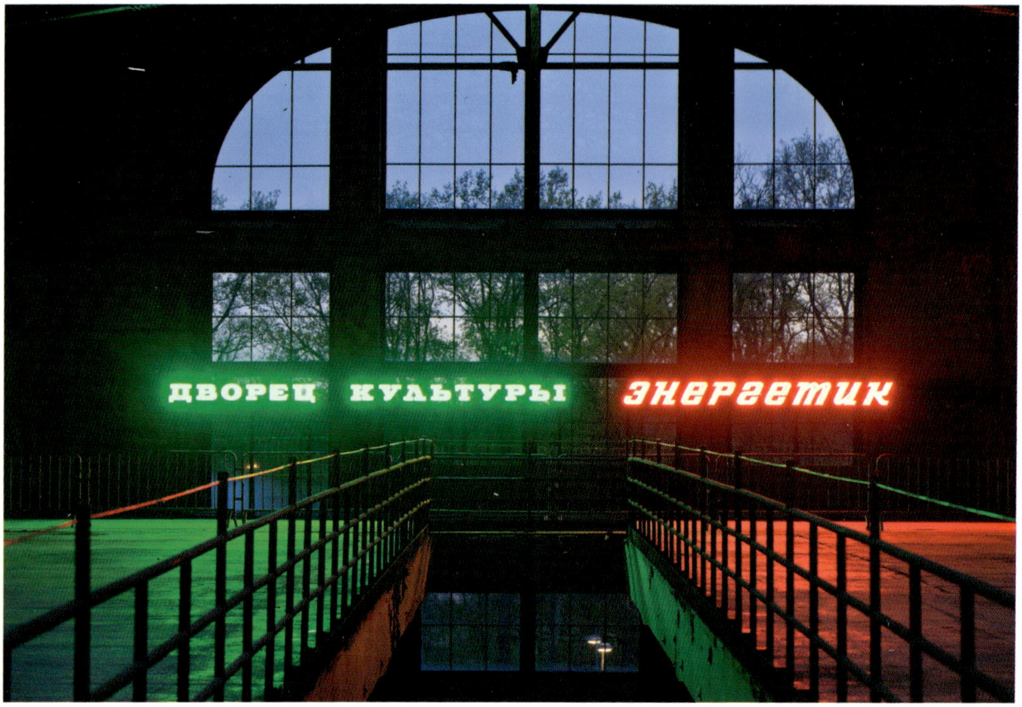

Claire Fontaine, *The House of Energetic Culture*, 2012

Claire Fontaine

Sinds 2004, Parijs, Frankrijk

The House of Energetic Culture, 2012
Dubbel en driedubbel neonglas op aluminium constructie, aluminium raamwerk, transformatoren, flitseenheid en kabelwerk, ongeveer 10,1 x 21,75 m

Het oeuvre van Claire Fontaine is een voortdurende invraagstelling van het politieke onvermogen en de crisis van het individu die de hedendaagse samenleving lijken te karakteriseren. Voor Manifesta 9 brengt Fontaine de recente geschiedenis van Pripyat aan het licht, een stad die is opgericht in 1970 en op drie kilometer afstand ligt van Tsjernobyl. Na de nucleaire ramp werden alle inwoners van Pripyat geëvacueerd, maar ooit was de stad het symbool van een heel specifieke droom van Russische vooruitgang, namelijk zelfvoorzienend qua energie. Pripyat werd bestempeld als een 'modelstad' naar Sovjetnormen. Alle inwoners werkten in de kerncentrale. Het cultuurhuis was niet alleen een plaats waar culturele evenementen plaatsvonden, maar waar ook de lokale bevolking bijeenkwam. Zij genoten een heel hoog inkomen en behoorden tot de rijkste inwoners van de Sovjet-Unie. Het neonlicht is gedoofd in alle bestaande foto's van de locatie: het doet hier dienst als herinnering aan de ramp of als een waarschuwing die te laat komt. Het voortdurende gevaar die nucleaire rampen vormen, maakt deel uit van een ondraaglijke noodtoestand die veeleer regel is dan uitzondering. In zijn werk *Über den Begriff der Geschichte* schreef Walter Benjamin dat de bevrijding van de mensheid erin zal bestaan ons hele verleden te aanvaarden (1968:254). Dit werk kondigt de blijvende tegenstellingen aan die kenmerkend zijn voor vooruitgang. Benjamin maakt een toespeling op de mogelijkheid van bevrijding terwijl hij ons herinnert aan een onherstelbare ramp.

CF

> Europese beschaving
> Poëtica van de herstructurering

Claus, Emile

geb. 1849, Sint-Eloois-Vijve, België; overl. 1924, Astene, België

De ondergaande zon op de Theems, 1918
Olie op doek, 71 x 60 cm
Collectie: SD Worx.

Emile Claus, pionier van de luministische beweging, is de belangrijkste Belgische

seem to define contemporary society. For Manifesta 9, she exhumes the recent history of Pripyat, a city founded in 1970, three kilometers away from Chernobyl. Evacuated after the nuclear disaster, it was once the symbol of a very specific dream of Soviet progress, namely that of energetic self-sufficiency. Pripyat was designated a "model city" according to Soviet standards, and was entirely inhabited by the workers of the nuclear plant. The house of culture was a site for cultural events but it also served as a gathering place for local residents, who enjoyed very good salaries and the most prolific families of the Soviet Union. The neon is extinguished in all existing images of the location; here it acts as a reminder of the disaster, or as a warning come too late. The constant danger posed by nuclear disasters forms part of an intolerable state of emergency that is in fact the rule rather than the exception. In his "Theses on the Philosophy of History", Walter Benjamin wrote that the redemption of mankind will be to accept our entire past as citable (1968:254). This work signals the enduring contradictions inherent in progress, alluding to the possibility of redemption, while serving to remind us of an irreparable catastrophe.
CF

> European Civilisation
> Poetics of Restructuring

Claus, Emile

b. 1849, Sint-Eloois-Vijve, Belgium; d. 1924, Astene, Belgium

De ondergaande zon op de Theems, 1918
Oil on canvas, 71 x 60 cm
Collection: SD Worx.

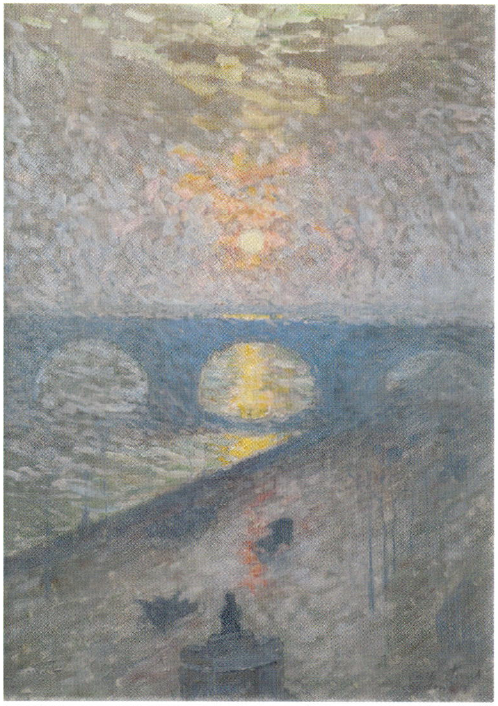

Emile Claus, *De ondergaande zon op de Theems*, 1918

The pioneer of the illuminist movement, Emile Claus is Belgium's most important impressionist painter. Claus founded the *Vie et Lumière* (Life and light) group in 1904 under the aegis of Claude Monet, following the French master in his detailed exploration of the effects of light and colour in London, where Claus took refuge during the years of the First World War.

When regarding his views of the Thames, we ought to consider how Claus took refuge from the destruction in Europe in the passage from the "silvery vapors" around Waterloo Bridge and in the way towards Tower Bridge, "a gray coppery tone insidiously in the far distance, gradually blotting out every object from view, until within a few minutes London is enveloped in a dense fog, so dark and so thick that nothing is visible—its black night in the middle of the day" (Claus 1917: 169). Claus may even have surpassed Monet in his awareness of the connection between the "seduction" of those atmospheric changes of the city and the burning of coal. As Claus himself wrote in a text commissioned for the *International Studio* in 1917: "[...] London, with its mists and fogs, is something truly phenomenal, without parallel in the world. Whatever the cause —whether it be the damper atmosphere of a country set in the seas, or the mingling of the smoke from thousands of chimneys with these misty vapors— the effect of this great city is one of indescribable mystery" (ibid).
CM

> Pollution

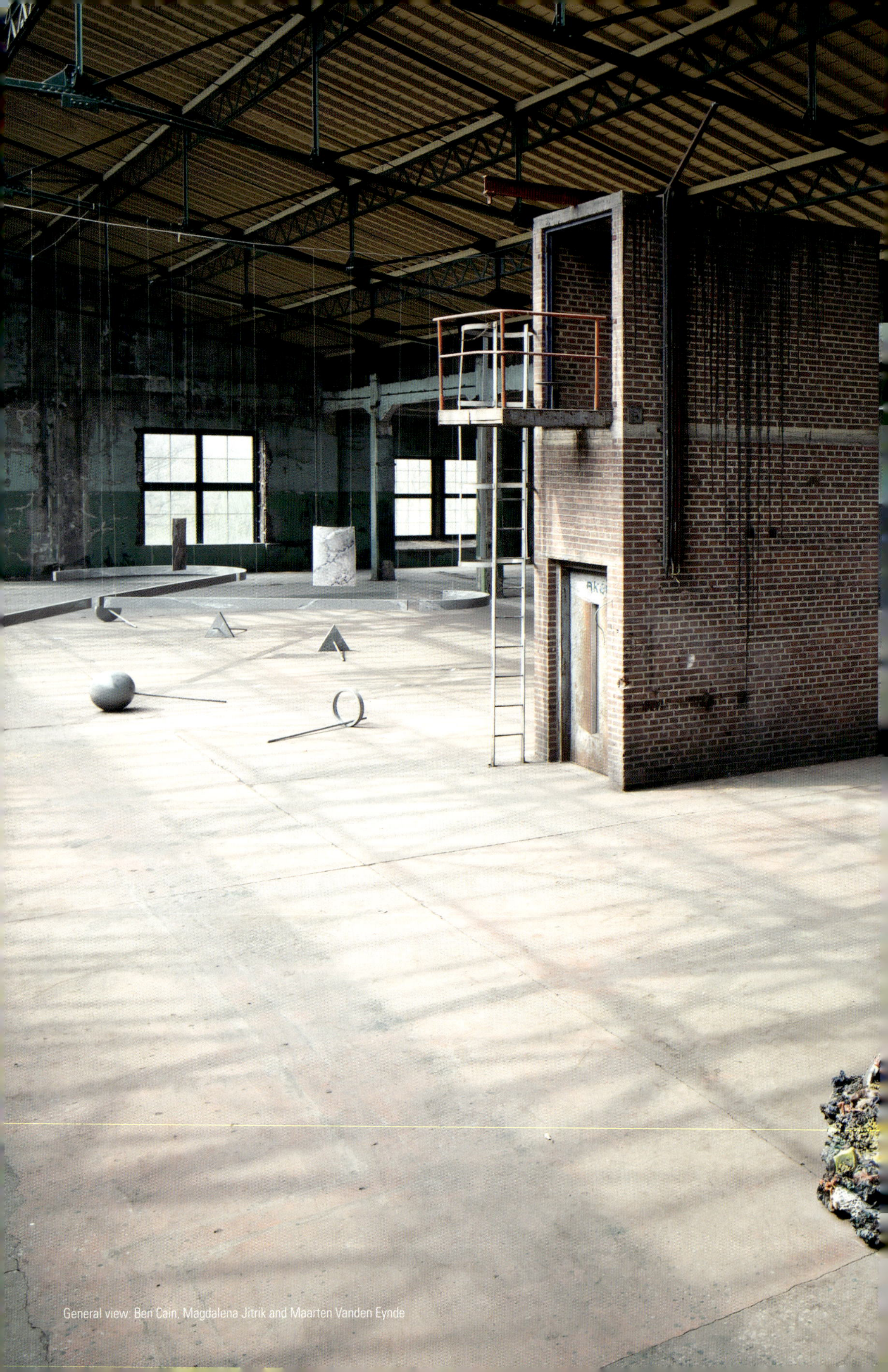

General view: Ben Cain, Magdalena Jitrik and Maarten Vanden Eynde

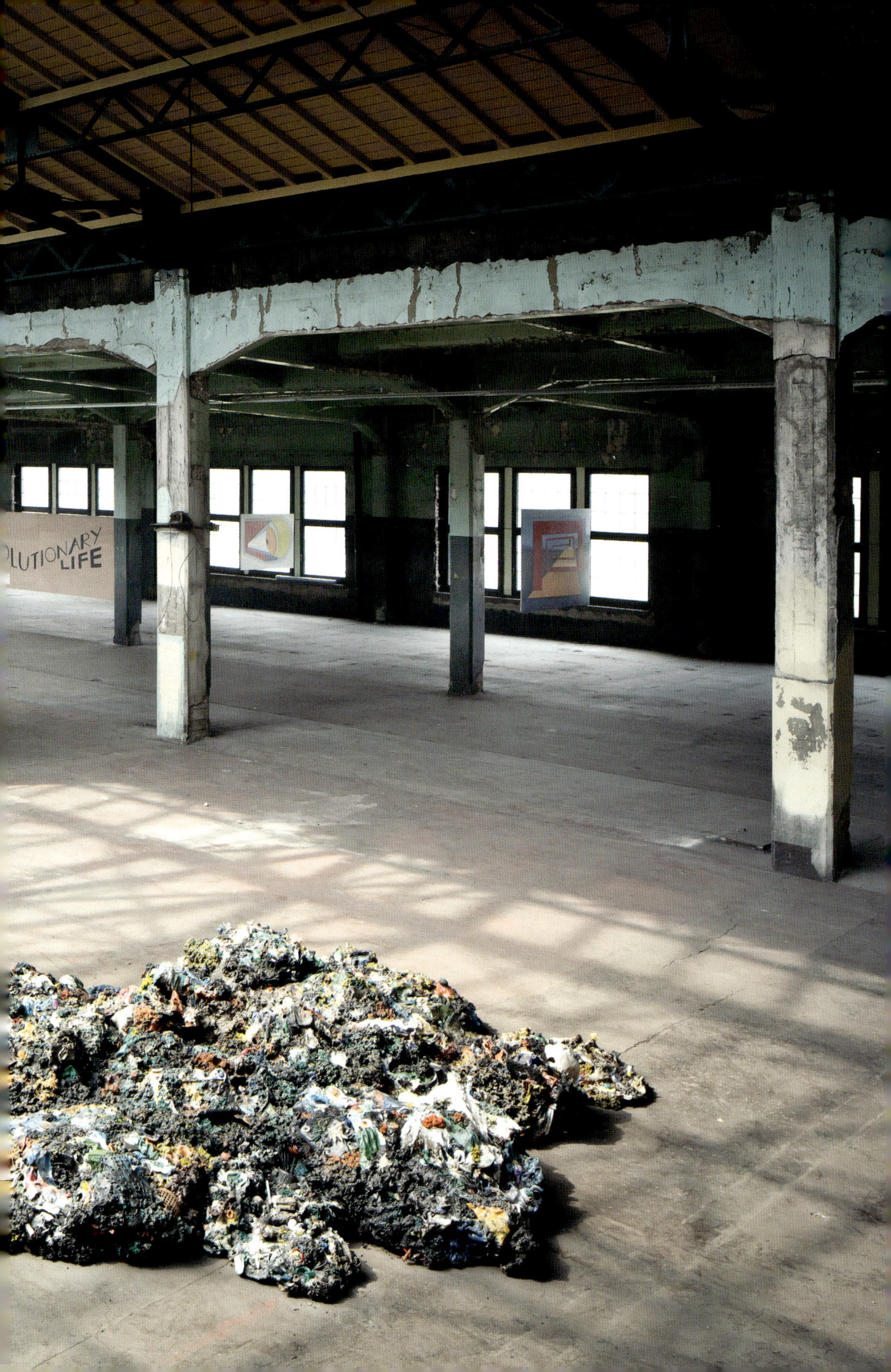
OLUTIONARY
LIFE

impressionistische schilder. Hij richtte in 1904 de vereniging *Vie et Lumière* (Leven en Licht), sterk gewaardeerd en gesteund door Claude Monet. In navolging van deze Franse meester bestudeerde Claus uitvoerig de effecten van licht en kleur in Londen, waar hij verbleef tijdens de Eerste Wereldoorlog.

Wanneer we de verschillende weergaven van de Theems bekijken, moeten we in beschouwing nemen dat Claus vluchtte voor de vernieling in Europa. Getuige de passage over de "zilverkleurige dampen" rond Waterloo Bridge en de weg naar Tower Bridge, een "grijze koperkleurige tint die in de verte op de loer ligt en geleidelijk aan elk object verduistert tot Londen binnen enkele minuten tijd is omhuld met een ondoordringbare mist, zo donker en zo dicht dat niets nog zichtbaar is. Het is overdag zo duister als de nacht" (Claus 1917: 169). Claus was zich misschien nog méér dan Monet bewust van het verband tussen de "verlokking" van de atmosferische veranderingen van de stad en de verbranding van steenkool. Zoals Claus het zelf omschreef in een tekst voor de *International Studio* in 1917: " [...] Londen, met haar mist en nevel, is soms echt fenomenaal, nergens anders ter wereld vind je een dergelijke stad. Wat de oorzaak ook is – zij het de vochtigere sfeer van een land omgeven door water of de rook van duizenden schoorstenen die zich vermengt met deze mistige dampen – het effect van deze geweldige stad is onbeschrijfelijk mysterieus" (ibid).

CM

> Pollutie

The Age of Coal: An Underground History of The Modern

Het Steenkooltijdperk: Een Ondergrondse Geschiedenis van het Moderne

Dawn Ades

"De verscheidenheid qua stijl en inhoud in de recente mijnbouwkunst is duidelijk zichtbaar. Het is een alomvattend visueel verslag van een sector die nooit aan het publieke oog ontsnapt" (Gray 1982:42). Deze zin uit Douglas Grays catalogusessay voor de tentoonstelling uit 1982, *Coal: British Mining in Art 1680-1980*, is, opvallend genoeg, in de tegenwoordige tijd geschreven. Het tweede essay in de catalogus eindigt met een nog vrolijkere noot: "De kunstwerken in deze tentoonstelling ... tonen een industrie vol zelfvertrouwen, trots en kracht, en vandaag van even vitaal belang voor de natie als 200 jaar of meer geleden" (Kanefsky 1982:54). Tegen het einde van het decennium was de industrie in alle opzichten dood: niet langer rendabel omdat steenkool moeilijker en tegen hogere kosten moest worden ontgonnen en de invoer uit Oost-Europa en China veel goedkoper werd. Mijnsluitingen dunden de mijnbouwgemeenschappen uit. De instorting van de steenkoolindustrie in Groot-Brittannië en een groot deel van West-Europa was verwoestend, de omvang en de snelheid ervan uniek (Mayo 2002:ix).

The Age of Coal: An Underground History of The Modern, het historische luik van Manifest 9, omvat gelijkaardige kunstwerken als wat in *Coal* geëxposeerd werd, maar dan met dit drastische verschil dat het niet meer mogelijk is om te spreken van kunstenaars die reageren op een levend iets en die "diep getroffen zijn door hun ervaringen, steeds scherp bewust van een volk en een industrie met een sterke traditie" (Gray 1982: 42). Verandert dit de relatie tussen de historische en hedendaagse werken in de tentoonstelling? Het verdwijnen van de landschappen, objecten en gemeenschappen die kunstenaars meer dan tweehonderd jaar hebben bewogen, welk effect heeft dit op de benadering van hun representatie of voorstelling door de kunsthistoricus? "Met het verglijden van de tijd kan men zich afvragen of de foto's van de mijngangen – nu ze er niet meer zijn – als pittoresk kunnen worden beschouwd, en maatschappelijk net zo belangrijk als foto's van oude windmolens" (Norman Cornish, geciteerd in McManners en Wales 2002:114).

Francis Klingenders baanbrekende studie *Art and the Industrial Revolution* (1947), met als onderwerp "de vervlechting van kunst en technologie", was oorspronkelijk ingegeven door de eerste kunsttentoonstelling die door een Britse vakbond werd gesponsord. In 1945 nodigde de Amalgamated Engineering Union de Artists' International Association uit om een tentoonstelling te houden over "De Ingenieur in het Britse Leven" (Klingender 1968:xi). *Coal: British Mining in Art 1680-1980*, één van de eerste tentoonstellingen met steenkool als onderwerp, werd eveneens door de industrie gesteund, maar dan door de National Coal Board in plaats van een vakbond. Er bestaat vaak een oncomfortabele relatie tussen 'kunst' en 'documentatie' in dergelijke tentoonstellingen. De 'kunst' wordt vaak als visuele illustratie ingezet

The Age of Coal: An Underground History of The Modern

Dawn Ades

"The variety of style and content in recent mining art is plain to see. It represents an all-embracing visual record of an industry whose fortunes are never free of the public gaze" (Gray 1982:42). This sentence in Douglas Gray's catalogue essay for the 1982 exhibition *Coal: British Mining in Art 1680-1980,* is, strikingly, in the present tense. The second essay in the catalogue ends on an even more upbeat note: "The works of art in this exhibition... show an industry confident, proud and strong, and as vital to the nation now as it was two hundred years or more ago" (Kanefsky 1982:54). By the end of the decade the industry was to all intents and purposes dead: uneconomic, it was argued, as the coal became more difficult and expensive to reach and imports from Eastern Europe and eventually China were much cheaper. Pit closures decimated the mining communities. The contraction of the coal industry in Britain and much of Western Europe has been devastating, its scale and speed unique (Mayo 2002:ix).

The Age of Coal: An Underground History of The Modern, the historical part of Manifesta 9, covers a similar range of work to *Coal*, but with the drastic difference that it is no longer possible to speak of artists responding to a living thing, and being "profoundly moved by their experiences, becoming keenly aware of a people and an industry that share a strong tradition" (Gray 1982: 42). Does this alter the relationship between the historical and the contemporary works in the exhibition? What effect does the disappearance of the landscapes, objects and communities that moved artists for over two hundred years have on the art historian's approach to their representation or evocation? "One wonders with the passing of time when no present day pitheads actually exist, if pictures of them might be thought of as picturesque and as socially significant as old windmill pictures" (Norman Cornish, quoted in McManners and Wales 2002:114).

Francis Klingender's groundbreaking study *Art and the Industrial Revolution* (1947), whose thesis was 'the interpenetration of art and technology', was originally prompted by the first art exhibition sponsored by a British trade union. In 1945 the Amalgamated Engineering Union asked the Artists' International Association to organise an exhibition on "The Engineer in British Life" (Klingender 1968:xi). *Coal: British Mining in Art 1680-1980*, one of the first exhibitions to take coal as its subject, was similarly backed by the industry itself, though in this case the National Coal Board rather than a union. There is often an uneasy relationship between 'art' and 'document' in such exhibitions. The 'art' may be present merely as visual illustration of a story or a history exterior to art's own concerns and possibilities. However, like Klingender, who was alert to both the histories and the art histories of his subject, the exhibition *Coal* presented works, which ranged from a late 17th-century landscape that showed Coal Staithes on the River Wear to John

binnen een verhaal of een geschiedenis, wars van haar eigen belangen en mogelijkheden. Maar net als Klingender toonde de tentoonstelling *Coal* kunstwerken – variërend van een laat-17e-eeuws landschap met *Coal Staithes* aan de rivier de Wear tot John Lathams voorstelling van een terril als *object trouvé* (Carberry Bing) – die zowel omwille van hun intrinsieke kunsthistorische waarde als hun rol in de geschiedenis van steenkool geselecteerd werden.

De aanpak in de *Coal*-tentoonstelling uit 1982 was desondanks toch verschillend van de onze. *Coal* was een geschiedenis van de steenkool in de kunst, gecontextualiseerd binnen de dagdagelijkse realiteit van de mijnindustrie; haar 'hoofdstukken' waren 'beschrijvend' en zodanig gestructureerd dat ze zowel de zowel evolutie als continuïteit binnen die wereld en voor haar bewoners benadrukte: *The Mining Landscape, The Colliery Close-up, Pit People: personalities and events, The Mining Community*, enz. *The Age of Coal: An Underground History of The Modern* is daarentegen retrospectief. De tentoonstelling blikt terug op een overbodige industrie die gewurgd werd door de kapitalistische economie die ze zelf heeft helpen bouwen. Maar ze is ook ingebed in een grotere tentoonstelling waar hedendaagse kunst de krachtige rol onderstreept die kunst inneemt in de kritiek op het globale kapitalisme, alsook haar dubbelzinnige positie in het bezetten van verlaten industrieterreinen ... van bijvoorbeeld mijnbouw.

Dit plaatst de visuele productie die wordt onderzocht in *The Age of Coal* in een nieuw daglicht: het is een materiële geschiedenis van de langdurige impact van steenkool op het moderne bewustzijn en de nasleep ervan. De tentoonstelling ontleent haar thema's aan verschillende aspecten van de visuele productie uit de late 18e eeuw tot het begin van de 21e eeuw waarvan de esthetische veronderstellingen al dan niet bewust verband houden met de industriële revolutie en haar gevolgen, en in het bijzonder met steenkool. *Landschap: Van het Pittoreske naar het Industriële* achterhaalt hoe het pittoreske – na zich te hebben ontdaan van 'schoonheidsconventies' – kan worden gecoöpteerd om ook beeldende interesse in de industriële wereld op te wekken. *Ondergrondse Hel* beschrijft zowel de echte als de metaforische verschrikking van de mijnen; *De Esthetiek van Pollutie* erkent de milieu-impact van steenkool en het effect daarvan op atmosferische verschijnselen zoals dit verheerlijkt werd door schilders als Monet en Whistler. De tentoonstelling wordt chronologisch omkaderd door twee thema's die het materiaal zelf in de kijker stellen: het *Carboonlandschap* bekijkt steenkool als een fossiel met significante gevolgen op het gebied van de natuurwetenschap en religie, en *Donkere Materie* bevat werken van moderne kunstenaars die steenkool op verschillende manieren inzetten.

Fotografie en film hebben de collectieve kennis over de werkomstandigheden van mijnwerkers in de ondergrond sterk veranderd. De claim van authenticiteit verschafte de fotografie een welkome informatiebron over de mijnbouw en haar arbeiders. Daarmee was de discussie *an sich* – of het méér kon zijn dan een 'document' – nog niet beslecht. Toch weerhield de 'beschikbaarheid' van het medium kunstenaars als Henry Moore en Keith Vaughan er niet van om naar het leven te schetsen; nergens anders werden de expressieve mogelijkheden van de schilderkunst verkend, als in het werk van de 'mijnwerker-schilders' zelf. Zowel fotografie als

Latham's nomination of a slag heap as a found object (*Carberry Bing*), with awareness of their internal raison d'être as works of art as well as of their role in the history of coal.

The approach in the 1982 *Coal* exhibition was, nonetheless, different from ours. *Coal* was a history of coal in art, posited on the continuing reality of the mining world, and its 'chapters' are descriptive, structured to point up change and continuity in that world and its inhabitants: 'The Mining Landscape', 'The Colliery Close-up', 'Pit People: personalities and events', 'The Mining Community', etc. *The Age of Coal: An Underground History of The Modern*, is by contrast retrospective, looking back at a redundant industry which had been strangled by the capitalist economy it helped to create. But it is also embedded in a larger exhibition of contemporary art which emphasises the powerful role art now takes in the critique of global capitalism as well as its ambiguous position in frequently occupying the redundant sites of former industrial activity such as mining.

This places the visual production explored in *The Age of Coal* in a new light, as a material history of the long impact of coal on the modern sensibility and its aftermath. The exhibition draws its themes from aspects of visual production from the late eighteenth century to the early 21st century whose aesthetic assumptions are consciously or unconsciously related to the Industrial Revolution and its consequences, and in particular to coal. *Landscape: From the Picturesque to the Industrial* traces the ways that the picturesque, having shattered conventional assumptions about beauty, could be co-opted to see pictorial interest in a new industrial world; *Underground as Hell* comprises both the real and metaphorical horror of the mines; *Aesthetics of Pollution* recognises the environmental impact of coal and its effect on atmospheric conditions celebrated by painters such as Monet and Whistler. The exhibition is framed chronologically by two sections that consider the material itself: the *Carboniferous Era* looks at coal as a fossil with significant consequences in the fields of natural science and religion, and *Dark Matter* includes works by modern artists using the material of coal itself in a great variety of ways.

Photography and film transformed public knowledge of the conditions of coal miners underground. Photography's claims to authenticity were welcomed as providing an unprecedented record of mining and miners. Whether it could be more than document, however, was a matter of dispute. Its advent did not stop artists like Henry Moore or Keith Vaughan from sketching from life and the expressive possibilities of painting were nowhere more movingly explored than in the works of the 'pitmen painters' themselves. Both photography and paintings are included in the section *Cycles of Realism*, which examines the interconnections between technologies and modes of representation, such as the question of documentary realism in photography. For Robert Frank, a good photograph was more than a record: "Most of my photographs are of people. They are seen simply, as through the eyes of the man in the street... This kind of photography is realism. But realism is not enough – there has to be vision, and the two together can make a good photograph" (in Gray 1982:41). Many of the photographs that have transformed the reception of the medium have taken coal and mining as their subject: the Bechers' shots of silent, abandoned and unpeopled mines, or Bill Brandt's atmospheric and dark images of people on the margins of the industrial world, for example.

schilderkunst zijn opgenomen in de sectie *Cycli van realisme*, wat de onderlinge samenhang van technologie en representatie onderzoekt, zoals bijvoorbeeld de positie die documentair realisme inneemt binnen de fotografie. Robert Frank was van mening dat een goede foto meer is dan een document: "In het grootste deel van mijn foto's zijn mensen te zien. We zien ze oppervlakkig, als door de ogen van de man in de straat ... Dat is wat ik realistische fotografie noem. Maar realisme is niet genoeg – er moet ook visie zijn, en deze twee samen maken een goede foto" (uit Gray 1982:41). Veel foto's die de receptie van het medium veranderden, hebben steenkool en mijnbouw als onderwerp genomen: denk bijvoorbeeld aan de prenten van stille, verlaten en onbemande mijnen van de Bechers, of Bill Brandts atmosferische en donkere beelden van mensen in de marge van de industriële wereld.

Dergelijke werken werden ook opgenomen in de *Coal*-tentoonstelling in 1982, welke een aanval uitlokten op die show door criticus Peter Fuller. Had die tentoonstelling zich louter en alleen documentair opgesteld, dan zou ze Fuller waarschijnlijk niet zo hebben geïrriteerd. Voor hem was de link tussen steenkool en esthetiek niet alleen onwaarschijnlijk, maar zelfs een ware vervloeking. Steenkool is "uniform zwart...ontbeert zichtbare variëteit en is smerig om aan te raken", "een absolute aanfluiting van het esthetische", "de opkomst van deze onesthetische materie symboliseert het uitmelken van het dagelijkse leven door de kunst" (Fuller 1990: 200). Steenkool is de erfzonde van de Industriële Revolutie, en maakt deel uit van zijn eigen verdiende symboliek. De enige manier waarop steenkool kan beschikken over een "esthetische waarde", stelt Fuller, is door middel van "imaginaire of esthetische transformatie" (ibid. 204) zoals in Turners *Keelmen Heaving in Coals by Moonlight*. Fuller ziet de foto's enkel als documenten en volgens hem werden ze ongelukkigerwijs gekoppeld aan een conceptueel werk van John Latham in de tentoonstelling, Carberry Bing, dat "de logische conclusie representeert van die letterlijke (of sociaal-realistische) opvatting, die stelt dat we, indien geconfronteerd met een fenomeen als steenkool en een praktijk als mijnbouw, helemaal moeten afstappen van de idee van creativiteit of esthetische transformatie" (ibid. 204).

De veronderstellingen die achter Fullers mening schuilen – dat de fotografie (maar ook land art, conceptuele kunst, readymade ...) in strijd is met "werken geproduceerd als een esthetische respons" (ibid. 203) – onthullen een breuk in de esthetica en de kunstgeschiedenis. *Coal* was een nieuwe tentoonstelling die 'niet in staat was' om een onderscheid te maken tussen 'documentaire' foto's en 'kunstwerken' en de traditionele visuele hiërarchie in twijfel trok. Tentoonstellingen waren, net als theorertische teksten, plekken waar de zogenaamde Nieuwe Kunstgeschiedenis zijn uitdagingen vond. De Nieuwe Kunstgeschiedenis vertegenwoordigde echter geen verenigd front binnen de discipline, maar stond voor een losse groep met een gemeenschappelijke vijand, die vaagweg als oud en betweterig werd gezien. De belangrijkste beweringen, hoewel niet noodzakelijk compatibel, stelden dat: wat van belang zou kunnen zijn niet langer beperkt is tot de kunst van galerijen of zelfs van kunstenaars; theorie is net zo belangrijk voor de studie van kunst als de geschiedenis; kunstwerken moeten worden geïnterpreteerd in hun bredere sociale en politieke context; kunst is niet meer dan de institutionele structuren en conventies die haar omvatten en bepalen; kunst heeft

It was precisely works like these, however, examples of which were included in the 1982 *Coal* exhibition, that provoked an attack on that show by the critic Peter Fuller. Had that exhibition restricted itself to being purely documentary it is unlikely it would have so irritated Fuller, for whom the link between coal and aesthetics was not just improbable but anathema. Coal is "uniformly black...lacks visible variety and is filthy to touch;" it is "the absolute negation of the aesthetic;" "the rise of this anaesthetic substance symbolised the squeezing of art out of the everyday activities of life" (Fuller 1990: 200). Coal is the original sin of the Industrial Revolution, and constitutes its absolutely appropriate symbolism. The only way coal could have an "aesthetic", Fuller argues, is through "imaginative or aesthetic transformation" (ibid 204) as in a painting like Turner's *Keelmen Heaving in Coals by Moonlight*. Fuller can only see photographs as documentation, and for him they were fatally linked to a conceptual work by John Latham in the exhibition, *Carberry Bing*, which represented "the logical conclusion of that literalist (or social realist) view which argues that, in the face of a phenomenon like coal, and a practice like mining, we should abandon the idea of imaginative or aesthetic transformation altogether" (ibid 204).

The assumptions behind Fuller's opinion that photography (plus land art, conceptual art, found objects and so on) was incompatible with "works produced through an aesthetic response" (ibid 203) reveal rifts within the fields of aesthetics and the history of art. *Coal* was a new kind of exhibition whose "failure" to distinguish between 'documentary' photographs and 'works of art' called into question traditional visual hierarchies. Exhibitions were, as much as theoretical texts, the places where the so-called New Art History plainly made its challenges. The New Art History was, though, never a unified front within the discipline, but massed loosely against a common enemy that was vaguely thought of as Old and connoisseurial. The main positions within it, which were not necessarily compatible, held that: what might be of interest was no longer restricted to the art of galleries or even of artists; theory is as important for the study of art as its history; works of art need to be understood in their wider social and political contexts; art is no more than the institutional structures and conventions that contain and define it; art has histories that are not catered for within the normal channels and canons of the discipline. A major shift occurred concurrently with these debates: the centre of gravity for art historians shifted from past to present. Rather than seeing contemporary art as something remote and often incomprehensible, to be left alone (i.e., to the critics) until safely part of art history – Duchamp once remarked this took about forty years – this is now the general locus for the study of art. As a result the art of the past is seen more and more through the lens of a present dominated by strands of practice over the last hundred years that once lay below the radar of Modernism, with Duchamp at their centre.

The starting point for *The Age of Coal: An Undergound History of the Modern*, the hinge between the art historical and the contemporary in the installation at Waterschei, is a recreation of the ceiling of coal sacks devised by Marcel Duchamp for the 1938 *Exposition Internationale du surréalisme* in Paris. This and the whole room of which it was a part formed a total environment that no longer announced itself as 'art gallery'. The main thing was "to create an ambiance that would exorcise as much as

geschiedenissen die geen aandacht krijgen binnen de normale kanalen en canons van de discipline. Met deze debatten vond tegelijk een belangrijke verschuiving plaats: het zwaartepunt voor kunthistorici verschoof van het verleden naar het heden. In plaats van hedendaagse kunst te zien als iets wat geïsoleerd en vaak onbegrijpelijk is, iets waar men beter af kan blijven (i.e. de critici) tot het veilig geklasseerd is als kunstgeschiedenis – Duchamp merkte ooit op dat daar ongeveer 40 jaar voor nodig is – is dit nu de algemene *locus* voor de studie van kunst. Als gevolg daarvan wordt de kunst van het verleden nu veeleer gezien door de bril van 'een heden' dat gedomineerd wordt door 'tradities van praktijken' in de laatste honderd jaar die het Modernisme nooit waren opgevallen, met Duchamp in hun middelpunt.

Het uitgangspunt voor *The Age of Coal: An Underground History of The Modern* - de schakel tussen het kunsthistorische en het hedendaagse luik in Waterschei - is een reproductie van de installatie met kolenzakken, zoals bedacht door Marcel Duchamp voor de *Exposition Internationale du Surréalisme* in 1938 in Parijs. Deze stoffige constructie maakte deel uit van een totaalinstallatie die zichzelf geen 'kunstgalerij' meer noemde. Het voornaamste was "een sfeer te creëren die deze van een kunstgalerij zo veel mogelijk zou verdrijven" (Breton 1947: 14). Er bestaat geen twijfel dat het plafond van kolenzakken en het komfoor dat er onder stond, net als de geur van gebrande koffie, de sfeer beïnvloedden in de grote ruimten van de Galerie Beaux-Arts met haar hoge plafonds en paneeldeuren.

Kolengaten, kolenkelders, kolenbakken en kolenzakken, de kleine winkeltjes met *Bois-Charbon* die Breton zo de stuipen op het lijf joegen, waren in die tijd dagelijkse kost, zowel thuis als op straat. Behalve lijken en botten kon Duchamp amper iets kiezen wat minder in 'harmonie' was met een kunstgalerie. Deze transformatie – maar ook de aanwezigheid van veel readymades en gevonden objecten in de surrealistische tentoonstelling uit 1938 – stond aan de wieg van een generatie installaties, sitespecifieke kunst en toeschouwersbetrokkenheid, en uiteindelijk van tentoonstelingen in ruimtes die geen galerijen zijn, zoals de Waterschei mijn. (De Galerie Beaux-Arts was immers nog steeds een kunstgalerie).

De kolengrot is een direct en bewust weerwoord op de witte ruimtes van musea of galerieën, en op één van de eerste voorbeelden van totaalinstallaties: de *Prounroom* van El Lissitzky in de Grosser Berliner Kunstausstellung in 1923. Hier werden niet alleen de muren van de witte doos, maar ook het plafond en de vloer drager van Lissitzky's *Prouns* in twee en drie dimensies, eindigend met een ruimte die een driedimensionaal abstract kunstwerk was. *Exposition surréaliste* was ook een kritiek op de Wereldtentoonstelling in Parijs, in 1937. Hier probeerden de Sovjet- en nazipaviljoenen elkaar te overdonderen met bombastische sculpturen op de centrale tentoonstellingsavenue.

Buiten deze nationalistische rivaliteit, trachtte deze Wereldtentoonstelling in zijn geheel haar idealen te reflecteren in de luchtvaart en verlichting. Het tweeledige thema was *Arts et Techniques*, ooit verenigd in het Griekse woord *Techne*. Het *Palais aéronautique* – ook bekend als het *Palais de l'air* – bevatte grote, abstracte muurschilderingen van Sonia en Robert Delaunay; Fernand Légers muurschildering *Le Transport des forces* bevond zich in het *Palais de la découverte*, en Raoul Dufy's

possible that of an *art* gallery" (Breton 1947: 14). There is no doubt that the coal sack ceiling and the brazier beneath it transformed the ambiance of the grand spaces of the Galerie Beaux-Arts with its lofty ceilings and panelled doors, together with the smell of roasting coffee.

Coal holes, coal cellars, coal scuttles and coal sacks, the little shops selling "Bois-charbon" that spooked Breton, were then common in everyday street and domestic life. But short of hanging the ceiling with carcases or bones Duchamp could hardly have chosen anything less in harmony with an art gallery. This transformation together with the presence in the 1938 surrealist exhibition of many objects made and found lies at the head of a genealogy of installations, site specific art and spectator involvement, and eventually of showing art in non-gallery spaces, such as the Waterschei Mine. (The Galerie Beaux-Arts was, after all, still an art gallery).

The coal grotto is a direct and deliberate riposte to the white box museum or gallery space, and to one of the first instances of a total art environment: El Lissitsky's Prounroom at the Grosser Berliner Kunstausstellung in 1923. Here not just the walls of the white box but also the ceiling and floor became the supports for Lissitsky's 'Prouns' in two- and three-dimensions, ending with a space that was a three-dimensional abstract work of art. The *Exposition surréaliste* was also a critique of the great International Exhibition in Paris of the previous year, 1937. This was the World Fair at which the Soviet and Nazi Pavilions confronted each other with rival grandiose figurative sculptures on the main avenue. That Exhibition as a whole, beyond these nationalist rivalries, sought to ground its ideals in images of flight and illumination. Its double theme was "*arts et techniques*", once united in the Greek term *techne*. Le palais aéronautique, also known as Le Palais de l'air, contained large abstract murals by Sonia and Robert Delaunay; Fernand Léger's mural *Le Transport des forces* was in the Palais de la découverte, and the Palais de la lumière et de l'électricité housed Raoul Dufy's History of Electricity. Energy and light were, in all these great pavilions, presented as clean, and white. The fact that coal was still by far the largest source of energy and of the grime that covered the city was ignored. By contrast the surrealist exhibition placed blackness at its heart: the room was unlit, except for the brazier, messy and sensual. Anti-hygienic coal is, in a sense, brought out from its hidden place and admitted not only as fundamental to the long development of the modern sensibility but as a material artists can use.

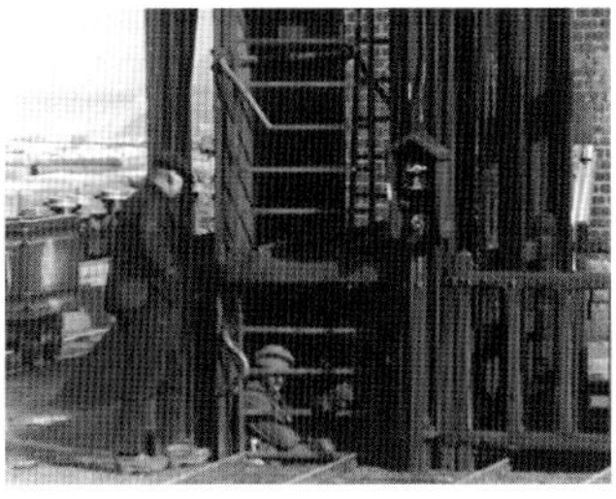

Alberto Cavalcanti, *Coal Face*, 1935

Coal Face, 1935

35mm film, black and white, 12 min.
GPO Film Unit, U.K.
Director: Alberto Cavalcanti (uncredited)
Production: John Grierson
Verse: W. H. Auden (uncredited)
Music: Benjamin Britten

In 1934 Brazilian-born experimental filmmaker Alberto Cavalcanti was hired to work at the UK General Post (GPO) Film Unit in order to introduce the innovative sound techniques he had learnt while working for French talkies. Together with producer

History of Electricity werd ondergebracht in het *Palais de la lumière et de l'electricité*. Energie en licht werden in al deze grote paviljoens als schoon en wit gepresenteerd. Het feit dat de grootste bron van energie en het vuil dat de stad bedekte nog steeds steenkool was, werd genegeerd. De surrealistische tentoonstelling toonde daarentegen de essentie van duisternis: de kamer was niet verlicht, met uitzondering van het komfoor, rommelig en sensueel. De anti-hygiënische steenkool wordt in zekere zin uit haar verborgen schuilplaats binnengehaald, niet alleen als fundamenteel voor de ontwikkeling van het moderne bewustzijn, maar als bruikbaar materiaal voor kunstenaars.

Coal Face, 1935

35 mm-film, zwart-wit, 12 minuten.
GPO Film Unit, G.B.
Filmregisseur: Alberto Cavalcanti (uncredited)
Productie: John Grierson
Tekst: W. H. Auden (uncredited)
Muziek: Benjamin Britten

In 1934 werd Alberto Cavalcanti, een Braziliaanse experimentele cineast, aangenomen door de filmafdeling van de Britse General Post (GPO) om de vernieuwende geluidstechnieken te introduceren die hij geleerd had toen hij meewerkte aan verschillende Franse *talkies*. Samen met producer John Grierson haalde hij ook de jonge dichter W. H. Auden binnen en Benjamin Britten, een intelligente jonge student aan het Royal College of Music (Anthony en Mansell 2011:45,103). Hun samenwerking resulteerde al vlug in een 'geluidsexperiment' dat naast een ode aan de mijnontginning één van de meest avantgardistische documentairefilms van de Britse cinema werd. *Coal Face* is een opmerkelijke montage van industriële scènes en statistieken, voorgelezen in voice-over en gemonteerd met Brittens begeleidingsmuziek die bestaat uit gestileerde geluiden en refreinen. De soundtrack mondt uit in een door Auden geschreven ultiem proletarisch liefdesmadrigaal waarvan de eerste twee regels een oproep doen aan de "lurcher-loving collier, black as night; follow your love across the smokeless hill" (ibid 203). Het team van Cavalcanti deed een jaar later opnieuw een beroep op deze 'ingrediënten' bij de productie van *Night Mail* (1936), de bekendste film van de GPO-filmafdeling. Deze films geven een zeldzame blik op het sociaal geëngageerde experiment van drie belangrijke modernistische kunstenaars die realisme en avant-gardisme wilden verenigen in hun zoektocht naar een nieuw documentair genre.

CM

> Docu-Modernisme

Coalbrookdale

De industriële revolutie werd pas goed zichtbaar in de tweede helft van de 18e eeuw, toen het gebruik van waterkrachttechnologie machines deed toenemen in grootte en grootschalige fabrieken opdoemden in het landschap. De grootste fabriek in Engeland was de ijzerfabriek bij Coalbrookdale in Shropshire, waar lagen steenkool en ijzersteen dicht bij elkaar werden gevonden, en waar Abraham Darby ijzererts begon te smelten met cokes in plaats van houtskool. De eerste gietijzeren brug met enkele overspanningen werd in 1779 over de Severn-rivier gebouwd om de enorme verkeerstoename ten zuiden van de vallei te kunnen slikken.

Coalbrookdale werd een proeftuin voor de veranderende houding tegenover natuur en landschap, een onweerstaanbare verleiding voor kunstenaars, dichters en reizigers (voorlopers van de moderne toerist). Het was een bijzonder romantische plek: een lange vallei tussen steile, dicht beboste heuvels. Dichters als Anna Seward betreurden de schending van deze mooie, wilde vallei die nu gevuld was met industriële machineparken, motoren en smelterijen:

O, violated Colebrook! In an hour...
The Genius of thy shades, by
  Plutus brib'd
Amid thy grassy lanes, thy
  wildwood glens,
Thy knolls and bubbling wells,
  thy rocks and streams,
Slumbers! - while tribes fuliginous
  invade
The soft, romantic consecrated
  scenes;
Haunt of the wood nymph...
(Geciteerd in Klingender 1975: 79)

Dit gedicht maakt gebruik van de klassieke jambische pentameter

John Grierson, he also recruited the young poet W. H. Auden and a bright young student from the Royal College of Music, Benjamin Britten (Anthony and Mansell 2011:45,103). Their collaboration soon bore fruit in an "experiment of sound" that, in addition to paying homage to the work of mining, constitutes one of British cinema's most avant-garde documentary films. *Coal Face* is a remarkable montage of industrial scenes and statistics read in voice-over, edited together with Britten's incidental music, which consists of stylised noises and choruses. The soundtrack swells into a final proletarian love madrigal, penned by Auden and in which the first two lines call on the "lurcher-loving collier, black as night" to "follow your love across the smokeless hill" (ibid 203). These elements were re-applied by Cavalcanti's crew a year later to make *Night Mail* (1936), the GPO Film Unit's most famous work. These films offer a rare glimpse of the socially engaged experiment of three key modernist artists who sought to marry realism and avant-gardism in pursuit of a new documentary genre.

CM

> Docu-Modernism

Coalbrook-dale

The Industrial Revolution became fully visible in the second half of the 18th century when the harnessing of water power led to a huge increase in the size of machinery and large-scale factories entered the landscape. The largest in England was the ironworks at Coalbrookdale in Shropshire, where deposits of coal and iron-stone were found close together, and where Abraham Darby began smelting iron ore with coke rather than charcoal. The first single-span iron bridge was erected over the River Severn in 1779 to carry the massive increase in traffic south from the Dale.

Coalbrookdale became the testing ground for changing attitudes toward nature and the landscape, an irresistible lure for artists, poets and travellers (forerunners of the modern tourist). It was a particularly romantic place: a long valley between steep, thickly wooded hills. Poets like Anna Seward mourned the desecration of this beautiful, wild valley, now filled with industrial machinery, engines and forges:

O, violated Colebrook! In an hour...
The Genius of thy shades, by
  Plutus brib'd
Amid thy grassy lanes, thy
  wildwood glens,
Thy knolls and bubbling wells,
  thy rocks and streams,
Slumbers! – while tribes fuliginous
  invade
The soft, romantic consecrated
  scenes;
Haunt of the wood nymph...
(quoted in Klingender 1968:89)

The poem uses the classical iambic pentameter to describe the loss of the picturesque landscape, and both old and new are infused with classical references to nymphs and Plutus, the ancient Greek god of wealth, while the invading labour force is given the Latinate epithet 'fuliginous', sooty. But others saw in the man-made scenes something thrilling: a new form of the sublime, no longer produced by the terrors of the natural world – mountains, avalanches, torrents, ravines – but by the 'art' of industry. As the modernising agricultural writer and traveller Arthur Young wrote in 1785, "That variety of horrors art has spread at the bottom [of Coalbrookdale]; the noise of the forges, mills etc. with all their vast machinery, the flames bursting from the furnaces with the burning of the coal and the smoak [sic] of the lime kilns, are altogether sublime" (quoted in Klingender 1968: 89). This is the effect de Loutherbourg achieves in *Coalbrookdale by Night* (1801), enhanced by the contrast between the fires and the blackness of night.

Coalbrookdale was a frequent subject for topographical draughtsmen as well as for artists specialising in the picturesque. In *Iron Works, Colebrookdale* [sic], an aquatint from *The Romantic and Picturesque Scenery of England and Wales* (1805), de Loutherbourg treated it in a picturesque mode. Rather than emphasising the overwhelming, inhuman power of the new industrial landscape he focuses here on 'pictorial incidents:' the man on an old carthorse, with the small sled and dog, and the broken outlines of the banks and hills. The curious objects in the foreground, which appear to be broken chimneys and pipes, might be industry's equivalent of the fallen classical columns in romantic scenes of ruins.

DA

> de Loutherbourg, Philippe Jacques
> Landscape

om het verlies van het pittoreske landschap te beschrijven; zowel oud als nieuw is doordrenkt met klassieke referenties naar nimfen en Plutus, de Griekse god van de rijkdom, terwijl de binnenvallende werkmacht het epitheton *fuliginous* krijgt, wat roetkleurig betekent. Anderen vonden het door de mens gemaakte landschap dan weer opwindend: een nieuwe vorm van het verhevene, niet meer voortkomend uit de verschrikkingen van de natuurlijke wereld – bergen, lawines, stormen, ravijnen – maar door de 'kunst' van de industrie. Zoals de vernieuwende landbouwschrijver en reiziger Arthur Young in 1785 beschreef: "De waaier verschrikkingen die kunst op de grond [van Coalbrookdale] heeft gezaaid; het gedruis van smelterijen, fabrieken enz. met hun enorme machinerie, vlammen die uit de ovens slaan terwijl de kool brandt en de rook van de kalkovens: samen zijn ze verheven" (geciteerd in Klingender 1975: 89). Dit is ook het effect dat de Loutherbourg bereikt in *Coalbrookdale by Night* (1801), versterkt door het contrast tussen de vlammen en de duisternis van de nacht.

Coalbrookdale kwam frequent aan bod bij topografische tekenaars en kunstenaars die zich specialiseerden in het pittoreske. In *Iron Works, Colebrookdale* [sic] een aquatint uit *The Romantic and Picturesque Scenery of England and Wales* (1805) pakte de Loutherbourg het op pittoreske wijze aan. In plaats van de overweldigende, onmenselijke kracht van het nieuwe industriële landschap in de verf te zetten, richt hij zich hier op 'schilderachtige taferelen': de man op een oud trekpaard, met kleine slee en hond, en de gebroken contouren van de oevers en de heuvels. De eigenaardige objecten op de voorgrond – dit blijken gebroken schoorstenen en leidingen te zijn – zouden het industriële equivalent kunnen zijn van de omgevallen antieke zuilen in romantische schilderijen.

DA

> de Louthebourg, Philippe Jacques
> Landschap

Cobb, Francis William

geb. circa 1875; overl. circa 1950

Hand Holing, 1913
Digitale kopie van de originele foto, 17,5 x 23,3 cm
Collectie: The National Archives, het officiële nationale archief van de Britse overheid

Tijdens zijn ambtsperiode als predikant van Eastwood, Nottinghamshire, fotografeerde eerwaarde Francis William Cobb ook de naburige kolenmijnen van Barber Walker and Company. Tussen 1907 en 1917 maakte hij een reeks dia's ter illustratie van een lezing met als titel *From Pit to Fireplace: A Talk about Coal and Those Who Get It*. Verschillende foto's uit deze reeks waren gemaakt met behulp van kunstlicht in krappe of gevaarlijke ondergrondse omstandigheden. *Hand Holing* (handmatige kolenwinning) documenteert een beproefde en bestaande mijntechniek die toen steeds meer in onbruik raakte omdat machinale kolenwinning door een opeenvolging van technologische innovaties zowel nauwkeuriger – zodat het risico van instortingen aanzienlijk werd verlaagd – als doeltreffender werd. (Duncan en Penman 1908). De foto van Cobb kon net zo goed een scène uit *De Mijn* illustreren, een roman van Émile Zola die zich vijftig jaar vroeger afspeelt: "die ader was op deze plek nauwelijks vijftig centimeter breed, zodat zij, als het ware platgedrukt tussen dak en wand, op hun knieën en ellebogen moesten kruipen en zich niet konden omkeren zonder hun schouders te stoten. Om de steenkool te kunnen loshouwen moesten zij met verdraaide hals en opgeheven armen op hun zij liggen en het houweel, de scherpe bijl met de korte steel, dwars voor zich uitzwaaien". (zie 2001:35).

CMF

> Ondergrondse hel
> Zola, Émile

Contemporary Art

Hedendaagse kunst

De idee van 'het hedendaagse' is hopeloos uitgehold. Het concept werd belangrijk in het kunstjargon omwille van de nood aan vervanging, veeleer dan vanuit een beredeneerde theoretisering: het begrip 'hedendaags' luidt het einde in van 'modern' en berust in het belang van een 'later'. Maar deze neutraliteit kan snel overgaan in een zelfstandig naamwoord met een zekere 'lading', zoals zo vaak het geval is bij chronologische categorieën (zoals 'het moderne').

De moderne kapitalistische samenleving heeft eindelijk een kunst gevonden die geapprecieerd wordt door het publiek, door de sociale elites die het financieren en door de academische industrie die fungeert als haar *compagnon de route*. Vanuit dit oogpunt is kunst letterlijk hedendaags geworden omdat de toenemende integratie van kunst in cultuur eindelijk de metafoor

Cobb, Francis William

b. c. 1875; d. c. 1950

Hand Holing, 1913
Digital print of original photograph, 17.5 x 23.3 cm
Colllection: National Coal Mining Museum for England, Wakefield

During his tenure as Rector of Eastwood, Nottinghamshire, Reverend Francis William Cobb was also busy photographing the nearby collieries of Barber Walker and Company. Between 1907 and 1917 he produced a series of illustrative slides for a lecture entitled "From Pit to Fireplace: A Talk about Coal and Those Who Get It". Several of the images in the series were photographed with the aid of artificial lighting in cramped or dangerous conditions underground. *Hand Holing* documents a tried and true coal mining technique that was then becoming increasingly obsolete as a succession of innovations in coal-cutting technology made machine-holing both more precise – thereby reducing the likelihood of a roof collapse – and more efficient (Duncan and Penman 1908). Cobb's photograph could well have been from a scene in Zola's *Germinal*, set fifty years earlier: "the seam was so thin, hardly more than half a metre thick at that point, that they were more or less flattened between the roof and the wall, dragging themselves around on their knees and elbows, unable to turn round without bruising their shoulders. In order to get at the coal, they had to stay stretched out on one side, with their necks twisted, so that they could swing their arms far enough back to wield their short-handled picks at an angle" (1993:39).
CMF

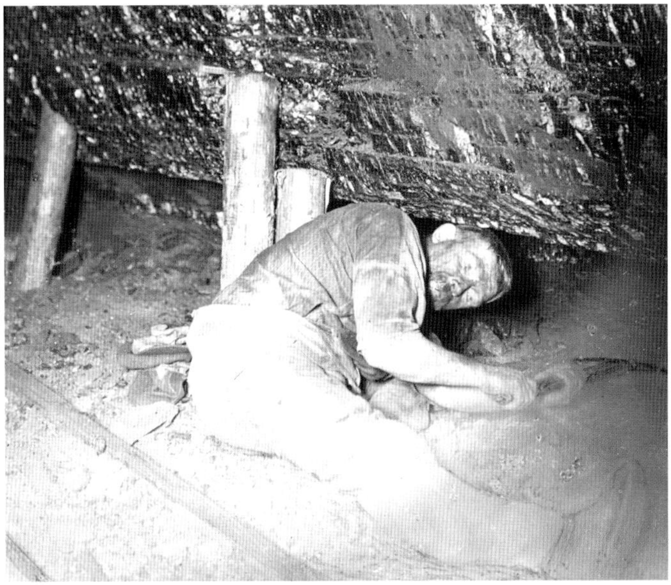

Reverend Francis William Cobb, *Hand Holing*, 1913

> Underground as Hell
> Zola, Émile

Contemporary Art

The notion of "the contemporary" is irredeemably empty. The concept became central to art language as a result of the need to find a replacement, rather than as a matter of legitimate theorizing: 'contemporary' is the term that marks the death of 'modern'. It is based on the significance of an 'after'. However, as is usually the case with chronological categories (like 'the modern') this neutrality may soon unfold into a noun with a certain substance.

Modern capitalist society finally has an art that aligns with the audience, with the social elites that finance it, and with the academic industry that serves as its fellow traveller. In this sense art has become contemporaneous in a literal sense, because the growing integration of art into culture has finally erased the metaphor of a different temporality between the two. At the same time, 'contemporary art' marks the stage at which different geographies and localities are finally regarded as belonging to the same network of questions and strategies. Art becomes 'contemporary' in the strong sense when it refers to the progressive obsolescence of narratives that concentrated cultural innovation so completely in colonial and imperial metropolises.
CM

Cornish, Norman

b. 1919, Spennymoor, England

Pit Road Study III, n.d.
Oil pastel on paper, 78.5 x 96 cm
Collection: National Coal Mining Museum for England, Wakefield

van een verschil in tijdelijkheid tussen de twee heeft uitgewist. Tegelijkertijd zorgt 'hedendaagse kunst' voor een platform waar verschillende geografieën en lokaliteiten eindelijk beschouwd worden als behorend tot hetzelfde netwerk van vragen en strategieën. Kunst wordt 'hedendaags' in de strikte betekenis als het verwijst naar de progressieve veroudering van verhalen die culturele innovatie enkel in koloniale en imperiale wereldsteden situeerden.

CM

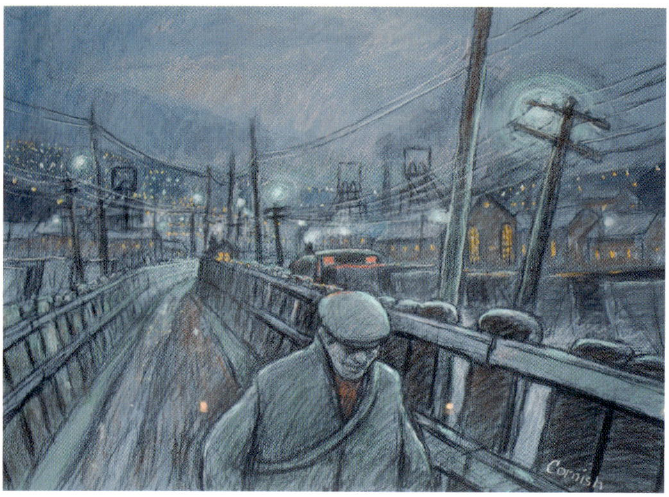

Norman Cornish, *Pit Road Study III*, n.d., © Northumbria University Gallery

Cornish, Norman

geb. 1919, Spennymoor, Groot-Brittannië
Pit Road Study III, z.d.
Oliepastel op papier, 78,5 x 96 cm
Collectie: National Coal Mining Museum, Wakefield

Kort nadat hij in 1933 mijnwerker werd, vervoegde Cornish de Spennymoor Settlement. De 33 daarop volgende jaren tekende, schilderde én werkte hij onder de grond. In 1966 werd hij professioneel kunstschilder en vandaag kan hij terecht als een van de bekendste mijnwerker-kunstenaars beschouwd worden. Hij benadert zijn taferelen – aldus zijn vriend en schrijver Sid Chaplin – met een mengeling van liefde en afkeer. Het zijn allemaal lokale taferelen van Spennymoor – bovengronds "duiventillen en verkavelingen, mijnwerkerswoningen, pubs, fish-and-chips-standen en marktkraampjes ... Ondergronds is het conflict meer uitgesproken, en trotseren de mannen niet alleen duisternis maar ook onmetelijk veel water, gewicht, druk en beklemmende ruimten" (McManners and Wales 2002:121). Vaak, zoals in dit beeld, toont hij het voetpad tussen Spennymoor en de Dean and Chapter Colliery in Ferryhill, waar zowel hij als Heslop werkte.

DA

> Cycli van realisme
> Heslop, Robert

Crises of Capitalism

Kapitalisme in crisis

Twintigste-eeuwse interpretaties van Marx' kapitaaltheorie zochten naar een verklaring voor de sociale en economische crisissen die gepaard gingen met de geografische groei van de kapitalistische productie. In haar boek *Accumulatie van het Kapitaal* (1913) was Rosa Luxemburg een van de eersten om te wijzen op de nood van het kapitalisme om niet-kapitalistische gebieden (bv. kolonies, nog niet veroverde gebieden, enz.) in te palmen om nieuwe markten aan te boren zodat het systeem overeind zou blijven. Technologische uitvindingen zoals de moderne stoommachine – uiteraard aangedreven door kolen – waren belangrijke factoren in de voortdurende queeste om waarde te halen uit het in goederen geïnvesteerde kapitaal door ze in een steeds ruimer gebied uit te wisselen. Luxemburg stelde ook de toevlucht van het kapitalisme tot imperialisme, militarisme en oorlog vast als noodzakelijke gevolgen van zijn inwendige drang naar uitbreiding en globale consolidatie. Ze bekritiseerde Marx omdat hij er niet in slaagde een oplossing te vinden voor de accumulatie van kapitaal. Een impasse waarmee we tot op vandaag worden geconfronteerd, en dat omwille van milieu, sociale en economische redenen.

De tussenliggende eeuw heeft echter aangetoond dat de meedogenloze opmars van het kapitalisme wereldwijd niet op een geheel homogene manier gebeurt. Dit heeft geleid tot een ongelijke ontwikkeling in de wereldmarkt (Lenin 1963) waarbij onbelangrijke niet-kapitalistische samenlevingen omgetoverd worden tot labo's waar verschillende strategieën worden

Shortly after he became a miner in 1933, Cornish joined the Spennymoor Settlement, and for the next thirty-three years he drew and painted as well as worked underground. In 1966 he became a professional painter and is now justly the best known of the pitmen artists. He approaches his scenes, as his friend the writer Sid Chaplin noted, with a mixture of love and revulsion. All are local to Spennymoor – above ground, "pigeon crees and allotments, pit rows and pubs, fish and chip vans and market stalls... Underground the conflict is more specific, the lights and the men somehow survive not only darkness but imponderables of water, weight, pressure and contracting space" (McManners and Wales 2002:121). Often, as in this sketch, he shows the footpath between Spennymoor and the Dean and Chapter Colliery at Ferryhill, where he and Heslop both worked.
DA

> Cycles of Realism
> Heslop, Robert

Crises of Capitalism

Twentieth-century interpretations of Marx's theory of capital have sought to account for the social and economic crises that have accompanied the geographical expansion of capitalist production. With her book *The Accumulation of Capital* (1913), Rosa Luxemburg was among the first to point out capitalism's reliance on the penetration of non-capitalist geographies (e.g., colonies, unconquered territories, etc.) to create new markets necessary for the system's perpetuation. Technological innovations such as the modern steam engine – fuelled, of course, by coal – have been critical factors in the continuous quest to realize the value of capital invested in commodities by exchanging them in an ever wider sphere. Luxemburg also identified capitalism's recourse to imperialism, militarism and the war machine as necessary consequences of its internal drive toward expansion and global consolidation. She criticized Marx's failure to find a solution to counter the accumulation of capital, an impasse with which we are now faced today, for environmental as well as social and economic reasons.

As the intervening century has revealed, however, the inexorable advance of capitalism across the face of the planet does not occur in a homogeneous fashion. It has resulted in uneven rates of development within the world market (Lenin 1963), transforming peripheral, non-capitalist societies into veritable laboratories wherein to experiment with different strategies for alleviating the pressures of over-accumulation. This has led to a variety of different forms of relations between centre and periphery (see for example Frank 1969). More recent theories of capitalist accumulation thus conceive of periodic crises of over-accumulation as necessary to the survival of the system: "Since there are no other equilibrating forces at work within the competitive anarchy of the capitalist economic system, crises have an important function – they enforce some kind of order and rationality onto capitalist economic development" (Harvey 1975: 10).
KG & CMF

> Accumulation
> Epics of Redundancy

Cvijanović, Nemanja

b. 1972, Rijeka, Croatia; lives and works in Rijeka

Applause!, 2008
Video, 7 min.

Monument to the Memory of the Idea of the Internationale, 2010
Interactive sound installation

Nemanja Cvijanović's work addresses economic and political conflicts that have reached an impasse. With *Applause!*, he hires a group of unemployed and retired people to demonstrate together, providing everything they need: from banners bearing slogans condemning neoliberal policies to barriers that cordon off the demonstration area. With this work, Cvijanović uses funds from the Croatian Ministry of Culture, the city of Rijeka and the Operation: City festival in 2008 to draw participants' attention to their political obligation to demonstrate. The demonstrators gradually get swept up in the action, resulting in an absurdly dubious situation that contains elements of beauty as well as of sadness, hope and irony.

In stark contrast to *Applause!*, the spectators of *The Monument to the Memory of the Idea of the Internationale* are given an insight into the historical meaning of the notions of mass action and solidarity. The sound installation is triggered by the spectator via a small music box, which then sets off a chain reaction throughout the exhibition, so that no one can escape the ever more powerfully sounding revolutionary anthem, *La Internationale.* With this sound piece, Cvijanović pays tribute to that other, sadly

getest om de druk van overaccumulatie te verlichten. Zo ontstond een waaier aan verschillende verhoudingen tussen het centrum en de randgebieden (zoals beschreven in Frank 1969). Recentere theorieën over kapitalistische accumulatie zeggen dat tijdelijke crisissen van overaccumulatie nodig zijn voor de overleving van het systeem: "Crisissen hebben een belangrijke functie aangezien er geen andere krachten bestaan die evenwicht brengen in de competitieve anarchie van het kapitalistische economische systeem – ze dwingen een soort van orde en rationaliteit af in de kapitalistische economische ontwikkeling" (Harvey 1975: 10).
KG & CMF

> Accumulatie
> Epos van de overbodigheid

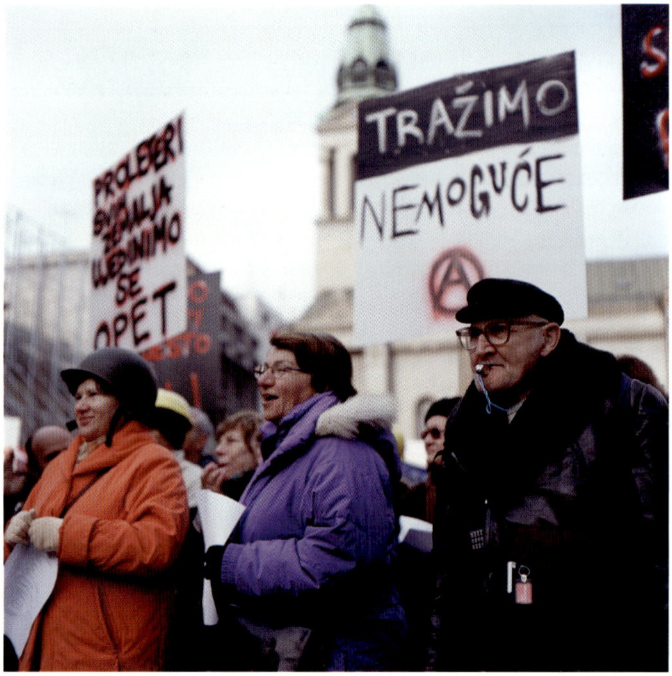

Nemanja Cvijanović, *Applause!*, 2008-10

Cvijanović, Nemanja

geb. 1972, Rijeka, Kroatië; woont en werkt in Rijeka

Applause!, 2008
Video, 7 min.

The Monument to the Memory of the idea of the Internationale, 2010
Mechanische muziekdoos, microfoon, luidsprekers; variabele afmetingen

Nemanja Cvijanović appelleert met zijn werk aan globale economische en politieke vraagstukken die in een impasse verzeild zijn geraakt. Met *Applause!* engageert hij een groep werklozen en gepensioneerden om tegen betaling collectief te demonstreren. De kunstenaar voorziet alles – van banners met slogans die de neoliberale kapitalistische maatschappij veroordelen tot megafoons en dranghekkens die een zone afbakenen. Met dit werk wendt Cvijanović subsidies van zowel het Ministerie van Cultuur in Kroatië, de stad Rijeka als Operation: City Festival (2008) aan om de deelnemers op hun politieke demonstratieplicht te wijzen, hoewel de demonstranten gaandeweg meegesleept worden in de actie, wat resulteert in een absurd dubieuze atmosfeer die zowel schoonheid, tristesse, hoop en ironie uitstraalt.

In scherp contrast met *Applause!* krijgt de toeschouwer bij *The Monument to the Memory of the idea of the Internationale* rechtstreeks toegang tot de historische betekenis van massa ondernemingen en solidariteit. De geluidsinstallatie wordt door de toeschouwer via een klein muziekdoosje in gang gezet om vervolgens een kettingreactie te ontketenen doorheen de tentoonstelling, waarbij niemand kan ontkomen aan de steeds krachtiger klinkende revolutionaire hymne, *La Internationale*. Met dit geluidsmonument brengt Cvijanović een ode aan dat andere, helaas nooit gerealiseerde Monument voor de Derde Internationale, naar een ontwerp van Vladimir Tatlin. De geometrisch progressieve geluidsopbouw brengt hommage aan de accumulatieve logica van de solidariteit van de arbeidersklasse en de droom van een proletarische revolutie, ontsloten in de emotionele propaganda die *La Internationale* is.
MM

> L'Internationale
> Poëtica van de herstructurering

Cycli in Realisme

De afdeling *Cycli in Realisme* in deze tentoonstelling verkent de veranderingen in de manier waarop mijnbouw en mijnwerkers

unrealised *Monument to the Third International*, designed by Vladimir Tatlin. Sound builds up in a geometrical progression, paying homage to the cumulative logic of working class solidarity and the dream of the proletarian revolution encoded in the emotional propaganda values of *L'Internationale*.
MM

> L'Internationale
> Poetics of Restructuring

Cycles of Realism

Cycles of Realism in this exhibition explores changes in the representation of mining and miners over the last two hundred odd years. Developments in artistic modes and media have brought a greater verisimilitude – not quite the same thing as realism – to the registering of the reality of the experience of the miner. Photography and film are the most obvious technological developments that transformed the way coal mining has been perceived.

It was the use of illustrations in the Report on Coal Mining in 1842 that most vividly brought the terrible working conditions home to the general public and to Parliament. Crude engravings showed women and children harnessed and bent over like beasts of burden dragging tubs of coal along low tunnels. As a result the Coalmines Regulation Act of 1842 prohibited women and all children under the age of ten from working underground. An upsurge of sympathy and interest on the part of the public enhanced the popularity of Henry Perlee Parker's images of pitmen in the softened academic style characteristic of 19th-century genre painting, which he first exhibited at the Royal Academy in London in 1836. The picturesque scenes of the colliers gaming at the pit mouth, often with their families, as in *Pitmen Playing Quoits, 'The Disputed Shot'*, reflect the curiosity of the middle and upper classes about a way of life both awful and colourful.

When cameras were finally permitted down mines towards the end of the 19th century, a more documentary approach developed, as in the photographs taken by the Rev. Cobb, and the mining regions of Europe and their inhabitants are the subjects of an extensive body of photography that has recorded the daily life (Frank, Brandt, Killip), triumphs (Stakhanovism), and decline (Bechers) of the industry.

Both documentary and narrative film took avidly to coal mining, which has been described as "deeply cinematic" (Russell 2008). Nonetheless, modern painters continued to be fascinated by mining, and artists such as Graham Sutherland, Henry Moore, Keith Vaughan and Josef Herman visited mines to record their impressions first-hand. The spectre of authenticity has always haunted modernist painting, especially in its figurative guises. With the increase in universal education miners brought to the representation of their lives and experiences their own voices and visions, rather than being always the objects of other peoples'. 'Pitmen Painters' like Kilbourn, Daykin, McGuinness and Heslop painted straightforward accounts, which are neither naïve nor socialist realist, of what they saw and experienced.
DA

> Ashington Group, The
> Coal, The Age of
> Cobb, Francis William
> Docu-Modernism

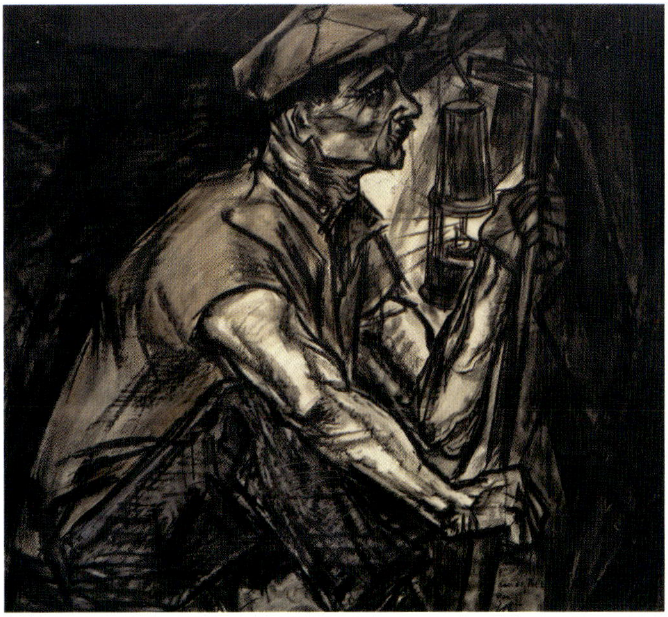

Jan Toorop, *De mijnwerker*, 1915-16

gedurende de afgelopen tweehonderd jaar werden voorgesteld. Door de ontwikkelingen in de verschillende kunstvormen en gebruikte media wordt de realiteit van de ervaring van de mijnwerker waarheidsgetrouwer – wat niet hetzelfde betekent als realistischer – weergegeven. Fotografie en film zijn de meest evidente technologische ontwikkelingen die de perceptie van mijnbouw hebben veranderd.

In 1842 werden het grote publiek en het parlement door het gebruik van illustraties in het Britse mijnbouwverslag (Report on Coal Mining) sterk geconfronteerd met de verschrikkelijke arbeidsomstandigheden van de mijnwerkers. Rauwe gravures toonden vrouwen en kinderen die voorovergebogen als lastdieren kruiwagens vol kolen door lage tunnels trokken. Dit had tot gevolg dat de Britse mijnbouwwet (Coal-Mines Regulation Act) van 1842 vrouwen en kinderen jonger dan tien jaar verbood om onder de grond te werken. Door een vlaag van medelijden en belangstelling van de gemeenschap groeide de populariteit van Henry Perlee Parkers schilderijen van mijnwerkers in de zachte academische stijl die kenmerkend is voor de negentiende-eeuwse schilderkunst. Deze werken werden voor het eerst tentoongesteld in 1836 in de Londense Royal Academy. De pittoreske taferelen van mijnwerkers die zich, vaak samen met hun gezin, vermaakten aan de ingang van de mijn, zoals in '*Pitmen Playing Quoits, 'The Disputed Shot'*, weerspiegelen hoe nieuwsgierig de burgerij en de elite waren naar een levensstijl die afschuwelijk en tegelijkertijd kleurrijk was.

Toen camera's aan het einde van de 19e eeuw eindelijk werden toegelaten in de mijnen ontwikkelde zich een documentairestijl, zoals in de foto's van Eerwaarde Cobb. De mijnregio's van Europa en hun inwoners staan centraal in een omvangrijk fotografisch werk over het dagelijkse leven (Frank, Brandt), de triomfen (stakhanovisme) en de achteruitgang van de industrie (Bechers).

Zowel in documentaires als in fictiefilms werd veel aandacht geschonken aan mijnbouw die werd beschreven als "uiterst geschikt om op film vast te leggen" (Russell 2008). Moderne schilders bleven echter gefascineerd door mijnbouw en kunstenaars zoals Graham Sutherland, Henry Moore, Keith Vaughan en Josef Herman bezochten mijnen om hun indrukken uit de eerste hand te registreren. De schim van 'authenticiteit' heeft de modernistische schilderkunst altijd achtervolgd, vooral in symbolische gedaanten. Doordat steeds meer mensen onderwijs konden genieten, oefenden mijnwerkers ook invloed uit op de voorstelling van hun leven en ervaringen en waren ze niet meer louter het studieobject van anderen. Schilders als Kilbourn, Daykin, McGuinness en Heslop die mijnwerkers portretteerden, gaven onverbloemd weer wat ze zagen en ervoeren – noch op naïeve noch op sociaal-realistische wijze – weer.

DA

> Ashington Groep, De
> Cobb, Francis William
> Docu-Modernisme
> Steenkooltijdperk

Daykin, Gilbert

geb. 1886, Barnsley, Groot-Brittannië; overl. 1939, kolenmijn van Warsop, Groot-Brittannië

The Tub: At the End of the Coalface, 1934
Olieverfschilderij, 50 x 60 cm
Collectie: Science Museum, Londen

The Dudley: Thirst – The End of a Shift, 1934
Olieverfschilderij, 75,7 x 55 cm
Collectie Science Museum, Londen

Daykin werkte vanaf zijn twaalfde in de mijnen van Yorkshire. Hoewel hij nauwelijks een opleiding had genoten, zijn Daykins olieverfschilderijen krachtige en dramatische schetsen van het onderaardse leven. Hij putte uit zijn eigen ervaringen die hij soms een symbolische dimensie verleende. Daykin weigerde de promotie die hem werd aangeboden in de mijn omdat hij dan minder tijd zou hebben om te schilderen. Uiteindelijk kwam hij om het leven bij een mijnongeluk.
DA

> Ondergrondse hel

Deller, Jeremy

geb. in 1966, Londen, Groot-Brittannië; woont en werkt in Londen

The Battle of Orgreave, 2001
Video, 60 min.
In opdracht van en geproduceerd door Artangel in samenwerking met Channel 4.

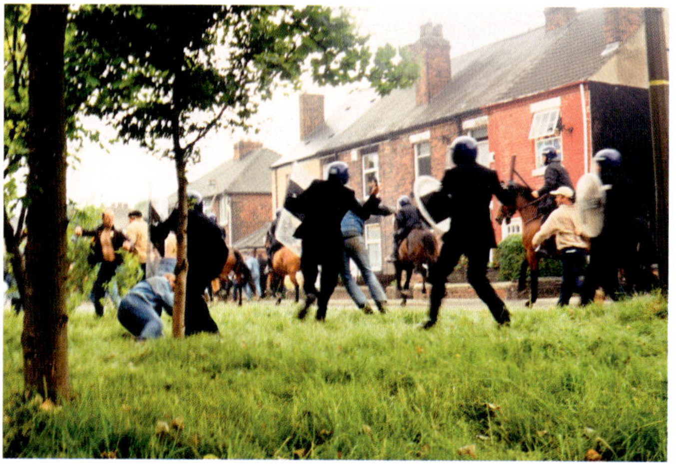

Jeremy Deller & Mike Figgis, *The Battle of Orgreave*, 2001

Op 18 juni 1984 vond een enorme clash plaats tussen meer dan 5.000 stakers van de National Union of Miners (NUM) en een ongeveer even grote Britse politiemacht in de mijnvestiging van British Steel in Orgreave, in de buurt van Rotherham, Yorkshire. Deze 'Slag bij Orgreave' was de zwaarste confrontatie uit de mijnwerkersstaking van de NUM in 1984-1985 en kondigde het verval aan van de vakbondsbeweging in Engeland en de herdefiniëring van economische betrekkingen door de regering onder leiding van Margaret Thatcher. Zeventien jaar later liet Jeremy Deller de gebeurtenis naspelen door meer dan 800 gewezen mijnwerkers en figuranten, in samenwerking met meer dan twintig re-enactment verenigingen, gespecialiseerd in slagvelden.

Bedoeling was om het persoonlijke en sociale 'belang' te onderzoeken van dat wat, zoals de kunstenaar het uitdrukt, "deel uitmaakte van de reeks doorslaggevende veldslagen in de geschiedenis van Engeland" (Deller 2002: 7). Door zich de tactiek van de 'reconstructie' eigen te maken, veranderde Deller een vorm van nostalgisch entertainment in een middel om sociale geschiedenis collectief te maken, waarbij gewezen mijnwerkers en voormalige leden van de politiemacht hun rol in de gebeurtenissen anders gingen bekijken. De confrontatie met het feit dat de media de stakers als criminelen en onruststokers afschilderden, bood de acteurs ook inzicht in de hachelijke situatie van deze mijnwerkers. De actie, gecoördineerd door Howard Giles en opgenomen als tv-documentaire, geniet ruime erkenning als een van de belangrijkste artistieke interventies van het begin van de 21e eeuw.
CM

> Epos van overbodigheid

Demuth, Charles

geb. 1883, Lancaster, VS; overl. 1941, Lancaster, VS

Incense of a New Church, 1921
Olieverf op canvas, 66 x 51 cm
Collectie: Columbus Museum of Art, Ohio (geschonken door Ferdinand Howald)

Het optimisme van de Amerikaanse jaren 20 stimuleerde industriëlen en politici om het

Dark Matter

Coal is not only a dark, but also a sticky and dusty material, too crumbly to make liquid, too soft to make a clear and sharp shape. Its never completely reducible materiality made it an excellent material for the proponents of literal art who deconstructed the machinery of the modern gaze in the '60s and '70s. They did not do this by giving us the illusion that we could leave that machinery behind us – that is exactly the trick that modern culture played over and over again – but by drawing attention to the instruments of the modern gaze, its windows, its moulds and containers that show and make matter understandable, thereby creating a dialectic between mind and matter.

These artists were reacting to the modernist criticism of Clement Greenberg, who saw the pure materiality of the artwork as transforming ideally into pure visual experience without any implications; that is, into a completely autonomous image. Greenberg described the history of the avant-garde as a necessary, linear evolution, one that was focused on, surrounded by and reactive to the downfall of Western culture, protecting the machinery of the modern gaze: the autonomy of the object had to be preserved by any means, because it constituted the absolute condition for what remained of the autonomy of the modern subject. Therefore, the subject had to be reduced to nothing more than a gaze, an eye.

The attempts to rescue both autonomous image and subject led, all the same, to their dissolution. The image's implosion of virtual space continued when concrete stuff was stuck on or nailed to the canvas, whereupon the assemblage became an environment. The pure image got distorted. The only space for the artwork became the concrete here and now as the viewer's gaze got rooted in a body that found itself together with that concrete, literal stuff within the horizon of the present. That literal, dark materiality, which thenceforth refused to convert itself completely into a legible text or a transparent image, or to be enlightened by the individual look and reason, started to play an active role.
FM

> Coal, The Age of

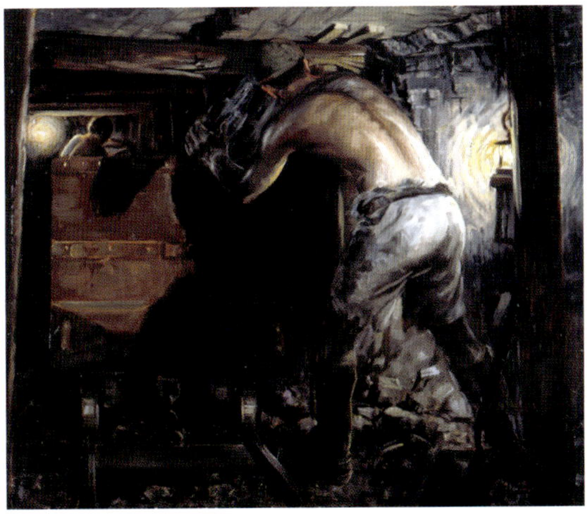

Gilbert Daykin, *The Dudley: Thirst – The End of a Shift*, 1934

Daykin, Gilbert

b.1886, Barnsley, England; d. 1939, Warsop Colliery, England

The Tub: At the End of the Coalface, 1934
Oil on canvas, 50 x 60 cm
Courtesy of the Science Museum, London

The Dudley: Thirst – The End of a Shift, 1934
Oil on canvas, 75,7 x 55 cm
Courtesy of the Science Museum, London

Daykin worked in the Yorkshire mines from the age of twelve. Despite minimal formal training his oil paintings are powerful and dramatic images of life underground. He drew on his own experiences, to which he sometimes gave a symbolic dimension. Rejecting promotion at the mine because it would have restricted his time for painting, he was eventually killed in a mining accident.
DA

> Underground as Hell

Deller, Jeremy

b. 1966, London, England; lives and works in London

The Battle of Orgreave, 2001
Co-Directed with Mike Figgis.
Commissioned by: Artangel, UK, in association with Channel 4. Photography: Parisah Taghizadeh. Video 60 min.

On June 18th, 1984, an enormous clash between more than five thousand picketers from the National Union of Miners (NUM)

machinetijdperk in te luiden in een theologisch-industriële taal: Henry Ford riep de industrie uit tot de "Nieuwe Messias", en president Calvin Coolidge vergeleek de bouw van fabrieken met de oprichting van tempels (Haskell 1999:151ff.). Charles Demuth schilderde de smelterij van Lukens Steel Company in zijn woonplaats Lancaster (Pennsylvania) als een uitbundig icoon van het industriële evangelie. Zijn opzichtige weergave van luchtvervuiling als de wierook van de nieuwe kathedraal staat — hoe ondenkbaar ook voor onze huidige ecologische apocalyptische visie — bol van dubbelzinnigheden. Dit is typerend voor een kunstenaar die uit Europa terugkeerde; om zich op het Amerikaanse leven toe te leggen en er tegelijkertijd de draak mee te steken. (Corn 1999:219). Zijn stijl van 'precisionistisch' schilderen stond in dialoog met de schoonheid van precisie van zijn vriend Marcel Duchamp, terwijl hij de verraderlijke neutraliteit van de populaire esthetiek op de voorgrond schoof.

CM

> Pollutie

Dirt

Vuil

In de 19e eeuw was vuil een klassenkwestie. Vuil bepaalde en werd bepaald door maatschappelijke klassen. Het snijpunt tussen realiteit en symboliek, een leidmotief in de negentiende-eeuwse kunst en literatuur, is doordrongen van dit thema. De kenmerkende eigenschappen van een dame waren haar bleke, schone handen en de communicatie tussen dienstpersoneel en werkgevers werd beheerst door strenge regels en afspraken. De kolenkelder was de donkerste en vuilste ruimte in een woning. Dienstmeisjes kwamen voortdurend in contact met kolen voor het haardvuur, ze poetsten de roosters op, boenden en veegden het huis schoon. Als het achtjarige schoorsteenvegertje Tom in *De waterkinderen* van Charles Kingsley verdwaalt tussen de schoorstenen van een groot huis en terechtkomt in een smetteloze, sneeuwwitte slaapkamer waar een meisje met gouden haren slaapt, ziet hij zichzelf in een spiegel, een "kleine, lelijke, zwarte, haveloze gestalte met wazige ogen die zijn witte tanden bloot lacht" en wordt boos. "Wat had die kleine zwarte aap te zoeken in de kamer van die bevallige jongedame?" Dan beseft hij dat hij naar zijn eigen spiegelbeeld kijkt en "voor het eerst in zijn leven ontdekte hij dat hij vuil was *(2000:26)*. Hij wordt weggejaagd uit het huis, springt in een beek om zich te wassen, verdrinkt en wordt een waterkind.

De problemen met betrekking tot maatschappelijke klasse en seksualiteit, die impliciet aanwezig zijn in dit sprookje, achtervolgen het vreemde verhaal van Arthur Munby, een vriend van Kingsley die beroemd is geworden om zijn foto's van mijnwerksters die poseerden in de stijlvolle, met tapijt en houtwerk beklede studio van een fotograaf. Dit strookte niet met hun voorkomen, want vaak werden ze met een ongewassen gezicht en attributen zoals een zeef, kruiwagen, spade en zelfs kolen gefotografeerd. Munby's mogelijke 'mysofilie', het seksueel aantrekkelijk vinden van vuil, alsook zijn fetisjistische aantrekking tot de kleding die vrouwen dragen tijdens hun werk (zie bijvoorbeeld Stallybrass en White 1986:155f.) is een veelbesproken thema. Munby's echtgenote, Hannah Collwick, nam net zoals de kolenmijnwerksters deel aan de studiosessies. Ze poseerde als een "schoorsteenveger", maakte zichzelf "van top tot teen" zwart en knielde zoals een slavin (Hudson 1974:133f.). Haar houding werd ook beïnvloed door het toneelstuk *Sardanapalus* van Lord Byron dat ze als kind had gezien. De toewijding van het slavenmeisje Myrrha aan de koning had haar enorm aangegrepen. Het dienstmeisje wilde even graag houden van iemand uit een hogere klasse, net als Munby van iemand die tot een lagere klasse behoorde. Het was voor hen onmogelijk om hun huwelijk openlijk te erkennen zonder dat Munby zijn plaats in de maatschappij zou verliezen. Een tijdlang genoten ze ervan om te doen alsof. Collwick was intelligent en geletterd en was perfect in staat zich op te kleden als ze in het openbaar verscheen. Ze moest echter handschoenen dragen aangezien haar ruwe, onverzorgde handen haar onmiddellijk zouden verraden. Hij is ontroerd, zelfs opgewonden als hij ziet hoe ze in vernederende houdingen, "besmeurd en ontsierd door roet en vuil" de haardrand schoonmaakt en in hun dagboeken beschrijven ze haar elk als iemand die "onder het vuil" zit (Hudson 1974:132). Zijn belemmeringen en haar uiteindelijke weigering om haar rol in de maatschappij op te geven en te stoppen met werken, leiden ertoe dat ze uit elkaar gaan. Ze zou zich verschrikkelijk vervelen als ze de hele dag in een salon moest doorbrengen, met bleke handen, zonder zich met iets bezig te houden.

DA

> Munby, Arthur
> Steenkooltijdperk

and a similar force of British policemen took place at the British Steel coking plant in Orgreave, near Rotherham, Yorkshire. Dubbed 'The Battle of Orgreave', this was the biggest confrontation of the NUM Miner's strike of 1984-1985, which marked the decay of the trade union movement in Britain and made way for the redefinition of economic relations by Margaret Thatcher's government. Seventeen years later, Jeremy Deller organized a reenactment of the event with over 800 former miners and extras, in collaboration with more than twenty battle reenactment societies, as a means to explore the personal and social significance of what, in the artist's words, was "part of the lineage of decisive battles in English History" (Deller 2002: 7). By appropriating the tactics of reenactment, Deller's intervention turned a form of nostalgic entertainment into a means of collectivized social history, prompting ex-miners and former members of the police forces to rethink their participation in the events. It also afforded the re-enactors insight into the predicament of the miner's pickets, confronting them with their portrayal by the media as criminals and agitators. The action, coordinated by Howard Giles and recorded for a TV documentary, is widely recognized as one of the most important artistic interventions of the early 21st Century.
CM

> Epics of Redundancy

Demuth, Charles

b. 1883, Lancaster, USA; d. 1941, Lancaster

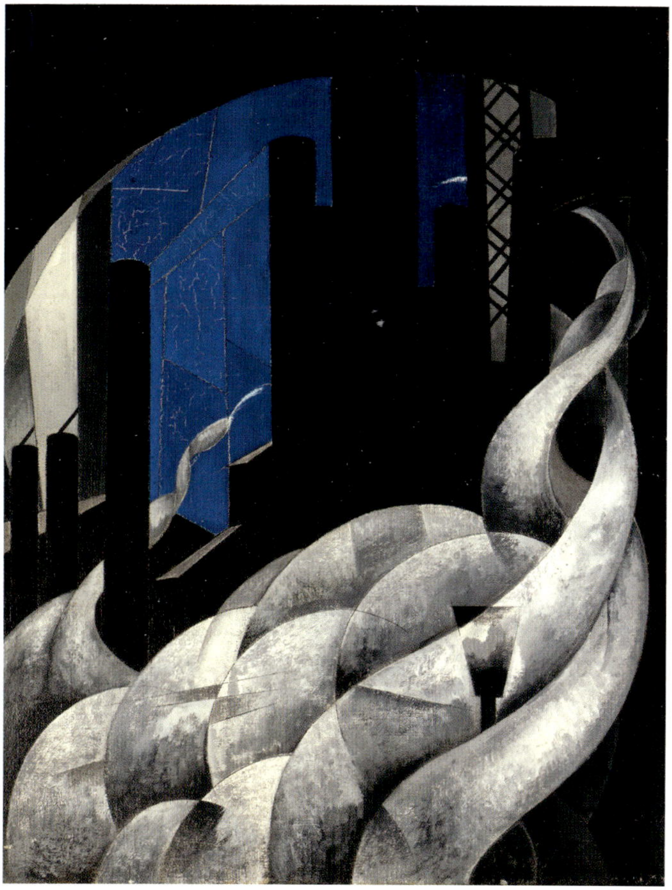

Charles Demuth, *Incense of a New Church,* 1921

Incense of a New Church, 1921
Oil on canvas, 66 x 51 cm
Collection: Columbus Museum of Art, Ohio (gift of Ferdinand Howald)

The optimism of the American 1920s prompted industrialists and politicians to hail the machine age in a theological-industrial language: Henry Ford proclaimed industry the "New Messiah", and President Calvin Coolidge compared building factories to the erection of temples (Haskell 1999:151ff.). Charles Demuth depicted the Lukens Steel Company's foundry in his tome town of Lancaster, Pennsylvania as an exuberant icon of the industrial gospel. His jazzy view of air pollution as the incense of the new cathedral, unthinkable as it is for our current ecological apocalyptic vision, is pregnant with ambiguities, characteristic of an artist who had returned from Europe "committing himself to the American scene and mocking it simultaneously" (Corn 1999:219). His brand of "Precisionist" painting was in dialogue with the beauty of precision of his friend Marcel Duchamp, while foregrounding the treacherous neutrality of Pop aesthetics.
CM

> Pollution

Dirt

Dirt was a class issue through the 19th century. Dirt defined and was defined by class, and pervades

Docu-Modernisme

Het begrip 'documodernisme' verwijst naar een innerlijke tegenstrijdigheid of paradox binnen het modernisme en is gebaseerd op de veronderstelling dat realistische genres, meer bepaald de documentaire, in strijd zijn met de belangrijkste kenmerken van het modernisme. Het is een destabiliserend, maar onjuist oxymoron dat begrippen combineert die, hoewel ze schijnbaar tegenstrijdig zijn, deel uitmaken van de geschiedenis en de (politiek-ideologische, methodologische en stilistische) discussies die de beginfase van het modernisme kenmerkten.
Van de late jaren 20 tot aan het einde van de jaren 30 bestreek de documentaire ongehinderd het terrein van de avant-garde, reportage en propaganda. Zo ontstonden er hybride vormen die iedere eenvoudige definitie onmogelijk maken. De documentaire vormde ook een ideale voedingsbodem voor ideologische discussies tijdens het interbellum. Marxistische cineasten als Paul Rotha die van mening waren dat documentaires duidelijk betrekking moesten hebben op de positie van de mens in de maatschappij, leverden kritiek op de subgenres van de documentaire die een 'romantische' antropologie verkozen boven dringende sociale kwesties en leden onder de aandacht die ze besteedden aan 'oppervlakkig' formalisme of hun neiging tot sentimentalisme.

John Grierson bedacht de term 'documentaire' om een bepaald filmgenre te omschrijven, maar het is door zijn vage oproep tot een "creatief gebruik van de actualiteit" en zijn montagefilm *Drifters* (1929) over haringvisserij, dat hij wordt beschouwd als de voorloper van een voornamelijk Brits, maar toch ook internationaal documodernisme. Grierson was een Schotse fabianist met een liberale achtergrond die goed onderlegd was in de maatschappelijke waarden van Carlyle en Ruskin, de idealistische esthetica van Kant, de marxistische kritiek op het formalisme alsook de werken en opvattingen van Lenin over film als educatie en propaganda. Hij wilde een nationale filmkunst creëren, gebaseerd op de fabianistische waarden van maatschappelijk doel en vorming. Toch situeerde *Drifters* zich binnen de context van de experimentele film en werd de documentaire in 1929 voor het eerst vertoond door de Film Society, samen met Eisensteins *Pantserkruiser Potemkin* (1925), een film die in die tijd verboden was in Groot-Brittannië, en Cavalcanti's 'stadssymfonie' *Rien que les heures* (1926).

Grierson stond aan het hoofd van een aantal door de staat gefinancierde initiatieven die als basis dienden voor de vroege documentairefilm in Groot-Brittannië. Hiervoor bracht hij een aantal avant-gardistische creatieve talenten samen, waaronder belangrijke buitenlandse filmmakers als Alberto Cavalcanti, een Braziliaanse aanhanger van het modernisme die tot continentale realistische kringen behoorde. Zijn kortfilm *Coal Face* (1935) was, dankzij gezamenlijke creatieve inspanningen, een samensmelting van modernistische poëzie, muziek, kunst en film met als doel een ritmisch-poëtische collage te creëren die het nationale belang van de steenkoolindustrie benadrukte. De film onthult met andere woorden de erfenis van de 'symfonische' benadering van het continentale realisme dat de documentaire beschouwde als kunst. Toch bood het werk een antwoord op enkele stijlproblemen met betrekking tot het doorgedreven maatschappelijke engagement, uitgelokt door het marxisme. De socialistische speelfilm *Kameradschaft* (1931) van G. W. Pabst vestigde daar tegenover de aandacht op een geënsceneerd verhaal over de grensoverschrijdende solidariteit tussen arbeiders op de Duits-Franse grens. Door de gebeurtenissen van een echte, verschrikkelijke mijnramp uit 1906 te vertalen naar de jaren na de Eerste Wereldoorlog en door middel van flashbacks naar de loopgraven bekrachtigt Pabst de politieke en thematische verplichtingen van de film, maar destabiliseert hij de status ervan als het relaas van een historisch feit. In plaats daarvan belichaamt het werk een complexere vorm van de documentaire als verplaatsing van de recente geschiedenis naar het heden. Dergelijke films streefden een ideologisch doel na en ontwikkelden daarvoor een gewoonte en techniek om de weergave van de werkelijkheid te combineren met een historisch-tijdelijke manipulatie.

TB

> Coal Face
> Pabst, Georg Wilhelm

Donkere materie

Steenkool is niet alleen een donker, maar ook een kleverig en stoffig goedje, te brokkelig om vloeibaar te maken, te zacht om er een heldere en scherpe vorm aan te geven. Haar nooit volkomen reduceerbare materialiteit maakt haar tot een uitgelezen materiaal voor de protagonisten van de letterlijke kunst, die in de jaren 60 en 70 de machinerie van de moderne blik deconstrueren. Dat

the intersection between the real and the symbolic that characterises so much 19th century art and literature. The distinguishing characteristic of a lady was her white, unstained hands, and communications between servants and masters were controlled by rigid rules and conventions. In domestic terms the coal hole is the darkest and dirtiest place in the house. Maids handle the coal for fires, black the grates and endlessly scrub and sweep. When Tom the little chimney sweep (aged about eight), in Charles Kingsley's *The Water Babies*, gets lost among the chimneys of a great house and emerges in a pristine, snow-white bedroom where a golden-haired girl lies asleep, he catches sight of himself in a mirror, sees a "little, ugly, black, ragged figure with bleared eyes and grinning white teeth" and turns on it angrily. "What did such a little black ape want in that sweet young lady's room?" He then realises that it is himself, and "for the first time in his life found out that he was dirty"(2000:26). Chased from the house he plunges into a stream to wash himself, drowns and becomes a water-baby.

The questions of class and sexuality implicit in this fairy story haunt the strange case of Kingsley's friend Arthur Munby, who has become famous for his photographs of pithead girls, incongruously posed in the plush surroundings of a photographer's studio with carpet and panelling, often still grimy-faced, with their sieves, wheelbarrows, shovels and even piles of coal. Much has been made of Munby's possible "mysophilia" – finding dirt sexually attractive - as well as his fetishistic attraction to the implements of female labour (see for example Stallybrass and White 1986:155f.). Munby's wife, Hannah Collwick, like the pit women, took part in the studio sessions, posing as a "chimney sweep", blackening herself "from head to foot" and crouching on the ground like a slave (Hudson 1974:133f.). There is, however, a theatrical character to her pose. She had seen Byron's *Sardanapalus* as a girl and been much affected by Myrrha the slave-girl's devotion to the king. A domestic servant, Collwick was as committed to loving someone above her class as Munby was to loving below his. It was impossible for them openly to be married, without Munby losing his place in society. Both for a time enjoyed the charade; intelligent and literate, she was quite capable of dressing up to go into society, though forced to wear gloves because her rough worn hands would immediately betray her. He was touched, even aroused seeing her in abject positions scrubbing the fender, "streaked and disfigured with soot and grime", and both in their respective diaries describe her as being "in her dirt" (Hudson 1974:132). His inhibitions and her eventual refusal to switch sides and give up working led to them living apart: she could not bear the boredom of sitting in a drawing room all day, with white hands, doing nothing.

DA

> Coal, The Age of
> Munby, Arthur

Docu-Modernism

'Docu-modernism' identifies an antinomy or paradox within modernism, based on the assumption that realist modes, and specifically documentary reportage, are antithetical to the central characteristics of modernism proper. It is a destabilising, yet false, oxymoron combining terms that, although apparently contradictory, are part of the history and set of negotiations (political-ideological, methodological and stylistic) that characterised incipient modernism. From the late 1920s to the end of the 1930s, documentary film freely traversed avant-garde, reportage and propagandistic fields creating hybrid forms that confound simplistic definition. Documentary also provided a fertile ground for ideological dispute in the interwar years. Marxist filmmakers, such as Paul Rotha, who believed that documentary should deal clearly with man's place within society, criticised modes of documentary that embraced 'romantic' anthropology over urgent social issues, suffered from their concentration on 'surface' formalism, or from their tendency towards sentimentalism.

John Grierson coined the term 'documentary' in relation to film but it was his more ambiguous call for a "creative use of actuality" and his montage film about herring fishing, *Drifters*, (1929) that marks him out as the progenitor of a British-based, though international, docu-modernism. Grierson was a Scott's Fabian, liberal by background, versed in Carlyles's and Ruskin's social values, Kant's idealist aesthetics, as well as the Marxist critique of formalism and Lenin's writings and views on film as education and propaganda.
He sought to establish a national cinema founded on Fabian values of social purpose and education, yet *Drifters* was located firmly within a context of experimental film, and was first screened by the Film Society in 1929 alongside Eisenstein's *Battleship Potemkin* (1925), a film that was banned from public screening in Britain at that time, and Cavalcanti's 'city-symphony', *Rein que les heures* (1926).

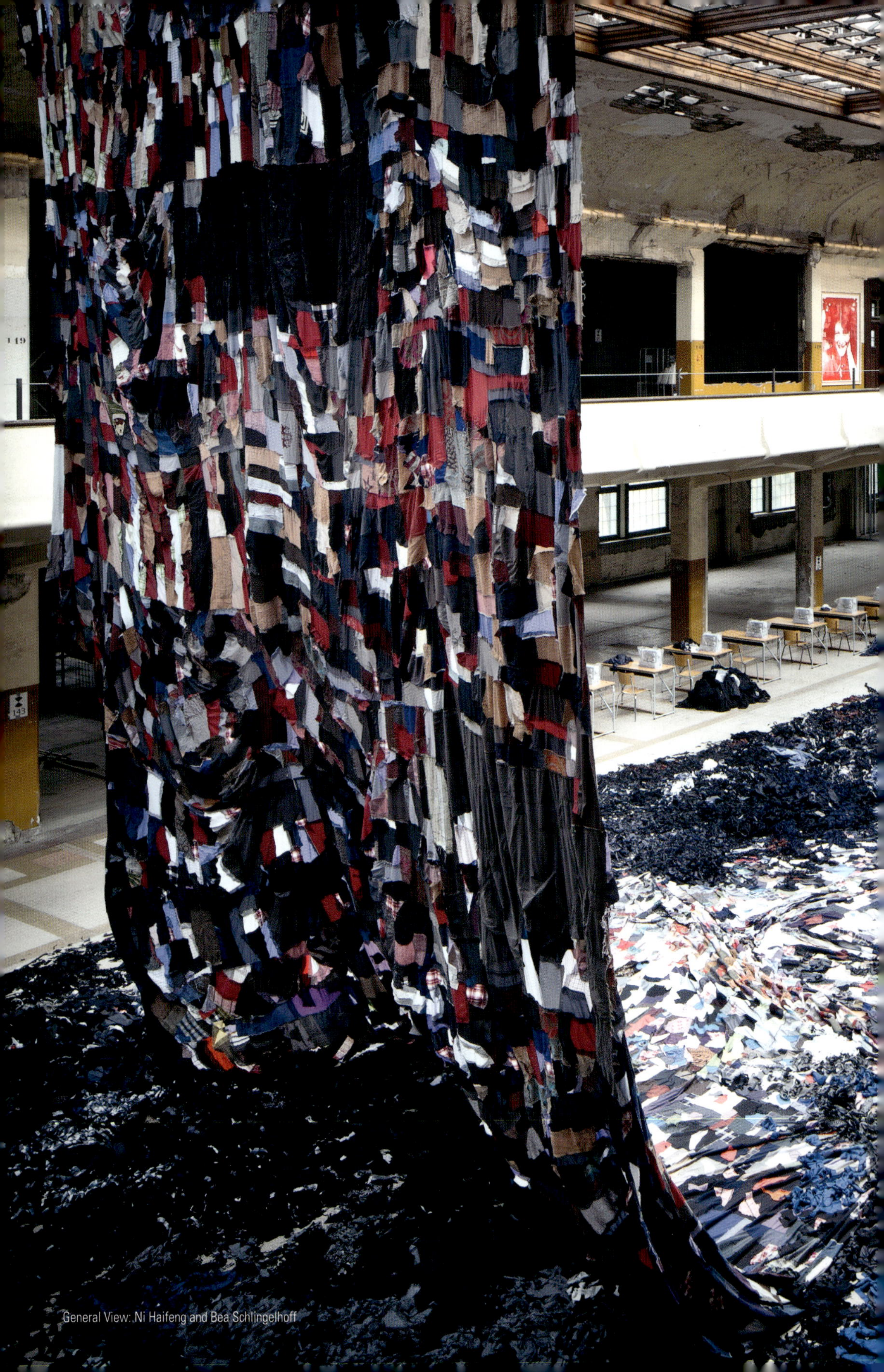

General View: Ni Haifeng and Bea Schlingelhoff

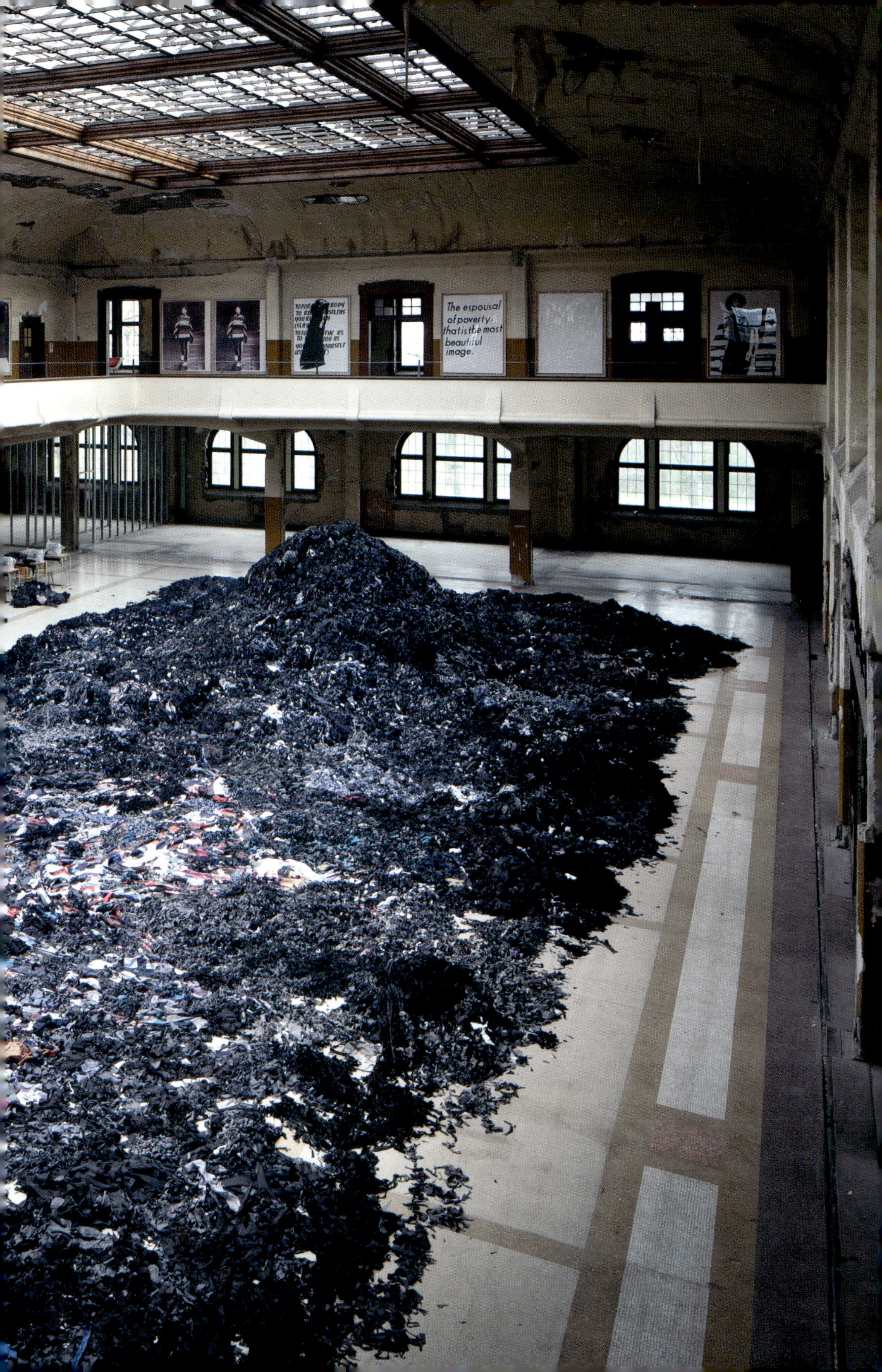
The espousal
of poverty-
that is the most
beautiful
image.

deden ze niet door ons de illusie te verschaffen dat we die machinerie achter ons zouden kunnen laten – dat is precies de truc die de moderne cultuur telkens opnieuw uithaalde – maar juist door het instrumentarium van de moderne Blik, haar vensters, gietvormen en containers die de materie (be) grijpbaar maken, te tonen, en zo een dialectiek tussen 'mind' en 'matter' op gang te brengen.

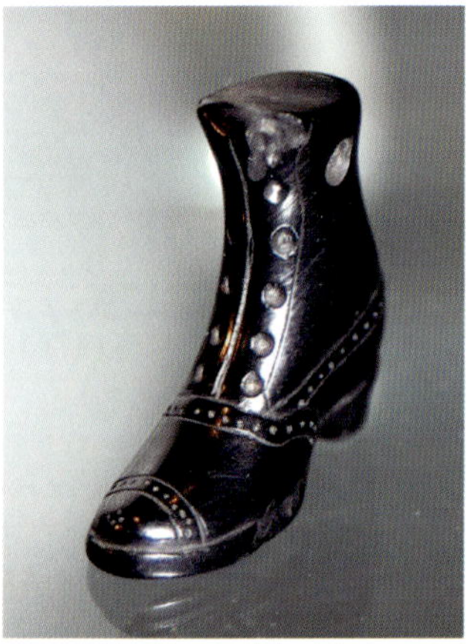

G. Turton, *Woman's Shoe,* late 19th – early 20th century

Deze kunstenaars reageerden hiermee op de modernistische kritiek van Clement Greenberg, die de zuivere materialiteit van het kunstwerk omzette in een zuiver visuele ervaring zonder enige bijgedachte, dat wil zeggen, in een volkomen autonoom Beeld. Greenberg beschreef de geschiedenis van de avant-garde als een noodzakelijke, lineaire evolutie, die erop gericht was, te midden van en als reactie op de neergang van de Westerse cultuur, de 'machinerie van de moderne blik' te vrijwaren: de autonomie van het Object moest ten allen prijze behouden worden, omdat het de absolute voorwaarde voor de blijvende autonomie van het moderne Subject vormde. Daartoe moest dat Subject tot niets dan een blik, een Oog gereduceerd worden.

De pogingen om het autonome Beeld en dito Subject te redden hebben echter tot hun opheffing geleid. De implosie van de virtuele ruimte van het beeld zette zich verder wanneer op het doek concrete dingen gekleefd of genageld werden, waarna de assemblage tot een *environment* uitgroeide. Het (totaal)beeld werd vernietigd. De enige ruimte van het kunstwerk werd het concrete hier en nu. De toeschouwer werd een lichaam dat zich samen met die concrete, letterlijke dingen in dat concrete hier en nu bevond. Die letterlijke, donkere materialiteit, die voortaan weigerde om volkomen omgezet te worden in een leesbare tekst of een transparant beeld, om 'verlicht' te worden door de individuele blik en rede, begon een actieve rol te spelen.

FM

> Steenkooltijdperk

Douard, Cécile

geb. 1866 Rouen, Frankrijk; overl. 1941 Brussel, België

Le terril, 1898
Olieverf op doek; 195 x 113 cm
Propriété de l' Etat belge en dépot au BAL, Musée des Beaux-Arts Liège

Cécile Douard bracht het grootste deel van haar leven in Wallonië en Brussel door. Tot 1911 was de Academie voor Schone Kunsten in Bergen verboden terrein voor vrouwen, maar Douard's talent werd erkend en ondersteund door onder meer Antoine Bourlard (1826-1899) en Jean Portaels (1818-1895), bij wie ze in de leer ging. Gebruik makend van een somber grijs kleurenpalet zette Douard sterk in op de schrijnende werkomstandigheden van de mijnwerkers in de Borinage eind 19e eeuw. *Le terril* is één van haar laatste werken; in 1898 werd de kunstenaar blind en moest ze noodgedwongen haar schilderactiviteiten staken.

MM

> Cycli van realisme
> Landschap
> Pollutie
> Vuil

Duchamp, Marcel

geb. 1887 in Blainville-Crevon, Frankrijk; overl. 1968 in Neuilly-sur-Seine, Frankrijk

1200 Coal Sacks , 1938
Juten kolenzakken, verschillende afmetingen

De 'grot' die door Duchamp in de grote centrale ruimte van de *Exposition Internationale du Surréalisme* van 1938 in de Galerie Beaux-Arts in Parijs werd geïnstalleerd, was bekleed met 1200 kolenzakken opgehangen boven een vuurkorf. De lege zakken waren gevuld met kranten om ze volume te geven en verspreidden fijn stof van steenkool. De vuurkorf was de enige lichtbron – uit veiligheidsredenen verving een gloeilamp de kolen – afgezien van de zaklamp die de bezoekers aanvankelijk kregen. Het was altijd de bedoeling geweest om de plafondbelichting zoveel mogelijk te belemmeren, al wou Duchamp het plafond oorspronkelijk vullen met geopende paraplu's. In de tentoonstellingscatalogus werd Duchamp omschreven als *Générateur-arbitre* maar de hele installatie was in feite een gezamenlijk project:

Grierson headed a series of state-funded initiatives that were the formative context for early documentary film in Britain, for which he brought together a group of avant-garde creative talents, including important émigrés. Among them was Alberto Cavalcanti, a Brazilian modernist embedded within continental realist circles, whose short film *Coal Face* (1935), through a collective of creative effort, fused Modernist poetry, music, art and filmmaking to create a rhythmic-poetic collage delivering the message of the national importance of the coal industry. As such it reveals the legacy of the 'symphonic' approach of continental realism that viewed the documentary as art and yet it also answered some of the problems of style over serious social engagement raised by the Marxist left. G. W. Pabst's socialist *Kameradschaft* (Comradeship) (1931) focused instead on a feature-length scripted and staged narrative of trans-national worker's solidarity across the German-French border. Translating the events of a real-life, catastrophic coal mining disaster in 1906 to the years following the Great War, and incorporating flashbacks to the trenches, Pabst reinforces the political and thematic imperatives of the film but destabilises its status as a record of simple historical fact. Instead it embodies a more complex model for the documentary in its redeployment of recent history in the present. Such films established a practice and technique of combining verité representation with historical-temporal manipulation towards ideological ends.

TB

> Coal Face
> Pabst, Georg Wilhelm

Douard, Cécile

b. 1866, Rouen, France; d. 1941 Brussels, Belgium

Le terril, 1898
Oil on canvas; 195 x 113 cm
Propriété de l' Etat belge en dépot au BAL, Musée des Beaux-Arts Liège

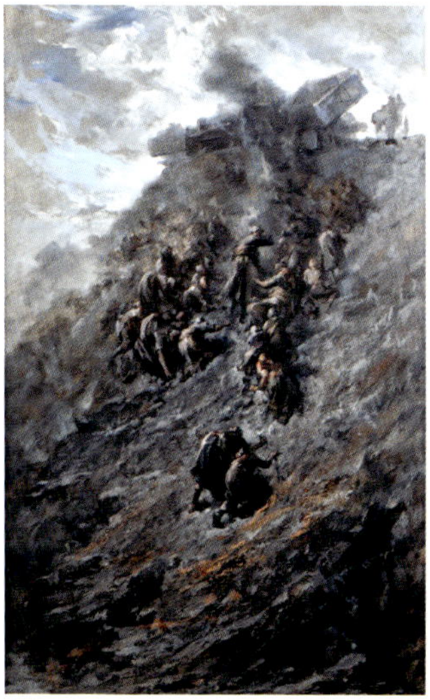

Cécile Douard, *Le terril*, 1898

Cécile Douard spent most of her life in Wallonia and Brussels. Women were excluded from the Academie des Beaux-Arts in Mons until 1911, but Douard's talent was recognised and supported by Antoine Bourlard (1826-1899) and Jean-François Portaels (1818-1895), who would act as her teachers. Using a gloomy grey palette, Douard emphasised the harsh working conditions of the miners in 19th-century Borinage. *Le terril* is one of her last works; in 1898 the artist went blind and was forced to cease her painting activities.

MM

> Cycles of Realism
> Dirt
> Landscape
> Pollution

Duchamp, Marcel

b. 1887, Blainville-Crevon, France; d. 1968, Neuilly-sur-Seine, France

1200 Coal Sacks, 1938
Jute coal sacks, metal brazier, variable dimensions

The "grotto" Duchamp devised in the large central room of the 1938 *Exposition internationale du surréalisme* at the Galerie Beaux-Arts in Paris was roofed with 1200 coal sacks suspended above a brazier. The empty sacks were stuffed with newspapers to give volume and rained fine coal dust. The brazier was the only source of light – an electric bulb substituted for coal for safety reasons – apart from the torches initially supplied to the visitors. Blotting out the ceiling illumination had always been the intention, though Duchamp's first idea was to fill the ceiling with opened umbrellas. In the exhibition catalogue Duchamp was described as "*Générateur-arbitre*" but the whole installation was a collaborative affair: Wolfgang Paalen was responsible for the dead leaves and brushwood on the floor and Dalí for the pool. Four double beds were placed in the corners and revolving doors – Duchamp's idea – served as additional hanging space, with the smell of roasting coffee completing the sensorial roster. The invitation card for the opening on 17th January 1938 announced a "ciel de roussettes," Duchamp's coal sacks: 'a sky of bats' (reproduced in Altshuler et al. 2008: 282).

The whole space completely destroyed the ambiance of an art gallery and contravened the conventions of the 'white box', carrying much further incipient

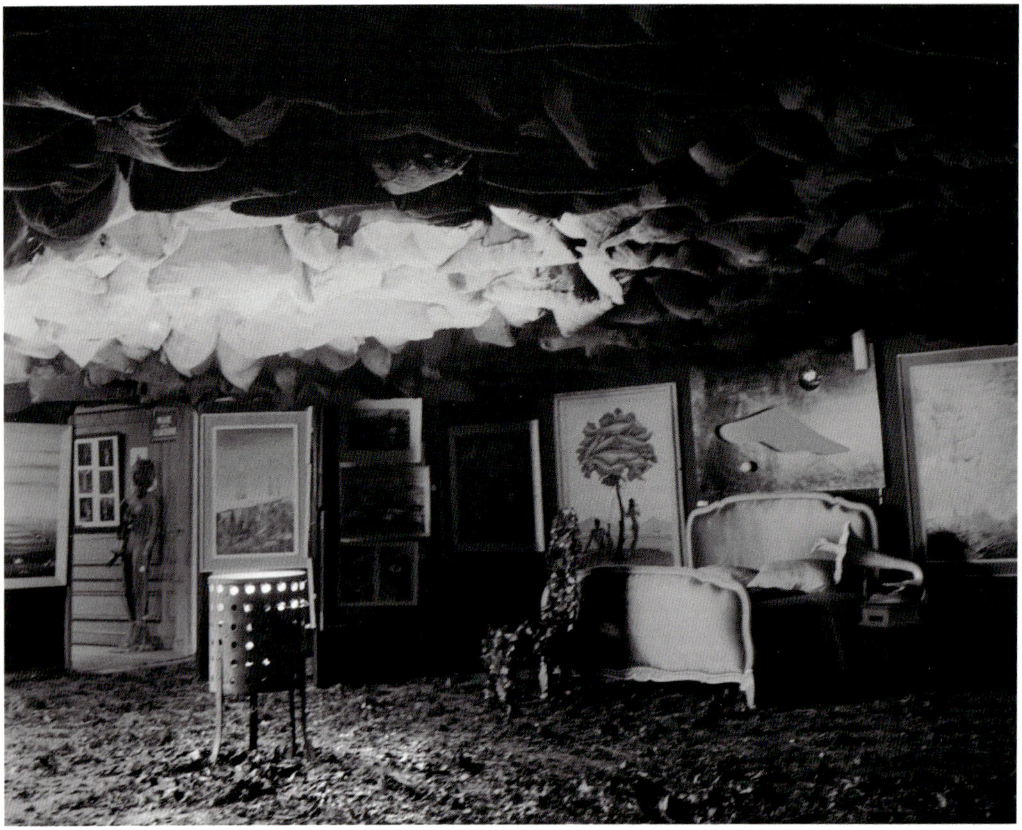

Marcel Duchamp, *1200 Coal Sacks*, 1938
Breitenbach: Josef Breitenbach, International Exposition du Surréalisme Paris, 1938 © The Josef and Yaje Breitenbach Charitable Foundation, New York, Courtesy The Breitenbach Archive, Center for Creative Photography, Tucson, AZ, USA

Wolfgang Paalen was verantwoordelijk voor de dorre bladeren en de takken op de grond, Dalí voor het bassin. Vier tweepersoonsbedden werden in de hoeken geplaatst en draaideuren – Duchamps idee – dienden als extra ophangruimte. De geur van gebrande koffie maakte het zintuiglijke plaatje compleet. De uitnodiging voor de opening op 17 januari 1938 kondigde een *ciel de Roussettes* aan: Duchamps kolenzakken: 'Een firmament van vleermuizen'. (Weergegeven in Altshuler et al. 2008: 282).

De gehele ruimte ging volledig in tegen de typische sfeer van een kunstgalerie en brak met de conventies van de 'witte doos', wat voor andere dadaïstische gebaren in die richting zorgde. De kolenzakken – die heel zwaar overkomen – vindt men meestal op de grond, terwijl de verlichting – hier vanaf de vuurkorf op de vloer – normaal van bovenaf zou moeten komen. Het geheel was donker, vies en herinnerde eerder aan industrie dan aan kunst, een vreemde verdraaiing van de grote verheerlijking van technologie en creativiteit op de Parijse Wereldtentoonstelling een jaar eerder, die als thema 'Kunst en Industrie' had.

DA

> Ondergrondse hel
> Steenkooltijdperk
> Vuil

Durán, Manuel

geb. 1930, Córdoba, Spanje; woont en werkt in Fleurus, België

Manuel Durán trad in de voetsporen van zijn vader toen hij op 13-jarige leeftijd afdaalde in de Andalousische mijnen. Hij kwam er in contact met de wereld van de mijnwerker – de moeilijke arbeidsomstandigheden, het voortdurende risico op een ongeval – en al snel ervoer Durán hoe hard het was om zich te integreren in die microcosmos van arbeiders, waarin hij zich een vreemde eend in de bijt voelde. Een gevoel dat we ook herkennen bij andere mijnwerker-kunstenaars, in het bijzonder bij Constant Malva (*Un*

dada gestures in that direction. The coal sacks, so heavy in appearance, would usually be on the ground, while illumination – here from the brazier on the floor – would normally be from above. Dark, dirty, with echoes of industry rather than art, it must have seemed a strange distortion of the grand celebrations of technology and creativity of the Paris Universal Exhibition of the previous year, with its theme of "Art and Industry".
DA

> Coal, The Age of
> Dirt
> Underground as Hell

Durán, Manuel

b. 1930, Córdoba, Spain; lives and works in Fleurus, Belgium

At the age of 13, Manuel Durán followed in his father's footsteps, descending into the mines of Andalusia. A precocious discoverer of the mining world – the difficult working conditions, the constant danger of an accident – Durán also experienced the difficulty, very early, of blending into the microcosm of workers where he felt like a foreigner, a sentiment found in other worker-artists, especially Constant Malva *(Un mineur vous parle*; *Ma nuit au jour le jour*, etc.). In 1961, he left his native Spain to work in a coal mine in Germany. His professional career subsequently took him to the black country of Charleroi, where, beginning in 1962, he worked in the coal mines of Mambourg, then Nord du Gilly and finally, at Caterpillar.

Manuel Durán's path is marked by the irrepressible desire to escape from his surroundings and to express himself. It is through sculpture in particular that he would find his way. Completely self-taught, he produced his first *Tête de mineur* (Miner's head), carved out of a block of coal, in 1964. This sculpture, exhibited at the Château de la Paix in Fleurus, is one of the few works of his from this period that has been preserved. His attraction to miners and the miner that he himself was led him to explore raw, trivial, or 'mundane' materials, such as the potato. It allows him to carve the features of a miner without having to work from a previous sketch, as his subject's physiognomy will be transformed through a natural drying process: young people grow old with accentuated wrinkles after two weeks, yielding so many anonymous heads that serve as universal portraits of miners. "I am the tool," Durán said in an interview with the author of this text (January 2012), "the tool that brings out the nobility of the miner that I saw in the tragedy."
KH

> Miner/Worker
> 17 Tons

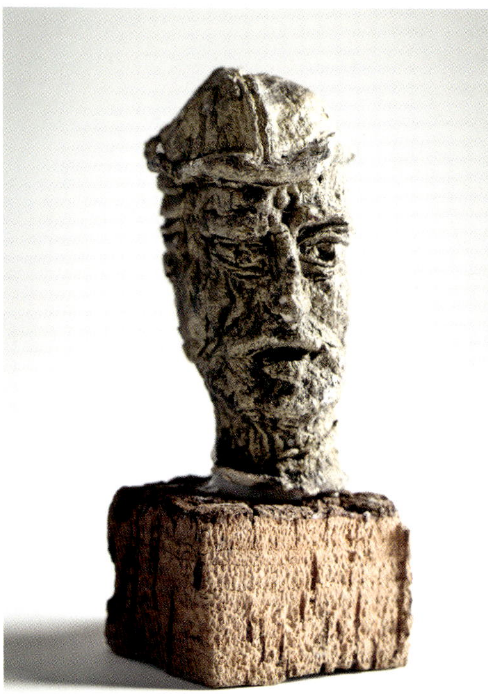

Manuel Durán, *Miner's head*, 1950 - 2012

mineur vous parle; Ma nuit au jour le jour, etc.). In 1961 verliet Durán zijn geboorteland Spanje om in een steenkolenmijn in Duitsland te gaan werken. Vervolgens ging hij aan de slag in het 'Zwarte Land', meer bepaald in Charleroi, waar hij vanaf 1962 in de mijnen van Mambourg en Noord-Gilly werkte, om uiteindelijk bij Caterpillar te verzeilen.

Het parcours van Manuel Durán wordt gekenmerkt door het onweerstaanbare verlangen om te ontsnappen aan zijn omgeving en zich – voornamelijk met beeldhouwkunst – uit te drukken. Als autodidact maakte hij in 1964 zijn eerste *Tête de mineur*, gebeeldhouwd uit een blok steenkool. Dit werk wordt uitgestald in het Château de la Paix in Fleurus en is een van de weinige werken die uit deze beginperiode bewaard zijn gebleven. Zijn interesse in mijnwerkers (en het feit dat hij er zelf een is geweest) bracht hem ertoe ruwe, triviale, zeg maar alledaagse, materialen te verkennen, zoals bijvoorbeeld de aardappel. Het medium stelt hem in staat om, zonder voorafgaande schets, de trekken van een mijnwerker te beeldhouwen, waarvan de vormen na een fase van natuurlijke uitdroging een metamorfose ondergaan. Na twee weken worden jonge mensen plots oude knarren met diepe rimpels. Talloze anonieme hoofden heeft hij reeds gesculpteerd, als universele portretten van mijnwerkers. "Ik ben het werktuig", zegt Manuel Durán tijdens een interview met de auteur van deze tekst (januari 2012), "het werktuig dat de waardigheid van de mijnwerkers verbeeldt die ik temidden de tragedie zag opdoemen".

KH

> Mijnwerker/Arbeider
> 17 Ton

Ecomusée du Bois-du-Luc

> Livrets des Ouvriers Mineurs

Embroidered sayings

Geborduurde spreuken

Selectie van geborduurde linnen, halflinnen of katoenen doeken, variabele afmetingen, tussen 1870 en 1930
Collectie: Museum Mijnwerkerswoning Eisden

De collectie geborduurde doekjes in het Museum van de Mijnwerkerswoning vertelt veel meer dan de afbeeldingen en spreuken die er uit af te lezen zijn. Als een illustratie van het denken in die tijd kenden deze doekjes van 1870 tot 1930 een echte bloeitijd. Eind 19e eeuw waren de 'afwasbare beelden' op de linnen-, halflinnen- of katoenen ondergrond 'innovatief' te noemen. De naïef, ouderwets ogende doekjes die ons met hun geborduurde teksten levenswijsheden voor ogen hielden – met spreuken als "Van liefde alleen kan men niet leven ... We hebben voedsel nodig op tafel;" en "Oost West, Thuis Best" – zijn tastbare herinneringen aan de verschillende bewoners die door de citéhuizen trokken. Als producten van vrouwelijke huisvlijt volgden ze de migranten – in tijd en ruimte – die allen even vreemd waren aan het Limburgse landschap.

Aanvankelijk bestemd ter bescherming van meubels en wanden werden de doeken steeds nadrukkelijker gebruikt als versieringselementen, om het interieur van de arbeiderswoning kleurrijker te maken. Met eenvoudige taferelen binnen een kader van rozen en vergeet-mij-nietjes, schetsten zij duidelijk het beeld van de vrouw. Ze geven een waardeverhouding weer, een inkijk op haar rol als huisvrouw, echtgenote en moeder, en dit meestal in bevelende toon, aanmanend tot voorbeeldig gedrag, vlijt en spaarzaamheid.

De vrouwen werden op dubbelzinnige wijze bij de doekjes betrokken. Eerst bij het borduren, naaien en het verdere onderhoud. Vervolgens door de confrontatie met de teksten – stichtende regels, die hun rol fixeerden en hun kritisch reflecteren over hun eigen situatie niet echt stimuleerde. Hierdoor verliezen de doekjes veel van hun 'ongerepte' karakter en heilzame bestaan. Vanaf de jaren vijftig gingen de doeken een nieuw en zwijgzaam bestaan leiden in Museum Mijnwerkerswoning Eisden en in private collecties.

JK

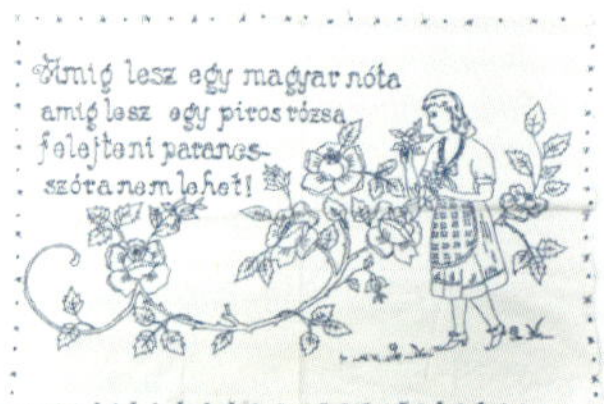

> Museum van de Mijnwerkerswoning, Eisden
> 17 Ton

Epos van de Overbodigheid

Het woord 'epos' is afgeleid van het Oud-Griekse woord ἔπος (épos) of 'gesproken woord'. Het is een uitvoerig en lyrisch opgevat heldendicht waarin een individuele protagonist zijn vijanden trotseert. Redundantie kan geïnterpreteerd worden als iets wat 'overbodig' is. Het is een taalkundig begrip dat verwijst naar onnodig herhaalde (tautologische) uitspraken, maar hier wordt voornamelijk gerefereerd aan werkgelegenheid en meer bepaald het 'afslanken' van bedrijven door afvloeiing van werknemers.

Epics of Redundancy focust op de evoluties binnen Europa in de afgelopen decennia. Het begin van het einde van de steenkoolindustrie in Europa werd in de tweede helft van de 20e eeuw op gang getrokken. Het sluiten van de mijnen stond centraal in de politieke en culturele theoretisering van de gehele industriële crisis. De industrie werd naar het post-tijdperk gekatapulteerd, productie en arbeid werd meer en meer *geoutsourcet*... een geografische shift, veeleer dan het 'einde' van het industriële tijdperk. Heel wat kunstenaars focussen in hun werk op de sociale en materiële gevolgen van die historische shift, gesymboliseerd door de sluiting van de mijnen in Europa. *Epics of Redundancy* verzoent twee quasi tegenstrijdige actoren. Collectieve en individuele protagonisten van het industriële tijdperk worden in het voetlicht geplaatst. De *working class hero* wordt uit de annalen van de recente geschiedenis gehaald en krijgt een gezicht.

Het imago van de mijnwerker is door de eeuwen heen vaak gewijzigd. Van een vuile armoedige job tot een functie waar men trots op kon zijn. Politiek en internationale vraag en aanbod speelden hierin een belangrijke rol. In tijden van crisis, werktekort of overvloed werd dit imago met grootscheepse campagnes bespeeld. In de nasleep van WOII kende de Europese steenkoolindustrie een ware kolenslag, begeleid door sterke

Ecomusée du Bois-du-Luc

> Livrets des Ouvriers Mineurs

Embroidered Sayings

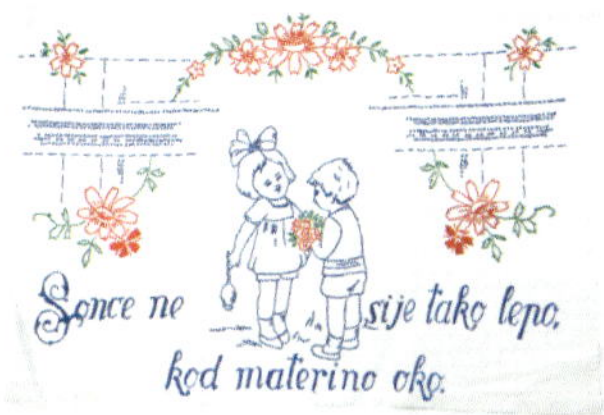

1870-1930, Selection of 31 linen, half-linen or cotten embroidered napkins (selected out more than 200), variable dimensions.
Collection: Museum van de Mijnwerkerswoning, Eisden.

The collection of embroideries at the Museum of the Miner's House, Eisden reveals so much more than what their images and sayings portray. These decorative crafts were very popular between 1870 and 1930, and survive as material illustrations of the thoughts and mores of their era. Sewn into linen, half-linen or cotton background fabric, they were 'washable pictures', making them something of a novelty at the end of the 19th century. These naïve and old-fashioned looking embroideries were intended to impart wisdom through such sayings as "We can't live from love alone. We need food on the table;" and "East or West, home is best." They are also tangible reminders of the different people who used to live in the miners' houses. As domestic products of female handicraft, they followed the immigrants, all equally alien to the Limburg landscape, across time and space.

Their function as protective covers for furniture and walls eventually gave way to more obvious decorative uses, adding colour to the interior decor of the workers' houses. Simple scenes framed by roses and forget-me-nots present a clear picture of the woman of the house. They describe a set of moral standards, charting her role as wife, mother and mistress of the house. Often delivered in a commanding, admonishing manner, they advocate exemplary behaviour, diligence and frugality.

The women who made these embroideries experienced a dual connection to them: firstly, through the acts of sewing and embroidering them, as well as through their subsequent maintenance; and secondly, through their constant confrontation with the messages they bore. As a result of this ambivalence, these objects lose much of their apparent innocence or wholesomeness. After the 1950s, they found a new, silent existence at the Museum of the Miner's House, Eisden and in private collections.

JK

> Museum of the Miner's House, Eisden
> 17 Tons

Epics of Redundancy

The word 'epic' is derived from the ancient Greek word ἔπος (epos) or 'spoken word'. Anciently, it referred to a lengthy, lyrical form of poetry in which an individual protagonist stands up to his enemies. Redundancy can be interpreted as anything that is 'superfluous'. In rhetoric, it refers to unnecessarily repeated expressions, but lately its meaning has been extended to refer to unnecessarily repeated labour.
Epics of Redundancy focuses on developments in Europe in the past few decades. The second half of the 20th century saw the beginning of the end of the coal industry in Europe. Mine closures were at the centre of the political and cultural theorisation of the whole industrial crisis. Industry was misleadingly catapulted into the 'post'-era: production and work were increasingly outsourced, heralding a geographical shift rather than the 'end' of the Industrial Age. Quite a few artists focus on the social and material consequences of this historic shift, as symbolised by the mine closures in Europe. *Epics of Redundancy* reconciles two quasi contradictory agencies, placing both collective and individual protagonists of the Industrial Age in the spotlight.

The image of the miner has changed many times over the centuries. From a dirty, poorly paid job it became a position worthy of pride. Political and international supply and demand played an important part in this. In times of crisis, job shortages or abundance, the miner's image was manipulated through large-scale campaigns. In the aftermath of World War II, the European coal industry experienced a real battle for coal, accompanied by an intense propaganda war with the aim of attracting miners to the pit. In 1957 Belgium declared its immigrant miners to be 'honorary citizens', furnishing them with attractive wages and even issuing a coin that bore the image of a miner, all as part of a major public relations offensive engineered by politicians. A year

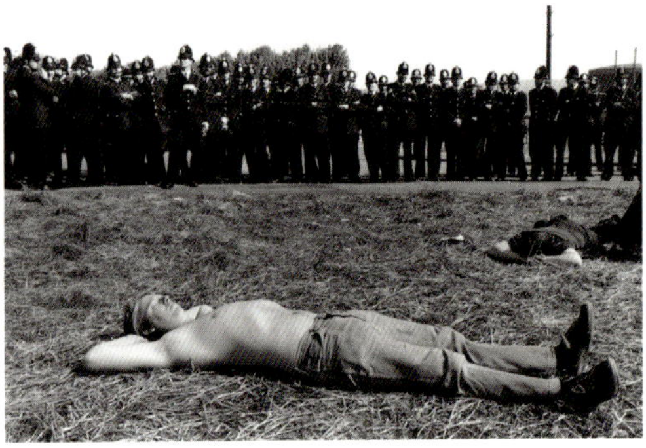

Don McPhee, *Miner's Siesta*, 1984 © Guardian News & Media Ltd. 1985

propaganda die de mijnwerkers naar de pit moest lokken. In België werden de mijnwerkers in 1957 tot 'ereburger' uitgeroepen – vergezeld van aantrekkelijke lonen, een muntstuk met het portret van een mijnwerker,... de politiek zette een zwaar charmeoffensief in amper een jaar later brak een internationale kolencrisis uit – de steenkoolvoorraad steeg vanwege goedkoop ingevoerde kool uit de VS en de groeiende focus op nucleaire energie en aardolie, waardoor de in 1951 opgerichte EGKS productiebeperking diende op te leggen. Pas bij het uitbreken van de Internationale oliecrisis in 1973 keerde het tij enigszins... en tijdelijk. In Groot-Brittannië slaagde de National Coal Board er in om met een *Plan for Coal* (1974) de overheid te overhalen om op langer termijn te investeren in steenkoolontginning, als een buffer tegen het wegvallen van de Noordzee oliebronnen. Margaret Thatcher bracht daar begin jaren 80 echter verandering in door de industrie zo goed als stil te leggen. Ze aarzelde niet de woedende stakers te klasseren als maffioso: "I must tell you ... that what we have got is an attempt to substitute the rule of the mob for the rule of law, and it must not succeed. [cheering] It must not succeed. There are those who are using violence and intimidation to impose their will on others who do not want it.... The rule of law must prevail over the rule of the mob" (Thatcher, 1984). Van battle for coal naar de battle of Ograeve...

MM

> Deller, Jeremy
> Poëtica van de herstructurering

Erfgoed, materieel en immaterieel

> 17 Ton

Ernst, Max

geb. 1891, Brühl, Duitsland; overl. 1976, Parijs, Frankrijk

Histoire naturelle, 1926
Portfolio met 34 *frottages*, 49,8 cm x 32,3 cm
Collectie: Museum voor Schone Kunsten, Gent

De *frottages* van Max Ernst tonen buitengewone analogieën met de fossielen en versteende wouden uit eeuwenoude geologische tijdperken. Ernst begon met het maken van *frottages* in de zomer van 1925, nadat hij de mogelijkheden van deze oude techniek verkend had door met een reliëfoppervlak een beeld te creëren als een vorm van surrealistisch automatisme, een middel om bewuste controle en professionele vaardigheid te omzeilen. Het eerste materiaal waarmee hij experimenteerde, was de diep gegroefde houtnerf uit oude vloerplanken. De resultaten van de wrijfsels verrasten hun schepper met meerdere onverwachte en onbewuste associaties. En hoewel hij de oppervlakken voor de *frottages* uitbreidde met bladeren, touw, schelpen en huid, bleef hout een favoriet element.

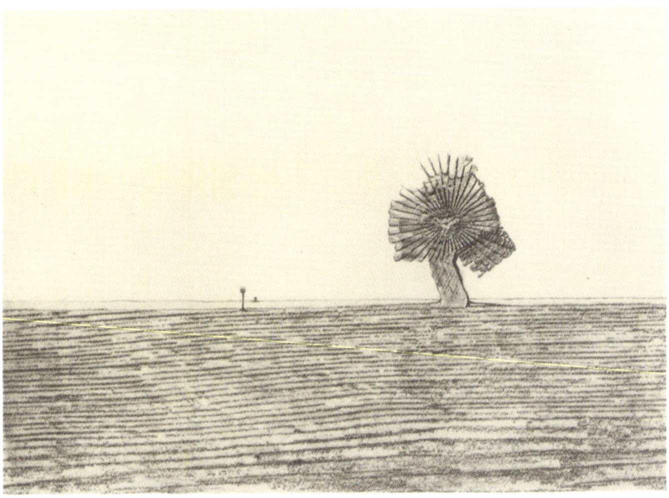

Max Ernst, *Histoire naturelle*, 1926

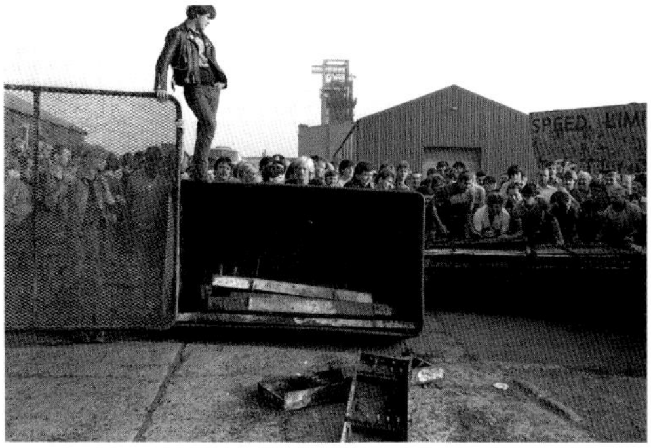

Keith Pattison, *Miner Standing on Top of a Overturned Tub*, 1984-85

later, the international coal crisis broke out. Cheap coal imports from the US flooded the market with coal, and there was a simultaneous development of the nuclear energy and oil industries. As a result, the European Coal and Steel Community, founded in 1951, was forced to impose production quotas. Only when the international oil crisis broke out in 1973 did things improve somewhat, and then only for a short time. In Great Britain, the National Coal Board managed to persuade the government to make long-term investments in coal mining, as a buffer against the loss of the North Sea oil resources. Then in the early eighties, Margaret Thatcher reversed this strategy, essentially shutting down the industry. She did not hesitate to brand the angry strikers Mafiosi, "The enemy within". "I must tell you that what we have got is an attempt to substitute the rule of the mob for the rule of law, and it must not succeed. It must not succeed. There are those who are using violence and intimidation to impose their will on others who do not want it. [...] The rule of law must prevail over the rule of the mob" (Thatcher 1984). With this the battle for coal was brought to Ogreave.

MM

> Deller, Jeremy
> Poetics of Restructuring

Ernst, Max

b. 1891, Brühl, Germany; d. 1976, Paris, France

Histoire naturelle, 1926
Portfolio with 34 *frottages*,
49.8 cm x 32.3 cm
Collection: Museum voor Schone Kunsten, Ghent

Max Ernst's *frottages* construct extraordinary analogies for the fossils and petrified forests of the distant geological eras of the earth. Ernst began making *frottages* in the summer of 1925, having recognised the possibilities of this old technique – rubbing a textured surface to create an image – as a form of surrealist automatism, a means of bypassing conscious control and professional facility. The first material he experimented with was the deeply grooved woodgrain of old floorboards, and the results of the rubbings surprised their author with multiple unanticipated and unconscious associations. Although he extended the surfaces he rubbed for the *frottages* to include things like leaves, string, shells and skin, wood remained a favourite element, whose grained surfaces transform into something else, just as the remains of creatures from prehistoric times are transformed into fossils and the forests of the Carboniferous Era slowly sink into coal.

In 1926 Ernst published thirty-four of his *frottages* in a limited edition portfolio with the title *Histoire naturelle*. Ernst cut and pasted the basic rubbings to capture striking images, which he put into a sequence to create his own sophisticated and surrealist version of a history of nature that attempts to explain the physical universe, its objects and its origins. Ernst's surrealist version makes reference to the long history of creation myths, scientific and theological, and their interpreters: to Pliny, the Bible, Paracelsus, Goethe, Humboldt, Novalis and so on, but also to Freud, and to an analogy between hidden, embedded fossils and the strata of the unconscious mind.

DA

> Carboniferous Landscapes

European Civilisation

Rosa Luxemburg wrote an important appraisal of the ways Marx's theory was being misrepresented and abused, already in 1912. Now, exactly a century later, the bank crises of 2008 and today give this centenary a strong ring. In 1900 the extremely optimistic atmosphere in Europe, drunk on its own capitalistic euphoria, made Paris with its Eiffel Tower into the showcase of the world. The World's Fair in the heart of Europe was genuinely Promethean: Europe believed that the science and technology of its large cities constituted the means to conquer and 'civilize' the world. By 1914 this dream and its promise were definitively shattered: the First and Second World Wars demolished Europe as the centre of the world,

Zijn korrelige oppervlakken transformeerden in iets anders, net zoals de overblijfselen van prehistorische dieren worden omgezet in fossielen en de bossen van het carboontijdperk langzaam in steenkool veranderen.

In 1926 publiceerde Ernst 34 *frottages* in een portfolio met beperkte oplage, getiteld *Histoire naturelle*. Ernst knipte en plakte en maakte opvallende beelden met de wrijfsels, en gaf ze een bepaalde volgorde mee om zijn eigen verfijnde en surrealistische versie van een natuurgeschiedenis te scheppen die het fysieke universum, de objecten en de oorsprong ervan probeert uit te leggen. Zijn surrealistische versie verwijst naar de lange geschiedenis van scheppingsverhalen, zowel wetenschappelijke als theologische, en hun aanhangers: Plinius, de Bijbel, Paracelsus, Goethe, Humboldt, Novalis ... maar ook naar Freud, en een analogie tussen verborgen, ingebedde fossielen en de lagen van het onderbewuste.
DA

> Carboonlandschappen

Europese beschaving

Rosa Luxemburg schreef in 1912 al een belangrijk manifest over de manier waarop Marx' theorie foutief werd voorgesteld en misbruikt. Precies een eeuw later, geeft de bankencrisis van 2008 en die van vandaag haar visie een stevige bijklank. In 1900 schoof de extreem optimistische sfeer die er heerste in Europa, gevoed door de kapitalistische euforie, Parijs en zijn Eiffeltoren naar voor als pronkstuk van de wereld. De Wereldtentoonstelling in het centrum van Europa was haast prometheïsch: Europa geloofde dat de wetenschap en technologie van zijn grootsteden de wereld kon veroveren en 'civiliseren'. Tegen 1914 vielen deze dromen en vooruitzichten definitief aan diggelen. De Eerste en Tweede Wereldoorlog vernietigden Europa als centrum van de wereld, en dus ook alle toekomstperspectieven. Terwijl Rosa Luxemburg deze ramp als geen ander had voorspeld. En toch, misschien was dit niet het einde van de Europese beschaving, maar slechts het einde van deze van de bourgeoisie? Sinds die periode, en nog méér na de Tweede Wereldoorlog, zaten de populaire cultuur en het zogenaamde culturele erfgoed immers in de lift. Zoals gewoonlijk, in schril contrast met de hoge cultuur; ze gingen immers over de levensstijl, de smaak en de gewoonten van het gewone volk. In het beste geval erkende en beklemtoonde het cultureel erfgoed de troeven van een bepaalde streek. In Limburg, bijvoorbeeld, onthult de grote aandacht voor de mijngeschiedenis en de menselijke inzet die hiermee gepaard ging, de bijna bovenmenselijke kracht van deze streek. De mijnwerker moet als geen ander de natuurelementen trotseren. Licht en duisternis, aarde, gas en lucht omringen hem. Ze bepalen zijn kans op overleven. Wie eenzelfde diepgaande confrontatie met de elementen wil uitdrukken, moet zich noodzakelijkerwijs tot religie of kunst wenden. Deze betrokkenheid leidt tot het ontstaan van liederen en boeken, beeldhouwwerken en schilderijen. Hier vervagen de grenzen tussen cultureel erfgoed en kunst, als ze al niet volledig verdwijnen.
HP

> Kapitalisme in Crisis
> 17 Ton

let alone the promise of the future. Rosa Luxemburg anticipating this coming disaster like nobody else.

But maybe the end of European civilisation was not what happened. Maybe it was only the end of the bourgeois European civilisation? Ever since that period, and even more so after the Second World War, popular culture and so-called cultural heritage have been growing as fields of interest. Typically, these were put in sharp contrast to High Culture: they concern the ways of life, the tastes and customs of the common people. At its best, cultural heritage recognizes and highlights the strong points of a given region. In the case of Limburg, a tight focus on the history of mining and the human efforts it entailed reveals the almost superhuman strength of this region. Miners are confronted with the natural elements like nobody else: light and darkness, earth, gas, air envelope the miner. They determine his chances of survival. Any human being who wants to express such a profound confrontation with the elements will by necessity turn to either religion or art. This engagement gives rise to songs and novels, sculptures and paintings. Here the borders between cultural heritage and art become fuzzy, or perhaps they disappear altogether.
HP

> Crises of Capitalism
> 17 Tons

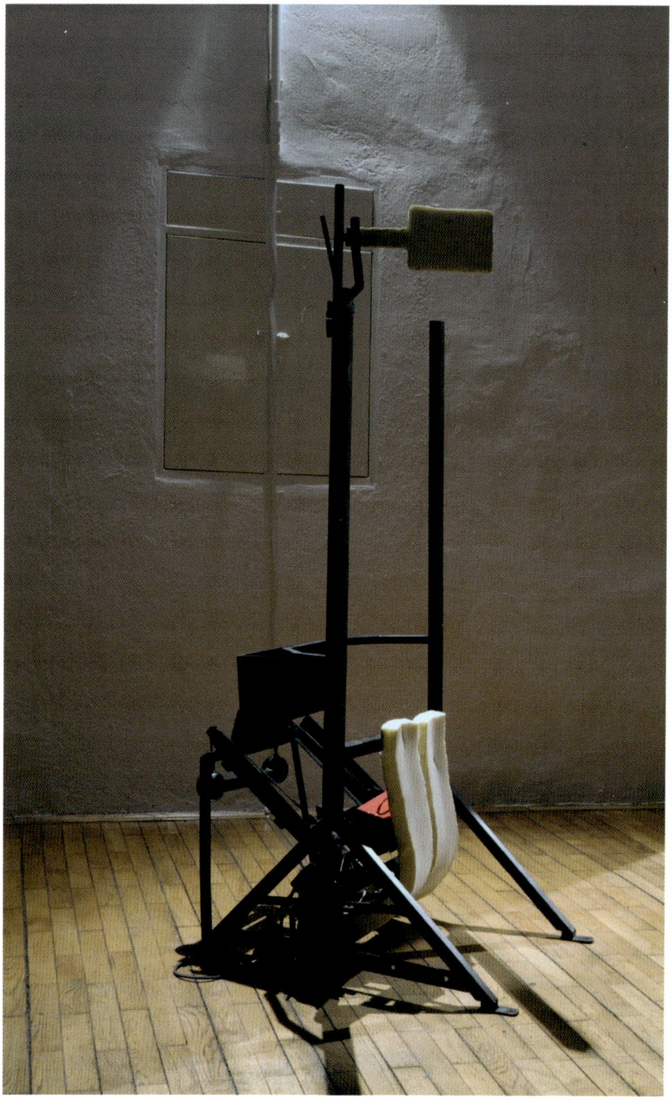

Tomaž Furlan, *Wear* series, 2006-2012

Furlan, Tomaž

geb. 1978, Ljubljana, Slovenië; woont en werkt in Ljubljana en Škofja, Slovenië

Wear serie, 2006-2012
Interactieve beeldhouwwerken en video's.

Arbeid in de zogeheten 'post-Fordistische' ondernemingen wordt meestal ontworpen als flexibel qua tijd en competentie, als het al geen idiosyncratische mengeling is van entertainment, zelforganisatie binnen het team en 'creatieve' levensstijlen. Als we de retoriek van de nieuwe werkplek mogen geloven, wordt de vroegere massale aanwezigheid van arbeiders in de lawaaierige en gevaarlijke industriële fabriek langzaamaan vervangen door bekabelde netwerken van onafhankelijke thuiswerkers die binnen een dynamische, zelfgemaakte sociale interface functioneren en contact hebben met hun collega's. *Wear* presenteert zich als een reeks sculpturale apparaten die opzettelijk hedendaagse sociale en productieroutines parodiëert; *tools* waarvan de werking en esthetiek teruggaan op geïmproviseerde industriële 'hardware', waarmee Furlan voornamelijk de draak steekt met de veronderstelling dat uitputtende, repetitieve en vervreemdende arbeid tot het verleden behoort. Zijn 'machines' — die het midden houden tussen fitnesstoestellen, geïmproviseerd gereedschap en marteltuigen — zijn ontworpen om de droge en ontzagwekkende routines van witteboordwerknemers van zonsopgang tot zonsondergang te hekelen, in een hilarische voorstelling van de hedendaagse disciplines van het lichaam. De video's met uitgestreken gezichten die getoond worden bij de beeldhouwwerken doen denken aan de *infomercials* die 's avonds laat op tv worden uitgezonden en prijzen de kwaliteiten van Furlans producten aan. "*Lavorare stanca*" (werken is vermoeiend), schreef de dichter Cesare Pavese. Furlan herhaalt de kritiek op de technieken van het industrialisme om lichamen te domineren die voor eeuwig werd vastgelegd in het werk van Charlie Chaplin en Buster Keaton, in - om te spreken met de woorden van de kunstenaar - een "poging om banaliteit te bestrijden met domheid."

CM

> Poëtica van de herstructurering

Fossielen

> Carboonlandschappen
> Ernst, Max
> Iguanodon

Furlan, Tomaž

b. 1978, Ljubljana, Slovenia; lives and works in Ljubljana and Škofja, Slovenia

Wear series, 2006-2012
Interactive sculptures with video

Work in so-called 'post-Fordist' societies is usually conceived both as time-flexible and skill-flexible, if not an idiosyncratic mix of entertainment, team-based self-organization and 'creative' lifestyles. Were we to believe the rhetoric of the new workplace, the early mass concentration of workers inside the noise and danger of the industrial factory is on its way to being replaced by wired networks of independent remote workers, who create and exchange with their colleagues in a dynamic, self-made social interface. Deliberately mimicking contemporary social and productive routines with sculpture devices whose functioning and aesthetics hark back to make-shift industrial hardware, Tomaž Furlan's *Wear* series pokes fun at the assumption that exhausting, repetitive and alienating labour is a thing of the past. His 'machines' – which fall somewhere between fitness machines, makeshift tools and torture devices – are tailored to satirize the dry and dumbfounding routines of the white collar worker from dawn to sunset, in a hilarious rendition of the contemporary disciplines of the body. The deadpan videos that accompany them recall late-night TV infomercials, pretending to demonstrate the qualities of Furlan's products. "*Lavorare stanca*" (work's tiring), wrote the poet Cesare Pavese. Furlan evokes the critiques of industrialism's techniques of bodily domination immortalized in the work of Charlie Chaplin and Buster Keaton, in (to quote the artist) an "attempt to struggle banality with stupidity."
CM

> Poetics of Restructuring

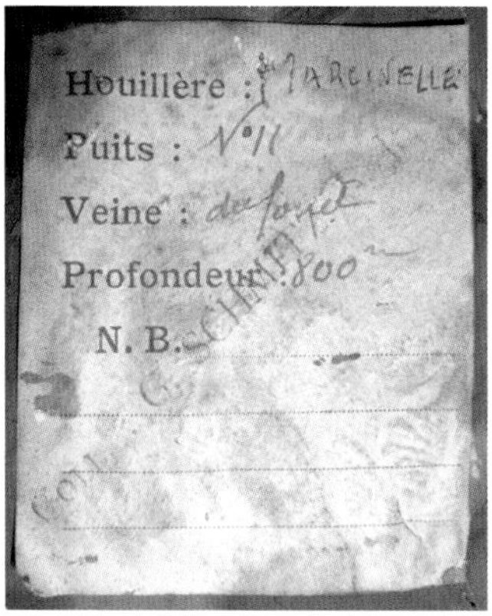

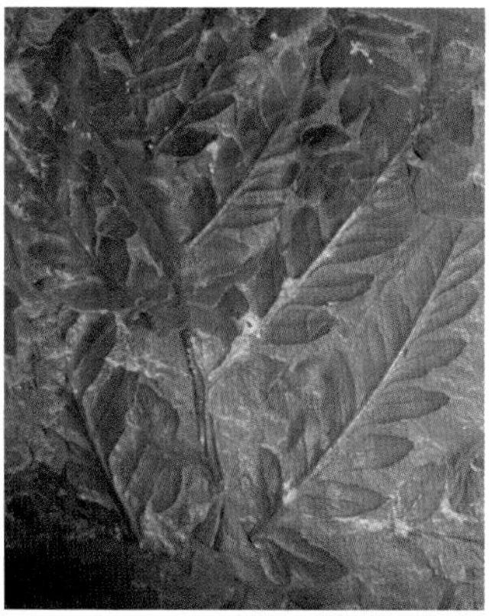

Royal Belgian Institute of Natural Sciences, Fossils, Mariopteris muricata and Cyclopteris orbicularis, 315 milion years old

Fossils

> Carboniferous Landscapes
> Ernst, Max
> Iguanodon

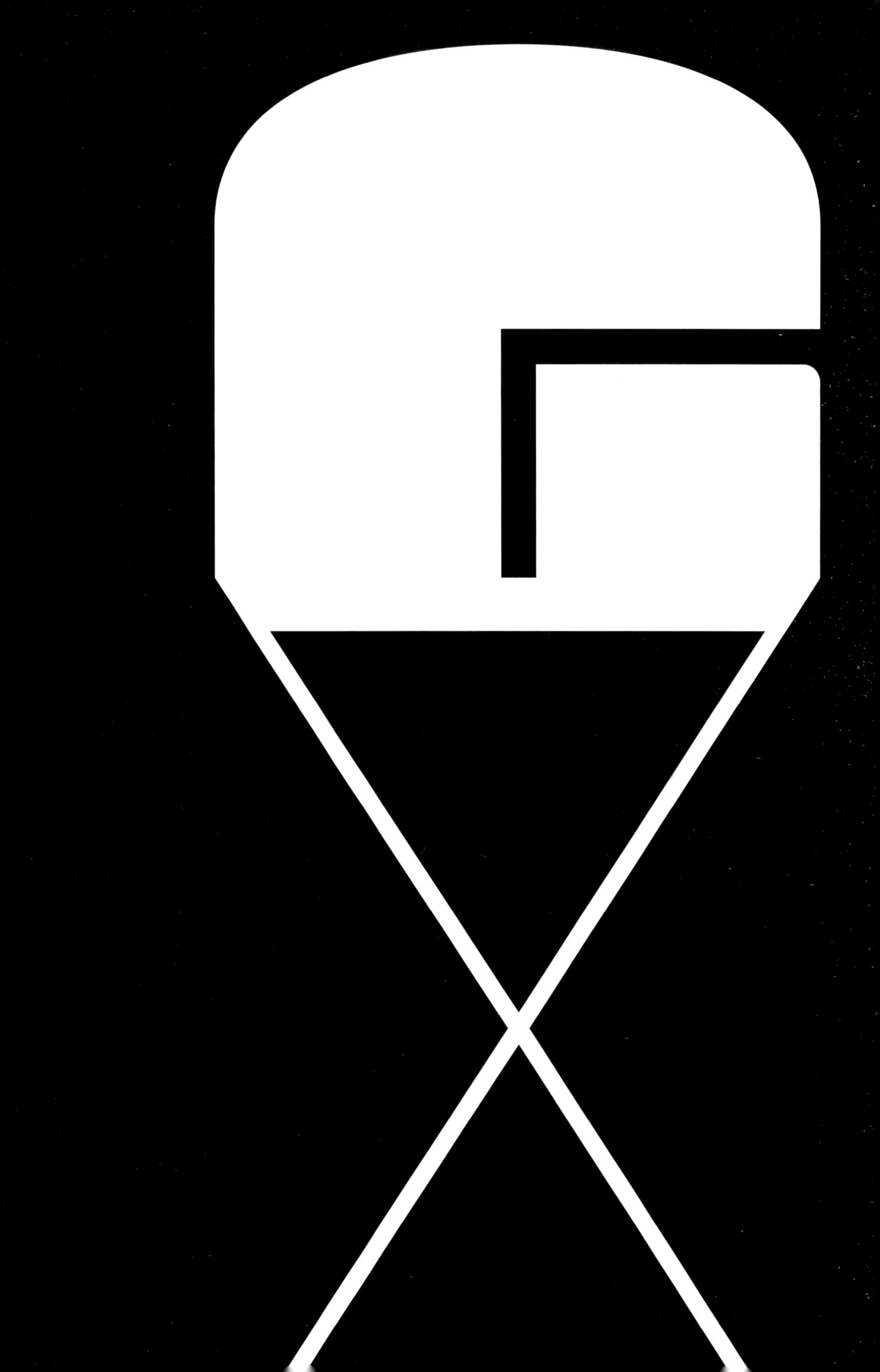

Garden Cities

Tuinsteden

In zijn boek *Garden Cities of To-Morrow* uit 1898 stelde sir Ebenezer Howard een denkbeeldig model van verstedelijking voor dat bestond uit een samenspel tussen natuur en de noden van de industriële revolutie. *Garden Cities of To-Morrow* is losjes gebaseerd op de interpretatie van de utopische roman *Looking Backward 2000-1887* van Edward Bellamy (1887) en beschrijft de creatie van onafhankelijke gemeenschappen die leven rond straalvormige boulevards in parken waar arbeiders en technici zouden kunnen genieten van de voordelen van de stad én het platteland. Gezinnen zouden worden bevrijd van de negatieve eigenschappen van sloppenwijken, vuil en rook, en de gevolgen van de industrialisatie. De *Garden Cities*-beweging had veel aanhangers in Amerika en Europa en haar invloed liet zich gelden in het paternalistische sociale ontwerp van fabrieken en mijnstreken in West-Europa, voorsteden in de VS en projecten zoals Brazilia die de idealen van het modernisme weerspiegelen. De vraag naar buitenlandse arbeidskrachten voor de mijnen in Limburg heeft geleid tot een aanzienlijke concentratie van tuinsteden, één van de voornaamste overgebleven resultaten van de mijnbouw in deze regio.

CM

> Mijnmachine
> Museum van de Mijnwerkerswoning, Eisden

Geborduurde spreuken

> Embroidered Sayings

Geers, Kendell

geb. 1968, Johannesburg, Zuid-Afrika; woont en werkt in Brussel, België

Monument (Fired Up), 2012
Brons, gasvlam, ongeveer 300 x 50 cm

Als vurig tegenstander van de apartheid in eigen land, Zuid-Afrika, doet Kendell Geers met zijn zeer politieke, confronterende en vaak iconoclastische sculpturen en installaties onderzoek naar machtsstructuren, sociaal onrecht, en gevestigde waarden. *Monument (Fired up)* is een openbaar werk dat bestaat uit een in brons gegoten stapel oude en afgedankte autobanden – elke band een ander type – met een gasvlam die er aan de bovenkant uitschiet. Enerzijds doet het denken aan de industriële schoorstenen van energiecentrales of olieraffinaderijen, terwijl het anderzijds herinnert aan Constantin Brancusi's beeldhouwwerk *Column of the Infinite* (1938) in Târgu Jiu in Roemenië. Terwijl Brancusi's zuil de Roemeense helden van de Eerste Wereldoorlog herdenkt, is Geers' kolom een monument voor verschillende tegenstrijdige dingen, tegelijkertijd utopisch en dystopisch. Het is enerzijds een eerbetoon aan de arbeiders van de voormalige kolenmijnen in de Kempen en de Ford-fabriek van Genk, wat het industriële verleden van de streek met zijn heden verbindt. Anderzijds herinnert het ons aan onze blijvende afhankelijkheid van olie, aan het vervuilende effect van de auto-industrie, aan de toename van afval en aan de onafgebroken uitstoot van schadelijke stoffen in de atmosfeer. *Monument*

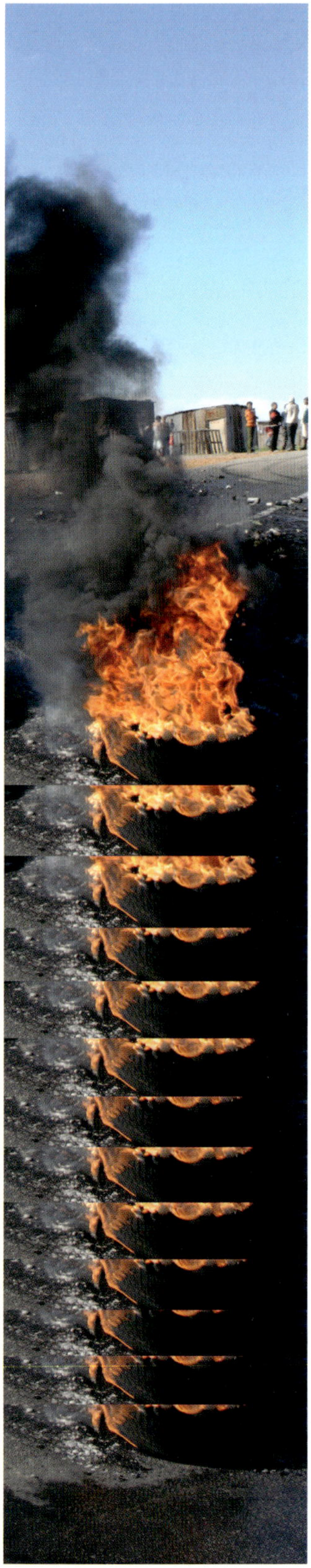

Kendell Geers, *Monument (Fired Up)*, 2012

Garden Cities

In his 1898 book *Garden Cities of To-morrow*, Sir Ebenezer Howard proposed a visionary model of urbanisation that intended to combine nature with the needs of the Industrial Revolution. Based loosely on the reading of the utopian novel *Looking Backward 2000-1887* by Edward Bellamy (1887), *Garden Cities of Tomorrow* described the creation of self-contained communities built around radial boulevards in parks, where workers and technicians would enjoy the advantages both of the city and the countryside, freeing families from the evils of slumming, dirt and smoke brought out by industrialisation. The Garden Cities movement was influential both in Americas and Europe, and its effects have to be traced to the paternalistic social design of factories and mine districts in Western Europe, along with the suburbia of cities in the USA and modernist ideal projects like Brazilia. The demand to import a work-force for the mines in Limburg has left behind a significant concentration of garden cities, which are one of the main legacies of coal mining in the region.

CM

> Mining Machine
> Museum of the Miner's House, Eisden

Geers, Kendell

b. 1968, Johannesburg, South Africa; lives and works in Brussels, Belgium

<u>Monument (Fired Up), 2012. Bronze and gas fire, 300 x 50 cm</u>

Having been a passionate opponent of apartheid in his home country of South Africa, Kendell Geers's highly political, confrontational and often iconoclastic sculptures and installations examine power structures, social injustices, and establishment values. *Monument (Fired Up)* is a public work consisting of a bronze cast pile of old and discarded car tyres – each a different kind - with a gas flame spurting from the top. On the one hand it is reminiscent of an industrial chimney at a power plant or an oil refinery, while on the other it recalls Constantin Brancusi's sculpture *Column of the Infinite* (1938) at Târgu Jiu in Romania. While Brancusi's column commemorates the Romanian heroes of the First World War, Geers's column is a monument to several antithetical things, at once utopian and dystopian. On the one hand it pays homage to the workers in the former coal mines of the Campine region and the Ford factory in Genk, thus connecting the industrial past of the region with its present. On the other hand it reminds us of our continuing reliance on oil, of the polluting effects of the motor industry, of accumulating material waste and of continuing toxic emissions into the atmosphere. *Monument (Fired Up)* can thus also be read in symbolic terms as a discredited beacon, and a warning light for skewed notions of 'progress' in the continuing industrial age.

KG

> Pollution
> Residue

Geerts, Paul

b. 1937, Turnhout, Belgium; lives and works in Borgerhout, Belgium

<u>*Suske en Wiske*, vol. 226: "De Mysterieuze Mijn" (The Mysterious Mine), 1990</u>

In 1990, public discussions about closing the coal mines in the Kempen region of northern Limburg prompted Paul Geerts to dedicate an issue of the comic book *Suske en Wiske* to the subject. The mines' public relations representative, Jean De Schutter, drew his attention to the fact that an 18th-century folk figure called a *putheks* (pit witch) was said to be responsible for everything that went wrong in the mines, while the patron saint of

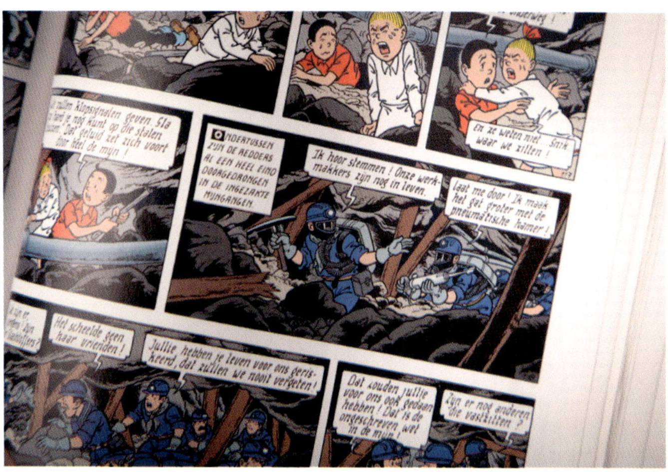

Paul Geerts, *Suske & Wiske, The Mysterious Mine*, 1990

(Fired up) kan dus ook symbolisch worden geïnterpreteerd als een in diskrediet gebracht baken, en een waarschuwingslicht voor het scheefgetrokken begrip van 'vooruitgang' in ons industriële tijdperk.
KG

> Pollutie
> Residu

Geerts, Paul

geb. 1937, Turnhout, België; woont en werkt in Borgerhout, België

Suske en Wiske, vol. 226: "De Mysterieuze Mijn", 1990

Naar aanleiding van de publieke discussies over de sluiting van de Kempense steenkoolmijnen in Noord-Limburg besloot Paul Geerts in 1990 om een uitgave van de stripbundel Suske en Wiske aan het onderwerp te wijden. Jean De Schutter, woordvoerder van de mijnwerkers, wees hem op een volksfiguur uit de 18e eeuw, genaamd de putheks, die verantwoordelijk werd gehouden voor alles wat fout liep in de mijnen. De Heilige Barbara, patrones van de mijnwerkers, kreeg dan weer alle lof voor alles wat goed verliep. Het stripverhaal van Geerts speelt zich af in Limburg waar de problemen in de mijnen in de schoenen van putheks Leyn Weckx werden geschoven. In werkelijkheid was zij een bestaand historisch personage uit de streek. Geerts liet zijn creatieve vrijheid los op het volksverhaal en schetst Weckx als een vriendelijk iemand die verandert in een monster. Haar handlangers steken een boerderij in brand en zij wil de mijn opblazen. Maar de Heilige Barbara dwarsboomt haar plannen. Weckx verdwijnt in een put die met de mijnen verbonden is nadat ze belooft om de mijnwerkers voor eeuwig en altijd hulp te bieden.
ET

> Putheks
> 17 Ton

Goldin+ Senneby

Sinds 2004, Stockholm, Zweden

The Decapitation of Money, 2010
Set-ontwerp, audio opname, publicatie
Collectie: Kadist Art Foundation

Goldin+Senneby's multidisciplinaire kunstwerk verkent het onvatbare karakter van kapitaal en de obscure wereld van offshorebanken. Ze creëren verzonnen, virtuele realiteiten in de vorm van performances, interventies en publicaties. *The Decapitation of Money* is een onderzoek naar de clandestiene zones van de wereldwijde financiële sector en het abstracte karakter van geld tegen de achtergrond van een dubbele ruimte: de inkomhal van een bank en een verduisterde kamer met een kaart en een geluidsopname. Het werk is gerelateerd aan het lopende project *Headless Ltd.*, een mysterieus, maar echt bestaand offshorebedrijf dat is geregistreerd in de Bahama's. Goldin+Senneby onderzoeken de hypothese dat *Headless* een reïncarnatie is van het geheime genootschap *Acéphale* (zonder hoofd) dat in 1936 werd opgericht door Georges Bataille en enkele van zijn vrienden die bijeenkwamen in het bos van Marly, vlakbij Parijs. De tentoonstelling omvat een kaart van Marly en een geluidsopname van economisch geograaf Angus Cameron, die tijdens een wandeling in dit bos vertelt over de ontwikkeling en de dematerialisatie van geld. De kunstenaars brengen *Acéphale* in verband met de "algemene economie" beschreven in *La part maudite* (1967) van Bataille. Dit is een economische theorie gebaseerd op de idee van overvloed. Op hun beurt koppelen zij deze aan het ontstaan van de 'eurodollar' aan het begin van de Koude Oorlog, toen de Sovjet-Unie en China dollarbeleggingen in Europa deden zodat ze niet onderworpen waren aan de Amerikaanse regelgeving. Het gelaagde, complexe en vaak ook raadselachtige karakter van de installatie weerspiegelt de laconieke *modus operandi* van de kunstenaars. Ze doen vaak een beroep op anderen (auteurs, conservatoren, kunstenaars) om het werk uit voeren. Hun 'terugtrekking' suggereert de strategieën die offshorebedrijven gebruiken om zich te verbergen achter effectenmakelaars en tussenpersonen.
KG

> Poëtica van de herstructurering

GPO Film Unit

> Coal Face
> Docu-Modernisme

Granata, Rocco

geb. in 1938, Figline Vegliaturo, Italië ; woont en werkt in Kappelle, België

Rocco Granata is geboren in Italië, maar emigreerde naar België toen hij tien jaar was. Zijn vader was

miners, St. Barbara, got credit for all that went well. Geerts's comic takes place in Limburg, where bad luck in the mines is attributed to a pit witch by the name of Leyn Weckx, who was in fact an actual historical personage from the region. Taking creative license with the folktale, Geerts portrays Weckx as a friendly being who metamorphoses into a monster. Her assistants set fire to a farm, and she wants to blow up the mine, but St. Barbara frustrates her plans. Weckx disappears into a well connected to the coal mines after having promised to help miners forever after.

ET

> Putheks
> 17 Tons

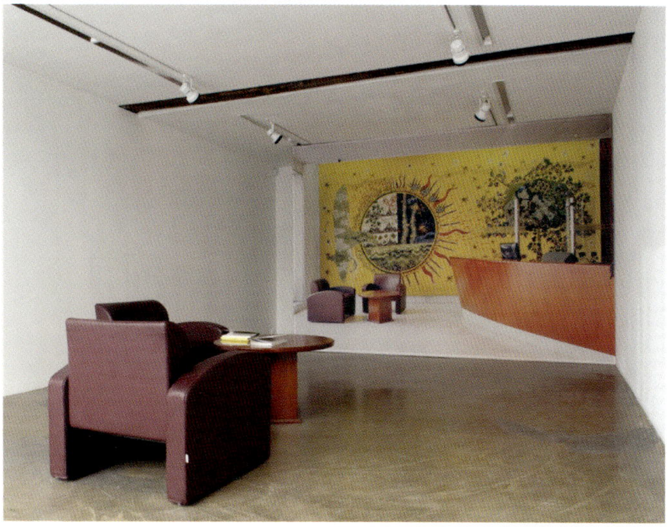

Goldin+Senneby, *The Decapitation of Money*, 2010

Goldin+ Senneby

Since 2004, Stockholm, Sweden

The Decapitation of Money, 2010
Set design, audio recording, publication
Collection: Kadist Art Foundation

Goldin+Senneby's multi-disciplinary practice explores the elusive nature of capital and the opaque world of offshore banking. They create invented, virtual realities in the forms of performances, interventions and publications. Their installation *The Decapitation of Money* is an investigation into the clandestine zones of global finance and the abstract nature of money, set against the backdrop of a dual space: a bank lobby and a darkened space with a map and audio soundtrack. The work is related to an ongoing project entitled *Headless Ltd.*, a mysterious - but real - offshore company registered in the Bahamas. Goldin+Senneby test the hypothesis that *Headless* is a reincarnation of the secret society *Acéphale* (Headless), founded in 1936 by Georges Bataille and friends, who met in Marly Forest, outside Paris (the map of which is included in the exhibition, together with an audio work of a walk in Marly by economic geographer Angus Cameron, who speaks of the development of money and its dematerialisation). The artists connect *Acéphale* to the "general economy" described in Bataille's *La part maudite* (1967, translated as *The Accursed Share* in 1988), an economic theory based on the notion of excess. They tie this theory in turn to the formation of the "Eurodollar" at the start of the Cold War, when Soviets and Chinese deposited dollars in Europe, to evade US jurisdiction. The layered, complex and often enigmatic nature of the work reflects the artists' own taciturn modus operandi. They often use other people (writers, curators, artists) to do the work, their 'act of withdrawal' imitating the strategies by which offshore-registered companies obscure themselves behind brokers and agents.

KG

> Poetics of Restructuring

GPO Film Unit

> Coal Face
> Docu-Modernism

Granata, Rocco

b. 1938, Figline Vegliaturo, Italy; lives and works in Kappelle, Belgium

Rocco Granata was born in Italy but immigrated to Belgium at the age of ten. His father had arrived in Limburg the year prior to work as a miner in Waterschei. As a young man he performed as the lead singer and accordionist of the band The International Quartet, which he formed with some friends. In 1958 Granata wrote the lyrics to *Marina*. The record labels he approached were

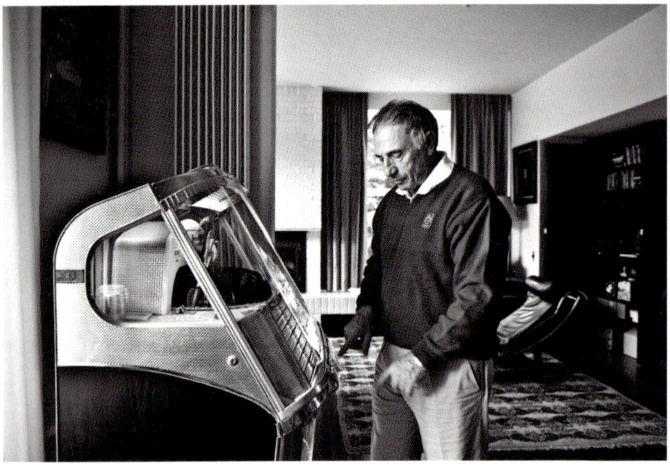

Charlie De Keersmaecker, *Rocco Granata*, 2011

een jaar eerder naar Limburg gekomen om in de mijn van Waterschei te werken. Als jonge man trad hij op als frontzanger en accordeonist van het bandje *The International Quartet*, dat hij met enkele vrienden vormde. In 1958 schreef hij de tekst van *Marina*. De platenlabels die hij vervolgens benaderde, waren niet geïnteresseerd in de release van het lied, waarop hij besloot om zelf 300 singles op te nemen en uit te brengen. Met de hulp van zijn vrienden kreeg de single een plaats in de jukeboxen uit de buurt en enkele weken later vroegen zowel nationale als internationale platenlabels naar het lied. Een paar maanden later stond *Marina* in de top van de nationale en internationale hitparades.

Rocco Granata kreeg toegang tot internationale podia, met als hoogtepunt Carnegie Hall in New York. Het lied werd vervolgens uitgevoerd door artiesten zoals Louis Armstrong en Dalida, andere liedjes van hem werden gecoverd door Dean Martin, Catarina Valente, Flaco Jiménez en The Gipsy Kings. Nadat hij zijn eigen platenlabel had opgericht, schreef, arrangeerde en produceerde hij ook songs voor andere Belgische artiesten. In 1989 nam hij een nieuwe versie van *Marina* op en ook deze werd een hit. De Belgische filmmaker Stijn Coninx regisseert op dit moment een film over het leven en de muziek van Granata.

EH

> 17 Ton

Gronbach, Eva

geb. 1971, Keulen, Duitsland; woont en werkt in Keulen, Duitsland

WAS VERGEHT/ WAS BESTEHT/ WAS ENTSTEHT, 2012
Textiel, variabele dimensies

Eva Gronbach gebruikt de bekendheid en vertrouwdheid met de modewereld om haar publiek te confronteren met verdrongen of traumatische geschiedenissen om zo een proces van collectieve genezing aan te moedigen. Haar collectie *German Jeans* refereert aan de transformerende historische en culturele processen van de-industrialisatie in Europa en tegelijk brengt ze oorspronkelijke mijnwerkersuniformen binnen in de flashy wereld van de *haute couture*. Ook voor *WAS VERGEHT/ WAS BESTEHT/ WAS ENTSTEHT*, gebruikt Gronbach werkkleding van mijnwerkers; hier stapelt ze de uniformen op tot een ware mijnterril, een symbool van solidariteit en collectieve kracht. De kledingstukken bieden een overzicht en herzien tegelijkertijd de geschiedenis van de *prêt-à-porter*. Gronbach speelt namelijk met een tegenstrijdigheid die eigen is aan de geschiedenis van het kapitalisme door de gebruikswaarde van anonieme industrieproducten en de ruilwaarde van kunstvoorwerpen – die de handtekening van de maker dragen – met elkaar in evenwicht te brengen. Mijnwerkersuniformen zijn tenslotte typische industrieproducten, voor zover industrieel vervaardigde kledij tot de oorspronkelijke Europese industriële verbruiksgoederen behoorde, en mijnwerkers een typisch voorbeeld zijn van industriearbeiders. Met deze installatie doet Gronbach dit ogenschijnlijk levenloze gebruiksartikel herleven als een nutteloos object met een kunstmatig opgedreven waarde. De duurzaamheid van de gerecycleerde materialen vormt een uitdaging voor de economisch gecontroleerde verouderingscyclus van mode.

CMF

> Residu
> 17 Ton

Grubić, Igor

geb. 1969, Zagreb, Kroatië; woont en werkt in Zagreb

Angels with Dirty Faces, 2006
VIdeo, 18 min; zes foto's 120 x 80 cm; acht foto's 30 x 45 cm

Igor Grubić's *Angels With Dirty Faces* is een werk met foto's en video gebaseerd op een historisch voorval in Belgrado in 2000. In

not interested in releasing it, so he decided to record and release it himself, pressing 300 singles. His friends helped him to get the records into neighborhood jukeboxes, and within a few weeks both national and international record labels were asking for the song. A few months later *Marina* skyrocketed up domestic and international charts. The following year, Rocco performed in several countries across the world, including Carnegie Hall in New York City. The song has subsequently been performed by such artists as Louis Armstrong and Dalida; other of Granata's songs were performed by Dean Martin, Catarina Valente, Flaco Jiménez and The Gipsy Kings. After founding his own record label, Granata Music, he wrote, arranged and produced songs for other Belgian artists. In 1989 he recorded a new version of *Marina*, and it became a hit for the second time. The Belgian filmmaker Stijn Coninx is currently producing a film about Granata's life and music.

EH

> 17 Tons

Gronbach, Eva

b. 1971, Cologne, Germany; lives and works in Cologne

WAS VERGEHT/ WAS BESTEHT/ WAS ENTSTEHT, 2012
Cotton, silk, stone, coal, 1.75 x 3 m

Under cover of the public's familiarity and comfort with the universe of fashion, Eva Gronbach brings her audience face to face with repressed or traumatic histories in order to foster a process of collective healing. Her *German Jeans* collection addressed the transformative historical and cultural processes of de-industrialisation in Europe, incorporating original coal miners' uniforms into the flashy world of haute couture. Similarly, for *WAS VERGEHT/ WAS BESTEHT/ WAS ENTSTEHT*, Gronbach uses coal miners' work clothes to amass a veritable slag heap, a symbol of their solidarity and collective strength. These garments serve as a vehicle for revisiting and unsettling the history of prêt-à-porter, as Gronbach toys with a contradiction inherent in the history of capitalism by counterpoising the use value of anonymous industrial commodities against the exchange value of aesthetic objects that carry an author's signature. Miners' work clothes are, after all, quintessentially industrial commodities, insofar as factory manufactured clothes were one of the original European industrial consumer goods, and miners are quintessential industrial labourers. With this installation, Gronbach revives this ostensibly lifeless utilitarian product, resurrecting it as useless object with an inflated value. The durability of her recycled materials stands as an open challenge to the economically mandated cycle of obsolescence of all fashion.

CMF

> Residue
> 17 Tons

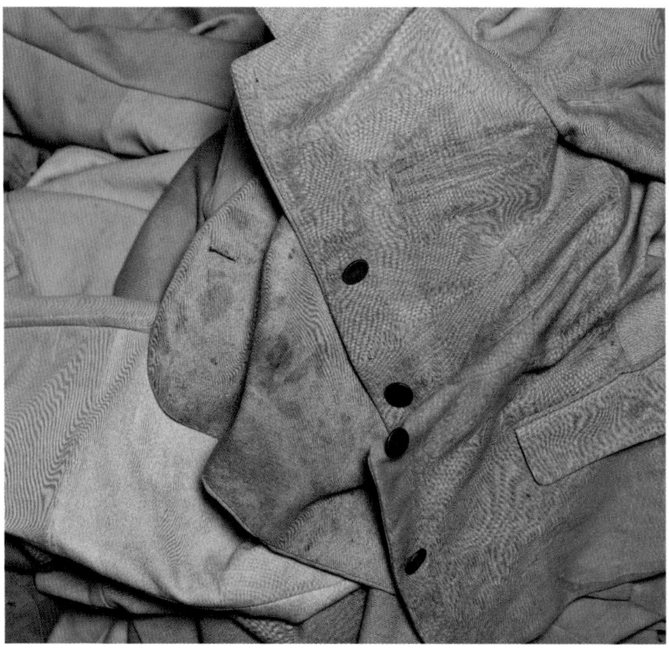

Eva Gronbach, *WAS VERGEHT/ WAS BESTEHT/ WAS ENTSTEHT*, 2012

Grubić, Igor

b.1969, Zagreb, Croatia; lives and works in Zagreb

Angels with Dirty Faces, 2006
Video, 18 min; 6 photographs, 120 x 80 cm each; 8 photographs, 30 x 45 cm each

Igor Grubić's *Angels with Dirty Faces* is a photographic and video-based work that draws on an historic incident that happened in Belgrade in 2000. That October, the Kolubara miners

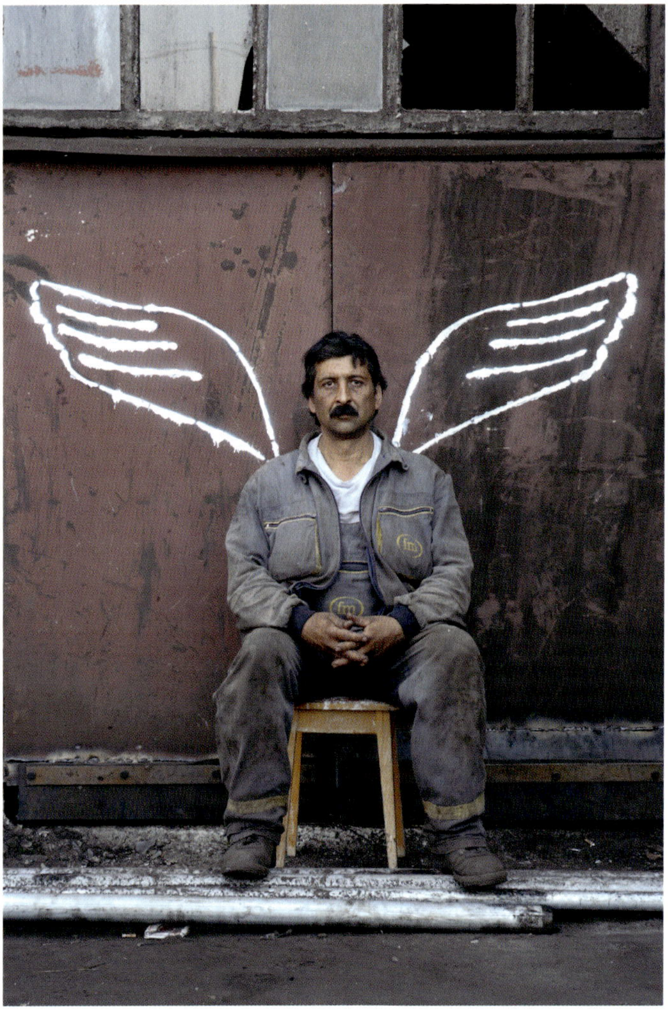

Igor Grubić, *Angels with Dirty Faces*, 2004-2006

oktober van dat jaar organiseerden de Kolubara-mijnwerkers een staking die uiteindelijk zou leiden tot de val van het regime van Milosevic, wat het einde betekende van het socialisme in Joegoslavië. De Kolubara-mijn was toen de grootste bruinkoolproducent in Servië, bijna goed voor de helft van de elektriciteitsbehoefte van het land. De staking was dus zeer belangrijk en de mijnwerkers konden hun macht gebruiken om de politieke situatie in het land te beïnvloeden. Het is misschien wel één van de meest recente voorbeelden van echte sociale verandering, verwezenlijkt door de politieke mondigheid van arbeiders. Het werk bestaat uit een documentaire met beelden van de staking en de demonstraties, alsook een fotoreeks geïnspireerd op het archetype van de heldhaftige arbeider, zoals hij gedurende het socialistische tijdperk in het Oostblok werd verheerlijkt. Ze worden tegen een achtergrond van afgedankte fabrieken en industriele sites getoond, met metalen of geschilderde vleugels. Het werk is rechtstreeks geïnspireerd op Wim Wenders' film *Der Himmel über Berlin* uit 1987, waarin engelen op aarde neerdalen om stervelingen in nood te troosten. De combinatie van het harde pragmatisme van mijnbouw, arbeid en syndicalisme met de zachte kracht van kunst, poëzie en surrealistische verbeeldingssprongen doet denken aan een utopisch moment in de tijd.
KG

> Epos van de overbodigheid
> Mijnwerker/Arbeider

Guillaumin, Armand

geb. 1841, Parijs, Frankrijk; overl. 1927, Orly, Frankrijk

Unloading Coal, voor 1900
Olieverf op doek 45,5 x 61 cm
Collectie: Kröller Müller Museum, Otterlo

Armand Guillaumin was een invloedrijke impressionistische schilder, hoewel zijn voorkeur duidelijk uitging naar onderwerpen die afwijken van de thema's die kenmerkend zijn voor deze stroming. Guillaumins schilderijen portretteren vaak leden van de arbeidersklasse, industriële complexen of de stedelijke arbeidsmarkt, waarmee hij vertrouwd was aangezien hij niet kon leven van zijn werk als kunstenaar. De scène in *Unloading Coal*, met aangemeerde kolenschepen aan de oevers van de Seine, stelt duidelijk een industrieel landschap voor.
FL

> Landschap

staged a strike that eventually brought down the Milošević regime, and sparked the end of socialism in Yugoslavia. At the time, the Kolubara mine was the largest supplier of lignite coal in Serbia, producing almost half of the country's electricity. The strike was thus extremely important and the miners could use their leverage to influence the political situation in the country – perhaps one of the last occurrences of true social change effected through the political self-empowerment of workers. The work consists of a documentary video with footage of the strike and the demonstrations, and a series of photographs inspired by the archetypal figure of the heroic worker, glorified throughout the Eastern bloc during the socialist era. Against the backdrop of decommissioned factories or industrial sites, they are portrayed sporting painted wings. The work is directly inspired by Wim Wenders's 1987 film *Wings of Desire*, in which angels descend to earth to comfort mortals in distress. Combining the hard pragmatism of mining, labour and syndicalism and the soft power of art, poetry and surrealist leaps of the imagination, it recalls a utopian moment in time.

KG

> Epics of Redundancy
> Miner/Worker

Guillaumin, Armand

b. 1841, Paris, France; d. 1927, Orly, France

Unloading Coal, before 1900
Oil on canvas, 45.5 x 61 cm
Collection: Kröller Müller Museum, Otterlo

Armand Guillaumin was an important member of the Impressionists, though his preferred subject matter obviously differs from their usual fare: Guillaumin's paintings often portray members of the working class, industrial complexes or urban labour, with which he was quite familiar, since he could not make a living from his art. The scene in *Unloading Coal*, with coal barges moored at the banks of the Seine River, clearly depicts an industrial landscape.

FL

> Landscape

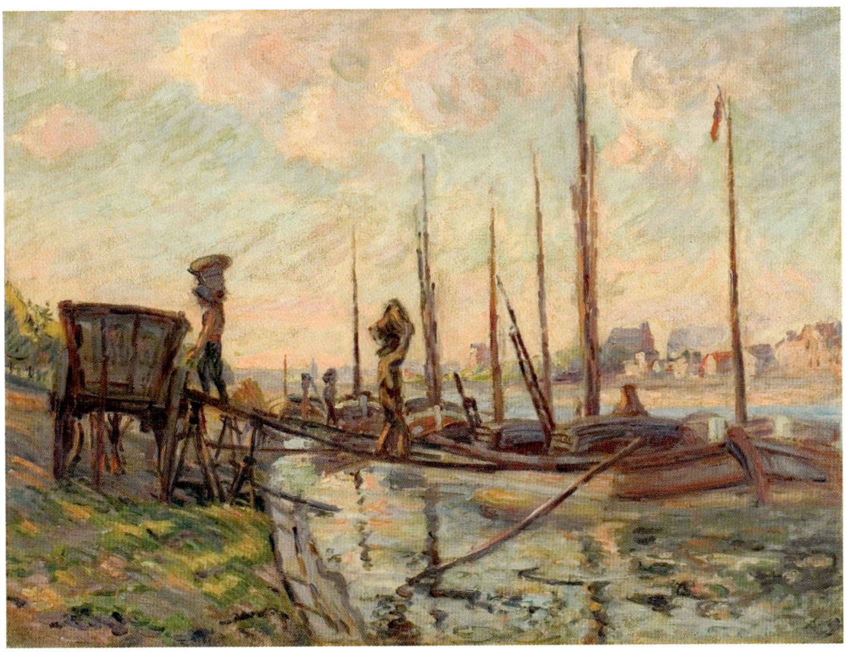

Armand Guillaumin, *Unloading Coal*, before 1900

Habex, Jan

geb. 1887, Genk, België; overl. 1954, Genk

Het steenkolenwoud in de oertijd, 1945
Olieverf op doek; 300 x 500 cm
Collectie: Stad Genk

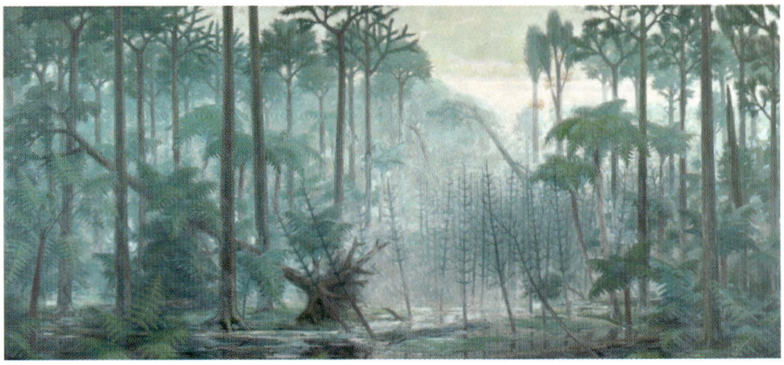

Jan Habex, *Steenkolenwoud in de oertijd*, 1945

Jan Habex was als bediende aan de slag in de mijn van Waterschei wanneer toenmalige directeur-gerant Nestor Fontaine hem de opdracht gaf om een groot schilderij te produceren voor de ontvangsthal van de mijn (Geusens 1984). Fontaine vroeg Habex een representatie van een steenkolenwoud uit de oertijd, het ontstaan van de onderaardse steenkoolvelden in het carboontijdperk, te schilderen. Habex deed vooraf grondige research in het Koninklijk Natuurhistorische Museum in Brussel om tenslotte tot een imaginair doch wetenschappelijk geloofwaardig carboonlandschap te komen.
MM

> Carboonlandschappen

Hair, Thomas Harrison

geb. circa 1810, Newcastle upon Tyne, Groot-Brittanië; overl. 1875, Newcastle

Hartley Colliery After the Disaster, 1869
Olieverf op doek, 56,7 x 41,5 cm
Collectie: Shipley Art Gallery Gateshead Co.

In januari 1862 stortten de balken in die een 43 ton zware balansmachine ondersteunden boven de enige mijnschacht van de kolenmijn in Hartley. Hierdoor werd de schacht gevuld met brokstukken en kwamen een tweehonderdtal mijnwerkers vast te zitten. Zij stikten allemaal. (Porter en Loadman 2007:119f.). Zeven jaar later maakte Thomas H. Hair het schilderij *Hartley Colliery After the Disaster*, dat tot zijn laatste industriële portretten behoorde. Hiermee beëindigde hij een artistieke cyclus die begon toen hij een tiener was en in 1844 een hoogtepunt bereikte met de publicatie van een boek met etsen van Engelse kolenmijnen.
CMF

> Landschap

Hammons, David

geb. 1943, Springfield, VS; woont en werkt in NY, VS

Chasing the Blue Train, 1989
Mixed media installatie, variabele afmetingen

Het werk van David Hammons – naar eigen zeggen geboren aan de 'verkeerde' kant van het spoor, in Springfield Illionois – ent zich op zijn directe omgeving, de stedelijke context van New York City en is geïnspireerd door zijn Afro-Amerikaanse roots. Met *Chasing the Blue Train* focust hij op de sterke metafoor van de trein, sinds de 19e eeuw een krachtige katalysator en transformator van zowel landschap als maatschappij in de VS. Het werk zit vol kunsthistorische en culturele referenties. Zijn associatieve openheid nodigt uit om te improviseren: John Coltrane's albums duiken als eerste referentie op maar Hammons verwijst ook naar de beruchte A metrolijn die Brooklyn met Harlem verbond (Hoet, 1999). De pianovleugels zijn een direct eerbetoon aan Thelonious Monk, maar evengoed aan de mooie rondingen van een vrouw. Het werk gaat terug in de tijd en refereert aan de duizenden Afro-Amerikanen die het land met de trein doorkruisten om in de steenkoolmijnen aan de slag

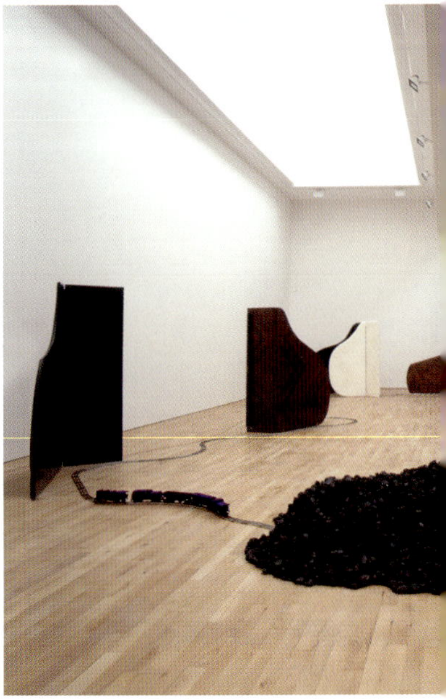

Habex, Jan

b. 1887, Genk, Belgium; d. 1954, Genk

Steenkolenwoud tijdens het carboon, 1945
Oil on canvas, 300 x 500 cm
Collection: City of Genk

Jan Habex was employed as a clerk in the offices at the Waterschei mine when Nestor Fontaine, then director general, commissioned a large painting for the mine's reception hall (Geusens 1984). Fontaine wanted a prehistoric coal forest that depicted the Carboniferous origin of the underground coal fields. Habex carried out research at the Royal Museum of Natural History in Brussels, in order to compose this imaginary, though scientifically credible Carboniferous landscape.
MM

> Carboniferous Landscapes

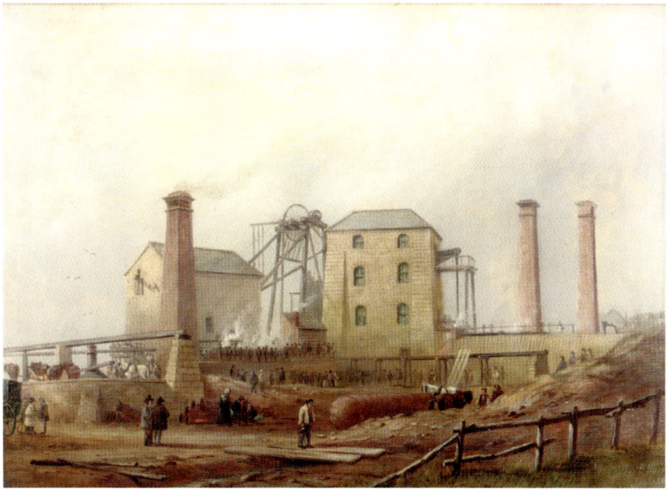

Thomas H. Hair, *Hartley Colliery After the Disaster*, 1869

Hair, Thomas Harrison

b. c. 1810, Newcastle upon Tyne, England; d. 1875; Newcastle upon Tyne

Hartley Colliery After the Disaster, 1869
Oil on canvas, 300 x 500 cm
Collection: Shipley Art Gallery, Gateshead

In January 1862, the timbers supporting a 43-ton beam engine above the Hartley Colliery's single mine shaft collapsed, filling it with debris and trapping some two hundred miners, all of whom suffocated underground (Porter and Loadman 2007:119f.). Completed seven years later, Thomas H. Hair's painting *Hartley Colliery After the Disaster* was among his final industrial scenes, closing an artistic cycle that began when he was a teenager and culminated with the publication of a book of etchings of English collieries in 1844.
CMF

> Landscape

Hammons, David

b. 1943, Springfield, USA; lives and works in New York City, USA

Chasing the Blue Train, 1989
Mixed media installation, variable dimensions

David Hammons was born in Springfield, Illinois and thinks of himself as someone from the wrong side of the tracks. His work originates in the urban context of New York City and is inspired by his African American roots. With *Chasing the Blue Train*, he focuses on the powerful metaphor of the railroads that have transformed the landscape and society of the US since the nineteenth century. The work is dense with art historical and cultural references, concatenating in associative improvisations: John Coltrane's albums may come immediately to mind, but Hammons also alludes to the notorious A line of the Subway connecting Brooklyn to Harlem (Hoet 1999). The piano wings are a reference to Thelonious Monk, but also evoke the beautiful curves of a

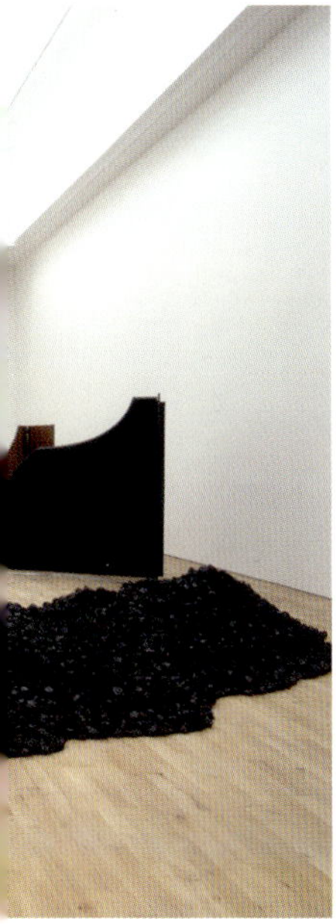

David Hammons, *Chasing the Blue Train*, 1989

te gaan, en evenzoveel anderen die met de ondergrondse aan slavernij ontsnapten.
MM

> Donkere materie
> Epos van de overbodigheid

Harrison, Tony

geb. 1937, Leeds, Groot-Brittannië; woont en werkt in Newcastle upon Tyne, Groot-Brittannië

V.
Gedicht, 1984
Tv-film geregisseerd door Richard Eyre voor Channel 4, Groot-Brittannië, 1987. 40 min.

Maar weinig gedichten hebben zo'n grote sociale impact gehad als de 448 regels die Tony Harrison schreef toen hij het graf van zijn ouders aantrof, beklad met graffiti door voetbalhooligans. Hun rustplaats, Beeston Cemetery in Leeds, zinkt langzaamaan weg, gezien dit kerkhof bovenop een ontgonnen kolenlaag werd gebouwd. Het gedicht gaat in op de incarnaties van taal als macht in de postindustriële beschaving, teruggebracht tot de letter V: van de roep om "Victory" [overwinning] tijdens WO II tot de jaren 80, toen V verwees naar "all the versuses of life" (al de tegenslagen in het leven) en "the unending violence of US and THEM, (het eindeloze geweld van ONS en HEN), gepersonifieerd in 1984 door Coal Board MacGregor en de NUM (National Union of Miners)" (Harrison 1989:11). Het gedicht bereikt een hoogtepunt in een verbaal duel tussen de dichter en zijn dubbelganger, een geïrriteerde skinhead die Harrison eraan herinnert dat "poet [...] 's a crude four-letter word" (poëet een grof vijfletterwoord is) even erg als "fuck" (klere) en "cunt" (klootzak) (ibid 19) en meedeelt dat zijn comfort het resultaat is van het dumpen van de armen door het sociale systeem zoals kool "chucked on t-fucking fire" (op het vuur gegooid) (Madden 2000:142). Het gedicht veroorzaakte een golf van nationale controverse toen theaterregisseur Richard Eyre er een tv-film van maakte. Conservatieve pogingen om de uitzending te censureren omwille van het obscene taalgebruik en de linkse opvattingen hadden een averechts effect. Toen de film werd uitgezonden bereikte Harrisons stuk enkele miljoenen kijkers, wat het ongetwijfeld tot één van de meest gepubliceerde gedichten in de recente geschiedenis maakt (ibid 147).
CM

> Epos van de overbodigheid
> Ondergrondse hel

Harskamp, Nicoline van

geb. 1975, Hazerswoude, Nederland; woont en werkt in Amsterdam, Nederland

Yours in Solidarity, 2009-2012
Video, audio, archiefmateriaal

Nicoline van Harskamp onderzoekt de relatie tussen politiek, bekende figuren, en toespraken als een politieke handeling. Haar werk stelt gezags- en machtskwesties alsook georganiseerde politieke systemen in vraag. *Yours in Solidarity* focust op de geschiedenis en de toekomst van het anarchisme en handelt over de gearchiveerde briefwisseling van de Nederlandse anarchist Karl Max Kreuger (1946-1999) die wordt beheerd door het Internationaal Instituut voor Sociale Geschiedenis (IISG) in Amsterdam. Kreuger onderhield een intense briefwisseling met een vierhonderdtal medeanarchisten van overal ter wereld. Nadat van Harskamp brieven van 60 correspondenten had bestudeerd, waarbij ze zich in haar onderzoek richtte op de respectieve politieke opmerkingen en analyse van hun handschrift, koos ze acteurs met de geschikte leeftijd en van dezelfde nationaliteit om de levensverhalen van de correspondenten te reconstrueren na hun laatste briefwisseling met Kreuger. Op fictieve wijze wordt weergegeven wat er zou gebeuren als ze elkaar vandaag zouden ontmoeten. De werken die daaruit voortvloeien, verzamelen

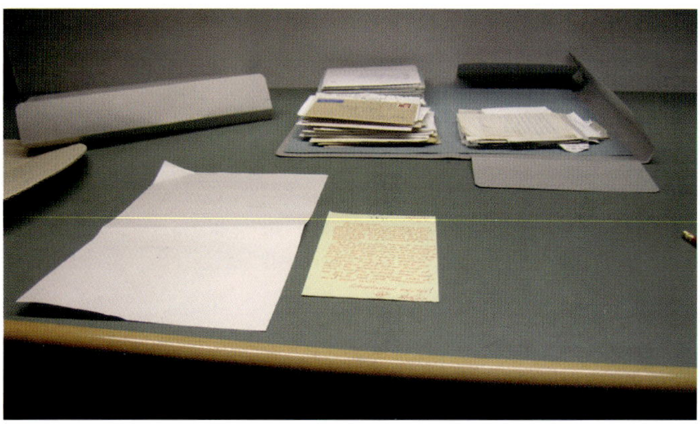

Nicoline van Harskamp, *Yours in Solidarity* - first opening of the archive, 2011

woman. Hammons's references reach back to the thousands of African Americans who rode trains across the country to work in coal mines, as well as to those who escaped slavery on the Underground Railroad.
MM

> Dark Matter
> Epics of Redundancy

Harrison, Tony

b. 1937, Leeds, England; lives and works in Newcastle upon Tyne, England

V.
Poem, 1984
TV film directed by Richard Eyre for Channel 4, U.K., 1987. 40 min.

Few pieces of poetry can claim to have provoked a social impact comparable to the 448 lines Tony Harrison composed upon finding his parents' tombstone desecrated by coarse football hooligan graffiti. Their resting place, Beeston Cemetery in Leeds, sinks slowly, having been built atop worked-out coal seams. The poem investigates the incarnations of language as power in post-industrial society as condensed by the letter "V," with its decay from the call of "Victory" during WWII to the 1980s when "V" signified "all the versuses of life" and "the unending violence of US and THEM,/ personified in 1984/ by Coal Board MacGregor and the NUM" (National Union of Miners) (Harrison 1989:11). The poem climaxes with a verbal duel between the poet and his double, an aggravated skinhead who reminds Harrison that "poet [...] 's a crude four-letter word" no less than "fuck" and "cunt" (ibid 19) and intimates that his comforts are the result of the poor being dumped by the social system like coal "chucked on t-fucking fire" (Madden 2000:142). The poem provoked an extraordinary national controversy when theatre director Richard Eyre turned it into a film for broadcast on television. Conservative attempts to censor the program due to its obscene language and left-wing sentiment proved counterproductive. When it aired, Harrison's reading reached an audience of several million, arguably making it the most publicised poetry event in recent memory (ibid 147).
CM

> Epics of Redundancy
> Underground as Hell

Harskamp, Nicoline van

b. Hazerswoude, NL; lives and woks in Amsterdam, NL

Yours in Solidarity, 2009-12
Video, audio, archival material, variable dimensions

Nicoline van Harskamp's work investigates the relationship between politics and personalities, and speech as a political act. Her work questions issues of authority and power, and organized political systems. *Yours in Solidarity* focuses on the history and future of anarchism and revolves around the archived correspondence of the Dutch anarchist Karl Max Kreuger (1946-1999), now housed in the International Institute for Social History in Amsterdam. Kreuger maintained extensive correspondence with around 400 fellow anarchists worldwide. After studying letters from 60 of them — focusing her investigation on their respective political observations and analysing their handwriting— van Harskamp cast actors of the appropriate ages and nationalities in order to reconstruct the correspondents' life stories after the last date of writing, imagining what would happen if they were to meet today. The resulting work brings together van Harskamp's notes and quotations from over 1000 letters, video documentation of individual working sessions with actors, and a video of the meeting. The work highlights the incompatibility of individual needs and beliefs with the collective impulse of ideologies, which can be seen as one of the reasons for the current political impasse. The project draws our attention to a turning point in the global political situation following the demise of post-war idealism, the rise of neoliberalism and growing disparities in wealth, the consolidation of a society based on fear and the increasing infringement of civil liberties in the name of 'safety and security', which have led to the renewed anti-authoritarian tendency in global popular protest today.
KG

> Poetics of Restructuring

Heritage, Material and Immaterial

> 17 Tons

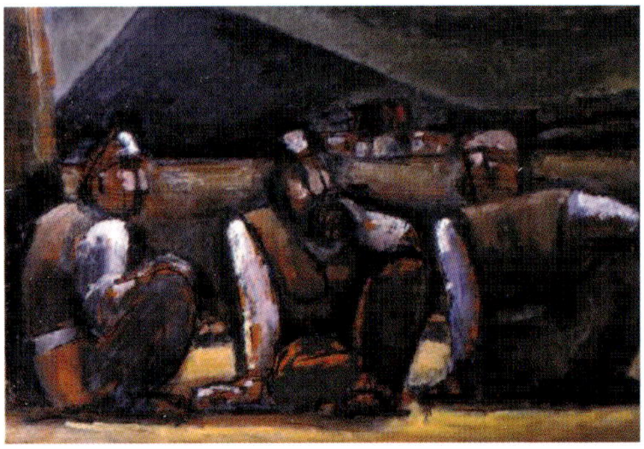

Josef Herman, *Three Miners*, 1953, © Tate London, 2012

van Harskamps aantekeningen en citaten van meer dan duizend brieven, beeldmateriaal van individuele werksessies met acteurs en een videofilm over de ontmoeting. Het werk legt de nadruk op de onverenigbaarheid van individuele behoeften en opvattingen met een collectieve ideologische drijfveer. Dit kan worden gezien als een van de redenen van de huidige politieke impasse. Het project vestigt de aandacht op een keerpunt in de wereldwijde politieke situatie na de teloorgang van het naoorlogse idealisme, de opkomst van het neoliberalisme en steeds grotere verschillen in rijkdom, de consolidatie van een maatschappij gebaseerd op angst en een steeds zwaardere schending van burgerlijke vrijheden omwille van de 'veiligheid' die vandaag de dag hebben geleid tot een nieuwe antiautoritaire tendens in wereldwijd volksprotest.

KG

> Poëtica van de herstructurering

Hedendaagse kunst

> Contemporary Art

Herman, Josef

geb. 1911, Warschau, Polen; overl. 2000, Suffolk, Groot-Brittannië

Three Miners, 1953
Olieverf op hout, 34,3 x 52,1 cm
Collectie: Tate Gallery, Londen

Herman onvluchtte zijn geboorteland Polen in 1938, net voor de Duitse inval en geconfronteerd met een toenemend antisemitisme. Hij vestigde zich in het Verenigd Koninkrijk in 1940. In 1944 ging hij op vakantie naar Wales. Hij zou er 11 jaar blijven en van het kleine mijnwerkersdorp Ystradgynlais zijn thuis maken. Opgeleid als kunstenaar koos hij onderwerpen die met arbeid te maken hadden, maar zijn schilderijen getuigen meer van modernisme dan van socialistisch realisme. Hij schilderde de valleien, heuvels, terrils, mijnwerkers en pony's van de Welshe gemeenschap met vereenvoudigde, enigszins afgevlakte vorm, sterke, donkere kleuren en vaak omlijnd met zwart. In 1951 schilderde hij een muurschildering voor het Festival of Britain, met als onderwerp 'Mijnwerkers'.

DA

> Cycli van Realisme

Heslop, Robert

geb. 1907, Spennymoor, Groot-Brittannië; overl. 1988, Ferry Hill, Groot-Brittannië

The People that Dwell in Darkness Have Seen a Great Light?, 1938. Inkt op papier, 25,2 x 20,3 cm
Heslop collectie, Londen

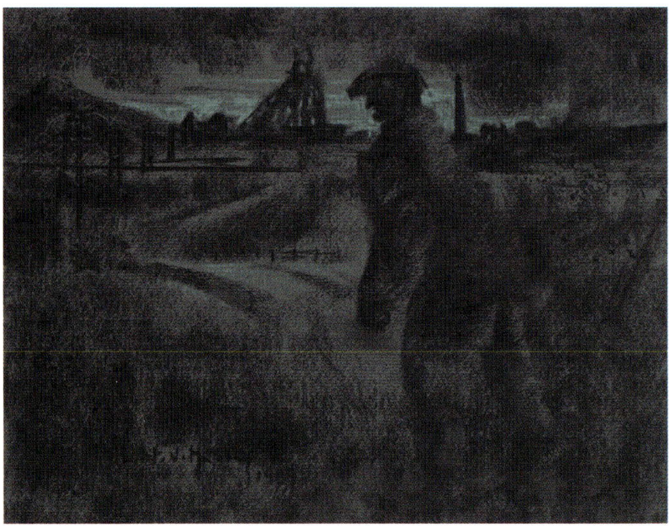

Robert Heslop, *Miner Going to Work, Early Morning*, n.d.

Herman, Josef

b. 1911, Warsaw, Poland; d. 2000, Suffolk, England

Three Miners, 1953
Oil on wood, 34.3 x 52.1 cm
Collection: Tate Gallery, London

Herman fled his native Poland in 1938, just before the German invasion and in the face of rising anti-Semitism, settling in the U.K. in 1940. In 1944 he visited Wales for a holiday, and stayed for eleven years, making his home in the small mining village Ystradgynlais. Trained as an artist, he chose subjects to do with labour, but his paintings are inflected more by modernism than by socialist realism. He painted the valleys, hills and slag heaps, miners and ponies of the Welsh community in simplified, slightly flattened forms, strong, dark colours and often outlined in black. In 1951 he painted a mural for the Festival of Britain, on the subject 'Miners'.
DA

> Cycles of Realism

Heslop, Robert

b. 1907, Spennymoor, England; d. 1988, Ferry Hill, England

The People That Dwell in Darkness Have Seen a Great Light?, 1938
Ink on paper, 25.2 x 20.3 cm
Heslop Collection, London

Characteristic Positions of a Puller at Work, n.d.
Ink on paper, 17 x 22.7 cm
Heslop Collection, London

Dean and Chapter Colliery, Ferryhill, n.d.
Watercolour on grey paper, 27.7 x 38 cm
Heslop Collection, London

Dean and Chapter Colliery, Night-time, 1930s
Pastel on paper, 20.3 x 26 cm
Heslop Collection, London.

Miner Going to Work, Early Morning, n.d.
Pastel on paper, 24 x 31.8 cm
Heslop Collection, London

Heslop, who worked as a putter in the Durham collieries for forty-four years, was one of the first members of the Spennymoor Settlement Sketching Club. The Settlement was founded in 1931, at a time of economic depression, with the aim of educating miners and developing cultural interests. Heslop showed a special gift for watercolour and pastel; although his favourite subject was landscape, he made a number of studies of mining scenes above and below ground, both from memory and life.
DA

> Ashington Group, The
> Cornish, Norman
> Cycles of Realism
> McGuinness, Tom

Hüner, Emre

b. 1977, Istanbul, Turkey; lives and works in Berlin, Germany

A Little Larger Than the Entire Universe, 2012
Mixed media installation, variable dimensions

Emre Hüner's work brings together several disparate elements, including found objects, old maps, postcards, books, geological samples, hand crafted sculptures and specially produced prints or drawings, made by the artist and arranged into sculptural installations that create a poetic, allusive universe where history, nature and culture are brought into a subtle confrontation. *A Little Larger Than the Entire Universe* (2012) is a development of Hüner's 2011 project *Quixotic*, which drew on the history of Fordlandia, the prefabricated industrial town founded by car magnate Henry Ford in the Amazon rain forest in 1928, in order to extract rubber for tyres. This ambitious enterprise failed royally, as neither the native workers nor the jungle itself conformed to the principles of Fordism. In his new work, Hüner continues to question ideas of progress, modernity, utopianism, science and industry from a non-linear perspective. Revisiting the past by way of a hypothetical fast-forward to the future, he presents us with the relics of a lost civilisation in the form of a fragmented, suggestive puzzle. References to the NASA space program, futuristic sculptures, and a motorcycle helmet are combined with volcanic stones from Hawaii, fossils, rocks, and archaic tools, alluding to the afterlife of modernity and industrial production while juxtaposing both periods and materials. Nature and time seem to be the only constants in the aftermath of failure or decay. The work is like an archaeological finding, offering no clear answers, but requiring the viewer to decipher the story on the basis of enigmatic remains.
KG

> Nostalgia and Its Discontents
> Poetics of Restructuring

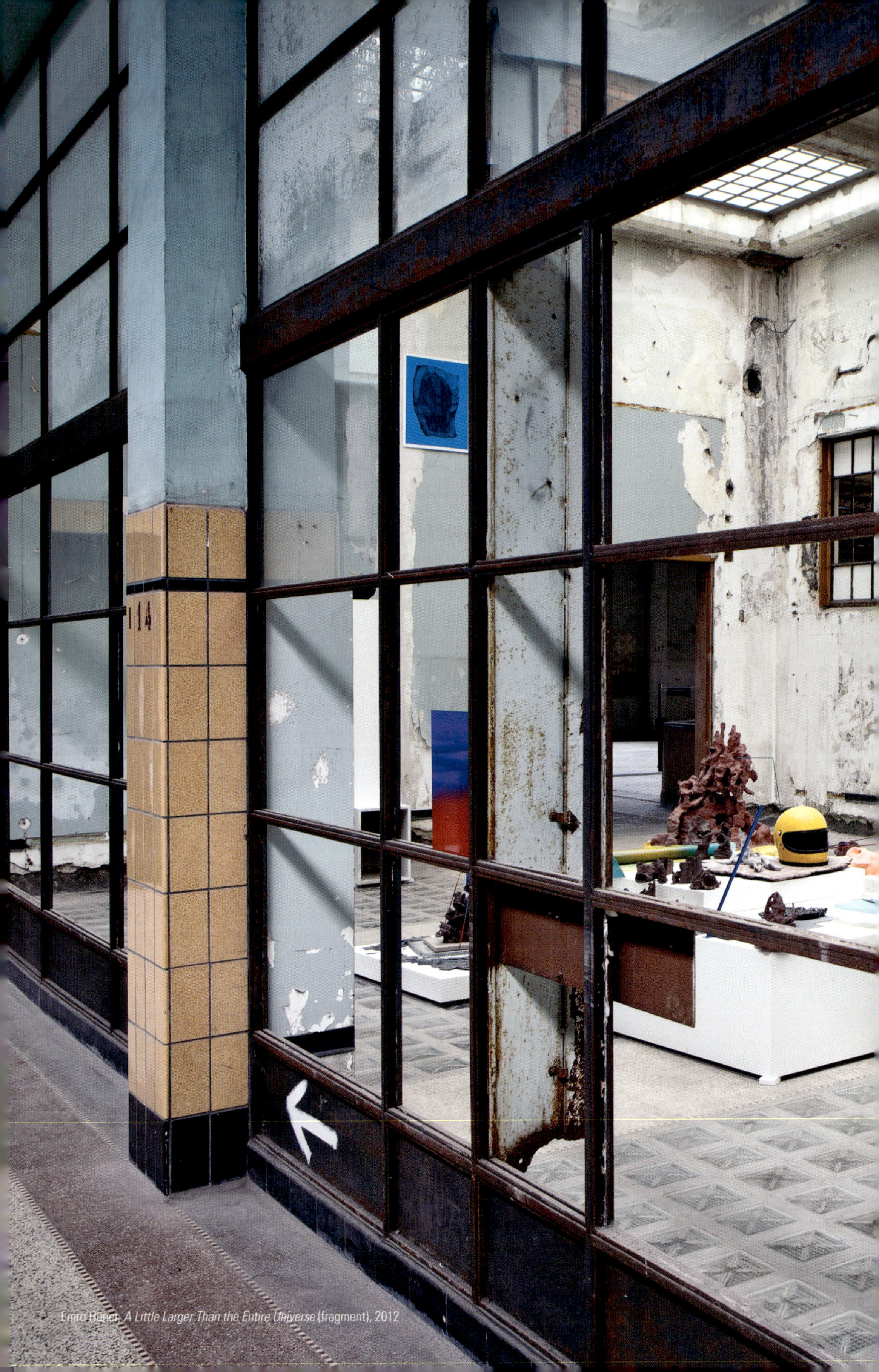

Emre Hüner, *A Little Larger Than the Entire Universe* (fragment), 2012

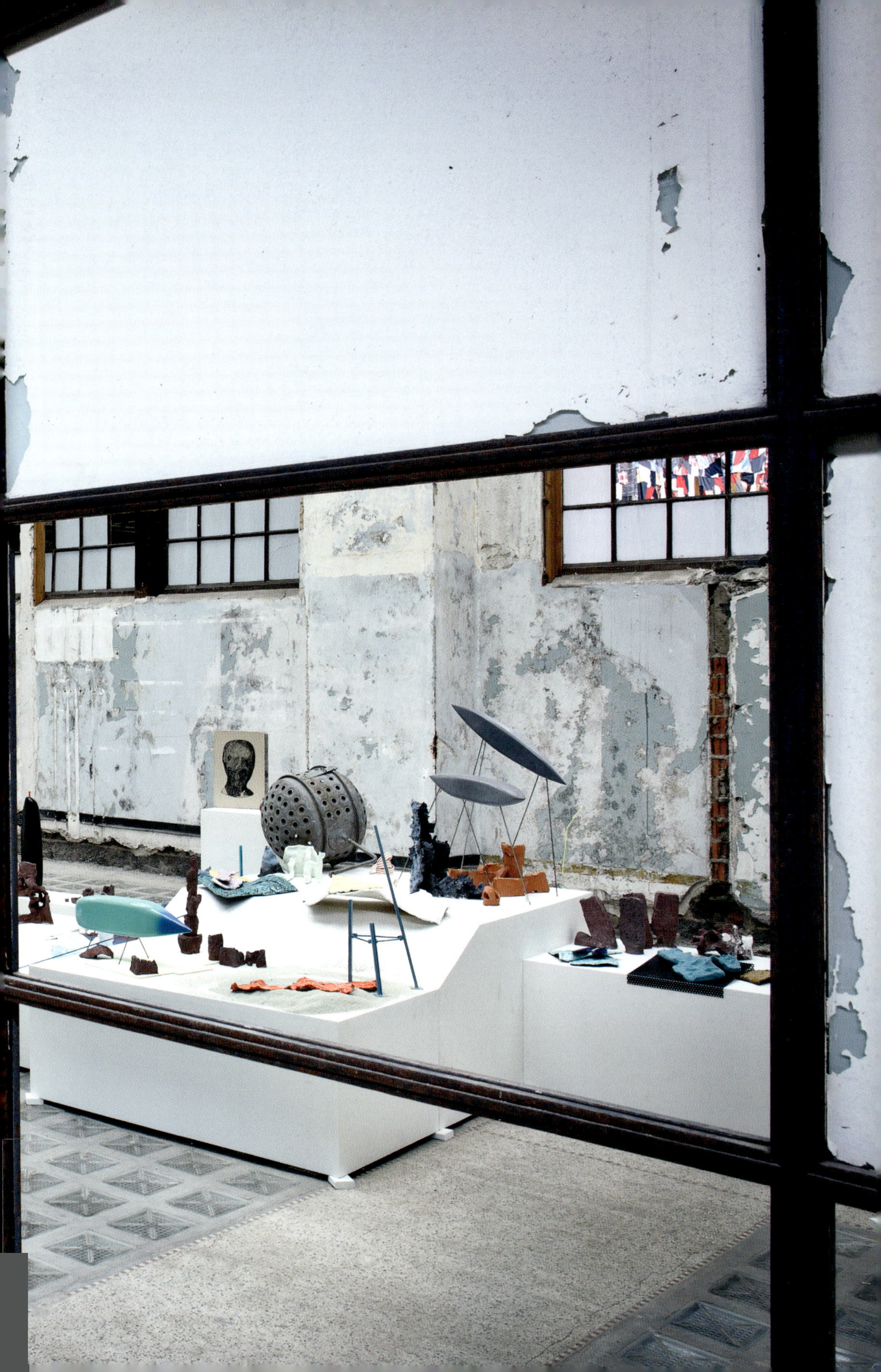

Characteristic Positions of a Puller at Work, z.d. Inkt op papier, 17 x 22,7 cm
Heslop collectie, Londen

Dean and Chapter Colliery, Ferryhill, z.d. Aquarel op grijs papier, 27,7 x 38 cm
Heslop collectie, Londen

Dean and Chapter Colliery, Night-time, ca. 1930. Pastel op papier, 20,3 x 26 cm
Heslop collectie, Londen

Miner Going to Work, Early Morning, z.d. Pastel op papier, 24 x 31,8 cm
Heslop collectie, Londen

Heslop, die 44 jaar lang als kolentransporteur werkte in de kolenmijnen van Durham, was een van de eerste leden van de tekenvereniging Spennymoor Settlement. Deze vereniging werd opgericht in 1931, ten tijde van economische crisis, en stelde zich ten doel mijnwerkers een opleiding te laten genieten en de interesse voor cultuur te bevorderen. Heslop bleek over een bijzonder talent voor waterverf- en pastelschilderen te beschikken. Hoewel zijn voorkeur uitging naar landschappen, maakte hij een aantal studies over het mijnwezen, waarbij boven- en ondergrondse scènes werden geportretteerd. Deze werken waren zowel het product van zijn verbeelding als naar het leven geschilderd.
DA

> Ashington Groep, De
> Cornish, Norman
> Cycli van Realisme
> McGuinness, Tom

Hüner, Emre

geb. 1977, Istanbul, Turkije; woont en werkt in Berlijn, Duitsland

A Little Larger Than the Entire Universe, 2012
Mixed media installatie, variabele afmetingen.

Het werk van Emre Hüner verenigt uiteenlopende elementen zoals gevonden voorwerpen, oude landkaarten, postkaarten, boeken, geologische stukken, handgemaakte beeldhouwwerken en speciale opdrukken en schetsen. Deze elementen vormen een sculpturale installatie waardoor een poëtisch, dubbelzinnig universum wordt gecreëerd waar geschiedenis, natuur en cultuur samen een subtiele confrontatie aangaan. *A Little Larger Than the Entire Universe* (2012) is het resultaat van Hüners project *Quixotic* (2011) dat de geschiedenis van Fordlandia verhaalde – een geprefabriceerde industriestad die werd opgericht in het Amazone-regenwoud in 1928 door automagnaat Henri Ford om rubber te extraheren voor de productie van banden. Deze ambitieuze onderneming mislukte hopeloos omdat noch de inheemse arbeiders noch de jungle zich lieten plooien naar de principes van het fordisme. In zijn nieuw werk blijft Hüner de ideeën van vooruitgang, moderniteit, utopie, wetenschap en industrie vanuit een niet-lineair standpunt in twijfel trekken. Met een terugkeer naar het verleden via een hypothetische sprong naar de toekomst toont hij de overblijfselen van een verloren samenleving in de vorm van een uit mekaar gevallen suggestieve puzzel. Verwijzingen naar het NASA-ruimteprogramma, futuristische sculpturen en een motorhelm combineert hij met vulkaanstenen uit Hawaï, fossielen, stenen, en archaïsche middelen die alluderen op een leven na de moderniteit en industriële productie. Hüner plaatst daarbij zowel de periodes als materialen naast en tegenover elkaar. De natuur en de tijd lijken de enige constanten te zijn in de nasleep van mislukking en verval. Zijn werk is zoals een archeologische ontdekking waar geen antwoorden gegeven worden maar de kijker wordt aangezet tot het ontcijferen van het verhaal op basis van mysterieuze restanten.
KG

> Nostalgie en haar misnoegen
> Poëtica van de herstructurering

Iguanodon

> Carboonlandschappen
> Martin, John

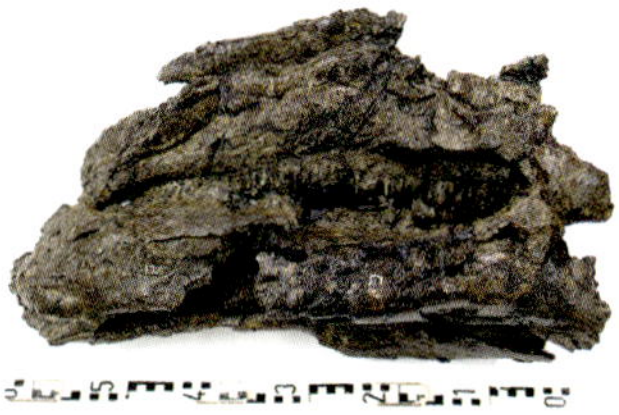

Iguanodon bernissartensis, specimen Vert-5144-01, Fosse-Sainte-Barbe, Bernissart, Belgium, age: Lower Cretaceous, Wealdian

Industriële Revolutie

Het is mogelijk om een onderscheid te maken tussen de industriële revolutie en de 'industriële revolutie', d.w.z. tussen enerzijds de verbazingwekkende groei in de gemechaniseerde industrie die de achttiende en vroege negentiende eeuw kenmerkte en anderzijds het conceptuele getwist onder historici over de oorzaken, de kenmerken en het belang ervan. Toen het anders nogal serene Britse radioprogramma In Our Time in december 2010 een uitzending wijdde aan het onderwerp, ontaardde het debat in een strijd tussen de ideologische overtuigingen van Melvyn Bragg, de presentator van het programma, en Pat Hudson, professor geschiedenis aan de Universiteit van Cardiff.

Hudson: We moeten af van de opvatting dat de industriële revolutie te danken was aan een golf van gadgets, of aan de bijzondere inventiviteit van de Britse wetenschap of de bedrijvers ervan, of aan uitvinders [...]

Bragg: Waarom? Waarom 'moeten' we van die idee af? Sommige mensen vonden dingen uit, of maakten objecten, waardoor er weer iets anders gebeurde, en dat blijft u ontkennen – "O, het heeft allemaal te maken met de draai van de geschiedenis." Sommige mensen vonden dingen uit die er nog niet waren, en daardoor kon er iets gebeuren wat nog nooit gebeurd was.

Hudson: Mag ik zeggen dat een dergelijke kijk typisch is voor een nationalistisch relaas van die periode, met een bijzondere klemtoon op het Britse genie of op de superioriteit van de Britten als ras. Dat is typisch voor sommige bijna racistische beschrijvingen van de industriële revolutie.

Melvyn Bragg bracht ten slotte deze twee alternatieve stellingen naar voor i.v.m. de kwestie van steenkool:

Bragg: De reden waarom we over steenkool beschikten, is omdat we uitvinders hadden die een ingenieuze manier bedachten – iets wat niemand elders had gedaan – om water uit de mijnen te pompen zodat er op grotere diepte kon worden gewerkt.

Hoewel simplistisch en karikaturaal, kunnen de argumenten van Bragg en Hudson dienen als nuttige voorbeelden van de twee polen die de industriële revolutie proberen te verklaren: enerzijds is er de idee van de nationale spitsvondigheid, anderzijds de overtuiging van het samenvallen van globale politiek en geografisch gelukkige omstandigheden.

Maar voor ons, die ons bezighouden met geschiedenis, laat de industriële revolutie daarnaast twee buitengewone dingen na als erfenis. In de eerste plaats zijn er de brede contouren van het klassensysteem – zoals dat geschetst wordt door diverse auteurs, van Friedrich Engels tot Raymond Williams e.a. Dat klassensysteem heeft niet enkel te maken met de directe verhoudingen tussen arbeiders en werkgevers en tussen mensen en machines, maar ook met de idee dat het begrip klasse zelf historische wortels heeft en dat de geschiedenis zelf politiek geladen is. De tweede erfenis – en opnieuw is er een sterke nadruk op ad en post hoc formuleringen – behelst de opvatting dat we een duidelijke historische basis hebben voor de culturele omstandigheden van de moderniteit, namelijk het technisch toepassen van wetenschappelijke denkpatronen, een obsessie met vooruitgang en – misschien het meest problematisch – de idee dat we een bijzondere relatie hebben met de natuur, wat onophoudelijke golven veroorzaakt heeft van anti-industrialisme.

Zelfs de meest bedachtzame hedendaagse historicus, die geen zin heeft om te redetwisten 'over' de industriële revolutie zelf en enkel wenst te praten over de interactie van de verschillende manieren waarop erover gepraat of geschreven werd, moet toegeven dat al die verschillende manieren een populaire en politieke rol hebben gespeeld. Om maar eens een extreem maar ongetwijfeld duidelijk voorbeeld aan te halen: toen in 1995 de notoire ecoterrorist Ted Kaczyniski, de Unabomber de stilte verbrak nadat hij zestien bombrieven had verstuurd in evenveel jaren, begon hij zijn manifest met de zin "De industriële revolutie en haar gevolgen zijn een ramp geweest voor het mensdom."
BJ

> Europese beschaving
> Productie
> Steenkooltijdperk

Iguanodon

> Carboniferous Landscapes
> Martin, John

Industrial Revolution

It is impossible to distinguish between the Industrial Revolution and the 'Industrial Revolution'; that is, between the astonishing growth in mechanized industry that characterized the late eighteenth and early nineteenth centuries, and the conceptual wrangling amongst historians over its causes, characteristics and importance. Hence, when in December 2010 the usually sedate British radio show *In Our Time* turned its attention to the topic, the debate descended into a battle of ideological wills between the host Melvyn Bragg and Professor of History at Cardiff University Pat Hudson:

Hudson: We must get away from the idea that this was caused by a wave of gadgets, or by the peculiar inventive ability of British science or scientists or inventors [...]

Bragg: Why? Why *must* we get away from it? People invented stuff, they made things, those things made other things happen and you keep denying it—'Oh its all to do with the broad sweep of history'. People invented things that had not been there before which enabled things to happen which had not happened before.

Hudson: Can I say that that really does characterise nationalistic accounts of the period with a peculiar sort of emphasis on British genius or the superiority of the British as a race; this characterises some really almost racist accounts of the Industrial Revolution.

Bragg eventually brought these two alternative explanations to bear directly on the question of coal:

Bragg: The reason we got coal is because there were inventions, because they worked out a way ingeniously—they didn't work this out anywhere else—to clear water out of the mine so that we could mine deeply.

Although simplistic and caricatured, Bragg's and Hudson's arguments serve as useful examples of the poles of explanation of the Industrial Revolution: the triumph of native genius on the one hand, and the large-scale conjunction of global politics and geographical luck on the other.

More than this, however, the Industrial Revolution leaves us, as readers of history, with two extraordinary legacies. The first is that—in the way it has been represented, from Friedrich Engels to Raymond Williams and beyond—it has given us the broad contours of the modern class system, not only in the direct relationship of workers to employers and men to machines, but also in the sense that the very notion of class is something with a historical origin and that that history is itself political. The second is that—again with a strong emphasis on *ad* and *post hoc* formulations—we have a clear historical foundation for the cultural conditions of modernity; that is, the technological application of scientific styles of reasoning, an obsession with progress and, perhaps most problematically of all, the particular relationship to nature that has inspired wave after wave of anti-industrial movement.

Even the most reflexive contemporary historian, unwilling to argue *about* the Industrial Revolution itself and dealing only with the interplay of the various accounts that have been given, must recognise the popular and political role that those portrayals have had. To give an extreme but undoubtedly clear example: when in 1995 the notorious eco-terrorist Ted Kaczynski, the 'Unabomber', broke his silence after sixteen US bombings in as many years, he opened his manifesto, "The Industrial Revolution and its consequences have been a disaster for the human race."

BJ

> Coal, The Age of
> European Civilisation
> Production

IRWIN

Founded in 1983 in Slovenia by Dušan Mandič (b.1954), Miran Mohar (b. 1958), Andrej Savski (b. 1961), Roman Uranjek (b. 1961) and Borut Vogelnik (b. 1959)

Red District, 1986
Blood, coal, oil on canvas, wood, marble, aluminum, gold, iron, glass, 350 x 420 x 40 cm

The roots of the NSK (Neue Slowenische Kunst) movement symbolically lie in Trbovlje, a region in former Yugoslavia well known for its rich seams of coal. The politically explosive avant-garde music group Laibach emerged there in 1980 and the IRWIN collective made use of the region's coal mines for art exhibitions (see Benson 1996). *Red District* is one of IRWIN's most important 'retrogardist' works on the rhetoric of socialist realism. Based on a woodcut

IRWIN

In 1983 opgericht in Slovenië door Dušan Mandi (geb. 1954), Miran Mohar (geb. 1958), Andrej Savski (geb. 1961), Roman Uranjek (geb. 1961) en Borut Vogelnik (geb. 1959)

Red Districts, 1986
Bloed, steenkool, olieverf op doek, hout, marmer, aluminium, goud, ijzer, glas, 350 x 420 x 40 cm

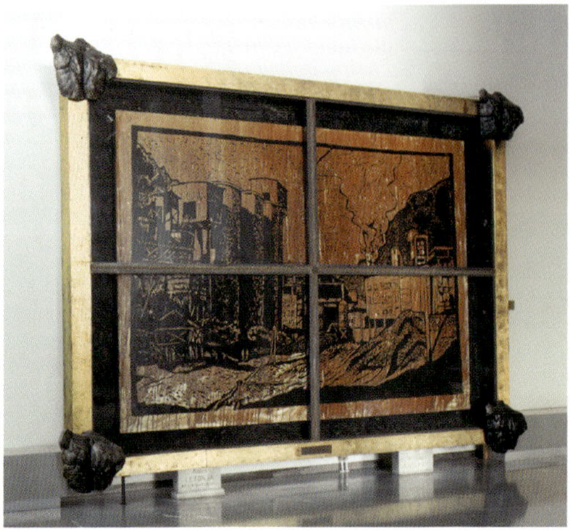

IRWIN, *Red Districts*, 1987

De symbolische oorsprong van de NSK-beweging (Neue Slowenische Kunst) ligt in Trbovlje, een streek in voormalig Joegoslavië die gekend is voor haar rijke steenkoollagen. De politiek explosieve avant-garde muziekgroep Laibach ontstond hier in 1980 en het IRWIN schilderscollectief gebruikte haar kolenmijnen als decor voor kunstvoorstellingen (zie Benson 1996). *Red Districts* is één van de belangrijkste 'retrogardistische' werken van IRWIN over de retoriek van socialistisch realisme. Het werk is gebaseerd op een houtsnede van Trbovlje die in de jaren 50 werd gemaakt door schilder Janez Knez – vader van Dejan Knez, oprichter van Laibach. De gigantische compositie is met varkensbloed afgewerkt en twee 'gevonden' grafstenen van mijnwerkers fungeren als voetstuk. De heroïsch-documentaire stijl van het werk – schatplichtig aan de realistische kunst – benadrukt haar medeplichtigheid aan de dialectiek van geweld en dood doorheen de geschiedenis. Het geheel is omkaderd door een zwarte kolenmassa; de enige reden die daarvoor te bedenken valt, is het onderstrepen van de effectieve zinloosheid van dergelijke culturele uitingen, wat NSK aanzette te verklaren dat "Kunst en totalitarisme mekaar niet uitsluiten" (in Monroe 2005:68). Zoals Marina Gržinić argumenteerde: "IRWINS grafische werken zijn fetisjvoorwerpen die, in hun positivisme, pure symbolen zijn, 'betekenaars' van 'afwezigheid'" (2003:265).

CM

> Donkere materie
> Poëtica van de herstructurering

Ivens, Joris & Henri Storck

Ivens geb. 1898, Nijmegen, Nederland; overl. 1989, Parijs, Frankrijk
Storck geb. 1907, Oostende, België; overl. 1999, Brussel, België

Misère au Borinage, 1934
Stomme zwart-wit film, 34 min

In de zomer van 1932 brak in de steenkoolbekkens van de Borinage een zware staking uit. Sterke internationale concurrentie deed de voorraad kolen stijgen en de lonen van de mijnwerkers dalen tot het water hun aan de lippen stond en staken de enige menselijke uitweg bleek. In totaal staakten meer dan 100.000 mijnwerkers over heel het land mee (Hogenkamp en Storck, 1983). Achteraf volgden zware repressies. Actieve betogers werden op zwarte lijsten gezet, wanbetalers werden uit hun woning gezet. Mijnwerkers zagen zich (putje winter) beroofd van brandstof, de voorraden steenkool lagen streng bewaakt achter prikkeldraad te rotten. Een jaar na de staking begonnen Henri Storck en Joris Ivens samen te werken aan wat een scherpe aanklacht zou worden tegen de zware gevolgen van de staking. De beeldtaal van *Borinage* is streng, orthodox en allesbehalve geësthetiseerd; mooie fotografische effecten werden bewust vermeden om de aandacht niet af te leiden van de harde realiteit. Sommige scènes moesten in het geheim worden opgenomen vanwege repressies van de politie. De mijnwerkers begrepen echter de oprechtheid van de filmmakers en hielpen hen. Een reportage draaien in deze omstandigheden, betekende 'partijkiezen'. Het uiteindelijke resultaat is samengesteld uit eigen opnames, journaalbeelden en geënsceneerde situaties, waardoor de realiteit versterkt wordt.

MM

> Docu-Modernisme
> Kessels, Willy
> van Lieshout, Erik

image of Trbovlje made in the 1950s by the father of Laibach's Dejan Knez, painter Janez Knez, it stresses the complicity of the heroic-documentary style in realist art with the dialectic of violence and death in history through the use of pig's blood on the print and the presence of two miners' gravestones 'retrieved' from a cemetery as a pedestal for this monument. That such an image is framed in a black mass of coal has no other goal than to underline the powerful meaninglessness of a cultural form that made NSK proclaim at several points that "Art and totalitarianism are not mutually exclusive" (in Monroe 2005:68). As Marina Gržinić has argued, "Irwin's graphic works are fetish objects, which, in their positivism, are pure symbol, 'signifiers' of absence" (2003:265).
CM

> Dark Matter
> Poetics of Restructuring

Ivens, Joris & Henri Storck

Ivens b. 1898, Nijmegen, NL; d. 1989, Paris, France
Storck b. 1907, Ostend, Belgium; d. 1999, Brussels, Belgium

Misère au Borinage, 1934
Silent black and white film, 34 min.

In the summer of 1932 a heavy strike gripped the coal basins of the Borinage region of Belgium. Strong international competition had caused the world's coal stocks to rise and the miners' wages to drop, and a strike was seen as the only way to resolve the workers' grievances. A total of 100,000 miners from all over the country were involved (Hogenkamp and Storck 1983). Heavy repression ensued. Active demonstrators were put on blacklists, while defaulters were evicted from their homes. In the height of winter, miners were deprived of fuel while coal stocks sat rotting behind heavily guarded barbed wire.

A year later Henri Storck and Joris Ivens began filming a powerful indictment of the response to the strike. They deliberately avoided pretty photographic effects in order not to distract from the harshness of reality there. Some scenes had to be recorded in secret to avoid police repression. Storck and Ivens were aided in this by the miners themselves, who sensed the filmmakers' solidarity with them. Reporting on these circumstances also meant taking sides. The final result consists of their own footage, images from the news and dramatisations that enhance their report.
MM

> Docu-Modernism
> Kessels, Willy
> van Lieshout, Erik

Izquierdo, Jota

b. 1972, Castellón, Spain; lives and works in Mexico City, Mexico

Capitalismo amarillo: Special Economic Zone, 2011-12
Multi-media installation, variable dimensions

The term "yellow peril" began to circulate at the end of the nineteenth century, when it was used as a racialised description for the sense of threat that Europeans and Americans felt at the increasing numbers of Chinese labourers arriving on their soil. By the end of the twentieth century, the West's old economic fears of China had gained new currency, insofar as unscrupulous Chinese counterfeiters began to be perceived as posing a substantial threat to the intellectual property of the West. For *Capitalismo amarillo: Special Economic Zone*, Jota Izquierdo conducted what contemporary anthropologists call multi-sited ethnography (Marcus 1995), retracing the flow of cheap, mass-produced consumer goods from individual vendors on the streets of Mexico City and Valencia back to their distributors and ultimately to their producers in the Special Economic Zone of Guangzhou, China. His multi-media installation consists of two principal parts: a set of audiovisual records documenting the international trading process, and a collection of objects manufactured in China and sold in Mexico and Spain. The latter provides a typology of mass produced Chinese exports, divided among *chinaderas* (a variation on the Mexican vulgarism *chingaderas*, meaning worthless goods made in China) and counterfeits, from fake designer labels that can be affixed to cheap, off-brand clothing to 'original' fakes made by producers who create new objects 'inspired' by existing designer goods.
CMF

> Crises of Capitalism
> Poetics of Restructuring

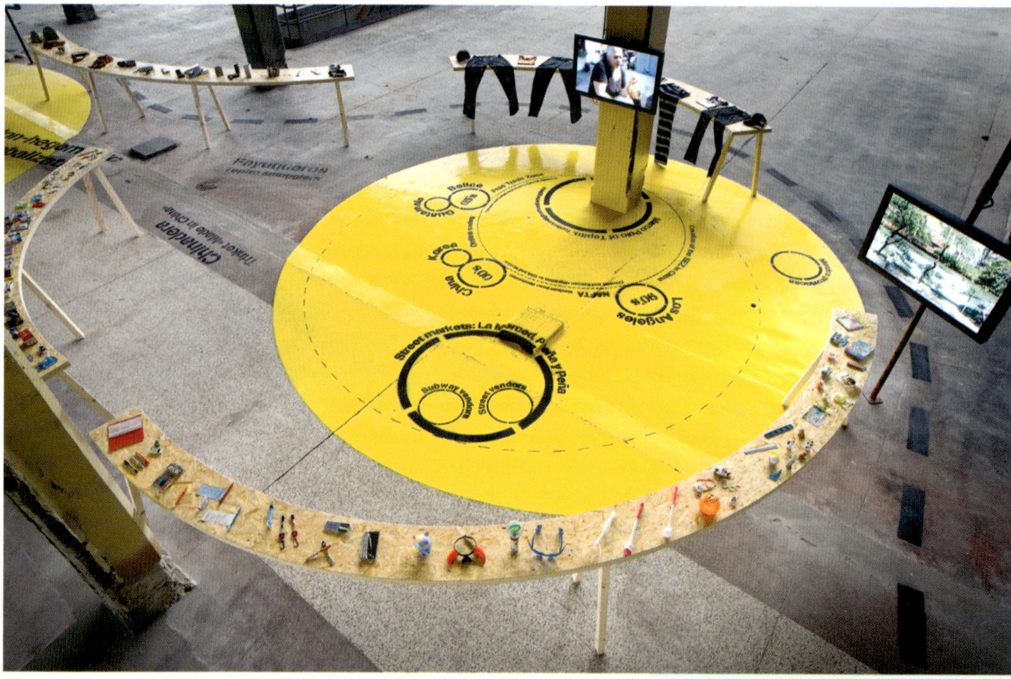

Jota Izquierdo, *Capitalismo amarillo: Special Economic Zone*, 2011-2012

Izquierdo, Jota

geb. 1972, Castellón, Spanje; woont en werkt in Mexico Stad, Mexico

<u>*Capitalismo amarillo: Special Economic Zone*, 2011-2012</u>
<u>Multimedia-installatie, variabele afmetingen</u>

De term 'het gele gevaar' ontstond aan het eind van de 19e eeuw en was een racistische uiting van de dreiging die Europeanen en Amerikanen zagen in het toenemend aantal Chinese arbeiders die hun land betraden. Tegen het einde van de 20e eeuw flakkerde de oude economische vrees van het Westen voor China weer op. Gewetenloze Chinese vervalsers werden na verloop van tijd als een reële bedreiging voor de Westerse intellectuele eigendom gezien. Voor zijn werk *Yellow Capitalism: Special Economic Zone* voerde Jota Izquierdo een *multi-sited* etnografie (Marcus 1995) uit, zoals hedendaagse antropologen dit noemen. Met dit onderzoek traceerde hij de toevloed aan goedkope, massaproductie-goederen die straatverkopers in Mexico Stad en Valencia verpatsen, terug naar de verdelers, om uiteindelijk bij de producenten in de Speciale Economische Zone van Guangzhou, China te eindigen. Zijn multimedia-installatie is opgebouwd uit twee belangrijke onderdelen: audiovisuele opnames die de internationale handel documenteren en een verzameling van in China geproduceerde voorwerpen die in Mexico en Spanje werden verkocht. Laatstgenoemd onderdeel levert een typologie op van in massa geproduceerde Chinese exportgoederen die werden verdeeld onder *chinaderas* (een variant van de Mexicaanse vulgaire uitdrukking *chingaderas*, wat 'waardeloze producten' betekent in China) en vervalsingen. Dit kunnen goederen zijn zoals vervalste designeretiketten die bevestigd worden aan goedkope, onbekende kledij tot 'originele' vervalsingen gemaakt door producenten die hun nieuwe producten 'inspireren' op bestaande designerproducten.

CMF

> Poëtica van de herstructurering
> Kapitalisme in crisis

Jafri, Maryam

woont en werkt in New York, VS en Kopenhagen, Denemarken

Avalon, 2011
Single chanel video, 12 min.

Avalon van Maryam Jafri onderzoekt hoe fetishkledij en -accessoires voor de seksindustrie worden vervaardigd. Net als haar vroeger werk beweegt de video zich op het raakvlak tussen film en theater, documentaire en fictie. De film begint in een niet nader omschreven Aziatisch land waar een ondernemer, wiens gezicht onherkenbaar is gemaakt, beschrijft hoe hij met een klein startkapitaal van zijn vader een clandestien miljoenenbedrijf oprichtte dat fetishkledij exporteert. De vrouwen die als naaister werken in zijn kleine fabriek denken dat ze lijkzakken voor het Amerikaanse leger, dwangbuizen en accessoires voor circusdieren naaien, hoewel ze daarover wel degelijk hun twijfels hebben. Vervolgens zien we de getuigenissen van een geschoolde textielontwerpster die zonder dat ze het wist kledij ontwierp voor een bedrijf waarmee ze zich niet kan identificeren, een kantoorbediende die openhartig praat over zijn seksuele identiteit en ten slotte een vrouw die 'acteert' in rollenspellen waarbij wordt gebruikgemaakt van de attributen in kwestie. *Avalon* combineert documentaire beelden van de fabriek met geënsceneerde passages die werden opgenomen op een speciaal voor deze film ontworpen set. Jafri's scenario is gebaseerd op uitgebreid archiefonderzoek, observaties en interviews. Haar cast bestaat zowel uit acteurs als uit personen die geen acteur zijn, zodat doelbewust een samensmelting wordt gevormd van gecreëerde en niet-gecreëerde personages. De film is een complex onderzoek naar de relaties tussen ondernemerschap, arbeid, gebruikswaarde en de productie van handelsartikelen en visies in de huidige wereldwijde culturele economie.
KG

> Kapitalisme in crisis
> Poëtica van de herstructurering
> Productie

Jitrik, Magdalena

geb. 1966, Buenos Aires, Argentinië; woont en werkt in Buenos Aires

Revolutionary Life, 2012
Installatie met tekeningen en olieverfschilderijen op doek, variabele afmetingen

Met een installatie van vrij zwevende abstracte schilderijen die de ruimte van de voormalige mijn van Waterschei in Genk inpalmt, doorboort Jitrik verschillende betekenislagen van tijd en ruimte in de 20e eeuw. Haar abstracte schilderijen zijn in zekere zin ook een tekenkundig overzicht van de kritische uitwisselingen tussen de Belgische schrijver Victor Serge (geboren in Brussel in 1880 en overleden in Mexico in 1947) en Leon Trotsky, beide argumenterend over het lot van de protesterende arbeidersklasse in de Sovjetunie — één van de belangrijkste momenten van zelfkritiek aan linkse zijde, samen met ingebeelde covers van de boeken van Victor Serge. In al deze werken toont Jitrik haar vertrouwen in het radicale potentieel van kunst die is ontworpen als "een condensatie van het geheugen onder de vorm van materie, geluid of licht" (ibid 98). De installatie vertolkt de utopische rol van de zogeheten 'schone kunst' in de moderniteit, wat zich voordoet als een schaduw van handenarbeid en een pijnlijke herinnering aan de hoop op een meer humane en geëmancipeerde productievorm. Jitriks visie op radicale kunst en politiek is een reflectie op de harmonie en disharmonie tussen deze twee verschillende productievormen. Deze interferentiezone definieert het standpunt waaruit de kunstenaar vertrekt om, zoals ze het zelf verwoordt, zich af te vragen of "kunst als een denksysteem niet in staat zou zijn om de politieke economie te vervangen, zodat het genieten van vrije tijd de kern kan zijn van elke maatschappelijke organisatie" (Jitrik 2010: 106).
CM

> L'Internationale
> Poëtica van de herstructurering
> Productie

Jafri, Maryam

lives and works in New York City, USA and Copenhagen, Denmark

Avalon, 2011
Single-channel video, 12 min.

Maryam Jafri's *Avalon* examines the manufacture of fetish clothing and accessories for the sex industry. As with her previous work, this video straddles the boundary between cinema and theatre, documentary and fiction. It begins in an unspecified Asian country where an entrepreneur (whose face is concealed) describes how he founded a clandestine, million-dollar business that exports fetish wear, with a small start-up investment from his father. The women

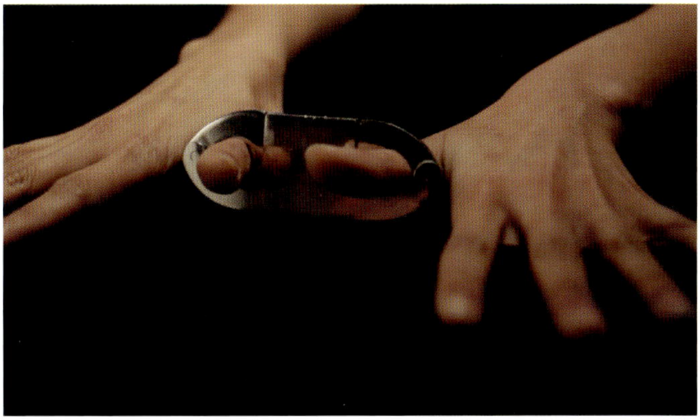

Maryam Jafri, *Avalon*, 2011

who work as seamstresses in his small factory believe that they are sewing body bags for the US Army, straight jackets, and accessories for circus animals, though they do have their doubts. The video continues with testimony from an educated textile designer who found herself unwittingly designing for a business with which she does not personally identify, a white collar professional man who is open about his sexual identity and finally, from a woman who performs role play services using the paraphernalia in question. *Avalon* combines documentary footage from the factory with scripted scenes that were filmed on a specially designed set. Jafri's script grew out of extensive archival research, observations, and interviews; her cast includes both actors and non-actors (deliberately conflating which characters are scripted and which are not). Her video is a complex investigation into the relationships between entrepreneurship, labour, use value, and the production of both commodities and subjectivities in the current global cultural economy.
KG

> Crises of Capitalism
> Poetics of Restructuring
> Production

Jitrik, Magdalena

b. 1966, Buenos Aires, Argentina; lives and works in Buenos Aires

Revolutionary Life, 2012
Installation with drawings and oil paintings, variable dimensions

By intervening in the space of the former Waterschei mine in Genk with an installation of free floating abstract paintings, Jitrik perforates the layers of meaning of space in the 20th century. Her abstract paintings also appear in relation to an overview in drawing form, of the critical exchanges between Belgian writer and activist Victor Serge (b. 1880, Brussels; d. 1947, Mexico) and Leon Trotsky on the fate of working class dissent in the Soviet Union, which marks one of the Left's most important moments of self-critique, along with panels with imagined covers of Victor Serge's books. In all these instances Jitrik makes evident her trust in the radical potential of an art conceived as "a condensation of memory in material, sonic or luminous form" (ibid 106). Together, these works address the utopian role of so-called "fine art" under modernity, which appears as a shadow of manual labour, and a painful reminder of the hope for more humane and emancipated form of production. Jitrik's understanding of radical art and politics is a reflection on the consonances and dissonances between these two different forms of production. This zone of interferences defines the standpoint from which the artist, to use her own words, wonders whether "art as a system of thought might not be able to replace political economy, such that the object of every organization of society would be the enjoyment of free time" (Jitrik 2010: 98).
CM

> L'Internationale
> Poetics of Restructuring
> Production

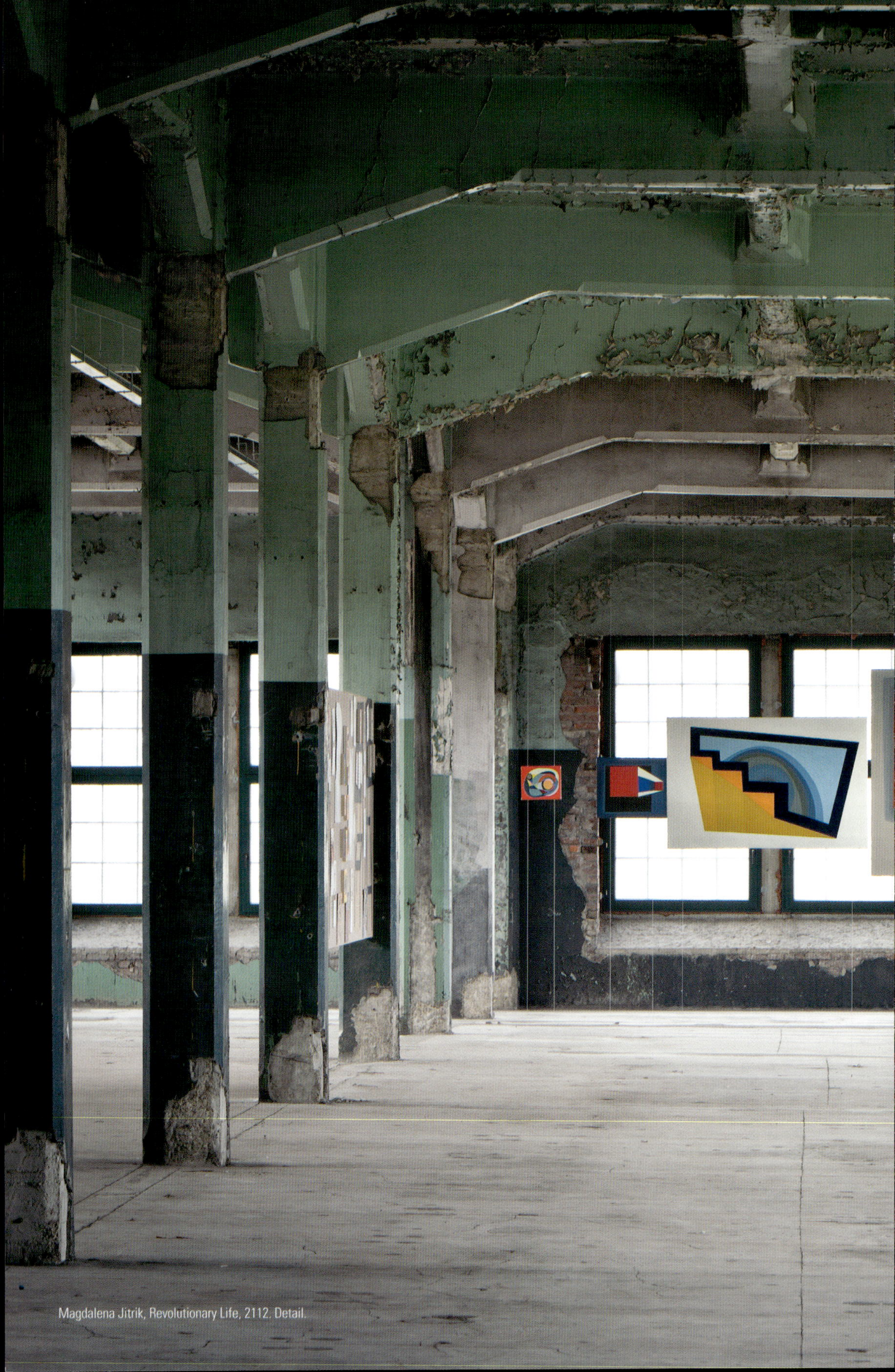

Magdalena Jitrik, Revolutionary Life, 2112. Detail.

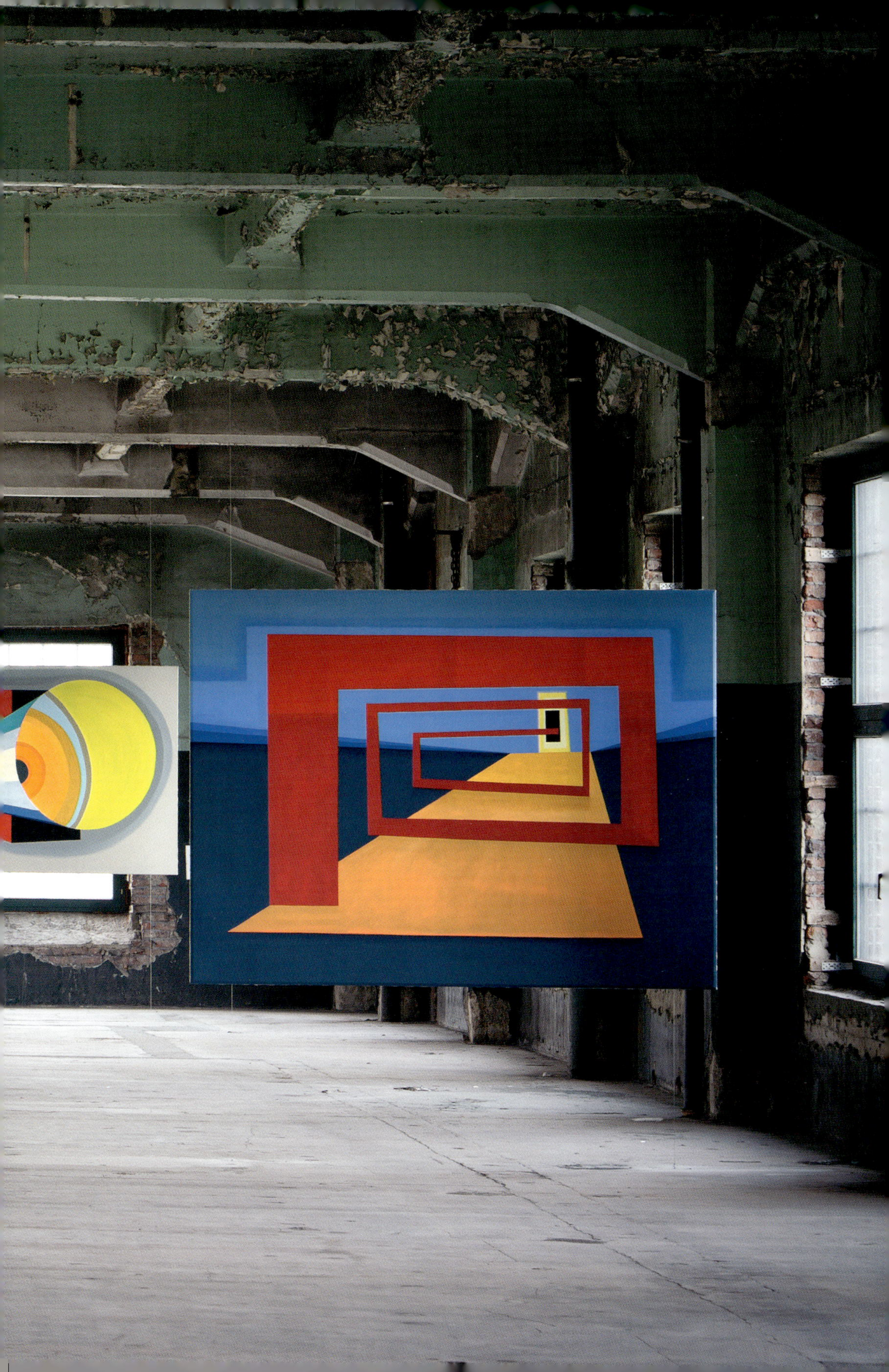

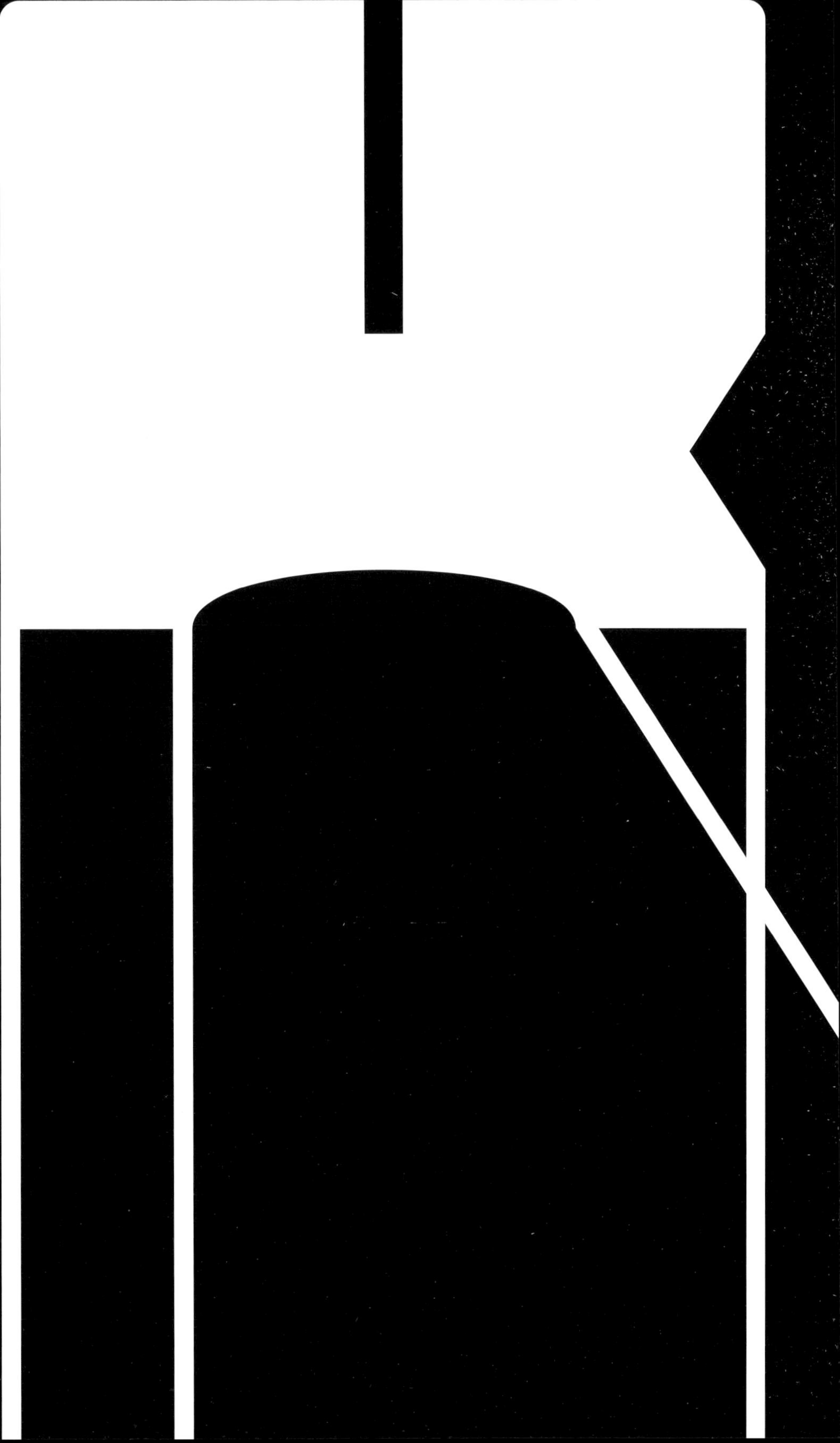

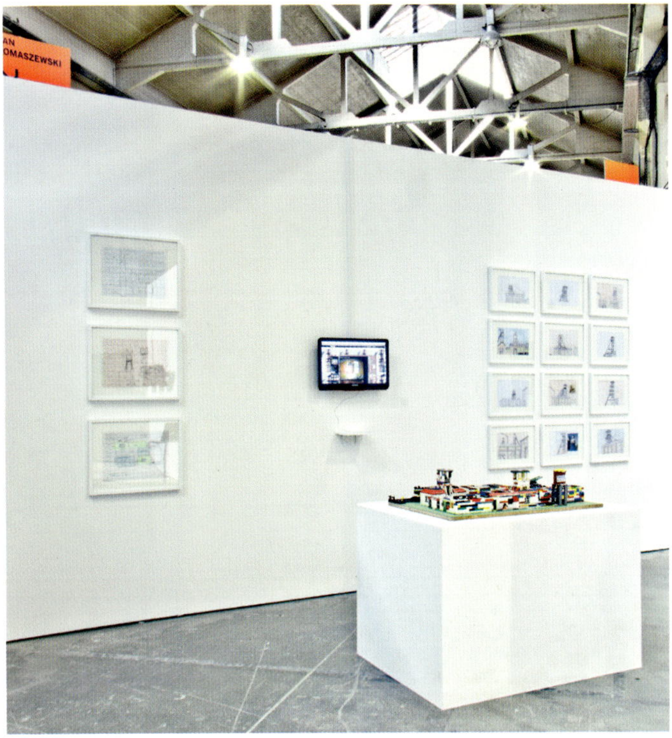

Kevin Kaliski, works 2005-2012

Kaliski, Kevin

geb. 1997, Frankrijk; woont en werkt in Évin-Malmaison, Frankrijk

Mijn samenwerking met Kevin ging van start in december 2010. Ik was geselecteerd om deel te nemen aan het 56ste Salon de Montrouge, maar besloot om in plaats van mijn eigen werk tentoon te stellen, de expositieruimte af te staan aan de 14-jarige Kevin Kaliski die gepassioneerd is door het mijnverleden van zijn streek. Ik bezocht hem thuis en werd ontvangen in de garage, waarvan de helft was omgebouwd tot atelier en expositieruimte voor zijn collectie. Dit vertelde hij me over zijn bezigheid:

"Mijn grootmoeder vertelde me de verhalen die haar vader haar had verteld toen hij onder de grond werkte. Hij daalde de eerste keer af toen hij 13 was, ging op pensioen op zijn 40ste en stierf op zijn 57ste aan een stoflong. Ik was zes jaar toen ik over al deze dingen vragen begon te stellen aan mijn grootmoeder. Sinds mijn achtste heb ik al heel wat verzameld: werktuigen, lampen, voorwerpen uit het dagelijkse leven van de mijnwerkers. Ik heb ook foto's, veel foto's, over de mijn. Ik zoek ze op internet, bij mijnwerkers en in de dozen die bij mijn grootmoeder staan. Vervolgens rangschik ik ze in lades of maak ik kartonnen panelen met de foto's. Ik maak ook schetsen van schachttorens, waarna ik met LEGO maquettes maak van de mijnschachten, in het bijzonder één waaraan ik op mijn achtste ben begonnen en die ik voortdurend verbeter. Als ik een nieuw voorwerp heb, plaats ik het rechtstreeks op mijn blog [kevin62141.skyrock.com]; het heeft iets van een virtuele tentoonstelling. [Momenteel] maak ik deel uit van "Le 8 d'Evin", een vereniging die de herinnering aan de mijnsites en -gebouwen levendig houdt en ze beschermt. We maken tochten met de reuzenlampeniste Odette om de vrouwen te herdenken die ook vaak in de mijnen werkten. In 2009 organiseerde ik samen met "Le 8 d'Evin" mijn eerste tentoonstelling op Mine Expo. Daar toonde ik mijn eerste maquette van LEGO. Mijn tweede tentoonstelling hield ik samen met jou op Salon de Montrouge. In november 2011 heb ik al mijn werktuigen en lampen tentoongesteld in de feestzaal van Billy-Montigny. Dat was tijdens een expositie voor het behoud van de machinekamer van mijnschacht 10, die betrokken was in de mijnramp van Courrières in 1906."

YT

> Tomaszewski, Yan
> 17 Ton

Kapitalisme in crisis

> Crises of Capitalism

Karikis, Mikhail & Uriel Orlow

Karikis geb. 1975, Thessaloniki, Griekenland; woont en werkt in Londen, Groot-Brittannië
Orlow geb. 1973, Zürich, Zwitserland; woont en werkt in Londen

Sounds from Beneath, 2010-2011
Video/DVD, 7 min.

Kaliski, Kevin

My collaboration with Kevin began in December 2010. I was selected to participate in the 56th Salon de Montrouge but I decided not to present my work, and instead offered my exhibition space to Kevin Kaliski, who was 14 years old at the time and passionate about the region's mining history. In December 2011, Kevin welcomed me to his home, where half of the space in his family's garage had been converted into a workshop and exhibition space for his collection. This is what he told me about his work:

"My grandmother always told me stories her father had told her about his time in the mines. He started at the age of 13, retired when he was 40, and died at the age of 57 from silicosis. I was 6 years old when I started asking my grandmother all sorts of questions. Since I was 8, I've collected lots of things: tools, lamps and objects from miners' everyday life. I have pictures as well, a lot of pictures about the mine. I look for them on the Internet, from miners and in my grandmothers' old boxes, too. Then I organise them in drawers. I also make drawings of mining rigs and cardboard panels with the pictures. Then I make Lego models of mine pits, particularly one that I started when I was 8 years old and that I'm still working on. Once I find a new object, I put it on my blog [keviin62141.skyrock.com] straight away, which is like a virtual exhibition.

[Now] I am a member of The Evin 8, an association dedicated to remembering and preserving mining sites and buildings. We organise outings with the giant lamp lighter Odette, to preserve the memory of all the women who also worked in the mines. My first exhibition was at the 2009 Mine Expo with The Evin 8. I presented my first Lego model. The second exhibition was with you at the Salon de Montrouge. In November 2011, I displayed all my tools and my lamps at the Billy-Montigny Community Centre, during an exhibition for the protection of the engine room of pit 10, which witnessed the Courrières catastrophe in 1906."

YT

> 17 Tons
> Tomaszewski, Yan

Karikis, Mikhail & Uriel Orlow

Karikis b. 1975, Thessaloniki, Greece; lives and works in London, England
Orlow b. 1973, Zürich, Switzerland; lives and works in London

Sounds from Beneath, 2010-11
Video/DVD, 7 min.

For the project *Sounds from Beneath* Mikhail Karikis worked with an ex-coal-miners' choir from Snowdown Colliery in Kent (closed in 1987). He asked the group of miners to recall and vocalise the sounds of underground activity in the coal-mines. The subsequent sound piece is sung by the miners and captured in the video created in collaboration with Uriel Orlow. In it, the men unite in voice to reproduce the sounds of digging, drilling, grinding, explosions, alarms, machinery against the backdrop of the landscape of the mine in which they once worked. The daily workings of the mine are thus brought back to life in a song that rests on a sparse narrative of key words ("charge", "stem", "shovel", "hammer", "drill") and the simulation of the sounds of the workings of the pit. Set against a charred bleak landscape of slag heaps, the prominent, aging figures of the miners and their resonating voices rise up above the desolation, intimating practices since rendered lost and obsolete. At once political and poetic, the film cuts through conventional documentary realism and resonates with pathos, dignity and emotional force. It functions as a salvaging of memory, an ode, a tribute, and a requiem all at once, and the song echoes as an act of redemption. The work raises the spectre of dark subterranean

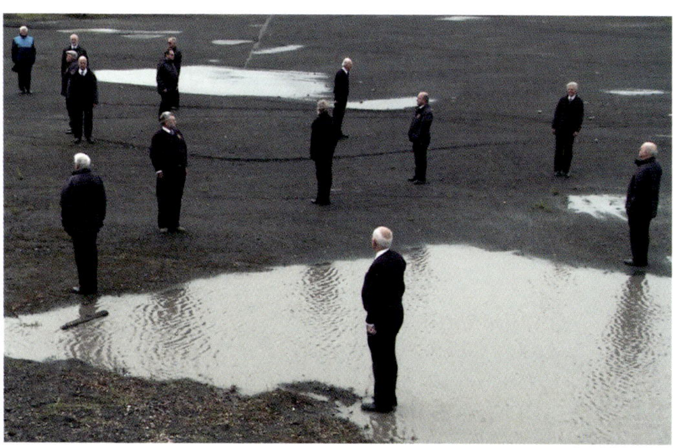

Mikhail Karikis & Uriel Orlow, *Sounds from Beneath*, 2010-11

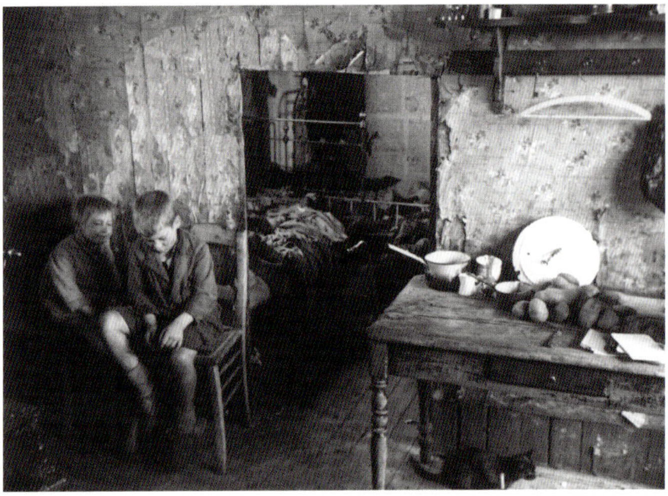

Willy Kessels, Sur le tournage du film *Misère au Borinage* d'Henri Storck et Joris Ivens, 1933

Voor Sounds from Beneath werkte Mikhail Karikis met een voormalig mijnwerkerskoor uit Snowdown Colliery in Kent (de mijn sloot in 1987). Hij vroeg aan de groep gepensioneerde mijnwerkers om de ondergrondse mijngeluiden met hun eigen stem na te bootsen. Het resultaat werd in samenwerking met Uriel Orlow op video vastgelegd. We zien de mijnwerkers tegen de achtergrond van de mijn waar ze vroeger werkten, geluiden imiterend van graaf- boor- en slijpwerken, van ontploffingen, alarmsirenes en machines. De dagelijkse werkzaamheden uit de mijn worden op die manier opnieuw tot leven gebracht in een lied dat slechts bestaat uit enkele voorgelezen sleutelwoorden (*charge, stem, shovel, hammer, drill*) en de nabootsing van de geluiden van de werkzaamheden in de put. Met het verkoolde, bleke landschap van mijnafval op de achtergrond groeien de opmerkelijk verouderde lichamen van de mijnwerkers en hun resonerende stemmen uit boven de troosteloosheid, terwijl ze de verloren gegane activiteiten nabootsen. De film neemt een politieke en poëtische wending en zet zich af tegen het conventionele realisme van een documentaire. Medelijden, eerbied en emotionele kracht weerklinken luid. Het is een soort van redding van het geheugen, een ode, een eerbetoon en een requiem in één en het lied galmt als een daad van verlossing. Het werk toont het schrikbeeld van de donkere, ondergrondse ontginning en focust op de luidruchtige routines in de ondergrond die zowel door de machines als de mensen worden geproduceerd. De video herinnert aan stakersposten en de solidariteit van het delen van een gemeenschappelijk doel in zowel het werk als in een lied. De stilte van het kale, donkere landschap contrasteert met het hevige, doordringende lied waardoor de kolenmijn even terug tot leven komt.

KG

> Mijnwerker/Arbeider
> Ondergrondse hel

Kessels, Willy

geb. 1898, Dendermonde, België; overl. 1974, Brussel, België

Sur le tournage du film *Misère au Borinage* d'Henri Storck et Joris Ivens, 1933
Gelatine zilverprint, 17,8 x 24,3 cm
Collectie: Musée de la Photographie, Charleroi

Willy Kessels begon eind jaren 20 te experimenteren met het medium fotografie, sterk beïnvloed door de internationale modernistische fotografie die het picturalisme uit de weg ging. Kessels was op meerdere fronten actief – modernistische architectuur, portretten, naakten, publiciteitsbeelden – en zocht in zijn beelden vaak contrasten tussen licht en donker, volume en leegte op. In 1933 vergezelde hij samen met Sacha Stone de filmploeg van *Misère au Borinage*. Geheel in lijn met de filosofie van de film, week Kessels af van het experiment en leverde hij een serie beelden af die getuigden van een groot sociaal engagement.

MM

> Docu-Modernisme
> Ivens, Joris & Henri Storck
> Mijnwerker/Arbeider

Kilbourn, Oliver

geb. 1904, Ashington, Groot-Brittannië – 1993, Ashington

"Ik was een verdomd goede mijnwerker, al zeg ik het zelf. Ik was sterk en ik hield van het leven. Je vecht tegen de natuur. En niet alleen de natuur uit je directe omgeving, maar dat wat miljoen jaren geleden werd gevormd. Dat was het leven dat ik heb geschilderd." (Feaver 2008:164)

WF

> Ashington Groep, De
> Cycli van realisme
> Pollutie

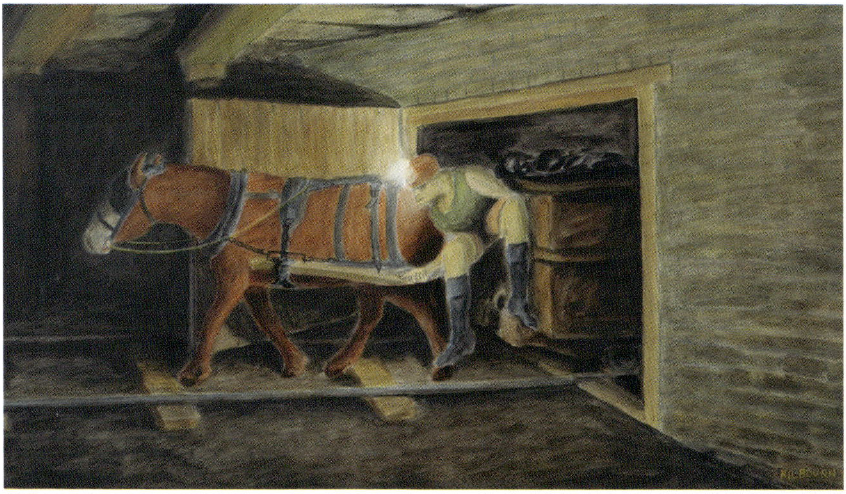

Oliver Kilbourn, *Putter Lad and his Pit Pony*, 1975

excavations and captures the noisy routines, both mechanical and man made, of the act of coal mining, while recalling picket lines and the solidarity of sharing a common purpose in work and in song. The muteness of the barren, lunar landscape contrasts with the towering, poignant song, thus momentarily bringing the coal mine back to life.

KG

> Miner/Worker
> Underground as Hell

Kessels, Willy

b. 1898, Dendermonde, Belgium; d. 1974, Brussels, Belgium

Sur le tournage du film *Misère au Borinage* d'Henri Storck et Joris Ivens, 1933
Gelatin silver print, 17.8 x 24.3 cm
Collection: the Musée de la Photographie, Charleroi

Willy Kessels began experimenting with photography at the end of the 1920s, influenced strongly by the international modernist style that had replaced pictorialism. Kessels worked in several genres – modernist architecture, portraits, nudes, publicity images – and his images often emphasised dramatic contrasts between light and dark, volume and void. In 1933 he and Sacha Stone accompanied the film crew of *Misère au Borinage*. In keeping with the philosophy of the film, Kessels departed from his experimental photographic style and delivered a series of socially conscientious documentary images.

MM

> Docu-Modernism
> Miner/Worker
> Ivens, Joris & Henri Storck

Kilbourn, Oliver

b. 1904, Ashington, England; d. 1993, Ashington

"I was a damn good miner, though I say it myself. I was strong and I liked the life. You are battling against nature. Not just this nature all around but what was laid down millions of years ago. That was the life I painted" (Feaver 2008:164).

WF

> Ashington Group, The
> Cycles of Realism
> Pollution

Klutsis, Gustav

b. 1895, Rujiena, Latvia; d. 1938, Moscow, Russia

Long Live the Stalinist Order of Heroes and Stakhanovites!, 1936
Lithograph poster, 71.3 x 101.2 cm
Collection: David King Collection, London

Retaining some of the dynamic formal aspects of his photomontage experiments of the 1920s, Gustav Klutsis contributed to the "mythologizing form of political agitation" enforced by the propaganda machine of the Soviet regime after 1932, when it was increasingly concerned to replace

Klutsis, Gustav

geb. 1895, Rujiena, Letland; overl. 1938, Moskou, Rusland

Long Live the Stalinist Order of Heroes and Stakhanovites!, 1936
Litho, 71,3 x 101,2 cm
Collectie: David King Collection, Londen

Door vast te houden aan enkele dynamische formele aspecten van zijn fotomontage-experimenten uit de jaren 20 droeg Gustav Klutsis bij tot de "mythologiserende politieke agitatie" die de propagandamachine van het Sovjetregime na 1932 oplegde. Het regime probeerde destijds om Marx, Lenin en zelfs de utopie van de socialistische industrie te vervangen door de beeltenis van de dictator als enig iconografisch onderwerp (Tupitsyn 2004:63). De posters van Klutsis die het Stakhanovisme promoten zijn opmerkelijke voorbeelden waarin montagetechnieken ingezet worden om een beeld te creëren dat het leven in de Sovjet-Unie van Stalin "fraaier, rijker en vrolijker" verbeeldt (Kulagina, in ibid. 216). Onder dwang van "Stalins lachpolitiek" poseerden Klutsis en zijn partner, ontwerper Valentina Kulagina, applaudisserend voor de camera (ibid. 66, 154f.) om de "vrolijkheid, het gelach, de kreten en het enthousiasme" (in ibid. 214) van publieke gebeurtenissen in Moskou aan te moedigen, zoals Klutsis het zelf omschreef in een brief. De zorgvuldige integratie van de leider, van het Politbureau, van Stakhanov en zijn aanhangers in de montage toont Klutsis'" wens om monumentale dingen te doen"; volgens Kulagina ging hij op zoek naar een "nieuw soort affiche" die meer op een schilderij leek [...] boordevol details die tot in den treure onderzocht konden worden". (ibid. 216).
CM

> Sovjetpropaganda
> Stakhanovisme

Konrad, Aglaia

geb. 1960, Salzburg, Oostenrijk; woont en werkt in Brussel, België

**PREFAB, Frankfurter Küche also stands for women in kitchens, but great chefs are men*, 2012
Installatie, variabele afmetingen

Het fotografisch werk van Aglaia Konrad ontvouwt zich als een langdurig onderzoek in modernistische architectuur, de utopie van de sociale woning in de 20e eeuw en de transformaties of mutaties van deze modellen in het nieuwe millennium. Konrad onderzoekt voor Manifesta de ontwikkeling van woontypologieën tijdens de industriële periode van het begin van de 20e eeuw, met de toenemende nood aan arbeidershuizen en functionele, goedkope, pragmatische oplossingen en kant-en-klare systemen. Ze onderzoekt paradigma's zoals die van de modernistische architecten Konrad Wachsmann (1901-1980) die de massaproductie van bouwonderdelen ontwikkelde, Ernst May (1886-1970), die grootschalige huizenbouwprojecten ontwikkelde op basis van gelijkwaardigheidsidealen, en Margarete Schütte-Lihotzky (1897-2000) die de beroemde Frankfurter Küche ontwierp. Deze laatste kan beschouwd worden als de voorloper van moderne inbouwkeukens en is een mijlpaal in de binnenhuisarchitectuur en het leven van de nieuwe werkende

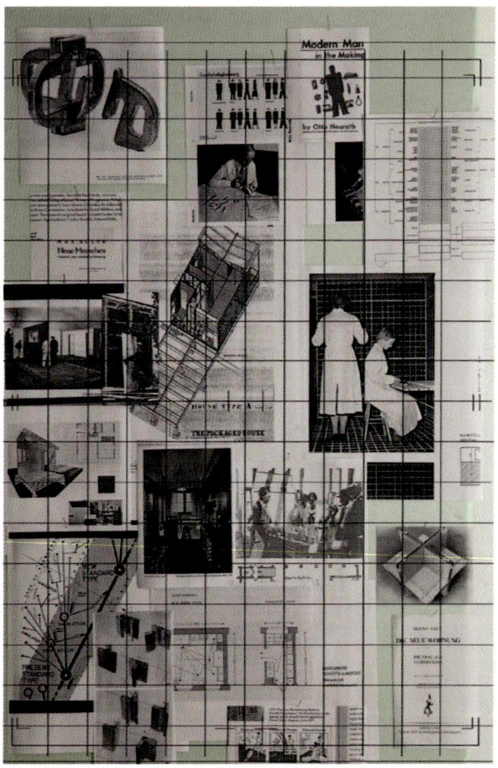

Aglaia Konrad, Bild 1A - *"Die Frau als Schöpferin"*, 2012

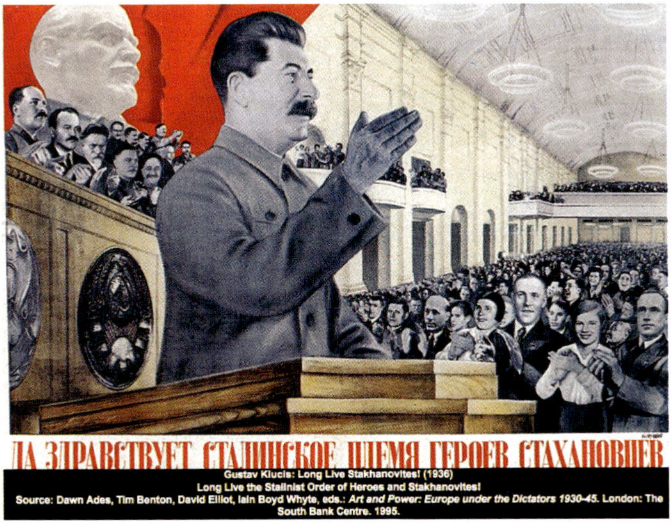

Gustav Klutsis, *Long Live the Stalinist Order of Heroes and Stakhanovites,* 1935

Marx, Lenin and even the utopia of socialist industry with the effigy of the dictator as the sole focus of the regime's iconography (Tupitsyn 2004:63). Klutsis's posters promoting the Stakhanovite movement are remarkable examples of the use of montage to manufacture an image of Soviet life under Stalin as "more decorative, richer, merrier" (Kulagina, in ibid 216). Under the constraints of "Stalin's politics of laughter," Klutsis and his partner, designer Valentina Kulagina, posed clapping in front of the camera (ibid 66, 154f.) to reinforce what Klutsis himself described in a letter as the "mirth, laughter, shouts, and enthusiasm" (in ibid 214) of public events in Moscow. His painstaking integration of the leader, the politburo, Stakhanov and his followers into the picture reveals "the desire to do monumental things" that according to Kulagina made Klutsis look for a new "type of poster" "more like a painting [...] saturated with details that can be examined for a length of time" (ibid 216).

CM

> Soviet Propaganda
> Stakhanovism

Konrad, Aglaia

b. 1960, Salzburg, Austria; lives and works in Brussels, Belgium

**PREFAB, Frankfurter Küche also stands for women in kitchens, but great chefs are men ,* 2012
Installation, variable dimensions

The photo-based work of Aglaia Konrad revolves around a long-term research into modernist architecture, the social housing utopias of the twentieth century, and the transformations or mutations of these models in the new millennium. For Manifesta, Konrad investigates the development of housing during the industrial years of the early twentieth century, with the increasing need for workers' housing and for functional, cheap, pragmatic solutions and pre-fabricated systems. She examines paradigms such as those of the modernist architects Konrad Wachsmann (1901-1980) who developed the mass production of building components, Ernst May (1886-1970), who conceived large-scale housing development programs based on egalitarian ideals, and Margarete Schütte-Lihotzky (1897-2000), who designed the famous 'Frankfurt Kitchen', which is considered the forerunner of modern fitted kitchens and a milestone in interior design aimed to facilitate the domestic life of the new working woman. Bringing together a plethora of archival photographic material and quotations, Konrad presents her work as an architectural installation with several stands or booths divided across a grid and arranged in the space. The installation provides a wealth of visual information and comparative case studies that provide insight into the thinking, development and organisation of prefab housing and domestic life/space for the working classes, highlighting issues regarding the economy of space, the question of social engineering through housing, and the architectural repercussions of social and political reform that came with the rise of the need for social housing.

KG

> Poetics of Restructuring

Konijnenberg, Willem Adriaan van

b. 1868, The Hague, NL
d. 1943, The Hague

De mijngroeve, 1891
Oil on canvas, 77.5 x 134 cm
Collection: Kröller Müller Museum, Otterlo, Netherlands

In the late 1880s and early 1890s the Dutch painter Willem van Konijnenburg was inspired by the

vrouw moest verlichten. Aan de hand van een massa aan archief-foto's en citaten, stelt Konrad haar werk voor als een architecturale installatie met verschillende standen of platformen, in een rooster gestructureerd en opgesteld in de ruimte. De installatie biedt een waaier aan visuele informatie en vergelijkbare casussen die inzicht verschaffen in het bedenken, ontwikkelen en organiseren van prefabhuizen, het gezinsleven en de woonruimte voor de arbeidersklasse; de installatie stipt thema's aan zoals ruimtebesparing, de kwestie van *social engineering* via huisvesting en de architecturale consequenties van sociale en politieke hervormingen die samen met de vraag naar sociale woningen ontstonden.

KG

> Poëtica van de herstructurering

De mijngroeve, 1891
Olieverf op doek, 77,5 x 134 cm
Collectie: Kröller Müller Museum, Otterlo

Aan het eind van de jaren 1880 en het begin van de jaren 1890, liet de Nederlandse schilder Willem van Konijnenburg zich inspireren door de Franse schilders van de School van Barbizon. Tijdens deze periode gaf hij er de voorkeur aan om te werken in het Nederlandse Zuid-Limburg dat, met zijn heuvels, bossen, rotsen en kronkelende beken het meeste leek op de regio rond Barbizon. *De mijngroeve* is een schilderij van een mergelgroeve op de Bemelerberg in Zuid-Limburg. Deze groeve is een open mijn, waar de grondstof meestal gedolven wordt of direct van het aardoppervlak wordt geschraapt. Links van het centrale beeld staan twee mannen bij de ingang van een grot waar blokken mergelsteen uit de heuvel werden gezaagd. Miljoenen jaren geleden was dit gebied een tropische zee met vele soorten vis, schaal- en schelpdieren, grote hagedissen enz. De skeletten van deze dode dieren zonken naar de bodem van de zee en vormden uiteindelijke deze gele mergellagen in de bodem van Zuid-Limburg. Van Konijnenburg was duidelijk onder de indruk van het ruwe en gelige oppervlak van de rotsachtige structuur in dit nogal 'on-Nederlandse' landschap.

FL

> Landschap

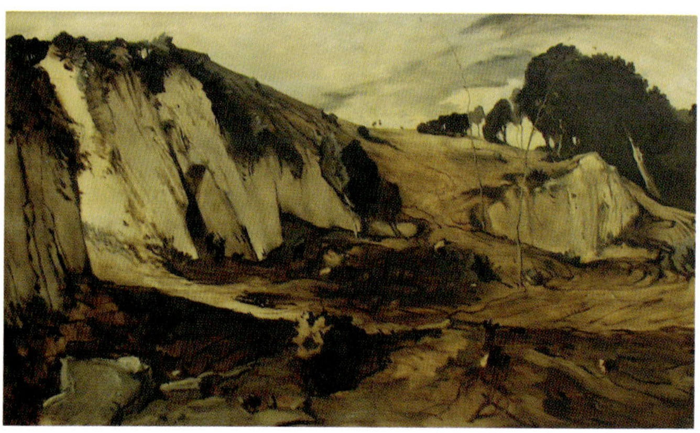

Willem van Konijnenburg, *De mijngroeve*, 1891

Konijnenburg, Willem Adriaan van

geb. 1868, Den Haag, Nederland; overl. 1943, Den Haag

Kozakis, Nicolas & Raoul Vaneigem

Kozakis geb. 1967, Luik, België; woont en werkt in Brussel, België
Vaneigem geb. 1934, Lessen, België; woont en werkt in Vloesberg, België

Un moment d'éternité dans le passage du temps, 2010-11
Videoprojectie, 5 min. 20 sec.

Un moment d'éternité dans le passage du temps is een zwart-wit videoprojectie met beelden van visueel kunstenaar Nicolas Kozakis en tekst van filosoof en schrijver Raoul Vaneigem. De beelden werden gefilmd op de berg Athos, een afgelegen berg in Noord-Griekenland die een aantal Grieks-orthodoxe kloosters herbergt. Slechts enkele bezoekers mogen het gebied betreden. Vrouwen worden zelfs volledig geweerd. De eerste beelden van de video tonen een afgelegen plek aan zee. Een eenzame buitenlandse bouwvakker bouwt op eigen tempo een traditioneel stenen huis. Hij stopt geregeld om een sigaret te roken en weg te dromen bij het prachtige, doodstille uitzicht op zee. De tijd lijkt wel stil te staan. De existentiële, poëtische tekst van Vaneigem verlaat zich op het contemplatieve tempo van de

French painters of the Barbizon School. During this period he preferred to work in Dutch South Limburg, which, with its hills, forests, rocks and meandering streams, most resembled the region around Barbizon. *De mijngroeve* is a painting of a marl quarry made at the Bemelerberg in South Limburg. This quarry is an open cast mine, where the raw material is mostly delved or scraped directly from the surface of the earth. A little left from centre frame, two men stand at the entrance of a cave where blocks of marl stone were sawed out of the hill. Millions of years ago, this area was a tropical sea with many species of fish, shellfish, large lizards and the like. The skeletons of these dead animals sank to the bottom of the sea and eventually formed these yellow-coloured marlstone layers in the soil of South Limburg. Van Konijnenburg was clearly impressed by the rough and yellowish surface of the rocklike structure in this rather 'un-Dutch' landscape.

FL

> Landscape

Kozakis, Nicolas & Raoul Vaneigem

Kozakis b. 1967, Liège, Belgium; lives and works in Brussels, Belgium
Vaneigem b. 1934, Lessines, Belgium; lives and works in Brussels

Un moment d'éternité dans le passage du temps, 2012
Video, 5 min. 20 sec

A Moment of Eternity in the Passage of Time is a black and white video projection with images by visual artist Nicolas Kozakis and text by philosopher and writer Raoul Vaneigem. The work was shot in Mount Athos, a remote peninsular mountain in northern Greece, which is home to a number of Greek Orthodox monasteries. Access to the area is restricted to few visitors and women are not allowed. The video unfolds in an undisclosed location by the sea. A lone immigrant construction worker builds a traditional stone house at his own pace, stopping now and then to smoke a cigarette and to contemplate the magnificent, totally still view of the sea. Time seems almost to stand still. Vaneigem's existential, poetic text builds on the contemplative pace of the images, reflecting on the nature of contemporary life and its obsession with work, productivity and success, at the expense of the true experience of life itself. The text muses on the current impasse and the predatory nature of capitalism, which has reduced life to its "mere shadows." The lonely figure of the worker recalls the myriad migrants who are exploited as a cheap source of labour all over the planet. Critical and utopian at once, it argues for the need to reinvent a new, more humane vision of the world, closer to nature. Finally, the work advocates deceleration, the merits of the "slowness of life" and the fundamental driving force of life: love.

KG

> Crises of Capitalism
> Poetics of Restructuring
> Production

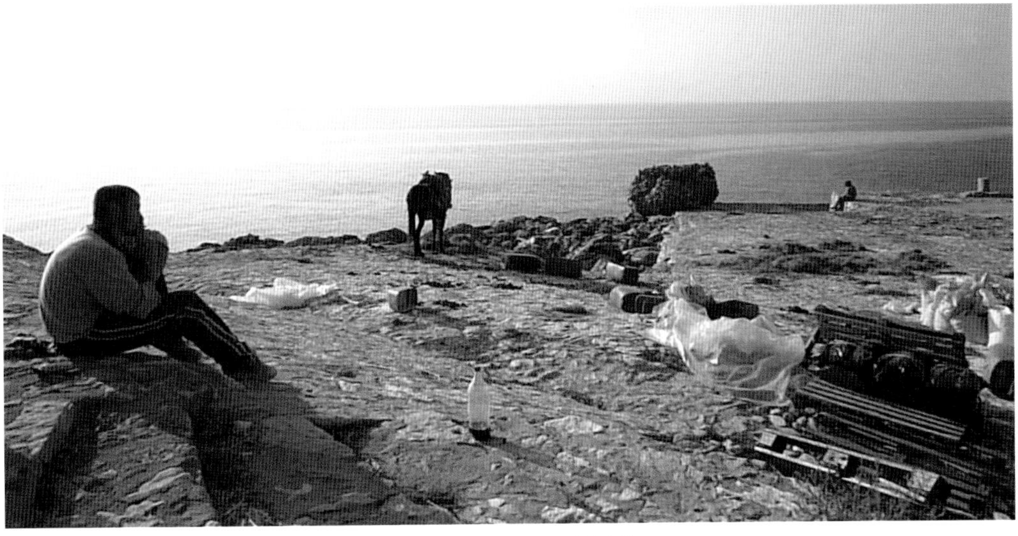

Nicolas Kozakis & Raoul Vaneigem, *Un moment d'éternité dans le passage du temps*, 2010-2011

beelden, terwijl hij het hedendaagse leven en zijn obsessie met werk, productiviteit en succes ten koste van de ware 'beleving' van het leven in beschouwing neemt. De tekst staat stil bij het huidige dilemma en verslindende karakter van het kapitalisme dat het leven heeft gereduceerd tot niet meer dan 'een schaduw' ervan. Het eenzame beeld van de arbeider doet denken aan de talloze migranten die over de hele wereld uitgebuit worden als goedkope arbeidsmiddelen. Kritisch en utopisch tegelijk pleit de tekst voor de nood aan de uitvinding van een nieuwe, menselijkere visie op de wereld. Eén die dichter bij de natuur aanleunt. Het werk roept op tot vertraging, de voordelen van de 'traagheid van het leven' en de fundamentele drijvende kracht achter het leven: liefde.

KG

> Kapitalisme in crisis
> Poëtica van de herstructurering
> Productie

Kunst

Onbepaald.

L'Internationale

De hymne van de arbeidersbeweging markeert de cycli van enthousiasme en verslagenheid aan linkse zijde. Communard en dichter Eugène Pottier (1816-1887) schreef de tekst in juni 1871 tijdens zijn vlucht naar Londen na de brutale aanval op de Commune door de strijdkrachten van Adolphe Thiers. Het gedicht van Pottier bevestigt nogmaals zijn geloof in de nakende overwinning van het proletariaat onder leiding van de Internationale Arbeidersbeweging. Toen Pierre Degeyter, een in Gent geboren houtbewerker, de tekst in 1888 in een lied verwerkte, was de Eerste Internationale van Marx reeds ontbonden, maar het lied werd bij de eeuwwisseling zo populair dat Lenin tegen 1913 kon beweren dat tientallen miljoenen mensen het gezongen hadden en Pottier kon uitroepen tot "een van de grootste 'liedpropagandisten'" (Lenin 1966: 224; emfase in origineel). Van 1917 tot 1943 diende *L'Internationale* als het officiële volkslied van de Sovjetunie tot Stalin het verving door een volkslied dat was gecomponeerd door Alexander Alexandrov met tekst van Sergey Mikhalkov waarin de nationale identiteit werd benadrukt. *L'Internationale* is ondertussen een geest in een lamp geworden die opnieuw wordt opgepoetst telkens wanneer een zaak een bredere gemeenschap wil aanspreken: antifascisten overal ter wereld zongen het lied uit solidariteit met de Spaanse Republiek in de jaren 30, de openingszin is doorgesijpeld in de titel van het klassieke antikoloniaal pamflet *Les Damnés de la Terre* (1961), en het moedigde zowel de studentenprotesten in 1968 als de protesten op het Tiananmenplein in 1989 (Cull et al. 2003: 182) aan.

CM

> Cvijanović, Nemanja
> Nostalgie en haar misnoegen

Landschap: van het pittoreske naar het industriële

Het 'pittoreske' was een van de zeldzame concepten die zich uitsluitend bezighielden met het visuele, althans oorspronkelijk, en zo in botsing kwamen met bredere morele, politieke en sociale beschouwingen. Het werd omschreven als "een geschikt onderwerp voor een schildering" en werd tijdens de tweede helft van de 18e eeuw, dankzij kunstenaar en schrijver William Gilpin, een enorm populaire aanpak en een essentieel instrument om landschappen en hun objecten te waarderen. Zijn geschriften over het pittoreske bereikten een hoogtepunt in zijn *Three Essays* (1792), evenzeer gericht aan de reiziger als aan de kunstenaar. Gilpin legde uit dat de 'pittoreske smaak' specifieke kwaliteiten waardeerde in vergezichten en objecten. Deze kwaliteiten zijn zowel te onderscheiden van het 'Verhevene' als van het 'Mooie', aldus de beroemde omschrijving van Edmund Burke in zijn *Philosophical Enquiry* (1757). Volgens Burke vinden de emotionele effecten van het Verhevene – terreur en ontzag – uitgelokt door grote natuurlijke schouwspelen, door rampen zoals lawines, door machtig geraas of diepe duisternis, hun oorsprong in de behoefte aan zelfbehoud; de mens wordt overweldigd door de ervaring en kan het Verhevene niet verstandelijk vatten. Het Mooie, daarentegen, is gerelateerd aan de rationele menselijke behoeften aan liefde en genot.

Gilpin argumenteerde dat geen van beide zich van nature lenen om picturaal te worden voorgesteld. Het pittoreske leunt nauwer aan bij het Verhevene dan eender wat, maar verschilt er cruciaal van in die zin dat zij zich vooral op de specifieke kenmerken van de elementen van een scène en op objecten richt, in plaats van op het totaaleffect. Gilpin contrasteerde 'pittoreske schoonheid' met het 'mooie': tegenover de zachte, gladde en verzachtende eigenschappen van deze

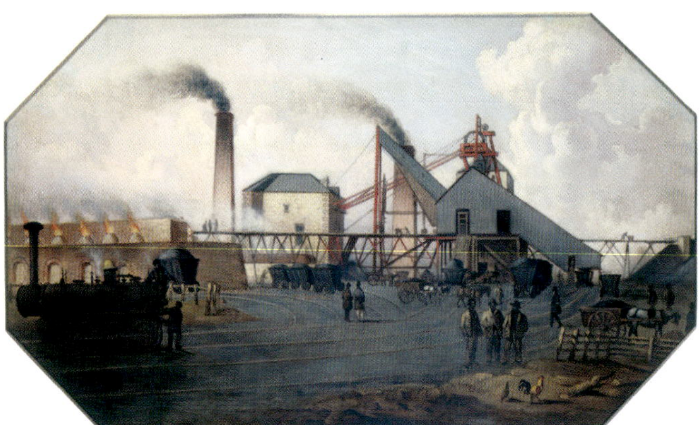

William Wheldon, *North Eastern Coalfield: Colliery Pit Head and Coking Ovens*, 1845

L'Internationale

The anthem of the workers' movement stands as a marker of the cycles of enthusiasm and defeat of the Left. The lyrics were penned in June 1871 by Communard poet Eugène Pottier (1816-1887) as he fled to London when the Commune was brutally attacked by Adolphe Thiers's forces. Pottier's poem reaffirms his faith in the coming victory of the proletariat led by the International Workers' Association. By the time Pierre Degeyter, a wood-carver born in Ghent, turned it into a song in 1888, Marx's First International had already been disbanded, but the song became so popular at the turn of the century that by 1913 Lenin could claim that tens of millions had sung it, hailing Pottier as "one of the greatest *propagandists by song*" (Lenin 1966: 224; emphasis in original). From 1917 to 1943 *L'Internationale* served as the official anthem of the Soviet Union until Stalin replaced it with an anthem composed by Alexander Alexandrov and with lyrics by Sergey Mikhalkov, that emphasised national identity. *L'Internationale* has since become a ghost that finds itself conjured every time a cause seeks to make an appeal to a wider community: antifascists around the world sang it in solidarity with the Spanish Republic in the 1930s; its opening line infuses the title of Frantz Fanon's classical anti-colonial tract *Les Damnés de la Terre* [The Wretched of the Earth] (1961); and it animated student uprisings in 1968 as well as the 1989 protests in Tiananmen Square (Cull et al. 2003: 182).

CM

> Cvijanović, Nemanja
> Nostalgia and Its Discontents

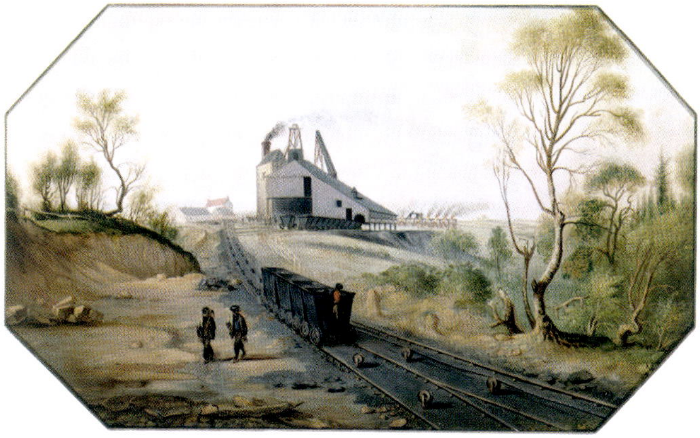

William Wheldon, *Colliery and Wagon Way, Northumberland and Durham Coal Field,* 1845

Landscape: From the Picturesque to the Industrial

The *Landscape: From the Picturesque to the Industrial* is one of the rare concepts to be concerned exclusively with the visual, at least in its origins, and as such it has run afoul of broader moral, political and social considerations. It was defined as 'suitable to be the subject of a picture', and during the second half of the 18th century it became, thanks to the artist and writer William Gilpin, a hugely popular idea and an essential tool in the appreciation of landscape and the objects within it. His writings about the picturesque culminated in his *Three Essays* (1792), aimed as much at the traveller as at the artist. Gilpin explained that "picturesque taste" valued specific qualities in vistas and objects. These qualities are distinct from both the Sublime and the Beautiful, which Edmund Burke had famously described in his *Philosophical Enquiry* (1757). For Burke, the emotional effects of the Sublime - terror and awe – provoked by great natural spectacles, by disasters such as avalanches, by mighty clamour or pitch darkness are rooted in the need for self-preservation; the human subject is overwhelmed by the experience and cannot rationalise the Sublime. The Beautiful, by contrast, is related to the rational human needs of love and enjoyment.

Gilpin's argument was that neither lends itself naturally to pictorial representation. The Picturesque is closer if anything to the Sublime, but differs crucially in that its interests lie in the specific characteristics of the elements of a scene and in objects, rather than in the overall effect. Gilpin contrasted "picturesque beauty" with the "beautiful": against the soft, smooth and emollient features of the latter he pitched the rough, broken, ruined, wild. Whole categories of objects became "picturesque" – rugged hillsides (as opposed to smooth glades and valleys), heaths and rutted tracks, ruins, ragged children, carthorses and banditti. These are not imbued with the psychological charge of Burke's Sublime and beautiful, but are valued purely for their visual effect.

laatste stelde hij het ruwe, kapotte, vernietigde, wilde. Heel wat onderwerpen werden plots 'pittoresk': ruwe hellingen tegenover open plekken en valleien, heidevelden en paden met diepe voren, ruïnes, haveloze kinderen, trekpaarden en bandieten. Deze zijn niet doordrongen van de psychologische lading van Burke's 'Verhevene' en 'Mooie', maar worden uitsluitend om hun visuele effect gewaardeerd.

Het minieme verschil tussen de soorten onderwerpen die tot de goede smaak gingen behoren, was een van de redenen waarom de romantische dichter William Wordsworth zo'n hekel kreeg aan het pittoreske. In *The Prelude* schetst hij de aanhangers van het pittoreske als volgt:

even in pleasure pleased
unworthily, disliking here, there
liking, by rules of mimic art
transferred to things above all art.
(1909:109-112)

Hoewel er geen eenduidige verklaring voor bestaat waarom het pittoreske zo populair werd, is het geen toeval dat het fenomeen aan populariteit won terwijl de industriële revolutie het landschap begon te veranderen. Nieuwe fabrieken en bijhorende stedelijke ontwikkelingen veranderden de perceptie van mensen over hun omgeving. Plotseling oefenden ongerepte plaatsen als de Schotse Highlands, de bergen van Wales, het Lake District ... een speciale aantrekkingskracht uit. Dergelijke plaatsen verzetten zich tegen de opmars van de beschaving en gaven gestalte aan de natuur als haar tegenpool.

Paradoxaal genoeg werden tegelijkertijd industriële landschappen als verheven aanzien; industriële aspecten en voorwerpen werden net zo behandeld als de huisjes en de trekpaarden uit het pittoreske. Om het met de woorden van Arthur Elton (1938) te zeggen: "Romantiek bloeide ooit in bossen en bomen, met herders en herderinnetjes. In de negentiende eeuw vertrok de romantiek uit Arcadië om te eindigen in een station."

DA

> de Loutherbourg, Philippe Jacques
> Mijnmachine
> Pollutie
> Steenkooltijdperk

Leck, Bart van der

geb. 1876, Utrecht, Nederland; d. 1958, Blaricum, Nederland

Mijnwerkers, 1914
Aquarel op papier, 19,4 cm x 29,4 cm
Collectie: Kröller-Müller Museum, Otterlo

Mijnlandschap bij Zaccar, Noord-Afrika, 1914
Aquarel, 23,3 cm x 20,1 cm
Collectie: Kröller-Müller Museum, Otterlo

Begin 1914 werd kunstenaar Bart van der Leck gevraagd om een glasschildering te maken voor het kantoor van Müller & Co., een mijnbouw- en scheepvaartbedrijf met hoofdzetel in Nederland. Van april tot juni maakte Van der Leck schetsen terwijl hij de activiteiten op het bedrijf observeerde. Müller & Co. had grote mijnen in de belangrijkste ijzerertsgebieden rond Bilbao in Spanje en Zaccar in Algerije. Het exporteerde dit waardevolle mineraal via de Rijn naar het industriële en steenkoolverwerkende zwaartepunt in het Duitse Ruhrgebied.

Mijnwerkers biedt twee perspectieven op het werk onder de grond, en drukt daarmee visueel de geografisch gespreide belangen van het bedrijf uit, alsook de manier waarop die belangen geënt waren op menselijk labeur. De figuren links vertonen een soort Egyptische combinatie van profiel- en frontale zichten, en hebben veel weg van de monumentale afbeelding van werklui die Van der Leck toepaste voor hij deze opdracht aannam. Het terugkerende motief van mijnhout aan de rechterzijde is dan weer een voorbode van de geometrische abstractie die hij vanaf 1916 zal ontwikkelen.

Van der Leck schilderde behalve mijnwerkers ook het landschap rond de mijnen. Eén van die beelden, *Mijnlandschap*, werd later het centrale paneel van het ambitieuze drieluik *Compositie 1916, no. 4*. Het scherpe profiel van de heuvels tegen de witte hemel roept een sterk gevoel van verticale hiërarchie op. Met als belangrijkste gevolg dat je de schets tegelijk als een doorsnede en als een perspectief kunt bekijken. Al deze effecten keren terug in de spanning tussen vlakheid en pictorale ruimte in het latere drieluik.

MW

> Landschap
> Mijnwerker/Arbeider

Lieshout, Erik van

geb.1968, Rotterdam, Nederland; woont en werkt in Rotterdam

keine Kohle kein Holz, 2009-2012
Video-installatie met sculpturen en tekeningen, variabele afmetingen

The minute discrimination between types of objects that became part of fashionable taste was one of the reasons the Romantic poet William Wordsworth so disliked the Picturesque. In *The Prelude*, he characterised its adherents as:

even in pleasure pleased unworthily, disliking here, there liking, by rules of mimic art transferred to things above all art. (1909:109-112)

While there is no single explanation for why the Picturesque became so popular, it is no coincidence that this phenomenon gained pace as the Industrial Revolution began to transform the landscape. The new factories and the accompanying urban developments altered people's sense of their surroundings. Suddenly it was the wild places – the Scottish Highlands, the Welsh Mountains, the Lake District – that exerted a special pull. Such places resisted the march of civilisation and seemed to incarnate nature as its opposite.

At the same time, paradoxically, scenes of industry came to be seen as sublime, and industrial features and objects received the same treatment as the cottages and carthorses of the Picturesque. To paraphrase Arthur Elton (1938): Romance once flourished in woods and trees, with shepherds and shepherdesses. In the nineteenth century, Romance left Arcady and ended in a railway station.
DA

> Coal, The Age of
> de Loutherbourg, Philippe Jacques
> Mining machine
> Pollution

Leck, Bart van der

b. 1876, Utrecht, NL; d. 1958, Blaricum, NL

Mijnwerkers, 1914
Watercolour on paper, 19.4 x 29.4 cm
Collection: Kröller-Müller Museum, Otterlo

Mijnlandschap bij Zaccar, Noord-Afrika
Watercolour, 23.3 x 20.1 cm
Collection: Kröller-Müller Museum, Otterlo

In early 1914, the artist Bart van der Leck was commissioned to create a stained glass window for the offices of Müller & Co., a mining and shipping company with headquarters in the Netherlands. From April to June, van der Leck made sketches while surveying the company's activities. Müller & Co. had large mines in the most important areas of iron ore deposit around Bilbao in Spain and Zaccar in Algeria, and exported this crucial mineral down the Rhine to Germany's industrial and coal mining heartland in the Ruhr. Showing two perspectives on work underground, *Mijnwerkers* visually expresses the geographical dispersal of the company's interests, as well as the manner in which those interests were underpinned by human labour. The figures on the left have an Egyptian-like combination of profile and full frontal views similar to the monumental depiction of working people Van der Leck had been pursuing prior to the commission, while the repeating pattern of pit props on the right anticipate the form of geometric abstraction he would develop from 1916 onwards.

In addition to sketching workers, van der Leck also sketched the landscapes around the mines. One such image, *Mijnlandscap bij Zaccar, Noord-Africa*, later became the basis for the centre panel of the ambitious triptych *Composition 1916, no.4*. The sharp profile of the hills against blank sky creates a strong sense of vertical hierarchies but the main result is that the sketch reads as much like a cross section as a perspective. These are all effects that would recur in the tension between flatness and pictorial space in the later triptych.
MW

> Landscape
> Miner/Worker

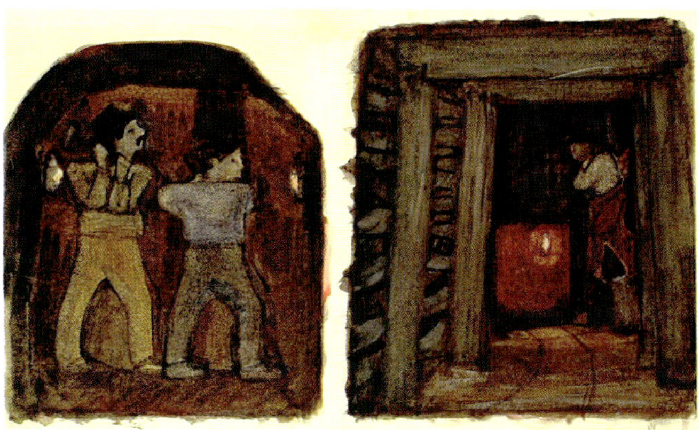

Bart van der Leck, *Mijnwerkers*, 1914

In Erik van Lieshouts *keine Kohle kein Holz* (geen steenkool, geen hout) wordt een persoonlijk verhaal en een belangrijk moment in de geschiedenis van de film met betrekking tot mijnbouw met elkaar verweven. Alle aandacht van de kunstenaar was gericht op zijn beleving van de morele en financiële crisis van de moderne kunst toen zijn filmeditor ernstig ziek werd. Dit lag aan de basis van een bijkomende, persoonlijke crisis en leidde tot de productie van dit werk. Het resultaat is een gelaagde, multimedia installatie die architecturale elementen en beeldhouwkunst combineert in van Lieshouts typische, ruwe, geïmproviseerde, doe-het-zelfstijl. Het werk bestaat uit verschillende elementen, zoals de reconstructie van het ziekenhuisbed van de editor, meubilair geïnspireerd door de Nederlandse modernistische architect Rietveld en krachtige, expressionistische tekeningen in zwart. Centraal in de installatie staat echter een videoanimatie die hulde brengt aan de klassieke politieke documentaire *Misère au Borinage* (1933) van Joris Ivens en Henri Storck. van Lieshout vormt de film om tot een poppenspel en gebruikt daarbij zeer abstracte houten personages die acteren op een klein, ronddraaiend podium (dat deel uitmaakt van de installatie als een beeldhouwwerk getiteld *Edit Suite*), afgewisseld met woorden op papier die doen denken aan protestslogans van arbeiders. Achter het hele project gaat een fragmentarisch verhaal schuil met betrekking tot het probleem van de 'crisis' – zowel persoonlijk als maatschappelijk en economisch, zowel vroeger als nu. Het concept 'ziek zijn', zowel van het menselijke lichaam als van het kapitalistische systeem, wordt metaforisch gelinkt met de benarde toestand en de strijd van het proletariaat die letterlijk in het lichaam van de mijnwerker is 'gegraveerd'.

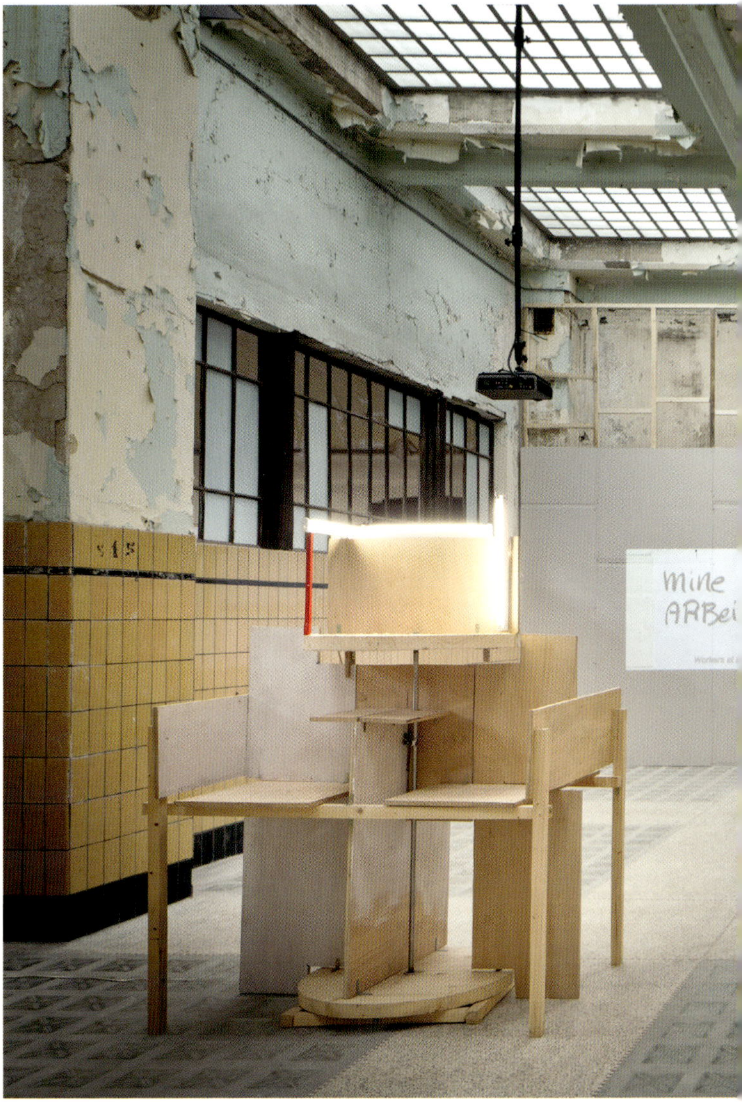

Erik van Lieshout, *keine Kohle, kein Holz,* 2009 (detail)

KG

> Ivens, Joris & Henri Storck
> Mijnwerker/Arbeider
> Poëtica van de herstructurering

Livrets des Ouvriers Mineurs du Bois-du-Luc

1845-1920
7000 papieren boekjes, variabele afmetingen

De verzameling werkboekjes die in het Ecomuseum van Bois-du-Luc wordt bewaard, vormt een

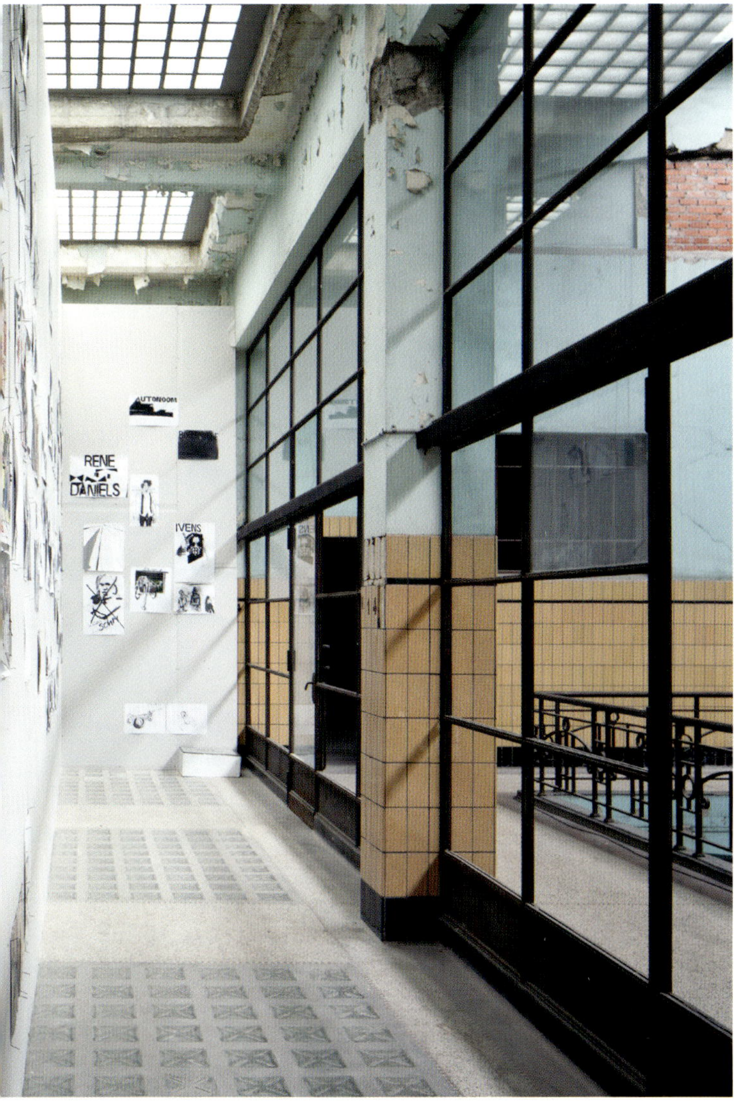

Lieshout, Erik van

b. 1968, Deurne, NL; lives and works in Rotterdam, NL

keine Kohle kein Holz, 2009-12
Video installation with sculptures and drawings, variable dimensions

Erik Van Lieshout's *keine Kohle kein Holz* (no coal no wood) weaves together a personal story and a key moment in the history of cinema related to coal mining. The artist was, at the time, preoccupied with what he perceived as contemporary art's moral and financial crises when his video editor became severely ill, sparking an additional, personal crisis and inspiring the production of this work. The result is a multi-layered, mixed media installation that combines architectural elements and sculpture in Van Lieshout's signature rough, impromptu, do-it-yourself style. The work includes several elements, including the re-construction of the editor's hospital bed, furniture inspired by the Dutch modernist architect Rietveld, and bold, expressionistic drawings in black. The focal point of the installation, however, is a video animation which pays tribute to Joris Ivens's and Henri Storck's classic political documentary, *Misère au Borinage* (1933). Van Lieshout recreates the film as a piece of puppet theatre, using highly abstracted wooden figures that perform on a small revolving stage (included in the installation as a sculpture entitled *Edit Suite*), and words recalling workers protest banners on paper interspersed in between. Underlying the whole project is a fragmented narrative related to the problem of 'crisis:' both personal as well as social and economic, then as well as now. The notion of sickness, both of the human body as well as of the capitalist system, is metaphorically related to the plight of the proletarian class and their struggles, which have been most literally *inscribed* on the working body of the miner, in particular.

KG

> Ivens, Joris & Henri Storck
> Miner/Worker
> Poetics of Restructuring

Livrets des ouvriers mineurs du Bois-du-Luc

1845-1920
7000 paper booklets, variable dimensions

Created in 1803 during the French regime and made obligatory by imperial decree ten years later,

belangrijke bron van informatie over het leven en het werk van de mijnwerkers in de 19e eeuw.
De rol van het werkboekje is in de loop van de tijd veranderd. Werkgevers, die volgens Jean Neuville in "vrijwillige agenten" veranderden, maakten handig gebruik van het boekje om toezicht en controle uit te oefenen. Voornamelijk met de wet van 30 december 1889 (die in 1892 in werking trad), werd het een middel om de werkomstandigheden van vrouwen en kinderen te beschermen.

Het werkboekje werd in 1803 onder het Franse bewind ingevoerd. Tien jaar later werd het bij keizerlijk besluit verplicht. In 1840 werd het boekje bij koninklijk besluit opgenomen in de Belgische wetgeving en vanaf 1845 toegepast. Om werk te kunnen vinden moesten arbeiders voortaan in het bezit zijn van zo'n boekje, dat door het provincie- of gemeentebestuur werd afgeleverd. Bovendien waren ze verplicht om hun boekje, dat evenwaardig was aan hun 'pas', af te geven aan hun werkgever. Deze procedure moest verhinderen dat arbeiders te snel van werk veranderden en zorgde voor meer toezicht. Daarenboven lag het lot van de arbeiders in handen van de ingenieurs en de directeurs. Ondanks het verbod dat in artikel 8 van het Koninklijk Besluit werd geformuleerd, konden zij in het boekje opmerkingen noteren die op de grens tussen het morele en professionele balanceren.
Het duurde tot 1869 vooraleer het boekje *de facto* optioneel werd en in 1883 bij wet niet langer verplicht. Desondanks raakten de boekjes niet in onbruik. Werkgevers vroegen het nog vaak op en het werd nog lang gebruikt onder de naam "livret de travail" of werkboekje (Dewier, 2009).
De wet van 13 december 1889 maakte het boekje opnieuw verplicht om de werkomstandigheden van de jongsten te beschermen. De pensioenuitkering van mijnwerkers – die in 1911 werd ingevoerd – werd aanvankelijk op basis van de gegevens uit het boekje berekend. Het boekje maakte het mogelijk om de arbeider precies te identificeren: naam, voornaam, afstamming, geboortedatum en -plaats, woonplaats, beroep, handtekening en lichamelijke omschrijving werd uitgebreid omschreven omdat de pasfoto nog niet gebruikelijk was.

Dankzij het boekje, dat o.a. als identiteitskaart en pas diende, kunnen we de oude mijnwerkers traceren en de verschillende migratiegolven in kaart brengen. Het helpt met andere woorden om inzicht te krijgen in "de zware lichamelijke en intellectuele tol die de mijn heeft geëist" (Chapelle-Dulière, 1985: 103). Het boekje is méér dan alleen maar een administratief document, het vormt een portret van de mijn.
KH

> Mijnwerker/Arbeider
> 17 Ton

Long, Richard

geb. 1945, Bristol, Groot-Brittannië; woont en werkt in Bristol

Bolivian Coal Line, 1992
Kool, 228 x 2600 cm
Collectie: De Pont, Tilburg

Richard Long is beeldhouwer, schilder, fotograaf en wandelaar. Sinds de jaren 60 ondermeent hij wandelingen die hem naar alle uithoeken van de wereld brengen, van de Andes, Canada, Marokko, Bolivië, IJsland, Japan tot Nepal (Schneider 2003). De reële ervaring van het wandelen bestaat slechts in de verbeelding van de toeschouwer en wordt door de kunstenaar visueel geprikkeld met foto's, tekst en gemarkeerde kaarten. We zien gemarkeerde landschappen die ons met gevonden materialen een perspectief verschaffen in een vaak onmetelijke context. De kunstenaar jongleert met tijd, ruimte, beweging en lokaliteit.

De Land Art sculpturen van Long getuigen van een groot respect en engagement ten aanzien van de natuurlijke materialen ter plaatse. Die betrokkenheid neemt de kunstenaar ook mee naar de *white cube* context, waar hij driedimensionaal werk binnen brengt dat conceptueel nauw verwant is en refereert aan de wandeltochten en landmarkeringen. *Bolivian Coal Line* werd in 1992 door de kunstenaar in De Pont geïnstalleerd bij de opening van het museum en is sindsdien als permanente bruikleen in de collectie opgenomen. De steenkool is afkomstig uit Bolivië. Het zesentwintig meter lange zwarte tapijt is formeel enigszins verwant aan het conceptuele werk *A Line in Bolivia* (1981). In 1987 installeerde de kunstenaar een gelijkaardig, langgerekt steenkooltapijt in Le Magazin in Grenoble.
MM

> Donkere materie

de Loutherbourg, Philippe Jacques

geb. 1740, Strasbourg, Frankrijk; overl. 1812, Chiswick, Groot-Brittannië

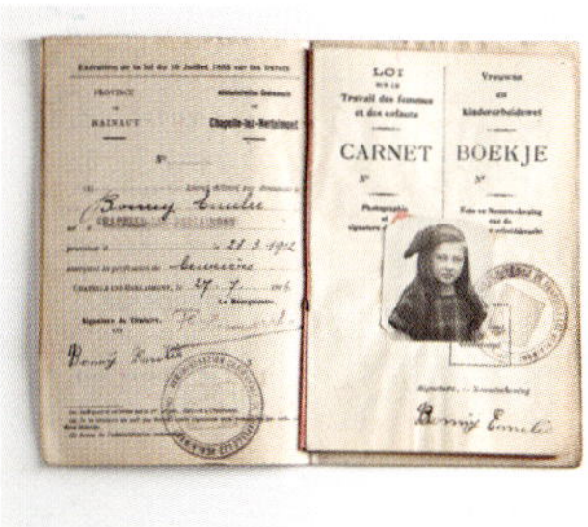

Ecomusée Bois-du-Luc, *Livrets des Ouvriers Mineurs* - Bonny Emilie, 1912

the *livrets des ouvriers* were officially-issued booklets that workers were required to submit to their employers, who used them to confirm a worker's identity and provenance. They also served as unofficial records of a worker's performance on the job, both moral and professional, though this was legally forbidden in 1840. That same year, a royal decree incorporated the *livret d'ouvrier* into Belgian law, and *livrets* became widespread there after 1845. They were initially instituted as a way of controlling worker mobility and reinforcing supervisory controls. Early on, the *livret d'ouvrier* was perceived by workers as a mark of servitude. During the riots that shook the Borinage in the 1830s, the workers destroyed their *livrets*, after which their use was temporarily abandoned.

They were made entirely optional for a brief period beginning in 1883, though many employers still demanded them from their employees (Dewier 2009). In 1889 they were made mandatory once again in order to protect child and women labourers. A miner's retirement pension, established in 1911, was calculated based primarily on the information contained in the booklet.

The collection of *livrets des ouvriers* held at the Ecomusée du Bois-du-Luc is a valuable source of archival material on the lives and careers of miners during the 19th century. These booklets provide detailed information about each worker, including name, surname, parentage, date and place of birth, address, and profession, as well as a physical description and eventually a photograph. Functioning as both identity card and passport, these booklets can be used trace the movements of miners, to identify different migration patterns, and to understand the "physical and intellectual price paid in the coal mines" (Chapelle-Dulière 1985: 103). More than mere administrative documents, these booklets form a portrait of the mine.

KH

> 17 Tons
> Miner/Worker

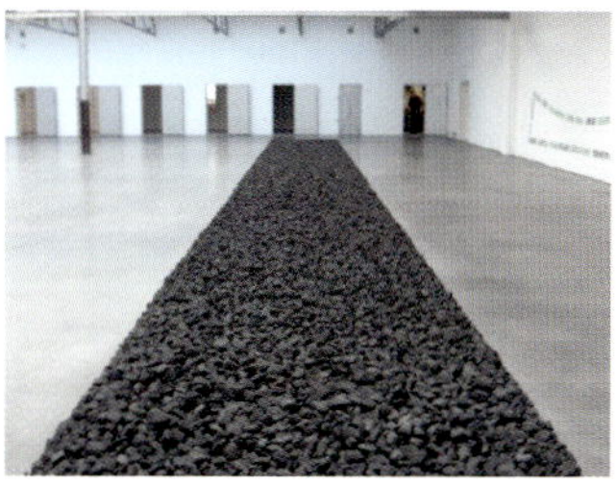

Richard Long, *Bolivian Coal Line*, 1992

Long, Richard

b. 1945, Bristol, England; lives and works in Bristol

Bolivian Coal Line, 1992
Coal, 2.28 x 26 m
Collection: De Pont Museum, Tilburg

Richard Long is a sculptor, painter, photographer and hiker. Since the sixties, Long has undertaken hiking expeditions to all corners of the world, including the Andes, Canada, Iceland, Morocco, Nepal and Japan (Schneider 2003). While the actual experience of hiking is restricted to the viewer's imagination, Long simulates it visually in pictures, texts and maps. His marked landscapes provide perspective using found materials in an often immeasurable context. The artist juggles with time, space, movement and locality.

Long's Land Art shows a great deal of respect toward and engagement with local natural resources. The artist brings this engagement to the context of the white cube, where he introduces three-dimensional work that is conceptually linked to his hiking journeys and the marks he leaves. In 1992, the artist installed *Bolivian Coal Line* at De Pont Museum of Contemporary Art for the opening of the museum and it has since been admitted to the collection as a permanent loan. The coal comes from Bolivia. The twenty-six meter long black carpet relates formally to the conceptual work *A Line in Bolivia* (1981). In 1987 the artist installed a similar elongated coal carpet in Le Magazin in Grenoble.

MM

> Dark Matter

de Loutherbourg, Philippe Jacques

b. 1740, Strasbourg, France; d. 1812, Chiswick, England

Iron Works, Colebrookdale from *The Romantic and Picturesque Scenery of England and Wales*, 1805
Aquatint, 29.5 cm x 38.5 cm
Collection: Science Museum, London

Iron Works, Colebrookdale uit *The Romantic and Picturesque Scenery of England and Wales,* 1805
Aquatint, 29,5 cm x 38,5 cm
Collectie: Science Museum, Londen

De Loutherbourg studeerde schilderkunst in Parijs en verhuisde naar Londen in 1771, waar hij beroemd werd met het bedenken van audiovisuele effecten die vuur, zon, maan, vulkanen en het geluid van de donder, geweren en wind imiteerden. Zijn *Eidophusikon*, een soort grote kijkdoos met bewegende decors en dramatische lichtveranderingen, is een voorloper van de bioscoop. De schilderijen van de Loutherbourg omvatten fantastische spektakels zoals *Coalbrookdale by Night* (1801) en andere pittoreske taferelen.
DA

> Coalbrookdale
> Landscape

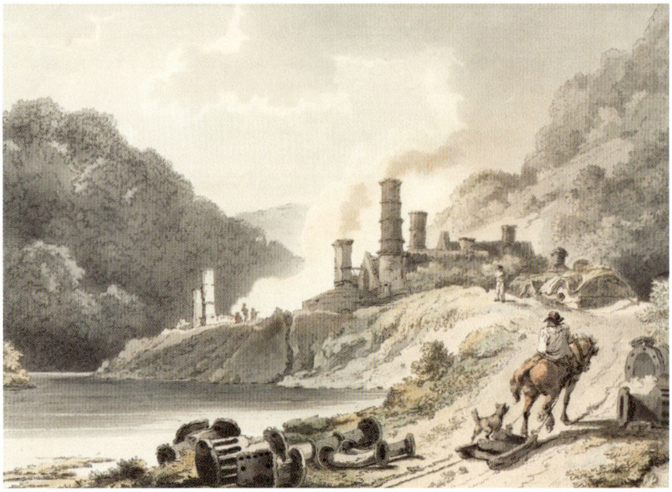

Philippe Jacques de Loutherbourg (with William Pickett), *Iron Works, Coalbrookdale,* 1805

Luce, Maximilien

geb. 1858, Paris, France; overl. 1941, Parijs

Hauts fourneaux à Charleroi, 1896
Olieverf op doek, 65 x 81 cm
Collectie: Musée de Beaux-Arts, Charleroi.

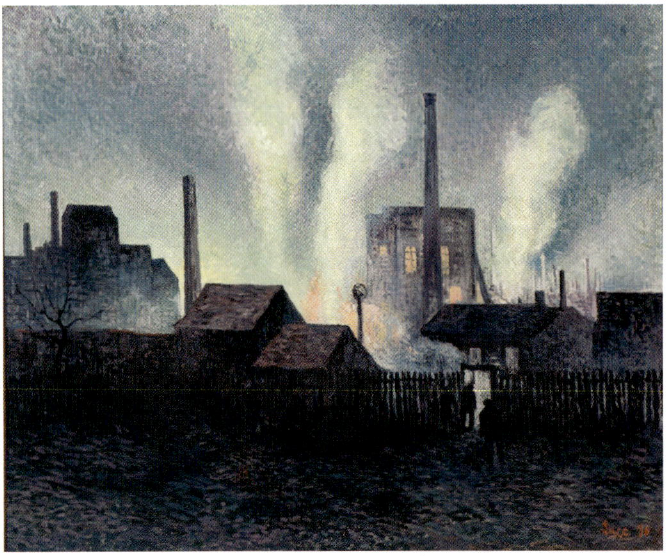

Maximilien Luce, *Hauts fourneaux à Charleroi,* 1896

Vanaf zijn kinderjaren was Maximilien Luce zeer begaan met het lot van de armen. Opgeleid als graveur, besteedde hij een groot deel van zijn werkzame leven aan het maken van illustraties voor socialistische en anarchistische publicaties zoals *Père Peinard, La révolte en La voix du peuple.* In de tweede helft van de jaren 80 van de 19e eeuw raakte hij geïnteresseerd in het werk van de impressionisten, met name in de schildertechniek van Seurat. Zijn werk werd voor het eerst opgemerkt op de Salon des Indépendants in 1887. Later werd hij toegelaten tot de Salon des XX en La Libre Esthétique in Brussel. In 1896 ontdekte deze Franse kunstenaar, samen met zijn vriend Emile Verhaeren, *le pays noir.*
MM

> Pollution

Luque, Manuel

> Cycli van Realisme
> Zola, Émile

De Loutherbourg trained as a painter in Paris and moved to London in 1771, where he became celebrated for devising visual and sound stage effects to suggest fire, sun, moon, volcanoes and the noise of thunder, guns and wind. His "Eidophusikon", a device like a large peepshow with moving scenes and dramatic light changes, is an ancestor of the cinema. De Loutherbourg's paintings encompass sublime spectacles such as *Coalbrookdale by Night* (1801) as well as more picturesque scenes.
DA

> Coalbrookdale
> Landscape

Luce, Maximilien

b. 1858, Paris, France; d. 1941, Paris

Hauts fourneaux à Charleroi, 1896
Oil on canvas, 65 x 81 cm
Collection: Musée des Beaux-Arts, Charleroi

From his childhood on, Maximilien Luce was very much concerned with poverty. Trained in printmaking, he spent much of his career contributing illustrations to socialist and anarchist publications like *Père Peinard, La révolte* and *La voix du peuple.* After the mid-1880s he grew interested in the Impressionists, especially Seurat's technique. His work was first noticed on the Salon des Indépendants in 1887 and later on he was introduced to the Salon des XX and La Libre Esthétique in Brussels. The French artist discovered *le pays noir* in 1896, together with his fellow and friend Émile Verhaeren.
MM

> Pollution

Luque, Manuel

> Cycles of Realism
> Zola, Émile

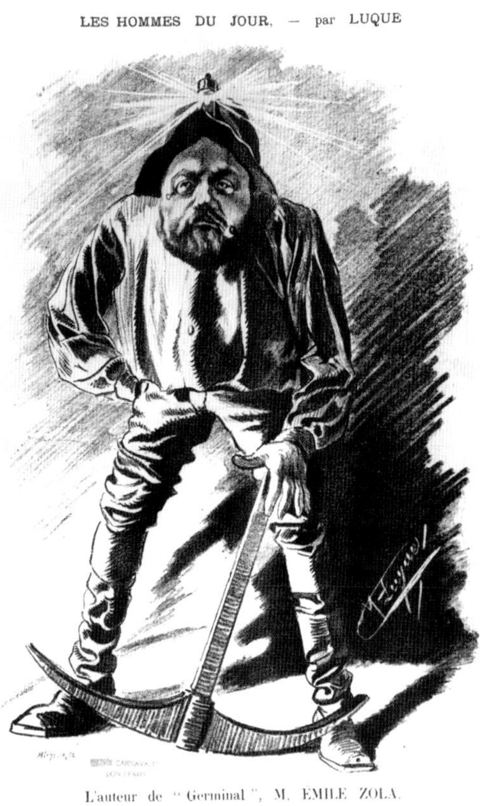

Manuel Luque, *Caricature of Émile Zola as a Miner,* 1885

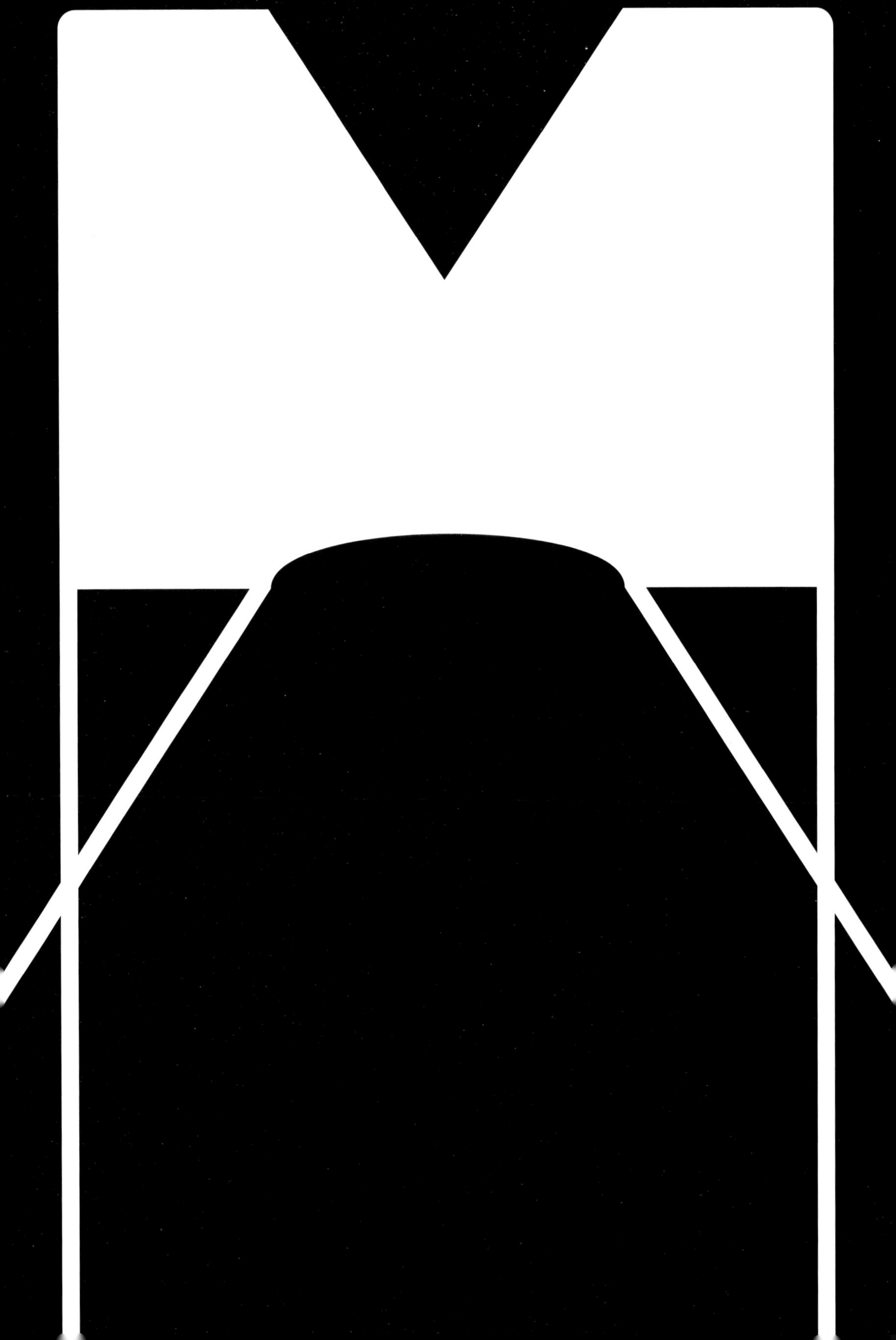

Maciá, Oswaldo

geb. 1960, Cartagena, Colombia; woont en werkt in Londen, Groot-Brittannië

Martinete, 2011-2012
Installatie met geluid en geur, variabele afmetingen

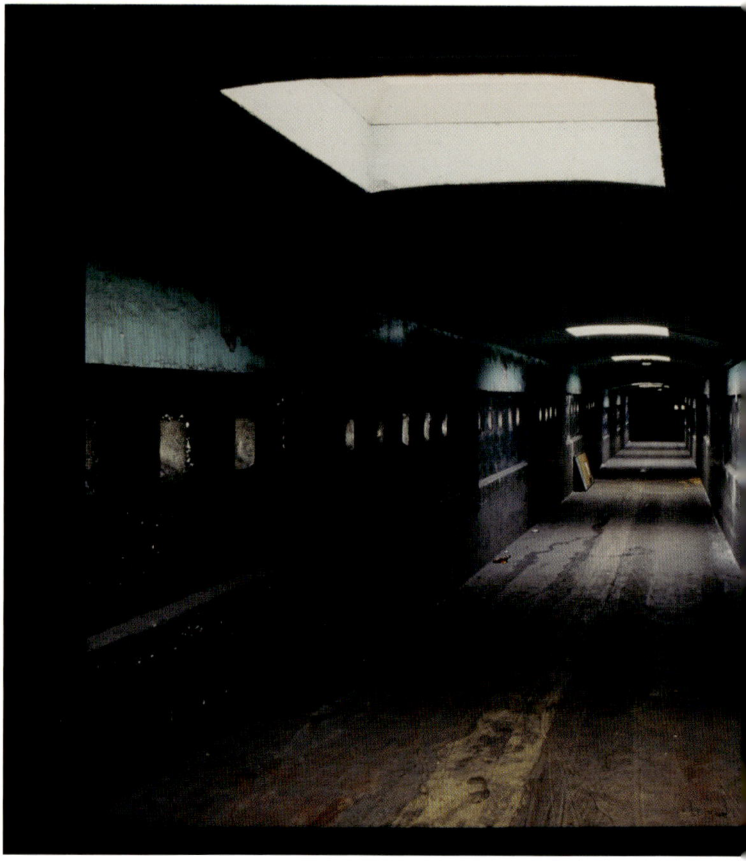

De ontwikkeling en proliferatie van de zware machinebouw in de 19e en vroege 20e eeuw ging gepaard met een wereldwijde akoestische revolutie. De Italiaanse futurist Luigi Russolo interpreteerde dit (welbekend) als de geboorte van de *noise*. Hij verheerlijkte dit in een manifest uit 1913 als een nieuw model van muzikaliteit voor het industriële tijdperk (uit Russolo 2001). Terwijl de tussenliggende eeuw opeenvolgende golven van de-industrialisatie naar de stedelijke centra van Europa en Anglo-Amerika bracht, begonnen de geluiden van de industriële *noise* te weerklinken vanuit een verdwijnende ruimtelijke en tijdelijke horizon. In zijn werk *Martinete* blaast Oswaldo Maciá nieuw leven in de verlaten mijn van Waterschei met het geluid van hamers die op een onmiskenbaar, verweven ritme inbeuken op vijf verschillende aambeelden. Deze worden door tien aparte geluidskanalen verspreid die gradueel staan opgesteld in een nauwe gang. De wisselwerking tussen stilte en herhaling in de geluidsinstallatie doet dienst als een scherpzinnige zintuiglijke herinnering aan de klankkleur en ritmes van zware en intensieve arbeid. Maciá haalde voor de titel van zijn werk inspiratie uit de naam van een van de oudste personages uit de zigeunermuziek. Hiermee slaat hij een brug tussen de opkomende akoestische industriële *noise* en de ritmische patronen en muzikale vormen die de collectieve arbeid al stimuleren sinds de prehistorische komst van de landbouw.

CMF

> Poëtica van de herstructurering

Manifesta, de erfenis van

Hedwig Fijen

Wat is Manifesta, de Europese biënnale van Hedendaagse Kunst? De oorsprong van Manifesta als internationaal kunst evenement voert terug naar de sociale en politieke veranderingen in het Europa van de jaren negentig van de vorige eeuw. Haar geschiedenis is geworteld in het tijdskader van een politiek onevenwichtige situatie, nog voordat de val van de Berlijnse muur in 1989 het voorheen gescheiden Oost en West Europa herenigde. Manifesta werd, als Nederlands initiatief, ondersteund door 15 Europese landen en hun nationale kunstfondsen, die niet langer wilden accepteren dat, met het wegvallen van het IJzeren Gordijn, de artistieke praktijk in verschillende delen van Europa van elkaar gescheiden

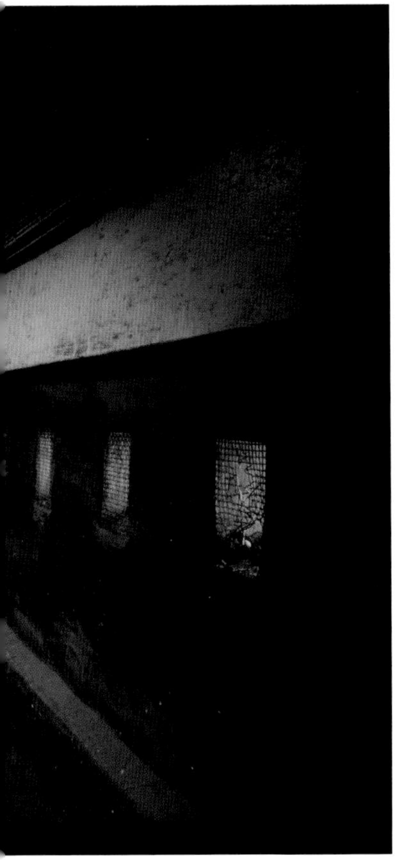

Oswaldo Maciá, *Martinete,* 2011-2012

Maciá, Oswaldo

b. 1960, Cartagena, Columbia; lives and works in London, England

Martinete, 2011-2012
Auditory olfactory composition, variable dimensions

The development and proliferation of heavy machinery in the nineteenth and early twentieth centuries was accompanied by a worldwide acoustic revolution. Italian Futurist Luigi Russolo famously interpreted this as the birth of *noise*, which he lauded in a 1913 manifesto as a new model of musicality for the industrial era (see Russolo 2001). As the intervening century brought successive waves of de-industrialisation to the urban centres of Europe and Anglo America, the sounds of industrial noise began to reverberate from a receding spatial and temporal horizon. With *Martinete,* Oswaldo Maciá reanimates the defunct Waterschei mine with the sounds of five different anvils being struck by a variety of hammers in distinct, interwoven rhythms. These are distributed across ten separate channels of sound, and arranged progressively along a narrow corridor. The interplay between silence and repetition in the sound sculpture serves as an acute sensory reminder of the timbres and rhythms of hard, heavy labour. Maciá takes the work's title from the name of one of the oldest figures in Romani music, thus tracing a genealogy that links the emergent acoustic organisation of industrial noise to the rhythmic patterns and musical forms that have enlivened collective labour since the prehistoric advent of agriculture. The sound sculpture is accompanied by an olfactory composition that Maciá created with perfumer Ricardo Moya, whose cool metal notes evoke "the smell of failure".

CMF

> Poetics of Restructuring

Manifesta, the Legacy of

Hedwig Fijen

What is Manifesta, the European biennial of Contemporary Art? The origins of Manifesta as an international art event are embedded in the social and political changes, which occurred in the 1990s in Europe. Manifesta's legacy is rooted in the time-frame of a politically unbalanced situation, before the fall of the Berlin Wall in 1989 reunited the previously separated East and West. Manifesta was initiated in the early 1990s by fifteen European countries and their national arts councils, who no longer accepted that artistic practices from different parts of Europe could be detached from one another. Since Manifesta is the only roving biennial,

zou blijven. Omdat Manifesta per definitie een dynamische biënnale is, de enige die rondreist en iedere twee jaar van locatie verandert en zich niet van een vast biënnale format bedient, moet ze telkens weer haar oorspronkelijke mandaat onderzoeken. De veranderende dimensies van het artistieke, sociaal-culturele en politieke kader waarin ze opereert, vragen om een pro-actieve flexibiliteit. Ook de reikwijdte van de rol die een biënnale kan spelen in ultra-perifere of omstreden gebieden in Europa, moet per editie opnieuw onder de loep genomen worden. De missie van Manifesta is in de loop van haar twintigjarig bestaan om uiteenlopende redenen een enorme uitdaging gebleken, zeker gezien het feit dat ze, ondanks het ontbreken van een permanente economische basis, wilde vasthouden aan een flexibele structuur. De oost-westfocus in de jaren negentig transformeerde vanaf 2004 in een behoefte om de noord-zuiddialoog, natuurlijk binnen het Europese perspectief, te faciliteren. De recente veranderingen in globale hiërarchische structuren moesten daarin weerspiegeld worden. De dialoog met andere continenten werd aangegaan om de positie van Europa in de wereldwijde context grondiger te onderzoeken en begrijpen.

Deel van haar kracht is dat Manifesta zichzelf elke twee jaar opnieuw moet uitvinden om haar bestaansrecht te bewijzen. Vanaf het begin werd er fundamenteel ingezet op een aantal doelstellingen, zoals met name artistieke onafhankelijkheid, het bieden van een platform aan jonge makers en beschouwers, technische vakkundigheid, inventieve tentoonstellingsmodellen en het bereiken van uiteenlopende publieksgroepen. Manifesta bereikt dat publiek door het ontwikkelen van innovatieve educatiesystemen, gecombineerd met het gebruik van digitale en sociale media. De behoefte om de focus te verschuiven van esthetische kwesties naar productieprocessen, en zelfs kunsteducatie, werd steeds urgenter tijdens de eerste tien jaar van Manifesta. Een generatie van internationaal opkomende curatoren begon hun experimentele carrière bij Manifesta, terwijl ruim 600 interdisciplinaire kunstenaars uit tientallen landen werden gevraagd om nieuwe werken te maken, los van de beperkingen van de kunstmarkt. We zijn ons bewust van de recente, sterke druk om de focus nog nadrukkelijker te verschuiven van de autonome artistieke praktijk naar een breder cultureel programma voor een groter publiek, hoewel toegankelijkheid en bezoekcijfers voor Manifesta nooit een absolute prioriteit zijn geweest.

Tegelijkertijd nam Manifesta een standpunt in tegen het nationalisme in Europa, het steeds commerciëler worden van de kunstwereld, en het veelvuldig gebruikte idee als zou een biënnale een vrijetijdsgebeuren zijn en onderdeel van de instant zap-cultuur. Een cruciaal deel van het discours rond Manifesta is de vraag of en hoe ze erin is geslaagd de rol van Europa als een open, inclusieve maatschappij en nieuwe multiculturele entiteit te benaderen. Manifesta heeft zich op basis van de oorspronkelijke parameters in de jaren negentig gevormd en nu, twintig jaar later, zou zij zich de kritische vraag moeten stellen: wat werkte wel en wat niet? Heeft Manifesta werkelijk diepgewortelde, interculturele samenwerking en sociale veranderingen geïnitieerd op lokaal, regionaal en internationaal niveau? En heeft ze daarmee haar rol als alternatief, reizend kunstinitiatief dat het DNA van Europa in zijn geheel bestudeert, bewezen? Heeft de transformatie van de macht in het Europa van na de val van de Berlijnse muur wel echt een open klimaat voor

changing its location every two years and not focusing on the concept of the art biennial as a representative, formatted event, Manifesta constantly needs to re-examine its original mandate. It responds to the changing dimensions of the artistic, social-cultural and political framework in which it operates. It reassesses the role that a biennial is able to play in ultra-peripheral or contested areas in Europe, and in its neighbouring countries. Maintaining a flexible structure, constantly adapting to changing geo-political parameters, Manifesta's mission has proved to be an immense challenge for a variety of reasons. The East-West focus in the 1990s has transformed into a need to better facilitate North-South dialogue, reflecting the current changes within a European/global hierarchy. Dialogues with other continents have been established to research and understand the failing position of Europe in a worldwide context.

Part of its strength is that Manifesta needs to prove itself as an 'existential emergency' (formulate differently...) every two years. From the beginning, a multitude of objectives has been fundamental, particularly artistic independence, technical excellence, inventive curating formats and the inclusion of diverse audiences. This was based on the development of innovative mediation systems, combined with a small, full-time administration. The need to change the focus from aesthetic concerns to production processes, and even art mediation, was strongly felt through all channels during the first decade of Manifesta's existence. Since 1996, a big group of emerging curators has embarked on their experimental careers with Manifesta, while more than 600 interdisciplinary artists from dozens of nations were invited to conceive new works, often free from the constraints of the art market. Nevertheless, we are aware of the recent, strong push to shift the focus from purely artistic practices to a more extensive program targeting a wider audience, although Manifesta has never seen public attendance figures as its overriding priority.

At the same time, Manifesta has taken its stance against nationalism, commercialism and the idea of the biennial being "hijacked" as a leisure event of readymade culture. A crucial part of the discourse of Manifesta is how, where and when Manifesta has succeeded or failed in its consecutive attempts to address Europe's role as an open, inclusive society and a new multi-cultural entity. Based on the original parameters Manifesta set itself in the 1990s, what has worked and what has not? Manifesta seeks to identify those inter-cultural collaborations and social changes it has truly initiated on local, regional and international levels, plotting its role as an alternative, roving enterprise to study the DNA of Europe in its entirety. Did the transformation of power after the fall of the Berlin Wall really create an open climate for cultural exchange? Or was this simply the start of other political, monetary and governance conflicts, steered by rapid changes and imbalances in media, technology and ecology, affecting the global equilibrium? Even more so, is such a visible biennial/institution like Manifesta the ideal, semi-public platform for the circulation of creative ideas by artists and curators, beyond the constraints of the commercial market? Biennials help to measure the originality of an idea by spotlighting it on a stage.

From the start Manifesta employed a system of critical self-assessment to investigate the role and significance of its artistic and social practices. Through critical workshops (the Manifesta Coffee Breaks) and

culturele uitwisseling geschapen? Of werd het overzichtelijke oost-west evenwicht bedreigd door de snelle opkomst van politieke, monetaire en *governance* conflicten die op hun beurt weer versterkt werden door de explosieve groei van de macht van de media, de technologie en ecologische thema's? Nog belangrijker is de vraag of een biënnale als Manifesta het ideale, semi-publieke platform is voor het verspreiden van creatieve ideeën door kunstenaars en curatoren, los van de beperkingen van de commerciële markt? Biënnales kunnen een bijdrage leveren aan het waarderen van artistieke concepten door het idee in de spotlights te brengen.

Vanaf het begin hanteerde Manifesta een systeem van kritische zelfreflectie om de rol en betekenis van haar artistieke en sociale praktijk te onderzoeken. Met kritische workshops (de Manifesta Coffee Breaks) en publicaties als *Manifesta Journal* en *Manifesta Decade Book*, maakt Manifesta ernst met collegiale toetsing en interactieve kritiek. De organisatie is bereid dit te illustreren door onderdelen te wijzigen, anders dan de autoritaire consumptiemodellen van sommige blockbustershow. Manifesta heeft zich altijd sterk toegelegd op artistiek onderzoek voor het maken van tentoonstellingen. Ze ontwikkelde daarbij nieuwe manieren om site-gerelateerde werken te laten uitvoeren en jonge professionals te trainen. Tegelijk fungeert ze als protagonist en stimulans voor het regionale artistieke leven, daarbij energie genererend tussen lokale kunstenaars, instellingen en culturele producenten, steden en de biënnale zelf, zodat de laatste kan fungeren als katalysator voor veranderingsprocessen. Er is geen standaard model voor hoe een editie van Manifesta werkt, want dat is afhankelijk van talloze parameters, omstandigheden, verwachtingen en productieprocessen.

Momenteel lijdt de financiering van cultuur onder de economische crisis in Europa. Dit heeft tot gevolg dat omvangrijke projecten zoals Manifesta zichzelf economisch moeten hervormen. Via een combinatie van publieke en private financiering probeert Manifesta ook haar eigen systeem van financiering te herzien. De biënnale als tentoonstellingsmodel is misschien een achterhaald fenomeen. Dankzij recente verzoeken van gaststeden en internationale partners ontstaat er een mogelijkheid voor de biënnale om zich ook als een kennisinstituut te profileren of om het professionele netwerk en de kennis van Manifesta beschikbaar te maken voor professionele doelgroepen in de niet-westerse wereld.

De noodzaak en het vermogen om de biënnale te verbinden met de *locus* en zijn verleden, hebben prioriteit. Bij het onderzoek naar mogelijke gaststeden voor Manifesta wordt het belang van een specifieke locatie, in het kader van de Europese actualiteit, gekoppeld aan een inhoudelijk profiel waaruit de keuze voor de plaats en de curatoren als het ware organisch voortkomt. Recente edities van Manifesta waren bedoeld om lokale, regionale en nationale factoren met betrekking tot geschiedenis, kwesties van sociale aard en politieke autonomie zichtbaar te maken, wat wordt weerspiegeld in het tentoonstellingsconcept.

publications like *Manifesta Journal* and *Manifesta Decade Book*, Manifesta takes peer-reviewing and interactive criticism very seriously. It is willing to illustrate this by changing modalities, in opposition to authoritarian and prevailing consumerist models of 'the blockbuster show'. Manifesta always invests strongly in artistic research, in terms of exhibition-making, developing new modes to commission site-specific works and its capacity to train young professionals. At the same time, it has acted as a protagonist and a stimulus for regional artistic life, radiating energy between local administrations, cities and the biennial itself, so that the latter can function as a catalyst for change. There is no prototype of how a Manifesta edition works, since this depends on a multitude of parameters, conditions, expectations and production processes.

Today, cultural funding systems are suffering as a result of the economic crisis in Europe. Due to a reassessment of the notion of biennials in general, Manifesta envisions new models in which it re-identifies our support structure through a combination of public and private funding. The biennial as an exhibition model might even be dated. Current demands by host cities and international partners seek the potential to turn the biennial into an art school, or to make Manifesta's professional network and know-how available to a broader public in the non-Western art world.

The need and ability to link the biennial to the locality and its history is a priority. The importance of local research is revealed by Manifesta's seriousness in its selection of Host Cities and curatorial candidates for each edition and each team. Recent editions of Manifesta have set out to give visibility to local, regional and national factors concerning history, social issues and political autonomy, reflected in the exhibition concept.

Martin, John

b. 1789, Haydon Bridge, England;
d. 1854, Isle of Man, U.K.

Bridge over Chaos (Paradise Lost) - C.W. 45, 1824-26
Mezzotint, 19.3 x 27 cm
Collection: Michael J. Campbell

Satan Arousing the Falling Angels (Paradise Lost) C.W. 28, 1824
Mezzotint with touches of drypoint, 26.7 x 20.1 cm
Collection: Michael J. Campbell

The Country of the Iguanodon, 1838
Mezzotint, 8.9 x 14.6 cm
Collection: Michael J. Campbell

The work of John Martin responds at many levels to the scientific, social and aesthetic changes rushed on by the Industrial Revolution. The subterranean marvels of the deep mines inspired his mezzotints for Milton's epic *Paradise Lost* (1824-27). He also wrote numerous technical pamphlets urging improvements to safety in coal mines and to London's sewage systems. He was proud to call himself "designer and inventor" rather than artist (Campbell 2011: 27).

Martin was the most original and successful print-maker of his time. Mezzotint was then a new process, using soft-steel printing plates: unlike the linear character of etching and line engraving, it is "printed from ink held in the raised roughened surface" of the plate to produce an overall effect (ibid 25). Martin was unusual in that he "composed and designed his subjects on the plates themselves" (Myrone and Austen 2011: 127). The density and variety of the blacks and the occasional gleaming white highlights of prints such as *Bridge over Chaos* perfectly realise the vast, coal-dark underground of Milton's Hell.

By the beginning of the 19th century, geology had pushed back the beginnings of the world into "deep time" (Bindman 2011: 43). Despite the millenarian appearance of his apocalyptic paintings, Martin seems to have accepted the radical new theory that the earth was millions of years old. The palaeontologist Gideon Mantell

Martin, John

geb. 1789, Haydon Bridge, England; overl. 1854, Isle of Man, Groot-Brittannië

Bridge over Chaos (Paradise Lost) - C.W. 45, 1824-26
Mezzotint, 19,3 x 27 cm
Collectie: Michael J. Campbell

Satan Arousing the Falling Angels (Paradise Lost) - C.W. 28, 1824
Mezzotint en droge naald, 26,7 x 20,1 cm
Collectie: Michael J. Campbell

The Country of the Iguanodon, 1838
Mezzotint, 8,9 x 14,6 cm
Collectie: Michael J. Campbell

Het werk van John Martin beantwoordt op verschillende vlakken aan de wetenschappelijke, sociale en esthetische veranderingen die de industriële revolutie op gang heeft gebracht. De ondergrondse wonderen van de diepe mijnen inspireerden zijn mezzotinten voor Miltons epos *Paradise Lost* (1824-1827). Hij schreef ook tal van technische pamfletten om te ijveren voor een betere veiligheid in de kolenmijnen en de Londense riolering. Trots noemde hij zichzelf "ontwerper en uitvinder" in plaats van kunstenaar (Campbell 2011: 27).

Martin was de meest originele en succesvolle drukkunstenaar van zijn tijd. Mezzotint was toen een nieuw proces, waarbij men gebruik maakte van zachtstalen drukplaten: in tegenstelling tot het lineaire karakter van etsen en graveringen, wordt er "gedrukt met inkt die zich bevindt in het verhoogde ruwe oppervlak" van de plaat om een totaaleffect te verkrijgen (ibid 25). Martin was bijzonder omdat hij "zijn onderwerpen op de platen zelf samenstelde en ontwierp" (Myrone en Austen 2011: 127). De dichtheid en de verscheidenheid van de verschillende zwarttinten en de hier en daar glanzend witte accenten van prints zoals *Bridge over Chaos* geven de enorme, gitzwarte ondergrond van Miltons hel perfect weer.

Aan het begin van de 19e eeuw had de geologie het begin der tijden teruggebracht tot de "diepe tijd" (Bindman 2011: 43). Ondanks het duizendjarige voorkomen van zijn apocalyptische schilderijen, lijkt Martin te hebben ingestemd met de baanbrekende nieuwe theorie dat de aarde miljoenen jaren oud is. De paleontoloog Gideon Mantell gaf Martin opdracht om *The Country of the Iguanodon* te produceren voor de titelprent van *The Wonders of Geology* (1838), in de overtuiging dat alleen een kunstenaar met zijn verbeelding en vaardigheid de geboorte van de wereld recht kon aandoen.
DA

> Carboonlandschappen
> Ondergrondse Hel

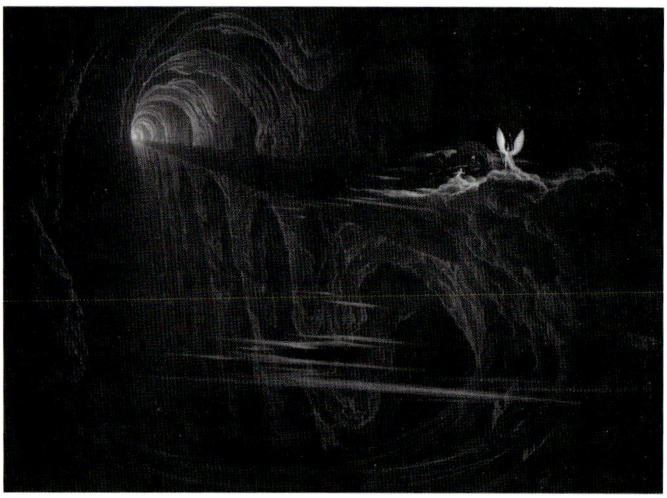

John Martin, *Bridge over Chaos* (Paradise Lost), 1827

Masereel, Frans

geb. 1889 Blankenberge, België; overl. 1971 Avignon, Frankrijk

Mon pays, 1956
Publicatie met houtsneden
Collectie: Manifesta 9

Germinal, 1947
Publicatie met houtsneden
Collectie: Manifesta 9

Frans Masereel verwierf internationale bekendheid met zijn zwart op wit, socialistisch en humanistisch gedreven houtsneden die een Europese atmosfeer van de eerste helft van de 20e eeuw wisten te vatten. Masereel werd in de Academie in Gent sterk beïnvloed door de realistische etstechniek- en stijl van Jules de Bruycker (1870-1945) (Florquin 1971:231). Pas toen hij in 1910 naar Parijs trok, begon de zoektocht naar een eigen beeldtaal. Gaandeweg werd duidelijk dat hij zich best wist uit te drukken met de houtsnede, een medium dat een groot en divers publiek kon bereiken en tegelijk ook de creatie van een 'origineel'

commissioned Martin to produce *The Country of Iguanodon* for the frontispiece to his *The Wonders of Geology* (1838), convinced that only an artist of his imagination and skill could do justice to the birth of the world.

DA

> Carboniferous Landscapes
> Underground as Hell

Masereel, Frans

b. 1889, Blankenberge, Belgium; d. 1971, Avignon, France

Mon pays, 1956
Album with wood cuts
Manifesta 9 collection

Germinal, 1947
Book with woodcuts
Manifesta 9 collection

Frans Masereel was internationally renowned for his black and white woodcuts, whose socialist and humanist themes captured the atmosphere in Europe in the first half of the twentieth century. At the Royal Academy of Fine Arts in Ghent, Masereel was strongly influenced by the realistic etching technique of Jules de Bruycker (1870–1945) (Florquin 1971:231). His search for a visual language of his own did not begin until he travelled to Paris in 1910. Gradually he began to favour woodcutting, a medium that would reach a large and diverse public, and which at the same time would not interfere with the creation of an "original" image. According to Masereel, the woodcut was an "honest" art: it consists only of black, white and a piece of wood (ibid 236). As the "conscience of Europe" (Boon 1973: 4), he cut the horrible war mentality in wood with *Debout les morts* (1917) and *25 Images de la passion d'un homme* (1918), among others. After World War II, he illustrated a great deal of literary works, including Baudelaire's *Les fleurs du mal* (1946) and Zola's *Germinal* (1947). Masereel paid tribute to his homeland with the series of woodcuts *Mon pays* (1956) after having spent most of his life in France. Revisiting the places he knew from his past – Charleroi, Blankenberge, Limburg – he produced a collection of 100 woodcuts, the originals of which were donated to the Royal Library.

MM

> Cycles of Realism
> Zola, Émile

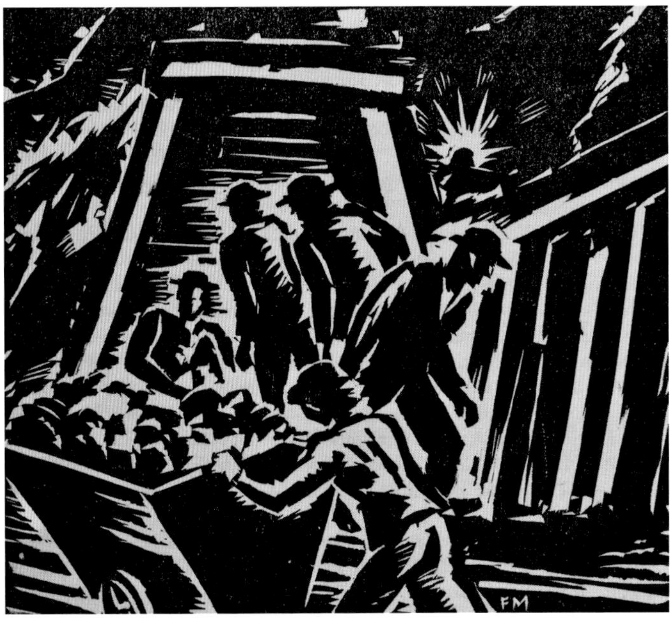

Frans Masereel, *Germinal*, 1947

Mass-Observation movement

Mass-Observation (M-O) was founded towards the end of 1936, in response to the coincidence of the Crystal Palace fire and abdication of King Edward VIII. The movement was comprised of Charles Madge's and Humphrey Jennings's Marxist-Surrealist archive of popular feeling, and Tom Harrisson's participant-observation study of the working-class north of England. Styling itself as 'an elementary piece of human organisation', M-O quickly attracted a following of thousands and co-ordinated groups of expert observers in London and Bolton. Its early reports covered such ground as the coronation of King George VI, the Munich Crisis, Blackpool nightlife, and 'a slight case of totemism' in a Lancashire village. Although M-O altered course drastically after the first few years—losing Jennings, and with him the group's humour and surrealist eye—it continued to subvert the relationships between the government, the press, and their publics. By gathering only the 'facts' of individual observations, dream reports, and opinions, M-O

beeld niet in de weg stond. De houtsnede was volgens Masereel een 'eerlijke' kunst: "je hebt alleen zwart, wit en een stuk hout" (ibid 236). Als het "geweten van Europa" (Boon: 1973: 4) sneed hij de afschuwelijke oorlogsrealiteit in hout met onder meer *Debout les Morts* (1917) en *25 Images de la Passion d'un Homme* (1918). Na WOII illustreerde hij heel wat literaire werken, waaronder *Les Fleurs du Mal* (1946) van Baudelaire en *Germinal* (1947) van Zola. In 1956 maakte Masereel een reeks houtsneden als eerbetoon aan *Mon Pays*. Het feit dat hij er al lang niet meer woonde – hij bracht het grootste deel van zijn leven in Frankrijk door – stimuleerde hem om terug te keren naar de plekken die hij kende van vroeger – Charleroi, Blankenberge, Limburg... het resultaat is een collectie van 100 houtsneden waarvan de originelen aan de Koninklijke Bibliotheek werden geschonken.

MM

> Cycli van realisme
> Zola, Émile

Mass observation-beweging

De beweging Mass-Observation (M-O) werd eind 1936 opgericht, als reactie op het toevallig samenvallen van de brand in het Crystal Palace en de troonsafstand van Koning Edward VIII. De beweging bestond uit het Marxistisch-Surrealistisch archief van volksgevoelens van Charles Madge en Humphrey Jennings en de participerende-observatiestudie van de arbeidersklasse in het Noorden van Engeland door Tom Harrisson. M-O kende zichzelf de titel 'elementair onderdeel van de menselijke organisatie' toe, trok al snel duizenden aanhangers aan en coördineerde groepen deskundige waarnemers in Londen en Bolton. De eerste verslagen handelden over onderwerpen als de kroning van Koning George VI, de crisis van München, het nachtleven in Blackpool en 'een gering geval van totemisme' in een dorp in Lancashire. Hoewel M-O na de eerste jaren een totaal andere koers insloeg – na het verlies van Jennings en met hem de humor en de surrealistische blik van de groep – bleef het de betrekkingen tussen de regering, de pers en hun publiek omverwerpen. Door enkel de 'feiten' van individuele waarnemingen, droomrapporten en meningen in te zamelen, leek M-O niet enkel academische theorie en ideologie te overstijgen, maar verzamelde het ook een van de meest uitgebreide en excentrieke archieven die ooit werden samengesteld. Als een metadiscipline die beweerde nuttig te zijn voor bijna elke wetenschap, beleidsmensen en vooral de mensen zelf, ontgroeide M-O zichzelf. Ze kon niet erkennen dat geen enkele index van het dagelijkse leven 'zuiver' factueel kan zijn en geen enkele vertegenwoordiging van meningen zonder bemiddeling kan. Met het verlies van een sterk gepolitiseerde versie van het surrealisme, verloor M-O opmerkelijk genoeg zijn eigen esthetische organisatieprincipe. Tijdens de oorlog werd het gecoöpteerd door de regering en na de oorlog door de reclamebureaus. Het archief is ondergebracht in de University of Sussex en is nu een schatkamer voor sociale en culturele historici van die periode.

BJ

> Cycli van realisme
> Docu-Modernisme
> Steenkooltijdperk

Matthys, Michaël

geb. 1972, Charleroi, België;
woont en werkt in Charleroi

Moloch, 1998-2003
Installatie met 1000 aquatints (A4 formaat) op 22 MDF platen (244 x 122 x 1,8 cm)
Collectie: Musée des Beaux-Arts, Charleroi

La Ville Rouge (Charleroi City), 2005
Tekeningen met runderbloed afgewerkt met polyurethaan en resin.
Fresco met 12 panelen, elk 60 x 110 cm
Collectie: La Banque Nationale de Belgique, Brussel

La Ville Rouge (planches originales), 2005-2009
76 tekeningen op papier met runderbloed, afgewerkt net polyurethaan en resin.
elk 29,7 x 42 cm

De industriële geschiedenis van Charleroi (de plek waar Michaël Matthys thuis is) vormt de voedingsbodem voor zijn werk. In de 19e eeuw was deze regio het industriecentrum van de nieuwe staat België. De steenkool- en staalnijverheid was er in volle ontwikkeling tot het midden van de jaren 50 toen het merendeel van de mijnen en fabrieken werd gesloten. Dit heeft de stad in een economische crisis gestort waarvan ze nooit helemaal is hersteld. Matthys presenteert in deze tentoonstelling twee werken: *Moloch*, een reeks aquatintetsen op koperen plaat en *La Ville Rouge*, een reeks tekeningen gemaakt met koeienbloed en bedekt met hars. *Moloch* is een eerbetoon aan de metaalverwerkende industrie. De afdrukken zijn gebaseerd op

not only appeared to transcend academic theorizing and ideology, but it also compiled one of the most comprehensive and eccentric archives ever amassed. As a meta-discipline, claiming to be of use to almost every science, to policy makers, and crucially to the people themselves, M-O outgrew itself, failing to recognise that no index of everyday life could be *purely* factual, no representation of opinion unmediated. Curiously, in losing a highly politicised version of surrealism, M-O had lost its own aesthetic organising principle. During the War it was co-opted by the government, and post-War by advertising agencies. The archive is housed at the University of Sussex and is now a treasure trove for social and cultural historians of the period.
BJ

> Coal, The Age of
> Cycles of Realism
> Docu-Modernism

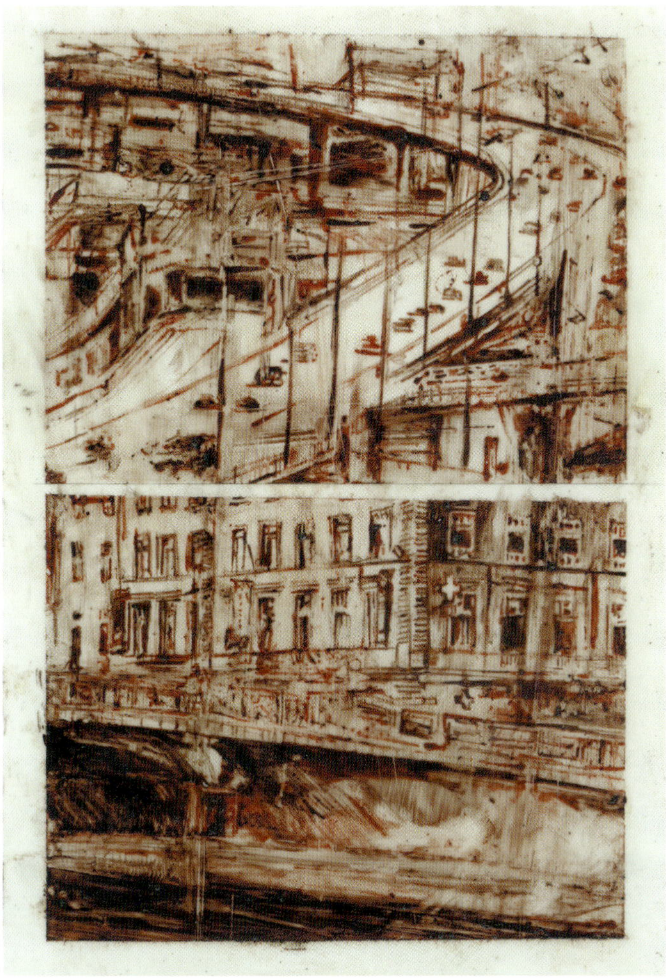

Michaël Matthys, *La Ville Rouge*, 2005-2009

Matthys, Michaël

b. 1972, Charleroi, Belgium; lives and works in Charleroi

Moloch, 1998-2003
Installation with 1000 aquatints (size A4) on 22 MDF panels (244 x 122 x 1.8 cm)
Collection: Musée des Beaux-Arts, Charleroi

La Ville Rouge (Charleroi City), 2005 Drawings with cow blood on polyester film, finished with polyurethane and resin. Fresque with 12 plates, 60 x 110 cm each
Collection: La Banque Nationale de Belgique, Brussels

La Ville Rouge (planches originales), 2005-2009
76 drawings on paper with cow blood, finished with polyurethane and resin.
29.7 x 42 cm each

Michaël Matthys's work takes as its point of departure the industrial history of Charleroi, a city in Wallonia, the French-speaking part of Belgium where he comes from. During the nineteenth century the whole region was the industrial powerhouse of the newly founded state of Belgium. Its coal and steel industries flourished until the mid-1950s when the majority were shut down, plunging the region into an economic depression from which it has never fully recovered. Matthys presents two works in this exhibition: *Moloch*, a series of copperplate aquatint etchings, and *La Ville Rouge*, a series of drawings made in cow's blood and sealed in resin. The former is an homage to the metalworking industry. Based on photos and video footage shot in the Cockerill-Sambre steelworks in Charleroi, the prints recreate its dark, smoky, smouldering interiors, while the antiquated technique creates a direct material link to the subject. Hovering between a sense of documentary realism, Piranesian sublime, and retro-futuristic dystopia, the work possesses a

foto's en videobeelden gemaakt in staalfabriek Cockerill-Sambre in Charleroi en weerspiegelen de donkere, rokerige, smeulende sfeer. De ouderwetse techniek creëert een directe materiële schakel met het thema. Het werk zweeft tussen een soort documentair realisme, verhevenheid in de stijl van Piranesi en retrofuturistische dystopie en heeft een heroïsch, Bijbels karakter (zoals wordt uitgedrukt in de titel: Moloch is de naam van een oude semitische god). Voor *La Ville Rouge* trok Matthys naar het centrum van Charleroi om een beeld te schetsen van de littekens die de dood van de geïndustrialiseerde economie heeft achtergelaten en van de fysieke herinneringen aan dat verleden in de vorm van gebouwen en monumenten. Net zoals *Moloch* is dit werk een expressionistische krachttoer geladen met oer-energie. Tegelijkertijd wordt het onzichtbare geweld van de ontneming van sociale rechten, dat symbolisch wordt weergegeven door het gebruikte materiaal, sterk gesuggereerd.
KG

> Poëtica van de herstructurering
> Residu

McCullin, Don

geb. 1935, Londen, Groot-Brittannië; woont en werkt in Somerset, Groot-Brittannië

Consett, Country Durham (Kids on the Coal Slag Heap), jaren 70
Gelatine zilverdruk, 55 x 71 cm
Collectie: The National Coal Mining Museum for England, Wakefield / Rights held by: Don McCullin, via Hamiltons Gallery

McCullin is voornamelijk bekend als oorlogsfotograaf maar hij bracht ook andere scènes en mensen – vooral armen en daklozen in 'Eerste Wereldland' Groot-Brittannië – in beeld. Tijdens de jaren 60 en 70 bezocht hij het noordoosten van Engeland, waar hij werd aangegrepen door de meedogenloze invloed van de industrialisatie op het landschap. Zowel het platteland als de bevolking leden onder de opgang en val van de mijnindustrie.
DA

> Poëtica van de herstructurering
> Residu

McGuinness, Tom

geb. 1926, Graafschap Durham, Groot-Brittannië; overl. 2006, Bishop Auckland, Groot-Brittannië

Closing Time, 1963
Olieverf op hout, 61 x 105,5 cm
Collectie: The National Coal Mining Museum for England, Wakefield

Aan het einde van de jaren 40 sloot McGuinness zich aan bij de Sketching Club van de Spennymoor Settlement. Hij haalde inspiratie uit de goede raad van Bill Farrell, directeur van de Settlement, om 'te schilderen wat je kent' en deed dit met een grote originaliteit. Het grootste deel van zijn professionele leven werkte McGuinness in de diepe en dwarse mijngangen van de mijnindustrie in Graafschap Durham waar hij in 1944 als *bevin boy* verplicht in dienst trad. In 1983 werd hij ontslagen. Vanuit zijn ervaring schilderde hij over het leven van de mijnwerker boven- en ondergronds – een wereld die tijdens zijn leven snel evolueerde. In de jaren 50 begon hij olieverf te gebruiken van olieverf waar hij vernislagen aan toevoegde die een mysterieuze, lichtgevende uitstraling gaven aan zijn schilderijen. *Closing Time* is daar een goed voorbeeld van. We zien hoe enkele mannen de pub verlaten na sluitingstijd en zich strompelend een weg banen naar huis, een typische rij van mijnwerkershuizen.
DA

> Cycli van Realisme

McPhee, Don

> Epos van de overbodigheid

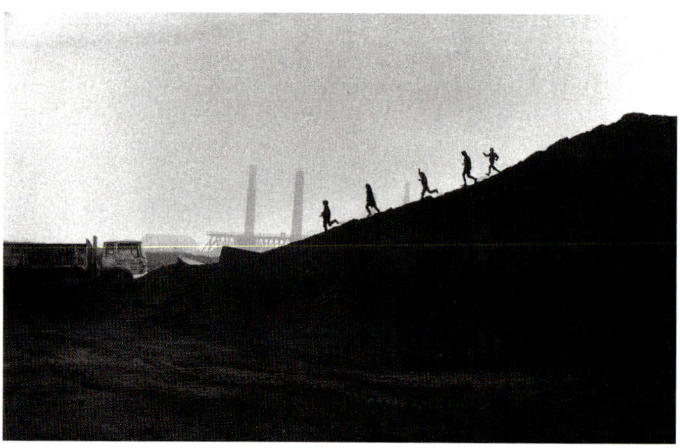

Don McCullin, *Consett, County Durham (Kids on the Coal Slag Heap)*, 1970s

heroic, biblical quality (reflected in the title, Moloch being the name of an ancient Semitic god). For *La Ville Rouge*, Matthys ventured out into the city of Charleroi, documenting the scars left by the demise of industrialism, and the physical commemorations of that past in the form of buildings and monuments. Like *Moloch*, this work is an expressionist tour de force that pulsates with primeval energy while also poignantly intimating the latent violence of social disenfranchisement, which is symbolically reflected in the material employed.
KG

> Poetics of Restructuring
> Residue

McCullin, Don

b. 1935, London, England; lives and works in Somerset, England

Consett, County Durham (Kids on the Coal Slag Heap), 1970s
Gelatin silver print, 55 x 71 cm
Collection: National Coal Mining Museum for England, Wakefield

McCullin is famous as a war photojournalist but has also photographed scenes and people of other kinds, especially the poor and homeless in 'First World' Britain. In the 1960s and 1970s he visited the North-East of England, where he was struck by the brutal effect of industrialisation on the landscape. Countryside and people alike suffered in the rise and decline of the mining industry.
DA

> Poetics of Restructuring
> Residue

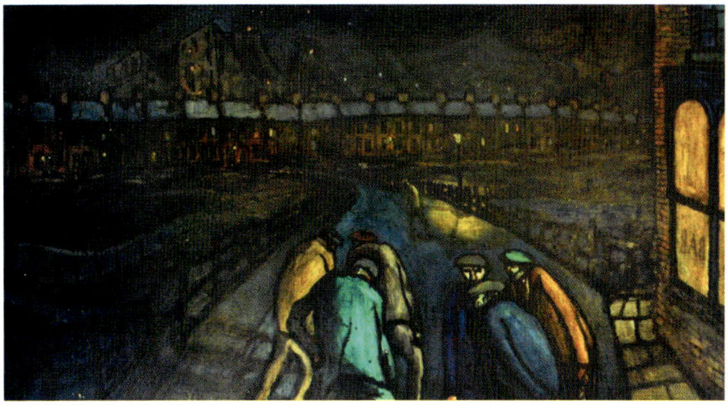

Tom McGuinness, *Closing Time*, 1963, ©The family of the late Tom McGuinness

McGuinness, Tom

b. 1926, County Durham, England; d. 2006, Bishop Auckland, England

Closing Time, 1963
Oil on board, 61 x 105.5 cm
Collection: National Coal Mining Museum for England, Wakefield

McGuinness joined the Sketching Club of the Spennymoor Settlement in the late 1940s. Inspired by the advice of the Settlement's Warden Bill Farrell to 'paint what you know', he did so, but with great originality. He laboured in County Durham's deep and drift mines for most of his working life, having been a Bevin Boy in 1944, compulsorily conscripted to the coal industry. He was made redundant in 1983. He painted from experience the life of the miner below and above ground – a world that changed rapidly during his lifetime. Starting to use oils in the 1950s, he added glazes which give his paintings, like this scene of men leaving the pub at closing time and making their shaky way to the typical pit village terrace, an eerie, luminous quality.
DA

> Cycles of Realism

McPhee, Don

> Epics of Redundancy

Meunier, Constantin

b. 1831, Brussels, Belgium; d. 1905, Brussels

Au pays noir, ca. 1893
Oil on canvas, 81 x 94.5 cm
Collection: Musée d'Orsay, Paris

Le mineur, n.d.
Oil on canvas, 45 x 30.5 cm
Collection: Musée des Beaux-Arts, Charleroi

Au pays noir derives its title from the Borinage, the region around Mons in the south of Belgium, which was transformed dramatically in the second half of the 19th century into an industrial landscape built around coal extraction. The region's dull, grey atmosphere was characterised by small working-class neighbourhoods surrounded by slag heaps and smokestacks.

Constantin Meunier first got to know the region when he made some engravings for Camille

Meunier, Constantin

geb. 1831, Brussel, België; overl. 1905, Brussel

Au pays noir, ca. 1893
Olieverf op doek, 81 x 94,5 cm
Collectie: Musée d'Orsay, Parijs

Le mineur, z.d.
Olieverf op doek, 45 x 30,5 cm
Collectie: Musée des Beaux-Arts, Charleroi

Au pays noir (het zwarte land) ontleent zijn titel aan de Borinage, de streek rond Mons ten zuiden van België die tijdens de tweede helft van de 19e eeuw grondig transformeerde en uitgroeide tot een industrieel landschap van steenkoolontginning. Fabrieken en kleine arbeiderswijken bepaalden sterk de grauwe en grijze atmosfeer van de regio, omsingeld door terrils en fabrieksschoorstenen. Constantin Meunier maakte kennis met de regio toen hij in opdracht van schrijver Camille Lemmonnier ca. 1888 diens roman *La Belgique* van een reeks gravures voorzag. De steenkoolindustrie in de Borinage en de metaalnijverheid van Cockerill maakten een diepe indruk op de kunstenaar en vormden de katalysator voor de verdere ontwikkeling en koerswijziging binnen zijn oeuvre. Voortaan zou Meunier zich met zijn werk inzetten voor de arbeiders en zo een zware stempel drukken op sociaal-realistische kunst in België. *Au pays noir* oogt donker en triest, met hoge fabrieksschoorstenen die de met smog dicht geplamuurde lucht een dreigende ondertoon meegeven. Als door rook bevangen, hapt de horizon tevergeefs naar adem, er is geen levende ziel te bespeuren. Meunier overschouwt het landschap van op een afstand. Een stoomtrein komt vanuit de verte aangereden, een nieuwe lading steenkool staat klaar om te worden getransporteerd. Het kleurenpalet is gefragmenteerd aangebracht in bruine, gele, zwarte en grijze tinten, de grauwheid wordt slechts doorbroken door de rode bakstenen industriële panden. *Au Pays noir* behoort tot een sterke verzameling van sociaal geëngageerde schilderijen en beeldhouwwerken die Constantin Meunier internationale bekendheid opleverden. *Le Mineur* toont een mijnwerker die schijnbaar op zijn gemak een sigaret rookt, wellicht zijn beurt afwachtend om zijn shift in de mijn aan te vatten. Meunier schilderde nog een versie van dit tafereel, *Mineurs à la recette du puits*, waar eveneens een mijnwerker al zittend zijn beurt afwacht, maar nu samen met zijn collega's, wat het tafereel een grotere geladenheid meegeeft. *Le Mineur* is vermoedelijk (beide werken zijn niet gedateerd) een voorstudie of detailvariant van het grotere doek.
MM

> Ivens, Joris & Henri Storck
> Landschap
> Pollutie

Mies van der Rohe, Ludwig

geb. 1886, Aken, Duitsland; overl. 1969, Chicago, VS

Ludwig Mies van der Rohe was een van de belangrijkste modernistische architecten. De technische innovaties van zijn tijd boden hem een enorme bouwvrijheid die hij gebruikte om uiterst coherente ontwerpen te creëren. Hij ontwierp stalen skeletstructuren die belangrijke ruimtelijke veranderingen

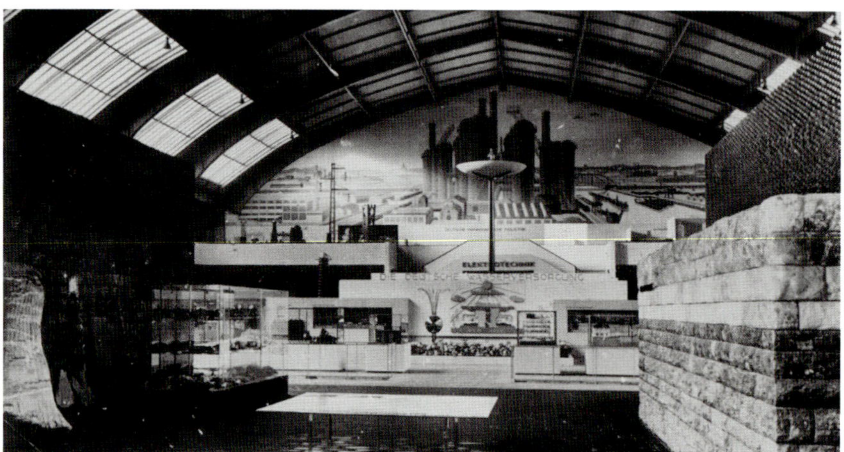

Sergius Ruegenberg, *Ausstellung Deutsches Volk – Deutsche Arbeit, Abteilung Bergbau von Ludwig Mies van der Rohe*, 1934

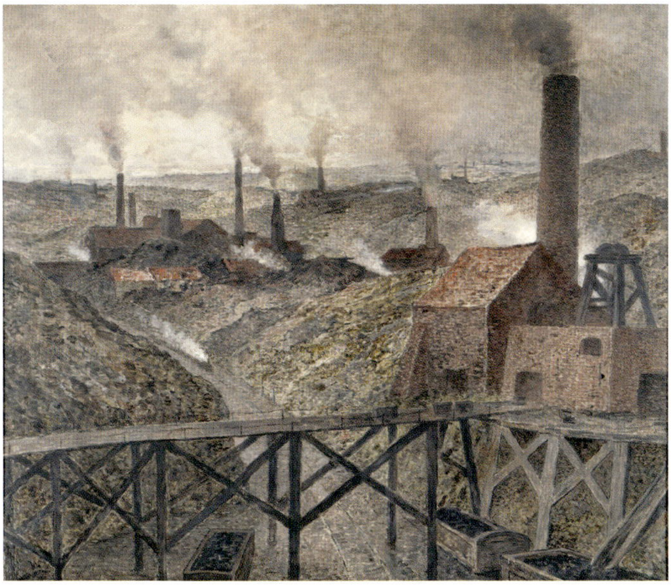

Constantin Meunier, *Au pays noir*, 1893

Lemonnier's novel *La Belgique* (1888). The coal industry in the Borinage region and Cockerill's metal industry left a deep impression on the artist, catalysing a change in the course of his work. Thereafter, Meunier would mainly use his work in support of the workers and thus had a large impact on social-realist art in Belgium. *Au pays noir* looks dark and sad, with its high smokestacks lending a threatening undertone to the smog-filled air. Meunier surveys the landscape from a distance. As though seized by smoke, the horizon gasps in vain for air; not a living soul is around. A steaming locomotive enters the picture from afar; a new load of coal is ready to be transported. The colour palette is applied in fragmented shades of brown, yellow, black and grey, the greyness broken only by the red brick industrial buildings. *Au pays noir* is part of a powerful series of socially engaged paintings and sculptures for which Constantin Meunier became famous internationally. *Le mineur* shows a miner sitting at ease, smoking a cigarette. He is likely waiting for his turn to go down the shaft and work his shift underground. Meunier completed a larger version of this scene, *Mineurs à la recette du puits*, which shows the miner waiting together with his colleagues, so *Le mineur* may have served as a study.

MM

> Ivens, Joris and Henri Storck
> Landscape
> Pollution

Mies van der Rohe, Ludwig

b. 1886, Aachen, Germany;
d. 1969, Chicago, USA

Ludwig Mies van der Rohe was among the most important modernist architects. The technical innovations of his time gave him enormous constructive freedom, which he used to create rigorously coherent designs. He developed skeletal steel structures that would support substantial spatial variation and façades consisting entirely of glass. Mies thus had a great influence on the development of the 'International Style'. In 1934 he and his assistant Lilly Reich designed the *Mining Department* of the propagandistic exhibition *Deutsches Volk-Deutsche Arbeit* (German People-German Labour) in Berlin, organised by the Nazi Party. Their joint contribution consisted of some large photo panels and two walls of salt and coal. These walls seemingly reinforced the severe axial orientation of the hall, but in front of these walls they added a couple of perpendicular lower walls of different dimensions and materials, meant to nullify the overbearing axial symmetry of the hall, so typical of Nazi ideology.

FL

> Dark Matter

Het Mijndepot

The Mine Depot, Waterschei

After the closure of the last coal mine in Limburg in 1992, different heritage organisations mobilised to keep the memory of the mining past alive. In 1998 a few former miners united into the Society for the Preservation of the Mining Past. The Society aimed to preserve, commemorate and promote the region's cultural and architectural heritage, focusing particularly on the mining sites of Waterschei and Winterslag, both in Genk. With the effort of many ex-miners, they developed an active tour operation at both mine sites and organised exhibitions, screenings and memorial celebrations. In 2006 the non-profit organisation was re-named Mijn-Verleden. Under

ondersteunden en gevels die uit glas werd opgetrokken. Zijn werk heeft dan ook een grote invloed uitgeoefend op de ontwikkeling van de Internationale Stijl. In 1934 ontwierp hij samen met zijn assistente Lilly Reich de *mijnbouwafdeling* van de propagandatentoonstelling *Deutsches Volk – Deutsche Arbeit* in Berlijn die werd georganiseerd door de nationaalsocialistische partij. Hun bijdrage bestond uit enkele grote fotopanelen en twee muren gemaakt van zout en steenkool. Deze muren benadrukten het sterk symmetrische karakter van de ruimte. Maar voor deze muren plaatsten ze enkele verticale muren met verschillende afmetingen en in verschillende materialen. Hierdoor wilden ze de overheersende asymmetrie van de ruimte neutraliseren die zo kenmerkend was voor de nazi-ideologie.

FL

> Donkere materie

Het Mijndepot, Waterschei

Na de sluiting van de laatste Limburgse steenkoolmijn in 1992 ontstonden verschillende erfgoedverenigingen die het mijnverleden levendig wilden houden. In 1998 verenigden een aantal voormalige mijnwerkers zich onder de naam 'Vereniging voor het behoud van het mijnverleden' (V.B.M.V.). De vereniging had tot doel het behouden, beschermen, herwaarderen en ontsluiten van het cultureel en bouwkundig erfgoed. Hierbij lag de focus specifiek op de mijnzetel van Waterschei en Winterslag, beide in Genk. Een actieve gidsenwerking werd in beide mijnzetels uitgebouwd met inzet van veelal ex-mijnwerkers. Het opzetten van tentoonstellingen, filmvertoningen en herdenkingsfeesten behoorde tot hun dagactiviteit. In 2006 werd de vzw herdoopt tot vzw Mijn-Verleden. Onder deze benaming werd een actieve en enthousiaste operatie van vrijwilligers uitgebouwd in het voormalige hoofdgebouw van de mijn van Waterschei. Naast het aanbieden van een toeristisch aanbod, bestaande uit geleide rondleidingen doorheen het beschermde gebouw, werd een collectie mijnattributen onder de naam 'Het Mijndepot' verzameld. Deze verzameling uniek mijnmateriaal met allerhande werktuigen, machines, mijnlampen en dergelijke illustreert de ondergrondse mijnarbeid. Een introductiefilm toont beelden uit de ondergrond. Dit alles wordt aangevuld met onder andere een reeks historische foto's en allerhande objecten uit het dagelijkse leven in de mijncité, verschillende verenigingsvlaggen, Sint-Barbarabeelden en boeken over de Limburgse mijngeschiedenis.

KR

> 17 Ton

Mijnwerker/ Arbeider

Sinds de Industriële Revolutie heeft geen enkele arbeider zo tot de verbeelding gesproken als de mijnwerker. In zijn boek *De weg naar Wigan* (1937) bespreekt George Orwell zowel de positie van de mijnwerker als zijn rol in de samenleving op een elegante manier: "In het metabolisme van de westerse wereld komt de mijnwerker onmiddellijk na de man die de bodem ploegt. Hij is een soort smerige kariatide die op zijn schouders vrijwel alles torst wat niet smerig is" (1973: 24). Orwell schreef ook over de 'pracht' van de mijnwerker: "meer misschien dan ieder ander is de mijnwerker het prototype van de handarbeider, niet alleen omdat zijn werk zo verschrikkelijk is, maar ook omdat we er niet buiten kunnen terwijl het toch zó ver buiten onze waarneming ligt, als het ware zo onzichtbaar is dat we kunnen doen alsof het niet bestaat, zoals het bloed in onze aderen" (ibid. 39).

De mijnwerker werd in ontelbare visuele en literaire werken voorgesteld als een heroïsch, bovenmenselijk figuur ofwel als een meelijwekkende, onderdrukte proleet. Afbeeldingen van de arbeider-held overspoelden zowel de industriële mythologie van de Sovjet-Unie als de Westerse arbeidersklasse en socialistische verhalen. Stereotypes van de mijnwerkers zijn overvloedig aanwezig: van de moderne Vulcanus (Romeinse God) tot het vuile, primitieve, menselijke werkpaard; van het slachtoffer van het kapitalisme tot de vijand van de 'vooruitgang' zoals de neoliberale heersende klassen hem beschouwen. Maar alle typecasting terzijde: mijnwerkers hebben altijd een veerkrachtige, hechte gemeenschap gevormd die een bepaald gevoel van solidariteit en professionele trots delen die sterk verschilt van de andere industrieën door de gevaarlijke omgeving waarin ze werken. In de mijnen heerst een sterk ontwikkeld gevoel van saamhorigheid. Iedereen deelt dezelfde zorgen en iedereen past op elkaar.

Samen met de geschiedenis van de steenkoolmijnen ontstond een overvloed aan sterke verhalen – zowel visueel als literair – die vaak grenzen aan de zeer dunne lijn tussen leven en dood en de angst van het wachten. De geschiedenis van de

this name, they developed an active and enthusiastic volunteer operation at the former headquarters of the Waterschei mine. In addition to offering guided tours of the protected building, Mijn-Verleden also began collecting mining objects under the name Het Mijndepot. This unique collection of mine material includes a variety of tools, machines, mine lamps and other objects related to labour in the mines. These are complemented by a short film of images from underground, a series of historical photographs, and several objects from everyday life in the residential area, including the flags of the different miners' unions, St. Barbara imagery and books on Limburg's mining history and related subjects.
KR

> 17 Tons

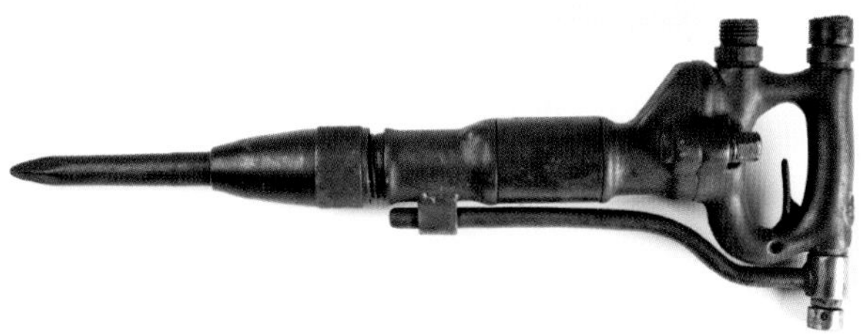

Miner/Worker

Of all the workers since the advent of the industrial revolution, perhaps none has captured the popular imagination as much as the coal miner. In his book *The Road to Wigan Pier* (1937), George Orwell elegantly sums up both the plight of the miner and his social role: "in the metabolism of the Western world the coal-miner is second in importance only to the man who ploughs the soil. He is a sort of caryatid upon whose shoulders nearly everything that is not grimy is supported" (1958: 21). Orwell also wrote of the "splendour" of the coal miner and the fact that, "more than anyone else, perhaps, the miner can stand as the type of the manual worker, not only because his work is so exaggeratedly awful, but also because it is so vitally necessary and yet so remote from our experience, so invisible, as it were, that we are capable of forgetting it as we forget the blood in our veins" (ibid 34).

The coal miner has been portrayed in countless visual and literary representations, more often than not as a heroic, super-human figure or alternatively as a pitiful, downtrodden plebeian. Figures of the worker-hero have abounded in the Soviet industrial mythology as well as the Western proletariat and socialist narratives. Stereotypes of the miner abound: from the modern Vulcan to the dirty, primitive human workhorse; from the victim of capitalism to the enemy of 'progress' in the eyes of the neoliberal ruling classes. Typecasting aside, miners have always been a resilient, tightly knit community, sharing a particular sense of solidarity and professional pride, quite distinct from other industries because of the hazardous environment they work in. In the mine, there is a highly developed sense of group cohesion: everyone is in it together and everyone looks out for each other.

With the history of coal mining has also come a plethora of powerful narratives – visual as well as literary - many of which are contingent on that very fine line between life and death, and the anxiety of waiting. The history of coal mining is rife with extraordinary drama and stories of heroic tenacity, a recent example being that of the remarkable rescue of the thirty-three Chilean miners trapped underground for sixty-nine days.

In Western Europe today, the job of the coal miner has become all but obsolete. Such is not the case in Asia, Africa, and the Americas where coal mining is booming and extraction is on the rise. Despite advances in technology, coal mining is still one of the most dangerous occupations in the world. But the *perception* of the coal miner has changed as the image of the *heroic figure* of the miner is no longer necessary to power the 'post-industrial' West, where labour is now understood as something predominantly immaterial or 'clean', and the identity of the working class has been broken. Yet the miners continue to toil, often in places where where workers rights and safety are interpreted in very elastic ways.
KG

> Poetics of Restructuring
> Stakhanovism

Mining Machine

Few landscapes have undergone as much fundamental physical change as the mining landscape

steenkoolwinning is doordrenkt met buitengewoon drama en verhalen van heroïsche volharding. De opmerkelijke redding van de drieëndertig Chileense mijnwerkers die 69 dagen klem zaten onder de grond, is hier een recent voorbeeld van.

Vandaag is het beroep van mijnwerker nagenoeg overbodig geworden in West-Europa. In tegenstelling tot Azië, Afrika en Amerika, waar steenkoolwinning steeds belangrijker wordt en de ontginning een hoge vlucht neemt. Ondanks de technologische vooruitgang blijft steenkoolwinning één van de gevaarlijkste beroepen in de wereld. Maar de perceptie van de mijnwerker is veranderd omdat het beeld van de heroïsche figuur niet langer nodig is voor de versterking van het 'postindustriële' Westen. Het Westen waar arbeid als een hoofdzakelijk immaterieel of *clean* iets wordt beschouwd en de identiteit van de arbeider versplinterd is. Toch blijft de mijnwerker wroeten, vaak op plaatsen waar de rechten en veiligheid van de werklieden zeer ruim worden genomen.

> Poëtica van de herstructurering
> Stakhanovisme

De mijnmachine

Weinig landschappen zijn op korte tijd zo fundamenteel van uitzicht veranderd als het mijnlandschap van midden Limburg. In enkele decennia werd een open agrarisch landschap getransformeerd in een fordistische productiemachine.

In de open heidevlakte van de gemeente As vindt André Dumont op 2 augustus 1901 de eerste steenkool op een diepte van 541 meter. Er worden zeven grote concessies van ongeveer 50 km² verleend, ruim groter dan in Wallonië of Nederland. Er wordt immers verwacht dat de afdieping moeilijk zal zijn en de rentabiliteit niet vanzelfsprekend. Het zijn grote Belgische, Franse en Luxemburgse industriële investeerders die de sprong wagen. Zeven concessiehouders zoeken een groot terrein van ongeveer 5 km² voor hun bovengrondse activiteiten. Ze kiezen hiervoor de gemene gronden, de heidegronden die een essentiële schakel vormden in het agrarisch systeem dat gedurende eeuwen had standgehouden en het uitzicht van het landschap had bepaald. De ecologische samenhang tussen weiden, akkers en heidegronden en het aantal mensen dat hiervan kon leven werd grondig verstoord. Dit desolate heidelandschap met in de verte enkele kerktorens als baken, was rond de eeuwwisseling de inspiratiebron voor de Genkse schilderschool; kunstschilders die in de traditie van Constable en het nog nieuwe impressionisme op zoek waren naar de weidsheid, de stilte en het bijzondere licht dat ook vandaag nog in het zuiden van Genk zichtbaar is.

Op de zeven mijnterreinen werd met de inventiviteit en de rationaliteit die ingenieurs eigen is, een immense productie-eenheid uit de grond gestampt. Het hoofdgebouw, met de administratieve zetel, werd fraai uitgewerkt met elementen van art-nouveau zoals in Waterschei, of verwijzend naar de Maaslandse bouwstijl zoals het zogenoemde kolenkasteel van Eisden. Mooi ingeplant tussen bloemperken en groen was dit de façade van het bedrijf, de vriendelijke vermomming van de machtige machine die erachter schuilging. De twee schachtbokken met het ophaalgebouw vormden het hart van het bedrijf, mensen en goederen gingen hier de ondergrond in, afgewisseld met de steenkool die opgehaald werd. Transportbanden en spoorwagentjes voerden de kolen naar de was- en zeefinstallaties. Van daaruit vertrokken de spoorlijnen met steenafval naar de nabijgelegen terrils of steenhopen aan de rand van het mijnterrein en met steenkool naar de kolenhavens van het Albertkanaal of rechtstreeks naar de industriegebieden.

Het dunbevolkte Kempische landschap, met in de 19e eeuw amper twintig inwoners per km², had niet de arbeidskrachten die nodig waren (44.000 in 1948) . Naar het model van de Engelse tuinsteden werden mooie woonwijken of mijncités gebouwd om nieuwe mensen aan te trekken. Werken in de mijn was toetreden tot een nieuwe maatschappij. De Katholieke Kerk was bevreesd voor het toenemende socialisme en ook de vakbonden bleven op hun hoede, zij noemden de tuinwijk een 'gouden kooi'. Maar de ene golf immigranten kwam na de andere: Russen, Italianen, Spanjaarden, Grieken, Turken, Marokkanen ... Genk telt nu meer dan zeventig verschillende nationaliteiten.

De cités en de bedrijfsgebouwen en -terreinen vormden één geheel en stonden onder het rechtstreekse toezicht van de mijndirectie. Elke mijnzetel was in al zijn samengestelde delen één productie-eenheid, die door spoorwegen en kanalen met de andere mijnzetels werd verbonden. Op de open ruimte van de gemene gronden die nog restte, werden duizenden hectaren dennenbossen geplant, die nodig waren voor het ondergrondse stutwerk. Elk deel van het landschap speelde nu zijn rol in de productie van steenkool. De zeven mijnzetels, de terrils, de

of central Limburg. In a few decades, what was once an open agricultural landscape saw itself transformed into a Fordist production machine.

On August 2, 1901, André Dumont first found coal in the open heathlands of the municipality of As at a depth of 541 meters (Doorslaer 2002). Seven large concessions of approximately 50 km² each were granted, considerably larger than those in Wallonia or the Netherlands. This is because it was thought that the sinking of pit shafts would be difficult and that profitability was not guaranteed. Those who could afford such a risk were major Belgian, French and Luxembourgish industrial investors. Seven concession holders decided to use public heathlands, which were a vital link in an agricultural system that had survived and moulded the local landscape for centuries. As a result, the ecological equilibrium between meadows, fields, heathlands and the human population they were able to support was upset in a major way.

A vast production complex arose on the seven mining sites with an ingenuity and rationality characteristic of engineers. The main building, with head office, was finished beautifully with Art-Nouveau elements, as in Waterschei, or with a nod to design elements from the Maasland style of architecture, as in the so-called coal mansion of Eisden. This was the public face of the company, appointed charmingly with flowerbeds and greenery. The two headgears with the winding engine house were the heart of the company. From here, people and goods would go underground, alternating with coal being brought up. Conveyors and small railway wagons transported the coal to washing and screening plants. From there, railway wagons would carry slag to the nearby slag heaps on the edge of the mining site, and coal either to the ports on the Albert Canal or directly to industrial areas.

The sparsely populated Kempen region, with barely twenty inhabitants per square kilometer in the 19th century, failed to supply the number of workers needed (i.e., 44,000 in 1948). Beautiful residential areas modelled on the English garden cities were built to attract new labourers. One wave of immigrants was soon followed by another: Russians, Italians, Spanish, Greeks, Turkish, Moroccans. There are currently people of more than 70 different nationalities living in Genk.

The residential areas and company premises formed one unit and were under the direct control of the management of the mining company. Each mining subsidiary with its constituent parts made up one production unit, connected by railway and canal networks to the other mining subsidiaries. In the open spaces of the remaining public land, thousands of hectares of pine forests were planted to yield wood needed for pit props. Every part of the landscape played its role in the production of coal. The seven mining subsidiaries, the slag heaps, the railways, canals and forests, the residential areas and people all formed one gigantic mining machine, with production and profit the ultimate goal.
PB

> Almarcegui, Lara
> Landscape
> The Mine Depot
> Museum of the Miner's House, Eisden

Modern

Obsolete.

> Modern

Monko, Marge

b. 1976, Tallin, Estonia; lives and works in Tallin

Nora's Sisters, 2009
Single channel video of photographs, 7 min.

Gender and class identities form two sides of the same coin in Marge Monko's research on the way modern subjectivity is constantly redefined by the conditions of production. Both in photography and videos, Monko produces narratives that underline the way the women's aspirations are entangled with the fate of the economic system. Like her series of photographs *The Fall of Manufacture* (2009), *Nora's Sisters* grows out of images of the Krenholm textile factory in Narva, Estonia. Formerly one of the Soviet Union's biggest factories, with 120,000 workers, its numbers have been in steady decline since the fall of the regime. Instead of documenting the decay of the workshop, however, Monko has chosen to produce a clash between economic times and artistic languages, allegorising the predicament of women's emancipation in relation to the restructuring of industry under capitalism. Monko uses historical photographs of women workers at Krenholm to animate a fragment of a play written by Austrian Nobel Prize winner Elfriede Jelinek (b. 1946), who is famous for addressing the difficulties of women's lives in our times. The contrast between

spoorlijnen, kanalen en bossen, de cités en de mensen vormden één gigantische mijnmachine met productie en winst als hoogste doel. Het landschap zelf werd een productiemachine, een landschapsmachine.

> Almarcegui, Lara
> Landschap
> Museum van de Mijnwerkerswoning, Eisden
> Mijndepot

Modern

Verouderd.

> Modern

Monko, Marge

geb. 1976, Tallin, Estland; woont en werkt in Tallin

Nora's Sisters, 2009
video samengesteld uit archieffoto's, 7 min.

Gender en klasse-identiteiten vormen twee zijden van dezelfde munt in Marge Monko's onderzoek naar de manier waarop moderne subjectiviteit voortdurend opnieuw wordt gedefinieerd door de productieomstandigheden. Zowel in fotografie als in video's brengt Monko verhalen die beklemtonen hoe de verzuchtingen van vrouwen verstrikt geraken in het noodlot van het economisch systeem. Net als haar fotoreeks *The Fall of Manufacture* (2009), is *Norah's Sisters* gegroeid uit beelden van de Krenholm textielfabriek in Narva, Estland. De fabriek was vroeger met 120.000 arbeiders één van de grootste fabrieken in de Sovjet-Unie, een aantal dat gestaag afnam sinds de val van het regime. In plaats van de ondergang van de fabriek weer te geven, koos Monko voor een *clash* tussen de economische tijden en artistieke talen, waarbij ze de moeizame emancipatie van de vrouw allegoriseert in relatie tot de herstructurering van de industrie onder het kapitalisme. Monko gebruikt historische foto's van vrouwelijke arbeiders in de Krenholm-fabriek om een fragment uit te beelden van een toneelstuk van de Oostenrijkse Nobelprijswinnaar Elfriede Jelinek (°1946), die erom bekend staat de moeilijkheden van vrouwen in deze tijden scherp te stellen. Het contrast tussen het esthetische optimisme van de propaganda-beelden van vrouwenarbeid onder het socialisme en een verhaal over de sluiting van fabrieken in postindustrieel Europa resulteert in een humoristische en geraffineerde kijk op de onzekere situatie van vrouwen doorheen verschillende decennia en sociale systemen.
CM

> Poëtica van de herstructurering

Moore, Henry

geb. 1898, Castleford, Groot-Brittannië, overl. 1986, Much Hadham, Groot-Brittannië

At the Coal Face, 1942
Tekening, 33,3 x 55,3 cm
Collectie: Withworth Art Gallery

Four Studies of Miners at the Coal Face, 1942
Tekening, 36,5 x 56,2 cm
Collectie: Henry Moore Foundation

Men Clearing Coal Face and Climbing Over Belt, 1942
Tekening, 27,5 x 64,7 cm
Collectie: Manchester City Gallery

In 1941 kreeg Moore opdracht van het Raadgevend Comité van Oorlogskunstenaars om arbeiders in de mijnen te tekenen. Hij keerde terug naar zijn geboorteplaats Castleford Yorkshire en maakte ondergrondse schetsen in de kolenmijn van Wheldale. Moore was de zoon van een mijnwerker die in de putten was afgedaald als kind van acht à negen jaar maar zichzelf had onderricht om mijnopzichter te worden. Hij vond

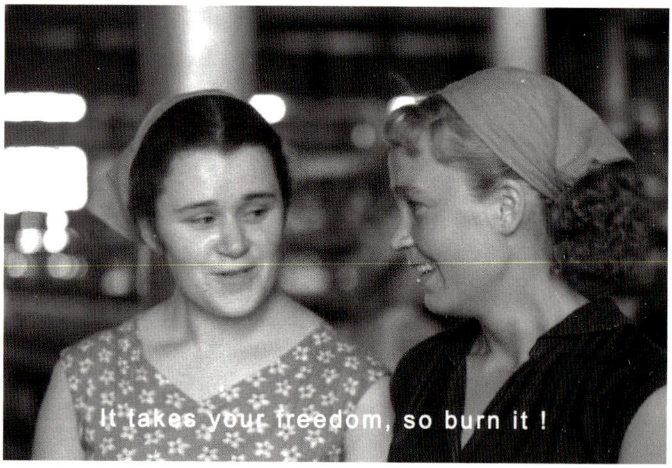

Marge Monko, *Nora's Sisters*, 2009

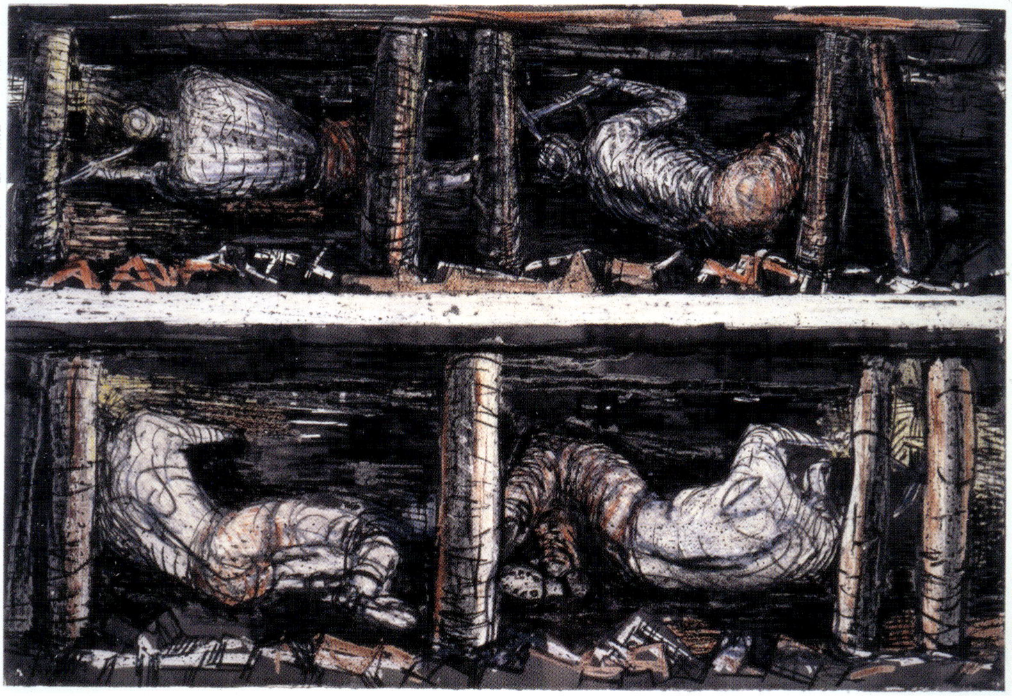

Henry Moore, Four Studies of *Miners at the Coalface*, 1942, © Henry Moore Foundation

the aesthetic optimism of the images of propaganda of women's work under socialism and a story about the closure of factories in post-industrial Europe results in a humorous and cunning reading of the uncertainties of women's condition across decades and social systems.

CM

> Poetics of Restructuring

Moore, Henry

b. 1898, Castleford, England; d. 1986, Much Hadham, England

At the Coal Face, 1942
Drawing, 33.3 x 55.3 cm
Collection: Withworth Art Gallery

Four Studies of Miners at the Coal Face, 1942
Drawing, 36.5 x 56.2 cm
Collection: Henry Moore Foundation

Men Clearing Coal Face and Climbing Over Belt, 1942
Drawing, 27.5 x 64.7 cm
Collection: Manchester City Gallery

In 1941 Moore was commissioned by the War Artists' Advisory Committee to draw men at work in the mines. He returned to Castleford, Yorkshire where he was born, and made sketches underground at Wheldale Colliery. Moore was the son of a miner, who had gone down the pit as a child of eight or nine but had taught himself in order to become a mines manager and was determined his children – Henry was the seventh of eight – should be educated. Moore, who was never romantic about the mines, was reluctant to accept the commission which he "approached coldly" by comparison with his war-time shelter drawings, which naturally resonated with his sculptures of reclining figures (Causey 2010: 121). The 1941-42 drawings of miners are the only ones he ever did of people at work. While his sculptures normally have static poses, here Moore "had to look at men in violent action," as he said (ibid 121). The drawings of vigorous male figures in deep, restricted, compressed spaces convey sensations of claustrophobia and physical effort similar to those in Zola's novel *Germinal*: "The sloping roof was so low that for whole stretches of twenty or thirty metres [Etienne] had to walk bent double. The water came up to his ankles. [... A] chimney, cut into the seam, was used by the miners for access to all the side passages. It was exactly the width of the coal-seam, hardly sixty centimetres across [...]" (see 1993: 37).

DA

> Underground as Hell

dat zijn kinderen – Henry was de zevende van acht – naar school moesten gaan. Moore, die nooit lyrisch deed over de mijnen, was terughoudend om de opdracht te aanvaarden die hij "koeltjes benaderde" in vergelijking met zijn oorlogstekeningen, die van nature resoneerden met zijn sculpturen van achteroverliggende personen (Causey 2010: 121). De tekeningen van de mijnwerkers uit 1941-42 zijn de enige die hij ooit heeft gemaakt van mensen aan het werk. Hoewel zijn sculpturen doorgaans rigide poses aanhouden, moest Moore hier "naar mannen in gewelddadige actie kijken", zoals hij het noemde (ibid. 121). De tekeningen van krachtige mannelijke figuren in diepe, beperkte, nauwe ruimtes geven een claustrofobisch gevoel en fysieke inspanning weer die vergelijkbaar is met die in de Zola's roman *De Mijn:* "Zo laag was hier de schuin aflopende zoldering dat zij twintig of dertig meter ver helemaal gebukt moesten lopen. Het water kwam tot hun enkels. [...] De nauwe gang, die alle zijgangen verbond, was speciaal voor de mijnwerkers gemaakt. Hij was zo breed als de ader, nauwelijks zestig centimeter..."(zie 2002: 34).

DA

> Ondergrondse hel

Munby, Arthur

geb. 1828, York, Groot-Brittannië; overl. 1910, Pyrford, Groot-Brittannië

De zeven fotoalbums die Munby, een victoriaans welstellend advocaat, dichter en dagboekschrijver, verzamelde, bevatten veel foto's van mijnwerksters of vrouwelijke kompels. Hij zorgde ervoor dat ze in een studio werden gefotografeerd, besmeurd met steenkool en in werkkledij, die bestond uit een jas en een gevoerde broek. De foto's voegen een bijzondere dimensie toe aan zijn activiteiten als sociaal hervormer en voorstander van stemrecht en onderwijs voor vrouwen (hij was leraar Latijn aan het Working Women's College). Munby was een vurig verdediger van het recht van vrouwen om te werken en zijn verzet tegen de beperking van vrouwenarbeid in de mijnen, bijvoorbeeld, ging gepaard met een obsessieve interesse voor vrouwen die tot de arbeidersklasse behoorden. Hij bestudeerde hen, praatte met hen en fotografeerde hen vaak. Hun leeftijd en lengte noteerde hij op de achterkant van de foto. Dat dit meer was dan een gezonde interesse voor sociale antropologie blijkt uit zijn relatie met het dienstmeisje Hannah Collwick (1833-1909) met wie hij trouwde.

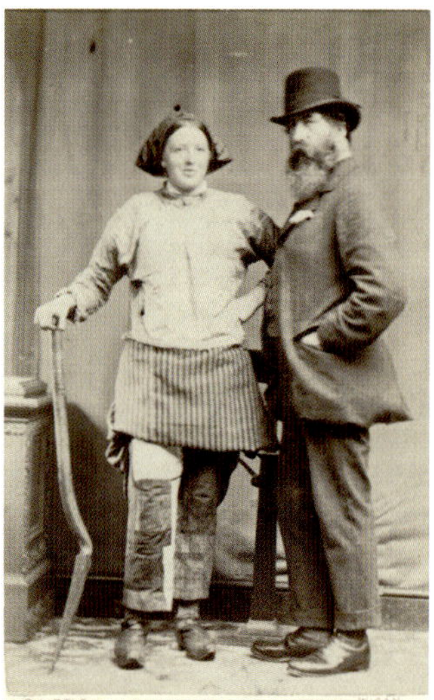

Arthur Munby, *Black Album* 3, page 1, no. 113 (1c). Ellen Grounds, a 'brow-wench' at Pearson and Knowle's Pits, Wigan, 1873

Dit kon en wilde hij echter niet openlijk erkennen (Hudson 1974). Het conflict tussen maatschappelijke positie en seksuele aantrekkingskracht bleef onopgelost. Hoewel de foto's van Munby ongetwijfeld een licht werpen op de verontrustende "associatie van vuil, kolenstof en seksualiteit van de arbeidersklasse" (Thesing 2000:13) bevestigen ze ook de gevestigde negentiende-eeuwse fotografische tradities om de kledij en de gewoonten van exotische volkeren en de lokale gemeenschap vast te leggen, zoals in *cartes de visite*. Munby's albums bestonden niet alleen uit foto's van vrouwelijke kompels, maar ook van Franse en Oostenrijkse boerenmeisjes, circus-pin-upgirls en 'Zoeloevrouwen'.

DA

> Pollutie
> Vuil

Museum van de Mijnwerkerswoning, Eisden

De mijncité van Eisden kan beschouwd worden als een vrij uitzonderlijk resultaat van honderd jaar strijd voor een betere arbeidershuisvesting en als een onrechtstreeks gevolg van de laat 19e eeuwse Engelse *garden-city* beweging. De mijnmaatschappij bouwde deze ruime woningen niet uit loutere menslievendheid. Men wilde de beste mijnwerkers aantrekken en hen tijdens hun actieve loopbaan aan het bedrijf binden.

Het museum van de mijnwerkerswoning en het cité-archief is uitgesproken representatief voor het 20e-eeuwse dagelijkse citéleven van de mijnwerker.
De woning, gebouwd in 1925, werd eerst bewoond door twee Sloveense gezinnen, functioneerde

Munby, Arthur

b. 1828, York, England; d. 1910, Pyrford, England

The seven albums of photographs collected by Munby, a Victorian barrister, poet and diarist of independent means, include many of pithead girls or female colliers. He arranged for them to be photographed in a studio, still coal-smeared and wearing their working gear of jackets and padded trousers. The photographs add a curious dimension to his activities as a social reformer, supporting female suffrage and education. (He taught Latin at the Working Women's College.) His unstinting advocacy of the right of women to work, and his opposition, for instance, to the restriction on female labour in the mines, was accompanied by an obsessive interest in strong working class women, whom he studied, talked to and often had photographically recorded, noting age and height on the back of the photograph. That this was more than socially-concerned anthropology is evident from his relationship with Hannah Collwick (1833-1909), a domestic servant whom he married but could not and would not acknowledge publicly (Hudson 1974). The conflict between social position and sexual attraction remained unresolved. While undoubtedly casting light on the troubling "association of dirt, coal dust and working-class sexuality" (Thesing 2000:13), Munby's photographs also conform to well established 19th-century photographic traditions of recording the costumes and customs of peoples exotic and local, as in *cartes de visite*. In Munby's albums, among the photographs of collier women there are also images of French and Austrian peasant girls, circus pin-ups and "Zulu women".

DA

> Dirt
> Pollution

Museum van Mijnwerkerswoning, Eisden

Museum of the Miner's House, Eisden

The mining site of Eisden is actually the remarkable outcome of one hundred years of struggle to improve workers' housing, and an indirect result of the late 19th-century English 'garden city' movement. The mining company did not build these spacious houses out of pure charity, however: their aim was to attract the best miners and to win their lifelong loyalty to the company.

The Museum and the town's archives vividly represent the domestic life of local miners in the early 20th century. Built in 1925, the house was first inhabited by two Slovenian families. Later it was converted into an infant care centre, then again into emergency classrooms, and finally into a chaplain's house. Today, this house is known in the region for being the most successful project in raising the historical awareness of the inhabitants and neighbours about the meaning of this exceptional residential area. The Museum was created in 1989 as the result of an initiative by a few local heritage institutions and with the participation of the local heritage community, who believed that although miners do not usually grow to be very old, their lives and history should not be forgotten. Furthermore, as an 'eco-museum' in the original sense of the term, the Museum offers a statement against and an alternative to the cluttering of the area with wild construction developments, seeking instead to preserve some of the neighbourhood's authentic character.

BvD

> Embroidered Sayings
> 17 Tons

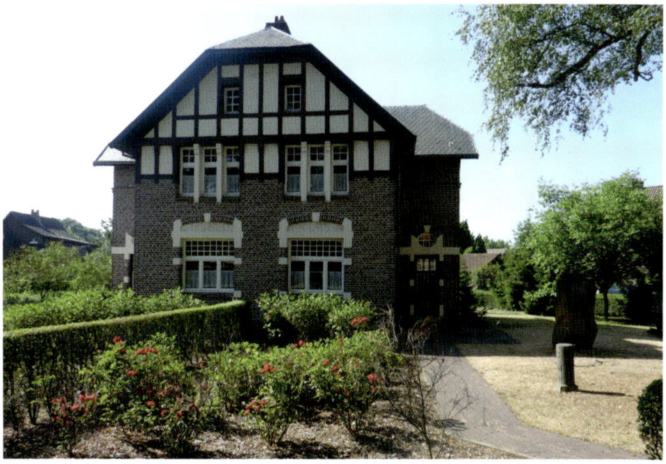

Museum of the Miner's House, Eisden. Photo by Cuauhtémoc Medina

later als kinderheil, als noodklaslokalen en als kapelaanwoning. Vandaag staat ze in de mijnregio bekend als het meest geslaagde project om bewoners én omwonenden een historisch bewustzijn bij te brengen over de betekenis van deze uitzonderlijke historische woonplaats.

Het museum werd opgericht in 1989 en is het resultaat van de overtuigingskracht van enkele lokale erfgoedactoren en de medewerking van de plaatselijke erfgoedgemeenschap, en dit vanuit het besef dat mijnwerkers meestal niet oud werden, maar dat hun leven en geschiedenis niet mogen worden vergeten. Het is een ecomuseum in de oorspronkelijke vorm; het biedt een statement en positief alternatief tegen de 'verrommeling' van deze locatie door een wildgroei aan verbouwingen en koterijen, voor het behoud van het authentieke karakter van de wijk.

BvD

> Geborduurde Spreuken
> 17 Ton

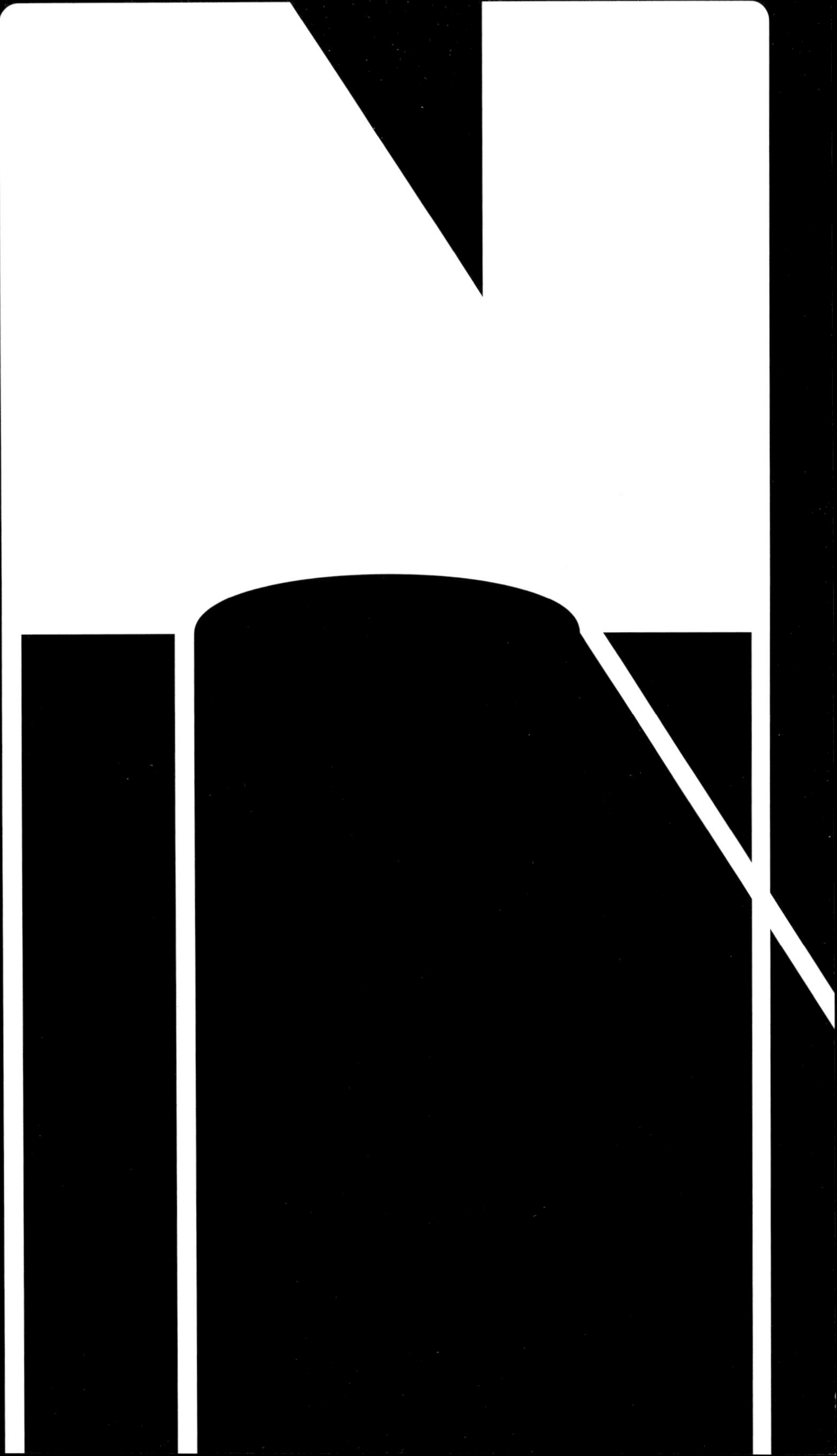

Newcomen Colliery Winding Engine

Coalbrookdale c. 1790, mid 19e eeuw
Foto, ca. 35 x 20 cm
Collectie: Science Museum, Londen

De stoommachine van Newcomen (1712), uitgevonden door de Dartmouthse smid Thomas Newcomen (1663-1729), loste een van de belangrijkste problemen van de mijnbouw op: ertswinning uit de diepere putten, die voortdurend bedreigd werden door overstromingen. Het veranderde het steenkoolwinningsproces door water met behulp van stoomkracht op te pompen. Hoewel onhandig en afhankelijk van grote hoeveelheden steenkool, kon het de productie stevig opschroeven. De hier getoonde ophaalmachine uit Newcomen werd circa 1790 in Coalbrookdale geïnstalleerd.
DA

> Coalbrookdale
> Landschap

Nieuws van het kerkhof: over de biënnale als migratiecentrum

Cuauhtémoc Medina

1

In het najaar van 2010, toen ik terugblikte op de 23e editie van de biënnale in São Paulo, stond ik vooral versteld van de invloed van een bepaald werk dat werd gecensureerd en louter als skelet in de tentoonstelling was achtergelaten. Het ging om een enorme installatie met de ietwat ironische titel *Bandeira Branca* [Witte Vlag] (2010) door de Braziliaanse kunstenaar en schrijver Nuno Ramos. Het bevond zich middenin het paviljoen, het Palácio das Indústrias [Paleis van Industrieën] (1954) van Oscar Niemeyer en Hélio Uchôa, en bestond uit enkele hoge structuren afgewisseld met minieme beeldhouwwerken, scheepsmachines en klippen, die een voetstuk vormden voor verschillende zware luidsprekers. Deze opstelling moest dienen als slaapplaats voor een half dozijn lokale gieren of burubú's, die door middel van zwarte netten van het publiek moesten worden afgescheiden. De installatie ging tegelijk een symbiotische en parasitaire verhouding met de biënnale aan. Ironisch genoeg werd ze veroordeeld door dierenrechtenactivisten die beweerden dat de gieren door gebrek aan zonlicht schimmelziekten dreigden op te lopen. Om maar te zwijgen over hoe moeilijk de hedendaagse moraal het heeft met het gebruik van dieren voor iets anders dan hun slachtvlees.

De installatie van Nuno Ramos werd dan wel geboycot, de evocatieve kracht ervan bleef intact. Terwijl ik de lange reeks video's, installaties, projecten en beelden over de drie verdiepingen in het hoofdgebouw van de biënnale bekeek, kreeg ik plots het gevoel dat de geesten van de afwezige gieren boven onze hoofden cirkelden, een hallucinant symptoom van wat ons, tentoonstellingsbezoekers, beneden dwarszat.

Al jaren klagen bezoekers en deelnemers van biënnales wereldwijd over een zekere wanhoop. Kunstenaars hebben het gevoel dat de specificiteit van hun werk teloorgaat onder de grote thematiek en theoretische eisen van de organisatoren. Critici hebben het gevoel dat de tirannieke ego's van de curatoren vrij spel krijgen. Het publiek vreest dat de toename van hedendaagse kunstbiënnales over de hele wereld bijdraagt tot culturele homogenisering. Dat werkt dan weer een *usual suspects*-lijst van kunstenaars in de hand, terwijl stereotiepe voorstellingen van lokale of regionale kunst in stand worden gehouden. In het beste geval worden biënnales beschouwd als een 'noodzakelijk kwaad', en niet als een institutionele structuur die de kunstbeleving van vandaag weergeeft.

Kunstbiënnales worden almaar meer geïndustrialiseerd. Ze missen een goede interne onderverdeling waardoor de honderden hedendaagse kunstenaars en duizenden uren aan video's, films, gesprekken en acties, een dagenlange hectische en vaak onvolledige 'opname' vergen van de professionele en de gewone bezoeker. De klemtoon op geografische omvang en uitbreiding overstemt de reflectieve capaciteit van welk individueel wezen ook. Ooit, vermoeden we, kon een lichaam het allemaal in zich opnemen.

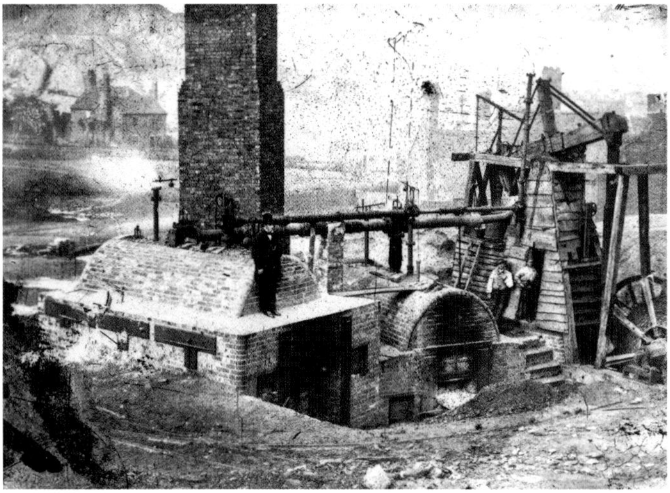

Newcomen Colliery Winding Engine, Coalbrook c.1790

Newcomen Colliery Winding Engine

Coalbrookdale c. 1790, mid 19th century
One photograph, approx. 35 x 20 cm
Collection: Science Museum, London

The Newcomen engine (1712), invented by the Dartmouth iron-monger Thomas Newcomen (1663-1729), solved one of the major problems of mining the deeper coal pits, which were constantly threatened by flooding. It transformed the process of coal extraction by pumping the water using steam power. Although clumsy and dependent on large supplies of coal, it vastly increased output. The Newcomen winding engine shown here was installed at Coalbrookdale circa 1790.
DA

> Coalbrookdale
> Landscape

News from the Graveyard: On the biennial as a migratory centre

Cuauhtémoc Medina

1

In the autumn of 2010, while reviewing the 23rd edition of the Sao Paulo Biennial, I was particularly struck by the implications of a work that had been censored and left as a mere carcass in the show: a massive installation titled, somewhat ironically, *Bandeira Branca* (White Flag) (2010) by Brazilian artist and writer Nuno Ramos. Placed right in the centre of the pavilion, Oscar Niemeyer and Hélio Uchôa's Palace of Industries (1954), it consisted of a number of tall structures interspersed between minimal sculptures, shipyard machinery and cliffs, which served as pedestals for several massive loudspeakers. This stage was meant to serve as a roost for half a dozen local vultures, or burubús, which were to be isolated from the audience by means of black netting. An installation intended to be both symbiotic with and parasitical to the biennial as a whole, it ironically fell prey to animal rights activists who claimed that the lack of sunlight would put the vultures at risk of contracting fungal diseases, to say nothing of the uncomfortable feelings that contemporary morality has toward using animals for anything other than their slaughter.

Although Nuno Ramos's installation had been neutralised, its evocative powers remained intact. While looking at the sheer accumulation of videos, installations, projects and images congregated in the three levels in the main venue at the Biennial, I suddenly had the impression that the spectres of those absent vultures were circling above us, a hallucinatory symptom of what was ailing us exhibition-goers below.

For years now, visitors and participants to the world's biennials have been complaining of a feeling of despair. Artists have the feeling that the specificity of their practices gets lost beneath the grand thematic and

2.

We zijn allemaal vertrouwd met de wijdverspreide moderne culturele metafoor die een museum als een cultureel kerkhof beschouwt. De meest krachtige vertolking van het dualisme van het moderne ten opzichte van zijn culturele spookhuizen, werd geformuleerd door Theodor Adorno, die beweerde dat de gelijkenis tussen de woorden "museum" en "mausoleum" niet louter fonetisch was. "Musea zijn als familiegraven [*Erbbegräbnisse*] van kunstwerken. Ze getuigen van de neutralisatie van cultuur" (1981:173). Het is duidelijk dat Adorno's uitspraak niet om een *tabula rasa* smeekte. Integendeel, het idee om kunstwerken onder te brengen in een dergelijke ruimte van rouw, werd onderbouwd door het feit dat "hun bewaring eerder [diende] als historisch eerbetoon dan als een hedendaagse behoefte" (ibid).

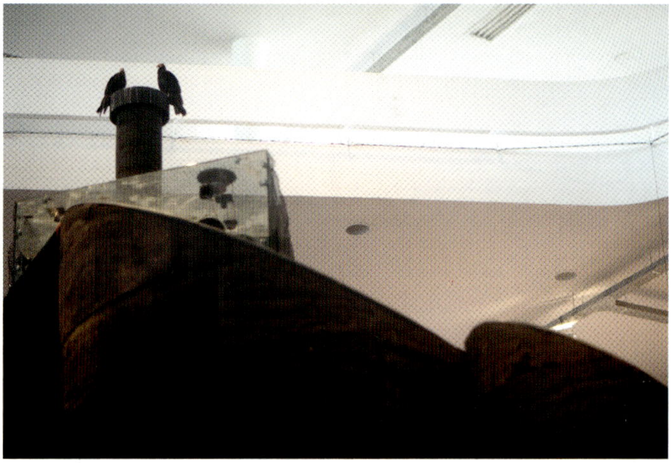

Nuno Ramos, *Bandiera Bianca*, 2010 (detail)

Ook al fungeert het museum als familiecrypte van een vergeten cultuur, toch blijft het een waardige rol vervullen. Het legt een formele verhaallijn en ruimtelijkheid op, compleet met alle nodige steun en bemiddeling: zalen voor alle thema's, tijdperken en beschavingen; speciale klemtoon op bepaalde nissen en uitsprongen; het nauwgezette onderhoud van vitrines, etiketten en sokkels; de tussenkomst van bijschriften vol diepzinnige en technisch gedetailleerde gedachten; en de zorgvuldige, melancholische plaatsing van marmeren decoratie, guirlandes en bloemen. De hedendaagse kunstbiënnale daarentegen, roept een compleet ander heterotopisch apparaat op, om een concept van Michel Foucault te gebruiken. Hij identificeerde 'heterotopieën' als 'echte plaatsen' in een bepaalde cultuur of beschaving die niettemin symbolisch buiten of tegenover hun territorialiteit staan (1998). De afwezige gieren boven São Paulo verwijzen naar een ander soort bestemming van de doden: massagraven, waar beenderen en wegrottende delen van ongeborenen en ongestorvenen door elkaar liggen, en alles wat we vaag als 'utopisch' beschouwen, terugvoeren naar sporen uit het verleden. Vanuit dat oogpunt zijn biënnales de plek bij uitstek voor grote delegaties rouwenden die eer betuigen aan een denkbeeldig, vervlogen tijdperk toen de wereld op een stabiele, begrijpbare wijze georganiseerd leek. Het lijkt alsof er naast de opwinding rond de biënnale-*boom* op het einde van de 20e eeuw, een parallel proces van weerstand en rouw ontstaat. Die heeft zowel betrekking op de aanvoerders van culturele decentralisatie

theoretical claims of the biennials' organizers. Critics have the feeling that the tyrannical egos of the curators are given free rein. Audiences suspect that the proliferation of contemporary biennials around the world is contributing to a global cultural homogenisation, favouring a 'usual suspects' list of artists while perpetuating stereotypical representations of local or regional forms of practice. At best, biennials are regarded as a 'necessary evil', rather than as an institutional structure that is constitutive of the experience of art today.

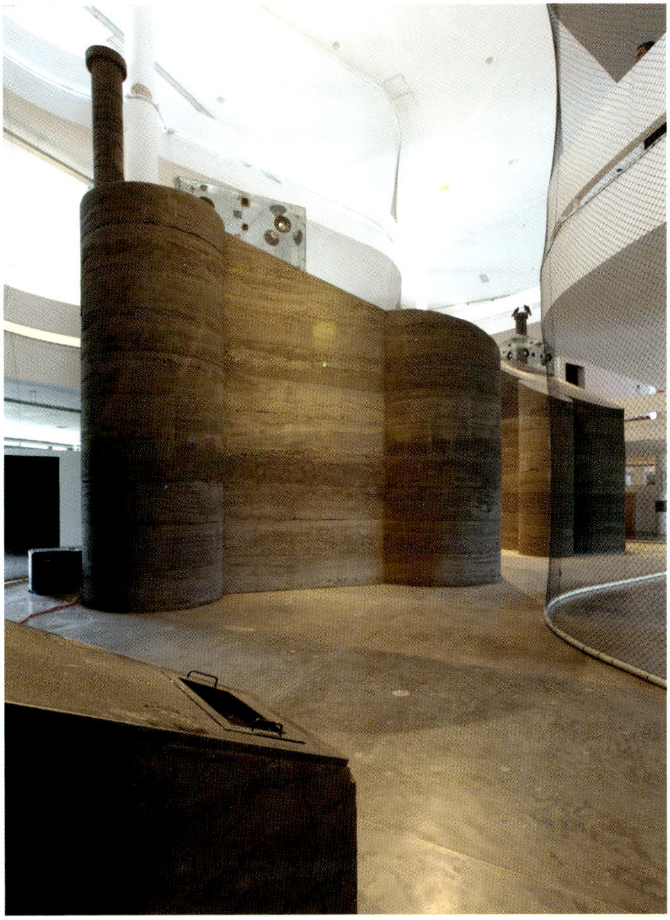

Nuno Ramos, *Bandiera Bianca*, 2010 (detail)

Art biennials have become increasingly industrialised. With their lack of internal segmentation, hundreds of contemporary artists, and thousands of hours of videos, films, talks and actions, they demand days of hectic and frequently incomplete absorption from professional and amateur viewer alike. All this emphasis on geographical scale and extension overpowers the reflective capacity of any individual organism. Once upon a time, we imagine, a body could take it all in.

2

We are all familiar with the extended modern cultural trope that understands the Museum as a cultural graveyard. The most powerful rendition of the ambivalence of the modern toward its cultural ghost-houses

als op de felle voorvechters van het oude culturele bestel. Ook al lijden we onder de exclusivistische mechanismen van het modern-internationale tijdperk, toch missen we de lineariteit van verhaallijnen en 'het ergens bij horen'.

Nu het respect dat we tegenwoordig onze dood toekennen vervliegt als de vele assen die uit een overactief crematorium spuien, wordt het misschien tijd voor een kritische revisie van de metaforen waarmee we de transformaties begrijpen die vandaag in onze culturele instellingen plaatsvinden. Er is tenslotte een duidelijk verband tussen de manier waarop begraafplekken uit de steden verdwijnen, en de manier waarop informatie en kennis dematerialiseren via de uitbreiding van het internet en de toenemende registratie van historische gebeurtenissen op film en video.

3

Waarom dan, gezien deze bedenkingen, toch de rol van curator van een biënnale aanvaarden? En waarom – zowel in daden als in woorden – het bestaan ervan verdedigen en haar voortbestaan nastreven? Bovenal omdat biënnales, ongeacht hun specifieke agenda's en programma's, het platform zijn voor, een hoofdrolspeler zijn in, en het symbool zijn van een overwegend geopolitieke en culturele verschuiving. Het zou zelfs niet te ver gezocht zijn om te beweren dat de substantiële energie, middelen en hoop die in biënnales wordt geïnvesteerd, gebaseerd is op hun belangrijke rol in de culturele decentralisatie die een einde maakte aan de exclusivistische tactieken en geopolitiek van moderniteit – een vorm van geopolitiek die in de meeste andere domeinen van culturele productie en verspreiding min of meer intact is gebleven.

Wereldwijd vinden per jaar meer dan honderd biënnales plaats, met al hun gestoorde, kortstondige kunstverzamelingen. Dit is tegelijk een resultaat en een aandenken aan een 30-jarige strijd voor culturele inclusie, als deel van de hervorming van de geopolitiek van de hedendaagse kunst die plaatsvond in de laatste decennia van de 20e eeuw. Deze transformatie werd symbolisch geïntroduceerd door de Havana Biënnale in 1984. Hiermee wilde men de vectoren van exclusie omkeren door enkele jaren lang een alternatief circuit proberen te vestigen en door de werken en kunstenaars uit de zogenaamde periferie op te waarderen. Gelijkaardige initiatieven ontstonden al gauw in Istanbul (1987), Dakar (1990), Lyon (1991), Tijuana en San Diego (1991), Curitiba (1993), Sharjah (1993), Johannesburg (1995), Gwangju (1995) en Porto Alegre (1996). Precies door het offensief van alternatieve biënnales zoals deze versloeg het 'Zuiden' (in meer algemene zin) de verdediging van het *anciën regime* van de 'internationale' modernistische kunstwereld in de naoorlogse periode. Die steunde op de bewering dat de meest geavanceerde kunst werd gecreëerd en naar de buitenwereld werd verspreid vanuit een aantal vaste culturele centra, niet toevallig gelegen in de NAVO-landen.

Op gelijkaardige wijze werd de zogenaamde periferie voorgesteld als een terugtrekkende horizon, doorgaans bijkomstig op artistiek, politiek en cultureel vlak in vergelijking met de metropolen van het modernisme. De transitionele (transnationale) 'biënnale' stond niet langer voor een

came from Theodor Adorno, who claimed that the proximity of the words "museum" and "mausoleum" was not merely phonetic. "Museums are like the family sepulchres [*Erbbegräbnisse*] of works of art. They testify to the neutralisation of culture" (1981:173). It is clear that Adorno's dictum did not yearn for a *tabula rasa*. On the contrary, the idea that artworks would be incorporated into such a space of mourning was predicated by the fact that "their preservation [owed] more to historical respect than to the needs of the present" (ibid).

If the museum behaves as the family crypt of obsolete culture, at least it still provides a dignified service. It imposes an ordained narrative and spatiality, replete with all manner of consolation and mediation: rooms assigned to themes, epochs or civilisations; special emphasis given to certain niches and promontories; the careful maintenance of showcases, labels and stands; the interference of inscriptions laden with deep and technically precise thoughts; and the careful, melancholic placement of marble decorations, garlands and flowers. The contemporary art biennial, by contrast, calls to the mind an entirely different heterotopic apparatus, to borrow a concept from Michel Foucault. He identified "heterotopias" as "real spaces" in a given culture or civilisation that nonetheless remain symbolically outside or opposed to its territoriality (1998). The absent vultures hovering over Sao Paulo point us toward a different sort of depository of the dead: namely, mass graves, where bones and half rotten fragments of the unborn and the undead mingle promiscuously, relating everything that we vaguely define as "utopian" back to traces of the past. According to such a vision, biennials are the sites of vast congregations of mourners, come to honour the passing of an imaginary, bygone era when the world seemed to be organised in a stable, comprehensible way. It is as if, beneath the excitement around the biennial explosion of the end of the 20th-century, a parallel process of resistance and mourning is taking place, involving both the agents of cultural decentralisation along with the staunch defenders of the old cultural order. Even if we suffered from the exclusionary mechanisms of the modern-international era, we all miss the linearity of narratives and belongings.

Insofar as the respect we now accord our dead is dissipating like so much ash spewing from an overworked crematorium, the time may have come for a critical revision of the metaphors by which we understand the transformations occurring in our cultural institutions today. For there is definitely an analogy to be drawn between the way the spaces of the dead are vanishing from our cities, and the way information and knowledge are dematerialising through the extension of the Internet and the delegation to film and video of the task of witnessing historical events.

3

Considering these misgivings, why then assume the task of curating a biennial and – in deed as well as by word – why defend its existence and work towards its sustainability? Above all, because regardless of their specific agendas and programs, biennials are the arena for, a major agent in, and a symbol of an overarching geopolitical and cultural shift. In fact, it would not be too far-fetched to claim that the substantial energy, resources and hope invested in biennials come from their significance as agents of the cultural decentralisation that saw the end to the

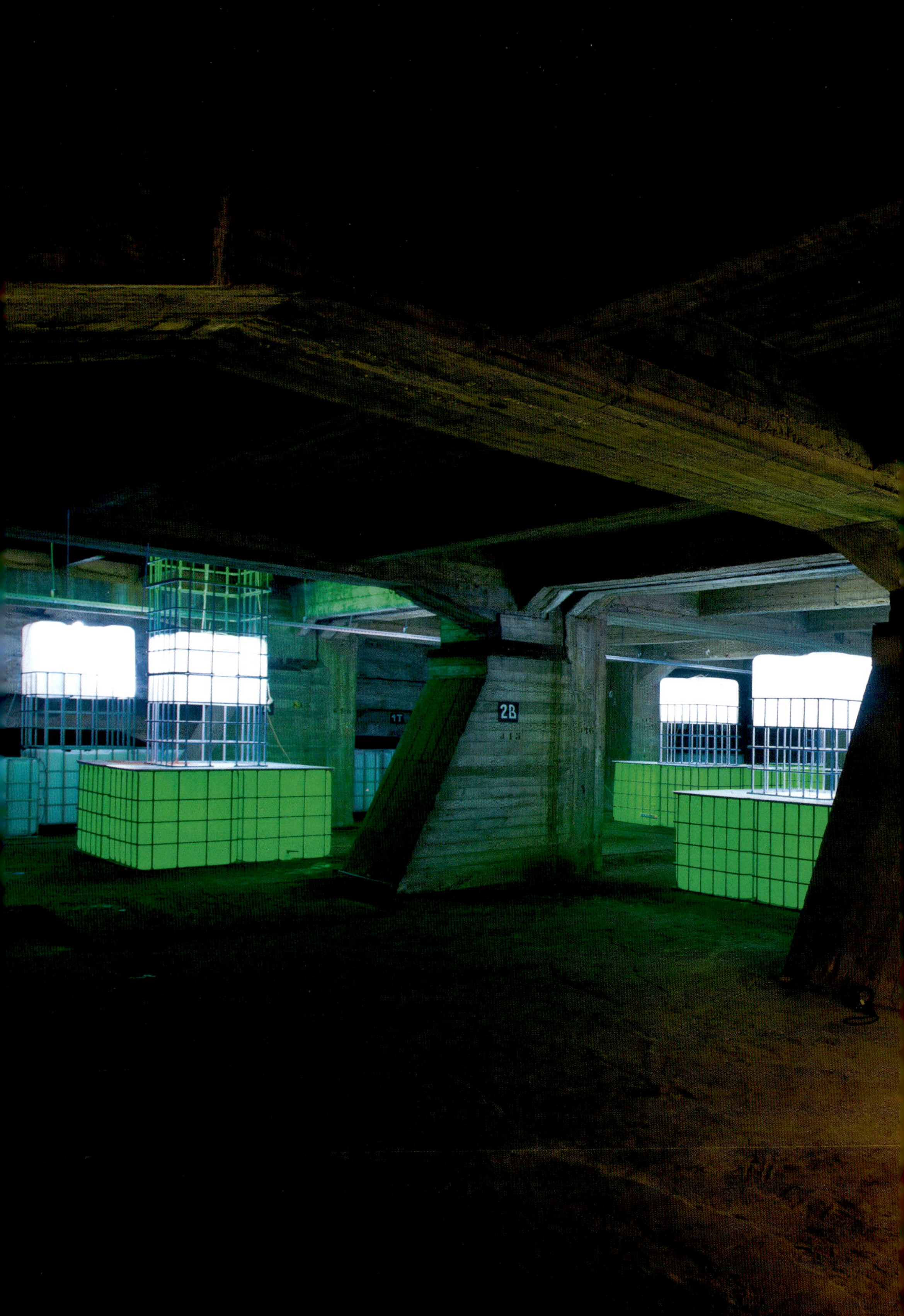

General view: Intervention of 2012 Architecten & Refunc in the basement of Waterschei

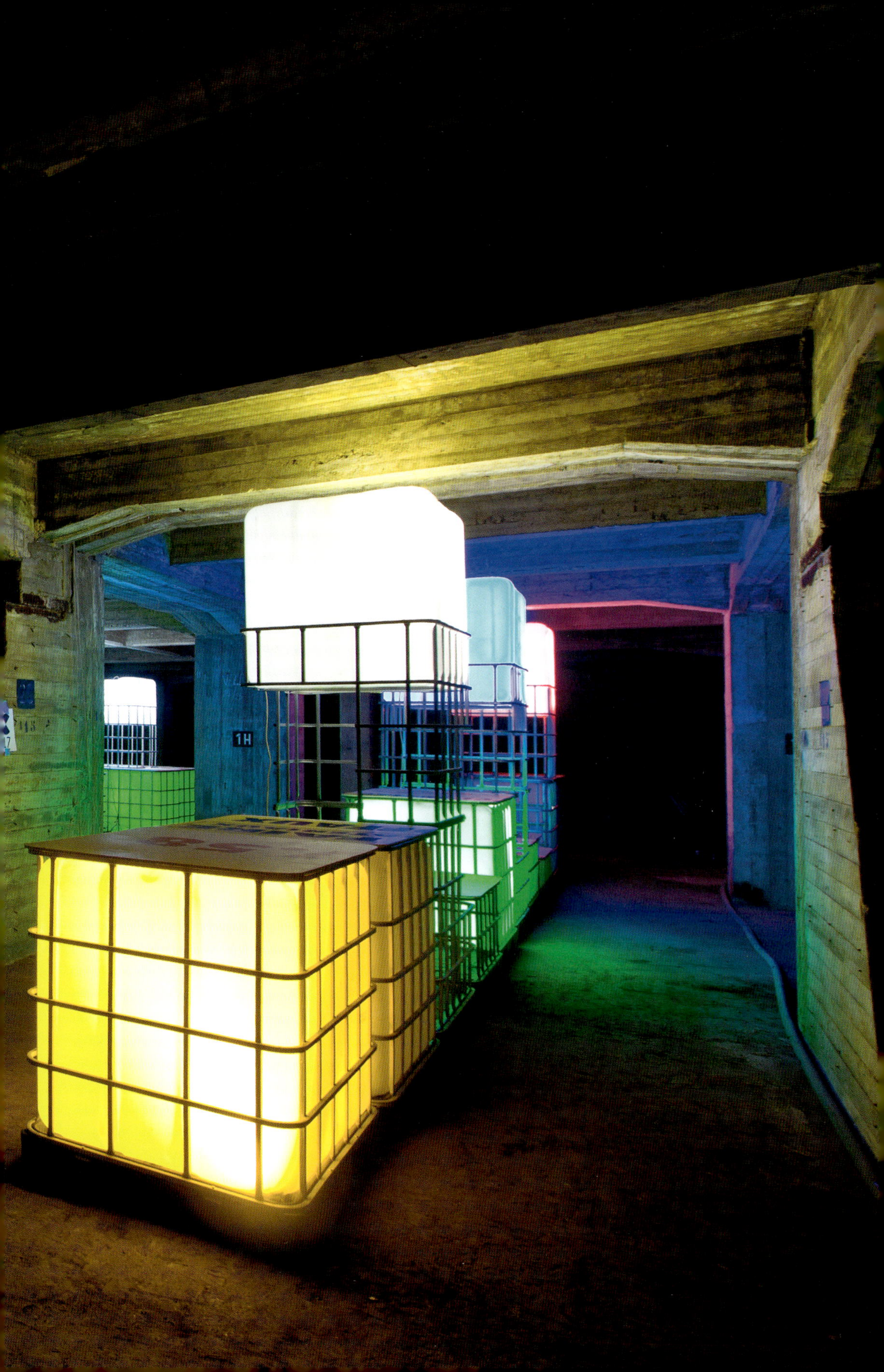
1H

exclusief merk, en evolueerde naar een onduidelijk en uiteenlopend genre tentoonstellingen. Het transformeerde het vooropgestelde symbolisme van geografie, terwijl het zowel publiek als professional het hedendaagse leerde begrijpen als een proces zonder vaste locatie, als iets dat via een wereldse conversatie moet gebeuren. En dit langs gedeelde routes waar de verschillende politieke en artistieke belangen van een aantal locaties opnieuw zou moeten worden bepaald bij elke nieuwe start. Gedeeltelijk was dat te wijten aan het programmatisch standpunt vanwaaruit sommige van deze initiatieven de geografische en culturele vooroordelen van de vroegere kunstgeschiedenis wilde ontkrachten. Dit effect was tevens een rechtstreeks gevolg van de verschillen in voorstelling en sociale functie geïmpliceerd door kunstwerken die moesten inspelen op een sociale context, publiek en culturele erfenis die verschilde van die waarrond het verhaal van modernisme was opgehangen. Een groot deel van de wanhoop gevoed door hedendaagse biënnales vloeit voort uit het feit dat ze ervoor hebben gezorgd dat niemand op welke plaats ook kan pretenderen de hoofdgetuige te zijn op het vlak van de hedendaagse kunst. Hoe meer biënnales er zijn, hoe moeilijker het wordt om controle te claimen over kennis of eigendom van de logica, de logistiek en de hoogtepunten van de hedendaagse kunst.

Onafhankelijk van de specifieke belangen van een biënnale, brengt de verspreiding van de biënnale als algemene vorm een volledig nieuw scenario aan het licht: de idee van een veelvoud aan centra vol van instabiliteit en vluchtigheid. Bij de organisatie van een biënnale wordt telkens opnieuw uiting gegeven aan een gelijkaardig geografisch ritueel: de bedoeling (en de behoefte) om de zogenaamde 'hedendaagsheid' voor te stellen als een cyclische ceremonie die een tijdelijk en symbolisch geografisch centrum van een visueel, cultureel en politiek verhaal voorziet. In tegenstelling tot het verleden muteren en vervliegen deze hedendaagse rituelen terwijl ze migreren en de zes continenten doorkruisen als een neo-zigeunerkaravaan. In dat opzicht wordt de uitbreiding van biënnales vanzelf problematisch.

Biënnales zijn een van de vormen waarmee de hypermoderniteit reflecteert en vorm geeft aan haar tijd- en ruimtebepaling terwijl ze ons verdriet om het (schijnbare) verlies aan culturele en geografische bepaaldheid in een zelf-reflexieve machine verandert. Zodra we ophouden met klagen over de slordige kwaliteit van biënnales vandaag, ontdekken we misschien de therapeutische waarde ervan. Ze bezitten namelijk de macht om de kunstwereld te herscheppen in een ruimte waar de beleving van de politieke, kritische en geografische complexiteit betekenis krijgt. Vanuit dat oogpunt wordt hun uitbreiding een profaan ritueel van de productie en vernietiging van de veelheid aan culturele 'centra' waar de relevantie van artistiek werk wordt getest tegen de verschillende sociale en culturele contexten en toeschouwers. In die zin is de nomadische aard van Manifesta typerend voor deze zoektocht om het domein van de hedendaagse cultuur om te vormen naar een instrument van geopolitieke transformatie.

Als migratiecentrum van cultuur riskeert de biënnale nog steeds een zoveelste poging te worden om een bepaald beeld van de wereld te vangen, waardoor de constante opstoten van globaal kapitalisme stabilisering verhinderen onder elke andere vorm dan als een culturele vortex. Bijgevolg verschijnt het spookbeeld van het massagraf misschien

exclusionary tactics and geopolitics of modernity – a version of geopolitics that remains more or less intact in most other fields of cultural production and circulation.

More than one hundred biennials take place around the world each year, with all their demented, ephemeral accumulation of artistic production. This is both an outcome of and a monument to a 30-year-long struggle for cultural inclusion, as part of the reshaping of the geopolitics of contemporary art that took place in the final decades of the 20th century. This transformation was symbolically launched by the creation of the Havana Biennial in 1984, an event which aimed to invert the vectors of exclusion by attempting, for a few years, to establish an alternative circuit and to critically validate works and artists coming from the so-called periphery. Similar events quickly emerged in Istanbul (1987), Dakar (1990), Lyon (1991), Tijuana and San Diego (1991), Curitiba (1993), Sharjah (1993), Johannesburg (1995), Gwangju (1995) and Porto Alegre (1996). It was through the assault of alternative biennial centres like these that 'the South' (in the more general sense) broke the lines of defence protecting the *anciènregime* of the 'international' modernist art world of the post-war era, which depended on the assumption that the most advanced art was created in and diffused outwardly from a number of cultural centres fixed, not by chance, in the NATO nations.

In a similar vein, the so-called periphery was conceived as a receding horizon, perpetually ancillary in artistic, political and cultural terms when compared to modernism's metropolises. The transitional (transnational) 'biennial' ceased to designate an exclusive brand name, evolving into an indeterminate and multiplex genre of exhibitions. It transformed the preconceived symbolism of geography, training both audiences and practitioners to understand the contemporary as a process without a fixed location, as something that ought to occur through a planetary conversation, situated along shared routes where the different political and artistic interests of a number of locations would have to be renegotiated with each new iteration. In part, this was due to the programmatic stance some of those events took toward dismantling the geographical and cultural biases of earlier art history. This effect was also a direct result of the changes in representation and social function implied by artworks that had to interact with social settings, audiences and cultural genealogies different from those around which modernism's narratives had been created. A great deal of the angst produced by contemporary biennials comes from the fact that they have made sure that nobody in any specific place can pretend to be the primary witness of the field of contemporary art. The more biennials there are, the more difficult it becomes to pretend to control knowledge or ownership of the logic, logistics and highlights of contemporary culture.

Independently of any given biennial's specific points of interest, the dissemination of the general form of the biennial itself illuminates an entirely new scenario: the notion of a multiplicity of centres pregnant with instability and ephemerality. Each time a biennial is organised it gives expression to a similar geographical ritual: the idea of (and the need for) staging the so-called 'contemporary' as a cyclical ceremony that invests a provisional and symbolic geographical centre with visual, cultural and political narratives. Unlike in the past, these contemporary rituals mutate

in een wanhopige poging om deze periode van constante beroering te monumentaliseren, of alleszins de chaos van de immense sociale energie ervan. Maar misschien was het gevoel van orde in de 'museum-mausoleum'-analogie al onherroepelijk verloren nog voordat de verwachtingen van de genealogie van moderniteit waren verdwenen. In dat geval zou de hedendaagse kunst een cultuurvorm zijn die ons de illusie van een uitgebreide organisatievorm ontneemt. Misschien kunnen we door de transformatie van instellingen als biënnales het hoofd bieden aan het verlies van richting dat het proces van geografische decentralisatie en culturele dematerialisatie onze beschaving heeft opgeleverd. En dit, zonder vergeefs te proberen opnieuw identiteiten te introduceren gebaseerd op een gevoel van geografische en sociale bepaaldheid eerder dan op een onderbouwd begrip van historische en sociale processen.

Het is geen toeval dat de titel *Manifesta 9: The Deep of the Modern* expliciet verwijst naar de peilloze diepte van de tijdelijkheid van het modernisme. Hoewel modernisme en kapitalisme inderdaad als dreigend en dominerend voorkomen, zijn wij er als curatoren niet van overtuigd dat het kopiëren van hun monsterlijke karakter, de beste culturele strategie is. Door het terugkerende droombeeld van de gierenblik op het hedendaagse te bannen, wil onze tentoonstelling grond houden, en nóg dieper graven. Op die manier probeert ze de impliciete belofte van Manifesta te vervullen door een stukje van de complexe geschiedenis van de industriële productie op Genkse bodem bloot te leggen. Door de hedendaagse kunstproductie te verbinden met een specifieke moderne kunstgeschiedenis en de vormen en praktijken van een bepaald cultureel erfgoed, hebben we geprobeerd de meer algemene sociale, economische en politieke processen te schetsen die het huidige landschap hebben bepaald. Onze hoop bestaat erin met dit project een nieuwe, tijdelijke dimensie toe te voegen aan het kritische arsenaal van de hedendaagse biënnales en dus bij te dragen aan de collectieve transformatie van de hedendaagse cultuur.

Ni, Haifeng

geb. 1964, Zhoushan, China; woont en werkt in Amsterdam, Nederland

Para-Production, 2008-2012
Textiel, naaimachines, work in progress, variabele afmetingen

Para-Production is tegelijkertijd een terugkeer naar en een voortzetting van het werk *Return of the Shreds* dat in 2007 voor het eerst in het Stedelijk Museum de Lakenhal in Leiden werd tentoongesteld. Het werk bestaat uit tonnen geselecteerde en vervolgens aan flarden gescheurde kledij, afkomstig uit Chinese textielfabrieken. In *Para-Production* zijn deze flarden en overblijfsels aan elkaar genaaid tot een grote lap. Met deze omkering van de productie van iets bruikbaars naar iets nutteloos, ondergraaft Haifeng het verwachtingspatroon. *Para-Production* verwijst niet alleen naar hergebruik en reproductie in onze globale economie; het werk stelt ook vragen bij consumptie en de oneindigheid, labiliteit en instabiliteit van het kapitalistisch systeem. In beide werken wordt China opgevoerd als het epicentrum van de wereldwijde productie en de link tussen het kolonialisme en de globalisering.

Met *Para-Production* weigert Haifeng iets 'nuttigs' te produceren en richt hij zijn aandacht in de eerste plaats op het proces, veeleer dan op het eindproduct. Bij de installatie horen ook naaimachines, naaisters en de ontelbare, daaraan gekoppelde werkuren. Ook het transporteren van het werk maakt inherent deel uit van de installatie. Het verschepen van de goederen over de verschillende grenzen heen vereist specifieke douanevoorwaarden en -condities, vooral wanneer we spreken over gefabriceerd textiel. *Para-Production* bemiddelt tussen verschillende talen en culturen. Het resultaat is een product van

and evaporate as they migrate and traverse the six continents like some neo-gypsy caravan. In this light, the proliferation of biennials becomes critical in itself.

Biennials are one of the forms by which hypermodernity reflects and gives shape to its time and space, turning our grief at the (apparent) loss of cultural and geographical determinacy into a self-reflexive machine. If we refrain from lamenting the disorderly quality of biennials today, we might recognise that they also have a therapeutic value. That is, they hold the potential to reshape the art world into a space for making sense of the experience of political, critical and geographical complexity. From this perspective, their proliferation has become a secular ritual of the production and demolition of the plurality of cultural *centres* where the relevance of artistic practice is tested against different social and cultural settings and audiences. In that sense, the nomadic quality of Manifesta stands as an emblem of this quest to fashion the field of contemporary culture into an instrument of geopolitical transformation.

As a migratory centre of culture, the biennial still risks becoming another attempt to master a particular image of the world, by which the constant upheavals of global capitalism prevent stabilisation in any form other than as a cultural vortex. Thus the phantom of the mass grave might appear in a desperate attempt to monumentalise this time of constant trepidation, if not the chaos of its immense social energy. But maybe the feeling of order fostered by the 'museum-mausoleum' was already irretrievably lost, even before expectations of the genealogy of modernity had gone. In that case, contemporary art would be a form of culture that refuses us the solace of fantasising about a comprehensive mode of organisation. Maybe a transformation of institutions like biennials could help to deal with the loss of orientation that the process of geographical decentring and cultural dematerialisation have brought to our civilisation, without intending in vain to reintroduce identities based on a sense of geographical and social fixity rather than in terms of an informed understanding of historical and social processes.

It is no accident that the title of Manifesta 9: *The Deep of the Modern* insists on calling attention to the abyss of modernism's temporality. Although modernisation and capitalism do indeed have a threatening and overpowering appearance, we, the curators, are not convinced that the best cultural strategy today is to mimic their monstrosity. In dispelling the recurring dream of a vulture's-eye view of the contemporary, our exhibition aims to go to ground – and indeed, to dig beneath it. In so doing, it attempts to fulfil Manifesta's implicit promise by excavating something of the complex history of industrial production that lies sedimented below Genk. In connecting contemporary art production to a specific modern art history and to the forms and practices of a particular cultural heritage, we have endeavoured to map the more general social, economic and political processes that have shaped the present landscape. Our hope is that this project will add a new, temporal dimension to contemporary biennials' critical arsenal and thus contribute something to the collective transformation of contemporary culture.

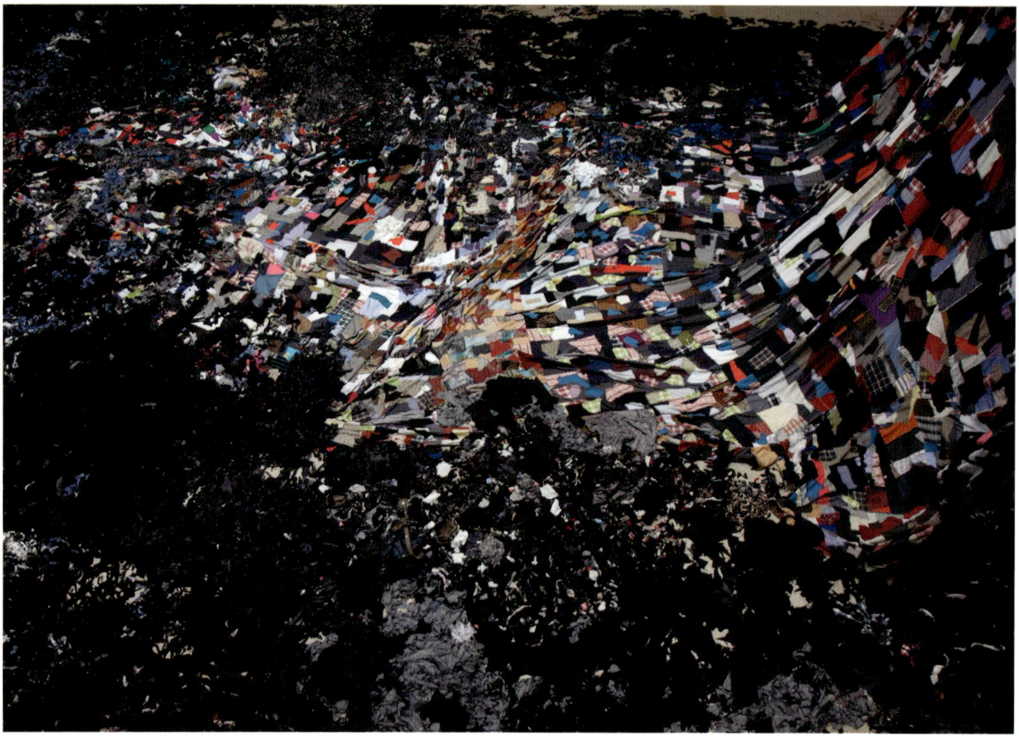

Ni Haifeng, *Para-Production,* 2012

menselijke arbeid, dat de nutteloosheid en de eindeloosheid van de collectieve productie van vandaag in schril contrast plaatst met de productiviteit en het potentieel van de werkende massa..

DH

> Gronbach, Eva
> Poëtica van de herstructurering
> Residu

Nicholson, F.

> Landschap

Nostalgie en haar misnoegen

Svetlana Boym

Het woord 'nostalgie' komt van twee Griekse stammen, *nostos* – terugkeer naar huis – en *algia* – verlangen. Ik zou het omschrijven als een verlangen naar een huis dat niet meer bestaat of nooit heeft bestaan. Nostalgie is een gevoel van verlies en verplaatsing, maar het is ook een romance met je eigen fantasie. Nostalgische liefde kan enkel overleven in een langeafstandsrelatie. Een filmisch beeld van nostalgie is een dubbele belichting, of een overlapping van twee beelden – van thuis en elders, van vroeger en nu, van droomwereld en het alledaagse. Van zodra we het in één enkel beeld dwingen, is het kader te klein of wordt het oppervlak overbelicht.

Is nostalgie ooit wat het vroeger was? Tegenwoordig komt het niet bij ons op om ermee naar de dokter te gaan. Maar in de 17e eeuw werd nostalgie als een behandelbare ziekte beschouwd, een beetje zoals een flinke verkoudheid. Het woord werd uitgevonden door de ijverige Zwitserse student Johannes Hofer in zijn medische proefschrift (1688). Hofer en zijn collega's geloofden dat opium, bloedzuigers en een reis naar de Zwitserse Alpen de nostalgische symptomen zouden verhelpen. Onder de eerste slachtoffers van de recent gediagnosticeerde ziekte waren verschillende ontheemden uit de 17e eeuw: vrijheidslievende studenten uit Bern die in Basel studeerden, huishoudhulpen en bedienden in Frankrijk en Duitsland en Zwitserse soldaten die vochten in het buitenland. De nostalgie-epidemie ging gepaard met de nog gevaarlijkere epidemie

Ni, Haifeng

b. 1964, Zhoushan, China;
lives and works in Amsterdam, Netherlands

Para-Production, 2008
Textile shreds, sewing machines, work in progress, variable dimensions.

Para-Production harks back to an earlier piece, *Return of the Shreds* (2007), first exhibited at the Stedelijk Museum de Lakenhal in Leiden, and which consists of several tons of discarded fabric trimmings that originated from Chinese factories. For *Para-Production*, these cloth residues are all sewn together into a single, massive piece. Ni undermines normal viewing habits with his reversal of the teleology of production, transforming something useful into something useless. *Para-Production* not only refers to reuse and reproduction within our global economy but also challenges consumption, and the endlessness, mutability and instability of the capitalist system. Like its antecedent, *Para-Production* acknowledges China's place at the epicentre of global manufacturing, as well as the connection between colonialism and globalisation.

Electing not to produce something useful, the artist foregrounds the actual process of production instead of the end product. In addition to the fabric itself, the installation also includes sewing machines and numerous seamstresses tasked with sewing the cloth shreds together. The process of transporting the work also constitutes an integral part of the piece, as shipping it across borders involves reckoning with the conditions of importation for objects such as manufactured clothes. *Para-Production* thus stands as a mediator between different languages and cultures. The result is a product of human labour, which contrasts the inefficiency and endlessness of collective production in our times with the productivity and potentiality of the working masses.

DH

> Gronbach, Eva
> Poetics of Restructuring
> Residue

Nicholson, F.

> Landscape

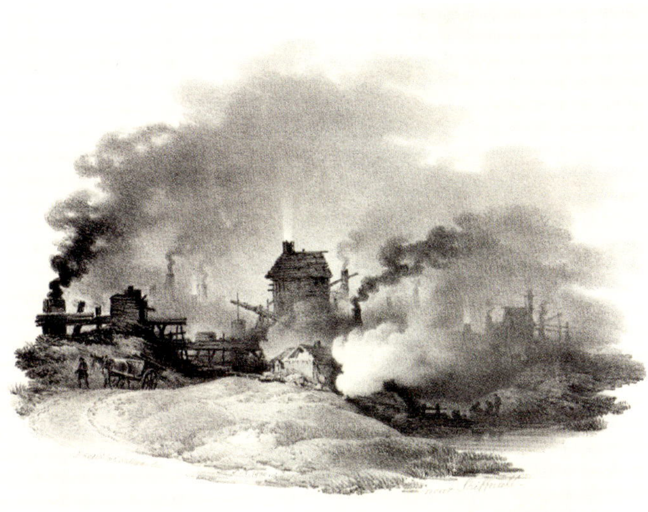

F. Nicholson (after), *Near Shiffnal*, 1820

Nostalgia and Its Discontents

Svetlana Boym

The word "nostalgia" comes from two Greek roots, *nostos* (return home) and *algia* (longing). I would define it as a longing for a home that no longer exists or has never existed. Nostalgia is a sentiment of loss and displacement, but it is also a romance with one's own fantasy. Nostalgic love can only survive in a long-distance relationship. A cinematic image of nostalgia is a double exposure, or a superimposition of two images: of home and abroad, of past and present, of dream and everyday life. The moment we try to force it into a single image, it breaks the frame or burns the surface.

Is nostalgia ever what it used to be? Today it would not occur to us to demand a prescription for it. Yet in the seventeenth century, nostalgia was considered to be a curable disease, akin to a severe common cold. The word was coined by the ambitious Swiss student Johannes Hofer in his medical dissertation (1688). Hofer and his colleagues believed that

van 'geveinsde nostalgie' die vooral voorkwam bij soldaten die het beu waren in het buitenland te dienen. Dit onthulde de besmettelijke aard van 'foutieve representaties' en 'gekwelde inbeelding'.

Nostalgie als volksaandoening stoelde ook meer op een gevoel van verlies dat zich niet beperkte tot het persoonlijke verleden. Zo'n gevoel van verlies betekent niet noodzakelijkerwijs dat wat verloren is nog vers in het geheugen ligt en dat men nog weet waar het te vinden is. Nostalgie werd steeds minder geneesbaar. Tegen het einde van de 18e eeuw ontdekten dokters dat een terugkeer naar huis de symptomen niet altijd wegnam. Integendeel, patiënten stierven zelfs vaak bij hun terugkeer. Het object van het verlangen emigreerde soms naar oorden ver buiten de grenzen van het moederland. Net zoals genetische onderzoekers tegenwoordig een gen hopen te vinden dat zowel medische aandoeningen, sociaal gedrag en zelfs seksuele geaardheid bepaalt, zo zochten de artsen in de 18e en 19e eeuw naar een enkele oorzaak, een 'pathologisch bot'. Maar ze slaagden er niet in om de nostalgie te lokaliseren in de geest of het lichaam van hun patiënt. Eén dokter beweerde dat nostalgie een 'hypochondrie van het hart' was, die gedijt op zijn symptomen. Nostalgie veranderde van een behandelbare aandoening in een ongeneeslijke ziekte. Een provinciale kwaal, *maladie du pays*, werd een ziekte van het moderne tijdperk, *mal du siècle*.

Mijn hypothese is dat de verspreiding van nostalgie niet alleen met de ruimtelijke verplaatsing te maken had, maar wel met het veranderde begrip van tijd. Nostalgie werd vastgesteld in een tijd waarin kunst en wetenschap hun navelstreng nog niet helemaal hadden doorgeknipt en geest en lichaam – interne en externe gezondheid – nog samen werden behandeld. Dit was een diagnose van een poëtische wetenschap. En we moeten maar niet neerbuigend lachen met de kundige Zwitserse dokters. Ons nageslacht zal depressie straks misschien poëtiseren en het als een metafoor zien voor de wereldwijde atmosferische omstandigheden, die met Prozac niet kunnen worden behandeld. Moderne nostalgie is het rouwen om de onmogelijkheid van een mythische terugkeer, voor het verlies van een 'toverwereld' met duidelijke grenzen en waarden. Het kan een seculiere uitdrukking van spiritueel verlangen zijn, een nostalgie naar een absoluut gegeven, naar een fysieke en spirituele thuis, naar de paradijselijke eenheid van tijd en ruimte vooraleer de geschiedenis begon. De nostalgicus is op zoek naar een spiritueel aanspreekpunt. Hij ontmoet echter alleen stilte, zoekt gedenkwaardige tekens en interpreteert ze verkeerd, uit wanhoop.

In reactie op de Verlichting, waar de nadruk lag op de universaliteit van de rede, begonnen romantici de eigenheid van het gevoel te bezingen. Naar huis verlangen werd een centrale *trope* van 'romantisch nationalisme'. Het is niet verwonderlijk dat nationale bewustwording eerder afkomstig is van buiten de gemeenschap dan van binnenin. De nostalgicus is nooit een autochtoon, maar wel een ontheemd persoon die schippert tussen het lokale en het universele. Veel nationale talen, met dank aan Herders passionele rehabilitatie, ontdekten hun eigen manier om hun patriottistisch verlangens uit te drukken. Vreemd genoeg begonnen intellectuelen en dichters uit verschillende nationale tradities te beweren dat ze een speciaal woord hadden voor heimwee dat fundamenteel onvertaalbaar was: de Portugezen hadden *saudade*, de Russen *toska*,

opium, leeches, and a journey to the Swiss Alps would take care of nostalgic symptoms. Among the first victims of the newly diagnosed disease were various displaced people of the seventeenth century: freedom-loving students from the Republic of Berne studying in Basel, domestic help and servants working in France and Germany, and Swiss soldiers fighting abroad. The epidemic of nostalgia was accompanied by the even more dangerous epidemic of 'feigned nostalgia', particularly common to soldiers tired of serving abroad, who revealed the contagious nature of 'erroneous representations' and 'afflicted imagination'.

As a public epidemic, nostalgia was based on a sense of loss not limited to personal history. Such a sense of loss does not necessarily suggest that what is lost is properly remembered and that one still knows where to look for it. Nostalgia became less and less curable. By the end of the eighteenth century, doctors discovered that a return home did not always treat the symptoms. In fact, once at home, the patients often died. The object of longing occasionally migrated to faraway lands beyond the confines of the motherland. Just as today genetic researchers hope to identify genes for medical conditions, social behavior and even sexual orientation, so the doctors in the eighteenth and nineteenth centuries looked for a single cause, for one 'pathological bone'. Yet they failed to find the locus of nostalgia in their patients' minds or bodies. One doctor claimed that nostalgia was a 'hypochondria of the heart' that thrives on its own symptoms. From a treatable sickness nostalgia turned into an incurable disease. A provincial ailment, *maladie du pays*, turned into a disease of the modern age, *mal du siècle*.

My hypothesis is that the spread of nostalgia had to do not only with dislocation in space but rather with the changing conception of time. Nostalgia was diagnosed at a time when art and science had not yet entirely severed their umbilical ties and when the mind and body – internal and external well-being—were treated together. This was a diagnosis of a poetic science. And we should not smile condescendingly upon the diligent Swiss doctors. Our progeny might poeticise depression and see it as a metaphor for a global atmospheric condition, immune to treatment with Prozac. Modern nostalgia is a mourning for the impossibility of mythical return, for the loss of an 'enchanted world' with clear borders and values. It could be a secular expression of a spiritual longing, a nostalgia for an absolute, for a home that is both physical and spiritual, for the Edenic unity of time and space before entry into history. One who suffers from nostalgia is looking for a spiritual addressee. Encountering silence, he looks for memorable signs, desperately misreading them.

In response to Enlightenment, with its emphasis on the universality of reason, romantics began to celebrate the particularism of sentiment. Longing for home became a central trope of 'romantic nationalism'. It is not surprising that national awareness comes from outside the community rather than from within. The nostalgic is never a native but a displaced person who mediates between the local and the universal. Many national languages, thanks to Herder's passionate rehabilitation, discovered their own particular expression for patriotic longing. Curiously, intellectuals and poets from different national traditions began to claim that they had a special word for homesickness that was radically untranslatable: the Portuguese had their *saudade*, Russians, their *toska*, Czechs *litost'*,

Tsjechen *litost'* Roemenen *dor*, om nog maar te zwijgen van *heimweh* en *mal de corazon*. Al deze onvertaalbare woorden van nationale uniciteit bleken synoniemen van dezelfde historische emotie. Hoewel details en nuances verschillen, is de grammatica van de romantische nostalgie wereldwijd vrij gelijkaardig. "Ik verlang dus ik ben" luidde het adagium van de romantiek.

Moderne nostalgie is paradoxaal in die zin dat de universaliteit van het verlangen ons empathischer kan maken ten opzichte van onze medemens. Zodra we echter het verlangen proberen te compenseren met een bepaald thuishoren, het begrip van het verlies met een herontdekking van de identiteit en in het bijzonder van een nationale gemeenschap en uniek en puur thuisland, scheiden zich vaak onze wegen en houdt het wederzijdse begrip op. *Algia* – verlangen – brengt ons samen, maar *Nostos* – de terugkeer naar huis – verdeelt ons. Het is de belofte om de ideale thuis die aan de basis ligt van vele krachtige moderne ideologieën die ons ertoe verleiden om ons kritisch denken op te geven voor emotionele banden, herop te bouwen. Het gevaar van nostalgie bestaat erin dat ze de eigenlijke met de denkbeeldige thuis verwart. In extreme gevallen ontstaat een fantoomthuisland, waarvoor men bereid is te sterven of te doden. Ondoordachte nostalgie creëert monsters. Maar het eigenlijke gevoel, de rouw om de ontheming en de onomkeerbaarheid van de tijd zijn de kern van de moderne toestand.

Dit ambivalente gevoel doordringt de populaire cultuur van de 20e eeuw waarin technologie en speciale effecten regelmatig worden ingezet om beelden uit het verleden op te roepen, van de zinkende Titanic over stervende gladiatoren tot uitgestorven dinosaurussen. Terwijl we ons een puur en zuiver thuisland inbeelden, creëert een nostalgische politiek vaak een gemengde 'glokale' hybride van kapitalisme en religieus fundamentalisme, van corporatisme en Europees-Aziatisch patriottisme. De mix van nostalgie en politiek kan explosief zijn.

De nostalgie die mij interesseert is niet gewoon een individuele aandoening, maar een symptoom van onze tijd, een historische emotie. Daarom wil ik het over drie cruciale punten hebben. Ten eerste is nostalgie in mijn diagnose niet 'antimodern'. Het is niet *per se* gekant tegen de moderniteit, maar het is er een tijdgenoot van. Nostalgie en vooruitgang zijn zoals Jekyll en Hyde: dubbelgangers en afspiegelingen van elkaar. Nostalgie is niet alleen een uitdrukking van plaatselijk verlangen, maar wel het resultaat van een nieuw begrip van tijd en ruimte die de tweedeling 'lokaal' – 'universeel' mogelijk maakte.

Ten tweede lijkt nostalgie het verlangen naar een plaats te zijn, maar eigenlijk is het een smachten naar een andere tijd: onze kindertijd, het tragere ritme van onze dromen. In bredere zin, is nostalgie een rebellie tegen de moderne idee van tijd, de tijd van de geschiedenis en vooruitgang. De nostalgische wil om geschiedenis uit te wissen en het in een private of gezamenlijke mythologie te veranderen, zowel tijd als ruimte opnieuw te beleven, zich niet overgeven aan de onomkeerlijkheid van de tijd die de menselijke toestand teistert. Vandaar dat "het verleden van de nostalgie", om Faulkner te citeren, "niet eens het verleden is." Het kon simpelweg een betere tijd zijn, of een tragere tijd; tijd buiten de tijd om, ongehinderd door agenda's en afspraken.

Romanians, dor--to say nothing of heimweh and mal de corazon. All those untranslatable words of national uniqueness proved to be synonyms of the same historical emotion. While the details and flavours differ, the grammar of romantic nostalgias all over the world is quite similar. "I long therefore I am" was the romantic motto.

Modern nostalgia is paradoxical in the sense that the universality of longing can make us more empathetic towards fellow humans, yet the moment we try to repair longing with a particular belonging, the apprehension of loss with a rediscovery of identity and especially of a national community and unique and pure homeland, we often part ways and put an end to mutual understanding. *Algia* (longing) is what we share, yet *nostos* (the return home) is what divides us. It is the promise to rebuild the ideal home that lies at the core of many powerful ideologies of today, tempting us to relinquish critical thinking for emotional bonding. The danger of nostalgia is that it tends to confuse the actual home and the imaginary one. In extreme cases it can create a phantom homeland, for the sake of which one is ready to die or kill. Unreflected nostalgia breeds monsters. Yet the sentiment itself, the mourning of displacement and temporal irreversibility, is at the very core of the modern condition.

The ambivalent sentiment permeates twentieth-century popular culture where technological advances and special effects are frequently used to recreate visions of the past, from the sinking Titanic to dying gladiators and extinct dinosaurs. While making a claim of a pure and clean homeland, nostalgic politics often produces a mixed 'glocal' hybrid of capitalism and religious fundamentalism, or of corporate state and Eurasian patriotism. The mix of nostalgia and politics can be explosive.

The nostalgia that interests me here is not merely an individual sickness but a symptom of our age, a historical emotion. Hence I will make three crucial points. Firstly, nostalgia in my diagnosis is not 'antimodern'. It is not necessarily opposed to modernity but coeval with it. Nostalgia and progress are like Jekyll and Hyde: doubles and mirror images of one another. Nostalgia is not merely an expression of local longing, but a result of a new understanding of time and space that made the division into 'local' and 'universal' possible.

Secondly, nostalgia appears to be a longing for a place but actually it is a yearning for a different time: the time of our childhood, the slower rhythms of our dreams. In a broader sense, nostalgia is rebellion against the modern idea of time, the time of history and progress. The nostalgic desires to obliterate history and turn it into private or collective mythology, to revisit time like space, refusing to surrender to the irreversibility of time that plagues the human condition. Hence the "past of nostalgia", to paraphrase Faulkner, is not "even the past." It could be merely a better time, or a slower time; time out of time, not encumbered by appointment books.

Thirdly, nostalgia, in my view, is not always retrospective; it can be prospective as well. The fantasies of the past determined by the needs of the present have a direct impact on the realities of the future. The consideration of the future makes us take responsibility for our nostalgic tales. Unlike melancholia, which confines itself to the planes of individual consciousness, nostalgia is about the relationship between individual

Ten derde is nostalgie naar mijn mening niet altijd retrospectief; ze kan ook prospectief zijn. De fantasieën van het verleden, bepaald door de behoeften van het nu, hebben een directe impact op de realiteit van de toekomst. De feitelijkheid van de toekomst noopt ons tot verantwoordelijkheid voor onze nostalgische verhalen. In tegenstelling tot melancholie, die zich beperkt tot het rijk van het individuele bewustzijn, draait nostalgie om de relatie tussen de individuele biografie en die van groepen of naties, tussen persoonlijk en collectief geheugen. Futuristische utopieën mogen dan uit de mode zijn, nostalgie heeft zelf een utopische dimensie, al is die niet meer op de toekomst gericht. Soms is ze zelfs niet op het verleden gericht, maar eerder zijdelings. De nostalgicus voelt zich onderdrukt door de conventionele grenzen van tijd en ruimte. Prospectieve nostalgie is niet post-modern, maar eerder buiten-modern; ze nodigt uit om de zijpaadjes en de zijwaartse mogelijkheden van de moderniteit te verkennen, om zich zigzaggend te bewegen zoals het paard in het schaakspel, om onvervulde dromen van de kritische moderniteit op te graven.

In plaats van een wondermiddel tegen de nostalgie, zal ik een typologie voorstellen die sommige verleidings- en manipulatiemechanismen van de nostalgie kan belichten. Ik maak een onderscheid tussen twee types nostalgie: de restauratieve en de reflectieve. Restauratieve nostalgie onderstreept *nostos* (thuis) en tracht de verloren thuis transhistorisch te reconstrueren. Ze ligt aan de basis van recent nationale en religieuze heropleving, en kent twee belangrijke thema's: de terugkeer naar de oorsprong en de samenzwering. De retoriek van de restauratieve nostalgie gaat niet over het 'verleden' maar wel over universele waarden, familie, natuur, thuisland, waarheid. De retoriek van de reflectieve nostalgie gaat over tijd uit de tijd weghalen en het voortvluchtige heden vatten.

Restauratie (van *re-staure* – opnieuw vestigen) betekent een terugkeer naar de oorspronkelijke staat, naar het moment vóór de zondeval. Terwijl de restauratieve nostalgie terugkeert en iemands thuisland opnieuw opbouwt met een paranoïde vastberadenheid, schuwt de reflectieve nostalgie een terugkeer met evenveel vuur. In plaats van een herstelling van de verloren thuis, kan de reflectieve nostalgie de creatie van de esthetische individualiteit voeden. Thuis is, uiteindelijk, geen omheinde wijk. Paradijs op aarde zou uiteindelijk een zoveelste Potemkin-dorp kunnen worden zonder uitgang.

Reflectieve nostalgie houdt zich bezig de historische en individuele tijd, met de onherroepelijkheid van het verleden en de menselijke eindigheid. RE-flectie betekent nieuwe flexibiliteit, niet het herstel van de stasis. De nadruk ligt hier niet op het herstel van wat wordt gezien als een absolute waarheid, maar op de meditatie over het verleden en het verstrijken van de tijd. Om het met Nabokov (1990:185f.) te zeggen: dergelijke nostalgici zijn vaak "liefhebbers van de Tijd, epicuristen van de duur", die aan de druk van externe efficiëntie weerstaan en genot halen uit de textuur van de tijd die klokken en kalenders niet kunnen meten.

De restauratieve nostalgie reconstrueert symbolen en rituelen van thuis en vaderland in een poging om tijd te veroveren en er een ruimtelijk karakter aan te geven; de reflectieve nostalgie koestert daarentegen verbrijzelde stukjes geheugen en geeft een temporaal karakter aan de ruimte. Restauratieve nostalgie neemt zichzelf doodserieus. Reflectieve nostalgie

biography and the biography of groups or nations, between personal and collective memory. While futuristic utopias might be out of fashion, nostalgia itself has a utopian dimension, only it is no longer directed toward the future. Sometimes it is not directed toward the past either, but rather sideways. The nostalgic feels stifled within the conventional confines of time and space. Prospective nostalgia is not post-modern but rather off-modern; it invites an exploration of the side alleys and lateral possibilities of the modern project, to move in zigzags like the knight in the game of chess, to unearth some unfullfilled dreams of critical modernity.

Instead of a magic cure for nostalgia, I will offer a typology that might illuminate some of nostalgia's mechanisms of seduction and manipulation. I distinguish between two main types of nostalgia: the restorative and the reflective. Restorative nostalgia stresses *nostos* and attempts a transhistorical reconstruction of the lost home. It lies at the core of recent national and religious revivals, and knows two main plots: the return to origins and the conspiracy. The rhetoric of restorative nostalgia is not about the 'past' but rather about universal values, family, nature, homeland, truth. The rhetoric of reflective nostalgia, by contrast, is about taking time out of time and about grasping the fleeing present.

Restoration (from *re-staure*, re-establish) signifies a return to the original stasis, to the prelapsarian moment. While restorative nostalgia returns and rebuilds one's homeland with paranoiac determination, reflective nostalgia fears return with the same passion. Instead of a recreation of the lost home, reflective nostalgia can foster the creation of aesthetic individuality. Home, after all, is not a gated community. Paradise on earth might turn out to be another Potemkin village with no exit.

Reflective nostalgia is concerned with historical and individual time, with the irrevocability of the past and human finitude. Re-flection means new flexibility, not the re-establishment of stasis. The focus here is not on the recovery of what is perceived to be an absolute truth but on the meditation on history and the passage of time. To paraphrase Nabokov (1990:185f.), such nostalgics are often "amateurs of Time, epicures of duration" who resist the pressure of external efficiency and take sensual delight in the texture of time not measurable by clocks and calendars.

If restorative nostalgia ends up reconstructing emblems and rituals of home and homeland in an attempt to conquer and spatialise time, reflective nostalgia cherishes shattered fragments of memory and temporalises space. Restorative nostalgia takes itself dead seriously. Reflective nostalgia, on the other hand, can be ironic and humorous. It reveals that longing and critical thinking are not opposed to one another, as affective memories do not absolve one from compassion, judgment or critical reflection.

Reflective nostalgia does not pretend to rebuild the mythical place called home; it is "enamored of distance, not of the referent itself" (Stewart 1984: 145). This type of nostalgic narrative is ironic, inconclusive, and fragmentary. It is precisely this defamiliarisation and sense of distance that drives them to tell their story, to narrate the relationship between past, present, and future. The past is not made in the image of the present or seen as foreboding of some present disaster; rather, the past opens up a multitude of potentialities, non-teleological possibilities of historical

kan ironisch en humoristisch zijn. Het toont aan dat verlangen en kritisch denken niet tegenovergesteld zijn, net zoals affectieve herinneringen het niet onmogelijk maken om mededogen te voelen, te oordelen of kritisch na te denken.

Reflectieve nostalgie beweert niet dat de mythische plaats thuis weer opgebouwd kan worden; ze is "verliefd op de afstand, niet op de referent zelf" (Stewart 1984: 145). Dit soort nostalgisch verhaal is ironisch, onbeslist en fragmentarisch. Het is juist deze vervreemding en het gevoel van afstand die hen drijft hun verhaal te vertellen, over de relatie tussen verleden, heden en toekomst. Het verleden wordt niet gemaakt naar het beeld van het heden of gezien als voorbode van een hedendaagse ramp; veeleer opent het verleden de deur naar een veelheid van mogelijkheden, niet-teleologische mogelijkheden van historische ontwikkeling. We hebben geen computer nodig om toegang te krijgen tot de virtuele wereld van onze verbeelding: reflectieve nostalgie opent al langer verschillende lagen van ons bewustzijn.

In de 21e eeuw voelen miljoenen mensen zich ontheemd van hun geboorteplaats en leven ze in al dan niet vrijwillige ballingschap. Immigratieverhalen zijn de beste nostalgische verhalen, niet alleen omdat ze eronder lijden, maar omdat ze ze aanvechten. Ze worden vaak aanzien als projecties voor de nostalgieën van anderen die vanuit een veel veiligere plek spreken. Immigranten begrijpen de beperkingen van nostalgie en de tederheid van wat ik 'diasporische intimiteit' noem, die niet-inheemse, optionele affiniteiten koestert. 'Diasporische intimiteit' staat niet tegenover ontworteldheid en vervreemding, maar overkoepelt het. Er werd al zoveel gepraat over de gelukkige terugkeer dat het tijd is om recht te doen aan de verhalen van niet-terugkeer en het aarzelend eervol bezingen van de ballingschap. De niet-terugkeer wordt in het geval van een aantal geëmigreerde schrijvers en kunstenaars tot een centrale artistieke drive, een thuis maken in tekst en kunstwerken, alsmede een strategie om te overleven. Gewone ballingen worden maar al te vaak kunstenaars van het leven die zichzelf en hun nieuwe thuis met veel vernuft herscheppen. De onmogelijkheid om terug te keren is zowel een persoonlijk drama als een stimulerende kracht. Dat betekent niet dat hier geen nostalgie aanwezig is, alleen sluit dit soort nostalgie de restauratie van het verleden uit. Diasporische intimiteit belooft geen compromisloze emotionele fusie, maar slechts een precaire affectie – niet minder diep, en tegelijk bewust van haar vergankelijkheid.

Nostalgie bestaat net als globalisering in het meervoud. De sociologie, de politiek, de etnografie van de nostalgie en de studie van micropraktijken en megaverhalen blijven even urgent als altijd. Nostalgie legt pluraliteiten bloot binnen culturen, en niet alleen externe pluralismen. Het geïmiteerde verlangen naar de nostalgieën van de andere gaat verder dan Oost-West-Europa: bewuste Europeanen en Amerikanen in hun min of meer oprechte wens om de oostelijke 'andere' te begrijpen, zetten de multiculturele droom om in een omgekeerd exotisme. Ze overdrijven het anders-zijn van de ander en behouden het nostalgische verschil terwijl ze geen rekening houden met de verschillen binnen de vreemde cultuur en de vormen van politiek autoritarisme en media-manipulatie. Of het nu over voorbije misnoegdheid of tegenwoordige zelfbevestiging gaat, men moet steeds de moderniteit van de ander erkennen, de gedeelde

development. We don't need a computer to get access to the virtualities of our imagination: reflective nostalgia has already opened multiple planes of consciousness.

In the twenty-first century millions of people find themselves displaced from their places of birth, living in voluntary or involuntary exile. Immigrant stories are the best narratives of nostalgia, not only because they suffer through it but because they challenge it. They are often framed as projections for nostalgias of the others who speak from a much safer place. Immigrants understand limitations of nostalgia and the tenderness of what I call "diasporic intimacy" that cherishes non-native, elective affinities. Diasporic intimacy is not opposed to uprootedness and defamiliarisation but is constituted by it. So much has been made of the happy homecoming that it is time to do justice to the stories of non-return and the reluctant praise of exile. Non-return home in the case of some exiled writers and artists turns into a central artistic drive, a home-making in the text and artwork as well as a strategy of survival. Ordinary exiles too often become artists in life who remake themselves and their second homes with great ingenuity. Inability to return home is both a personal tragedy and an enabling force. That doesn't mean that there is no nostalgia there, only that this kind of nostalgia precludes the restoration of the past. Diasporic intimacy does not promise an unmediated emotional fusion, but only a precarious affection--no less deep, while aware of its transience.

Nostalgia, like globalisation, exists in the plural. The sociology, politics, ethnography of nostalgia, the study of its micropractices and meganarratives, remain as urgent as ever. Nostalgia reveals pluralities within cultures and not only external pluralisms. The mimetic desire for the nostalgias of the other goes beyond the East-West of Europe: often conscientious Europeans and Americans in their more or less genuine desire to understand the Eastern 'other' turn the dream of multiculturalism into a reverse exoticism. They exaggerate the otherness of the other, preserving nostalgic difference while disregarding differences within the foreign culture and its forms of political authoritarianism and media manipulation. Whether it's a matter of past grievances or present self-assertion, one always has to recognize the modernity of the other, the shared world of modern reinvented traditions and transnational individual dreams for reform and improvement. While the story that nostalgics tell is one of local homecoming, the form of that story is hardly local. Contemporary nostalgias can be understood as a series of migrating cross-cultural plots that go beyond national attachments.

There is not much that is new about contemporary nostalgia circa 2011. In fact the word 'contemporary' used first in the current sense in 1633, is fifty years older than the word 'nostalgia', invented in 1688. At the end, the only antidote for the dictatorship of nostalgia might be nostalgic dissidence and a swerve of freedom. The off-modern project of today which we already eye with anticipatory nostalgia from the hindsight of some potentially dystopian future—proposes to follow this mysterious swerve. Hopefully it would allow us to reflect on the prospective rather than retrospective dimensions of longing and to examine histories of what-if roads not taken and technologies that didn't lead to the creation of the corporate giants of the Silicon Valley. Creative new media does not have to be driven solely by the existing technologies but also by estranging artistic techniques that reflect on the frameworks of technology itself. It can result in the organisation of the alternative platforms for knowledge and experience. Neither hyper- nor cyber- but another prefix that hasn't been fixed yet.

wereld van moderne, opnieuw uitgevonden tradities en transnationale, individuele dromen van hervorming en verbetering. Terwijl het verhaal dat nostalgici vertellen er een is van lokale thuiskomst, is de vorm van dat verhaal amper lokaal. Hedendaagse nostalgieën kunnen worden opgevat als een reeks migrerende, cultuuroverschrijdende thema's die verder gaan dan de nationale bagage.

Er is niet zoveel nieuws aan de eigentijdse nostalgie circa 2011. Het woord 'eigentijds', dat in zijn huidige betekenis pas in 1633 werd gebruikt, is vijftig jaar ouder dan het woord 'nostalgie', uitgevonden in 1688. Uiteindelijk is het enige tegengif tegen de dictatuur van de nostalgie misschien wel nostalgische dissidentie en een zwenking van de vrijheid. De buiten-moderniteit van vandaag – waar we nu reeds naar kijken met anticiperende nostalgie vanuit achteraf bekeken wijsheid van een potentieel dystopische toekomst – stelt voor om deze mysterieuze zwenking te volgen. Hopelijk geeft het ons de kans om na te denken over de prospectieve in plaats van de retrospectieve dimensies van verlangen en de geschiedenis te onderzoeken van wat als, oningeslagen wegen en technologieën die niet leidden tot de creatie van de reuzenbedrijven uit Silicon Valley. Creatieve nieuwe media moeten niet uitsluitend door bestaande technologieën worden gedreven, maar ook door bevreemdende artistieke technieken die reflecteren over het kader van de technologie zelf. Het kan leiden tot de organisatie van alternatieve platformen voor kennis en ervaring. Niet hyper of cyber, maar een ander prefix dat nog niet vastligt.

I

Ondergrond, maquettes van de

> Underground, Models of the

Ondergrondse hel

> Underground as Hell

Pabst, Georg Wilhelm

geb. in 1885, Raudnitz, Oostenrijk-Hongarije; overl. in 1967, Wenen, Oostenrijk

Kameradschaft, 1931
Film, 92 min
Coproductie van Nero-Film AG in Berlijn en Gaumont-Franco-Aubert in Parijs

In de loop van zijn meer dan 35 jaar lange loopbaan regisseerde Georg Wilhelm Pabst meer dan 30 speelfilms. *Kameradschaft* was de voorlaatste die hij in de Weimarrepubliek regisseerde. De film is gebaseerd op de gebeurtenissen rond een ongeval in een steenkoolmijn in Courrières in 1906 en maakt gebruik van de heroïsche reddingsoperatie om een passende allegorie te brengen van de internationale solidariteit onder arbeiders. Zodra Duitse mijnwerkers, vernemen dat honderden Franse mijnwerkers door een explosie gevangen zitten in hun tunnels, aan de andere kant van de grens, eisen ze de reddingsuitrusting van hun werkgever op om hun collega's te hulp te snellen, hoewel ze niet van dienst zijn. Ondertussen proberen drie Duitse mijnwerkers die zich al in de ondergrondse tunnels aan Duitse zijde bevinden, hun collega's te bereiken en breken ze snel door de dunne poort die beide landen scheidt. De ontmoeting die volgt in het ondergrondse labyrint brengt de helse werkomstandigheden in de steenkoolmijnen voor de geest: het reddingsteam stuit op tal van verbrande lichamen, giftige gassen en de amper draaglijke hitte van de vuren die in de wirwar van tunnels smeulen. Nadat de overlevenden van het ongeval en de redders veilig bovengronds zijn, verwoorden enkele feestelijke speeches de duidelijke boodschap van de film: "Kumpel ist Kumpel." Een mijnwerker is een mijnwerker, ongeacht zijn nationaliteit. In de slotscène, uit enkele vroegere versies van de film gedistilleerd (Berman 1990: 116), huldigt een stel ambtenaren de pas opgeknapte poort die Frankrijk en Duitsland scheidt, elk aan zijn kant van de grens.

CMF

> L'Internationale
> Mijnwerker/Arbeider
> Ondergrondse hel

Paleobotanie

> Carboonlandschappen

Pattison, Keith

> Epos van de overbodigheid

Perlee Parker, Henry

geb. 1795, Devonport, Groot-Brittannië; overl. 1873, Londen, Groot-Brittannië

Pitmen Playing Quoits (The Disputed Shot), ca. 1836
Olieverf op doek, 76,2 x 63,5 cm
Collectie: Science Museum, Londen

Parker werd geboren in Devonport, waar zijn vader marien en mechanisch tekenen doceerde. In 1816 verhuisde hij naar het noord-oosten, vestigde zich in Newcastle en boekte succes met zijn karakterportretten, historische en genretaferelen. Hij stelde een schilderij tentoon uit zijn reeks *Pitmen at Play* in de Royal Academy in 1836, dat goed onthaald werd omwille van zijn "natuurgetrouwheid", ook al was het onderwerp "weinig geraffineerd" (Gray en Kanefsky 1982:73).

DA

> Cycli van realisme

Paulus de Châtelet, Pierre

geb. 1881, Châtelet, België; overl. 1959, Brussel, België

Pays noir sous la neige, 1909
Olieverf op doek, 85 x 115 cm
Collecite: Musée Jues Destrée, Charleroi

Pierre Paulus groeide op binnen een artistieke bourgeois context, vertrouwd met de kunstwereld, in de regio Charleroi. Aanvankelijk volgde hij een architectuuropleiding maar al vrij vroeg werd duidelijk dat zijn ware talent in de schilderkunst lag. Paulus focuste aanvankelijk voornamelijk op het landschap – kleurrijke neo-impressionistische werken waarin de menselijke figuur zo goed als ontbrak. Vanaf 1905 begon de kunstenaar zich hoofdzakelijk toe te spitsen op sociaal realistische industriële landschappen in en rond Charleroi. Meunier en Courbet waren belangrijke referentiepunten voor de Waal, die trouw bleef aan zijn hervonden beeldtaal en daarmee positie innam ten aanzien van de internationale avant-garde beweging. Paulus' architecturale opleiding weerspiegelt in de manier waarop hij zijn beelden zorgvuldig opbouwde; het lijnenspel en kleurgebruik ondersteunen de

Pabst, Georg Wilhelm

b. 1885, Raudnitz, Austria-Hungary; d. 1967, Vienna, Austria

Kameradschaft 1931
Film, 92 min.
Coproduction by Nero-Film AG, Berlin and Gaumont-Franco-Aubert, Paris.

Over the course of a career that spanned three and a half decades, Georg Wilhelm Pabst directed more than 30 feature films. *Kameradschaft* was the penultimate work he produced in the Weimar Republic. Based on the events surrounding an accident in a Courrières coal mine in 1906, the film takes the heroic rescue effort as an opportunity to elaborate a timely allegory of internationalist worker solidarity. After learning that an explosion has trapped hundreds of French miners in their tunnels, off duty German miners on the other side of the border requisition their company's rescue equipment and rush to lend their aid. Meanwhile, a trio of German miners already below ground on their side of the mine tries to reach their colleagues by navigating through the tunnels themselves, making quick work of the flimsy gate that separates the two nations. The ensuing encounter in the underground labyrinth evokes the hellish conditions of coal mines as the rescuers confront piles of corpses buried in the wreckage, noxious gases, and nigh unbearable heat from the fires that smoulder throughout the network of tunnels. After the survivors of the accident and the rescuers have all emerged, a pair of celebratory speeches verbalises the film's ostensible message: "Kumpel ist Kumpel." A miner is a miner, regardless of his nationality. In a final scene, edited out of some early versions of the film (Berman 1990:116), a pair of officers inaugurates the newly refurbished gate separating France and Germany, each from his own side of the border.

CMF

> L'Internationale
> Miner/Worker
> Underground as Hell

Paleobotany

> Carboniferous Landscapes

Pattison, Keith

> Epics of Redundancy

Perlee Parker, Henry

b. 1795, Devonport, England; d. 1873, London, England

Pitmen Playing Quoits (The Disputed Shot), c. 1836
Oil on canvas, 77 x 64 cm
Collection: Science Museum, London

Parker was born at Devonport where his father taught marine and mechanical drawing. In 1816 he moved to the North East, settled in Newcastle and achieved success with his character portraits, history and genre scenes. He exhibited a painting from his series *Pitmen at Play* at the Royal Academy in 1836, which was favourably reviewed for being "so close to nature" although the

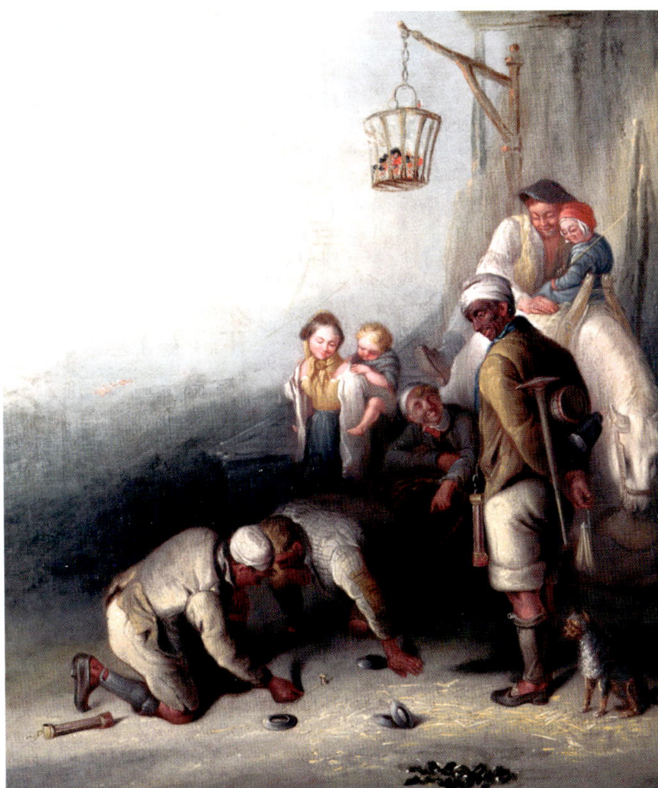

Henry Perlee Parker, *Pitmen Playing Quoits (The Disputed Shot)*, c. 1836

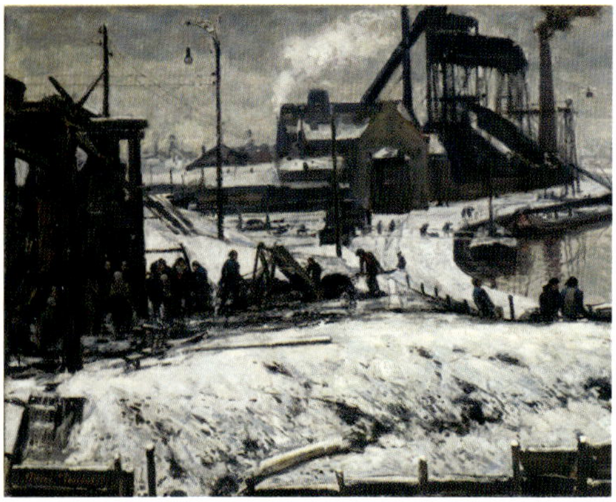

Pierre Paulus de Châtelet, *Pays noir sous la neige*, 1909

compositie. Hoewel hij altijd een colorist bleef, versomberde zijn kleurenpalet sterk: vooral donkere en grijze tinten primeren in *Pays noir*. Het betreft een weergave van de steenkoolbriket fabriek in Châtelineau aan de oevers van de Samber, een geliefd personage dat vaak figureert in zijn werk. De arbeiders in het landschap versmelten met hun omgeving, ze worden één met de industrie en gaan op in de atmosfeer van het geheel. Dit werk werd samen met tien andere schilderijen van Paulus tentoongesteld in de grote *Exposition de Charleroi* (1911) in Palais des Beaux-Arts.
MM

> Landschap

Poëtica van de herstructurering: Productie in de hedendaagse selectie van Manifesta 9

Katerina Gregos

In zijn toonaangevende werk *An Inquiry into the Nature and Causes of the Wealth of Nations* uit 1776, voorspelde Adam Smith al dat de arbeidsdeling tot een stijgende productiviteit zou leiden. Smith beweerde dat de arbeidsdeling de stuwende kracht van de economische groei zou zijn. Anderzijds was hij ook een van de eersten om (in hetzelfde boek) de arbeidsdeling te bekritiseren; hij waarschuwde dat de arbeiders onwetend en geïsoleerd zouden worden wanneer ze almaar dezelfde repetitieve handeling zouden uitvoeren. Dit is in zekere zin een vroege verwijzing naar Karl Marx' concept van vervreemding, waarbij de arbeider vervreemdt van het product van zijn arbeid (Marx 1988). Tegenwoordig definiëren we de productiecapaciteit van arbeiders als 'menselijk kapitaal'. Door de georganiseerde combinatie van menselijk en fysiek kapitaal, alsook de technologische ontwikkelingen, werd een enorme productiestijging mogelijk gemaakt, terwijl de prijzen laag werden gehouden. En dankzij de lage prijs per geproduceerd item, vormde dit *low-cost* productiesysteem arbeiders om tot nieuwe klanten: de moderne consumptiecultuur was geboren.
Tijdens de vroege twintigste eeuw kan Henry Ford worden beschouwd als de eerste industrieel die arbeidsdeling in zijn autofabriek toepaste: arbeiders werden er tewerkgesteld in een productielijn, waar ze eenzelfde taak telkens opnieuw uitvoerden. Charlie Chaplin presenteerde een ironische weergave hiervan – en van de gevolgen voorspeld door Smith – in zijn film *Modern Times* (1936). Productielijnen zijn vandaag de dag bijna volledig geautomatiseerd, waarbij alle taken door hoogtechnologische robots worden uitgevoerd. Een evolutie die door Chaplin al werd gesuggereerd in een hilarische scène waarin een arbeider zijn lunch krijgt toegediend door een mechanisch toestel.

subject was "not very refined" (Gray and Kanefsky 1982:73).
DA

> Cycles of Realism

Paulus de Châtelet, Pierre

b. 1881, Châtelet, Belgium; d. 1959, Brussels, Belgium

Pays noir sous la neige, 1909
Oil on canvas, 115 x 85 cm
Collection: Musée des Beaux-Arts, Charleroi

Growing up, Pierre Paulus was exposed to the art world in his bourgeois home near Charleroi. Initially he studied architecture but it soon becamse apparent that his true talent was painting. At first, Paulus focused mostly on landscapes, painting colourful, neo-Impressionist work with almost no sign of human figures. Beginning in 1905, however, the artist directed his focus toward social realist images of the industrial landscapes in and around Charleroi. Meunier and Coubert were important reference points for the young Walloon, whose work remained faithful to his surroundings rather than partaking from the stylistic currents of the international avant-garde movement. Paulus's formative architectural training is betrayed by his carefully plotted images, which use lines and colours judiciously to support his compositions. Although Paulus remained a colourist, his palette became quite dark: the primary shades in *Pays noir sous la neige* (1909), for instance, are black and grey. *Pays noir* depicts a hard coal factory in Châtelineau, on the banks of the Sambre River, a regular feature in Paulus's paintings. The workers in the landscape melt into the environment, merging with the machinery and the atmosphere as a whole. This work was displayed along with ten other paintings by Paulus at the Grand Exposition of Charleroi at the Palais des Beaux-Arts in 1911.
MM

> Landscape

Poetics of Restructuring: On the question of production in the contemporary section of Manifesta 9

Katerina Gregos

In his seminal study *An Inquiry into the Nature and Causes of the Wealth of Nations* of 1776, Adam Smith already foresaw that the division of labour would lead to an increase in productivity. Smith argued that the division of labour would prove to be the propelling force for economic growth. However, Smith was also the first to criticise (in the same book) the division of labour by warning that the workers were in danger of becoming ignorant and isolated upon being confined to a single repetitive task. This, in a sense, already foreshadows Karl Marx's concept of alienation, where the worker is estranged from the product of his labour (Marx 2005). Today we have learned to define the production capacity of workers as 'human capital'. Through the organised combination of human and physical capital, as well as technological development, huge increases in productivity became possible, while prices could be kept low. And because of the low price per produced item, this low cost production system turned workers into new customers and thus the modern consumer culture was born. During the early twentieth century Henry Ford can be said to have been the first industrialist to have implemented the division of labour in his automobile factory, where workers were engaged on a production line, performing a single task over and over again. Charlie Chaplin presented the most caustic picture of this - and the consequences Smith had predicted - in his film *Modern Times* (1936). Production lines are nowadays almost entirely automated, and tasks are performed by high-tech robots, a development which in a sense was foreseen by Chaplin, in a hilarious scene in which a worker is fed lunch by a mechanical device.

Aan het eind van de 20e eeuw is het postfordisme het heersende systeem van economische productie en consumptie geworden. Postfordisme (ook flexibilisme genoemd) is, in tegenstelling tot het fordisme, meer een dienstenindustrie dan een industrie die tastbare voorwerpen produceert. Ze wordt gekenmerkt door de kleinschalige productie van gespecialiseerde goederen door gespecialiseerde arbeiders, die de nieuwe informatietechnologie toepassen (telecommunicatie, klantenservice, of bankwezen, bijvoorbeeld). Categorieën van klanten worden als belangrijker beschouwd dan de sociale klasse waartoe ze behoren.

De cognitieve vaardigheden van arbeiders, gevoed door de technologische vooruitgang, worden tegenwoordig gezien als beslissende factor voor de rijkdom van een natie. Vooral de intellectuele klasse met een sterk cognitief vermogen maakt de evolutie van het kapitalisme en een stijgende welvaart mogelijk (Rindermann and Thompson 2011).
De globalisatie heeft de mogelijkheden voor overdracht van goederen, diensten, geld, mensen en ideeën tussen verschillende landen overal ter wereld, enorm verruimd. De hoog ontwikkelde landen van het Westen profiteren hiervan door hun productie uit te besteden aan ontwikkelingslanden, waar arbeid goedkoper is, vakbonden en collectieve onderhandelingen minder belangrijk, milieureglementeringen minder streng en de winst voor multinationale bedrijven veel hoger kan zijn (Freeman 2009).

Aan het eind van de 20e eeuw vond een verschuiving plaats van een producerende economie naar een diensteneconomie. In zijn invloedrijke tekst *The Coming of Post-Industrial Society,* voorspelde Daniel Bell de postindustriële beschaving. Volgens Bell zou de postindustriële beschaving een verschuiving ondergaan van het vervaardigen van goederen naar het aanbieden van diensten. Nieuwe, op wetenschap gebaseerde industrieën zouden een centrale rol vervullen, onder leiding van een nieuwe technische elite en als gevolg van de nieuwe economie zou er een nieuw principe van gelaagdheid ontstaan (Bell 1973). De 'zuivere' arbeidsvormen van de dienstenindustrie bestaan uit: handel, bankwezen en financiën, informatie, communicatie, entertainment, vastgoed, logistiek, veiligheid, management en technisch advies.

Westerse beschavingen hebben inderdaad hun vervuilende, rook uitstotende, luidruchtige, machinaal aangedreven industrie achter zich gelaten en de zware industrie overgeheveld naar ontwikkelingslanden waar de lonen lager zijn, vakbonden machteloos of afwezig zijn en reglementeringen minder dwingend of geheel afwezig. Maar zelfs in ontwikkelingslanden is de dienstenindustrie aan een opmars bezig. In India, bijvoorbeeld, bedroeg het aandeel van de dienstenindustrie in 2007 al meer dan 55 % van het bruto nationaal product, waardoor India meer als een ontwikkeld dan als een ontwikkelingsland kan worden beschouwd.

De huidige financiële crisis heeft een vernietigende invloed op de industrie en doet de industriële productie dusdanig dalen dat steeds meer fabrieken hun deuren sluiten (The Economist 2009). Maar zelfs voordien vond er al een verschuiving plaats van een fordistische productiewijze naar wat Christian Marazzi (2011) een voorraadbeheersend kapitalisme" heeft genoemd door "de uitputting van de technologische en economische beginselen van het fordisme, in het bijzonder door

At the end of the 20th century post-Fordism has become the dominant system of economic production and consumption. Post-Fordism (also termed Flexibilism), in contrast to Fordism, is predominantly a service industry rather than one that produces tangible objects. It is characterised by small-scale production of specialised goods by expert workers, using new information technology (telecommunications, consumer service, banking, or information technology, for example). Consumer categories are seen as more important than the social class in which they belong.

The cognitive ability of workers, propelled by technological progress, is presently seen as the deciding factor in a nation's wealth. It is particularly the intellectual class with a high cognitive ability that enables the evolution of capitalism and the rise of wealth (Rindermann and Thompson 2011). Globalisation has enormously enlarged the possibilities to transfer goods, services, money, people and ideas among different countries around the world. The highly developed countries of the Western world take advantage of this by outsourcing their production to developing countries, where labour is cheaper, where unions and collective bargaining are less important, where environmental regulations are less strict and profits for multinational corporations can be much higher (Freeman 2009).

The end of the 20th century has seen a shift from a manufacturing economy to a service economy. In his influential text *The Coming of Post-Industrial Society* (1973) Daniel Bell forecasted the post-industrial society. According to Bell the post-industrial society would see a shift from the manufacturing goods to the offering of services. New science-based industries would take a central position, manned by a new technical elite and a new principle of social stratification would emerge as a consequence of the new economy. The service industry's 'clean' forms of work include: trading, banking and finance, information, communication, entertainment, real estate, logistics, security, management and technical consultancy.

Indeed, western societies have left their polluting, smoky, noisy, machine propelled industry behind and moved their heavy industry to the developing countries where wages are lower, trade unions powerless or absent and regulations less stringent or entirely non-existent. But even in developing economies the service industry is booming. In India for example the share of the service industry was already more than 55 % of the gross domestic product in 2007, which defines India more as a developed than a developing nation.

The current financial crisis is having a devastating effect on manufacturing and declining industrial production resulting in increasing factory closures (The Economist 2009). But even prior to that, the shift from the Fordist mode of production to what socio-economist Christian Marazzi has called "stock managerial capitalism" occurred because of "the exhaustion of the technological and economic foundations of Fordism, particularly by the market saturation of mass consumption goods, the rigidity of productive processes, constant capital and the politically 'downwardly rigid' working wage" (2011:30). He argues that Fordist capitalism was "no longer able to 'suck' surplus value from working class labour" (ibid). In order to increase profits this resulted in lower wages, and attempts to circumvent the unions. The automation and robotisation of entire labour processes, the delocalisation

de marktverzadiging van massaconsumptiegoederen, de starheid van de productieprocessen, de vaste kapitaalwaarde en de politiek 'neerwaarts rigide' arbeidslonen" (ibid). Hij argumenteert dat het fordistische kapitalisme "niet langer in staat was om meerwaarde te 'zuigen' uit de arbeidersklasse" (ibid). Om de winst te verhogen moesten de lonen dus worden verlaagd en de vakbonden omzeild. De automatisering en robotisering van volledige arbeidsprocessen, de naar lagelonenlanden, de creatie van een flexibele arbeidsreserve en de diversificatie van consumptiemodellen deden de rest. Het concept zelf van accumulatie van kapitaal, werd getransformeerd: "Het bestaat niet langer, zoals in de fordistische periode, uit investeringen in constant en variabel kapitaal (loon), maar wel uit investeringen in *apparaten* voor het produceren en vasthouden van waarde geproduceerd buiten rechtstreeks productieve processen (ibid 54). Facebook (en diens beursintroductie) is hiervan een treffend voorbeeld.

Tegen de achtergrond van deze ontwikkelingen werd het hedendaagse gedeelte van Manifesta 9 opgevat als een reflectie op het onderwerp van productie en de verschuivingen die in het postindustriële tijdperk hebben plaatsvonden. Met als vertrekpunt de nalatenschap van het mijnwezen en de gevolgen van het industriële kapitalisme, verzamelt het hedendaagse gedeelte een strakke selectie van artistieke repliek op de veranderingen die het productiesysteem wereldwijd heeft ondergaan.[1] Het schetst de verschuiving van industriële naar postindustriële productie, en zoomt in op verschuivende centra en geografieën van productie, de-industrialisering, economische herstructurering van het productiesysteem, veranderende arbeidsomstandigheden, en materiële productie in het algemeen. Het hedendaagse gedeelte van Manifesta 9 onderzoekt de *nalatenschap* van de mijnbouw en de industrialisering, de materiële resten, de 'afdruk' die deze heeft nagelaten op het milieu en de transformaties op het gebied van werk en productie vandaag, in een wereld van industrieel en postindustrieel kapitalisme, en de nieuwe economische en arbeidsomstandigheden die hieruit voortvloeien. De tentoonstelling is niet opgevat als een *parcours* met een lineaire curatoriële verhaallijn, maar eerder als een 'archipel' van individuele artistieke posities. Deze reflecteren elk op een complex web van vragen, opgeworpen door de praktijk en de gevolgen van de postindustriële productie en de economische en sociale relaties die ze met zich meebrengen.

De aangehaalde onderwerpen en vragen zijn talrijk en complex: een onderzoek naar de organisatie en werking van massaproductie in formele en informele economieën (Burtynsky, Izquierdo); de gevolgen van het fordisme op de werkvloer, de performativiteit van arbeid, het onderwerp 'zinvolheid' versus 'zinloosheid' van werk, het probleem van vervreemde arbeid, en de Sisyphus-dimensie van repetitieve handelingen van 'werk' (Furlan, Amorales, Haifeng, Kozakis & Vaneigem, Timmermans); de organisatie van productiesystemen en -patronen en de sociale organisatie hierin (Shen); de retrofuturistische 'archeologie' van de industrialisering, en het verzamelen, weergeven en documenteren van de materiële resten van industriële productie (Hüner); de zintuiglijke herinnering aan vroegere arbeidssystemen (Macia, Soi); de geschiedschrijving of de herinnering van activiteiten van industriële conglomeraten, en het onderwerp van archivering en het geheugen (Boom); de vergelijkende relatie tussen het 'maken' en 'produceren' in de kunst zowel als in de industrie, het

1
In tegenstelling tot de inflationaire trends van recente biënnales -te veel kunstenaars, te veel locaties, te weinig middelen te karig verspreid- besliste het curatorenteam van het hedendaagse gedeelte om te kiezen voor een kleiner aantal kunstenaars, en een nauw samenwerkingsverband tijdens de ontwikkeling van het project van elke kunstenaar, met de klemtoon op een specifieke vraag: die van productie en productiviteit, zoals hierboven uitgelegd.

to low-wage countries, the creation of a flexible labour reservoir and the diversification of consumption models did the rest. The very concept of accumulation of capital has been transformed: "It no longer consists, as in the Fordist period, of investment in constant and variable capital (wage), but rather of investment in *apparatuses* of producing and capturing value produced outside directly productive processes"(ibid 54; emphasis in original). Facebook (and its imminent IPO) would be an apt example.

In light of these developments, the contemporary section of Manifesta 9 has been conceived as a reflection on the question of production and the shifts that have taken place in the post-industrial era. Taking as its point of departure the legacy of mining and the repercussions of industrial capitalism, the contemporary section brings together a tight selection of artistic responses to the changes incurred to the productive system around the world.[1] It traces the shift from industrial to post-industrial production, looking into shifting centres and geographies of production, de-industrialisation, economic restructuring of the productive system, and changing conditions of labour, and material production in general. The contemporary section of Manifesta 9 probes the *legacy* of coal mining and industrialism, its material residues, the 'imprint' it has left on the environment and transformations today in terms of work and production, in a world of industrial and post-industrial capitalism, and the new economic and labour conditions that have come with them. The exhibition has been conceived not as a *parcours* with a linear curatorial narrative but rather as an 'archipelago' of individual artistic positions reflecting on a complex web of issues that spring from the practices and effects of and post-industrial production and the economic and social relations these engender.

The questions and issues raised are numerous and complex: a probing into the organisation and workings of mass manufacturing in formal as well as informal economies (Burtynsky, Izquierdo); the repercussions of Fordism on the workforce, the performativity of labour, the question of the 'usefulness' versus 'uselessness' of work, the problem of alienated labour, and the Sisyphean dimension of repetitive actions of 'work' (Furlan, Amorales, Haifeng, Kozakis & Vaneigem, Timmermans); the organisation of systems and patterns of production and the social organisation within these (Shen); the retro-futurist 'archaeology' of industrialism, and the collection, display and documentation of the material residues of industrial production Hüner; the sensory and physical recollection of past systems of labour (Maciá, Soi); the historiography or commemoration of the activities of industrial conglomerates, and the question of archiving and memory (Boom); the comparative relationship between 'making' and 'production' in art as in manufacturing, the concept of work as 'idea' or activity in pre- and post-industrial labour, and the question of cognitive labour (Schlingenhoff, Cain); the role of art in modernist industrial utopias (Jitrik, Apóstol); the question of social engineering, the relationship between architecture and industrialism and how the former responded to the collective needs of the social masses (Konrad); the current economic crisis, the plight of workers, and historical precedents (van Lieshout); strategies of survival for those working in taxing conditions (Vega Macotela); the disempowerment of the labour force – female as well as male – and the reactions to this (Monko, Cvijanović); the impact of the demise of industry on communities which have been shaped by and depended on it, its inscription both on the bodies and the landscape of those affected (Karikis & Orlow, Matthys, IRWIN); the

1
Contrary to the inflationary tendencies of recent biennials - too many artists, too many locations, too few resources spread too thinly - the curatorial team of the contemporary section decided to opt for a smaller number of artists, and a close working relationship during the development of each artist's project, with a focus on a specific question: that of production and productivity, as outlined above.

concept van werk als 'idee' of activiteit in pre- en postindustriële arbeid, en het onderwerp van cognitieve arbeid (Schlingenhoff, Cain); de rol van kunst in modernistische utopieën (Jitrik, Apóstol); het onderwerp van *social engineering*, de relatie tussen architectuur en industrialisering en hoe eerstgenoemde beantwoordde aan de collectieve behoeften van de sociale groepen (Konrad); de huidige economische crisis, het lot van de arbeiders, en historische precedenten (Van Lieshout); overlevingsstrategieën voor hen die leven in moeilijke omstandigheden (Macotela); de *disempowerment* van de beroepsbevolking – zowel vrouwelijk als mannelijk – en de reacties hierop (Monko, Cvijanović); de gevolgen van de teloorgang van de industrie op de gemeenschappen die erdoor werden gevormd en er afhankelijk van waren, de getekendheid van de lichamen en het landschap die er door aangetast werden (Karikis, Matthys, IRWIN); de cyclische beweging van goederen en producten en de cycli van arbeid, productie, kringloop en consumptie onder de globalisering (Jafri); de accumulatie van kapitaal, economisch neokolonialisme en de zoektocht naar nieuwe terreinen voor kapitalistische uitbreiding (Woods, Raqs Media collective); het probleem van de vervuiling en de ophoping van afval (Vanden Eynde, Geers); de teloorgang van de grootse visies van de socialistische industrialisering en vooruitgang, de afbrokkelende metaforen van macht en de materiele en vaak schadelijke resten van de industrialisering (Fontaine, Selander, Biscotti); de toepassing van afvalstoffen van steenkool en hun grotendeels onbekende en brede toepassing in de nijverheid, geneeskunde en het leger (Torfs); ondernemerschap, productontwikkeling, economische herstructurering, de marketing van culturele producten en de steeds vager wordende scheiding tussen kunst en het bedrijfsleven in een kapitalistische economie (Campbell, Heiremans & Vermeir, Visible Solutions, Tomaszewski); de ongrijpbare en gecodificeerde aard van hedendaags kapitaal in het licht van virtueel en fictief geld en de financialisering van kapitaal (Goldin & Senneby); en, ten slotte, een reflectie op mogelijke politieke alternatieven in een postideologische, unipolaire wereld van wereldkapitalisme (Van Harskamp).

De 'mijnmachine' mag dan achterhaald zijn in Europa, elders is ze springlevend. De droom van 'schone energie' blijft een verre utopie: steenkoolproductie blijft stijgen, en de wereld verbrandt meer kool dan ooit. Ondanks een grote bezorgdheid om het milieu gaat de plundering van natuurlijke grondstoffen maar door. De vervuiling in ontwikkelingslanden neemt toe terwijl we in de ontwikkelde wereld de gevolgen, het afvalprobleem en de vernietiging van natuurlijke biotopen, blijven ontkennen. De verantwoordelijkheid wordt doorgeschoven naar volgende generaties. De economie, de financialisering van kapitaal, en de drang naar onstuitbare winststijging zijn de belangrijkste drijfveren van de politiek, de economie en degenen die de besluiten nemen. De ondergang van het communisme, dat althans in zekere zin enig tegengewicht bood tegen de excessen en ongelijkheden van het kapitalisme, was een teken voor de onverminderde vaart van laatstgenoemde, alsook voor de ondergang van de sociale instituten en de beleidslijnen ter bescherming van diegenen die niet in staat waren om deel te nemen aan, te wedijveren binnen of profijt te halen uit het kapitalistische casino. In zijn vroege werk *The Violence of Financial Capitalism,* waarschuwt Christian Marazzi voor de gevaren van de financialisering en de systemische crisis van het kapitalisme dat financiën onbegrijpelijk, onbeheersbaar en oncontroleerbaar heeft gemaakt en dat mensen als vaste activa beschouwt. Met *subprime*-

cyclical movements of goods and products and the cycles of labour, production, circulation and consumption under globalisation (Jafri); the accumulation of capital, economic neo-colonialism and the quest for new territories necessary for capitalist expansion (Woods, Raqs Media collective); the problem of pollution and the accumulation of waste (Vanden Eynde, Geers); the demise of grandiose visions of Socialist industrialism and progress, their crumbled metaphors of power and their material and often pernicious remains (Claire Fontaine, Selander, Biscotti); the deployment of waste products of coal and their largely unknown and extensive deployment in manufacturing, medicine and the military (Torfs); entrepreneurship, product development, economic restructuring, the marketing of cultural products and the increasingly slippery line between art and business in a capitalist economy (Campbell, Heiremans & Vermeir, Visible Solutions, Tomaszewski); the elusive and codified nature of contemporary capital in the light of virtual and fictitious money and the financialisation of capital (Goldin+Senneby); and finally, a reflection on possible political alternatives in a post-ideological, unipolar world of global capitalism (van Harskamp).

The 'mining machine' may have become obsolete in Europe, but it is alive and kicking elsewhere. The dream of 'clean energy' remains a remote utopia: coal output is on the rise, and the world is burning more coal than ever before. Despite grave concerns for the environment, the plundering of earth's natural resources continues, pollution in the developing world is on the rise while in the developed world we are still in denial about its effects, the problem of waste, and destruction of natural biotopes. Responsibility is deferred to later generations. The economy, the financialisation of capital, and the obsession with ceaseless increases in profit have become the primary motors driving politics, economics and those who decide.
The demise of communism, which at least in a sense provided a kind of counter-balance to the excesses and inequalities of capitalism, signalled the unabated gallop of the latter, and the demise of social institutions and policies which protected people who are not able to partake, compete in or profit from the capitalist casino. In his timely book *The Violence of Financial Capitalism* Christian Marazzi warns of the dangers of financialisation and systemic crisis of capitalism which has rendered finance incomprehensible, unmanageable and out of control, and which transforms human beings into fixed capital. Taking sub-prime lending as a leading example he argues that "in order to raise and make profits, finance also needs to involve the poor, in addition to the middle class. In order to function, [this] capitalism must invest in the bare life of people who cannot provide any guarantee, who offer nothing but themselves. It is a capitalism that turns bare life into a direct source of profit" (2011: 40). The principle of profitability is now imposed on society as a whole. This need for growth reinforces social regression and destroys social cohesion. This form of exploitation of the entire corpus of humanity has been termed 'biocapitalism'. Whereas capitalism once primarily transformed raw materials into consumer goods using machines and physical labour, biocapitalism uses not only the physical qualities of the workers, but the entire person. Striking examples are Facebook and Google, which tap valuable information from users, which can then be used to turn them into willing consumers. This leads increasingly to the marginalisation of paid labour and the valorisation and instrumentalisation of free user labour. With these circumstances in mind, and the increasing disregard for human beings and their social fabric, we might just have reached a tipping point. Capitalism will no doubt continue unabated since there

leningen als voorbeeld voert hij aan dat "om winst te maken en te doen stijgen, het geldwezen ook toegankelijk moet zijn voor de armen, naast de middenklasse. Om te kunnen functioneren, moet [dit] kapitalisme investeren in het naakte bestaan van mensen die geen enkele garantie kunnen geven en alleen zichzelf kunnen bieden. Het is een kapitalisme dat het naakte bestaan omzet in een rechtstreekse bron van winst" (2011: 40). Het principe van winstgevendheid wordt nu opgelegd aan de maatschappij als geheel. Deze behoefte aan groei versterkt sociale regressie en vernietigt de sociale samenhang. Deze vorm van uitbuiting van de hele mensheid wordt 'biokapitalisme' genoemd. Waar kapitalisme ooit grondstoffen tot consumptiegoederen verwerkte door middel van machines en fysieke arbeid, gebruikt het biokapitalisme niet alleen de fysieke capaciteiten van de arbeiders, maar de hele persoon. Opvallende voorbeelden zijn Facebook en Google, die belangrijke informatie van hun gebruikers verzamelen, om van hen gewillige consumenten te maken. Dit leidt steeds meer tot de verdringing van betaalde arbeid en de valorisatie en instrumentalisering van de gratis arbeid van de gebruiker. Deze omstandigheden, alsook de toenemende minachting voor de mens en zijn sociale netwerk, wijzen er misschien op dat we een keerpunt hebben bereikt. Toch zal het kapitalisme voorlopig onverminderd voortduren, aangezien nog geen enkel nieuw politiek of economisch standpunt of programma het heeft kunnen verdringen. Aangezien de kloof tussen ontwikkelde en ontwikkelingslanden moeilijk te dichten valt; en aangezien de eens zo comfortabele democratische beschavingen – vooral in Europa – de ondergang van hun welvaartsstaat beleven, waar wordt bespaard op sociale zekerheid, onderwijs en cultuur; aangezien het banksysteem steeds kwetsbaarder en onzekerder wordt; aangezien het maatschappelijk middenveld gemarginaliseerd wordt in het streven naar privatisering en deregularisering van zowat alles; en aangezien de problemen rond de nationale beveiliging en bescherming voorwendsels worden voor toenemende controle en vrijheidsbegrenzing, is het zeker dat een groot deel van de "99%" (Huxley 1947) de komende jaren ernstige sociale en economische verwikkelingen zullen kennen.[2] Tenzij we radicaal afstand nemen van de zelfvoldaanheidheid waarvoor we zelf verantwoordelijk zijn.

2
Aldous Huxley antwoordde in een brief van 21 april 1947 op een verzoek van zijn broer Julian, Directeur-Generaal van de UNESCO, naar zijn commentaar op de voorgestelde Universele Verklaring van de Rechten van de Mens: "(...) denk aan wat negenennegentig procent van het menselijk ras wenst – eten, onderdak, een veilig familieleven en gevrijwaard blijven van bazen en bemoeiallen. Helaas is het die één procent die macht, idealen en ideologieën nastreeft, die de toon zet].

> Accumulatie
> Kapitalisme in crisis

Pollutie, Esthetiek van

Het natuurlijke langetermijnproces waarmee dood, organisch materiaal eerst in veengrond en uiteindelijk in steenkool wordt omgezet, kreeg voor het eerst technologische aandacht van de mijnbouw in de 9e eeuw. Toch duurde het tot de komst van de stoommachine in de 18e eeuw vooraleer de mijnbouw volwassen werd. Kolen werden het symbool van de industriële modernisering. Ze leverden de fabrieken energie en zorgden zo ook voor roet in de steden en in het landschap. Gedragen door de lucht, drongen opeengepakte deeltjes pollutie het dagelijkse leven van de geïndustrialiseerde gebieden binnen: roet bedekte de gebouwen in de stad, kroop in onze kleding, en tastte de longen aan van alle inwoners. Op die manier bepaalde de industriële vervuiling, afkomstig uit steenkoolverbranding, de lichamelijke ervaring en het bewustzijn van industriële kapitalistische samenlevingen. Sterker nog, het werd de nieuwe, onvermijdelijke milieuesthetiek van alledag.

Pollutie leidde tot een nieuwe collectieve visuele en olfactorische perceptie in stedelijke industriële omgevingen, wat de aandacht trok van kunstenaars doorheen de hele 19e eeuw. Ze werden geïnspireerd

– as yet – has been no vision of a political or economic program that has managed to usurp it. But as the gap between developed and underdeveloped countries seems difficult to close; as once comfortable, democratic societies, particularly in Europe, experience the demise of the welfare state, where social security, education and culture are being cut back; as the banking system becomes increasingly fragile and precarious; as the idea of civil society becomes marginalised in the drive for the privatisation and de-regulation of practically everything; and as questions of national safety and security become pretexts for increasing surveillance and limits on freedom, it is certain that a large segment of the "99%" (Huxley 1947) will experience grave social and economic circumstances in years to come.[2] One thing is for sure: we will not be able to eat our iPhones nor find comfort on Facebook unless there is a fundamental move away from the complacency for which we are responsible.

2
Aldous Huxley responded in a letter of 21 April 1947 to a request by his brother Julian, Director-General of UNESCO, for his comments on the proposed Universal Declaration of Human Rights: "(...) think of what ninety nine percent of the human race want – food, shelter, a secure family life and to be left alone by bosses and busybodies. Unfortunately the one percent who are interested in power and ideals and ideologies are the ones who call the tune."

> Accumulation
> Crises of Capitalism

Pollution, Aesthetics of

The long term natural process of converting dead organic matter into peat bogs and eventually into hard coal first attracted the technological interest of mining in the 9th century. It nevertheless took until the advent of steam engines in the 18th century for coal mining to be perfected. Coal became emblematic of industrial modernisation, producing energy for the factories and with it, soot in the cities and on landscapes. Carried on drafts of circulating air, particles of dense pollution penetrated everyday life in industrialised regions: soot covered the city's buildings, infiltrated people's clothes, and deeply affected the lungs of all inhabitants. Thus, industrial pollution from coal burning determined the bodily experience and consciousness of industrial capitalist societies. Even more, it became the new, unavoidable environmental aesthetics of everyday life.

The experience of pollution shaped new standards of collective visual and olfactory perception in urban industrial environments, attracting the attention of artists throughout the entire l9th century. They were inspired by such innovations as the sfumato that Leonardo had introduced in the Renaissance and the baroque use of clouds to express the power of divine redemption. During the Industrial Revolution, the newly polluted air gave rise to new interpretations of the atmosphere. British and French painters in particular directed their gazes towards the polluted skies. Constantin Meunier, Claude Monet, J. M. W. Turner, and especially James Whistler transformed the floating dust particles into sources of artistic material. The latter's *Nocturne in Grey and Silver* (1873-75) sublimated the grey colour of pollution into a highly effective and emblematic pictorial tool of modernism. The particles expelled from coal heating and industrial production fused with natural meteorological phenomena such as fog, dissolving the urban objects represented in such paintings and transforming them into autonomous visual elements of modern, abstract artistic invention.

The polluted sky persisted as an aesthetic sensation until the 1970s. It damaged health but also generated aesthetic excitement, affecting the formation of collective identity in industrial societies. Only recent interdisciplinary aesthetic research, guided by a critical environmental attitude, has shown how polluted many late 19th-century cities actually were: from the atmospheric scattering of sunlight in Monet's images of London, physicians have tried to deduce the levels of pollution. In the second half of the 20th century, photography claimed a stronger discursive power in environmental matters. Photographic paper, celluloid film and today digital media are screens for displaying pollution as a sign of global capitalist decay.

Ironically, many industrial and mining regions in the West have lost their productive power, and their post-industrial melancholy (with high rates of unemployment, and mines converted into museums and cultural heritage sites) expands under clear skies. The catastrophic aesthetics of pollution are now confined to

door innovaties zoals de sfumatotechniek die Leonardo Da Vinci had ingevoerd in de renaissance en het barokke gebruik van wolken om de kracht van de goddelijke verlossing uit te drukken. Tijdens de industriële revolutie gaf de recent vervuilde lucht aanzet tot nieuwe interpretaties van de atmosfeer. Vooral Britse en Franse schilders richtten hun blikken op de vervuilde hemel. Constantin Meunier, Claude Monet, J.M.W. Turner en vooral James Whistler veranderden de zwevende stofdeeltjes in bronnen van artistiek materiaal. Whistlers *Nocturne in Grey and Silver* (1873-75) sublimeerde de grijze kleur van de vervuiling in een enorm effectief en symbolisch picturaal instrument van het modernisme. De deeltjes die werden uitgestoten door de steenkoolverbranding en de industriële productie, vermengden zich met natuurlijke weersverschijnselen zoals mist en vervagen zo de stedelijke elementen die weergegeven zijn in zulke schilderijen. Dit maakt ze tot alleenstaande visuele elementen van de moderne, abstracte, artistieke vindingrijkheid.

De vervuilde lucht bleef een esthetisch element tot de jaren 70. Het schaadde de gezondheid maar zorgde ook voor esthetische opwinding, wat de vorming van een collectieve identiteit in industriële samenlevingen beïnvloedde. Alleen recent interdisciplinair esthetisch onderzoek, geleid door een kritische houding tegenover het milieu, toonde aan hoe vervuild veel steden aan het eind van de 19e eeuw eigenlijk waren: uit de atmosferische verstrooiing van zonlicht in Monets beelden van Londen hebben fysici geprobeerd om de gradatie van de pollutie af te leiden. In de tweede helft van de 20e eeuw, eiste de fotografie een sterkere discursieve rol op in milieuaangelegenheden. Fotopapier, celluloidfilm en moderne digitale media geven ons een inkijk in vervuiling als een teken van globaal kapitalistisch verval.

Ironisch genoeg hebben veel industriële en mijnbouwregio's in het Westen hun productiekracht verloren. Hun postindustriële melancholie (met hoge werkloosheidscijfers en mijnen omgebouwd tot musea) ontvouwt zich onder een heldere hemel. De rampzalige esthetiek van vervuiling is nu beperkt tot de wereldsteden die kreunen onder de verkeerschaos. Dit melancholische aspect van het hedendaagse milieu werd reeds voorspeld door de filosoof Robert Burton in de vroege 17e eeuw: "Zo de lucht, zo ons gemoed?" (2001: 237).
PK

> Steenkooltijdperk

Portret van Spyros Roumeliotis en Polyxeni Papoutsi

Portret van Mr. Spyros Roumeliotis en Polyxeni Papoutsi
Onbekende fotograaf, ca. 1952
Foto, 6 x 8 cm
Privécollectie.

In 1957 verliet dhr. Spyros Roumeliotis zijn geboortestad Chalcis, gelegen op het Griekse eiland Euboea, om zich bij de duizenden mijnwerkers te voegen die de sociale en genetische pool van Limburg zouden vormen. Zoals velen toen en nu, moest Roumeliotis zijn vrouw Polyxeni achterlaten. Het paar drukte hun wens om herenigd te worden uit door hun enige foto in twee te scheuren. Zo kon de man een foto van zijn vrouw meenemen en de vrouw thuis een foto van haar echtgenoot houden. Een jaar later kwam Polyxeni met hun twee kinderen in België wonen en naaiden ze het portret terug aan elkaar met naald en draad.
Dit gebaar staat voor een historische en geografische terugkeer. De oude Grieken tekenden hun contracten gewoonlijk met materiële *symbola*, doorgaans een symbool gemaakt uit klei of been dat vervolgens in twee werd gebroken. Beide partijen deden dit om zich van hun identiteit te kunnen vergewissen bij het opnieuw samenvoegen van de stukken (Shell 1993:32ff). Hier ligt de oorsprong van het concept *symbool*: het vermogen van een stuk om een onzichtbare eenheid op te roepen. Dit wordt ook beschreven in Aristophanes' toespraak in Plato's *Symposion*: "... dus eigenlijk een complement of pendant van de Ene Mens die evenals een platvis toont dat hij doormidden is gesneden zodat wat één was, twee geworden is (2010: 19 (191D)."
CM

> 17 Ton

Post-industrialisme

Hedendaagse eurocentrische opvatting van het kapitalisme.

> Poëtica van de herstructurering

car-crowded mega-cities. This melancholic aspect of the contemporary environment was already anticipated by the philosopher Robert Burton in the early 17th century: "Such as is the air, such be our spirits?" (2001:237).
PK

> Coal, The Age of

Portrait of Spyros Roumeliotis and Polyxeni Papoutsi

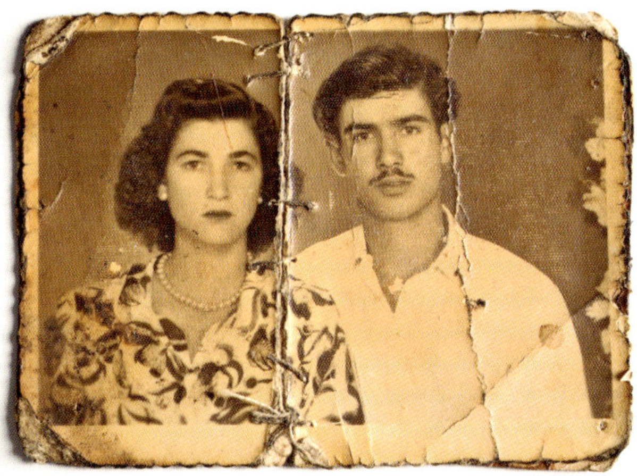

Portrait of Spyros Roumeliotis and Polyxeni Papoutsi, c. 1952

Portrait of Spyros Roumeliotis and Polyxeni Papoutsi
Photographer unknown, c. 1952
Photograph, 6 x 8 cm
Private collection

In 1957 Mr. Spyros Roumeliotis left Chalcis, on the Greek island of Euboea, to join the thousands of miners who formed the social and genetic pool of Limburg.
Like many men then as now, Roumeliotis had to leave his wife, Polyxeni, behind. The couple signified their wish to be reunited by tearing their only photograph in two, so that the husband could carry the image of his wife, and the wife could keep the image of her husband at home. A year later, Polyxeni arrived to Belgium with their two children, and they stitched the portrait back together with needle and thread.
This gesture marks an historical return as well as a reunion across geographical distance. Ancient Greeks used to mark contracts through material *symbola*, which frequently consisted of a token made of clay or bone and divided into halves. Contracting parties would break these tokens so as to be able to guarantee their identities upon rejoining the two fragments (Shell 1993: 32ff.). This is the origin of the concept of the *symbol:* the power of a fragment to recall a unity or whole which is not visible, as described in Aristophanes's speech in Plato's *Symposium:* each of us is "a mere tally of a person, one of two sides of a filleted fish, one half of an original whole" (2008: 24 [191D]).
CM

> 17 Tons

Post-industrialism

Eurocentric conception of capitalism today.

> Poetics of Restructuring

Prayer Mats

Muslims require a pure surface upon which to pray, so portable, stowable prayer mats offer a convenient means of insuring the cleanliness of their devotions. Usually, these are rectangular and large enough for one person, but there are also wider prayer mats that allow several people to pray simultaneously. The latter are not typically meant for personal use, and are found primarily in mosques.
Prayer mats may be woven from any material that is considered pure. These include animal skins like sheepskin and leather, wool, reeds, cotton and polyester. Pigskin or bristles, by contrast, cannot be used. The choice is mainly determined by which raw materials are locally available, culture, technology and, sometimes, budget.
The oldest prayer mats in the Islamic world are held at the Turkish and Islamic Arts Museum in Istanbul. These date to the fifth century; that is, prior to Islam itself. The designs of prayer mats are typically simple and austere in order to avoid disturbing the concentration of whoever is praying,

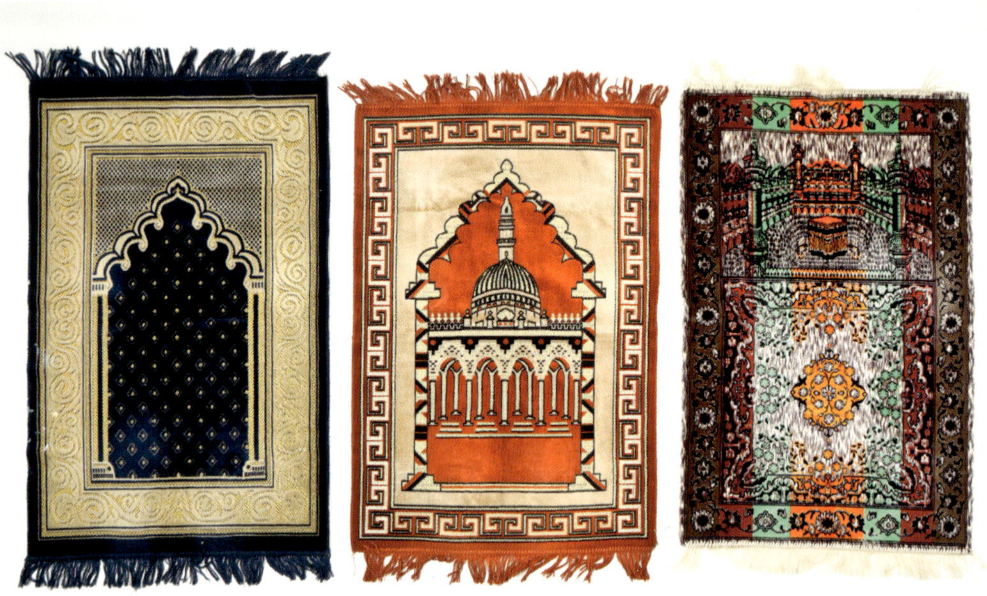

Turkish Union, *First generation Turkish immigrant prayer mat*, 1950s-1960s

Prayer mats

De Bidmat

Om te kunnen bidden heeft een moslim een zuiver oppervlak nodig; draagbare, gemakkelijk op te bergen bidmatjes bieden de gelovige dergelijke garantie. Gewoonlijk is een bidmat rechthoekig en groot genoeg voor één persoon. Er bestaan echter ook bredere matten voor meer personen. Deze dienen meestal niet voor persoonlijk gebruik, maar worden vooral in de moskeeën gebruikt.

De bidmat kan vervaardigd worden uit heel diverse materialen zoals vacht (vooral schapenvacht), leer, riet, wol, katoen en polyester. De meeste materialen en stoffen kunnen gebruikt worden, zolang ze maar zuiver en halal zijn. Zo kan bijvoorbeeld varkensleer of -vacht niet gebruikt worden. De keuze wordt voornamelijk bepaald door plaatselijk beschikbare (grond) stoffen, cultuur, technologie en eventueel budget.

De oudste bidmatten van de islamitische gemeenschap worden bewaard in Turkse musea en musea voor Islamitische Kunst. Deze dateren van de vijfde eeuw, nog voor het ontstaan van de islam. De bidmatjes worden zo sober en simpel mogelijk gehouden om de concentratie van de bidder niet te verstoren en er zijn geen vaste regels voor versiering en kleur. We zien echter veel gelijkenissen in de tekeningen van matjes uit verschillende regio's en culturen. Vaak voorkomend is de Heilige Haram of Ka'ba in Mekka en de moskee in Medina. Tijdens het bidden dient de bovenkant van de bidmat naar de richting van de Ka'ba te wijzen. Na het bidden wordt de bidmat meestal terug opgevouwen en weggelegd om te voorkomen dat er met vuile schoenen over wordt gelopen.

FC

> 17 Ton

Productie

De gebruikelijke betekenis van het woord 'productie' "voortbrenging door inspanning en arbeid, o.m. van wat in de natuur aanwezig is" is een verenging van de etymologie van het Latijnse woord *producere*, wat "voortleiden" betekent. (*Van Dale*, 13de herziene uitgave, 1999). Hedendaagse economen hebben de neiging gehad om het concept productie nog verder toe te spitsen op de betekenis van "het nuttige". Voor Jean Baptiste Say was de "productie van 'rijkdom'" dus te onderscheiden van andere vormen van creatie als het herproduceren van "bestaande materialen in een andere vorm" waarbij "sprake is van creatie, niet van materie, maar van nut" (1821:2).

Karl Marx wees erop dat "productie [in kapitalistische systemen] het doel wordt van de mens en rijkdom het doel van die productie," wat in schril contrast staat

but there is no fixed set of rules or instructions regarding their colour or decoration. Nevertheless, we do find many similarities across the designs of mats from different parts of the Islamic world: they often depict the Masjid al-Haram or the Kaaba in Mecca, for example, or the mosque in Medina. During prayer, the top of the mat must point in the direction of the Kaaba, so a pointed decoration or dome often marks the top. After prayer, the mat is usually folded and put aside to avoid rendering it impure by soiling it with dirty shoes.
FC

> 17 Tons

Production

The usual meaning of "to work up from raw material, fabricate, manufacture (material objects)" is a reduction of the etymology of the Latin *producere,* which meant "to lead or bring forth" (*The Oxford English Dictionary*, 2nd ed., 2004). Modern economists have tended to narrow the concept of production even more tightly around a notion of 'the useful'. Thus, for Jean Baptiste Say the "production of *wealth"* was distinguished from any other form of creation as the reproduction of "existing materials under another form" where "there is a creation, not of matter, but of utility" (1821: 2).

Karl Marx argued that under capitalism, "production appears as the aim of mankind and wealth as the aim of production," in deep contrast with previous social formations which, despite their limitations, viewed the human being "as the aim of production" (1993: 487f.). He also criticized the distinction between "productive" and "unproductive" activities (and between the "useful" and the "useless") as a purely ideological judgment about the extent to which a specific activity contributes to the accumulation of capital (ibid 273).

Such a critique of the modern concept of production ran parallel to Marx's own anthropology, which posited labour, production and self-production as defining the human condition. Whereas animals such as bees or ants "produces what it immediately needs ," Marx described humans as able to produce unconstrained by physical need, for their goal was none other than "creating an *world of objects* by his practical activity, in his *work upon* inorganic nature" (Marx 2005:276). When Marx defined production as "the appropriation of nature on the part of an individual within and through a specific form of society" (1993: 87), he not only alluded to historical forms of property and social relations, but to the degree to which knowledge and technique become, in the industrial age, "direct" forces of production, because natural materials are "transformed into organs of the human will over nature" and "general social knowledge" (i.e., science and culture) become the "organs of social practice" (ibid 706).

In the early 1970s, Jean Baudrillard criticized Marxism (as well as thinkers like Gilles Deleuze) for being unable to escape "an unbridled romanticism of productivity" (1975: 19) and unwilling to "conceive of a mode of social wealth other than that founded on labour and production" (ibid 30). Yet, as Giorgio Agamben has pointed out, "Everywhere, even where Marx's thought is condemned and refused, man today is the living being who produces and works" (1999: 74). In that sense, the modern age has split the ancient Greek concept of *poiesis* (ποίησις) in two, opposing *products* (derived from technical means) with *poetic* "works of art" identified with originality or authenticity (ibid 60f.).
CM

> Coal, The Age of
> Poetics of Restructuring
> 17 Tons

Putheks

The Flemish folk figure of the putheks (pit witch) has its origins in the eighteenth-century history of Belgium. Catheleyn Cuypers (ca. 1700 - 1725), better known as Leyn Weckx, was the illegitimate daughter of a very poor couple living in a small house in Exel-Hechtel (now Hechtel-Eksel) (Tielemans 2009). She was accused of various acts of arson, and in one case two people were killed in a fire that she allegedly started. She was also charged with witchcraft, and found guilty after confessing to her crimes. On June 16, 1725, her right hand was cut off, after which she was asphyxiated to death and her corpse burned. The site of her execution is known as Heksenberg (Witch's Mountain). According to one folktale, however, Weckx is said to have escaped into a well as she was being transported from the court to the place of execution. The tale has survived orally for almost three centuries, during which time her escape route eventually transformed from a well into a coal mine.
ET

> Geerts, Paul
> 17 Tons

met de vroegere sociale formaties die, ondanks hun beperkingen, de mens zagen "als doel van de productie" (1993:487f.). Hij bekritiseerde ook het onderscheid tussen "productieve" en "onproductieve" activiteiten (en tussen het "nuttige" en "nutteloze") als een puur ideologisch oordeel over in hoeverre een bepaalde activiteit bijdraagt tot de vergaring van kapitaal (ibid 273).

Een dergelijke kritiek op de moderne idee van productie komt overeen met Marx' eigen antropologische visie, waarin arbeid, productie en zelf-productie bepalend zijn voor de toestand van de mensen. Terwijl dieren als bijen en mieren enkel "produceren wat ze onmiddellijk nodig hebben", zijn mensen volgens Marx in staat om te produceren zonder zich te laten beperken door wat nodig is. Hun doel is immers niets anders dan het "praktisch produceren van een objectieve wereld, de bewerking van de anorganische natuur" (1988:76-77). Toen Marx productie definieerde als "de inbeslagneming van de natuur door een individu binnen en door een bepaalde samenlevingsvorm" (1993:87), had hij het niet alleen over de historische vormen van eigendom en sociale relaties. Hij verwees ook naar het belang van kennis en techniek in het industriële tijdperk als "directe" motors van productie. Natuurlijke materialen worden immers omgezet in "organen van menselijke beschikking over de natuur" en "algemene sociale kennis" (d.w.z. wetenschap en cultuur) worden de "organen van sociale praktijk" (ibid 706).

In het begin van de jaren 70 bekritiseerde Jean Baudrillard het Marxisme (alsook filosofen als Gilles Deleuze) omdat ze niet in staat zouden zijn om te ontsnappen aan een "ongebreidelde romantisering van productiviteit" (1975:19) en zich geen "manier van sociale rijkdom [zouden kunnen voorstellen] die niet is gebaseerd op arbeid en productie" (ibid 30). Maar, zegt Giorgio Agamben, "Overal, ook daar waar Marx wordt veroordeeld en verworpen, is de mens vandaag het levende wezen dat produceert en werkt" (1999:74). In die zin heeft het moderne tijdperk het Oud-Griekse concept *poiesis* (ποίησις) opgesplitst in twee, waardoor 'producten' (voortkomend uit technische middelen) tegenover 'het poëtische' (kunstwerken, in verband gebracht met originaliteit of authenticiteit) komen te staan (ibid 60f).
CM

> Poëtica van de herstructurering
> Steenkooltijdperk
> 17 Ton

Putheks

De putheks is een Vlaamse volksfiguur die terug gaat tot de achttiende eeuw in België. Catheleyn Cuypers (ca. 1700 – 1725), beter gekend als Leyn Weckx, was de onwettige dochter van een straatarm koppel dat in een huisje in Exel-Hechtel (nu Hechtel-Eksel) woonde (Tielemans 2009). Ze werd beschuldigd van verschillende brandstichtingen. In één geval stierven twee mensen in een brand die zij naar verluidt had aangestoken. Ze werd ook vervolgd voor hekserij en schuldig bevonden nadat ze haar misdaden had opgebiecht. Op 16 juni 1725 werd haar rechterhand afgekapt waarna ze werd verstikt, vervolgens werd haar lichaam verbrand. De plaats van haar executie staat bekend als "de Heksenberg". De volkslegende echter verhaalt de ontsnapping van Weckx via een put terwijl ze van de rechtbank naar haar executieplaats werd gebracht. Dit verhaal werd bijna drie eeuwen lang mond-aan-mond doorverteld. Doorheen de jaren veranderde haar ontsnappingsroute, van een put in een kolenmijn.
ET

> Geerts, Paul
> 17 Ton

Radioactiviteit

> Biscotti, Rossella
> Claire Fontaine
> Selander, Lina

Raqs Media Collectief

Sinds 1992 in New Delhi, India door Jeebesh Bagchi (geb. 1965), Monica Narcula (geb. 1969) en Shuddhabrata Sengupta (geb. 1968)

The Capital of Accumulation, 2010
Video diptiek, 50 min.

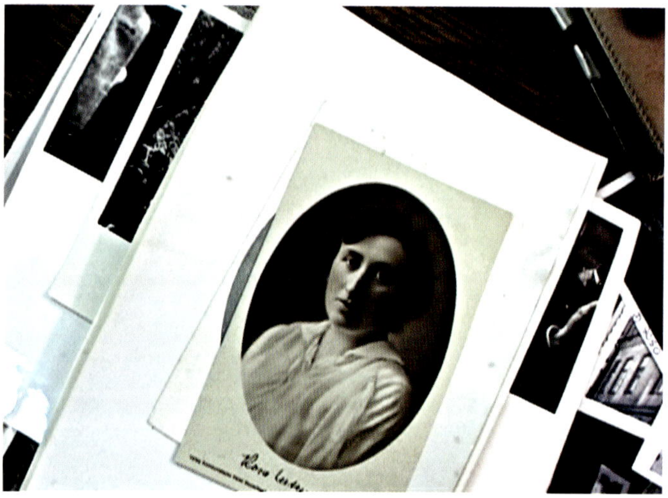

Raqs Media Collective, *The Capital of Accumulation*, 2010

Rosa Luxemburgs bijdrage aan sociale theorie ligt in het aantonen dat kapitalistische accumulatie gebaseerd is op het vergaren van natuurlijke bronnen en bronnen uit "alle hoeken van de aarde, ze in beslag te nemen, desnoods met geweld, uit alle lagen van de beschaving en uit alle samenlevingsvormen" (Luxemburg 2003:338). Haar herdefiniëring van het wereldwijde economische proces als een "relatie tussen kapitaal en de niet-kapitalistische omgeving" (ibid 398) diende als inspiratiebron voor dit video-essay van het Raqs Media Collectief. De video verkent Berlijn, Warschau en Mumbai (vroeger Bombay) en stemt zo tot nadenken over de nalatenschap van Rosa Luxemburg (alsook over het onzekere lot van haar stoffelijke overschot). Bovendien getuigt hij van de voortdurende zoektocht waarmee het kapitalisme de wereld verovert. De film brengt bepaalde inzichten naarboven zoals: "Kunnen de relaties die we verlangen uitdrukken in termen van optellen en aftrekken? Kan een fabriek hier doodgaan en elders opnieuw geboren worden?". Deze inzichten leiden tot een nieuwe, zintuiglijke kennistheorie waarin fabrieken kunnen reïncarneren, gevoelswaarden het concept van het brutoproduct herdefiniëren en waarin de weelde van het kapitalisme slechts een bleke schim is van de uitbundigheid van het leven en verlangen. Dergelijke ideeën wijzen in de richting van een nog ongeschreven traktaat, getiteld *The Capital of Accumulation*, dat ontsproten is uit een jarenlange en toegewijde liefde voor Luxemburg en zijn oorsprong vindt in de verkorte versie die in 1990 werd uitgegeven in Delhi door *Kamunist Kranti*, een linkse studentenverenging waartoe een van de Raqs-leden behoorde.
CM

> Accumulatie
> Kapitalisme in crisis
> Poëtica van de herstructurering

Residu

Antoine Lavoisier, grondlegger van de moderne scheikunde, gebruikte de term residu om te verwijzen naar de substantie die achterbleef als resultaat van een chemische reactie (1790). Neem nu de chemische reactie van een reactieve substantie zoals kaliumcarbonaat of kalk, die in een luchtdichte glazen bokaal wordt blootgesteld aan lucht, een gasverbinding. Wanneer de reactie plaatsvindt, is het overblijvende gas dat niet met het kaliumcarbonaat of de kalk reageerde, het residu.

Om de aard van dit residu te bepalen "moeten er kleine testen mee worden uitgevoerd via experimenten" (ibid 325). Zo kan men een brandende wiek in de bokaal leggen; zolang de gasverbinding zuurstof bevat, blijft de wiek branden. De sterkte van de vlam geeft aan of er meer of minder zuurstof aanwezig is dan in lucht. "Wanneer de kaars echter onmiddellijk uitdooft, is dat voor ons een sterke aanwijzing om aan te nemen dat het residu hoofdzakelijk uit azotisch gas bestaat" (ibid).

De chemische industrie – in feite, de industrie in het algemeen – brengt duizenden ingrediënten met elkaar in contact. Door specifieke reacties komen zo de gewenste producten tot stand. Elk van deze reacties brengt residu's voort: de ongewenste, maar daarom niet noodzakelijk schadelijke, gevolgen

Radioactivity

> Biscotti, Rossella
> Claire Fontaine
> Selander, Lina

Raqs Media Collective

Founded in 1992 in New Delhi, India, by Jeebesh Bagchi (b.1965), Monica Narcula (b.1969) and Shuddhabrata Sengupta (b. 1968)

The Capital of Accumulation, 2010
Video diptych, 50 min.

Rosa Luxemburg's contribution to social theory lies in having shown that capitalist accumulation depends on the appropriation of the resources coming from nature and "from all corners of the earth, seizing them, if necessary by force, from all levels of civilization and from all forms of society" (Luxemburg 2003:338). Her redefinition of global economic process as "a relationship between capital and a non-capitalist environment" (ibid 398) inspired this video essay by the Raqs Media Collective. Exploring Berlin, Warsaw and Bombay/Mumbai, the video reflects on Luxemburg's legacy (as well as on the uncertain fate of her dead body) and testifies to the continuing process of scavenging by which capitalism effectively tramples the globe. Insights that surface in the film such as "Can the relations that we desire be written in terms of addition and subtraction?/ Can a factory die in one place and be born in another?" lead toward a new sensory epistemology where factories are reincarnated, affects redefine the idea of gross product, and the abundance of capitalism is a pale shadow of the exuberance of life and desire. Thoughts like these gesture toward an as-yet unwritten treatise called *The Capital of Accumulation*, which the RAQS brew from out of a long and devoted familiarity with Luxemburg that can be traced back to the abridged version published in Delhi by *Kamunist Kranti* in 1990, a leftwing student group that included one of the members of RAQS.

CM

> Accumulation
> Crises of Capitalism
> Poetics of Restructuring

Residue

The father of modern chemistry, Antoine Lavoisier, used the term *residuum* to refer to a substance left behind after a chemical reaction took place (1790). Picture the chemical reaction taking place when a reactive substance such as potash or lime is exposed, inside a hermetic glass vessel, to air, a compound gas. Once the reaction occurs, the remaining portion of gas that did not react with the lime or potash is the residue.

To determine the nature of that residue, "small trials are to be made of it by experiments" (ibid 325). One might introduce a lighted wick in the jar; if the compound contains some oxygen, the wick will stay lit. The brightness of the flame will indicate whether it contains more or less oxygen than does air. "If, on the contrary, the taper be instantly extinguished, we have strong reason to presume that the *residuum* is chiefly composed of azotic gaz" (ibid).

The chemical industry – indeed, industry in general – brings thousands of ingredients into contact with each other. Reactions are then catalysed to yield the desired products. Each of these reactions churns out residues: the undesired, although not necessarily harmful, outcomes of production. As industry's bastard progeny, residues first and foremost cause chagrin: here's ballast to be disposed of, raising production costs without contributing to profits.

When industry was in its infancy, factory owners didn't trouble themselves too much with residues; they were simply discarded. Nineteenth century coal burning plants produced steam to power machines, and their chimneys spewed the resulting smoke straight out in the atmosphere without any thought to its content. Only later did pollution problems arise, forcing operators to take action. It appeared that the fine ash suspended in such exhaust had potential uses. Fly ash contains silicon dioxide and calcium oxide, as well as aluminum oxide and ferrous oxide (Helmuth 1987). These minerals are also the ingredients of cement; reusing the microscopic particles from coal exhaust enables the production of Portland cements less dependent on virgin resources. Once a harmful waste-product, fly ash became a marketable good.

Likewise, crude oil refineries were slow in finding a use for their most important residue: asphalt, the stickiest outcome of fractional distillation. A breakthrough occurred in the 1870s, when someone invented a new road-paving material: finely crushed rocks held together by asphalt (Pasetto 2003). The market for this new by-product proved even more gigantic.

Such stories of material thoughtfulness sketch the outlines of a utopia: a consumer society that functions as a perfectly balanced ecology, where nothing is lost and

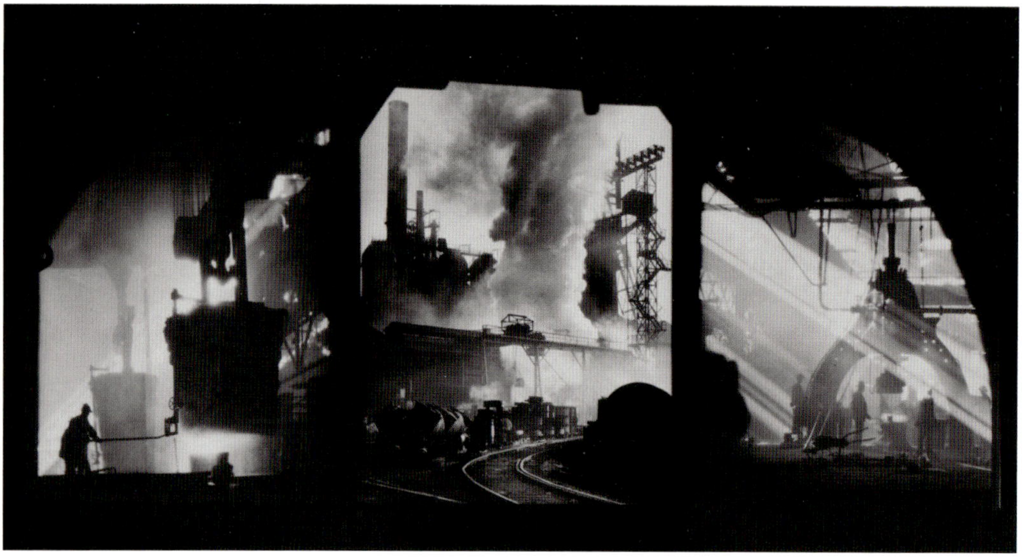

William Rittase, *Industrial Scenes,* 1930

van productie. Als ongewenst bijproduct zorgen residu's vooral voor veel last. Het is een hoop afval dat moet worden weggewerkt en zo de productiekosten doet oplopen zonder ook maar iets op te leveren.

In het begin van het industriële tijdperk hielden fabriekseigenaars zich maar weinig bezig met residu's; ze werden achteloos weggewerkt. Negentiende-eeuwse steenkoolfabrieken leverden stoom om machines aan te drijven. De rook die daarbij geproduceerd werd, kwam via de schoorstenen rechtstreeks in de atmosfeer terecht, zonder dat men stil stond bij het effect daarvan. Pas toen de gevolgen voor het milieu duidelijk bleken, werden exploitanten verplicht om actie te ondernemen. Zo konden de fijne stofdeeltjes in dergelijke uitlaatgassen worden verwerkt. Vliegas bevat siliciumdioxide en calciumoxide, maar ook aluminiumoxide en ijzeroxide. (Helmuth 1987). Die mineralen zijn tevens de ingrediënten voor cement; door hergebruik van microscopische deeltjes uit de steenkoolverbranding is men dus minder afhankelijk van natuurlijke grondstoffen voor de productie van Portlandcement. Vliegas promoveerde dus van een afvalproduct naar een verhandelbaar goed.

Op dezelfde manier vonden ruwe olieraffinaderijen na lange tijd een bestemming voor hun belangrijkste residu: asfalt, het meest plakkerige goedje dat na fractionele distillatie achterblijft. In de jaren 1870 kwam er een doorbraak, toen iemand een nieuw materiaal als wegverharding uitvond: fijngemalen steentjes samengehouden door asfalt (Pasetto 2003). De markt voor dit nieuwe bijproduct bleek nóg groter te zijn.

Dergelijke verhalen van materiële bedachtzaamheid roepen het beeld op van een utopie: een consumptiemaatschappij die functioneert als een perfect gebalanceerde ecologie, waar niets verloren gaat of verkwist wordt. Helaas beschouwt men een potentieel bruikbaar product niet altijd als noodzakelijk. Momenteel gaat slechts een fractie van vliegas naar de productie van cement, de rest wordt gedumpt. En we bouwen geen voldoende wegen meer om alle asfalt te verwerken dat afkomstig is uit de olieraffinaderijen. De wereldwijde consumptie van steenkool en olie stijgt nochtans onverbiddelijk. Koolstofdioxide – een ander restant van verbranding, dat afkomstig is van dierlijk leven en op zijn beurt de fotosynthese voedt – komt in dergelijke hoeveelheden in de atmosfeer terecht dat het een ware bedreiging vormt. Kortom, de opstapeling van residu's blijft een van de hoofdproducten van de industrialisatie.

R

> Accumulatie
> Pollutie

Rittase, William

geb. 1894, Baltimore, VS; overl. 1968

Industrial Scenes, 1930
Gelatine zilverdruk, 41,9 x 41,9 cm
Collectie: Jack Shear

William Rittase studeerde fotografie terwijl hij zijn legerdienst deed

nothing is wasted. Unfortunately, just because a product is potentially useful does not make it a necessity. Today, only a fraction of fly ash is used in cement production; the rest is dumped. We no longer build enough roads to use all the asphalt that pours out of oil refineries, but the consumption of coal and oil around the world nevertheless increases inexorably. Carbon dioxide – that other remnant of combustion, that residue of animal life that in turn fuels photosynthesis – now clutters the atmosphere in such quantities that it has become a liability. The accumulation of residue remains one of the main products of the industrial age.
R

> Accumulation
> Pollution

Rittase, William

b. 1894, Baltimore, USA; d. 1968,

Industrial Scenes, 1930
Gelatin silver print, 41.9 x 41.9 cm
Collection of Jack Shear

William Rittase studied photography while serving in the US Army, working as a professional photographer in Philadelphia after the First World War (Kirstein 1932). His images of a glorified American manufacturing sector – populated sparsely, when at all, by human figures – were published extensively in advertisements and magazines like *Fortune*. *Industrial Scenes* was later reprinted as a photomural and included under the title *Steel* in the exhibition *Murals by American Painters and Photographers* at the Museum of Modern Art in New York.
CMF

> Pollution

Robinson, William Heath

b. 1872, London, England; d. 1944, Pinner, England

'The Pit', from *The 'First' Colliery, An Almanach of Four Drawings*, issued 'with the compliments of Lancashire Associated Collieries', 1938-9
Collection: The National Coal Mining Museum for England, Wakefield.

Heath Robinson was an illustrator and cartoonist whose name has entered the language to describe unnecessarily elaborate and comic home-made contraptions (equivalent to Rube Goldberg in the USA). His talent as a humorist with a satirical edge is clear in his drawings for *The 'First' Colliery Almanach*.
DA

> Cycles of Realism

Ruegenberg, Sergius

> Mies van der Rohe, Ludwig

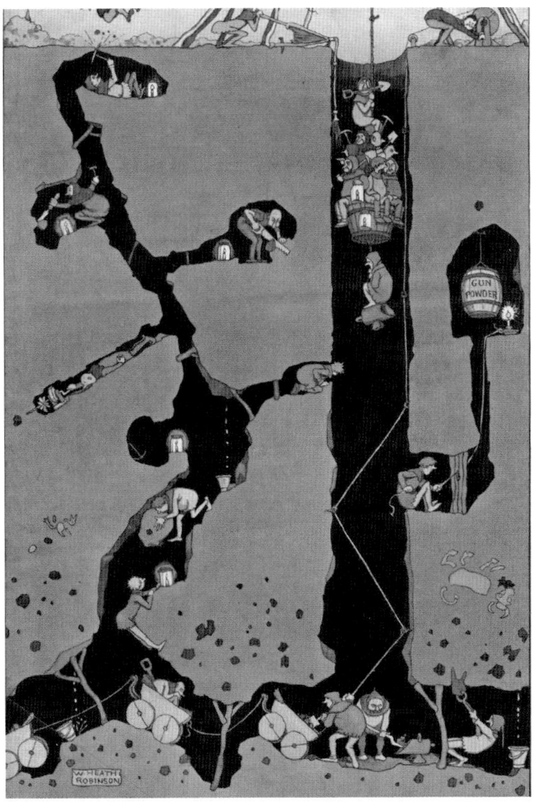

Heath Robinson, *The First Colliery*, 1938-39, © Pollinger Ltd. and The Estate of JC Robinson

R

bij het US Army (Kirstein 1932:PG), en werkte als professioneel fotograaf in Philadelphia na de Eerste Wereldoorlog. Zijn beelden van een opgehemelde Amerikaanse productiesector – met weinig of geen menselijke figuren – werden uitvoerig gepubliceerd in advertenties en magazines zoals *Fortune. Industrial Scenes* werd later herdrukt als muurfoto en onder de titel *Steel* ondergebracht in de tentoonstelling *Murals by American Painters and Photographers* in het Museum of Modern Art in New York.
CMF

> Pollutie

Robinson, William Heath

geb. 1872, Londen, Groot-Brittannië; overl. 1944, Pinner, Groot-Brittannië

The Pit, uit *The 'First' Colliery, An Almanach of Four Drawings*, aangeboden door Lancashire Associated Collieries, 1938-9
Collectie: The National Coal Mining Museum for England, Wakefield

Heath Robinson was een illustrator en striptekenaar. Zijn naam is een vaste uitdrukking geworden in het Engels en wordt gebruikt om onnodig complexe en grappige zelfgemaakte apparaten te beschrijven (equivalent voor de naam Rube Goldberg in Amerika). Zijn capaciteiten als humorist met een satirisch kantje vind je duidelijk terug in zijn tekeningen voor *The 'First' Colliery Almanach.*
DA

> Cycli van realisme

Rook, kleuren en bruiklenen

> Smoke, Colors and Loans

Ruegenberg, Sergius

> Mies van der Rohe, Ludwig

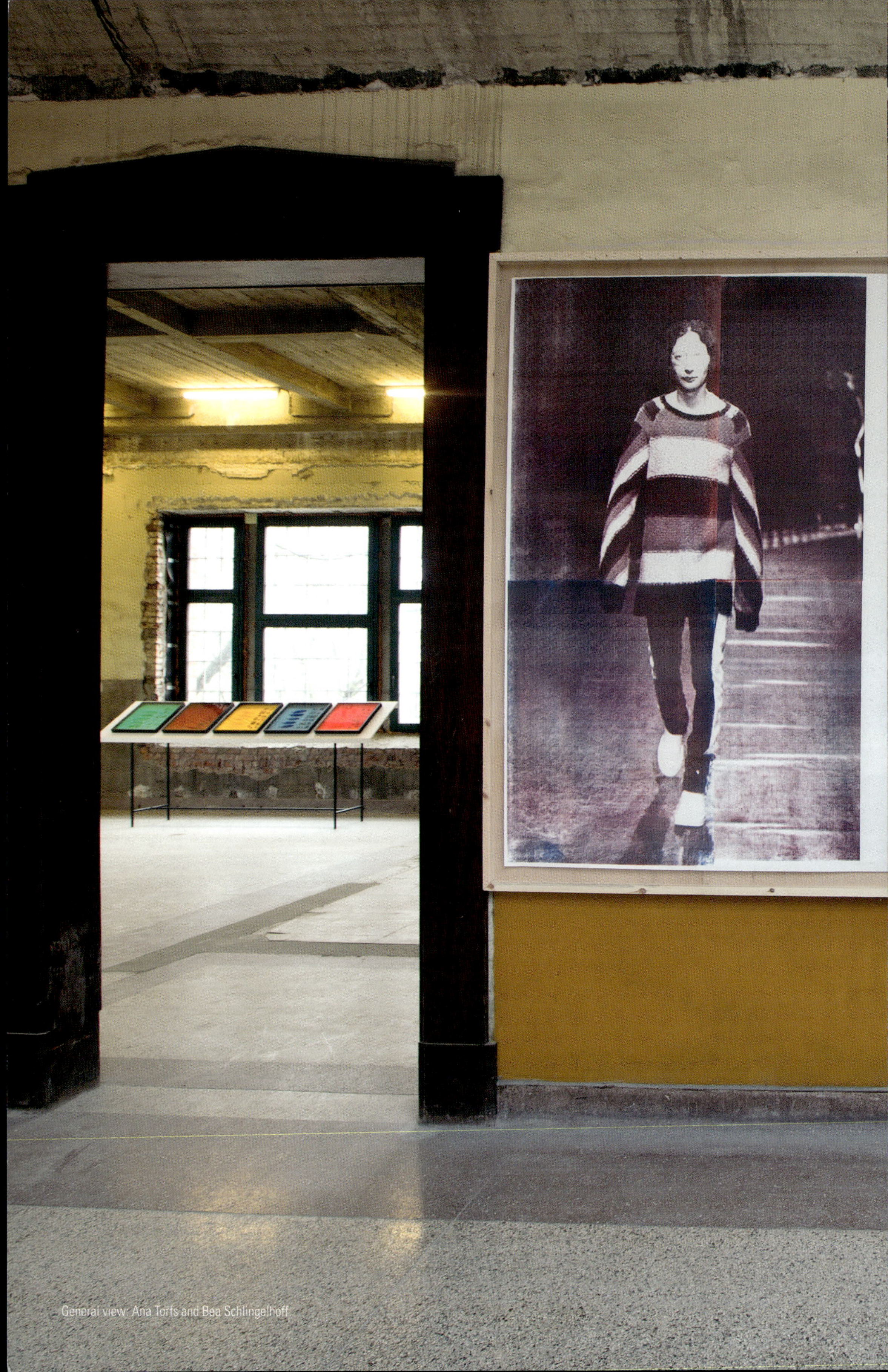

General view: Ana Torfs and Bea Schlingelhoff

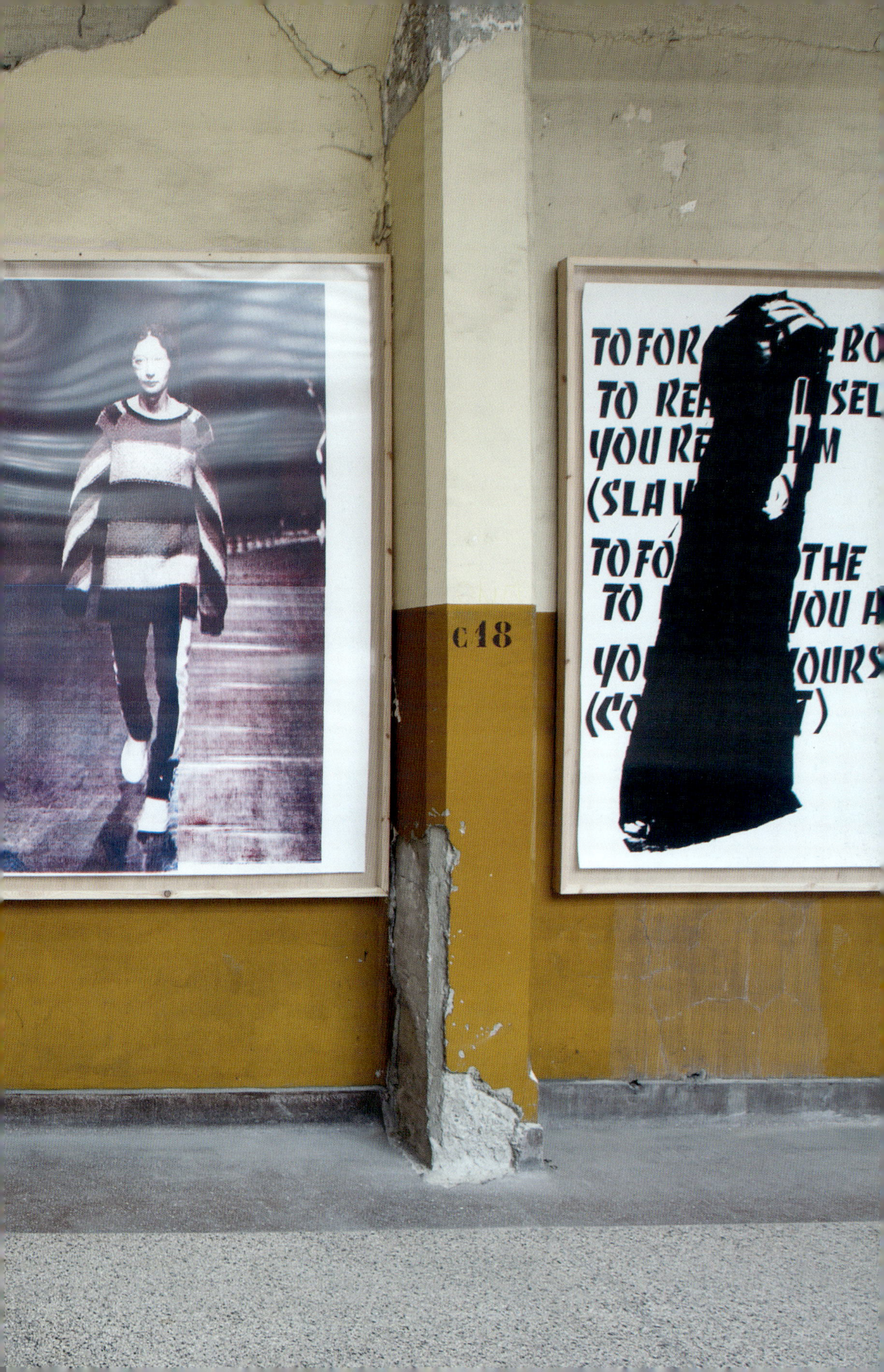
TO FOR EBO
TO REA SEL
YOU RE M
(SLA
TO FO THE
TO YOU A
YO OURS
c18

Sint-Barbara

Volgens de verhalen leefde de heilige martelares Barbara in de derde eeuw na Christus in Nicodemië, het huidige Izmit (Turkije). Ze was de dochter van Dioscorus, een heidens priester, die besloot zijn dochter op te sluiten in een toren om haar aan de aandacht van potentiële huwelijkskandidaten te onttrekken. In de toren bekeerde Barbara zich tot het christendom. Op voorspraak van een rechter werd ze gefolterd om haar nieuwgevonden geloof af te zweren. Ze volhardde. Na een mislukte ontsnappingspoging werd ze gegeseld met vuur, geslagen en vernederd. Ze werd ter dood veroordeeld en hierop eigenhandig door haar vader onthoofd. Hij werd ter plaatste neergebliksemd en verbrandde levend.

Omwille van haar doorzettingsvermogen en onwrikbare geloof werd Barbara van Nicodemië al snel heilig verklaard en aangeroepen om allerhande bijstand. Haar bescherming tegen bliksem behoort tot de oudste van haar patronaten. Ze werd ook de beschermheilige bij een plotse dood en voor tal van gevaarlijke beroepen. Naast brandweerlui, soldaten en elektriciens vierden ook mijnwerkers op 4 december haar naamdag.

In de iconografie is haar bekendste attribuut de toren, vaak aangevuld met een martelaarspalm. Later werd dit attribuut, mogelijk omwille van de fysieke gelijkenis, in mijnstreken soms vervangen door een mijnlamp (Reulens, 2006).

Vier december was een algemene verlofdag voor de mijnwerkers in de Limburgse mijnstreek. Naast de traditionele eucharistieviering en toekenning van zogenaamde Laureaat van Arbeid werd er die dag vooral gefeest. Soms trok ook een processie door de mijncité.

Na de sluiting van de mijnen is de feestdag van Sint-Barbara van groot belang gebleven; het is een dag waarop het gedeelde mijnverleden door in hoofdzaak ex-mijnwerkers in herinnering gehouden wordt.

KR

> Putheks
> 17 Ton

Schlingelhoff, Bea

geb. 1971, Waiblingen, Duitsland; woont en werkt in Zürich, Zwitserland en New York, VS

I Am Too Christian for Art, 2012
Negen zeefdrukken op papier, elk 200 x 150 cm

Met grafiek als hét moderne medium bij uitstek om voor visuele en politieke opschudding te zorgen, onderzoekt Bea Schlingelhoff de erfenis van de intellectuele en sociale beroering van de Links progressieven. Haar tactiek bestaat er in een post-punk-pop esthetiek te vermengen met sloganeske eruditie in historische en radicale politieke overtuigingen. Het 'grafisch monument' dat aan het balkon rond de *sale de fête* in Waterschei tentoongesteld wordt, is een hommage aan de Franse visionaire filosofe Simone Weil (1909-1943) en haar systematisch pessimisme over het lot van de industriële civilisatie in de jaren 30. In haar werk "Reflections Concerning the Causes of Liberty and Social Oppression" analyseerde Weil "wat onderdrukking in algemene zin en elke specifieke vorm van onderdrukking met het productiesysteem gemeen hebben" (2004:54). Weil durfde te stellen dat bevrijding buiten bereik lag: "Met de industriële 'gevangenissen' die door de grote fabrieken worden opgericht, creëer je enkel slaven en geen vrije arbeiders, en nog minder arbeiders die een dominante klasse kunnen vormen" (ibid. 112). Schlingelhoff brengt het leven en de woorden van revolutionaire vrouwen zoals Weil in de belangstelling door hun dissidente stemmen nieuw leven in te blazen om zowel de huidige conservatieve opvatting als de vermeende radicale ideologieën van de 'gemeenschappen' van vandaag in twijfel te trekken.

CM

> Poëtica van de herstructurering

Seccade

> Bidmat

Selander, Lina

geb. 1973, Stockholm, Zweden; woont en werkt in Stockholm

Anteroom of the Real, 2010-2011.
HD video, 14 min

Lenin's Lamp Glows in the Peasant's Hut, 2011.
HD video, 23 min, vitrine met 18 uraniumplaten; metalen plakaat, 50 x 90 cm

Lina Selander geeft een subtiele kijk op de historische gevolgen van de Sovjet-utopie omtrent de energieproductie– op lange termijn, zowel op sociaal als ethisch vlak – zoals samengevat in Lenins slogan uit 1920: "Het communisme is Sovjetmacht plus de elektrificatie van het gehele land". In *The Anteroom of the Real* bladert de kunstenares door foto's van Pripyat, een stad in Oekraïne.

Saint Barbara

According to the stories, the holy martyr Barbara lived in Nicomedia, today called Izmit (Turkey), in the 3rd century A.D. She was the daughter of Dioscorus, a pagan priest, who decided to lock his daughter in a tower to distract her attention from potential marital candidates. In the tower, Barbara converted to Christianity. She was put before a judge and tortured so that she would renounce her newfound belief, but she persevered. After a failed attempt to escape she was punished with fire, beaten and humiliated. She was condemned to death and decapitated by her own father. He was struck by lighting on the spot and burned alive. Because of her perseverance and enduring faith, Barbara of Nicomedia was soon proclaimed holy and people would call upon her for all sorts of assistance, including protection against lightning. She also became the patron against sudden death and numerous dangerous professions. In addition to firemen, soldiers and electricians, miners celebrate her Saint Day on December 4. In her iconography, her most famous attribute was the tower, often completed with a martyr's palm. Miners replaced the palm with a lamp, possibly because of the physical resemblance (Reulens 2006). December 4 was declared a holiday for miners in Limburg. Primarily a day of feasting, it also included the traditional sacrament of the Eucharist and the awarding of a so-called Laureate of Labour, as well as occasional processions through the miners' villages. After the mine closed, the holiday of Saint Barbara has remained very important, as a day when ex-miners come together to feast and remember their shared history.

KR

> Putheks
> 17 Tons

Schlingelhoff, Bea

b. 1971, Waiblingen, Germany; lives and works in Zürich, Switserland and New York City, USA

I Am Too Christian for Art, 2012
Nine silk screen prints on paper, 200 x 150 cm each

Taking recourse to graphic design as the modern means of visual and political agitation *par excellence*, Bea Schlingelhoff explores the legacy of the intellectual and social upheavals of the Left. Her tactic involves mixing a post-punk-pop aesthetic with a sloganeer's erudition in the history of radical politics and thought. Her 'graphic monument' to French visionary philosopher Simone Weil (1909-1943), displayed on the walls of the balcony of the Waterschei mine, pays homage to Weil's systematic pessimism about the fate of industrial civilisation in the 1930s. In her "Reflections Concerning the Causes of Liberty and Social Oppression", Weil analysed "what it is that links oppression in general and each form of oppression in particular to the system of production" (2004:54). Weil dared to think that liberation was out of sight: "With the industrial convict prisons constituted by the big factories, one can only produce slaves and not free workers, still less workers who would form a dominant class" (ibid 112). Schlingelhoff brings the life and words of revolutionary women like Weil to the fore, resuscitating their dissident voices in order to challenge both the current conservative outlook as well as the putatively radical ideologies of the 'collectivities' of the present.

CM

> Poetics of Restructuring

Seccade

> Prayer mats

Selander, Lina

b. 1973, Stockholm, Sweden; lives and works in Stockholm

Anteroom of the Real, 2010-2011.
HD video, 14 min

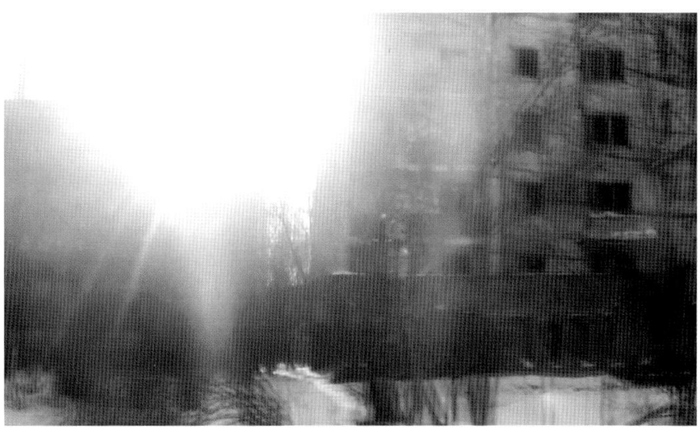

Lina Selander, *Lenin's lamp in a Peasant's hut*, 2011

Pripyat veranderde in een spookstad door de plutoniumvervuiling die ontstond na de Tsjernobylramp in 1986. Behalve de foto's zelf registreert de video ook het ritme en de bewegingen waarin ze de revue passeren, als metafoor voor onze denkprocessen. Het geeft weer hoe Selander de foto's gebruikt als draagbare indrukken van het sociaal geheugen, vastgelegd in materiaal. De elementen in *Lenin's Lamp* verwerpen op dezelfde wijze het idee van films, foto's en video's als neutrale samensmelting van visuele informatie. De elementen van deze installatie zijn enerzijds bedoeld als materiële getuigen van de modernisatiebeleving, anderzijds als actoren binnen dezelfde geschiedenis. Van Dziga Vertovs film *The Eleventh Year* (1928) tot beelden van fossielen in musea en sneeuwvelden bezoedeld door steenkool; Selanders beelden bestaan uit zintuiglijke materialen. Net als de aan uranium blootgestelde fotoplaten of het metalen plakaat met tekst dat het licht van haar videoprojecties weerspiegelt, behoren deze beelden tot een 'natuurlijke geschiedenis' die trager komt bovendrijven dan politieke en ideologische fenomenen.

CM

> Poëtica van de herstructurering

17 Ton: Herinneringen in praktijk

Om herinneringen in de praktijk te vertalen, moet men rekening houden met sociale en culturele uitingen; we moeten aandacht hebben voor de verscheidenheid van technieken waarmee gemeenschappen het verleden heruitvinden, herinterpreteren en doen heropleven (Ricoeur 2004). Herinneringen zitten in het oppervlak van een foto gegrift, of het nu om een minnaar of een werknemer gaat. Ze schuilen in het gewicht van een pneumatisch pikhouweel en stapelen zich op in het eelt op de wijsvinger van een ervaren borduurster. Ze liggen opgerold in de geur van een bidmat, maar ook in de voorgeschreven reeks gebaren die je overhalen om dichterbij te komen en ze op te snuiven. Wanneer herinneringen in hun 'praktijk' worden geïnterpreteerd, kunnen immateriële sociale en economische structuren begrepen worden als lichamelijke (en collectieve) realiteiten (Bourdieu 1977): wat we ons herinneren en de lichamelijke manier waarop we het ons herinneren, onderscheidt ons op vlak van gender, klasse, etniciteit, religie en nationaliteit.

Herinneringen leven: hun bestaan zit verweven in de dialectische spanning met de kracht der vergetelheid. De materiële sporen uit het verleden staan dus altijd open voor herinterpretatie. Bij het navertellen van een oude fabel in een nieuwe context, kan er een onverwachte betekenis ontstaan; na verloop van tijd kan de ruwe textuur van een oud mijnwerkersuniform zich plots rond het lichaam van een heel ander soort arbeider draperen. Deze "maakbaarheid van het verleden" (Orwell 1949: 219) verleent het – evenals het verwante gebod "nooit [te] vergeten" – een onvermijdelijk politiek karakter.

CMF

> Nostalgie en haar misnoegen

Shen, Kuai

geb. 1978, Guayaquil, Ecuador; woont en werkt in Keulen, Duitsland

Oh!m1gas: biomimetic stridulation environment, 2012
Mierenkolonie, plexibox structuur, draaitafels, audio, camera, monitor, variabele afmetingen

Kuai Shen creëerde *Oh!m1gas* vanuit de functionele gelijkenis tussen de draaitafel – een cultureel artefact dat instaat voor geluidproductie – en het ingenieuze stridulatie orgaan van sommige mierensoorten – als een biologisch artefact verantwoordelijk voor sociale organisatie. Mieren zijn

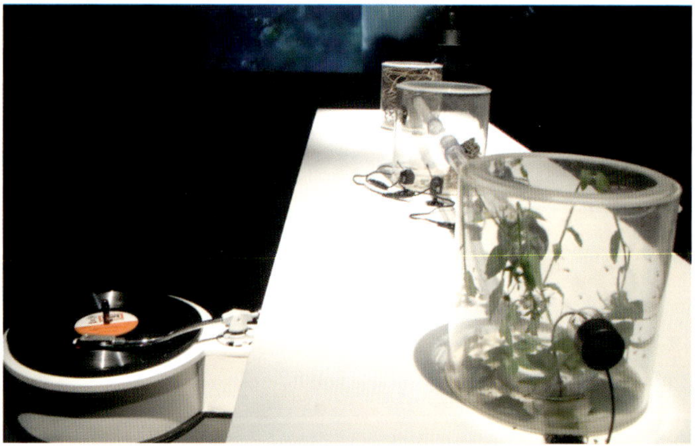

Kuai Shen, *Oh!m1gas*, 2011

Lenin's Lamp Glows in the Peasant's Hut, 2011.
HD video, 23 min, vitrine with 18 uranium plates; metal plaque, 50 x 90 cm

Lina Selander offers a subtle meditation on the long-term historical effects provoked both socially and ethically by the Soviet utopia of the production of energy, summarised in Lenin's slogan from 1920: "Communism is Soviet Power plus the electrification of the whole country" (Lenin 1966: 516). In the *The Anteroom of the Real* the artist's hands flip through photographs of Pripyat, Ukraine, which became a ghost city as a result of plutonium pollution after the Chernobyl disaster of 1986. Beyond the photographs themselves, the video registers the rhythm and movements of their passing as a metaphor for thought processes, revealing the extent to which Selander treats them as portable glances of social memory embedded in a material. The elements of *Lenin's Lamp* equally reject an idea of films, photographs or videos as neutral accretions of visual information. The elements of this installation are to be seen both as material witnesses of the experience of modernisation and as agents of the very same history. From Dziga Vertov's film *The Eleventh Year* (1928) to images of fossils in museums and snowfields stained by coal, Selander's images consist of sensory materials. In the same manner as the photographic plates she has exposed to uranium radiation or the metal plate with text that reflects the light of her video projections, these form part of a 'natural history' of what transpires at a slower pace than the events of politics and ideology.
CM

> Poetics of Restructuring

17 Tons: Memory as practice

To conceive of memory in terms of its *practice* is to take into account its social and cultural manifestations; it is to be attentive to the variety of techniques by which collectivities revive, re-imagine, re-interpret and re-activate the past (Ricoeur 2004). Memory is inscribed on the surface of a photograph, whether of a lover or an employee. It resides in the heft of a pneumatic pick, and accrues in the callous on an experienced embroiderer's index finger. It lies coiled in the smell of a prayer mat, as well as in the prescribed sequence of gestures that would bring one's nose close enough to breathe it in. Understanding memory as a practice allows us to perceive how immaterial social and economic structures can become corporeal (and corporate) realities (Bourdieu 1977): what we remember and the ways we remember it serve to differentiate us along lines of gender, class, ethnicity, religion, and nationality.

Memory is alive: it exists in insoluble dialectical tension with the forces of oblivion. The material traces of the past are thus forever open to renegotiation. Upon retelling in a new context, an old folktale might take on unexpected meanings; with the passage of time, the rough texture of a disused miner's uniform might find itself draping the body of an entirely different kind of labourer. This "mutability of the past" (Orwell 1949: 219) lends it – as well as the kindred injunction 'never to forget' – an inescapably political character.
CMF

> Nostaliga and Its Discontents

Shen, Kuai

b. 1978, Guayaquil, Ecuador; lives and works in Cologne, Germany

Oh!m1gas: biomimetic stridulation environment, 2012
Ant colony, plexibox structure, turntables, audio, camera, monitor, variable dimensions

Kuai Shen conceived *Oh!m1gas* out of the functional similarity between a turntables (a cultural artefact that produces sound) and the ingenious stridulation organ of some species of ant (a biological artefact responsible for social organisation). Ants are social beings that function in self-sufficient and highly organised matriarchal colonies. Each ant is born with an assigned task, which contributes to the welfare of the entire colony. Some ant species are well known for cutting green leaves, which makes a scratching sound, or stridulation. The green leaves are taken to the nest and processed by other ants until they become a mush. The fungus that grows from this mush then feeds the colony.

Oh!m1gas is thus a "biomimetic stridulation environment" that translates the movement and the scratching sounds of the ants into an audiovisual installation. Two turntables respond to movement within the colony and register the resulting collective stridulation sounds via a needle on a vinyl record. Shen hereby explores the relationship between the sociality and productivity of ants on one hand, and human technology on the other. For Manifesta 9, *Oh!m1gas* has been installed in the former office of the General Director of the Waterschei Mine company in Waterschei. One important detail from that survives in the office's interior shows a bee,

sociale wezens die functioneren in een op zichzelf staande, matriarchaal georganiseerde kolonie. Elke mier die wordt geboren krijgt een precieze taak toebedeeld en draagt zo bij tot het welzijn van de gehele kolonie. Sommige mierensoorten staan er om bekend bladgroen te 'versnijden', wat een scratchgeluid (stridulatie) met zich meebrengt. Het bladgroen wordt naar het nest gebracht en door andere mieren tot bladermoes versneden. De schimmel die daaruit voortkomt, genereert voedsel voor de kolonie. *Oh!m1gas* is een biomimetische stridulatie omgeving die de beweging en scratchgeluiden van de mieren vertaalt naar een audiovisuele installatie. Twee draaitafels reageren op de veranderingen binnen de kolonie en registreren de daarmee gepaard gaande collectieve stridulatie geluiden via een naald op een vinylplaat. Shen onderzoekt hierbij het communicatieve verband tussen de beweging van mieren – hun sociale activiteit en productiviteit – en menselijke technologie. *Oh!m1gas* werd geïnstalleerd in de voormalige bureau van de directeur van de Waterschei mijn. Een klein doch belangrijk detail dat in dit kantoor gespaard bleef, is de in hout gesculpteerde figuur van de bij. Dit detail staat symbool voor de manier waarop de directeur de structuur van zijn mijnbouwbedrijf identificeerde met de wijze waarop insecten zich in een kolonie organiseren.

MM

> Poëtica van de herstructurering

Sime, Sidney

geb. 1867, Manchester, Groot-Brittannië; overl. 1941, Worplesdon, Groot-Brittannië

The Great Pavement
Idler, januari 1898

Sidney Sime groeide tijdens het Victoriaanse tijdperk uit tot een van Groot-Brittannië 's meest briljante illustratoren, die de taal van het mysterie machtig was. Nochtans werd het hem niet in de schoot geworpen. De familie Sime was arm en als kind werd Sidney gedwongen om als mijnwerker in de kolenmijn van Yorkshire te werken (Thesing 2000:22). Hij werkte er vijf jaar en hield er een immens trauma aan over dat hij later vaak zou verwerken in zijn tekeningen. Amper geschoold, hopte hij van job naar job, om tenslotte zijn talent te ontwikkelen aan de Liverpool School of Arts. Op twintigjarige leeftijd trok hij vol ambitie maar zonder geld naar Londen, waar hij het wilde waarmaken als boekillustrator. Nieuwe druktechnieken verlaagden de drempel voor tal van kleine magazines (die vaak een kort leven beschoren waren). Sime slaagde er in zijn tekeningen aan de man te brengen bij onder meer Daily Graphic, The Illustrated London News, The Sketch, The Tatler, The Pall Mall Gazette, The Strand Magazine en The Idler. Het werk van Sidney Sime staat bol van de apocalyptische visioenen. Hij was een meester in het groteske, vaak zijn pijlen gericht op *les riches* en de politiek. In 1904 kwam hij in contact met de Ierse aristocraat Lord Dunsany, een meester in het schrijven van fantastische verhalen en Sime was voor hem de enige illustrator die titel waardig om zijn werk te verluchten met zijn duistere prenten. *The Gods of Pegana* (1905) was het eerste resultaat van een lange en vruchtbare samenwerking waarbij Dunsany andersom ook vaak verhalen schreef bij zijn illustraties.

MM

> Ondergrondse hel

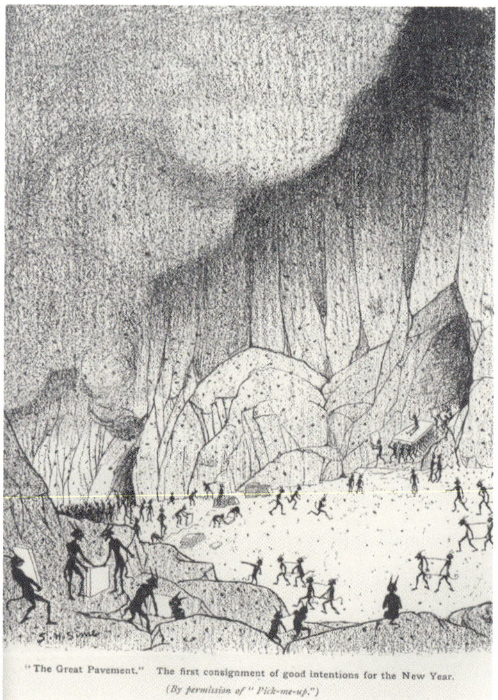

Sidney Sime, *The Great Pavement*, 1898

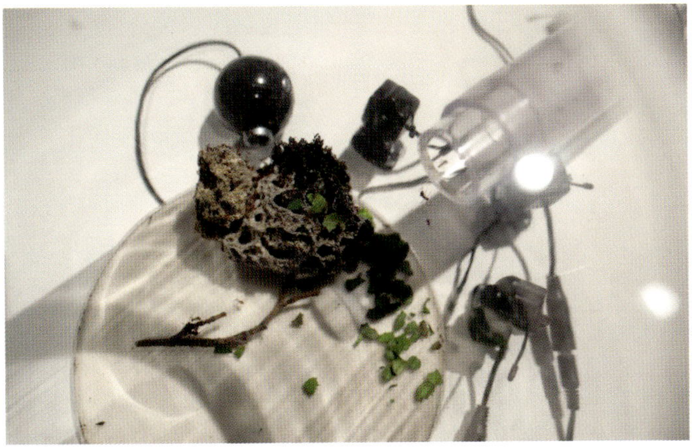

Kuai Shen, *Oh!m1gas*, 2011

carved in wood. This remarkable carving is a clear indication of the symbolic relationship that the Director perceived between the structure of his company and the division of labour in the colonies of social insects.

MM

> Poetics of Restructuring

Sime, Sidney

b. 1867, Manchester, England; d. 1941, Worplesdon, England

The Great Pavement
Idler, January 1898

Sidney Sime became one of Great Britain's most brilliant illustrators in the Victorian era, applying the language of mystery. However, this was a no walk in park. The Sime family was poor, and as a child, Sidney was forced to work in the mines of Yorkshire (Thesing 2000:22). He worked there for five years and developed a tremendous trauma from the experience, which would later be reflected in his drawings. With almost no education, he drifted from job to job until he finally developed his talent at the Liverpool School of Arts. When he was twenty years old, he travelled to London with an empty pocketbook and the ambition to pursue a career as a book illustrator. New printing techniques lowered the bar for many small magazines (which didn't usually last very long). Sime succeeded in selling his drawings to *The Daily Graphic*, *The Illustrated London News*, *The Sketch*, *The Tatler*, *The Pall Mall Gazette*, *The Strand Magazine* and *The Idler*, among others. Sime's work is brimming with apocalyptic visions. He was a master of the grotesque, often targeting the rich and politicians. In 1904 he became acquainted with the Irish aristocrat Lord Dunsany, a master in writing fantastic stories, and Sime, with his dark drawings, was the only illustrator that the author deemed able to embellish his work. *The Gods of Pegana* (1905) was the first product of a long and productive collaboration, during which Dunsany also wrote many stories inspired by Sime's illustrations.

MM

> Underground as Hell

16 Tons

Merle Travis, 1946

You load sixteen tons and what do
you get?
You get another day older and
deeper in debt
St. Peter, don't you call me 'cause
I can't go
I owe my soul to the company store

Now some people say a man's
made out of mud
But a poor man's made out of
muscle and blood
Muscle and blood, skin and bones,
A mind that's weak and a back
that's strong

Well I was born one morning
when the sun didn't shine
I picked up my shovel and I walked
to the mines
Loaded sixteen tons of the number
nine coal
And the store boss a'hollered,
"Well, bless m'soul"

Well I was born one morning,
it was drizzlin' rain
Fightin' an' trouble is my middle
name
I was raised in the bottoms by
Mama Hound
I'm mean as a dog, but I'm as
gentle as a lamb

Well, if you see me comin', you
better step aside
A lotta men didn't and a lotta men
died
I got a fist of iron and a fist of
steel
If the right one don't get you then
the left one will

> Miner/Worker

16 Tons

Merle Travis, 1946

You load sixteen tons and what do you get?
You get another day older and deeper in debt
St. Peter, don't you call me 'cause I can't go
I owe my soul to the company store

Now some people say a man's made out of mud
But a poor man's made out of muscle and blood
Muscle and blood, skin and bones,
A mind that's weak and a back that's strong

Well I was born one morning when the sun didn't shine
I picked up my shovel and I walked to the mines
Loaded sixteen tons of the number nine coal
And the store boss a'hollered, "Well, bless m'soul"

Well I was born one morning, it was drizzlin' rain
Fightin' an' trouble is my middle name
I was raised in the bottoms by Mama Hound
I'm mean as a dog, but I'm as gentle as a lamb

Well, if you see me comin', you better step aside
A lotta men didn't and a lotta men died
I got a fist of iron and a fist of steel
If the right one don't get you then the left one will

> Mijnwerker/Arbeider

Smithson, Robert

geb. 1938, Passaic, VS; overl. 1973, nabij Amarillo, VS
Nonsite, Site Uncertain, 1968
Staal, steenkool, 38 x 228,6 x 228,6 cm
Collectie: Detroit Institute of Arts, Detroit

In 1971 initieerde Robert Smithson een nieuwe kunstdiscipline: 'landreconversiekunst'. In het Hollandse Emmen construeerde hij *Broken Circle / Spiral Hill* in een verlaten groeve. Kort daarna schreef hij een reeks Amerikaanse bedrijven aan die actief waren in de exploitatie en reconversie van openluchtmijnen. Smithson stelde de Hanna Coal Company voor om in Egypt Valley, Ohio, de *Earth Sculpture Lake Edge Crescents* te realiseren. Hij beschouwde zijn kunst niet als een substituut voor reconversie maar als een soort scharnier of brandpunt in de dialectiek van verwoesting en reconversie. Het schetsontwerp vertoont een sterke formele overeenkomst met *Broken Circle* maar de materialen (onder andere de bedekkingen met gebroken witte kalksteen en kroonwikke, een groente) waren specifiek verbonden met de werking van het mijnbedrijf. Bovendien was de voorgestelde constructie meer dan vijf keer groter. Smithson vond dat Egypt Valley de geschikte schaal bezat voor zijn kunst. In een collage uit dezelfde periode associeerde hij de *Gem of Egypt*, een gigantische graafmachine van de Hanna Coal Company, met King Kong, de reusachtige gorilla die terreur zaait in downtown Manhattan. In dit soort confrontaties haalt Smithsons oeuvre het lineaire en idealistische vooruitgangsdenken van de Westerse moderniteit onderuit. Daar getuigt ook de dialectische relatie tussen de site en de nonsite van: geen enkel standpunt biedt een totaalbeeld; het eigenlijke kunstwerk bestaat uit de dialectische pendelbeweging tussen het centrum (de nonsite) en de rand (de site) (zie Smithson 1996). In de *Nonsite, Site Uncertain* krijgt de steenkool, waarvan de herkomst (en bijgevolg de site) in ruimte noch tijd precies gesitueerd kan worden, pas betekenis en zin door de vormen waarin zowel het ruwe materiaal als de kaarten van de site gepresenteerd worden. Deze nonsite verwijst in haar vormelijke karakteristieken zowel naar het perspectief als naar de cartografie, twee krachtige instrumenten of 'containers' van de moderne blik. Bovendien refereert de formele opstelling van het werk aan Smithson's gekende tekening, *Heap of Language*. Hier wordt de blik van de toeschouwer met haar eigen wetmatigheden en materialiteit geconfronteerd.

FM

> Donkere materie
> Landschap

Smoke, Colours and Loans

Rook, kleuren en bruiklenen

Als je de intellectuele impuls van het kunsthistorische gedeelte van Manifesta 9 zou willen terugbrengen tot een enkele quote, dan kan je die vinden in de creatieve verklaring van Lewis Mumford over de afwijzing van kleur in de schilderkunst als een gevolg van de luchtvervuiling in de 19e eeuw: "De verzwakking van de elementaire smaakwaarneming breidde zich uit naar andere departementen dan deze van voedsel. Ook de kleurwaarneming verzwakte:

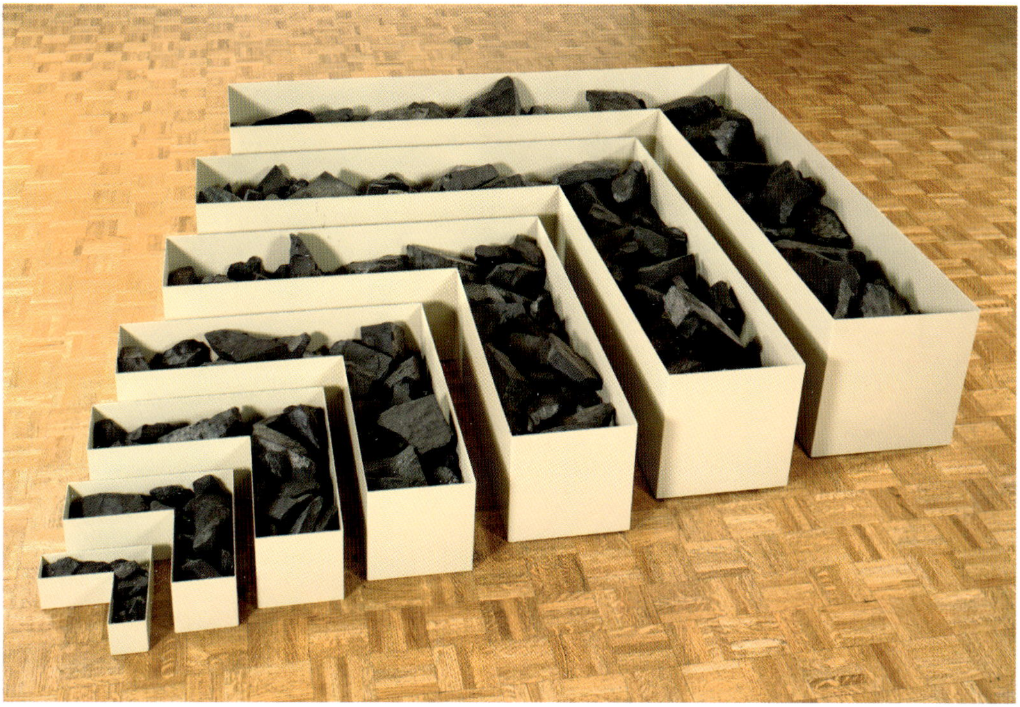

Robert Smithson, *Nonsite, Site Uncertain*, 1968

Smithson, Robert

b. 1938, Passaic, USA; d. 1973, near Amarillo, USA

Nonsite, Site Uncertain, 1968
Steel, cannel coal, 38 x 228.6 x 228.6 cm
Collection: Detroit Institute of Arts, Detroit

In 1971 Robert Smithson inaugurated a new artistic discipline: 'Land Reclamation Art'. In the Dutch town of Emmen he constructed *Broken Circle / Spiral Hill* in a deserted quarry. Shortly thereafter he wrote to a series of American companies that were active in the exploitation and reclamation of open-air mines. Smithson approached the Hanna Coal company about creating the earthwork *Lake Edge Crescents* in Egypt Valley, Ohio. He saw his art not only as a substitute for reclamation but also as a kind of hinge or focal point in the dialectic of destruction and reclamation. His sketch shows a strong formal similarity to *Broken Circle* but the materials (amongst others, the covers with off-white chalk and Crown Vetch, a legume used to forestall erosion) were specifically related to the mine company's operation. Moreover, the construction he would introduce was more than five times bigger. Smithson thought that Egypt Valley had the appropriate scale for his art. In a collage from the same period, he associated the GEM of Egypt, a Giant Earth Mover at the Hanna Coal company, with King Kong, the grotesque gorilla that terrorised downtown Manhattan. With these types of confrontations Smithson's works dismantle Western modernity's linear and idealistic concept of progress. The dialectical relationship between site and nonsite also bears witness to this: no single notion offers a total image; the actual artwork exists in the dialectical movement between the centre (the nonsite) and the outskirts (the site) (see Smithson 1996). *Nonsite, Site Uncertain* – in which the origin (and as a result, the Site) is indeterminate in both space and time – gets its meaning and its sense from the shapes in which the rough material of coal as well as the charts of the Site are presented. With the shape of its components, this Nonsite points toward perspective and cartography, two powerful instruments or containers for the modern gaze, as well as to the pyramidal monuments of ancient civilisations. Moreover, this formal display also refers to Smithson's famous drawing, *Heap of Language*. Here, the viewer's gaze is confronted with its own rules and materiality.

FM

> Dark Matter
> Landscape

donkere tinten, sobere kleuren, vale mengsels kregen de voorkeur boven pure, heldere kleuren en zowel de prerafaëlieten als de impressionistische schilders werden beschimpt door de bourgeoisie omdat hun kleuren 'onnatuurlijk' en niet 'kunstzinnig' waren" (1961:537).
Los van de wetenschappelijke waarde van de interpretatie van Mumford over de grote esthetische gevolgen van de opkomst van 'cokesstad' bracht zijn mening over de rol van de industriële revolutie in de dialectiek tussen vernieuwing en traditie in het visuele dieet van moderne kunst de curator van Manifesta 9 aan het dromen over het tentoonstellen van meesterwerken van kunstenaars zoals Claude Monet, Joseph M.W. Turner, Vincent Van Gogh en James Whistler in de voormalige kolenmijn in Waterschei.
Het herbarium van Rosa Luxemburg werd eveneens met alle wil van de wereld, maar zonder resultaat aangevraagd bij het Staatsarchief in Warschau. Dit herbarium telt achttien fragiele notitieboekjes met planten die ze verzamelde en bestudeerde tijdens haar gevangenschap tussen 1913 en 1918 (zie Luxemburg 2009).
Geen enkele van deze bruiklenen werden toegestaan, ofwel omdat ze werden toegewezen aan andere projecten, ofwel omwille van conserveringsmotieven. Ook de dromen van curatoren kunnen in rook opgaan.
CM

> Pollutie
> Steenkooltijdperk

Soi, Praneet

geb. 1971, Calcutta, India; woont en werkt in Amsterdam, Nederland en Calcutta, India

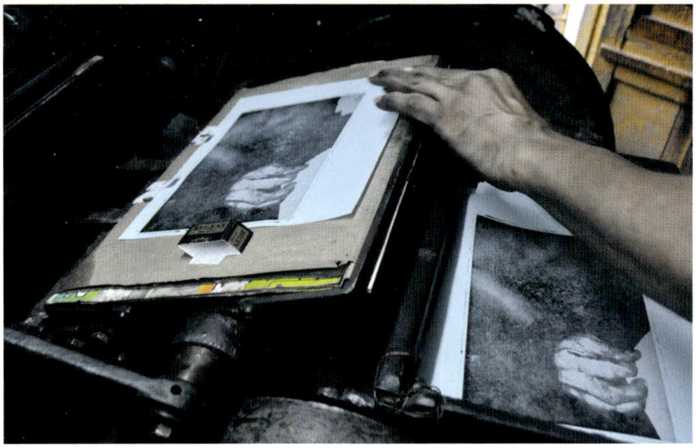

Praneet Soi/Kurmatuli Printer, *Note on Labor, Part 1*, 2010 (detail)

Kumartuli Printer: Notes on Labor, Part 1, 2010
Diavoorstelling

Praneet Soi roept op tot bezinning over de sterke relatie tussen handmatige en machinale arbeidsprocessen alsook tussen ambacht en context die de stedelijke werkplaatsen in derdewereldlanden karakteriseert. De diavoorstelling analyseert de bewegingen die een drukker met zijn handen maakt als hij werkt met een oude pedaalaangedreven drukpers in Calcutta. Als de operator papier in de ouderwetse machine invoert, komen er korrelige afdrukken met een hoog contrast tevoorschijn van zijn handen tijdens de uitvoering van zijn taken.

Deze geënsceneerde reflectie over een productieproces vindt plaats tijdens de weergave van andere dia's over de context van het drukkerijwezen: bijgesneden foto's van gereedschap en inkthouders, voorbeelden van ontvangstbewijzen en ander gedrukt materiaal en beelden van de werkplaats. Het naar zichzelf verwijzende karakter van deze 'aantekeningen over arbeid' spelen in op een logica die – hoewel heel wat werken uit ontwikkelingslanden hiervan doordrongen zijn – met uitzonderlijke nauwkeurigheid wordt weerspiegeld in dit kunstwerk van Soi.
De idee van een 'ambacht' lijkt namelijk steeds onhoudbaarder met betrekking tot nieuwe productiemiddelen een referentie van de kunstenaar aan de context van het Zuiden. Door een intieme relatie tussen lichaam en machine – tot uiting gebracht in de vetvlekken op de handen van de arbeider – in het werk te integreren, lijken de 'anachronismen' van ambachtslieden in steden van derdewereldlanden een 'vermenselijkte' grens rond modernisering te creëren. Deze ambachtslieden vormen uiteraard niet langer de utopische horizon van een terugkeer naar godvruchtige, anonieme arbeid die wordt uitgevoerd binnen een gemeenschap. Dit is slechts de ruimte waar een betrekkelijk minder abstracte activiteit plaatsvindt dan het lot dat ons werd aangeboden in de vorm van automatisering en algemene werkloosheid, twee eigenschappen van het wereldwijde kapitalisme.
CM

> Poëtica van de herstructurering

Smoke, Colours and Loans

If one were to pinpoint the intellectual impulse of the art historical section of Manifesta 9 to a single quotation, this would be found in Lewis Mumford's inventive explanation of the rejection of colour in painting as a consequences of the air pollution of the 19th century: "The enfeeblement of elementary taste-discrimination extended to other departments than food: colour-discrimination became feeble, too: the darker tones, the soberer colours, the dingier mixtures, were preferred to pure bright colours, and both the Pre-Raphaeilites and the Impressionist painters were reviled by the bourgeoisie because their pure colours were thought 'unnatural' and 'inartistic'" (1961:537).

Independently of the scientific value of Mumford's interpretation of the extended aesthetic consequences of the rise of "coketown", his insight on the role of the Industrial Revolution in the dialectic between novelty and tradition in the visual diet of modern art induced the curator of Manifesta 9 to dream up the possibility of using the former Waterschei coal mine to display works by the likes of Claude Monet, Joseph M. W. Turner, Vincent van Gogh and James Whistler, as well as that of trying to borrow the Rosa Luxemburg's herbarium, now held at the State Archives in Warsaw, which she compiled in 18 fragile notebooks while botanising in her German prison cell between 1913 and 1918 (see Luxemburg 2009). None of those loans materialised, either because the works in question were committed to other projects or out of conservatorial concerns. Curatorial dreams, too, can choke in smoke.

CM

> Pollution
> Coal, The Age of

Soi, Praneet

b. 1971, Calcutta, India; lives and works in Amsterdam, Netherlands and Calcutta, Indië

Kumartuli Printer, Notes on Labor Part 1, 2010
Slideshow

Praneet Soi invites contemplation of the sturdy relationship between manuality and apparatus, craft and context that characterises the workshops of cities in the Third World. His slide show parses out the gestures of a printer's hands as he interacts with an ancient pedal-operated press in Calcutta. As the operator feeds paper into his anachronistic machine, it spits out grainy, high contrast images of his own hands, immersed in labour.

This staged reflection on a productive process emerges amidst other slides that establish the context of manufacturing: cropped shots of tools and cans of ink, samples of receipts and other printed matter, views of the workspace. The self-referential character of these "notes on labour" responds to a logic that, although it does permeate a substantial proportion of works that originate in the global South, is profiled with extraordinary precision in Soi's piece: namely, the way the idea of a craft appears increasingly untenable in relation to the new means of production, because of which the artist must refer to the Southern context. By incorporating an intimate relationship between body and apparatus, written in the grease stains on the operator's hands, the 'anachronism' of Third World urban craftsmen comes to look like a 'humanised' border around modernisation. To be sure, these craftsmen no longer form the utopian horizon of a return to devout, anonymous and community-based work: this is merely the space of a relatively less abstracted activity than the destiny offered to us by global capitalism's mix of automation and generalised unemployment.

CM

> Poetics of Restructuring

Soviet propaganda

The October Revolution of 1917 replaced Kerensky's Provisional Government with the world's first workers' state. Visual propaganda in the form of monuments, posters, painted trains and ships, films and photographs was quickly mobilised, and in the beginning enjoyed the exuberance of the abstract and constructivist designs of avant-garde artists such as El Lissitsky, Rodchenko and the suprematists Malevich and Nathan Altman, as well as more conventional figurative images. During the Civil War agitprop (agitational propaganda) trains were sent throughout Russia to tell the population about the ongoing struggles in defence of the Revolution. The message of El Lissitzky's famous poster, "Beat the Whites with the Red Wedge", was more often conveyed in satirical images of bloated capitalists and heroic red army soldiers.

In 1919 Lenin made a series of gramophone recordings of

Sovjet-propaganda

Door de Oktoberrevolutie van 1917 werd de voorlopige regering van Kerensky vervangen door de eerste arbeidersstaat ter wereld. Er werd al snel een visuele propaganda in de vorm van monumenten, affiches, geschilderde treinen en schepen, films en foto's gemobiliseerd. Aanvankelijk waren de excentrieke abstracte en constructivistische ontwerpen van avant-gardekunstenaars als El Lissitsky en Rodchenko, de suprematisten Malevic en Nathan Altman, maar ook veeleer conventionele figuratieve afbeeldingen populair. Tijdens de agitprop (agitatie en propaganda) ten tijde van de burgeroorlog reden treinen door Rusland om de bevolking, ter verdediging van de revolutie, te informeren over de aanhoudende problemen in het land. De boodschap op El Lissitsky's bekende affiche 'Versla de Witten met de Rode Wig' werd vaak vermeld op satirische cartoons van arrogante kapitalisten en heldhaftige soldaten van het Rode Leger.

In 1919 maakte Lenin een reeks grammofoonopnames van toespraken die de toon zetten voor de volgende jaren: "De Sovjetmacht is geen talisman die wonderen verricht. Ze kan onmogelijk al het kwaad van het verleden in één nacht tijd genezen: analfabetisme, gebrek aan cultuur, de effecten van een barbaarse oorlog, de nasleep van het plunderende kapitalisme. De Sovjetmacht baant de weg voor het socialisme. Ze biedt degenen die vroeger werden onderdrukt de mogelijkheid een trotse houding aan te nemen en beetje bij beetje het volledige bewind van het land, het volledige beheer van de economie, het volledige management van de productie in eigen handen te nemen." (geciteerd in King 2009: 85). Strategische mogelijkheden – zoals Lenins Nieuwe Economische Politiek in 1921, die kleinschalige privébedrijven en -diensten bevorderden – werden net als geletterdheid, gezondheid en productiviteitscampagnes via affiches gecommuniceerd. Lenins slogan 'Communisme is Sovjetmacht plus de elektrificatie van het hele land' inspireerde enkele van de belangrijkste posterkunstenaars van de Sovjet-Unie, waaronder Gustav Klutsis.

In 1917 benoemde Lenin de bolsjewistische intellectueel Lunacharsky tot de eerste volkscommissaris van Onderwijs, Voorlichting en Wetenschappen. Aan het einde van zijn ambtsperiode in 1929 kon nagenoeg iedereen in het land lezen, schrijven en rekenen. Net als Trotsky stelde Lunacharsky zich tolerant op ten opzichte van alle vormen van creativiteit en verdedigde hij avantgardistische Sovjetkunstenaars. In 1924 stierf Lenin en nam Stalin de macht over. Tegen het begin van de jaren 30 was de avantgarde grotendeels verdreven en vervangen door het socialistisch realisme, gekenmerkt door vrolijke beelden van fabrieksarbeiders en boerenmeisjes. Toch wordt de vindingrijkheid en dynamiek van de jaren daarvoor nog weerspiegeld in publicaties als *Stroim* (Gebouw) en *USSR in Construction*, het legendarische propagandatijdschrift (1930-1941) met radicale foto's van kunstenaars als El Lissitsky en Rodchenko. Dergelijke publicaties gaven ook Stalins eerste vijfjarenplan (1928-1932) visueel weer dat was gericht op de snelle industrialisatie en de verplichte collectivisatie van de landbouw. Dit was het begin van Stalins niet-marxistische theorie van het 'socialisme in één land' en zijn doelstelling om de onderontwikkelde Sovjet-Unie om te vormen tot een reusachtige industriële macht.

DA

> Klutsis, Gustav
> Stakhanovisme

Stakhanovisme

Het verhaal van Alexey Stakhanov (1906-1977) illustreert de centrale positie van de mijnwerker als symbool van productie in de 20e eeuw. Stakhanov was drilboorwerker in de Tsentralnaya-Irmino-mijn in Kadievka. Op 31 augustus 1935 vestigde hij een nieuw *All-Union-record* door in 5 uur en 45 minuten 102 ton steenkool te delven, terwijl het normale tempo in die tijd ongeveer 6,5 ton per shift bedroeg (Siegelbaum 1990: 66ff.). De stunt was in grote mate aangestuurd door Konstantin Petrov, de partijorganisator bij Central Irmino. Ze was dan wel spontaan ontstaan maar kwam als geroepen voor de Stalinistische hiërarchie die de productiequota's van het vijfjarenplan wilde opvoeren. Zo ontstond het Stakhanovisme, een beweging die in een eerste fase de opbrengst van de mijnen in de Donbass-regio wilde verhogen (ibid). In navolging van Stakhanov bleven allerlei "helden van het arbeidsfront" productierecords vestigen in tal van industrietakken. Op die manier gaven ze uiting aan materiële en politieke prestaties gebaseerd op de slogan "Het leven is vrolijk, kameraden" (ibid 226). Het ging zelfs zo ver dat het demografisch beleid in 1936 openlijk sprak over het belonen van moeders met veel kinderen, de zogenaamde "Stakhanovisten van het kraambed" (Siegelbaum en Sokolov 2000: 203, 100). Het resultaat van de campagne was geen onverdeeld succes en

speeches which set the tone for future years: "Soviet power is not a miracle-working talisman. It does not, overnight, heal all the evils of the past – illiteracy, lack of culture, the effects of a barbarous war, the aftermath of predatory capitalism. But it does pave the way to socialism. It gives those who were formerly oppressed the chance to straighten their backs and, to an ever increasing degree, take the whole government of the country, the whole administration of the economy, the whole management of production, into their own hands" (quoted in King 2009: 85). Strategic changes like Lenin's New Economic Policy of 1921, which encouraged small-scale, privately run industries and services, were conveyed through posters, as were literacy, health and productivity campaigns. Lenin's slogan "Communism is Soviet Power Plus the Electrification of the Whole Country" inspired some of the greatest of the Soviet poster artists, such as Gustav Klutsis.

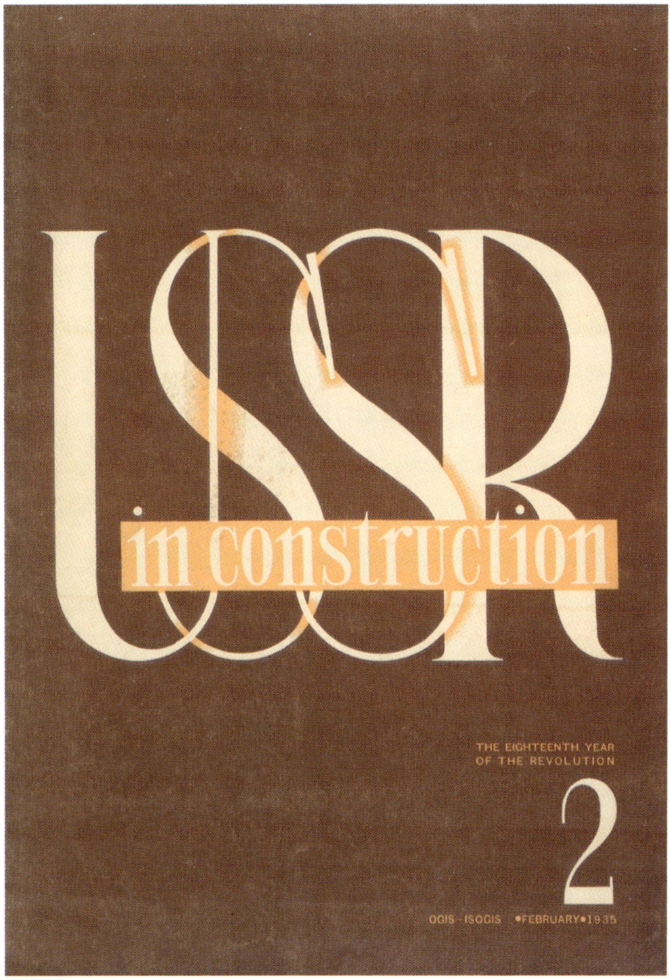

USSR in construction, no. 2, Feb, 1935

In 1917 Lenin appointed the Bolshevik intellectual Lunacharsky as the first Commissar of Education and Enlightenment; by the time he left office in 1929 virtually the whole country was literate and numerate. Like Trotsky, Lunacharsky had a tolerant attitude to all forms of creative activity and defended avant-garde Soviet artists. In 1924 Lenin died and Stalin took power. By the early 1930s the avant-garde had been largely suppressed and socialist realism, with its cheerful images of factory workers and farm girls, had taken over. Nonetheless, some of the inventiveness and dynamism of the earlier years is apparent in publications like *Stroim* (Building) and *USSR in Construction*, the legendary propaganda magazine (1930-1941) that featured radical photographics by artists like El Lissitsky and Rodchenko. Such publications were also the visualisation of Stalin's first Five-Year Plan (1928-1932), which involved rapid industrialisation and the forced collectivisation of agriculture; this was the beginning of Stalin's un-Marxist theory of 'Socialism in One Country', and his aim to transform the backward Soviet Union into a gigantic industrial power.
DA

> Klutsis, Gustav
> Stakhanovism

Spike and Suzy

> Geerts, Paul

Stakhanovism

The story of Alexey Stakhanov (1906-1977) is a marker of the centrality of the coalminer as a symbol of production in the 20th century. On August 31, 1935, Stakhanov, a pneumatic pick operator in the Tsentralnaya-Irmino mine in Kadievka, set a new "All-Union record" by digging 102 tons of coal

zorgde nu en dan voor een lagere productkwaliteit en beïnvloedde ook de lonen en andere arbeiders. Tegenstanders van het stalinisme, zoals Leon Trotsky, betichtten de beweging ervan dat ze het 'collectief stukloon' opnieuw wilden invoeren en niet-gewerkte tijd wilde afschaffen, terwijl de bureaucraten in de watten werden gelegd. Uiteindelijk kreeg de term 'Stakhanovist' een spottende bijklank voor al wie op de werkvloer té graag presteert.

De culturele invloed van de arbeidershelden in de Sovjet-Unie was even tegenstrijdig als de beweging zélf. Het Stakhanovisme werd toegejuicht door socialistisch realistische kunstenaars en de opkomende Sovjet-entertainmentindustrie. Propagandistische tekenfilms zoals *Victorious Destination* (1939), geregisseerd door L. Amalrik, D. Babichenco and V. Poloknikov, voedden de Sovjetjeugd met een geloof in het economisch overwicht van de Sovjet-Unie ten aanzien van het kapitalistische Westen. Een geloof dat in de naoorlogse periode de grootste politieke leugen van het Sovjetsysteem bleek. Verder vertaalde Grigori Alexandrov, vroeger cameraman voor Sergei Eisenstein en één van Stalins favoriete regisseurs, de heldenverhalen van de overproductie naar het model van de Amerikaanse musical.

Men hoeft het beslist niet eens te zijn met de stelling dat Stalin "de onmiddellijke erfgenaam van de constructivistische poëzie" was, (Groys 1992: 36) om ontzag te tonen voor avant-garde kunstenaars zoals Gustav Klutsis en El Lissitzky. Zij wijdden een aantal van hun belangrijkste grafische werken aan de Stakhanovistische propaganda en het vijfjarenplanbeleid, onder meer omdat hun productie-ideologie in dezelfde lijn lag als het werkethos van het regime. Hoe dan ook, ondanks zijn bijdragen aan de stalinistische propaganda werd Klutsis in 1983 opgesloten en neergeschoten in een gevangenenkamp (Wood 1992: 20). Evenmin konden ze de ondergang van de avant-garde in de Sovjet-Unie verhinderen.

CM

> Mijnwerker/Arbeider
> Productie
> Sovjetpropaganda
> Steenkooltijdperk

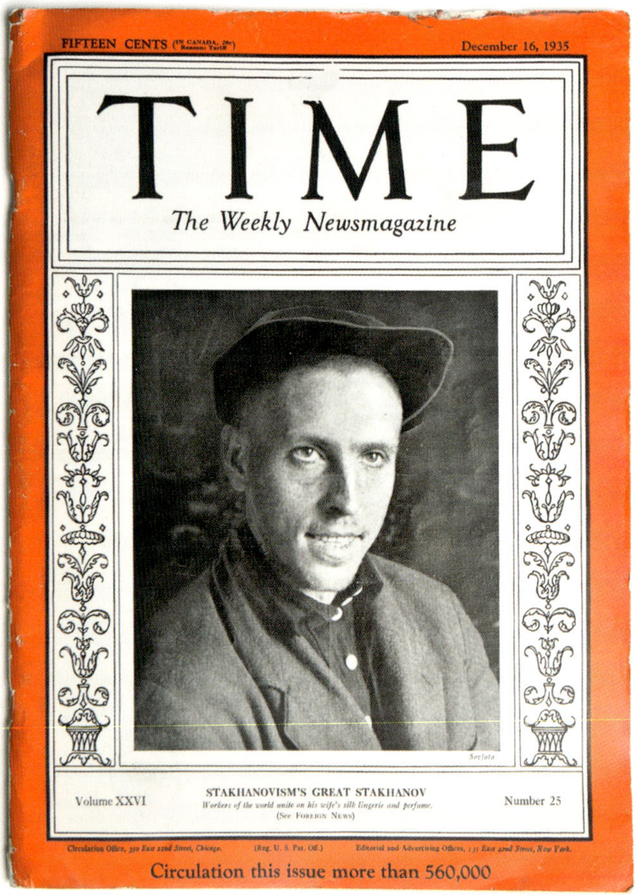

Alexey Stakhanov in *Time Magazine*, 1935.

Het Steenkooltijdperk: Een Ondergrondse Geschiedenis van het Moderne

> Coal, The Age

Stella, Joseph

geb. 1877, Muro Lucano, Italië;
overl. 1946, New York, VS

Smoke Stacks, ca. 1921
Olieverf op doek, 104,1 x 88,9 cm
Collectie: Indiana University

in 5 hours and 45 minutes, at a time when the norm was around 6.5 tons per shift (Siegelbaum 1990: 66ff.). The scoop was due to a great extent to the initiative of Konstantin Petrov, the party organizer (partorg) at Central Irmino. However spontaneous, it came in handy for the Stalinist hierarchy, which, needing to increase the production quotas of the Five Year Plan, launched a "Stakhanovite movement" aimed first at increasing the output of mines in the Donbass region (ibid). Following in the steps of Stakhanov, all kinds of "heroes of the labour front" kept setting productivity records in any number of industries, projecting an image of material and political achievement built around the slogan "Life is joyous, comrades" (ibid 226). The craze reached the point where even demographic policy proposals in 1936 spoke candidly of rewarding mothers with many children as "Stakhanovites of childbearing" (Siegelbaum and Sokolov 2000: 203, 100).
The outcome of the campaign was mixed, at times lowering the quality of products and affecting wages and other workers. Critics of Stalinism, like Leon Trotsky, denounced the movement as secretly reintroducing the "piecework payment" principle and abolishing nonworking time, while further pampering bureaucrats (Trotsky 1972: 80). In the long run, 'Stakhanovite' has become an epithet to deride people who are overachievers in their jobs.

The cultural effects of Soviet labour heroes were as contradictory as the movement itself. Stakhanovism was hailed by socialist realist artists and the emergent Soviet entertainment industry. Propaganda cartoons like *Victorious Destination* (1939), directed by L. Amalrik, D. Babichenko and V. Polkovnikov, instilled in Soviet children a belief in the economic superiority of the Soviet Union over the capitalist West, which became, in the postwar period, the most significant political fiction of the Soviet system. Similarly, Grigori Alexandrov, formerly a cameraman for Sergei Eisenstein and one of Joseph Stalin's favourite directors, adapted the epics of overproduction to the American style musical.

One does not need to subscribe the thesis that Stalin was "the immediate heir to constructivist poetics" (Groys 1992: 36) to be awed by the fact that Soviet avant-garde artists such as Gustav Klutsis and El Lissitzky devoted some of their best works of graphic design to Stakhanovist propaganda and the policies of the Five Year Plan, in part because their productionist ideology was compatible with the regime's rhetoric of labour. In any event, Klutsis's services to Stalinist propaganda did not spare him from being imprisoned and shot in a prison camp in 1938 (Wood 1992: 20). Neither did it forestall the demise of the Soviet avant-garde.
CM

> Coal, The Age of
> Miner/Worker
> Production
> Soviet Propaganda

Stella, Joseph

b. 1877, Muro Lucano, Italy; d. 1946, New York, USA

Smoke Stacks, c. 1921
Oil on canvas, 104.1 x 88.9 cm
Collection: Indiana University

In *Smoke Stacks*, Joseph Stella approached the rigid, backlit forms of a coal-powered factory with the same veneration he brought to the cityscape of his adoptive home, New York, and in particular to his later renditions of the Brooklyn Bridge (see Jaffe 1970:57f.). Here, the kaleidoscopic frenzy of colours of his earlier, Futurist-inspired paintings was tempered by his experiences producing illustrations for the Pittsburgh Survey, a report on the working conditions of American steel workers (see

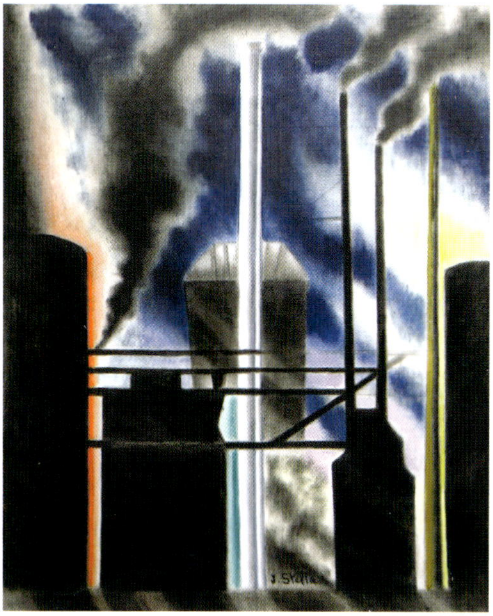

Joseph Stella, *Smoke Stacks*, c. 1921

In *Smoke Stacks* benaderde Joseph Stella de rigide, in tegenlicht gevormde contouren van een steenkoolfabriek met eenzelfde verering als die welke hij had voor de skyline van de stad die zijn thuis was geworden: New York, en in het bijzonder voor zijn latere schilderijen van de Brooklyn Bridge (zie Jaffe 1970:57f). De caleidoscopische kleuruitspattingen in zijn vroegere, futuristisch geïnspireerde schilderijen werden hier getempered door de ervaring die hij opdeed als illustrator bij Pittsburgh Survey, een blad dat verslag deed van de werkomstandigheden van Amerikaanse staalarbeiders (zie mei 1991). De vage randen van de rook die onheilspellend uit de *Smoke Stacks* opstijgt, verleent de hard omlijnde fabriek een haast mythisch aura, terwijl de levendige kleurverlopen van rood en geel tegen de diepblauwe lucht de gevaarlijke schoonheid van het industriële chemische incident aankondigen in Don Delillo's roman *White Noise*:
"Vanaf het moment van het zwevende gifgebeuren waren de zonsondergangen bijna ondraaglijk mooi geworden. Niet dat er een meetbaar verband bestond. Als het speciale karakter van Nyodeenderivaat (gevoegd bij de dagelijkse lading vervuilers, verontreinigers, besmetters en hallucinogenen) had geleid tot die esthetische sprong van al zo schitterende zonsondergangen naar weids torenende roodaarden visionaire hemelpanorama's die niet vrij van dreiging waren, dan was niemand erin geslaagd dat te bewijzen." (1985: 170).
CMF

> Pollutie
> Rook, kleuren en leningen
> Steenkooltijdperk

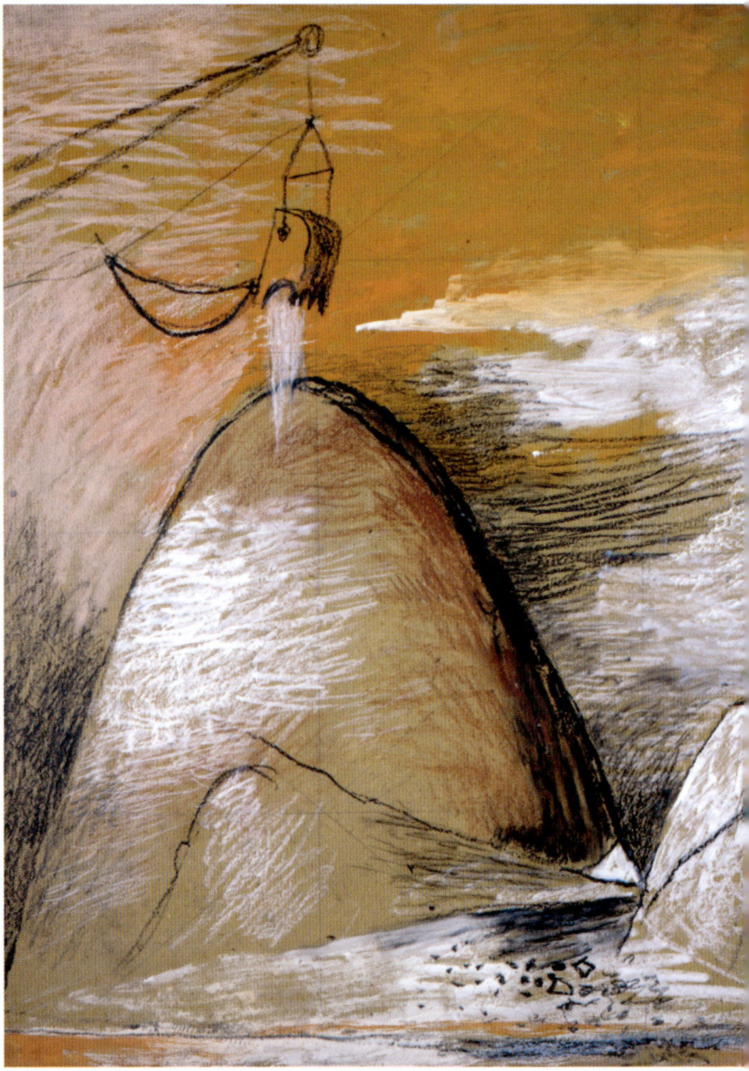

Graham Vivien Sutherland, *Outcast Coal Production, Depositing Earth from Buckets*, 1943

Suske en Wiske

> Geerts, Paul

Sutherland, Graham Vivien

geb. 1903, Streatham, Groot-Brittannië; overl. 1980, Londen, Groot-Brittannië

Study for Outcast Coal Mining Production, z.d.
Tekening met potlood, inkt, pastel en aquarel, 58 x 48 cm
Collectie: The National Coal Mining Museum for England, Wakefield

Outcast Coal Production, Depositing Earth from Buckets, 1943
Gouache op papier, 70 x 85,3 cm
Collectie: Aberdeen Art Gallery & Museums, Aberdeen

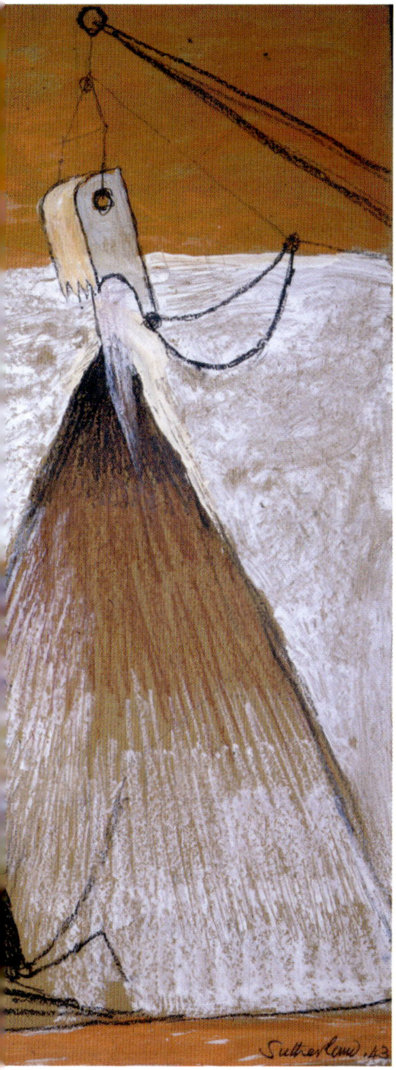

May 1991). The diffuse edges of the smoke rising ominously from the *Smoke Stacks* lend an almost mystical aura to the hard outlines of the factory below, while the vibrant hues of red and yellow radiating into the deep blue sky presage the dangerous beauty of the industrial chemical disaster in Don DeLillo's novel *White Noise*: "Ever since the airborne toxic event, the sunsets had become almost unbearably beautiful. Not that there was a measurable connection. If the special character of Nyodene Derivative (added to the everyday drift of effluents, pollutants, contaminants and deliriants) had caused this aesthetic leap from already brilliant sunsets to broad towering ruddled visionary skyscapes, tinged with dread, no one had been able to prove it" (1999: 162).
CMF

> Coal, The Age of
> Pollution
> Smoke, colours and loans

Suske en Wiske

> Geerts, Paul

Sutherland, Graham Vivien

b. 1903, Streatham, England; d. 1980, London, England

Study for Outcast Coal Mining Production, n.d.
Drawing with pencil, pen, ink, pastel, watercolor, 58 x 48 cm
Collection: The National Coal Mining Museum for England, Wakefield.

Outcast Coal Production, Depositing Earth from Buckets, 1943.
Gouache on paper, 70 x 85.3 cm
Collection: Aberdeen Art Gallery & Museums, Aberdeen

Graham Sutherland is a British painter of imaginative landscapes, still lifes and portraits. His work often draws on the wonderful diversity of rich shapes in nature. Abstracting these, his work sometimes acquires a surrealistic radiance. His landscapes are full of angular lines, distorted forms, painfully bright yellows and fiery, glowing reds. He loved to work in Pembrokeshire in southwest Wales, a region known for its coal mining; *Outcast Coal Production* was made there. It shows two large, symmetrically positioned slag heaps on either side and a smaller one in the middle. Two draglines with pointy crane arms on the top left and right corners, pierce like thorns into the frame. The digging buckets of the two draglines dump their cargo on the slag heaps in tandem, like two vomiting prehistoric monsters. A remarkable detail in this gouache gives rise to an imaginative interpretation: the bottom of the left mountain appears to be lifted, like the edge of a rug, and the waste up front seems ready to be swept underneath.
FL

> Landscape

Symbolon

> Portrait of Spyros Roumeliotis and Polyxeni Papoutsi

Graham Sutherland is een Brits schilder van fantasievolle landschappen, stillevens en portretten. Zijn werk is dikwijls geënt op de wonderlijke verscheidenheid van de vormenrijkdom in de natuur. Door die te abstraheren krijgt zijn werk soms een surrealistische uitstraling. Zijn landschappen zitten vol hakerige lijnen, verwrongen vormen, pijnlijk felle gele kleuren, en vurig gloeiende rode kleuren. Hij werkte graag in de landelijke omgeving van Pembrokeshire, een graafschap in het zuidwesten van Wales, een streek die ook bekend staat om zijn steenkoolwinning. De gouache *Outcast Coal Production, Depositing Earth from Buckets* is in deze regio gecreëerd. We zien twee grote, symmetrisch geplaatste terrils aan weerszijden van een kleinere terril in het midden. Links en rechts priemen twee puntige kraanarmen van graafmachines als stekels boven de voorstelling uit. De graafbakken storten gelijktijdig hun vracht op de top van de terrils, als twee brakende prehistorische monsters. Naast zwart en wit is de voorstelling uitsluitend opgebouwd uit de gele en rode kleuren die Sutherlands werk typeren. Een merkwaardige bijzonderheid in deze gouache geeft aanleiding tot een fantasievolle beschouwing. De onderkant van de linkse terril lijkt opgetild te worden, als de punt van een tapijt. We zien het afval vooraan liggen, klaar om onder het tapijt te worden geveegd.
FL

> Landschap

Symbolon

> Portret van Spyros Roumeliotis en Polyxeni Papoutsi

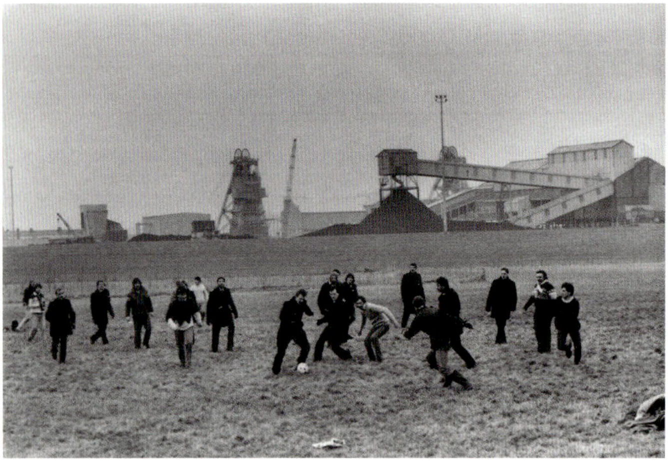

Dennis Thorpe, *Football Match between Miners and Police*, 1984-85
© Guardian News & Media Ltd. 1984

Thorpe, Dennis

> Epos van de overbodigheid

Timmermans, Ante

geb. 1976 Ninove, België, woont en werkt in Gent, België

Make a Molehill out of a Mountain (of Work), 2012
Site-specifieke perfor(m)atieve installatie, variabele afmetingen

De mijnsite van Waterschei inspireerde Ante Timmermans tot het creëren van de *in situ* installatie, *Make a Molehill*. Vandaag is de mijn stille getuige van een kort maar (arbeids)intensief industrieel verleden. Net geen 65 jaar actief, werd het landschap onomkeerbaar getransformeerd. *Make a Molehill* reflecteert over de idee dat duizenden mijnwerkers ondergronds aan de slag gingen om uiteindelijk met een gigantische berg steenkoolafval over te blijven. Deels performance, deels installatie, verruilt het werk de claustrofobische mijngangen voor de mentale engte van een kantoor, metalen rekken en witte tl-verlichting incluis. Op de rekken liggen stapels blanco papier, klaar om te worden verwerkt. Pagina na pagina wordt door de kunstenaar geperforeerd en voorzien van een reeks stempels. De overgebleven papiersnippers worden op een hoopje gegooid. Blad na blad gaat door de handen van de 'Antenaar'. Een prikklok registreert de werkuren. Het werk van de mijnwerkers wordt op administratief niveau getild en resulteert in een molshoop confetti. Niet het resultaat is van belang, wel de Sisyfusarbeid *an sich*. Meer nog dan dat echter creëert de kunstenaar een poëtische totaalinstallatie die gevoed wordt door tekeningen – als visuele neerslag van de gedachtestroom bij dit alles – en een oxospel... Noem het een 'mentale' ontsnapping aan de eigenhandig opgezette arbeidscondities.
MM

> Accumulatie
> Poëzie van de herstructurering
> Residu

Tomaszewski, Yan

geb. 1894 Seclin, Frankrijk; woont en werkt in Parijs, Frankrijk

Module, 2011-2012.
Stand op de kunstbeurs Salon de Montrouge met werk van Kevin Kaliski (2011), variable afmetingen

Proposition pour un musée sur une île déserte, 2009.
HD video, 11 min. 44 sec.

Yan Tomaszewski onderzoekt in zijn werk de mechanismen van de 'constructie'; architecturale contexten bespeelt hij op meerdere niveaus – in detail jonglerend met architecturale glossaria tot

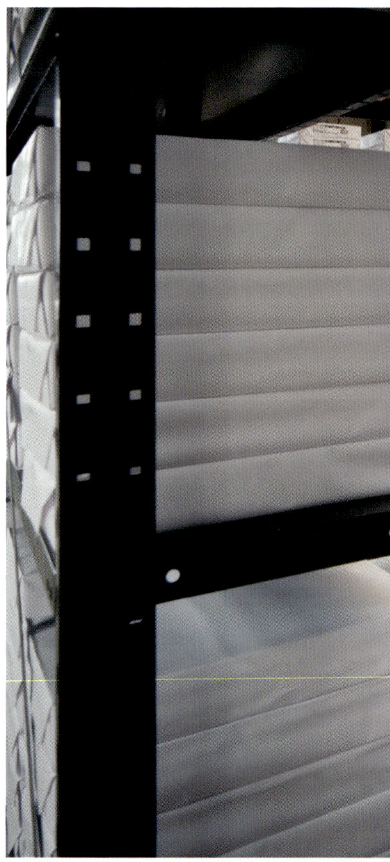

Thorpe, Dennis

> Epics of Redundancy

Timmermans, Ante

b. 1976, Ninove, Belgium; lives and works in Ghent, Belgium

Make a Molehill out of a Mountain (of work), 2012 Site specific perfor(m) ative installation, variable dimensions

The Waterschei Mine inspired Ante Timmermans to create this in situ installation. Today the mine is a silent witness to a brief but intense industrial past. After a little under 65 years of coal production, the landscape had been permanently transformed. *Make a Molehill* reflects on the idea that thousands of miners worked underground to end up with an accumulation of coal waste in the shape of a mountain. Part performance and part installation, the piece trades the claustrophobia of mine tunnels for the mental confinement of an office, replete with metal racks and white tube lights. Stacks of blank paper are piled on the racks, ready to be processed. The artist perforates page after page, sealing them with a variety of stamps and piling his cuttings in a heap. As sheet after sheet passes across desk of 'The Antenaar' (a pun on the Dutch word *ambtenaar*, or bureaucrat), the miners' labours are transformed into an administrative task, ultimately resulting in a molehill of confetti. What matters here is not the result, but the Sisyphean effort itself. The artist supplements the installation with drawings – a visual precipitation of the stream of thought in its entirety – and a game of tick-tack-toe – a mental escape from his own self-imposed labour conditions.

MM

> Accumulation
> Poetics of Restructuring
> Residue

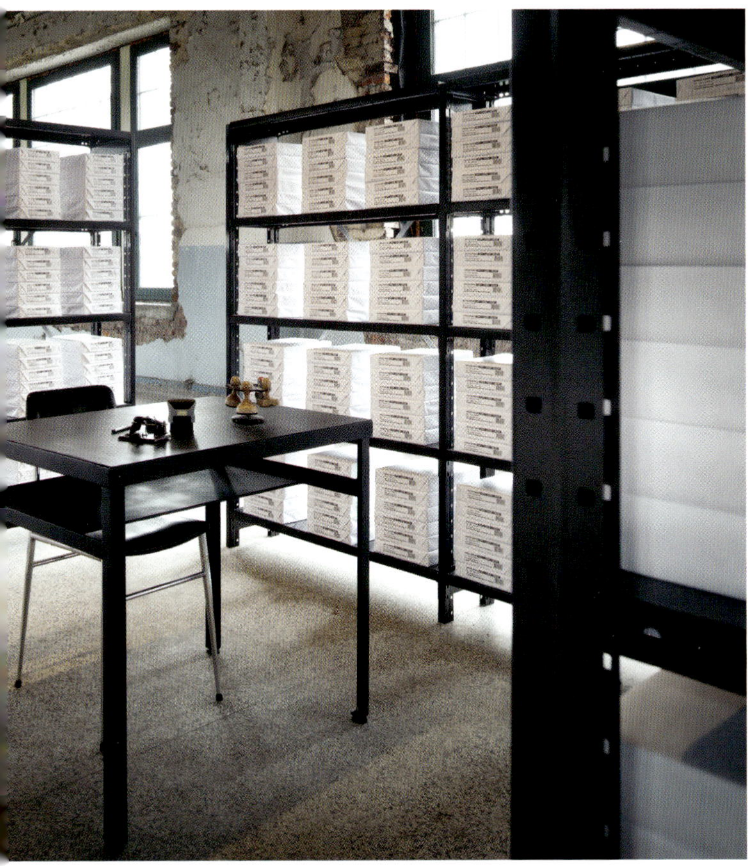

Ante Timmermans, *Make a Molehill out of a Mountain (of Work)*, 2012 (detail)

Tomaszewski, Yan

b. 1984 Seclin, France; lives and works in Paris, France

Module, 2011-2012. Art Fair stand at the Salon de Montrouge with works by Kevin Kaliski (2011), variable dimensions

Proposition pour un musée sur une île déserte, 2009. HD video, 11 min. 44 sec

Yan Tomaszewski's work analyses built environments, distilling and playing with their constituent elements. His projects have focused at different scales, toying with the grammar and lexicon of architectural space, as well with the macroscopic processes of designing cityscapes. With *Proposition* he formulates a proposal for the redevelopment of the iconic Renault site on Île Seguin in Paris. The video follows the artist as he hikes through the ruins of the former industrial site, climbing over rubble, wandering around like an adventurer. All of

macroscopische processen op stedenbouwkundig vlak. Met *Proposition pour un musée sur une île déserte* mengt hij zich in het debat omtrent de toekomst van de iconische Renault site op Ile Seguin in Parijs. De video volgt de kunstenaar, gepakt en gezakt de ruïnes van de industriële site beklimmend. Als een echte avonturier wandelt hij over het achtergebleven steengruis, tot hij een gegeven moment van hoed wisselt en architect wordt met grootse plannen. Met blauw krijt tekent hij de contouren van een 'universeel' museum.

In 2011 gaf Tomaszewski zijn 20 m² expositieruimte in Salon de Montrouge aan Kevin Kaliski, een 14-jarige gepassioneerde verzamelaar van artefacten en verhalen gerelateerd aan de steenkoolmijnen in Noord-Frankrijk. Hij 'abstraheerde' daarmee zijn eigen positie als jong, opkomend artistiek talent, en evengoed ook de symbolische waarde van een expositie 'stand', zowel in artistieke als architecturale zin.
MM

> Kaliski, Kevin
> 17 Ton

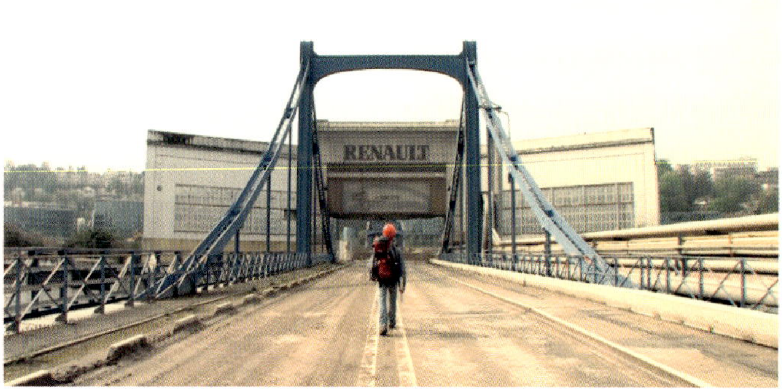

Yan Tomaszewski, *Proposition pour un musée sur une île déserte*, 2009

Toorop, Jan

geb. 1858, Purworejo, Java; overl. 1928, Den Haag, Nederland

> Cycli van Realisme

Torfs, Ana

geb. 1963, Mortsel, België; woont en werkt in Brussel, België

[...] STAIN [...], 2012
Installatie, 20 ingelijste inktjet prints met ganzenveren en gekleurd acrylglas (53,5 x 53,5 cm elk), 4 presentatietafels (93 x 68,5 x 327,5 cm elk), 2 luidsprekers op statief, Bässgen media player, klankband (Engels), loop.

In haar werk neemt Ana Torfs vaak de geschiedenis onder de loep en de manier waarop ze wordt geïnterpreteerd, verteld en gearchiveerd. Ze besteedt bovendien ook aandacht aan kennis en perceptie en aan de kloof tussen datgene wat we zien en datgene wat we weten. *[...] STAIN [...]* bestaat uit twintig prints, ingelijst met acrylglas in verschillende kleuren en tentoongesteld op vier tafels, begeleid door een geluidsopname. Met dit werk verdiept Torfs zich verder in wetenschap, classificatiesystemen en taxonomie, via de interactie tussen tekst en beeld. Het uitgangspunt van *[...] STAIN [...]* is een onderzoek naar synthetische kleuren die zijn afgeleid van koolteer, een afvalproduct bij de productie van cokes. In 1856 werd de eerste synthetische kleurstof – algemeen bekend als mauve – gepatenteerd door de Britse chemicus W. H. Perkin (Garfield 2002). Deze ontdekking leidde tot de uitbouw van een volledige industrie rond de ontwikkeling van synthetische textielverf die intussen duizenden varianten kent, gevolgd door tal van andere toepassingen in de farmaceutica, fotografie, explosieven, kleurstoffen voor voedingsmiddelen, enz.
Torfs haalde haar inspiratie voor de prints uit een catalogus van de verffabriek van Friedrich Bayer (1910). Beginnend bij de naam van een specifieke kleur – zoals bijvoorbeeld 'Congo rood' – selecteerde ze beelden die daarmee verbonden zijn en voorzag ze die van een nummer. Het lijkt alsof de bijschriften die verwijzen naar deze beelden ontbreken, maar Torfs verwerkte ze in de geluidsopname die deel uitmaakt van de installatie. Een vrouwenstem leest de namen van de 20 geselecteerde kleuren en de genummerde bijschriften in willekeurige volgorde voor. *[...] STAIN [...]* geeft weloverwogen 'aanwijzingen' mee, zonder het gehele verhaal prijs te geven.
KG

> Poëtica van de herstructurering
> Residu

Tuinsteden

> Garden cities

Turton, G.

> Donkere materie

a sudden the explorer becomes an architect with big plans, drawing the outlines of a generic museum with blue chalk on the sand.

In 2011, Tomaszewski reconfigured the space of the Salon de Montrouge, which he re-landscaped from within by lending his 20 m² exposition space to Kevin Kaliski, a 14-year-old collector of artefacts and stories related to the coal mines in northern France. By giving his exhibition module to someone else, he 'abstracted' from his position as young emerging artist and from the symbolic value of the booth, in both its artistic and architectural forms.
MM

> Kaliski, Kevin
> 17 Tons

Toorop, Jan

b. 1858, Purworejo, Java; d. 1928, The Hague, NL

> Cycles of Realism

Torfs, Ana

b. 1963, Mortsel, Belgium; lives and works in Brussels, Belgium

[...] STAIN [...], 2012
Installation, 20 framed inkjet prints with feathers and coloured acrylic glass (53.5 x 53.5 cm each), 4 display tables (93 x 68.5 x 327.5 cm each), 2 loudspeakers on tripods, Bässgen media player, English voice, loop

In her work Ana Torfs often revisits history, and the ways it is interpreted, narrated, and archived. By extension, she is preoccupied with knowledge and perception, and the gap between what we see and what we know. *[...] STAIN [...]* consists of 20 prints framed with differently coloured glass, presented on 4 display tables, and an audio recording. With this work Torfs continues her preoccupation with science, systems of classification and taxonomy by means of an interplay between text and image. The starting point for *[...] STAIN [...]* is an investigation into synthetic colours derived from coal tar, a by-product of coke manufacture. In 1856 the first coal tar dye, generally known as mauve, was patented by the British chemist W. H. Perkin (Garfield 2002). This discovery led to the growth of an entire industry built around manufacturing synthetic textile dyes, which now number several thousand, and subsequent developments in pharmaceuticals, explosives, photography, food colouring, etc. Torfs drew inspiration for the prints in the piece from a 1910 trade catalogue by Bayer's Dye Factory. Starting with the heading of a specific colour's name – "Congo Red", for example – Torfs selected images connected to it, each image bearing a number. It seems as if the captions referring to the images are

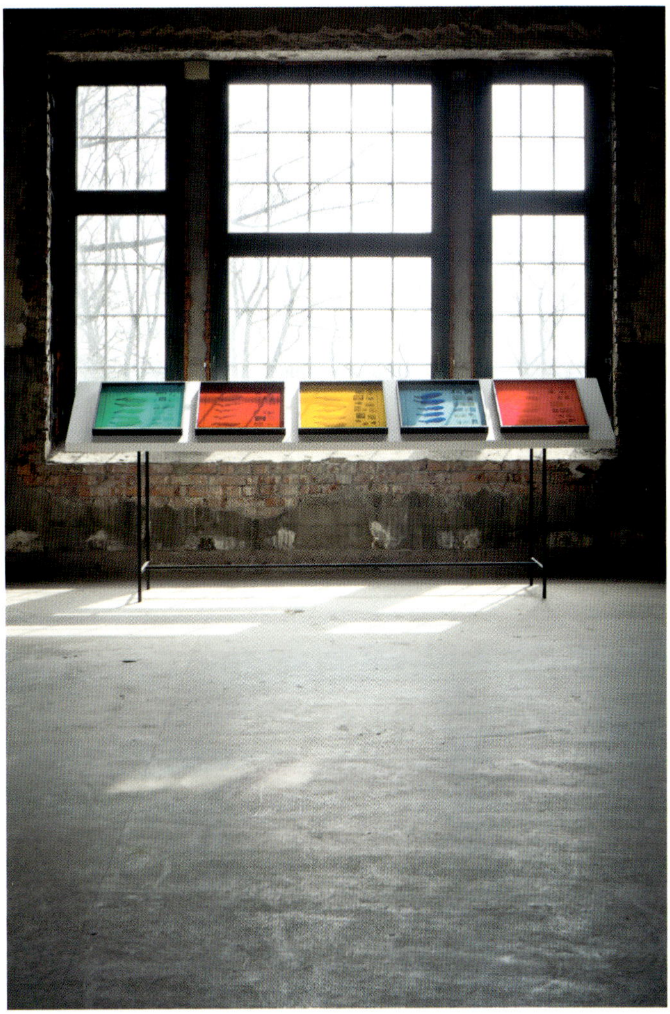

Ana Torfs, *[...] STAIN [...]*, 2012 (detail)

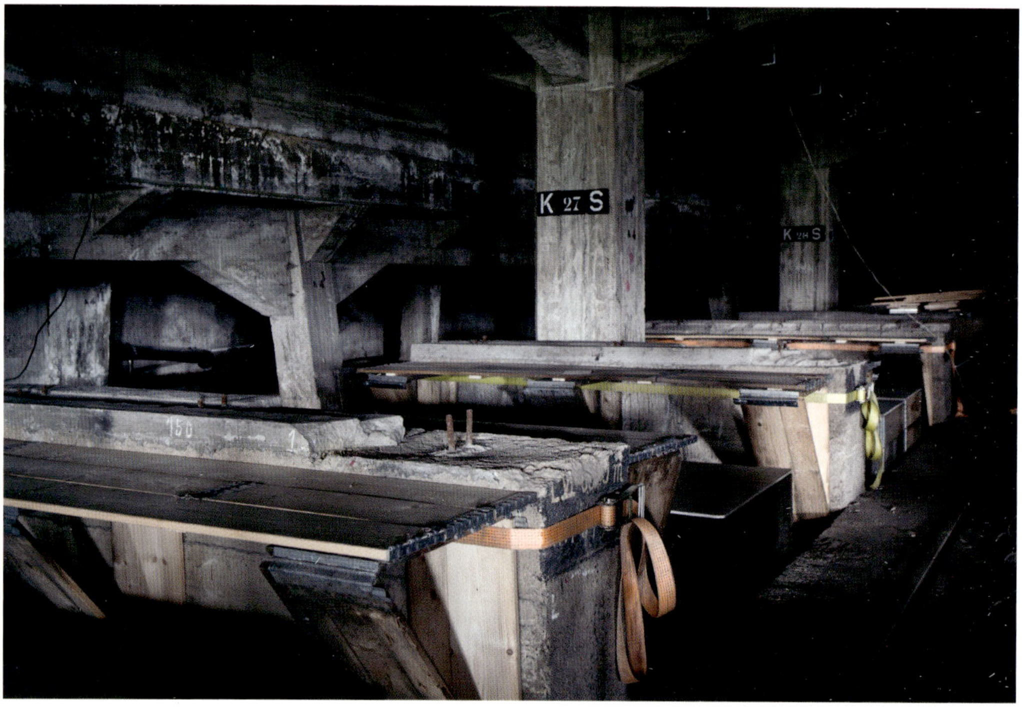

2012 Architecten & Refunc, intervention in the basement of Waterschei

2012 Architecten & Refunc

2012Architecten: Césare Peeren, Jeroen Bergsma, Jan Jongert, Andrea Prins, Karola van Rooyen, Benjamin Stainier, Jos de Krieger
REFUNC: Jan Körbes en Denis Oudendijk

2012Architecten is een architectenbureau dat is gevestigd in Rotterdam. Het bedrijf ontwerpt producten en gebouwen en ontwikkelt strategieën om de overgang naar een duurzame samenleving te vergemakkelijken. 2012Architecten wil een alternatief bieden voor het transport van hulpbronnen, producten en onderdelen naar alle uithoeken van de wereld. Daarom ontwikkelt het bureau – binnen de context van een wereldwijd tekort aan fossiele brandstoffen en andere natuurlijke hulpbronnen – processen die de lokale productie en handel bevorderen. Hun projecten tonen aan dat afval en niet-hernieuwbare energiebronnen dienst kunnen doen als potentiële innoverende ontwerpen. Voor 2012Architecten is vormgeving niet het begin van een lineair proces, maar veeleer een van de vele fasen in een onophoudelijke cyclus van creatie, gebruik en hergebruik.

REFUNC is een laboratorium dat de verlenging van economische levenscycli stimuleert door experimentele structuren en mobiele microarchitectuur te creëren op basis van afvalproducten. Als 'afvalarchitecten' die werken op het snijpunt van architectuur, vormgeving en kunst geven ze een nieuw leven aan voorwerpen die in onbruik zijn geraakt. De samenstelling, geschiedenis en sociale context van de objecten dienen daarbij als uitgangspunt voor de ontwerpen. REFUNC maakt gevonden of afgedankte objecten opnieuw functioneel en dit leidt vaak tot onvoorspelbare resultaten.

De werkwijzen van 2012Architecten en REFUNC zijn dus op elkaar afgestemd. De bedrijven hebben met elkaar gemeen dat ze beschikbare objecten en contexten transformeren. Op basis hiervan werd dan ook een samenwerking tot stand gebracht: het ontwerp en de installatie van de faciliteiten voor Manifesta 9. Hiervoor namen ze de kenmerken van het bestaande gebouw, de geschiedenis van de mijnindustrie en het productieafval van nieuwe industrieën als uitgangspunt.
TT

> Productie
> Residu

missing, but Torfs saved these for the audio track of her work, which features a woman's voice reading off the colours and contextualising statements in no discernible order. *[...] STAIN [...]* provides carefully considered 'clues', but not the whole story, leaving it up to the viewer to fill in the blancs.
KG

> Poetics of Restructuring
> Residue

Turton, G.

> Dark Matter

2012 Architects & Refunc

2012Architects: Césare Peeren, Jeroen Bergsma, Jan Jongert, Andrea Prins, Karola van Rooyen, Benjamin Stainier, Jos de Krieger
REFUNC: Jan Körbes and Denis Oudendijk

2012Architects is a Rotterdam-based architectural firm that designs products and buildings, developing strategies to facilitate the transition to a sustainable society. In the context of the worldwide shortage of fossil fuels and other natural resources, 2012Architects develop processes that empower local production and forms of trade as alternatives to transporting our resources, products and components around the globe. Their work shows that waste-streams and limited resources can serve as opportunities for innovative design. The firm understands design not as the beginning of a linear process but rather as one phase among many in a continuous cycle of creation and recreation, use and reuse.

REFUNC is a laboratory that promotes the extension of economic life-cycles by creating experimental structures and mobile micro-architecture based on waste material streams. As "garbage architects" working at the intersections of architecture, design and art, they breathe new life into defunct objects. Locating the origin of their designs in objects themselves, they are attentive to their composition, histories, and social contexts. Refunctionalising found or discarded objects, REFUNC remains open to often unpredictable results.

The working processes of 2012Architects and REFUNC are thus well-matched, having a common denominator in the practice of transforming objects and contexts that are already at hand. This has brought them together for the design and implementation of the facilities for Manifesta 9, for which they have worked with the characteristics of the existing building, the history of the mining industry and the production waste of new industries.
TT

> Production
> Residue

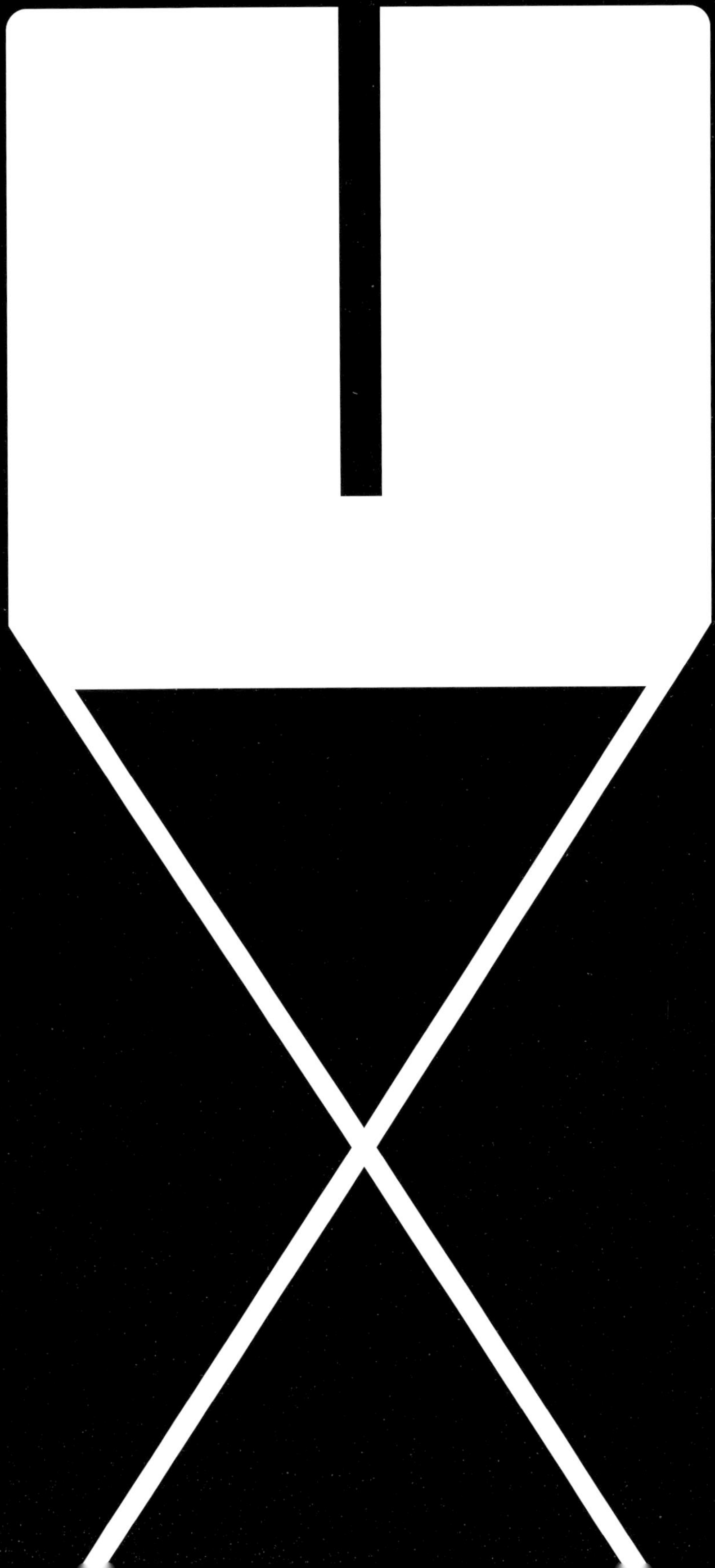

Underground, Models of the

Ondergrond, maquettes van de

Maquettes van de ondergrond,
jaren 50
Gips, hout, metaal, variabele afmetingen
Collectie: Nederlands Mijnmuseum, Heerlen

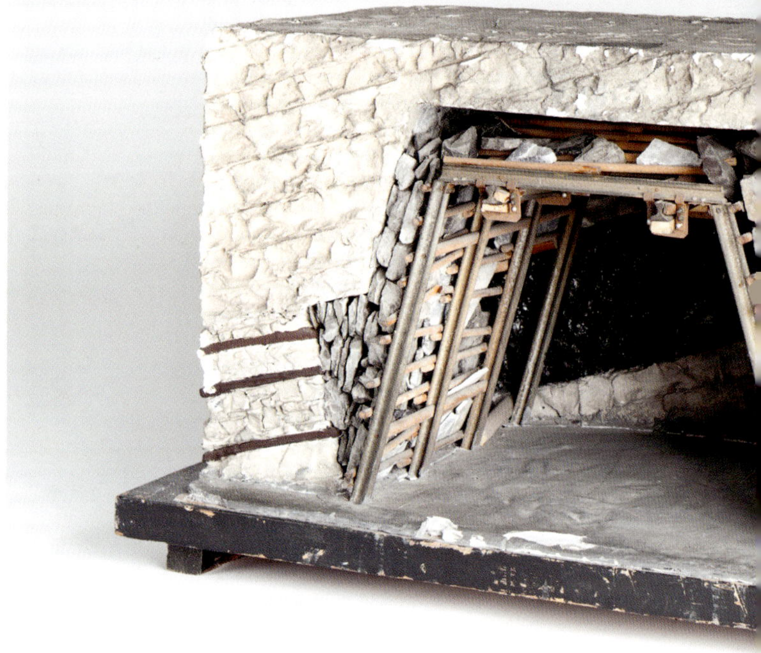

Nederlands Mijnmuseum Heerlen, *Maquette van de Ondergrond,* jaren 50

Net als in Belgisch-Limburg ontwikkelde zich in de Nederlandse provincie Limburg sinds het begin van de twintigste eeuw een belangrijke mijnbouwindustrie. Voor het zware en gevaarlijke werk ondergronds was een gedegen opleiding noodzakelijk. Vooral na de Tweede Wereldoorlog bouwden de Nederlandse mijnen een stelsel van interne bedrijfsopleidingen op. Een van de belangrijkste was de Ondergrondse Vakschool (OVS) die in 1945 werd opgericht. Dit was een driejarige opleiding voor jongens tussen de 14 en 17 jaar. Op de OVS kregen de scholieren algemeen vormende vakken, lichamelijke opvoeding en uiteraard lessen in mijnbouwkunde. Daarnaast leerden ze allerlei praktische vaardigheden (zoals houtbewerking en schrijnwerk) die hen in het beroep van mijnwerker van pas zouden komen. De OVS volgde hierbij de handboeken van Robert Baden-Powell, met als doel de beïnvloeding van de karaktervorming van de toekomstige mijnwerkers (Wolf 2004). In de lessen stonden aanschouwelijk onderricht en zelfwerkzaamheid centraal. Zo maakten de docenten mijnbouwkunde (meestal zelf ervaren mijnwerkers) gebruik van maquettes van het ondergrondse bedrijf en de ligging van kolenlagen. De maquettes lieten in driedimensionale vorm zien hoe een pijler (de winplaats van de steenkool) moest worden onderstut, hoe de kolen werden afgevoerd naar galerijen en hoe die galerijen de steenkolenlagen doorsneden. Ook leerden de scholieren aan de hand van de maquettes dat kolenlagen niet mooi horizontaal in de ondergrond lagen, maar meestal geplooid en hellend werden aangetroffen. De modellen werden vaak gemaakt door ouderejaars vakscholieren onder leiding van hun docenten. Daarbij werden gips, hout en metaal als materialen gebruikt.
SL

> Mijnwerker/Arbeider
> 17 Ton

Underground as Hell

Ondergrondse hel

De ondergrond is zowel letterlijk als figuurlijk te omschrijven als een hel. In *Verloren Paradijs* portretteert Milton de hel als een donkere en bodemloze afgrond, een grote vlammende oven en een onmetelijke oceaan zonder einde, geregeerd door Chaos en de Nacht. Kunstenaar John Martin gaf aan deze beelden een erg grafische voorstelling. Als ingenieur en praktische hervormer publiceerde hij ook *A Plan for Purifying the Air and Preventing Explosion in Coalmines* (1829), een plan voor het zuiveren van de lucht en het voorkomen van explosies in steenkoolmijnen. Filmmaker en kunstenaar Humphrey Jennings

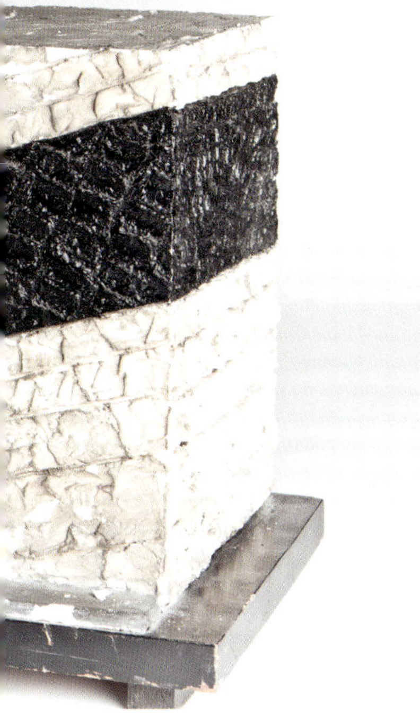

Underground, Models of the

Models of the Underground,
1950s
Plaster, wood, metal, variable dimensions
Collection: The Dutch Mining Museum, Heerlen

Like Belgian Limburg, Dutch Limburg became an important mining region at the beginning of the 20th century. The heavy, dangerous nature of working underground required a solid education. Especially after the Second World War, Dutch mines formed professional training organisations. One of the most significant of these was the Ondergrondse Vakschool (Underground Professional School), or OVS, founded in 1945. It offered a three-year course for boys aged 14 to 17, consisting of classes in general knowledge, physical education and of course, mining techniques. Moreover, they would learn a variety of practical skills like woodworking and carpentry, which would come in handy when working in the mines. The OVS patterned its educational goals on the scouting philosophy developed in the books and manuals of Robert Baden-Powell, seeking to influence the future miners' character formation (Wolf 2004).

It was crucial that the lessons in mining technique be clear. To this end, instructors (mostly former miners) would use models of the underground workshop and the location of the coal layers. These were three-dimensional representations of how the coal producing area should be supported, how the coal should be transported to the gallery, or how those galleries should cut through the coal layers. With the help of these models, students would also learn that the coal layers did not occur perfectly flat or horizontal underneath the ground, but were usually uneven and tilting on an incline. The models were often made by senior students under the tutelage of their teachers using materials like plaster, wood and metal.
SL

> Miner/Worker
> 17 Tons

Underground as Hell

The underground has been a real as well as metaphorical hell. In *Paradise Lost*, Milton portrays Hell as a dark and bottomless abyss, a great flaming furnace, and an illimitable ocean without dimensions, presided over by Chaos and Night. The artist John Martin gave the most graphic visualisation to these images; an engineer and practical reformer, he also published "A Plan for Purifying the Air and Preventing Explosion in Coalmines" (1829). A hundred years later the filmmaker and artist Humphrey Jennings (1907-1950), who belonged to the British documentary film movement (c. 1930-1950) and to Mass-Observation, made films of mining communities, and at the same time spent many years collecting texts and images to construct an imaginative history of the Industrial Revolution, which he equated with Pandæmonium and described in terms reminiscent of William Blake: "Pandæmonium is the Palace of All the Devils. Its building began c. 1660. It will never be finished – it has to be transformed into Jerusalem. The building of Pandæmonium is the real history of Britain for the last three hundred years [...]" (Jennings 1985: *Pandæmonium* Part One, 1660-1729 Observations and Reports, pp3-43 [p. 5]). Jennings started his unfinished archive with *Paradise Lost* and the building of Satan's capital Pandæmonium by the fallen angels.

Émile Zola's description of the pit accident in *Germinal*, realistic as his devastating account of mining conditions in Northern France in the 1880s is, reveals sublime underground landscapes like those of *Paradise Lost*: "[...] enormous caves could be glimpsed through the broken lining... while the waters of the Torrent, that underground sea with its uncharted tempests and shipwrecks, spilled forth as if a sluice had been opened. He went further

(1907-1950), die behoorde tot de British documentary film movement (ca. 1930-1950) en de Mass Observation, zou honderd jaar later films maken in mijnbouwgemeenschappen, en tevens jarenlang teksten en beelden verzamelen om een fantasierijke geschiedenis van de industriële revolutie op te bouwen, die hij vergeleek met het pandemonium en beschreef in termen die doen denken aan William Blake: "Het pandemonium is het Paleis aller Duivels. De bouw ervan begon ca. 1660. Het zal nooit worden afgewerkt – het moet omgevormd worden tot Jeruzalem. De bouw van het pandemonium is de echte geschiedenis van Groot-Brittannië in de laatste driehonderd jaar [...]" (Jennings 1985:5). Jennings begon zijn onvoltooide archief met *Verloren Paradijs* en de bouw van Satans hoofdstad Pandemonium door de gevallen engelen.

De beschrijving door Émile Zola van het mijnongeluk in *De Mijn* – realistisch als zijn verwoestende relaas van de mijnomstandigheden in Noord-Frankrijk in de jaren 1880 is – onthult sublieme ondergrondse landschappen, zoals die uit *Verloren Paradijs:* "[...] daarachter waren enorme gaten te zien [...] stroomde in grote massa's naar beneden, terwijl de wateren van de "Torrent", die onderaardse zee met haar onbekende stormen en schipbreuken, als door een open sluis naar beneden stortten. Hij ging nog verder naar beneden verloren te midden van die steeds groter wordende gapingen, slingerend en gebeukt door die stortregen en met slechts zó weinig licht van de rode ster van zijn lamp die beneden hem hing, dat het hem toescheen of hij in de verte straten en pleinen zag van een verwoeste stad te midden van die grote bewegende schaduwen." (Zola 2002: 350).

Even angstaanjagend als de onvoorstelbare diepten en afstanden van de onderwereld waren de benauwde en ingesloten omstandigheden van de mijnen. Aan de koolwand werkten de houwers vaak in smalle nissen, vaak alleen met de ruimte om hun lichaam horizontaal naar binnen te bewegen zodat ze "als het ware platgedrukt tussen dak en wand, op hun knieën en ellebogen moesten kruipen [...] Om de steenkool te kunnen loshouwen moesten zij met verdraaide hals en opgeheven armen op hun zij liggen en het houweel, de scherpe bijl met de korte steel, dwars voor zich uitzwaaien." (ibid 35). Gelijkaardige taferelen werden in toenemende mate vastgelegd op foto's zoals die van de Eerwaarde Cobb en in tekeningen van kunstenaars als Henry Moore, die ondergrondse reizen maakte, maar ook door mijnwerkers, zoals Gilbert Daykin. Door dagelijks te verrijzen uit de hel van de mijnen en de figuurlijke hel onder de grond, werd de mijnwerker begrijpelijkerwijs een soort held.

DA

> Industriële Revolutie
> Martin, John
> Mijnbouwer/Arbeider
> Steenkooltijdperk

down, lost in the midst of greater and greater gulfs, battered and spun by a maelstrom of springs, so weakly lit by the little red star that flew downwards beneath him that he thought he saw the streets and the crossroads of a ruined city far off in the patterns made by the great moving shadows" (Zola 1993: 469).

Equally terrifying as the unimaginable depths and distances of the underworld were the cramped and confined conditions of the mines. At the coal face the hewers often worked in narrow openings, often only with the space to inch their bodies in horizontally so "that they were more or less flattened between the roof and the wall, dragging themselves around on their knees and elbows [...] In order to get at the coal, they had to stay stretched out on one side with their necks twisted, so that they could swing their arms far enough back to wield their short-handled picks at an angle" (ibid 39). Similar scenes were increasingly recorded in photographs such as those by the Reverend Cobb and in drawings by artists like Henry Moore who made trips underground, as well as by pitmen like Gilbert Daykin. Emerging daily from the real hell of the pits and the metaphorical Hell underground, the miner understandably became something of a hero figure.

DA

> Coal, The Age of
> Industrial Revolution
> Martin, John
> Miner/Worker

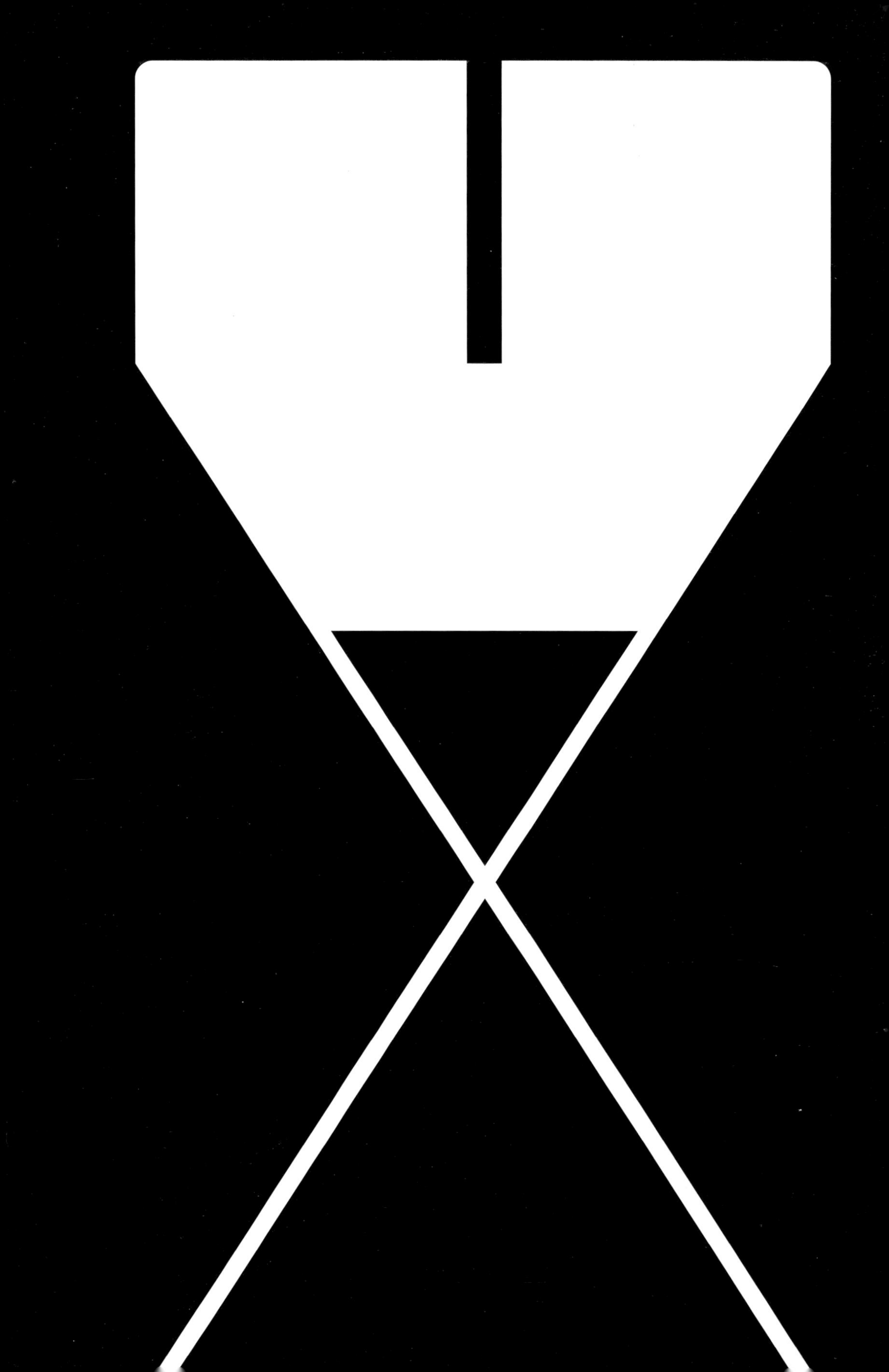

Vanden Eynde, Maarten

geb. 1977, Leuven, België; woont en werkt in Brussel, België

Plastic Reef, 2008-2012
Gerecycleerd plastic, variabele afmetingen

Plastic Reef van Maarten Vanden Eynde is een sculptuur gemaakt van gesmolten plastic afval dat werd verzameld op verschillende 'gyres' in de vijf wereldzeeën. Een gyre is een systeem van ringvormige zeestromingen die voornamelijk worden veroorzaakt door belangrijke driftstromen (zeestromingen die ontstaan door de wind). In 2008 ontdekte de kunstenaar dat er zich in de Stille Oceaan een 'drijvend stortterrein' van plastic afval bevindt dat ongeveer even groot is als de Verenigde Staten. Hij besloot deze locatie en andere gyres te bezoeken en honderden kilo's van het drijvende puin te verzamelen. Vervolgens vervoerde hij dit afval naar zijn atelier waar hij het omsmolt tot het kunstwerk *Plastic Reef*. Met deze creatie levert Vanden Eynde kritiek op het probleem van de plasticvervuiling in de oceanen. Het werk is tevens een toespeling op het verdwijnen van koraalriffen overal ter wereld. De bedoeling van dit project en de bijbehorende website is om mensen bewust te maken van de gevolgen en de toxische eigenschappen van plasticvervuiling. Plastic is niet alleen een materiaal met een zeer lange afbreektijd, het vergiftigt ook de voedselketen van de oceaan en veroorzaakt tal van ziekten. Hoewel de plastische eigenschappen van *Plastic Reef* doen denken aan de prachtige vormen en kleuren van natuurlijke koraalriffen stroken ze niet met de herkomst van het materiaal waarvan het werk is gemaakt. Bijgevolg verleidt het kunstwerk ons, maar doet het ook dienst als onheilspellende herinnering aan de gevolgen van het wijdverspreide gebruik van datgene wat de duurzaamste fysieke overblijfselen zullen zijn van de moderne menselijke 'beschaving'.

KG

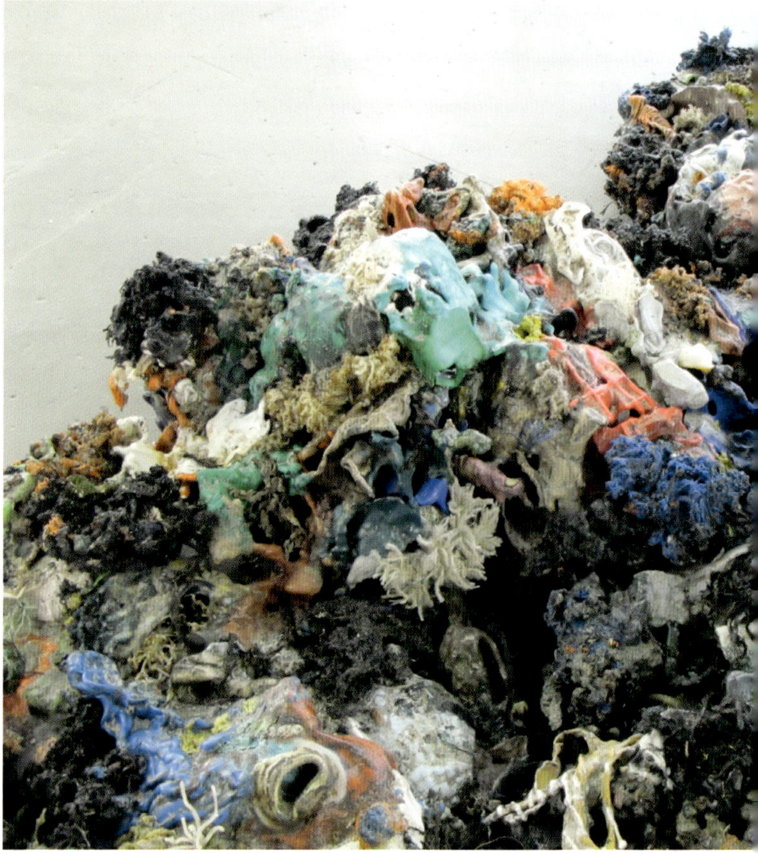

Maarten Vanden Eynde, *Plastic Reef*, 2008-2012

> Accumulatie
> Poëtica van de herstructurering
> Residu

Vandersteen, Willy

> Geerts, Paul

Vega Macotela, José Antonio

geb. 1980, Mexico Stad, Mexico; woont en werkt in Amsterdam, Nederland

Study of Exhaustion – The Equivalent of Silver, 2011
Gekauwde pruimtabak van cocabladeren

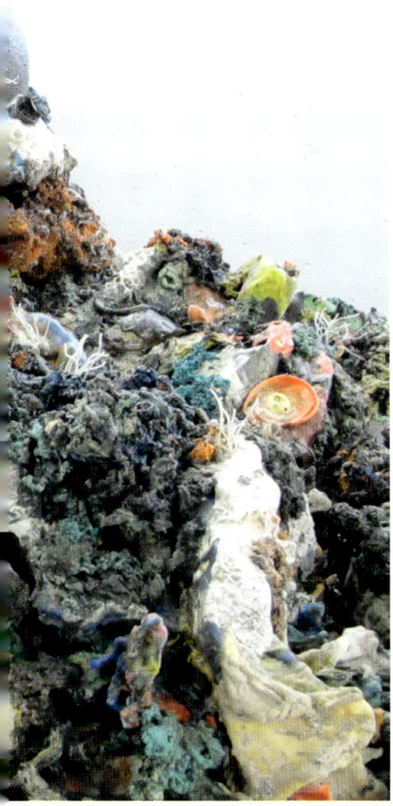

Vanden Eynde, Maarten

b. 1977, Leuven, Belgium; lives and works in Brussels, Belgium

Plastic Reef, 2008-2012
Plastic debris, variable dimensions

Maarten Vanden Eynde's *Plastic Reef* is a sculpture made from melted plastic debris collected from several of the five world ocean 'gyres'. An ocean gyre is a system of rotating ocean currents, predominantly caused by significant wind movements. In 2008 the artist learned that there was a 'floating landfill' about the size of the United States, made up of plastic trash, swirling in the Pacific Ocean. He decided to visit this location and other gyres to collect several hundred kilos of this floating waste, which he then transported to his studio and melted down to create *Plastic Reef*. The work is a comment on the problem of plastic pollution in the oceans as well as a reference to disappearing coral reefs around the world. The project and its accompanying website aim to raise awareness about the effects of plastic pollution and its toxic properties. Plastic is not only one of the slowest materials to biodegrade, but is also implicated in poisoning the ocean's food chain and in a wide variety of diseases. While the sculptural qualities of the work recall the beautiful forms and colours of natural coral reefs, these are at odds with the work's material origins. The work thus seduces us but also serves as an ominous reminder of the consequences of the widespread use of what will be the longest lasting physical remnant of modern human 'civilization'.

KG

> Accumulation
> Poetics of Restructuring
> Residue

Vandersteen, Willy

> Geerts, Paul

Vega Macotela, José Antonio

b. 1980, Mexico City, Mexico; lives and works in Amsterdam, NL

Study of Exhaustion - The Equivalent of Silver, 2011
Chewed coca leaves

José Antonio Vega Macotela's work takes informal modes of exchange as opportunities to investigate the ways that seemingly banal material objects can serve as poetic measures of time. One such object litters the mines of Oruro and Potosí in Bolivia in the form of *boleos*, wads of coca leaves that are discarded after having been packed into a miner's cheek over the course of a workday. The analgesic properties of unrefined coca leaves assuage the miners' hunger and dispel their aches and pains, allowing them to work long shifts on little food and with little rest, thereby transforming a bodily debt into mineral riches. Coca also figures prominently in ritual offerings to Tio, a devilish figure whom Bolivian miners regard as the spiritual owner of the mine: in exchange for coca leaves and cigarettes deposited at his underground altars, Tio grants miners permission to withdraw mineral resources from his property (Taussig 1980). The *boleo* in *Study of Exhaustion* was amassed and sculpted in a miner's cheek over the course of a day's labour;

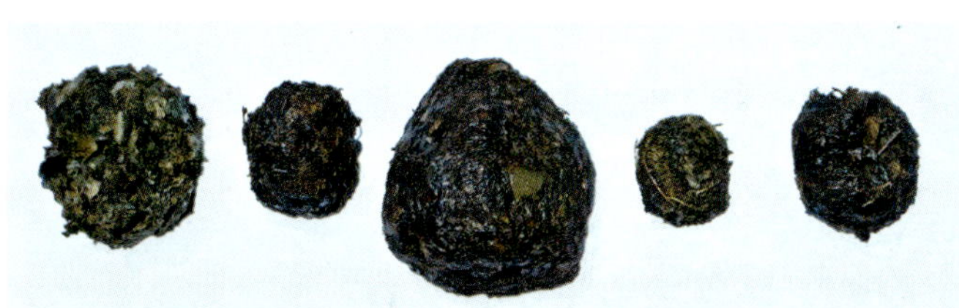

Antonio Vega Macotela, *Study of Exhaustion - The Equivalent of Silver*, 2011

In zijn werk maakt José Antonio Vega Macotela gebruik van informele uitwisselingsmogelijkheden om onderzoek te doen naar de manier waarop ogenschijnlijk banale materiële voorwerpen dienst kunnen doen als poëtische tijdsindicatoren. Een van zulke voorwerpen bezoedelt de mijnen van Oruro en Potosí in de vorm van *boleos,* propjes cocabladeren die de mijnwerkers hebben uitgespuugd na er een volledige werkdag op te hebben gekauwd. De pijnstillende werking van ongezuiverde cocabladeren stilt de honger van de mijnwerker en verdooft zijn kwaaltjes en pijn waardoor hij lange shiften kan draaien met weinig eten en rustpauzes. Hij betaalt een lichamelijke tol in ruil voor minerale rijkdommen. Coca wordt ook vaak gebruikt bij rituele offergaven aan Tio, een demonische figuur die de Boliviaanse mijnwerkers zien als de geestelijke eigenaar van de mijn: in ruil voor cocabladeren en sigaretten die de mijnwerkers achterlaten bij zijn ondergrondse altaar, geeft Tio toestemming om minerale middelen aan zijn eigendom te onttrekken (Taussig 1980). De *boleo* uit *Study of Exhaustion – The Equivalent of Silver* hoopte zich op en kreeg vorm in de mond van de mijnwerker tijdens de dagelijkse arbeid. Om de *boleo* te verkrijgen, werkte Vega tien dagen als hulpje van de mijnwerkers. Het voorwerp ligt aan de basis van de versmelting van verschillende gelijkwaardigheidsstructuren en verbindt loonarbeid, geestelijke tussenkomst en kunstbeoefening in één enkel, verstrikt stelsel.

CMF

> Mijnwerker/Arbeider
> Poëtica van de herstructurering
> Residu

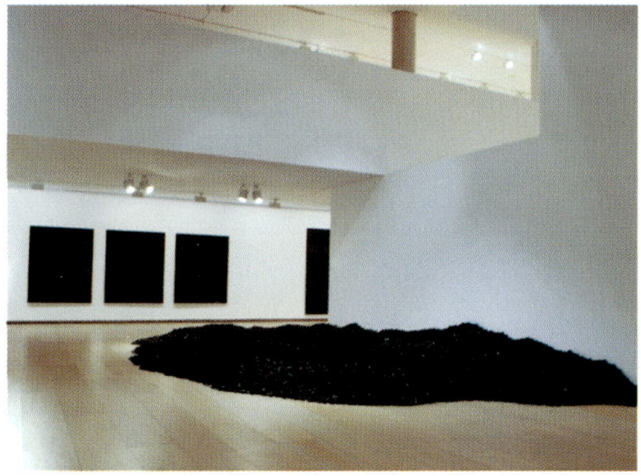

Bernar Venet, *Tas de charbon,* 1963

Venet, Bernar

geb. in 1941, Château-Arnoux-Saint-Auban; Frankrijk; woont en werkt in New York, VS

Tas de charbon, 1963
Steenkool, variabele afmetingen

Tas de charbon van Bernar Venet is een van de eerste kunstwerken waarbij materie op een hoop als kenmerkende typologie van hedendaagse kunst, centraal staat. Het loopt vooruit op verschillende werken uit de late jaren 60 en 70 die steenkool als materiaal voor kunst gebruiken. Dit werk weerspiegelt de interesse van de jonge Venet voor gitzwarte materialen en een minimalisme dat wars is van elke vorm, een gegeven dat ook tot uiting komt in zijn teerschilderijen die hij datzelfde jaar realiseert. Hoewel *Tas de charbon* niet als volwaardig conceptueel werk kan worden beschouwd, luidt het onderscheid tussen het werk zelf en het fysieke voorwerp dat tentoon wordt gesteld, de conceptuele kunst in. Op het certificaat dat in 1974 werd verkocht en verloren ging na het overlijden van zijn eigenaar, stond: "Coal Heap, sculpture of indeterminate form, 1963." Dit impliceert dat het kunstwerk niet uit een welbepaalde materiaalmassa bestaat, maar uit de tentoonstelling van een hoeveelheid steenkool die rechtstreeks op de vloer wordt gedumpt – wat betekent dat het materiaal niet volgens een formeel patroon kan worden uitgestald. Ook de andere parameters van de opstelling zijn onbepaald: zo kan de hoop in het midden van een kamer worden gelegd of tegen een muur of in een hoek, of worden gevormd door een grote of eerder kleine hoeveelheid steenkool enz. Bovendien kan het tentoongestelde materiaal na afloop van de expositie gewoon worden weggegooid. Om een nieuwe *Tas de charbon* te realiseren, moet men gewoon de vereiste hoeveelheid steenkool hebben. Een gevolg van deze protoconceptualistische methode is dat het werk simultaan op meerdere plekken getoond kan worden, zelfs zonder medeweten van de auteur.

TL

> Donkere materie

Vercheval, Georges

geb. 1934, Charleroi, België ; woont en werkt in Charleroi

Terril à Marcinelle-Haies, 1970
Gelatine zilverdruk
Collectie: Musée de la Photographie, Charleroi

to obtain it, Vega spent ten days at the miner's beck and call. The object thus sits at the confluence of multiple chains of equivalence, linking wage labour, spiritual intercession, and artistic practice in a single, entangled economy.
CMF

> Miner/Worker
> Poetics of Restructuring
> Residue

Venet, Bernar

b. 1941, Château-Arnoux-Saint-Auban, France; lives and works in New York City, USA

Tas de charbon, 1963
Sculpture without any specific dimensions

Bernar Venet's *Tas de charbon* ranks among the very first instances of the heap as a characteristic typology of contemporary art and predates several works from the late 1960s and '70s that make use of coal as an art material. It reflects the young Venet's interest in intensely black materials and anti-form minimalism, also apparent in his tar paintings of the same year. Although *Tas de charbon* cannot be regarded as a fully-fledged conceptualist work, it does foreshadow conceptual art by separating the work as such from the physical object given to behold. The certificate, sold in 1974 and lost after the owner's death, read: "Tas de charbon, sculpture of indeterminate form, 1963." This implies that this artwork consists not of a definite body of material but in the exhibition of a quantity of coal dumped directly on the floor – meaning that the material cannot be arranged according to any formal pattern. Also indeterminate are all the other parameters of the display: for example, the heap can be put at the centre of a room or against a wall or in a corner, it can be made of a large or relatively small amount of coal, etc. Moreover, the exhibited material may be discarded after the show. Any new formulation of the *Tas de charbon* only requires that the person in charge obtain the suitable quantity of coal. As a consequence of this proto-conceptualist mode, the *Tas de charbon* can also potentially be shown in several places at the same time, even without its author's knowledge.
TL

> Dark Matter

Vercheval, Georges

b. 1934, Charleroi, Belgium; lives and works in Charleroi

Terril à Marcinelle-Haies, 1970
Gelatin silver print, 40 x 39.9 cm
Collection: Musée de la Photographie, Charleroi

Georges Vercheval is intimately associated with the Musée de la Photographie in Charleroi, which he co-founded in the Walloon industrial city in 1987 and managed for more than 10 years (Canonne 2012). An experienced professor in the history of photography, he has also taught at many institutes and schools in Brussels and around Charleroi since the 1960s. On top of that, his commitment to actively and politically supporting art and culture in his birthplace has always been strong, so much so that people might forget that Vercheval is primarily a photographer, working mainly in Charleroi since the 1950s. His images rarely if ever include human figures, though his subjects do reveal human activity. In that sense, Vercheval approaches the landscape like a topographer does. In the 1970s he photographed a series of slag heaps that powerfully demonstrate the distinctive character of the region. These are changing landscapes, formed over time. The slag heap in *Terril à Marcinelle-Haies* recounts its own topographic history, silently condensing past, present and

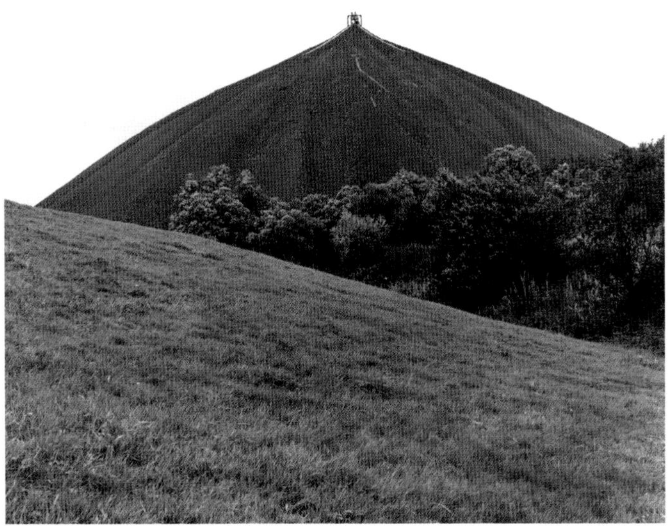

Georges Vercheval, *Terril à Marcinelle-Haies*, 1970

Wie Georges Vercheval zegt, denkt automatisch aan het Fotografiemuseum in Charleroi dat sinds 1987 in de Waalse industriestad mede door hem werd opgericht en meer dan tien jaar werd geleid (Canonne, 2012). Als doorgewinterd professor in de fotografiegeschiedenis was hij ook actief in diverse instituten en scholen in Brussel en in en rond Charleroi. Daar bovenop is zijn engagement om kunst en cultuur in zijn geboortestreek actief (politiek) te ondersteunen, altijd groot geweest, zodanig dat men zou vergeten dat Vercheval in de eerste plaats ook fotograaf is, sinds de jaren 50 voornamelijk actief in zijn geboortestreek.

We zien zelden tot nooit een persoon in beeld verschijnen hoewel zijn onderwerpen sterk getuigen van menselijke 'activiteiten'. In die zin benadert Vercheval het landschap zoals een topograaf dit doet. In de jaren 70 fotografeerde hij een reeks terrils die sterk het karakter van de regio uitmaken. Het zijn landschappen in verandering, door de tijd en geschiedenis gevormd. *Terril à Marcinelle-Haies* verhaalt een eigen topografische geschiedenis; het geeft op een verstilde manier tegelijk verleden, heden en toekomst weer: van het ontstaan van de steenkoolaardlagen tot de menselijke interventie en transformatie tot afvalberg. We zien een scherp gekadreerd beeld, als een geometrische applicatie die hij toepast op het terrillandschap. Vercheval koos het beeld bewust omwille van haar (bijna vrouwelijke) schoonheid, haar vorm in balans, en tegelijkertijd is het een foto die vandaag, meer dan veertig jaar later, als documentair beeld wordt ingezet, getuigend van een impressionant en determinerend industrieel verleden.

MM

> Landschap

Vermeir, Katleen & Ronny Heiremans

Vermeir geb. 1973, Bornem, België; woont en werkt in Brussel, België

Heiremans geb. 1962, Heist-op-den-Berg, België; woont en werkt in Brussel

<ins>*The Residence (A Wager for the Afterlife)*, 2012</ins>
<ins>Eénkanaalsvideo, 35 minuten</ins>

Het werk van Katleen Vermeir en Ronny Heiremans wordt opgebouwd rond een aantal geconcentreerde verhaallijnen die de complexe verwevenheid van kunst, economie, vastgoed en stedelijke ontwikkeling blootleggen. *The Residence* kwam tot stand in samenwerking met Ma Wen, een kunstenaar en architect die doubleert als protagonist in de video, een kunstenaar-ondernemer die de wereld bekijkt vanuit de markteconomie. Tegen de achtergrond van bouwwerven – zowel reëel als virtueel – en ambitieuze vastgoedontwikkelingsprojecten, verklaart Ma Wen zijn geloof in vooruitgang, welvaart en het 'goede leven' door de accumulatie van rijkdom, waarin kunst een 'toegevoegde waarde' en sociale status biedt. Hij vermeldt daarbij verschillende bronnen, waaronder *lifestyle* magazines, officiële witboeken en literaire werken. Naargelang het plot zich ontvouwt, ontdekken we dat Ma Wen door een rijke investeerder werd gevraagd een 'huis' te ontwerpen voor diens leven na de dood. De film is een scherpe commentaar op gentrificatie, de besmettelijke aard van het kapitalisme en zijn constante zoektocht naar nieuw terrein. De film doet zich bewust tegoed aan dure flats, stijlvolle interieurs, modeshows en vernissages, maar een dreigende ondertoon dient zich tegelijk aan: Ma Wens langharige alter ego en diegenen die buitengesloten worden uit die *gated communities*, wijzen op de absurde leegheid van een markt

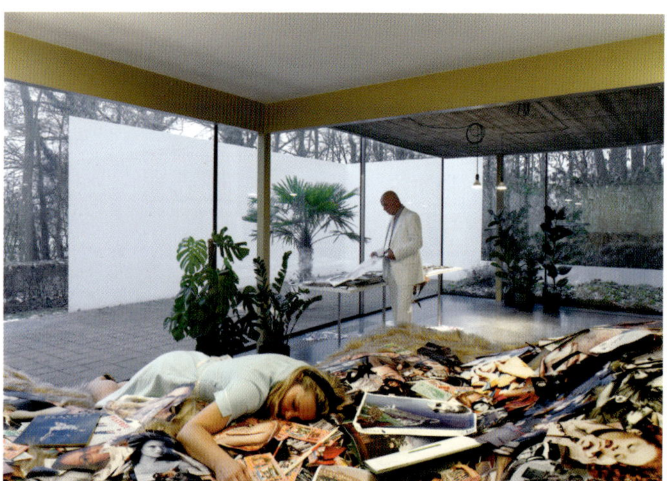

Katleen Vermeir & Ronny Heiremans, *The Residence (A Wager for the Afterlife)*, 2012

future simultaneously: from the origin of the coal layers to human intervention and the transformation to a mountain of waste. We see a sharply framed image, like a geometric application that he superimposes on the slag heap. Vercheval intentionally chose the image for its almost feminine beauty, its balanced shape. Today, more than forty years later, this photograph is testimony to an impressive industrial past.
MM

> Landscape

Vermeir, Katleen & Ronny Heiremans

Vermeir b. 1973, Bornem, Belgium; lives and works in Brussels, Belgium
Heiremans b. 1962, Heist-op-den-Berg, Belgium; lives and works in Brussels

The Residence (A Wager for the Afterlife), 2012
Single screen video installation, 35 min.

Katleen Vermeir and Ronny Heiremans create dense narratives that explore the complex entanglements between art, the economy, real estate, and urban development. *The Residence* was produced in collaboration with Ma Wen, an artist and architect who doubles as the video's protagonist, an artist–entrepreneur who views the world primarily in terms of a market economy. With the backdrop of construction sites – real and virtual – and ambitious property development projects, Ma Wen explains his belief in progress, prosperity, and the good life through the accumulation of wealth, with art providing 'added value' and social status, quoting a variety of sources, including lifestyle magazines, official white papers and literary works. As the plot unfolds we learn that Ma Wen has been commissioned by a wealthy investor to design a 'house' for his *afterlife*. It is a biting commentary on gentrification, the contagious nature of capitalism and its constant quest for new territories. The video deliberately revels in expensive condos, fancy interiors, fashion shows, and art openings, but an ominous sub-text emerges all the same: Ma Wen's long-haired alter ego and the people excluded from gated communities signal the absurd emptiness of a market based on fiction, creating value out of nothing.
KG

> Accumulation
> Poetics of Restructuring

Visible Solutions, LLC

Established in 2010 by Sigrid Viir (b. 1979), Taaniel Raudsepp (b. 1978) and Karel Koplimets (1986) based in Tallinn, Estonia

Trading Post, 2012. Mixed media installation, variable dimensions

Hoisting the Banner, 2012. Flag, variable dimensions

Despite having been galvanised by the Estonian Ministry of Culture's recent orientation toward prioritising the promotion of 'creative industries', Visible Solutions, LLC promotes a radical attitude toward the imminent convergence of poetics and business. The company regards the idea that art is a speculative, reflective and free individual activity as an outmoded socialist luxury that has been replaced by the surge of production in immaterial goods and services sluiced through the 'flexible job structure' that has turned young 'Bohemians' into a reserve army of unemployed freelancers. Rather than battling the so-called "precarization" of work, where "former alternative living and working techniques will become socially hegemonic" (Lorey 2009:196), Visible Solutions, LLC joins the ranks of what they dub the "creativariat" (Porri 2010:44): the new intellectual class at the service of schizophrenic capitalist freedom, which consists of absolute submission to market forces. Every time Visible Solutions crosses a new frontier to hoist its banner of Adam Smith's "invisible hand", it brings with it a whole office inventory of neoliberal products and attitudes. In the unlikely event that VS does not flood the market with its neo-capitalist accessories, it still could sell off the unwanted product as a second-hand ideological critique.
CM

> Poetics of Restructuring

die rond fictie is opgebouwd en waarde creëert uit niets.
KG

> Accumulatie
> Poëtica van de herstructurering

Visible Solutions, LLC

Opgericht in 2010 door Sigrid Viir (geb. 1979), Taaniel Raudsepp (geb. 1978) en Karel Koplimets (geb. 1986); gevestigd in Tallinn, Estland

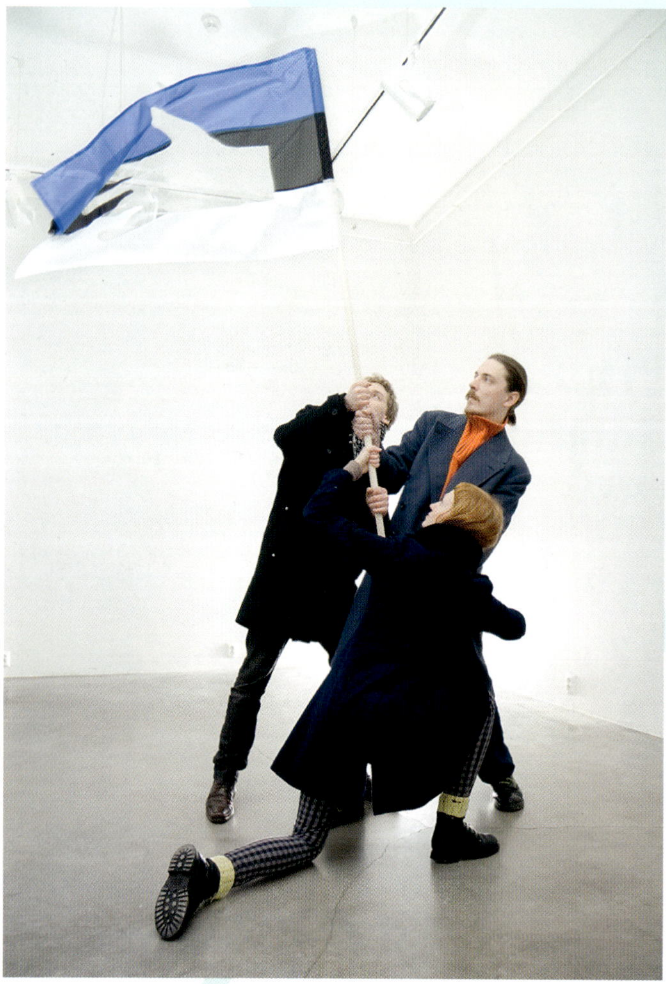

Visible Solutions, *Hoisting The Banner*, 2010

Trading Post, 2012.
Mixed media installatie, variabele afmetingen

Hoisting the Banner, 2012.
Vlag, variabele afmetingen

Ondanks het feit dat Visible Solutions, LLC zwaar werd getroffen door de onlangs genomen beslissing van het Estse Ministerie van Cultuur om prioriteit te geven aan de promotie van 'creatieve industrieën', staat de onderneming voor een radicale houding ten aanzien van de onvermijdelijke samensmelting van poëzie en het zakenleven.

Visible Solutions, LLC is van mening dat kunst als een speculatieve, reflectieve en vrije individuele activiteit een achterhaald socialistisch luxeartikel is dat werd vervangen door de grotere productie van immateriële goederen en diensten. Deze abstracte producten beheersen de "flexibele werkstructuur" die jonge "bohemiens" heeft omgetoverd in een reserveleger van werkloze freelancers. In plaats van de strijd aan te gaan met de zogenaamde "destabilisatie" van arbeid waarbij "vroegere alternatieve manieren van wonen en werken de overheersende sociale norm zullen worden" (Lorey 2009:196), sluit Visible Solutions, LLC zich aan bij wat ze het "creativariaat" (Porri 2010:44) noemen: de nieuwe intellectuele klasse ten dienste van schizofrene kapitalistische vrijheid die bestaat uit de volledige onderwerping aan marktkrachten. Telkens als de onderneming een nieuwe grens oversteekt om zijn vlag van Adam Smiths 'onzichtbare hand' te hijsen, nemen ze een volledige kantoorinventaris mee, bestaande uit neoliberale producten en opvattingen. In het onwaarschijnlijke geval dat de Verenigde Staten de markt niet overspoelen met hun neokapitalistische accessoires kunnen ze het ongewenste product nog steeds verkopen als een tweedehandse ideologische kritiek.
CM

> Poëtica van de herstructurering

Vuil

> Dirt

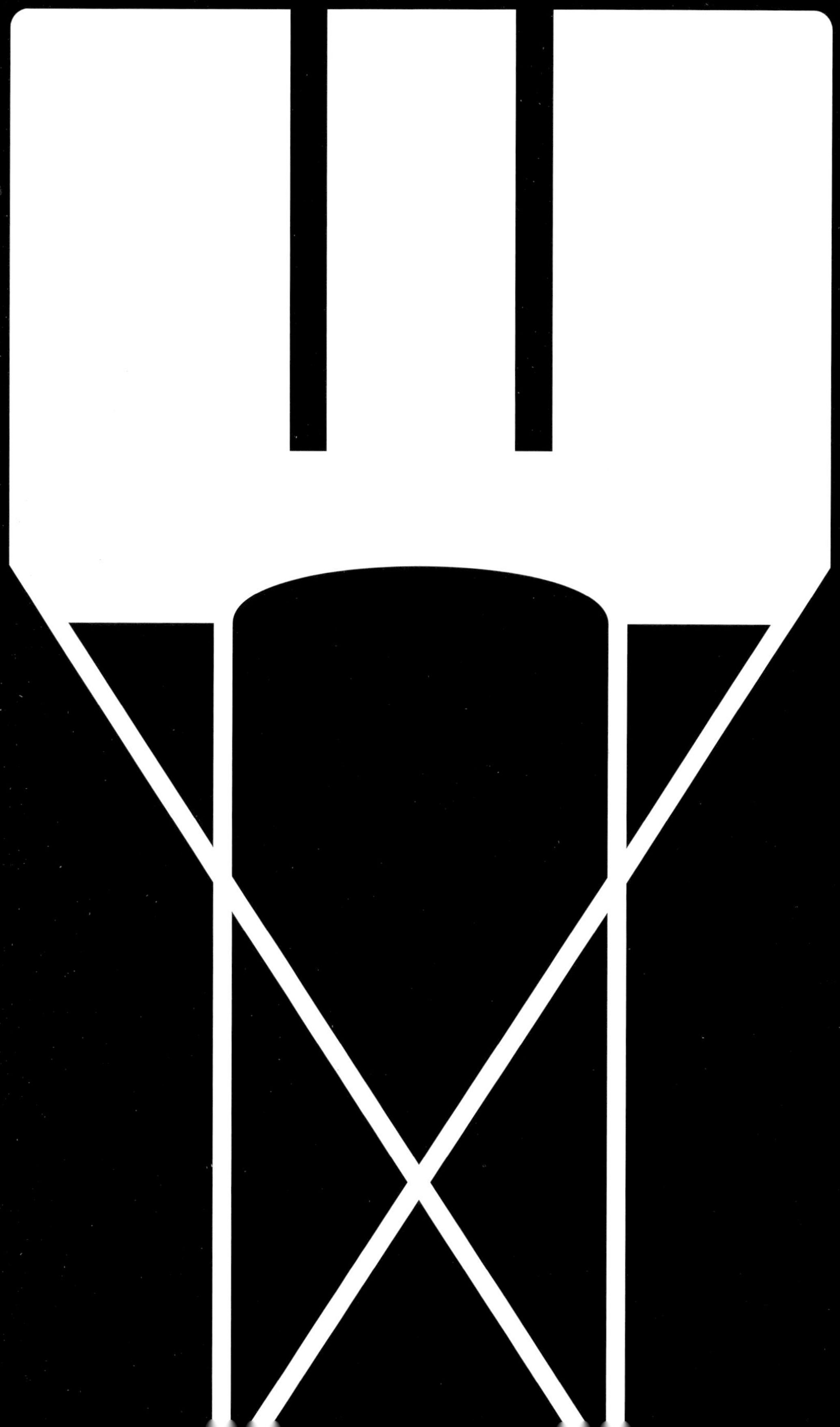

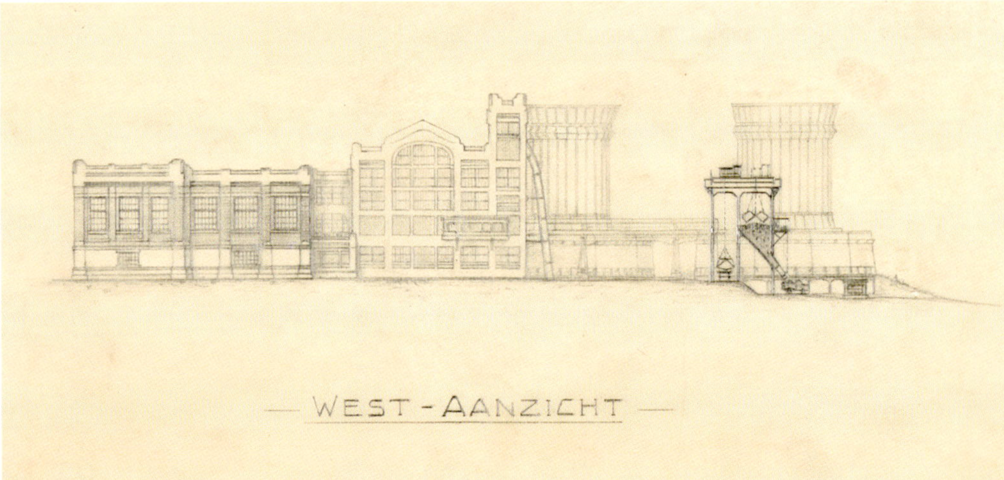

Rijksarchief Hasselt, architecturale plannen, Waterschei kolenmijn, West-Aanzicht, jaren 20

Waterschei Plannen-archief

De collectie van ongeveer 6.000 oude kaarten van de André Dumontmijn van Waterschei die in het Algemeen Rijksarchief van Hasselt worden bewaard, vormen slechts een kleine fractie van het plannenarchief van deze mijnzetel. Deze mijnplannen werden door de verantwoordelijken van het tekenbureel / plannenarchief midden jaren 80 al uit het 'levend plannenbestand' verwijderd en naar de archiefkelders afgevoerd. Het overgrote deel van dit archief wordt voorlopig bewaard in het Mijnmuseum van Beringen. De collectie van het Rijksarchief bezit voornamelijk ontwerpen uit de eerste fase van de mijnuitbouw met onder meer stratenpatronen, cité-inrichting, voorontwerpen en plannen voor het hoofdgebouw, maar ook van gebouwen die al overgedragen of verkocht waren aan andere instanties. Ook plannen van tijdelijke projecten die definitief voorbij en afgebroken waren, vinden we er terug: krijgsgevangenenkampen en hun naoorlogse uitbreidingen, woningen en voorzieningen buiten de cité.

Hoe gedetailleerd de André Dumontmijn te werk ging, kan men misschien nog het best illustreren aan de hand van de meer dan 380 ontwerpen die voor de bouw en inrichting van de villa en park voor de directeur-gerant getekend zijn. Naast plannen van het gebouwde erfgoed werd er op het tekenbureel ook allerlei drukwerk vormgegeven als diploma's, veiligheidsaffiches, kermisprogramma's, enz. Deze deelcollectie documenteert niet alleen gedetailleerd over de eerste ideeën en nog bestaande gebouwen, maar ook over heel wat gebouwen en installaties die inmiddels verdwenen of een 'koloniale' droom gebleven zijn.
BvD

> 17 Ton

Wheldon, William

> Landschap

Woods, Paolo

geb. 1970, Amsterdam, Nederland; woont en werkt in Port-au-prince, Haïti

Chinafrica, 2007
Acht foto's, 100 x 100 cm elk

Paolo Woods houdt zich bezig met langdurige fotografische onderzoeksprojecten die nieuwsgerelateerd, maar geen vluchtige mediaverhalen of 'harde nieuwsfeiten' zijn. Hij reisde vele landen af die door politieke, sociale of economische onrust werden geteisterd, en nam ook de tijd om een grondig inzicht te krijgen in de verschillende lokale maatschappelijke structuren. In de reeks *Chinafrica*, verkent Woods de recente economische verovering van het Afrikaanse continent door China, wat als een soort neokolonialisme kan worden beschouwd. Chinese ondernemingen deden de voorbije jaren massale investeringen in het Afrikaanse continent op zoek naar gegeerde grondstoffen. Chinese bedrijven, ondernemers en ongeveer 500.000 Chinese immigranten verhuisden bijgevolg naar Afrika om winst te maken. Woods documenteert zowel grote

Waterschei Planning Archive

The collection of about 6,000 drawings from the André Dumont Mine in Waterschei, held at the National Archives Office in Hasselt, represents just a small fraction of the mine's old holdings. These drawings were removed from the 'living' plan holdings in the mid 1980s by the planning office; for the time being, the remainder are kept at the Mining Museum in Beringen. The collection at the National Archives consists mostly of designs from the first phase of the mine's development, including plans for streets and residential areas as well as draft designs and plans for the main building and for structures that were transferred or sold to other agencies. The archive also holds plans for projects that were either terminated or removed, including camps for prisoners of war and their subsequent re-development, housing and facilities outside the residential area.

The level of planning detail safeguarded at the André Dumont Mine is probably best illustrated in over 380 designs that were drawn for the construction and design of the managing director's villa and grounds. In addition to construction plans, the design office was also responsible for a wide range of printed matter, such as diplomas, safety posters, programs for fairs, etc. This sub-collection not only provides a detailed record of initial ideas and surviving buildings, but also of a large number of structures and installations that have since disappeared or that remained a 'colonial' dream.

BvD

> 17 Tons

Wheldon, William

> Landscape

Woods, Paolo

b. 1970, Amsterdam, NL; lives and works in Port-au-Prince, Haiti

Chinafrica, 2007
Eight photographs, 100 x 100 cm each

Paolo Woods engages in long-term photographic research projects that are news-related but not ephemeral media stories or 'hard news'. He has travelled to many countries wracked with political, social or economic upheaval, spending years in each place to gain an in-depth understanding of the society. In the series *Chinafrica*, Woods explores the recent economic conquest of the African continent by China, which could be considered a form of neo-colonialism. In recent years Chinese corporations have made massive investments in the African continent in search of coveted raw materials. As a result, Chinese companies, entrepreneurs and approximately 500,000 Chinese immigrants have moved to Africa to make their fortune. Woods documents both large industrial projects and smaller businesses: factories in Nigeria, Chinese restaurants and karaoke bars in Lagos, dam projects and timber exploitation in the Congo, copper extraction in Zambia, villas built on expropriated land in Brazzaville, new housing projects in Algeria, and highway constructions across the continent. His images focus on the conditions and incidents of everyday life and work, conveying differing senses of cultural values, but also hinting at the complicities between African politicians and Chinese businessmen, as the former sell off their resources and land. They also document the interactions and often strained relations between Africans and Chinese: from scenes of social conviviality to scenes of tension in the workplace, where labour conditions are often harsh and exploitative. *Chinafrica* is a telling portrait of socio-economic shifts in a globalised world, and the human relations they engender.

KG

> Crises of Capitalism
> Poetics of Restructuring

industriële projecten als kleinere bedrijven: fabrieken in Nigeria, Chinese restaurants en karaokebars in Lagos, damprojecten en houtnijverheid in Congo, koperwinning in Zambia, villa's gebouwd op onteigend terrein in Brazzaville, nieuwe huisvestingsprojecten in Algerije en de aanleg van snelwegen over het hele continent. Zijn beelden belichten de omstandigheden en gebeurtenissen van het dagelijkse leven en werk, en onthullen uiteenlopende begrippen van culturele waarden. Tegelijk verwijzen ze naar de medeplichtigheid tussen Afrikaanse politici en Chinese zakenlui, waarbij eerstgenoemden hun hulpbronnen en land uitverkopen. De beelden tonen ook de interactie en vaak gespannen relaties tussen Afrikanen en Chinezen: van scènes van sociale gemoedelijkheid tot scènes van spanning op de werkplek, waar de arbeidsomstandigheden vaak hard en uitbuitend zijn. *Chinafrica* is een verhalend portret van socio-economische verschuivingen in een geglobaliseerde wereld, en de menselijke relaties die daaruit voortvloeien.

KG

> Kapitalisme in crisis
> Poëtica van de herstructurering

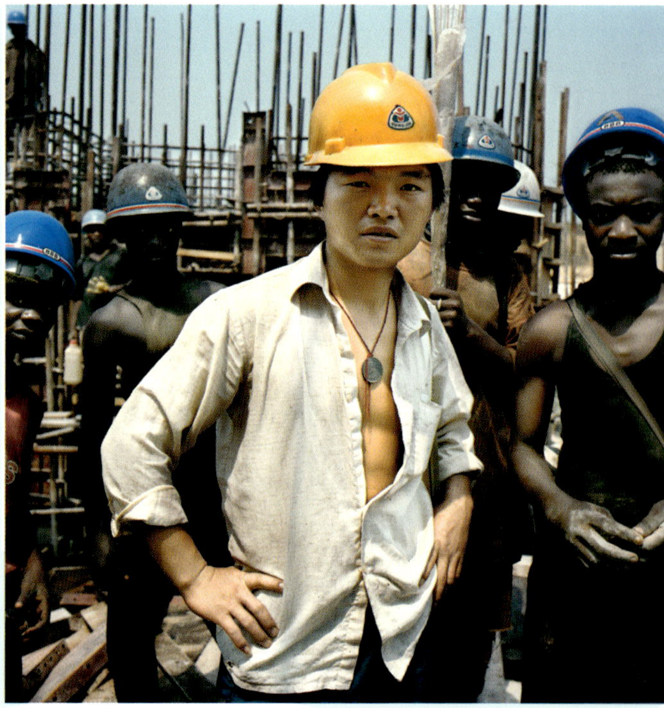

Paolo Woods, *Imboulou Dam, 200 km North of Brazzaville, Republic of the Congo,* June 2007

17 Ton

> Seventeen Tons

Zola, Émile

geb. 1840, Parijs, Frankrijk; overl. 1902, Parijs

De mijn 1884-85

De mijn is het dertiende boek in de 20-delige Rougon-Macquartreeks van Émile Zola. Hij schreef deze roman omdat hij een van zijn werken wilde wijden aan de revolutionaire sfeer van zijn tijd. Een aaneenschakeling van gewelddadige confrontaties, bespoedigd door stakingen van mijnwerkers in het noorden van Frankrijk, bood Zola wat hij noemde "een prachtig landschap waar mijn boek zich kan afspelen" (geciteerd in Lethbridge 1993:xii)]. Toen Zola begin 1884 onderzoek deed voor zijn roman, kreeg hij de gelegenheid een bezoek te brengen aan de kolenmijn in Anzin waar 12.000 mijnwerkers staakten. Een week lang praatte hij met vakbondsafgevaardigden en hij ging zelfs een kijkje nemen in de mijn in de naburige gemeente Denain (ibid). Dit korte bezoek maakte integraal deel uit van Zola's naturalistische programma: "de romanschrijver is evenzeer een waarnemer als een experimentalist. De waarnemer in hem biedt hem de feiten zoals hij ze heeft waargenomen [...]. Dan duikt de experimentalist op die [...] zijn personages in een bepaald verhaal in actie laat komen [...]" (geciteerd in Baguley 1990:262). De methode van Zola bleek doeltreffender te zijn dan hij zelf wellicht had verwacht; critici waren zo gefascineerd door de manier waarop de "zeer slechte omstandigheden waarin het proletariaat woonde en werkte" (Lethbridge 1993:xxi)] in het boek werden beschreven dat ze sceptisch stonden tegenover de optimistische ontknoping. Aan het einde van *De mijn* voorspelt Étienne dat zijn voorgevoel werkelijkheid zal worden: "Een zwart, wrekend leger, dat langzaam ontkiemde in de voren, dat groot werd voor de oogsten van een volgende eeuw, groeide. Hun ontplooiing zou de aarde spoedig doen openbarsten" (Zola 2002:391).

CMF

> Cycli van realisme
> Masereel, Frans
> Mijnwerker/Arbeider
> Ondergrondse hel

Zwartberg drama

Na de aankondiging van de sluiting van de mijn in Zwartberg, begon de commotie zich in Genk en daarbuiten te manifesteren. Toen de eerste ontslagbrieven werden uitgedeeld, ontstond er een spontane staking ondergronds. Buiten op het terrein vernielden de mijnwerkers alles wat hun pad kruiste. Op 31 januari 1966 trokken ze naar Waterschei en Winterslag, op zoek naar solidariteit bij hun collega's. De dreiging van een wijds verspreide staking werd beantwoord door harde repressie door de Rijkswacht: twee mensen werden gedood en zeven anderen zwaar gewond.

Twintig jaar na de sluiting maakte dhr. Châtel, Eerste Voorzitter van het Hof van Cassatie, de bundel archieven van de Rijkswacht rond de staking over aan luitenant-generaal De Vos, inspecteur-generaal van de Rijkswacht. De archieven worden ingeleid door een historische duiding en een chronologische opvolging van de feiten, gerapporteerd door de Rijkswacht. Deze inleiding werd opgesteld door dhr. Châtel, op verzoek van de toenmalige Minister van Binnenlandse Zaken Alfons Vranckx (1965-1966) bij wie hij toen adjunct-chef was. Hij heeft de gebeurtenissen in Genk toen op de voet gevolgd. Het dossier bevat administratieve nota's, vertrouwelijke documenten, verslagen over buitengewone gebeurtenissen, telexberichten, stafberichten en kopieën van brochures, uitgedeeld op de diverse betogingsmanifestaties. Het gecontesteerd optreden van de Rijkswacht wordt hierin nergens verantwoord, net zomin als de publieke opinie en kritiek op hun optreden.

De Rijkswacht dossiers zijn tot op heden nog nooit vrijgegeven. Het belang van de ontsluiting die thans wordt aangeboden, is historisch des te boeiender omdat de getuigen van weleer hun eenzijdige kijk op de feiten eventueel kunnen bijschaven.

JH

> 17 Ton

Zola, Émile

b. 1840, Paris, France; d. 1902, Paris

Germinal, 1884-85

The thirteenth in Émile Zola's twenty-volume Rougon-Macquart series, *Germinal* grew out of the author's desire to dedicate one of his novels to the revolutionary struggles of his day. A string of violent confrontations precipitated by coal miners' strikes in northern France afforded Zola what he called "a superb landscape in which to set my book" (quoted in Lethbridge 1993:xii). In early 1884, as Zola was occupied with researching his novel, he had occasion to visit the mine in Anzin, where 12,000 miners were then striking. He spent a week talking with union officials and even descended into the pit at nearby Denain (ibid). This brief visit was an integral part of Zola's naturalist program: "the novelist is equally an observer and an experimentalist. The observer in him gives him the facts as he has observed them [...]. Then the experimentalist appears and [...] sets his characters going in a certain story [...]" (quoted in Baguley 1990:262). Zola's method proved more effective than perhaps even he had anticipated, as critics at the time were so captivated by the novel's depiction of the "appalling conditions in which the proletariat lived and worked" (Lethbridge 1993:xxi) that they were sceptical of the novel's optimistic conclusion. *Germinal* closes with Étienne forecasting the consummation of his earlier presentiment that "Deep down in the mines an army was growing, a future crop of citizens, germinating like seeds that would burst through the earth's crust one day into the bright sunshine" (Zola 1993:288.).
CMF

> Cycles of Realism
> Masereel, Frans
> Miner/Worker
> Underground as Hell

Zwartberg drama

A commotion began brewing with the announcement that the Zwartberg mine in Genk would be closing. A strike started spontaneously underground when the first of the workers received their termination notices. Aboveground, incensed workers destroyed whatever came across their path, and on January 31, 1966, the miners headed for Waterschei and Winterslag to solicit their colleagues' solidarity. The threat of a widespread strike was met by intense repression from the Gendarmerie: two people were killed and seven were seriously injured.

Twenty years later, Mr. Châtel, first President of the Court of Cassation, forwarded the Gendarmerie's files on the strike to Lieutenant General De Vos, Inspector General of the Gendarmerie. The archives begin with a historical note and a chronological sequence of the facts reported by the Gendarmerie. This introduction was drafted by Mr. Châtel, requested by the former Minister of the Interior Alfons Vranckx (1965–1966) under whom he was the deputy chief. He had followed the events in Genk closely at that time. The dossier contains administrative records and a collection of confidential documents, reports on extraordinary events, telex messages, staff messages and copies of brochures distributed at many demonstrations. The Gendarmerie's response to the situation was not justified anywhere in these files, nor was the public outcry at their actions ever included in the Gendarmerie's reports or communications.

These files, which contain a unilateral view of the past, have never before been made public. Their disclosure will now open the historical record to revision by testimony from local witnesses to the events.
JH

> 17 Tons

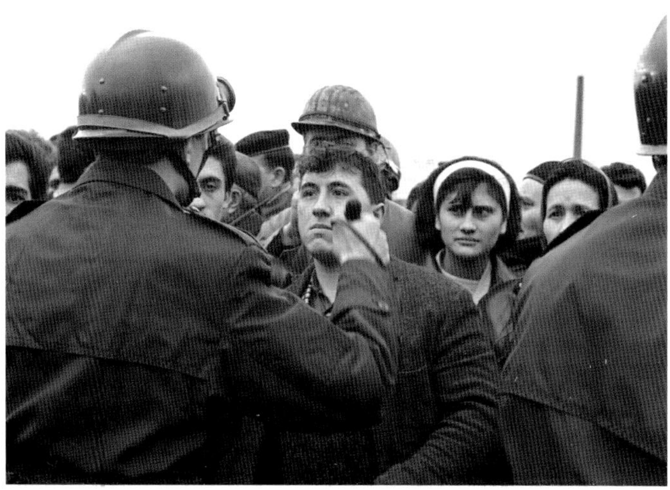

Johnny Harsch, *The Drama of Zwartberg*, 1966, fotoarchief stad Genk

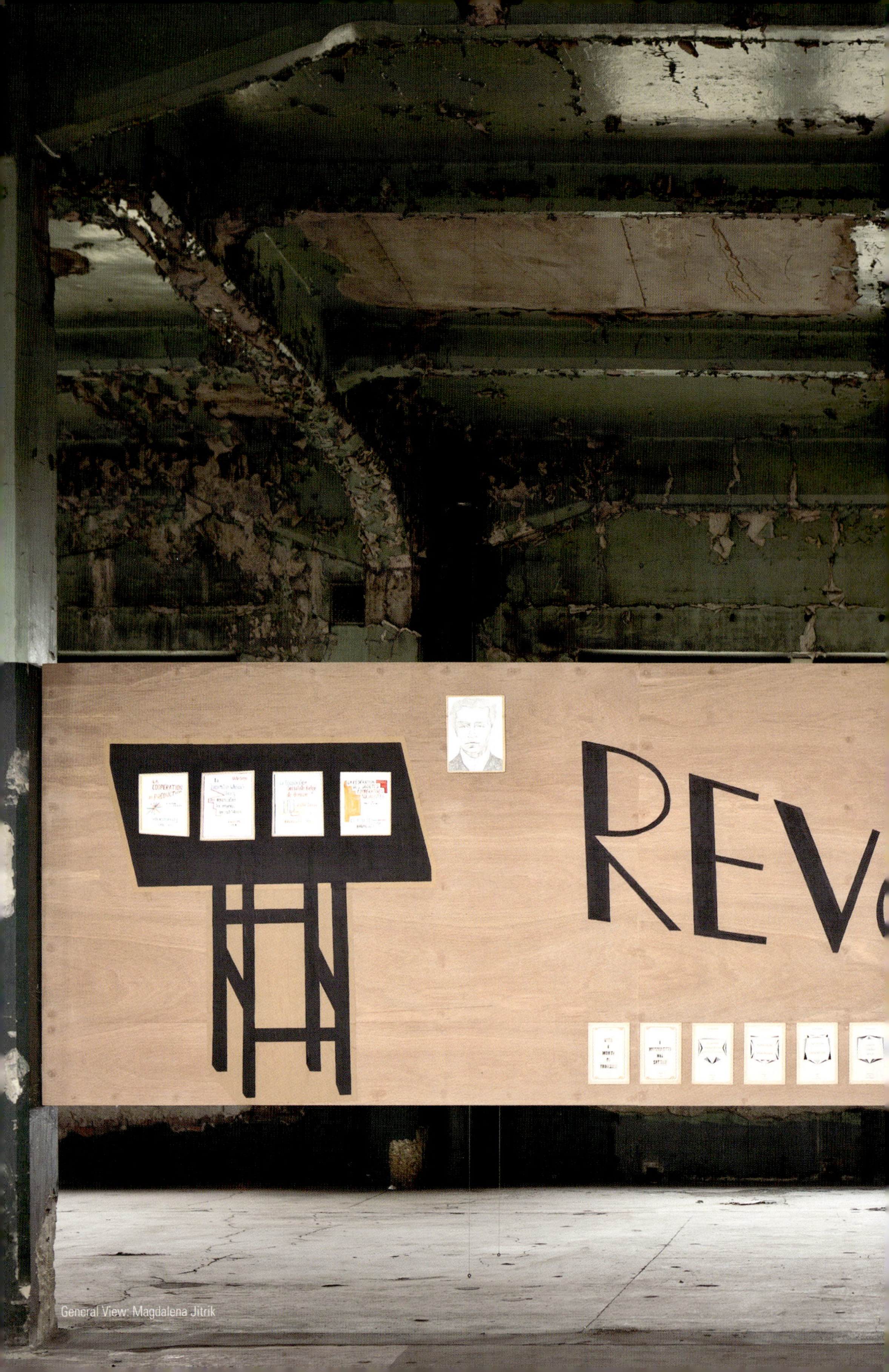

General View: Magdalena Jitrik

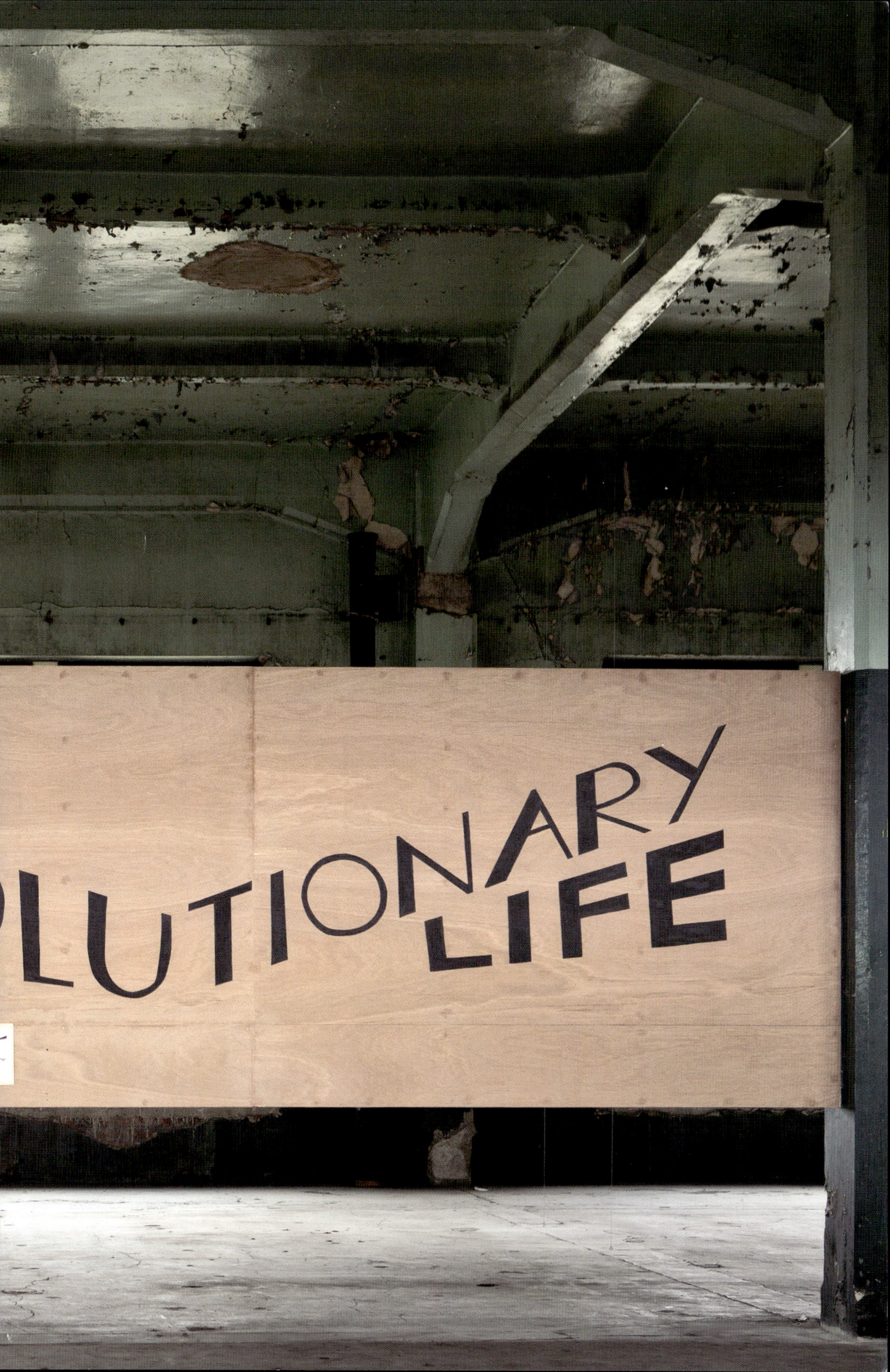
LUTIONARY
LIFE

List of Works
Lijst van werken

Contemporary section: Poetics of Restructuring

Carlos Amorales, *Coal Drawing Machine*, 2012. Installation with plotter printer, paper and charcoal, variable dimensions. Supported by: Yvon Lambert Gallery, Paris, Kurimanzutto Gallery, Mexico City. Acknowledgment: Atelier Calder, Sachém France. Commissioned by Manifesta 9. © the artist.

Alexander Apóstol, *Contrato colectivo cromosaturado,* 2012. HD video, 3 screen installation, approx. 45 min. In collaboration with Rafael Ortega. Supported by: Acción Cultural Española (AC/E), Vidisquare. Commissioned by Manifesta 9. © the artist.

Rossella Biscotti, *Title One: The Tasks of the Community*, 2012. Installation, lead from Ignalina nuclear power plant, variable dimensions. Supported by: Mondriaan Fund, Amsterdam, CAC Vilnius. Courtesy: Wilfried Lentz, Rotterdam. Technical sponsors: Aurubis, Draka, Prysmian Group, Uzimet. Commissioned by Manifesta 9. © the artist.

Rossella Biscotti, *A Conductor*, 2012. Main electrical wire, recycled copper from Ignalina nuclear power plant, 500 kg. Supported by: Mondriaan Fund, Amsterdam, CAC Vilnius. Courtesy: Wilfried Lentz, Rotterdam. Technical sponsors: Aurubis, Draka, Prysmian Group, Uzimet. Commissioned by Manifesta 9. © the artist.

Irma Boom & Johan Pijnappel, *Think Book, 1996-1896,* SHV Holdings, Netherlands, 1996. 22.5 x 17 x 11 cm. © the artists.

Irma Boom & Johan Pijnappel, *Thoughts on a Think Book*, 2012-1991. Video installation in the former board meeting room of Waterschei mine. Supported by: the Audio visual Studio, Province of Limburg, Rietveld Academy, Designmarkt, Gent. Courtesy: SHV. Acknowledgments: Remy Alban Valton, Danny Bierset, Ben Geraerts, Chun Han Chiang, Leopold Horrix, Johanna Illerhag, Margriet Kruyver, Byrthe Lemmens, Rozi Szeleczki, Linda van Deursen. Commissioned by Manifesta 9. © the artists.

Edward Burtynsky, *China: Manufacturing*, 2005. Selection of eight photographs, variable dimensions. Supported by: Galeria Toni Tàpies, Barcelona. Courtesy: Galeria Toni Tàpies, Barcelona, Nicholas Metivier Gallery, Toronto, Stefan Röpke Gallery, Köln. © the artist.

Ben Cain, *Work in the Dark*, 2012. Hand-painted (marble) plywood beams and other types of wood, electricity-operated machine with leather belt, set of posters (Glicee print on heavy archive paper), variable dimensions. Credits: De Sluis Leerwerkplaats vzw, Wilfried Boelen, Erik Boelen, Stefan Custers, Guy Reyné. Commissioned by Manifesta 9. © the artist.

Duncan Campbell, *Make it New John*, 2009. 50 min, video. Courtesy Hotel, London. Commissioned by: Film and Video Umbrella, London, Chisenhale Gallery, London, Tramway, Glasgow, The Model, Sligo. © the artist.

Claire Fontaine, *The House of Energetic Culture*, 2012. Double and triple outline neon glass on aluminum characters, aluminum framework, transformers, flasher unit and cabling, dimensions approx. 10.1 x 1.75 m. Supported by: Neon Line, Dusty Sprengnagel. Courtesy: Air de Paris, Galerie Chantal Crousel, Paris. Commissioned by Manifesta 9. © the artists.

Nemanja Cvijanović, *Applause!,* 2008-2010, Video DVD, 7min. + loop. Supported by: the City of Rijeka, Ministry of Culture of Republic of Croatia, City Office for Education, Culture and Sports (City of Zagreb), European Cultural Foundation, Balkan Trust for Democracy, Charles Stewart Mott Foundation, Operacija:Grad 2008; courtesy ŠKUC Gallery, Ljubljana. Acknowledgments: Davor Mišković, Srećko Pulig, Nikola Tojaga - Najki, Sonja Soldo, Sandra Grubić, Josip Ivančić, Hrvoje Radnić, Filmaktiv, Goran Butorac - Frenki, Marin Lukanović, Igor Grubić, Ivan Slipčević, Sandra Grubić, Margareta Cvijanović, Emina Višnić, citizens of Zagreb. © the artist.

Nemanja Cvijanović, *Monument to the Memory of the Idea of Internationale*, 2010, interactive sound installation. Supported by: Vidisquare. © the artist.

Tomaž Furlan, *Wear* series, 2006-2012. Interactive sculptures with video. Supported by: Zavod P.A.R.A.S.I.T.E. Centre in Galerija P74. © the artist.

Kendell Geers, *Monument (Fired Up)*, 2012. Bronze and gas fire, 300 x 50 cm. Supported by: VICTORIA – the Art of being Contemporary, Moscow. Courtesy Galleria Continua, San Gimignano; Yvon Lambert, Paris; Goodman Gallery, Johannesburg; Stephen Friedman Gallery, London; Rodolphe Janssen Gallery, Brussels. Commissioned by Manifesta 9. © the artist.

Goldin+Senneby, *The Decapitation of Money*, 2010. With Angus Cameron (economic geographer), K.D. (fictional author), Anna Heymowska (set designer), Johan Hjerpe (graphic designer), Kerwin Rolland (sound designer). Set design, audio recording, publication. Collection: Kadist Art Foundation. Supported by: IASPIS, the Swedish Arts Grants Committee's International Program for Visual Artists. © the artists.

Nicoline van Harskamp, *Yours in Solidarity*, 2009-2012. Video, audio, archival material, variable dimensions. Supported by: the Dutch Film Fund, Mondriaan Fund, Amsterdam and Manifesta 9. Courtesy D+T Project, Brussels. © the artist.

Emre Hüner, *A Little Larger than the Entire Universe*, 2012. Installation with ceramic sculptures, drawings and objects, variable dimensions. Supported by: SAHA, Istanbul, Rijksacademie van Beeldende Kunsten, Amsterdam. Courtesy Rodeo Gallery, Istanbul. Commissioned by Manifesta 9. © the artist.

IRWIN, *Red Districts*, 1987. Blood, coal, oil on canvas, wood, marble, aluminum, gold, iron, glass, 350 x 420 x 40 cm. In collaboration with: Janez Knez, Tugo Sušnik. Collection Faktor Banka, Ljubljana. Courtesy: Galerija Gregor Podnar, Berlin/ Ljubljana. © the artists.

Jota Izquierdo, *Capitalismo amarillo: Special Economic Zone*, 2011-2012. Multi media installation, variable dimensions. Supported by: the Botín Fundación, on its funding programme for artistic creation destined to former artist grantees, Acción Cultural Española (AC/E), Vidisquare. In collaboration with: Andres Villalobos (video and audio recording and editing). Acknowledgments: Bigmo Diop, Suley Mba, Lory Money, Mexico DF Subway vendors (Gabriel, Diana and Marta), Tomás Acosta, Yolanda Alvarado, Alicia Kingston, José Morales, Gerardo Padilla, Manuel Soria, Javier Becerril, Israel Godinez, Alfonso Hernández, Regulo Montero, Yolanda Soria, Pilar Soria, Rene Vega, César Peris. Commissioned by Manifesta 9. © the artist.

Maryam Jafri, *Avalon*, 2011. HD Video/DVD, 11 min. 40 sec. Supported by: Picture This, Bristol, UK, Danish Arts Council Committee for Visual Arts, Danish Art Workshops. © the artist.

Magdalena Jitrik, *Revolutionary Life*, 2011-2012. Installation with drawings and oil paintings, variable dimensions. In collaboration with Maxi Burgos, Verónica Di Toro, Diego Gómez, Lola Granillo, Claudio Maroni, José Luis Meiras, Tununa Mercado, Juana Neumann, Mariela Scafati and Sergio Vila, Ignacio Liprandi Gallery, Buenos Aires, The My Friends Biennial Foundation, Buenos Aires. Acknowledgments: Horacio Tarcus (CEDINCI - Centro de Documentación e Investigación de la Cultura de Izquierdas en Argentina), Demian Paredes, (CEIP. Centro de Estudios, Investigaciones y Publicaciones León Trotsky), Candela Mirabella - El Cuelgue Cosido Encuadernaciones Artísticas y Artesanales, Superabundans Haut printing house, Candela Mirabella "El Cuelgue Cosido" binding, Diego Toledo. Courtesy: Ignacio Liprandi Gallery, Buenos Aires. Commissioned by Manifesta 9. © the artist.

Mikhail Karikis & Uriel Orlow, *Sounds from Beneath*, 2010-2011. Project by Karikis, video by Karikis & Orlow. Video/DVD, 7 min. Supported by: Arts Council England, the University of Westminster. © the artists.

Aglaia Konrad, ** PREFAB, Frankfurter Küche stands also for women in kitchens, but great chefs are men*, 2012. Installation, variable dimensions. Courtesy: Gallery Nadja Vilenne, Liège. Acknowledgements: Katrin Kamrau, Asli Ciceka, Kris Kimpe, Willem Oorebeek, Margherita Spiluttini. Commissioned by Manifesta 9. © the artist, Margherita Spiluttini for the images of Margarete Schütte-Lihotzky.

Nicolas Kozakis & Vaneigem, Raoul, *Un moment d'éternité dans le passage du temps*, 2012. Video/DVD, 5 min. 20 sec. Supported by: Wallonia-Brussels Directorate of Culture, Department of Heritage and Visual Arts. Acknowledgements: Robert Dragot, Aniceto Exposito-Lopez, Andrée Blavier and Guy Jungblut, Marie-France Planeix, Éditions Yellow Now. © the artists.

Erik van Lieshout, *keine Kohle, kein Holz*, 2009-2012. Video installation with sculptures and drawings, variable dimensions. Supported by: the Mondriaan Fund, Amsterdam. Courtesy: Galerie Guido W. Baudach, Berlin, Centraal Museum, Utrecht. © the artist.

Oswaldo Maciá, *Martinete*, 2011-2012. Auditory olfactory composition, variable dimensions. In collaboration with perfumer Ricardo Moya and Saul Giner Maciá for the music composition. Acknowledgement: International Flavors and Fragrances IFF. © the artist.

Michaël Matthys, *Moloch*, 1998-2003. Installation with 1000 aquatints (size A4) on 22 MDF panels (size 244 x 122 x 1.8 cm). Collection Musée des Beaux-Arts, Charleroi. Courtesy: Jacques Cerami Gallery, Charleroi. © the artist.

Michaël Matthys, *La Ville Rouge (Charleroi City)*, 2005. Drawings with cow blood on polyester film, finished with polyurethane and resin. Fresco with 12 plates, 60 x 110 cm each. Collection: La Banque Nationale de Belgique, Brussels. Courtesy: Jacques Cerami Gallery, Charleroi. © the artist.

Michaël Matthys, *La Ville Rouge (planches originales)*, 2005-2009. 76 Drawings on paper with cow blood, finished with polyurethane and resin. 29.7 x 42 cm each. Courtesy: Jacques Cerami Gallery, Charleroi. © the artist.

Marge Monko, *Nora's Sisters*, 2009. Single channel photo film with sound, 7 min. 5 sec. With a text by Elfriede Jelinek, *Was geschah, nachdem Nora ihren Mann verlassen hatte; oder Stützen der Gesellschaften*. Photos from Estonian Film Archive. © the artist.

Ni Haifeng, *Para-Production*, 2008-2012. Textile shreds, sewing machines, work in progress, variable size. Supported by: The Mondriaan Fund, Amsterdam, Singer, Belgium. Acknowledgment: Guo Ru. © the artist.

Raqs Media Collective, *The Capital of Accumulation*, 2010. Two synchronized video projections with sound, 50 min. Supported by: Goethe Institut, Warsaw. Courtesy: Frith Street Gallery, London. © the artists.

Bea Schlingelhoff, *I'm Too Christian for Art*, 2012. Nine silk screen prints on paper, each 150 x 200 cm. Supported by: ifa Institut für Auslandsbeziehungen. Commissioned by Manifesta 9. © the artist.

Lina Selander, *Anteroom of the Real*, 2010-2011. HD video, 14 min. Supported by: IASPIS Sweden. © the artist.

Lina Selander, *Lenin's Lamp Glows in the Peasant's Hut*, 2011. HD video, 23 min, vitrine with 18 uranium plates; metal plaque, 50 x 90 cm. Supported by: IASPIS Sweden. © the artist.

Kuai Shen, *Oh!m1gas*, 2011. Audiovisual installation with ant colony, variable dimensions. Supported by: NRW Kunststiftung, Kunsthochschule für Medien Köln. The construction of the habitat for the fungus garden was kindly sponsored by Evimed. © the artist.

Praneet Soi, *Kumartuli Printer, Notes on Labor Part 1*, 2010. Slide Show. Supported by: Mondriaan Fund, Amsterdam, Lalit Kala Akademi, New Delhi. Courtesy: Vadehra Art Gallery, New Delhi, Gallery Martin Van Zomeren, Amsterdam. © the artist.

Ante Timmermans, *Make a Molehill out of a Mountain (of Work)*, 2012. Site specific perfor(m)ative installation, variable dimensions. Supported by: the Vlaamse Gemeenschap, Pro Helvetia (Schweizer Kulturstiftung), Barbara Seiler Galerie, Zürich. Commissioned by Manifesta 9. © the artist.

Yan Tomaszewski, *Proposition pour un musée sur une île déserte*, 2009. HD video, 11 min. 44 sec. Supported by: Cultural service of the Polish Embassy in Belgium. © the artist.

Yan Tomaszewski, *Module*, 2011-2012. Art Fair stand at the Salon de Montrouge with works by Kevin Kaliski (2011), variable dimensions. Acknowledgement: Kevin Kaliski. © the artist.

Ana Torfs, *[...] STAIN [...]*, 2012. Installation, 20 framed inkjet prints with feathers and coloured acrylic glass (53.5 x 53.5 cm each), 4 display tables (93 x 68.5 x 327.5 cm each), 2 loudspeakers on tripods, Bässgen media player, English voice, loop. Supported by: the Vlaamse Gemeenschap. Acknowledgments: Jurgen Persijn, Christoph Van Damme, Dianne Weller. Commissioned by Manifesta 9. © the artist.

Maarten Vanden Eynde, *Plastic Reef*, 2008-2012. Plastic debris, variable dimensions. Supported by: the Mondriaan Fund, Amsterdam, the Vlaamse Gemeenschap, Manifesta 9, Genk. © the artist.

Antonio Vega Macotela, *Study of Exhaustion - The Equivalent of Silver*, 2011. Chewed coca leaves. Acknowledgments: Bolivian Embassy in Washington DC, USA, Luis Alipaz, Sandra Antelo-Suarez, Pamela Echeverria. Courtesy: LABOR, Mexico City. © the artist.

Katleen Vermeir & Ronny Heiremans, *The Residence (A Wager for the Afterlife)*, 2012. Single screen video installation, 35 min. A production of Limited Editions vzw supported by Flanders Audiovisual Fund and the Flemish Community. Co-production: Argos, centre for art and media (Brussels), C-Mine (Genk), Cultuurcentrum (Bruges), deBuren (Brussels), Extra City Kunsthal (Antwerp), FLACC (Genk), Manifesta 9 Limburg (Genk) and Triodos Fonds. Research support: artist residencies in China CEAC (Xiamen), TIM (Beijing). © the artists.

Visible Solutions, LLC, *Trading Post*, 2012. Mixed media installation, variable dimensions. Supported by: the Estonian Ministry of Culture, Estonian Cultural Endowment, Estonian Ministry of Foreign Affairs. Acknowledgment: Anneli Porri, Armin Kõomägi, Chair of

Photography of Estonian Academy of Arts, Contemporary art museum of Estonia, Hilja Koplimets, KUMU Art Museum, Maria - Kristiina Soomre, Reimo - Võsa Tangsoo, Tööstusplast Ltd, Vello Viir, Laura Marmor, Center of Contemporary Arts, Estonia, University of Technology Department of Mechatronics, Tallinn. © Visible Solutions LLC.

Visible Solutions, LLC, *Hoisting the Banner*, 2012. Flag, variable dimensions. © Visible Solutions LLC.

Paolo Woods, *Chinafrica*, 2007. Eight photographs, each 100 x 100 cms. © Paolo Woods/Institute.

Art Historical Section: The Age of Coal

A. Antechamber

Coal Sacks Ceiling: Homage to Marcel Duchamp's *1200 Coal Sacks*, (*Exposition Internationale du Surréalisme, Galerie Beaux-Arts, Paris* 1938). Jute coal sacks, metal brazier, variable dimensions. With the permission of the Association Marcel Duchamp, Paris, France.

G. Turton, *Woman's Shoe*, late 19th – early 20th century. Coal carving, 2.4 x 2.8 cm. Collection: The National Coal Mining Museum for England, Wakefield.

B. From the Picturesque to the Industrial Landscape

Anonymous, *A Kiln for Burning Coke Mear Maidstone, Kent (Ackermann's Repository)*, 1799. Aquatint, 32.8 x 24.8 cm. Collection: Science Museum, London.

Anonymous, *An Iron Foundry, Colebrookdale (Ackermann's Repository)*, 1799. Aquatint, 49 x 35 cm (overall). Collection: Science Museum, London.

Anonymous, *Newcomen Colliery Winding Engine c. 1790*, mid 19th century. One photographs, approx. 35 x 20 cm. Collection: Science Museum, London.

Bernd and Hilla Becher, *Winterslag Mine*, 1988. 36 Gelatin silver prints, 35 approx. 31 x 41 cm and 1 of 25.7 x 50.8 cm. Die Photographische Sammlung/ SK Stiftung Kultur, Cologne (purchased with funds from Kulturstiftung der Länder, the Minister of State for Culture and Media, the Sparkasse Cultural Funds of Deutscher Sparkassen- und Giroverband, the Kunststiftung NRW and the Sparkasse KölnBonn. © Hilla Becher, 2012.

Janet Buckle, *Hatfield: A Working Colliery*, n.d. (ca. 2006) Oil on wood, 110 x 145 cm. Collection: The National Coal Mining Museum for England, Wakefield. © Janet Buckle

Thomas H. Hair, *Hartley Colliery after the Disaster*, 1869. Oil on canvas, 56.7 x 41.5 cm. Collection: Shipley Art Gallery, Gateshead (Tyne and Wear Archives and Museums).

Willem van Konijnenburg, *De mijngroeve,* 1891. Oil on canvas, 77.5 x 134 cm. Collection: Kröller-Müller Museum, Otterlo.

Philippe Jacques de Loutherbourg, (after), engraved by William Pickett, colored by John Clark, *Iron Works, Coalbrookdale*, 1805. Aquatint, hand colored, 29.5 x 38.5 cm. Collection: Science Museum, London.

F. Nicholson, (after), *Near Shiffnal*, 1820. Lithograph, 34 x 43 cm. Collection: Science Museum, London.

Pierre Paulus de Châtelet, *Pays noir sous la neige*, 1909. Oil on canvas, 85 x 115 cm. Collection: Musée Jules Destrée, Charleroi. Courtesy Musée des Beaux-Arts, Charleroi.

Graham Vivien Sutherland, *Study for Outcast Coal Mining Production*, n.d. Drawing with pencil, pen, ink, pastel, watercolor, 58 x 48 cm. Collection: The National Coal Mining Museum for England, Wakefield. © The Graham Sutherland Estate.

Graham Vivien Sutherland, *Outcast Coal Production, Depositing Earth from Buckets*, 1943. Gouache on paper, 70 x 85.3 cm. Collection: Aberdeen Art Gallery & Museums, Aberdeen. © The Graham Sutherland Estate.

Georges Vercheval, *Terril à Marcinelle-Haies*, 1970. Gelatin silver print, 40 x 39.9 cm. Collection: Musée de la Photographie, Charleroi.

William Wheldon, *North Eastern Coalfield: Colliery Pit Head and Coking Ovens*, 1845. Oil on canvas, 45 x 63 x 4 cm. Collection: Science Museum, London.

William Wheldon, *Colliery and Wagon Way, Northumberland and Durham Coal Field*, 1845. Oil on canvas, 47.5 x 65 x 5 cm. Collection: Science Museum, London.

C. Underground as Hell

Olivier Bevierre, *Mineurs au travail*, 1892. Photomontage, 90.5 x 26.5 cm (each). Collection: Musée de la Photographie, Charleroi. © Copyrights reserved (gift family Godet-Wilson).

George Bissill, *Removing Props*, n.d. Oil on canvas, 55.5 x 65 cm. Collection: The National Coal

Mining Museum for England, Wakefield.

Reverend Francis William Cobb, *Hand Holing*, 1913. Digital print from original photo, 17.5 x 23.3 cm. Collection: The National Archives, UK.

Gilbert Daykin, *The Dudley: Thirst – The End of a Shift*, 1934. Oil on canvas, 75.7 x 55 cm. Collection: Science Museum, London.

Gilbert Daykin, *The Tub: At the End of the Coalface*, 1934. Oil on canvas, 50 x 60 cm. Collection: Science Museum, London.

John Martin, *Bridge over Chaos (Paradise Lost) - C.W. 45*, 1824/1826. Mezzotint, 19.3 x 27 cm. Collection: Michael J. Campbell.

John Martin, *Satan Arousing the Falling Angels (Paradise Lost) - C.W. 28*, 1824. Mezzotint with touches of drypoint, 26.7 x 20.1 cm. Collection: Michael J. Campbell.

Henry Moore, *Four Studies of Miners at the Coalface*, 1942. Drawing with pencil, wax crayon, colored crayon, watercolor, wash, pen, ink and gouache on cream medium-weight wove, 36.5 x 56.2 cm. Collection: Henry Moore Foundation, Hertfordshire. Images reproduced by permission of the Henry Moore Foundation.

Henry Moore, *Men Leaving Coal Face and Climbing over Belt*, 1942. Drawing with ink, pastel and chalk on paper, 27.5 x 64.7 cm. Collection: Manchester City Gallery, Manchester.

Henry Moore, *At the Coal Face (aka Miners at Work on the Coal Face)*, 1942. Drawing with pen, Indian ink, grey wash, chalk and crayon, 33.3 x 55.3 cm. Collection: Whitworth Art Gallery, Manchester.

D. Aesthetics of Pollution

Roger Anthoine, *Région de Charleroi*, 1955. Gelatin silver print, 38.5 x 26 cm. Collection: Musée de la Photographie, Charleroi.

Emile Claus, *De ondergaande zon op de Theems*, 1918. Oil on canvas, 71 x 60 cm. Collection: SD Worx.

Charles Demuth, *Incense of a New Church*, 1921. Oil on canvas, 66 x 51.5 cm. Collection: Columbus Museum of Art, Columbus Ohio (Gift of Ferdinand Howald, 1931.135).

Oliver Kilbourn, *Blackout at Ashington*, 1939. Watercolour, 24.5 x 37 cm. Private collection, London.

Oliver Kilbourn, *London Fog*, 1936. Watercolour and crayon on paper, 25.5 x 32.5 cm. Private collection, London.

Maximilien Luce, *Hauts fourneaux à Charleroi*, 1896. Oil on canvas, 65 x 81 cm. Collection: Musée de Beaux-Arts, Charleroi. Photo: Luc Schrobiltgen.

Constantin Meunier, *Au pays noir*, 1893. Oil on canvas, 81 x 94.5 cm. Collection: Musée d' Orsay, Paris. © RMN-GP (Musée d'Orsay / René-Gabriel Ojéda.)

Arthur Munby, *Black Album 3, page 1, no. 113 (1c) Knowles's' Ellen Grounds, aged 22*, 11 September 1873. Vintage photograph, 8 x 5 cm. Collection: Trinity College Library, Cambridge; reproduced with permission of the Master and Fellows, Trinity College, Cambridge.

Arthur Munby,
Black Album 2, page 3 112 (5a)
Carte de visite, 1868
Black Album 2, page 5 7d (i)
Carte de visite, 1869
Black Album 2, page 14, 112 (20b)
'Pit wench 1873' Carte de visite, n.d.
Black Album 6, page 25, 120 (14a) 'Pit head girls and Pit Head' Shevington, 1867
Black Album 6, page 29, 120 (16) 'Rose Bridge Pit', half of a stereo pair, 1867
Black Album 6, page 32, 120 (18) 'Four Pit Girls', n.d.
Black Album 6, page 35 120 (19) 'Charleroi', 'Près de Charleroi', 1863
Black Album 6, page 38 120 (21c) 'Two miners and two pit women eating', 1862
Black Album 6, page 29 120 (21b) 'Women pushing loaded carts', 1862
Digital prints, c. 21 x 29,7 cm each. Collection: Trinity College Library, Cambridge; reproduced with permission of the Master and Fellows, Trinity College, Cambridge.

William Rittase, *Industrial Scenes*, 1930s. Gelatin silver print, 12,4 x 23,8 cm. Collection: Jack Shear.

Joseph Stella, *Smoke Stacks*, c. 1935. Oil on canvas, 104.14 x 88.9 cm. Courtesy: Fine Arts Program, Public Buildings Service, U.S. General Services Administration. Commissioned through the New Deal art projects. On deposit at Indiana State University, Terre Haute, Indiana.

E. Cycles of Realism

Bill Brandt, *Coal Searchers near Haworth*, 1930. Gelatin silver print, 40.5 x 30.3 cm. Collection: The National Coal Mining Museum for England, Wakefield. © Bill Brandt Archive.

Norman Cornish, *Pit Road Study III*, n.d. Oil pastel on paper, 78.5

x 96 cm. Collection: The National Coal Mining Museum for England, Wakefield / Acknowledgements: University Gallery, Northumbria University, on behalf of Norman Cornish.

Cécile Douard, *Le terril*, 1898. Oil on canvas, 193.5 x 111 cm. Propriété de l' Etat belge en dépot au BAL, Musée des Beaux-Arts Liège

Armand Guillaumin, *Unloading Coal,* before 1900. Oil on canvas, 45.5 x 61 cm. Collection: Kröller-Müller Museum, Otterlo.

Josef Herman, *Three Miners*, 1953. Oil on wood, 34.3 x 52.1 cm. Collection: Tate Gallery, London: Purchased 1953. © Tate, London 2012.

Robert Heslop, *The People that Dwell in Darkness Have Seen a Great Light?*, 1938. Ink on paper, 25.2 x 20.3 cm. Heslop Collection.

Robert Heslop, *Characteristic Positions of a Puller at Work*, n.d. Ink on paper, 17 x 22.7 cm. Heslop Collection.

Robert Heslop, *Dean and Chapter Colliery, Ferryhill*, 1952. Watercolour on grey paper, 27.7 x 38 cm. Heslop Collection.

Robert Heslop, *Dean and Chapter Colliery, Night-time*, c. 1952. Pastel on paper, 20.3 x 26 cm. Heslop Collection.

Robert Heslop, *Miner Going to Work, Early Morning*, n.d. Pastel on paper, 24 x 31.8 cm. Heslop Collection.

Willy Kessels, *Sur le tournage du film Misère au Borinage d'Henri Storck et Joris Ivens*, 1933. Gelatin silver print, 17.8 x 24.3 cm. Collection: Musée de la Photographie, Charleroi.

Oliver Kilbourn, *Putter Lad and his Pit pony* (triptych with *Putter lad riding the limmers while pit pony noses open an air door, A little further, piercing the darkness, Almost through and on the way to the flat (marshalling centre) with a full tub: an underground scene from the 1920's*), 1975. Acrylic on paper, 42 x 75.5 cm (each). Private collection, London.

Bart van der Leck, *Mijnwerkers,* 1914. Aquarelle on paper, 19.4 x 29.4 cm. Collection: Kröller-Müller Museum, Otterlo.

Bart van der Leck, *Mijnlandschap bij Zaccar, Noord-Afrika*, 1914. Watercolour, 23.3 x 20.1 cm. Collection: Kröller-Müller Museum, Otterlo.

Manuel Luque, *Caricature of Émile Zola as a Miner*, 1885. Photographic reproduction of an engraving (black and white photo). Muse de la Ville de Paris, Musée Carnavalet, Paris, France/ Archives Charmet/ The Bridgeman Art Library

Frans Masereel, *Germinal (De mijn)*, 1947. Emile Zola novel, wood cut illustrations. Collection: Manifesta 9.

Frans Masereel, *Mon pays*, 1947. Album with wood cuts. Collection: Manifesta 9.

Don McCullin, *Consett, County Durham (Kids on the Coal Slag Heap)*, 1970s. Gelatin silver print, 55 x 71 cm. Collection: The National Coal Mining Museum for England, Wakefield. © Don McCullin. Courtesy: Hamiltons Gallery.

Don McCullin, *Unemployed Men, Scavenging Coal*, 1963. Gelatin silver print, 50.2 x 60.5 cm. Collection: The National Coal Mining Museum for England, Wakefield. © Don McCullin. Courtesy: Hamiltons Gallery.

Don McCullin, *Coal Searchers*, 1963. Gelatin silver print, 55.0 x 71.0 cm. Collection: The National Coal Mining Museum for England, Wakefield. © Don McCullin. Courtesy: Hamiltons Gallery.

Tom McGuinness, *Closing Time*, 1963. Oil on board, 61 x 105.5 cm. Collection: The National Coal Mining Museum for England, Wakefield. © The family of the late Tom McGuinness.

Constantin Meunier, *Le mineur*, n.d. Oil on canvas, 45 x 30.5 cm. Collection: Musée de Beaux-Arts, Charleroi. Photo: Luc Schrobiltgen.

Henry Perlee Parker, *Pitmen Playing Quoits (The Disputed Shot)*, c. 1836. Oil on canvas, 77 x 64 cm. Collection: Science Museum, London.

Heath Robinson, *The 'First' Colliery. An Almanac of four drawings April 1938 – March 1939*. Paper, 55 x 36 cm. Collection: The National Coal Mining Museum for England, Wakefield. © Pollinger Ltd.

Jan Toorop, *De mijnwerker*, 1915-16. Lithograph, 93 x 85 cm. Collection: DSM Art Collection, Heerlen.

F. Carboniferous Landscape

Zdenek Burian, *Carboniferous Forest*, 1950. Print on paper, 69 x 105 cm. Collection: Manifesta 9.

Max Ernst, *Histoire naturelle* (selection: *The Sea and the Rain, Little Tables Round the Earth, Ice flower shawl and Gulf Stream, The Pampas, Whip Lashes or Lava threads, Fields of Honour, Flood, Seismic Plants, Scars)*, 1926.

Portfolio with 34 light prints after Frottages, each 49.8 x 32.3 cm. Collection: Museum voor Schone Kunsten, Gent. MSK © Lukas - Art in Flanders vzw, fineart scan Fotorama.

Louis Figuier, *Terre avant le déluge*, 1864. Collection: Royal Belgian Institute of Natural Sciences (Library), Brussels.

Selection of Fossils. Collection: Royal Belgian Institute of Natural Sciences, Brussels.
Mariopteris sauveuri, Geological Survey of Belgium, Collection Schmitz (10032), Grand-Hornu colliery, pit 12, depth 633 m, I.G. number: 32075, 27 x 15 x 4,5 cm, 315 million years old.
Cordaites and Neuropteris tenuifolia, Geological Survey of Belgium, Collection Geodoc, coal test drilling KB 52, 398,5 – 404,40 m, I.G. number: 32075. 310 million years old.
Mariopteris muricata and Cyclopteris orbicularis, Geological Survey of Belgium, Collection Schmitz, Marcinelle colliery, pit 11, depth 800 m, I.G. number: 32075, 42 x 21 x 2 cm, 315 million years old.
Calamites cruciatus, Geological Survey of Belgium, Collection Schmitz, I.G. number: 32075, 38 x 22 x 1,5 cm, 315 million years old.
Mariopteris sauveuri, Geological Survey of Belgium, Collection Schmitz (10032), Grand-Hornu colliery, pit 12, depth 633 m, I.G. number: 32075 , 26 x 18 x 5,5 cm, 315 milion years old.
Sigillaria tessellata, Geological Survey of Belgium, Collection Schmitz, I.G. number: 32075, 19 x 32 x 6 cm, 315 million years old.
Lepidodendron obovatum, Geological Survey of Belgium, Collection Schmitz (10327), I.G. number: 32075, 34 x 58 x 5 cm, 315 million years old.
Lipedodendron Aculeatum, Geological Survey of Belgium, Collection Schmitz, I.G. number: 32075, 14.5 x 16 x 2.5 cm, 315 million years old.
Sigillaria elegans, Geological Survey of Belgium, Collection Schmitz, I.G. number: 32075, 20 x 27.5 x 2.3 cm, 315 million years old.
Sigillaria covered with coal, Geological Survey of Belgium, Collection Schmitz, colliery Courcelles Nord, pit 3, dept 140 m, I.G. number: 32075, 22 x 13 x 4 cm, 315 million years old, excavated on 27th July 1897.
Alethopteris decurrens, Geological Survey of Belgium, Collection Schmitz, I.G. number: 32075, 45 x 31 x 5 cm, 315 million years old.

François Cyrille Grand'Eury, *Mémoire sur la flore carbonifère du Département de la Loire et du centre de la France, étudiée aux trois points de vue Botanique, Stratigraphique et Géognostique*, 1877. Collection: Royal Belgian Institute of Natural Sciences (Library), Brussels.

Jan Habex, *Steenkolenwoud in de Oertijd*, 1945. Oil on canvas, 300 x 500 cm. Collection: City Genk.

Iguanodon bernissartensis, specimen Vert-5144-01, Fosse-Sainte-Barbe, Bernissart, Belgium, age: Lower Cretaceous, Wealdian, 66 x 23 x 40 cm. Collection: Royal Belgian Institute of Natural Sciences, Brussels.

John Martin, *The Country of the Iguanodon - C.W. 131*, 1838. In Gideon Mantell's *The Wonders Of Geology: Or A Familiar Exposition Of Geological Phenomena,* Volume II, first edition, 1838. Mezzotint with etching, 8.9 x 14.6 cm. Collection: Michael J. Campbell.

Armand Renier, *Flore et faune houillères de la Belgique*, 1938. Collection: Royal Belgian Institute of Natural Sciences (Library), Brussels.

Dukinfield Henry Scott, *Studies in Fossil Botany*, 1908. Collection: Royal Belgian Institute of Natural Sciences (Library), Brussels.

Louis Laurent Simonin, *La vie Souterraine ou les mines et les mineurs*, 1867. Collection: Royal Belgian Institute of Natural Sciences (Library), Brussels.

Robert Smithson, *Nonsite - Site Uncertain*, 1968. Sculpture with cannel coal, steel, enamel, 38 x 228,6 x 228,6 cm. Collection: Detroit Institute of Arts, Detroit, USA, Founders Society Purchase Dr and Mrs George Kamperman Fund and New Endowment Fund / The Bridgeman Art Library.

G. Stakhanovism

Grigori Alexandrov, *The Radiant Path*, 1940. Black and White Film, 93 min. Copyright: Mosfilm.

Leonid Amalrik, Dmitri Babichenko and Vladimir Polkovnikov, *Victorious Destination*, 1937, animation film, 7 min. Copyright: Soyuzmultfilm Studios.

Industria Sozialisme, no. 2 Coal, 1935. Book 35.5 x 25.5 cm. David King Collection, London.

15 Years of Oktober, 1933. Printed paper, 24 sheets, exhibition diagrams, 23 sheets: 30.5 x 58.5 cm, 1 sheet 50 x 68 cm. David King Collection, London.

La France travaille, no. 1, 1932. Book, 32.8 x 25 cm. David King Collection, London.

Gustav Klutsis, *Long Live the Stalinist Order of Heroes and Stakhanovites*, 1935. Lithograph poster, 71,3 x 101,2 cm. David King Collection, London.

Poster Celebrating Stakhanov, 1975. Poster, 118 x 71 cm. David King Collection, London.

Poster (Coal), n.d., 88 x 56 cm. David King Collection, London

Stroit Socialism (Building Socialism), 1933. Book, 34.5 x 26.5 cm. David King Collection, London.

Time Magazine, 1935 December issue. Magazine. Collection: Manifesta 9.

USSR in Construction, no. 2, Feb, 1935. Magazine, 42 x 30 cm. David King Collection, London.

USSR in Construction, no. 3 (Cover - on the coal front), 1931. Magazine cover, 41,8 x 30 cm. David King Collection, London.

USSR in Construction, no. 3, 1931. Magazine, 42 x 30 cm. David King Collection, London.

H. Docu-Modernism

Alberto Cavalcanti, *Coal Face*, 1935. Film black and white, 35 mm, 12 min. Courtesy: British Film Institute, London.

George Wilhelm Pabst, *Kameradschaft*, 1931. Film black-white, 93 min. Courtesy: Pete Gassmann.

Joris Ivens & Henry Storck, *Misère au Borinage*, 1934. Silent black and white film, 35mm, 34 min. Copyright: CAPI Films, Paris, France. Acknowledgement: Marceline Loridan-Ivens.

I. Dark Matter

Marcel Broodthaers, *Catalogue – Catalogus*, 1974. Publication and offset color print poster, 65 x 88 cm. Collection: Hedwig Fijen. © Estate Marcel Broodthaers.

Marcel Broodthaers, *Bac à cendre*, 1971-1972. Sculpture with ashtray and ashes, 91 x 45 x 22 cm. Collection: Estate Marcel Broodthaers. © Estate Marcel Broodthaers.

Marcel Broodthaers, *Deux morceaux de charbon (anthracite) entourés d'ouate blanche*, 1967. Sculpture with coal and cotton wool, 12 x 7.5 x 6 cm and 12.5 x 10.5 x 5 cm. Collection: Estate Marcel Broodthaers. © Estate Marcel Broodthaers.

Marcel Broodthaers, *Trois tas de charbon*, 1967. Installation with coal, wood, paper, variable dimensions. Collection: Estate Marcel Broodthaers. © Estate Marcel Broodthaers.

Marcel Broodthaers, *Moules oeufs frites pots charbon*, 1966. Artist publication, published by Wide White Space Gallery, Antwerpen. Collection: Estate Marcel Broodthaers. © Estate Marcel Broodthaers.

David Hammons, *Chasing the Blue Train*, 1989. Mixed media installation, variable dimensions. Collection: S.M.A.K., Gent. © the artist.

Richard Long, *Bolivian Coal Line*, 1992. Sculpture with coal, 2.28 x 26 m. Collection: De Pont, Tilburg. © the artist.

Sergius Ruegenberg, *Ausstellung Deutsches Volk – Deutsche Arbeit, Abteilung Bergbau von Ludwig Mies van der Rohe*, 1934. Courtesy: Bildarchiv Foto Marburg/ Ruegenberg. (Modern print)

Bernar Venet, *Tas de charbon*, 1963. Sculpture without any specific dimensions. Photo credit: Archives Bernar Venet, New York. © the artist.

J. Epics of Redundancy

Christian Boltanski, *Les régistres du Grand-Hornu*, 1997, metal boxes, photographs and labels, 472 x 4015 x 190 cm, each box 35.5 x 19 x 19 cm. Acquired in 1998 by the French Community, on permanent loan to the Museum of Contemporary Art of the French Community (Mac's). © the artist.

Jeremy Deller & Mike Figgis, *The Battle of Orgreave*, 2001. Commissioned by: Artangel, UK, in association with Channel 4. Photography: Parisah Taghizadeh. Video 60 min. Performance images and video © the artist.

Igor Grubić, *The Angels with Dirty Faces*, 2006. Video 18 min. Supported by: Museum of contemporary art, Belgrade. Acknowledgement: the Kolubara miners, Jasenko Rasol, Kreativni sindikat, Josip Ivancic, Zoran Minic, Lovro Cepelak. © the artist.

Igor Grubić, *The Angels with Dirty Faces*, 2006. Six photographs, each 120 x 80 cm; Eight photographs, each 30 x 45 cm. Supported by: Museum of contemporary art, Belgrade. Acknowledgement: the Kolubara miners, Jasenko Rasol, Kreativni sindikat, Josip Ivancic, Zoran Minic, Lovro Cepelak. © the artist.

Tony Harrison, *V.*, 1985. Television film directed by Richard Eyre for Channel 4, UK, broadcasted in October 1987, 40 min. © the artist.

Keith Pattison, *Miner Standing on Top of an Overturned Tub*, 1984-85. Black and white inkjet print, 33 x 48.5 cm. Collection: The National Coal Mining Museum for England, Wakefield. © the artist.

Don McPhee, *Miner's Siesta*, 1984. Black and white bromide print from 35 mm negative, 30 x 40 cm. Collection: The National Coal Mining Museum for England, Wakefield. © Guardian News & Media Ltd.

Denis Thorpe, *Football Match between Miners and Police*, 1984-85. Black-and-white digital C-type print made from original negative, 30.3 x 40.5 cm. Collection: The National Coal Mining Museum for England, Wakefield. © Guardian News and Media Ltd.

Heritage section: 17 Tons

Lara Almarcegui, *Wasteland (Genk)*, 2004-2016. More than 1 hectare of wasteland in public space. A project in collaboration with FLACC and the City of Genk. Acknowledgments: Wim Dries (City of Genk), Frans Van Roy, Lucas Pellens, Ludo Thys, Xavier Huygen, Eva González-Sancho, Theo Tegelaers, Acción Cultural Española (AC/E) and the Ministry of Housing and Construction that accomplished the first waste lands in the harbour of Rotterdam. © the artist.

The Ashington Group, 1934-1984. Archival photos, paintings, texts, brochures, press articles, variable dimensions. Private Collection, London.

Beehive Design Collective, *The True Cost of Coal*, 2008. Digital print on canvas (reproduction of the original ink and pencil drawing), 5 x 2.5 m. © Beehive Design Collective.

The Mines. 14 Films on the Belgian Coal Mines, 2012. DVD box published by Cinematek Brussels, 185 min. Collection: Royal Belgian Film Archive, Brussels. All rights of the producers and of the owners of the works reproduced reserved.

Manuel Durán, *Miners' Heads*, 1950 - 2012. Sculptures in coal, potato pulp, salt, paint, variable dimensions. © the artist.

Embroidered Sayings, 1870-1930. Selection of 31 linen, half-linen or cotton embroidered napkins (selected from more than 100), variable dimensions. Collection: Museum van de Mijnwerkerswoning, Eisden.

Rocco Granata. Installation with jukebox, vespa, accordion, archival photos, documents, LP-records, variable dimensions. Courtesy: Rocco Granata.

Eva Gronbach, *WAS VERGEHT/ WAS BESTEHT/ WAS ENTSTEHT,* 2012. Cotton, silk, stone, coal, 1,75 x 3 m. Commissioned by Manifesta 9. © the artist.

Kevin Kaliski, *Works*, 2005-2012. Model of a coal mine designed and produced with LEGO®, wood, charcoal, 62 x 89 cm; set of 12 drawings, pencil on paper, 21 x 29.7 cm; set of 3 drawings, pencil on paper, 28 x 38 cm; photographs, press articles; online blog. Acknowledgement: Yan Tomaszewski. © Kevin Kaliski.

Livrets des Ouvriers Mineurs, 1845-1920. 7000 Paper booklets selected out of a collection of more than 20.000, variable sizes. Collection: Ecomusée du Bois-du-Luc, La Louvière.

Mijndepot Waterschei, 2004-2012. Museum devoted to the history of mining in the Campine region in Belgium. Collection: vzw Mijn-Verleden, Genk.

Ondergrond, Maquettes / *Underground, Models*, 1950s. Plaster, wood, metal, variable dimensions. Collection: Nederlands Mijnmuseum, Heerlen.

Prayer Mats, 1950s-1960s. Collection of Prayer Mats of First Generation Turkish immigrants. Variable dimensions. Private collections, Belgium. Courtesy: Turkish Union, Beringen.

Suske & Wiske, De Mysterieuze Mijn (The Mysterious Mine), 1990. Ink on paper, comic book, created by Paul Geerts. Private Collection Vandersteen Family. Acknowledgment: Limburgs Museum, Venlo. © 2012 Standaard Uitgeverij / WPG Uitgevers België nv.

Symbolon, 1952. Portrait of Mr. Spyros Roumeliotis and Polyxeni Papoutsi, photograph, 6 x 8 cm. Courtesy: Antonios Roumeliotis.

Waterschei Mine Designed, first half 20th century. Selection of exterior design, floor plans, and detailed interior design of the Mine in Waterschei, variable dimensions. Collection: Rijksarchief, Hasselt.

Zwartberg Drama: Police Files, 1966 & 1986. Police files, A4 paper format. Collection: The Archive Federal Police, Brussels.

Architectural Intervention

2012 Architects & Refunc, architectural implementations in the Manifesta 9 exhibition venue, 2012. Acknowledgments: Césare Peeren, Jeroen Bergsma, Jan Jongert, Andrea Prins, Karola van Rooyen, Benjamin Stainier, Jos de Krieger, Jan Körbes and Denis Oudendijk. © 2012 Architects & Refunc

Bibliography
Bibliografie

Adorno, Theodor W.
1981 Valéry Proust Museum. *In* Prisms. Cambridge, Mass.: The MIT Press.
1997 Aesthetic Theory. R. Hullot-Kentor, transl. London and New York: The Athlone Press.

Agamben, Giorgio
1999 The Man Without Content. G. Albert, transl. Stanford, Calif.: Stanford University Press.

Aliboni, Coraly
1998 Exposition Pierre Paulus (1881-1959): Les couleurs de l'humanisme. M.d.B.-A.d. Charleroi, ed. Charleroi: Musée des Beaux-Arts.

Altshuler, Bruce, and Phaidon Editors, eds.
2008 Salon to Biennial: Exhibitions that Made Art History. Volume I: 1863-1959. London and New York: Phaidon Press.

Anthony, Scott, and James G. Mansell, eds.
2011 The Projection of Britain: A History of the GPO Unit. London: British Film Institute and Palgrave-Macmillan.

Baguley, David
1990 Naturalist Fiction: The Entropic Vision. Cambridge: Cambridge University Press.

Bataille, Georges
1988 The Accursed Share, Volume I. R. Hurley, transl. New York: Zone Books.

Baudrillard, Jean
1975 The Mirror of Production. M. Poster, transl. St. Louis: Telos Press.

Bauman, Zygmunt
2011 Capitalism Has Learned to Create Host Organisms. The Guardian. October 18. Online at: http://www.guardian.co.uk/commentisfree/2011/oct/18/capitalism-parasite-hosts

Bell, Daniel
1973 The Coming of Post-Industrial Society: A Venture in Social Forecasting. New York: Basic Books.

Benjamin, Walter
1968 Theses on the Philosophy of History. *In* Illuminations: Essays and Reflections. Harry Zohn, transl. Pp. 253-264. New York: Schocken Books.

Benson, Michael, dir.
1996 Predictions of Fire. 84 min. Slovenia.

Berman, Russell A.
1990 A Solidarity of Repression: *Kameradschaft* (1931). *In* The Films of G. W. Pabst: An Extraterritorial Cinema. E. Rentschler, ed. New Brunswick, NJ and London: Rutgers University Press.

Bindman, David
2011 Deep Time, Dragons and Dinosaurs. *In* John Martin: Apocalypse. M. Myrone, ed. London: Tate.

Boon, Louis Paul
1973 Over Masereel en Zijn Werk. *In* Frans Masereel. Brussels: Ministerie van de Nederlandse Cultuur.

Bourdieu, Pierre
1977 Outline of a Theory of Practice. Cambridge: Cambridge University Press.

Bourriaud, Nicolas
2002 Relational Aesthetics. Dijon: Les Presses du Réel.

Brandt, Bill
1993 A Statement (1970). *In* Bill Brandt: Selected Texts and Bibliography. N. Warburton, ed. New York: G. K. Hall.

Breton, André
1947 Devant le rideau. *In* Le surréalisme en 1947. Paris: Maeght.

Broodthaers, Marcel
1988 Ten Thousand Francs Reward. *In* Marcel Broodthaers: Writings, Interviews, Photographs. B. Buchloh, ed. Cambridge, Mass. and London: The MIT Press.

Burke, Edmund
1998 A Philosophical Enquiry into the Origin of Our Ideas of the Sublime and Beautiful and Other Pre-Revolutionary Writings. London and New York: Penguin Books.

Burton, Robert
2001 Bad Air a Cause of Melancholy. *In* The Anatomy of Melancholy. H. Jackson, ed. New York: New York Review of Books.

Campbell, Michael J.
2011 John Martin as a Commercial Printmaker. *In* John Martin: Apocalypse. M. Myrone, ed. London: Tate.

Canonne, Xavier
2012 Georges Vercheval: L'Ordre des choses, 1958-1988. M.d.l. Photographie, ed. Charleroi: Editions du Musée de la Photographie.

Causey, Andrew
2010 The Drawings of Henry Moore. Farnham, Surrey and Burlington, VT: Lund Humphries.

Chapelle-Dulière, Jacqueline
1985 Les ouvriers du charbonnage de Bois-du-Luc au 19e siècle d'après leur livret de travail. *In* Bois-du-Luc: 1685-1985. Haine Saint-Pierre: Impr. P. Pesesse.

Claus, Emil
1917 The Thames from my Tower Windows. The

International Studio: An Illustrated Magazine of Fine and Appied Art 61:244.

Corn, Wanda M.
1999 The Great American Thing: Modern Art and National Identity, 1915-1935. Berkeley, Calif.: University of California Press.

Cull, Nicholas J., David Culbert, and David Welch, eds.
2003 Propaganda and Mass Persuasion: A Historical Encyclopedia, 1500 to the Present. Santa Barbara, Calif.: ABC-CLIO.

Danahay, Martin A.
2000 The Aesthetics of Coal: Representing Soot, Dust, and Smoke in Nineteenth-Century Britain. *In* Caverns of Night: Coal Mines in Art, Literature, and Film. W.B. Thesing, ed. Columbia, South Carolina: University of South Carolina Press.

DeLillo, Don
1999 White Noise. New York: Penguin.

Deller, Jeremy, ed.
2002 The English Civil War, Part II: Personal Accounts of the 1984-85 Miner's Strike. London: Art Angel.

Dewier, Alain
2009 Le livret de travail.

Doorslaer, Bert van
1983 Steenkool in Limburg. St.-Truiden: Provinciaal Museum voor het Industrieel Erfgoed, Sector Cultuurconservering.

Duncan, W. Galloway, and David Penman
1908 The Electrical Equipment of Collieries. London: Scott, Greenwood & Son.

The Economist
2009 The Collapse of Manufacturing. The Economist. February 19. Available online at: http://www.economist.com/node/13144864

Elliot, R. E.
1985 Quantification of Peat to Coal Compaction Stages, Based Especially on Phenomena in the East Pennine Coalfield, England. Proceedings of the Yorkshire Geological Society 45:163-172.

Elton, Arthur
1938 The Gods Move House. London Bulletin 4-5.

Enzensberger, Maria
1993 'We were born to turn a fairy tale into reality:' Grigori Alexandrov's *The Radiant Path*. *In* Stalinism and Soviet Cinema. R. Taylor and D. Spring, eds. London and New York: Routledge.

Fanon, Frantz
1961 Les Damnés de la Terre. Paris: Maspero.

Feaver, William
2008 The Pitmen Painters. London: Faber and Faber.

Florquin, Joos
1961 Ten huize van Frans Masereel; 9, Quai des deux Emmanuels, Nice (Frankrijk). Ten huize van... 1(1-18):227-269.

Foucault, Michel
1998 Different Spaces. *In* Aesthetics, Method, and Epistemology. J.D. Faubion, ed. New York: The New Press.

Frank, Andre Gunder
1967 Capitalism and Underdevelopment in Latin America: Historical Studies of Chile and Brazil. New York: Monthly Review Press.

Freeman, Richard B.
2009 Labor Regulations, Unions, and Social Protection in Developing Countries: Market Distortions or Efficient Institutions?

Freese, Barbara
2003 Coal: A Human History. New York: Penguin Books.

Fuller, Peter
1990 Images of God: The Consolations of Lost Illusions. London: The Hogarth Press.

Garfield, Simon
2002 Mauve: How One Man Invented a Color That Changed the World. New York: W. W. Norton & Company.

Geusens, August
1984 Kunstboek J. Habex, 1887 - 1954. Genk: V.Z.W. Heemkring Heidebloemke.

Gilpin, William
1972 Three Essays: On Picturesque Beauty; On Picturesque Travel; and On Sketching Landscape. Farnborough, Eng.: Gregg.

Goodell, Jeff
2007 Big Coal: The Dirty Secret Behind America's Energy Future. Boston and New York: Mariner Books.

Gramsci, Antonio
1971 The Modern Prince. *In* Selections from the Prison Notebooks of Antonio Gramsci. Q. Hoare and G. Nowell-Smith, eds. New York: International Publishers.

Gray, Douglas
1982 Art and Coal. *In* Coal: British Mining in Art, 1680-1980. London: Arts Council of Great Britain.

Greenberg, Clement
1986 Towards a Newer Laocoon. *In* The Collected Essays and Criticism, Volume 1: Perceptions and Judgements, 1939-1944. J. O'Brian, ed. Chicago: University of Chicago Press.

Groys, Boris
1992 The Total Art of Stalinism: Avant-garde, Aesthetic Dictatorship, and Beyond. C. Rougle, transl. Princeton, N.J.: Princeton University Press.

Gržinić, Marina
2003 Neue Slowenische Kunst. *In* Impossible Histories: Historical Avant-Gardes, Neo-Avant-Gardes, and Post-Avant-Gardes in Yugoslavia, 1918-1991. D. Dubravka and M. Šuvaković, eds. Cambridge, Mass.: The MIT Press.

Habex, Jef
2011 Het Drama van Zwartberg '66: Getuigen Vertellen. Genk: Iedereen Genk.

Haidu, Rachel
2010 The Absence of Work: Marcel Broodthaers, 1964-1976. Cambridge, Mass. and London: The MIT Press.

Hair, Thomas Harrison
1844 A Series of Views of the Collieries in the Counties of Northumberland and Durham. London: J. Madden.

Halbwachs, Maurice
1992 On Collective Memory. L.A. Coser, transl. Chicago: University of Chicago Press.

Harrison, Tony
1989 V. Newcastle upon Tyne: Bloodaxe Books.

Harvey, David
1975 The Geography of Capitalist Accumulation: A Reconstruction of the Marxian Theory. Antipode 7(2):9-21.

Haskell, Barbara
1999 The American Century: Art & Culture, 1900-1950. New York: Whitney Museum of Art.

Heilfurth, Gerhard
1981 Der Bergbau und seine Kultur: Eine Welt zwischen Dunkel und Licht. Zurich: Atlantis Verlag.

Helmuth, R. A.
1987 Fly Ash in Cement and Concrete. Skokie, Ill.: Portland Cement Assoc.

Hill, Anthony, ed.
1994 Duchamp Passim: A Marcel Duchamp Anthology. Singapore: Gordon & Breach Arts International.

Hoet, Jan, ed.
1999 S.M.A.K.: Museum of Contemporary Art Ghent. Ghent: Ludion.

Hogenkamp, Bert
1982 Bergarbeiter im Spielfilm. Oberhausen: Sekretariat für Gemeinsame Kulturarbeit in Nordrhein-Westfalen.

Hogenkamp, Bert, and Henri Storck, eds.
1983 De Borinage: De Mijnwerkersstaking van 1932 en de film van Joris Ivens en Henri Storck. Amsterdam: Van Gennep.

Howard, Ebenezer
1965 Garden Cities of To-morrow. Frederic J. Osborn, ed. Cambridge, Mass.: The MIT Press.

Hudson, Derek
1974 Munby, Man of Two Worlds: The Life and Diaries of Arthur J. Munby, 1828-1910. London: Abacus.

Jaffe, Irma B.
1970 Joseph Stella. Cambridge, Mass.: Harvard University Press.

Jennings, Humphrey
1985 1660-1729: Observations and Reports. *In* Pandaemonium: The Coming of the Machine as Seen by Contemporary Observers, 1660-1886. H. Jennings, M.-L. Jennings, and C. Madge, eds. Pp. 3-43. New York: Free Press.

Jitrik, Magdalena
2010 Never touch a paint-brush without good reason. *In* South, South, South, South: Seventh International Symposium of Contemporary Art Theory. C. Medina, ed. Mexico City: Patronato de Arte Contemporáneo.

Kanefsky, John
1982 The Development of the British Coal Industry. *In* Coal: British Mining in Art, 1680-1980. London: Arts Council of Great Britain.

King, David
2009 Red Star Over Russia: A Visual History of the Soviet Union from 1917 to the Death of Stalin. London: Tate.

Kingsley, Charles
2000 The Water Babies. *In* Caverns of Night: . W.B. Thesing, ed. Columbia, S.C.: University of South Carolina Press.

Kirstein, Lincoln
1932 Murals by American Painters and Photographers. New York: Museum of Modern Art.

Klingender, Francis D.
1968 Art and the Industrial Revolution. London: Paladin.

Lavoisier, Antoine
1965 Elements of Chemistry in a New Systematic Order, Containing All the Modern Discoveries. R. Kerr, transl. New York: Dover.

Lemonnier, Camille
1888 La Belgique. Paris: Hachette.

Lenin, Vladimir
1963 Imperialism, the Highest Stage of Capitalism. *In* Selected Works. Moscow: Progress Publishers.
1966 Report of the Work of the Council of People's Commissairs, December 22 [1920]. *In* Collected Works. Vol. 31: April-December 1920. Moscow: Progress Publishers.
1966 Eugène Pottier: The 25th Anniversary of His Death. *In* Collected Works. Vol.

36: 1900-1923. Moscow: Progress Publishers.
Lethbridge, Robert
1993 Introduction. *In* Germinal. Émile Zola. Oxford: Oxford University Press.
Levi, Primo
1984 The Periodic Table. R. Rosenthal, transl. New York: Schocken Books.
Lorey, Isabell
2009 Governmentality and Self-Precarization: On the Normalization of Cultural Producers. *In* Art and Contemporary Critical Practice: Reinventing Institutional Critique. G. Raunig and G. Ray, eds. London: MayFlyBooks.
Lunacharsky, Anatoli
1994 Conversation with Lenin: I. Of All the Arts... *In* The Film Factory: Russian and Soviety Cinema in Documents. R. Taylor and I. Christie, eds. Oxon: Routledge.
Luxemburg, Rosa
1990 The Accumulation of Capital (An Abridged Version). Delhi: Kamunist Kranti.
1999 Róza Luksemburg Zielnik. Warsaw: Fundacja im. Rozy Luksemburg.
2003 The Accumulation of Capital. A. Schwarzschild, transl. London and New York: Routledge.
Madden, Ed
2000 The Language of this Graveyard: Politicizing the Poetic in Tony Harrison's *V.* *In* Caverns of Night: Coal Mines in Art, Literature, and Film. W.B. Thesing, ed. Columbia, S.C.: University of South Carolina Press.
Mantell, Gideon
1838 The Wonders of Geology, or, A Familiar Exposition of Geological Phenomena: Being the Substance of a Course of Lectures Delivered at Brighton. London: Relfe and Fletcher.
Marazzi, Christian
2011 The Violence of Financial Capitalism. K. Lebedeva and J.F. McGimsey, transl. Los Angeles: Semiotext(e).
Marcus, George E.
1995 Ethnography in/of the World System: The Emergence of Multi-sited Ethnography. Annual Review of Anthropology 24:95-117.
Marx, Karl
1993 Grundrisse: Foundations of the Critique of Political Economy (Rough Draft). M. Nicolaus, transl. London and New York: Penguin Books.
2005 The Economic and Philosophic Manuscripts of 1844. *In* Karl Marx, Frederick Engels: Collected Works. Vol 3: Marx and Engels, 1843-1844. New York: International Publishers.
May, Steven
1991 Joseph Stella's Pittsburgh. *In* Carnegie Magazine.
Mayo, Marjorie
2002 Forward. *In* Rich Seam: Community Development in Coalfield Communities. D. Francis, J. Grayson, and P. Henderson, eds. London: Community Development Foundation.
McManners, Robert, and Gillian Wales
2002 Shafts of Light: Mining Art in the Great Northern Coalfield. Bishop Auckland: Gemini Productions.
Medina, Cuauhtémoc
2010 Contemp(t)orary: Eleven Theses. e-flux journal 12:10-21.
Monkhouse, F. J.
1949 The Belgian Kempenland. Liverpool: Liverpool University Press.
Monroe, Alexei
2005 Interrogation Machine: Laibach and NSK. Cambridge, Mass. and London: The MIT Press.
Mumford, Lewis
1961 The City in History: Its Origins, Its Transformations and Its Prospects. London: Penguin Books.
Myrone, Martin, and Anna Austen
2011 John Martin: Apocalypse. London: Tate.
Neuville, Jean
1977 La condition ouvrière au XIXe siècle. Volume II. Brussels: Ed. Vie ouvrière.
Orwell, George
1949 Nineteen Eighty-Four. London: Secker & Warburg.
1958 The Road to Wigan Pier. New York: Houghton Mifflin Harcourt.
Pasetto, Marco
2003 Sezionando l'asfalto. *In* (A) Asfalto: Il Carattere della Città. M. Zardini, ed. Milan: Electa.
Plato
2008 The Symposium. M.C. Howatson, transl. Cambridge: Cambridge University Press.
Porri, Anneli
2010 Follow the Invisible Hand. Studija 74:41-48.
Porter, John, and John Loadman
2007 The Cast Iron Beams at Kew Bridge Pumping Station -- Faithful Friends or Fickle Enemies? Transactions of the Newcomen Society 77:115-132.
Rekkers, Marijke, and Imelda Selurs
1988 Waar de Dag Nacht is: De Steenkoolmijnen in de Literatuur. L. Museum, ed. Hasselt.
Rentschler, Eric
1990 The Problematic Pabst: An *Auteur* Directed by History. *In* The Films of G. W. Pabst:

An Extraterritorial Cinema. E. Rentschler, ed. New Brunswick, NJ and London: Rutgers University Press.

Restany, Pierre
1998 J'attends ton coup de fil, Marcel! *In* Marcel Broodthaers par lui-même. A. Hakkens, ed. Ghent: Ludion.

Reulens, Kristof
2006 Bovenaards en Ondergrond: Het verhaal van een mijnwerkersheilige. *In* Bovenaards & Ondergronds: Het verhaal van Sint-Barbara. K. Reulens and E. Guldolf, eds. Genk: Stad Genk.

Ricoeur, Paul
2004 Memory, History, Forgetting. K. Blamey and D. Pellauer, transl. Chicago and London: University of Chicago Press.

Rindermann, Heiner, and James Thompson
2011 Cognitive Capitalism: The Effect of Cognitive Ability on Wealth, as Mediated Through Scientific Achievement and Economic Freedom. Psychological Science 22(6):754-763.

Russell, Patrick, dir.
2008 Buried Treasure: The Films of the National Coal Board. British Film Institute. U.K.

Russolo, Luigi
2001 The Art of Noises. *In* Futurist Manifestos. U. Apollonio, ed. Boston: Museum of Fine Arts.

Sanouillet, Michel, and Elmer Peterson, eds.
1973 Salt Seller: The Writings of Marcel Duchamp. New York: Oxford University Press.

Say, Jean Baptiste
1821 A Treatise on Political Economy; or, The Production, Distribution, and Consumption of Wealth. C.R. Prinsep and C.C. Biddle, transl. Boston: Wells and Lilly.

Schneider, Christiane
2003 Richard Long: Here and Now and Then; Along the Way. London: Haunch of Venison.

Shell, Marc
1993 The Economy of Literature. Baltimore: The Johns Hopkins University Press.

Siegelbaum, Lewis H.
1990 Stakhanovism and the Politics of Productivity in the USSR, 1935-1941. Cambridge: Cambridge University Press.

Siegelbaum, Lewis H., and Andrej Konstantinovic Sokolov
2000 Stalinism as a Way of Life: A Narrative in Documents. New Haven, Conn. and London: Yale University Press.

Smith, Adam
1976 An Inquiry into the Nature and Causes of the Wealth of Nations. Oxford: Clarendon Press.

Smithson, Robert
1996 A Provisional Theory of Non-Sites. *In* Robert Smithson: The Collected Writings. J.D. Flam, ed. Berkeley: University of California Press.

Stallybrass, Peter, and Allon White
1986 The Politics and Poetics of Transgression. Ithaca: Cornell University Press.

Taussig, Michael
2000 The Devil and Commodity Fetishism in South America. Chapel Hill, N.C.: The University of North Carolina Press.

Thatcher, Margaret
1984 Remarks on Orgreave Picketing. Banbury, Oxfordshire. May 30. Transcript at Thatcher Archive. Excerpted online at: http://www.margaretthatcher.org/speeches/displaydocument.asp?docid=105691

Thesing, William B., ed.
2000 Caverns of Night: Coal Mines in Art, Literature, and Film. Columbia, S.C.: University of South Carolina Press.

Tielemans, Eddy
2009 Het stripverhaal De Mysterieuze Mijn van Suske en Wiske en het voortleven van de historische heks Leyn Weckx: Een schoolvoorbeeld van een 'invented tradition'. Volkskunde 110(3-4):253-270.

Trotsky, Leon
1972 The Revolution Betrayed: What Is the Soviet Union and Where Is It Going? M. Eastman, transl. New York: Pathfinder Press.

Tupitsyn, Margarita, ed.
2004 Gustav Klutsis and Valentina Kulagina: Photography and Montage after Constructivism. New York: International Center of Photography.

van Doorslaer, Bert
2002 Koolputterserfgoed, een bovengrondse toekomst voor een ondergronds verleden. Hasselt: Provinciaal Centrum voor Cultureel Erfgoed.

van Parys, Joris
1995 Masereel: Een Biografie. Antwerpen: Houtekiet.

Weil, Simone
2004 Oppression and Liberty. London and New York: Routledge.

Weiner, E. S. C., J. A. Simpson, and Oxford University Press
2004 Production. *In* The Oxford English Dictionary. Oxford: Clarendon Press.

Winkelmann, Heinrich
1958 Der Bergbau in der Kunst. Essen: Verlag Glückauf.

Wolf, Rob
2004 De vakopleiding. *In* Weet je nog koempel? De mijnen in Limburg, part 6. J. van den Boogard and e. al., eds. Zwolle: Waanders.

Wood, Paul
1992 The Politics of the Avant-Garde. *In* The Great Utopia: The Russian and Soviet Avant-Garde, 1915-1932. New York: Guggenheim Museum.

Wordsworth, William
1928 The Prelude. *In* The Poetical Works of Wordsworth. T. Hutchinson, ed. London: Oxford University Press.

Zola, Émile
1993 Germinal. P. Collier, transl. Oxford and New York: Oxford University Press.

List of lenders
Lijst van bruikleengevers

Aberdeen Art Gallery & Museums, Aberdeen
Archief van de Federale Politie, Brussel
La Banque Nationale de Belgique, Bruxelles
Bildarchiv Foto Marburg, Marburg
The British Film Institute, London
Estate Marcel Broodthaers, Brussel
Michael J. Campbell, London
Cinematek, Brussel
Columbus Museum of Art, Columbus, Ohio
David King Collection, London
De Pont, Museum voor hedendaagse kunst, Tilburg
Detroit Institute of Arts, Detroit
DSM Art Collection, Heerlen
Ecomusée du Bois-du-Luc, La Louvrière
Factor Banka Collection, Ljubljana
Ministère de la Communauté Française, Service des Art Plastiques, Bruxelles
The Federal Police Archives, Brussels
Hedwig Fijen, Amsterdam
The Henry Moore Foundation, Herdfortshire
The Robert Heslop Collection
Indiana State University, Terre Haute, Indiana
Kadist Art Foundation
Koninklijk Belgisch Instituut voor Natuurwetenschappen, Brussel
Kröller Müller Museum, Otterlo
MAC's, Hornu
Manchester City Gallery, Manchester
Musee d'art moderne de la ville de Paris, Paris
Musée d'Orsay, Paris
Musée des Beaux-Arts de la ville de Liège, Liège
Musée de la Photographie, Charleroi
Musée des Beaux-Arts, Charleroi
Museum van de Mijnwerkerswoning, Eisden
Museum voor Schone Kunsten, Gent
Musée Jules Destrée, Charleroi
The National Archives, London
The National Coal Mining Museum for England, Wakefield
Nederlands Mijnmuseum, Heerlen
SK Stiftung Kultur/Die Photographische Sammlung, Köln
S.M.A.K., Stedelijk Museum voor Actuele Kunst, Gent
Science Museum, London
SD Worx, Antwerpen
Jack Shear Collection, New York
Shipley Art Gallery, Tyne & Wear Archives & Museums, Gateshead
Stad Genk
Tate Gallery, London
Trinity College Library, Cambridge
Vandersteen Family
Bernar Venet Studio, New York
Vzw Mijn-Verleden, Genk
The Whitworth Art Gallery, Manchester

Contributors
Auteurs

Dawn **A**des is Professor of Art History & Theory at the University of Essex. Exhibitions she has curated or co-curated include *Dada and Surrealism Reviewed* (1978); *Art in Latin America 1820-1980* (1989); *Fetishism: Visualising Power and Desire* (1994); *Salvador Dalí: Centenary Retrospective* (2004); *Undercover Surrealism* (2006) and *Close-Up: proximity and defamiliarisation in art, film and photography* (2008).
Dawn Ades is hoogleraar in de kunstgeschiedenis en -theorie aan de University of Essex. Ze was onder meer curator of medecurator van de tentoonstellingen *Dada and Surrealism Reviewed* (1978); *Art in Latin America 1820-1980* (1989); *Fetishism: Visualising Power and Desire* (1994); *Salvador Dalí: Centenary Retrospective* (2004); *Undercover Surrealism* (2006) en *Close-Up: proximity and defamiliarisation in art, film and photography* (2008).

Tanya **B**arson has been Curator, International Art at Tate Modern since 2007. Previously, she was Exhibitions and Collections Curator, Tate Liverpool from 2004 to 2007. Currently, she is working on a major monographic exhibition to open at Tate Modern in 2013.
Tanya Barson is sinds 2007 conservator internationale kunst in Tate Modern. Van 2004 tot 2007 was ze conservator tentoonstellingen en collecties in Tate Liverpool. Momenteel werkt ze aan een grote monografische tentoonstelling die in 2013 opent in het Modern.

Peter **B**ongaerts is an architect and urban planner. He is a professor in urbanism and architectural design at Provinciale Hogeschool Limburg, affiliated with Hasselt University.
Peter Bongaerts is architect en stedenbouwkundige. Hij is hoogleraar in de stedenbouw en in architectonisch ontwerpen aan de Provinciale Hogeschool Limburg, een onderdeel van de Universiteit Hasselt.

Svetlana **B**oym is a writer, theorist, and media artist who leads parallel lives. When not doing art projects, she teaches in Comparative Literature at Harvard University and is an Associate of the Graduate School of Design.
Svetlana Boym is auteur, theoreticus en mediakunstenares. Als ze niet werkt aan kunstprojecten doceert ze vergelijkende literatuur aan Harvard University. Ze is tevens associé van de Harvard Graduate School of Design.

Fatih **C**alisir works in the Cultural Section of the non-profit Turkish Union of Belgium as coordinator for the Limburg region.
Fatih Çalişir werkt op de afdeling cultuur van de vzw Turkse Unie van België als coördinator voor de provincie Limburg.

Lionel **D**evlieger is a principal member of Rotor, a Brussels-based design collective researching and questioning our contemporary materials ecology. He also teaches architecture at University of California - Berkeley and Ghent University.
Lionel Devlieger is een vooraanstaand lid van Rotor, een designcollectief gevestigd in Brussel. Het collectief doet onderzoek naar de ecologie van moderne materialen. Devlieger doceert architectuur aan de University of California - Berkeley en de Universiteit Gent.

Michiel **D**usar is head of the Geological Survey of Belgium at the Royal Belgian Institute of Natural Sciences, and a lecturer at the Limburg province School of Architecture. He is among the last surviving experts on coal in Belgium.
Michiel Dusar is hoofd van de Geological Survey of Belgium, een afdeling van het Koninklijk Belgisch Instituut voor Natuurwetenschappen, en docent aan het departement architectuur van de Provinciale Hogeschool Limburg. Hij is een van de laatste nog levende deskundigen op het gebied van steenkool in België.

William **F**eaver is a founding trustee of the Ashington group collection, as well as author and critic. His books include *Pitmen Painters*, *The Art of John Martin*, *Frank Auerbach*, and *Lucian Freud*, whose biography he is currently writing.
William Feaver is oprichter en beheerder van de collectie van de Ashington Group, criticus en auteur van onder andere *Pitmen Painters*, *Frank Auerbach*, *The Art of John Martin* en *Lucian Freud*. Momenteel schrijft hij de biografie van deze schilder.

Hedwig **F**ijen studied Historical Sciences and Art History at the University of Amsterdam. After graduating she worked in Eastern Europe, the former Soviet Union and Cuba, after which she was employed at the Netherlands Office for Fine Arts in The Hague. In 1993 she became founding director of Manifesta 1. In her continuing capacity as director, she has since initiated the Manifesta Biennial network program, which consists of the Manifesta Decade publication, Manifesta Coffee Breaks, and the Manifesta Journal.
Hedwig Fijen is geboren in Amsterdam, Nederland. Ze studeerde historische wetenschappen en kunstgeschiedenis aan de

Universiteit van Amsterdam. Na haar studies werkte ze in de jaren 80 in verschillende Oost-Europese landen, de voormalige Sovjet-Unie en Cuba. Vervolgens was ze tewerkgesteld bij de Rijksdienst voor Beeldende Kunst in Den Haag en werkte ze aan tentoonstellingen over Nederlandse beeldende kunst en ontwerp in het buitenland. In 1993 werd ze oprichtend directeur van Manifesta 1. Hedwig Fijen ontwikkelde tevens het netwerkprogramma van de biënnale. Dit programma bestaat uit de publicatie The Manifesta Decade, Manifesta Coffee Breaks en Manifesta Journal.

Claire **F**ontaine is a Paris-based artist collective, founded in 2004. After lifting her name from a popular brand of school notebooks, she declared herself a "readymade artist."
Claire Fontaine is een kunstenaarscollectief dat werd opgericht in 2004 en is gevestigd in Parijs. Claire Fontaine is vernoemd naar het bekende notitieboekenmerk en bestempelt zichzelf als een 'readymadekunstenaar'.

Christopher **M**ichael **F**raga is an anthropologist and writer. His doctoral research focuses on the social life of contemporary Mexican art.
Christopher Michael Fraga is antropoloog en auteur. Voor zijn proefschrift onderzoekt hij de sociale functie van de hedendaagse Mexicaanse kunst.

Katerina **G**regos is a curator and writer based in Brussels. Currently she is curator of *Newtopia: The State of Human Rights* (Mechelen, 2012). In 2011 she was curator of the Danish Pavilion at the 54th Venice Biennale, and co-curator of the 4th Fotofestival Mannheim Ludwigshafen Heidelberg (Germany).
Katerina Gregos is curator en auteur en woont in Brussel. Momenteel is ze curator van *Newtopia: The State of Human Rights* (Mechelen, 2012). In 2011 was ze curator van het Deense paviljoen op de 54ste Biënnale van Venetië en medecurator van het vierde Fotofestival Mannheim Ludwigshafen Heidelberg (Duitsland).

Jef **H**abex works for the Genk Department of Culture and is the chairman of the Heidebloemke historical circle. In 2011, 45 years after the closing of the mine, he published *Drama van Zwartberg*, drawing on testimony from 70 witnesses.
Jef Habex werkt voor de dienst cultuur van de stad Genk en is voorzitter van de heemkring Heidebloemke. In 2011, 45 jaar na de sluiting van de steenkolenmijn, publiceerde hij *Drama van Zwartberg*, gebaseerd op het verhaal van 70 getuigen.

Karima **H**aoudy is an art historian with a specialisation in museology. She is a conservator at the Ecomusée du Bois-du-Luc, located at the former mining site of the same name. Haoudy's work focuses on multiple facets of industrial experience, including the relationships between art and industry.
Karima Haoudy is kunsthistoricus en gespecialiseerd in museumkunde. Ze is conservator in het Ecomusée van Bois-du-Luc, gevestigd op het terrein van de voormalige steenkolenmijn. Haoudy's werk is gericht op verschillende facetten van industriële ervaring, zoals de relatie tussen kunst en industrie.

Edgar **H**ermans is a freelance communications and marketing specialist. He coordinated the heritage section of Manifesta 9.
Edgar Hermans is freelance communicatie- en marketingspecialist. Hij was co-curator en coördinator het onderdeel 'erfgoed' van Manifesta 9.

Diana **H**illesheim studied Cultural Sciences and applied aesthetics at the University of Hildesheim. She previously worked as a curatorial assistant at the Kunstverein Hildesheim. She has worked at the Manifesta Foundation in Amsterdam since 2010.
Diana Hillesheim studeerde Cultuurwetenschappen en Toegepaste Esthetiek aan de Universiteit van Hildesheim. Voordien werkte ze als assistent curator in Kunstverein Hildesheim. Sinds 2012 werkt ze voor de Manifesta Foundation in Amsterdam.

Boris **J**ardine is a curator at the Science Museum, London. He recently completed a PhD at the University of Cambridge on the relationship between art and science in 1930s Britain.
Boris Jardine is curator in het Londense Science Museum. Onlangs rondde hij een PhD-opleiding af aan de University of Cambridge. Hij bestudeerde de relatie tussen kunst en wetenschap in de jaren 1930 in Groot-Brittannië.

Jan **K**ohlbacher, son of an Austrian miner, has been active in local historiography for more than half a century. He created the Stichting Erfgoed Eisden (Eisden Heritage Foundation), and co-founded the Museum van de Mijnwerkerswoning (Museum of the Miner's House).
Jan Kohlbacher, zoon van een Oostenrijkse mijnwerker, is al meer dan 50 jaar werkzaam als lokale historiograaf. Hij is oprichter van de Stichting Erfgoed Eisden en medeoprichter van het Museum van de Mijnwerkerswoning.

Peter **K**rieger is a professor of architecture and art history at the Universidad Nacional Autónoma de México. He has published on urban and architectural history during the second half of the 20th century, and on the aesthetics and ecology of megalopolises.
Peter Krieger is hoogleraar in de architectuur en de kunstgeschiedenis aan de Universidad Nacional Autónoma de México. Hij publiceerde werken over de stedelijke en architecturale geschiedenis tijdens de tweede helft van de 20e eeuw en over de esthetica en ecologie van megalopolissen.

Serge **L**angeweg is a post-doctoral research assistant at the Continium Discovery Center in Kerkrade, Holland. He first studied social and economic history at the University of Utrecht, then completed a study of the labour market for miners in Dutch Limburg at the University of Maastricht.
Serge Langeweg is postdoctoraal onderzoeksassistent in het Discovery Center Continium in Kerkrade, Nederland. Hij studeerde sociale en economische geschiedenis aan de Universiteit Utrecht. Daarna onderzocht hij de arbeidsmarkt voor mijnwerkers in Nederlands-Limburg aan de Universiteit Maastricht.

Thierry **L**enain is an art historian and philosopher. He is a professor in aesthetics and art theory at the University of Brussels, where he is head of the research unit *Image and visual culture*. Among many other publications in English and French, he is the author of *Bernar Venet* (2007).
Thierry Lenain is kunsthistoricus en filosoof. Hij is hoogleraar in de esthetica en de kunsttheorie aan de Université Libre de Bruxelles waar hij aan het hoofd staat van de onderzoeksgroep *Image et Culture Visuelle*. *Bernar Venet* (2007) is een van de vele werken die hij heeft gepubliceerd in het Engels en het Frans.

Frank **L**ubbers studied painting and philosophy. He started as an artist and worked as a curator and museum director. Presently he is a freelance curator and writer.
Frank Lubbers studeerde schilderkunst en filosofie. Aan het begin van zijn carrière werkte hij als kunstenaar, later werd hij curator en museumdirecteur. Momenteel is hij freelancecurator en auteur.

Frank **M**aes is Professor of Art History at KASK in Ghent and Sint-Lucas in Brussels. Formerly senior curator at S.M.A.K. in Ghent, he now works at Netwerk / Centre for Contemporary Art in Aalst. He is also freelance author and curator.
Frank Maes is hoogleraar in de kunstgeschiedenis aan het KASK in Gent en aan Sint-Lucas in Brussel. Hij was onder meer hoofdcurator van het S.M.A.K. in Gent en momenteel werkt hij bij Netwerk / centrum voor hedendaagse kunst in Aalst. Hij is ook freelance actief als auteur en curator.

Erik **M**artens is editor of the DVD releases at the Royal Belgian Film Archive (Cinematek) and a film critic for different media outlets.
Erik Martens stelt de dvd's samen die worden uitgegeven door het Koninklijk Belgisch Filmarchief (Cinematek) en werkt als filmcriticus voor verschillende media-outlets.

Cuauhtémoc **M**edina is a research professor at the Instituto de Investigaciones Estéticas, Universidad Nacional Autónoma de México. His previous projects include *Cannibal Dominoes* (PAC, Murcia, Spain, 2010), Teresa Margolles's project *What else could we talk about?* for the Mexican Pavilion at the 53rd Venice Biennale (2009), and *The Age of Discrepancies: Art and Visual Culture in Mexico 1968-1997* (2007).
Cuauhtémoc Medina is onderzoeksprofessor aan het Instituto de Investigaciones Estéticas, Universidad Nacional Autónoma de México. Hij heeft onder andere meegewerkt aan *Cannibal Dominoes* (PAC, Murcia, Spanje, 2010), *What else could we talk about?*, het project van Teresa Margolles voor het Mexicaanse paviljoen op de 53ste Biënnale van Venetië en *The Age of Discrepancies: Art and Visual Culture in Mexico 1968-1997* (2007).

Mieke **M**els trained as an art historian. She has worked for De Witte Raaf, Witte Zaal, bkStrombeek/Mechelen and S.M.A.K., among others. She is involved in several projects as freelance curator, editor and coordinator of art publications.
Mieke Mels studeerde kunstgeschiedenis en heeft onder meer gewerkt voor De Witte Raaf, Witte Zaal, bk sm Strombeek/Mechelen en het S.M.A.K. Ze is ook altijd freelance actief geweest als curator, redacteur en coördinator van kunstpublicaties.

Steven **O**p de **B**eeck is currently the director of the non-profit organisation Contour Mechelen, an art association that organises the Biennial of Moving Image in Mechelen, Belgium. Previously he worked as an artistic coordinator for FLACC in Genk.
Steven Op de Beeck is momenteel directeur van de vzw Contour in Mechelen, een kunstorganisatie die de Biënnale voor Bewegend Beeld organiseert in Mechelen, België. Hij was vroeger artistiek coördinator voor FLACC in Genk.

Hendrink **P**inxten is professor in cultural anthropology at Ghent University, Belgium. He has published 15 books and over a hundred papers in different languages.
Hendrink Pinxten is hoogleraar in de culturele antropologie aan de Universiteit Gent, België. Hij heeft vijftien boeken gepubliceerd en meer dan 100 essays in verschillende talen.

Kristof **R**eulens has worked as the heritage and arts coordinator for the city of Genk since 2005. He has organised several exhibitions and written about the mining past and landscape painters in the Belgian Campine.
Kristof Reulens werkt sinds 2005 als erfgoed- en kunstcoördinator voor de stad Genk. Hij heeft verschillende tentoonstellingen georganiseerd en werken geschreven over het mijnverleden en landschapsschilders in de Belgische Kempen.

Eddy **T**ielemans studied Germanic Philology and Audio Visual Communication Sciences at the Catholic University in Louvain. He publishes articles and books on Dutch ethnology and is coordinator information and research in the Limburgs Museum in Venlo, Netherlands.
Eddy Tielemans studeerde germanistiek en audiovisuele communicatie aan de Katholieke Universiteit Leuven. Hij publiceert artikels en boeken over Nederlandse etnologie en is informatie- en onderzoekscoördinator in het Limburgs Museum in Venlo, Nederland.

Tatiana **T**arragó is an independent designer and producer of temporary architecture based in Barcelona. Currently she is Head of Production of Manifesta 9 and also worked as Technical Director of Manifesta 8.
Tatiana Tarragó is onafhankelijk ontwerpster en producer van hedendaagse architectuur en woont in Barcelona. Momenteel is ze productieverantwoordelijke van Manifesta 9. Ze was technisch directeur van Manifesta 8.

Yan **T**omaszewski is a French-Polish artist born in 1984. He lives and works in Paris.
Yan Tomaszewski is een Frans-Poolse kunstenaar. Hij is geboren in 1984 en woont en werkt in Parijs.

Bert **V**an **D**oorslaer is a historian at the Provincial Centre for Cultural Heritage in Limburg, Belgium. He has published several books on the history of coal mining in the region.
Bert Van Doorslaer werkt als historicus in het Provinciaal Centrum voor Cultureel erfgoed in Limburg, België. Hij heeft verschillende boeken gepubliceerd over de geschiedenis van de mijnbouw in deze streek.

Michael **W**hite is Reader in History of Art at the University of York. He has published widely on De Stijl and was consultant curator of the 2009-2010 Van Doesburg exhibition in Leiden and Tate Modern.
Michael White doceert kunstgeschiedenis aan de University of York. Hij heeft tal van werken gepubliceerd over De Stijl en was in 2009-2010 adviserend curator van de tentoonstelling over Theo van Doesburg in Leiden en Tate Modern.

Acknowledgments
Met dank aan

A

Raymond Aerts
Derya Akgüre
Karolien Akkermans
Charline Adriaens
Ane Agirre
Teresa Alcaraz
Lauren Alexander
Coraly Aliboni
Luis Alipaz
Francis Alÿs
Jan Amand
Fiona Anderson
Jérôme André
Sandra Antelo-Suarez
Archief van de Federale Politie, Brussel
Architecten de vylder vinck taillieu
Marwa Arsanios
Mirene Arsanios
Artcasting
Association Marcel Duchamp
Ieva Astahovska
Sven Augustijnen
Ait Sidi Aziz Ali

B

Maria Balshaw
Faktor Banka
Basisschool De Bladwijzer Genk
Nelleke Barning
Tania Barson
Norton Batkin
Katia Baudin
Emre Baykal
Graham Beal
Astrid Becker
Luk Berghe
Daniel von Bernstorff
Guus Beumer
Danny Bierset
Jos Biesmans
Iwona Bigos
Michael Binz
Katrien Blanchaert
Ian Blatchford
Chantal Blatzheim
Hans Bluyssen
Hans-Georg Bögner
Marion Boesen
Jan Bloemen
Wilfried Boelen
Erik Boelen
Peter Bongaerts
Wojciech Bonisławski
Astrid Bonnier
Wieslaw Borowski
Dominique Bossiroy
Caroline Bouchard
Paul Boutsen
Bettina Bouttens
Koen Brams
Marie-Puck Broodthaers
Anette Bruton
Ibrahim Bulut
Andreas Bunte
Fabio Burgio
Laurent Busine
Zbigniew Buski
Stoffel Buysse

C

Bernard Callanan
Fatih Calisir
Rifat Can
Michael J. Campbell
Richard Calvocoressi
Xavier Canonne
Geert Cardinaels
Ivo Carlens
Rebeca Castellano Alonso
Stef Castro
Jaques Cerami
Jody Ceusters
Jacqueline Chapelle-Dulière
Jadwiga Charzynska
Chun-Hang Chiang
Odile Chopin
André Cielen
Turkmen Cihad
Sergi Clavé
Gilberte Claes
Sandro Claes
Jos Claes
Griffin Co
Michelle Coenen
Semra Çoban
Guy Cogeval
Sander Cohen
Caroline Collier
Phil Collins
Jerina Colyn
Georges Comhair
Steven Conderaerts
Ingrid Cornelissen
Amanda Coulsen
Darren Cowd
Louise Coysh
Alfredo Cramerotti
Luc Cremers
Nicky Cremers
Stijn Cremers
Ton Cremers
Maike Cruse
Stefan Custers
Anna Czekanowicz-Drążewska

D

Lien Daenen
Christel Daniëls
Johan de Boose
Bart De Baere
Helena De Brabandere
Virginie Debrabant
Marjolijn Debulpaep
Wivina De Bus
Marleen De Ceukelaire
Ronny Deferm
Bertie De Gauquier
Philipp De Gobert
Ekaterina Degot
Filip Delarbre
Bart Delbroek
Jeremy Deller
Erwin De Muer
Gerda Dendooven
Diane De Paepe
Haco de Ridder
Jean Deschutter
Johan De Smet
Alain Dewier
Dirk De Wit
Catherine de Zegher
Gordon Dickerson
Koen Dierickx
Sandra Diris
Luc Dirkx
Marc Docx
Christel Donners
Peter Dols
Mario Dreezen
Geert Driessen
Hendrik Driessen
Juan Duque
Michiel Dusar

E

Pamela Echeverría
Heidi Ector
Kim Einarsson
Energie Ville
Annika Enqvist
Erfgoedcel, Hasselt
Joel Etzold
Suzanne Eustace
EventArchitectuur - Paul Kuipers & Herman Verkerk
Koen Evers
Experimental Jetset

F

William Feaver
Pater Fabry
Jan Feys
Zeph Fishlyn
51N4E
FLACC, Genk
Annelise Folie
Fortes Vilaça Gallery, São Paulo
Julien Foucart
Ariane Fradcourt
Anna Françis
Jan Fransman
Brigitte Franzen
Tobias Frenssen
Kelly Fripon

G

Alexandre Gabriel
Matthew Gale
Katya Garcia-Anton
Alberto García del Castillo
Pete Gassmann
Frank Geelen
Kersten Geers
Annet Gelink
Ben Geraerts
Patrick Geurden
Jonny Geusens
Josette Geurts
Christine Geurts
Ann Gielen
Denis Gielen
Marina Gioti
Maria Gilissen
Teresa Gleadowe
Bernard Glowacki
Goethe Institut, Madrid
Mark Godfrey
Charles Gohy
Karel Gonnissen
Katrien Gonnissen
Renato González Mello
Karel Gorissen
Ewa Gorzadek
Jason Louise Graham
Rosie Granata
Green Grassi
Tue Greenfort
Ulrike Grooss
Albert Groot
Benny Grootaers
Bruno Guidolin
Serge Guilbaut

Rafael Gygax
Leen Gysen
Theo Gysen

H

Janne Habex
Jef Habex
William Habex
Jonatan Habib Engqvist
Dirk Habils
Bjorn Hamal
Kit Hammonds
Olga en Mark Hanssen-Casteur
Ibro Hasanovic
Dirk Harsch
Jan Hautekiet
Karima Haoudy
Margareta Hauschild
Natasha Hébert
Sirje Helme
Robert Hensleigh
Bill Heslop
Henk Heuts
David HubenyJolien Hoekx
Fons Hof
Bart Hofstede
Imoges Holmes-Roe
Johannes Holtmann
Berit Homburg
Robert Hoozee (†)
Hugo Hopping
Gabriele Horn
Emily Hornback
Noah Horowitz
Leopold Horrix
Daniel Hug
Stijn Huijts
Ils Huygens
Xavier Huygen
André Huysmans

I

Joseph Ickmans
Marnix Ike
Johanna Illerhag
Sarah Indeherberge
Instituto de Investigaciones Estéticas, UNAM, México

J

Silke Janßen
Boris Jardine
Paweł Jarodzki
Claudine Jaumotte
Kevin Johnson
Joop de Jong
Tessa Joris

K

Ilknur Karasakal
Ulrich Keinath
Anke Kesters
Joanna Kiliszek
Thomas Kilpper
David King
Lissa Kinnaer
Nicole Klagsbrun
Grzegorz Klaman
Norman Kleeblatt
Adam Kleinman
Sandi Knakal
Melinda Knapp
Rajka Knipper
Jan Kock
Barbara Könches
Hildegard König
Jan Kohlbacher
Stefan Koldehoff
Edwin Koster
Piotr Krajewski
Claudia Kramer
Solvita Krese
Margriet Kruyver
Doris Krystof
Robert Kuzmirowski

L

Hlima Laâchari
Esther Lampe
Serge Langeweg
Cliff Lausson
Nadia de Lazzer
Frederik Leen
Jolie van Leeuwen
Timea Andreea Lelik
Byrthe Lemmens
Georges Lenglet
Pierre Leonard
Julia Leopold
Christophe Leunis
Maarten Levecque
Danna Levin Rojo
Andre Libbrecht
Julien Libert
Holger Liebs
Limburgs Museum, Venlo
Fokke Lindeboom
Judith Lindekens
Wim Lismont
Andreas Lo Forte
Sonja Loos
Catrin Lorch
Marceline Loridan-Ivens
Maribel López
Rafael Lozano-Hemmer
Christiane Luypaert
Bert Luyten
Luc Luyten

M

Zofia Machnicka
Nanette Maciejunes
Beral Madra
Jos Maehon
Ilse Maes
Karin Maes
Erik Mager
Add Sina Maleki
Anne Mandel Sprimont
Jacki Mansfield
Maarten Manshande
Armand Marchel
Johan Maris
Erik Martens
Jolein Martens
Daniele Maruca
Georg Maurer
Caroline Mathieu
Teresa Mavica
David McKitterick
Gemma Medina
Natalia Medina Levin
Estupinen Laurent Meese
Vincent Meessen
Arinda va der Meer
Magali Meijers
Lydia Melon
Marguerie Mensack
Antonietta Mercatante
Julia Mesman
Christine Messerschmidt
Henry Meyric Hughes
Markus Miessen
Mijnerfgoed, Winterslag Genk
Anne Milkers
Michele Milkers
Mihnea Mircan
Viktor Misiano
Ana Molska
Kathleen Monard
Léna Monnier
Dorota Monkiewicz
Jose Morales
Alexandre Moretus
Linda Morris
Joel Morrison
Ralf Müller
Heike Munder

N

Moniek Nagels
Santa Nastro
Alena Nawrotzki
Jo Nelissen
Claudia Neumann
Gwen Neumann
Nederlands Mijnmuseum, Heerlen
Rombout Nijssen
Tyler Norman
Luuk Nouwen
Robert Nouwen
NRW Stiftung
Koen Nulens

O

Simona Oberholzer
Paul Olaerts
Steven Op de Beeck
Ludmiła Ostrogórska
Remco Oude Alink
Thierry Oudoire

P

Sim Panesar
Chantal Pattyn
Cristina Paoli
Rune Paredis
Francis Paulussen
Dirk Pauwels
Kaja Pawelek
PCCE, Hasselt
Catriona Pearson
David Peckman
César e Peeren
Virgilio Pelayo
Christoph Perathoner
Ann Perneel
Hilde Peumans
Susanna Pfeffer
Christopher Philipp
Gert Philippeth
Michael Phipps
Hendrik Pinxten
Camille Pisani
Emilie Pitoiset
Jeffrey Plessers
Gregor Podnar
Ardi Poels
Peter Pollers
Herman Portocarrero
Rosemary Preece
Natalie Princen
Marek Puchała
Micha Pycke

Q

Rolf Quaghebeur
Francine Quanten

R

Barbara Racker
Joanna Rajkowska
Nuno Ramos
Katrien Reist
Dunja Reithner
Nina Reenaers
Rossangela Rennó
Kristof Reulens
Kevin Reynaerts
Guy Reyné
Manu Riche
Radboud Ribbert
Kathy Richmond
Rijksarchief, Hasselt
Jasmine Rodgers
Leen Roels
Luc Rogiers
Catharien Romijn
Christophe Ronse
Lisa Rosendahl
Blaz Rotar
Antonios Roumeliotis
Polyxeni Papoutsi
Spyros Roumeliotis (†)

Marleen Ruebens
Maria Rus Bojan

S

Sermin Sahin
Natalia Sánchez Muñoz
Katrien Schaerlaekens
Christel Schepers
Heinz Schnock
Nathalie Schoefs
Sonja Schrijvers
Marcus Schubert
Kristof Schurmans
Henne Schuwer
Barbara Seile
Patric Serverius
Sophie Serraris
An Seurinck
Esther Shalev-Gerz
Danielle Sharma
Jack Shear
Rina Simons
Ursula Sinnreich
Isabelle Sirjacobs
Laura Skoler
Jo Slegers
Wendy Slenders
Ellie en Bert Smelik
Alexander Smets
Veva Smets
Michelle Smith
Gillian Smithson
Noemi Smolik Fon
Dirk Snauwaert
Maria-Kristiina Soomre
Bart Soons
Marike Splint
ssa/xx Architects - Guy Châtel
Mario Stassen
Ann Steed
Ilse Steen
Sara Stegen
Tanja Stevens
Piet Stockmans
Ingrid Stoppa-Sehlbach
Becky Storr
Emma Stower
André Straatman
Lucie Strnadova
Roger Strijckers
Jan Willem Stutje
SUPERFLEX
Lore Swennen
Rozi Szeleczki
Aneta Szyłak

T

Bruno Tachelet
Valentina Tanni
Cécile Tarenne
Thaïs Tarragó
Sabrina Tesch
Mélanie Teucq
Frans Thelen
Ilja Theuwissen
Pierre Thijs
Ludo Thys
Liliane Tielens
Robert Tollet
Yan Tomaszewski
Tim Toubac
Hendrik Tratsaert
Rob Tufnel
Turkse Unie van België, Beringen

U

Carlos Urroz-Arancibia
Sofia Urroz-Arancibia
Frank Uytterhaegen (†)
Syd Uten

V

VAF 2012 Partners
Rémy Alban Valton
Roel van As
Stef Van Bellingen
Karolien Vanbeuren
Veerle Van Bun
Erik Van Cauter
Philippe Van Cauteren
Arnoud Van Cutsem
Christoph Maria Van Damme
Len van den Berg
Dominic van den Boogerd
Paula van den Bosch
Philippe van den Bossche
Marie-Laure Vandeneuker
Robert van der Bruggen
Arinda van de Meer Emmy Vandersmissen
Helena Vandersteen
Marjolein van der Loo
Linda van Deursen
Dorothe Van den Bosch
Ronald Van de Sompel
Bert Van Doorslaer
Carine Van Dyck
Patricia Vanerck
Hilde Van Gelder
Alexander van Grevenstein
Anne Vangronsfeld
Anouck van Hees
Kyra van Hulzen
Franjola van Hellemond-Kreeuseler
Eric van Hove
Lieve Vanhoyland
Hizkia van Krallingen
Dirk Vanlaer
Kaat Van Looken
Heleen Van Loon
Maarten van Rossum
Ilse Van Roy
David Van Severen
Helena Van Steelant
Daisy Vansteene
Evert van Straaten
Odelinde Van Thieghem
Chris Van Vlierden
Chloe Van Waeyenberge
Malou van Wijck
Martin Van Zomeren
Angélica Velázquez
Jeroen Verbeeck
Staf Verbeemen
Rik Verbeemen
Dirk Verbiest
Kristin Verboven
Marieke Verboven
Joris Verdonck
An Verhelst
Jan Verheyen
Monique Verhulst
Michiel Verlinden
Frank Verpoorten
Karen Verschooren
Eva Vevere
Villa Basta vzw
Christine Vincke
Vincent Vincke
Jasmijn Visser
Claudio Vogt
Jessica Voorwinde
Tim Vos
Vzw Het Vervolg, Genk
Vzw Mijn-Verleden, Waterschei
Dorien Voorter

W

Marianne Walter
Marina Warner
Iain Watson
Neeltje Wessels
Guido Wevers
Reinhilde Weyns
Elke Weyts
Michel Wieczerniak
Math Willems
Pascal Willekens
Veerle Windels
Jeroen Winderickx
Eva Wittockx
Stefanie Wolf
Phillippa Wood
Lieve Wouters
Hanna Wroblewska
Karen Wyckmans
Regina Wyrwoll

Y

Arzu Yay
Yilmaz Yasemin
Yawar

Z

Lynn Zelevansky
Tim Zulauf
Zwiep members

Initiators

manifesta

provincie Limburg

Supporters

Iedereen Genkt — Genk

Culture Programme — Education and Culture DG

Ministerie van Onderwijs, Cultuur en Wetenschap

Met steun van de Vlaamse overheid

toerisme vlaanderen

Maastricht & Euregio 2018

Nationale Loterij — samen creëren we kansen

Z33

Sponsors

DSM — BRIGHT SCIENCE. BRIGHTER LIVING.

Duvel

Institutional partners

victoria – the art of being contemporary — виктория – искусство быть современным — v–a–c

mondriaan fund

Gobierno de España — AC/E Acción Cultural Española

Statens Kunstråd — Danish Arts Council

SAHA

Fundación Botín

FLACC — werkplaats voor beeldende kunstenaars — workplace for visual artists

Flemish institute for visual, audiovisual and media art

Fédération Wallonie Bruxelles

Nederlands Film Fonds

iaspis

Rijksakademie van beeldende kunsten

City of Rijeka Department of Culture

Republic of Croatia Ministry of Culture — Republika Hrvatska Ministarstvo kulture

Kultuuriministeerium — Estonian Ministry of Culture

Eesti Kultuurkapital

Estonian Ministry of Foreign Affairs

KUMU

Partners

Manifesta 9 is initiated by the Manifesta Foundation and the Province of Limburg and is generously supported by the City of Genk and a vast number of local, regional, national and international partners and stakeholders. In 2008, Manifesta had been appointed Ambassador of Visual Arts of the European Commission which was renewed in 2011.

Colophon

Manifesta 9 is an initiative of the Manifesta Foundation (The Netherlands) and the Province of Limburg (Belgium) supported by the City of Genk (Belgium).

Colofon

Manifesta 9 is een initiatief van de Stichting Manifesta (Nederland) en de provincie Limburg (België) ondersteund door de stad Genk (België).

Manifesta 9 is organised by the Foundation Manifesta 9 Limburg:
Manifesta 9 wordt georganiseerd door de Stichting Manifesta 9 Limburg:

Foundation Manifesta 9 Limburg
Stichting Manifesta 9 Limburg

Hedwig Fijen
Chair / Voorzitter
Founding Director Manifesta / Oprichter en Directeur Manifesta

Jan Boelen
Vice-Chair / Vicevoorzitter
Director Z33 / Directeur Z33

Peter Paul Kainrath
Honorary Treasurer / Erepenningmeester
Cultural Entrepreneur / Cultureel Ondernemer

Jean-Paul Coenen
Member / Lid
Secretary – Project Officer LSM (Limburg Sterk Merk) / Secretaris-opdrachthouder LSM (Limburg Sterk Merk) (B)

Leen Laconte
Member / Lid
Manager International Art Projects / Manager internationale kunstprojecten (B)

An Moons
Member / Lid
Cultural Advisor to the Provincial Delegate, Province of Limburg / Adviseur Cultuur Gedeputeerde, provincie Limburg (B)

Esther Reguiera
Board Member International Foundation Manifesta
Curator and Writer / Curator en schrijver

Tom van Thienen
Member / Lid
General Manager Department of Human Welfare, Culture and Education (Mens), Province of Limburg / Directie Mens Algemeen Management, Provincie Limburg (B)

Emmy Vandersmissen
Member / Lid
Director of the Cultural Department of the City of Genk / Cultuurbeleidscoördinator van de stad Genk (B)

Supervisory Board / Raad van Toezicht

Herman Reynders
Member / Lid
Governor Province of Limburg / Gouverneur van de Provincie Limburg

Gilbert Van Baelen
Member / Lid
Provincial Delegate Limburg / Gedeputeerde Provincie Limburg

Marc Vandeput
Member / Lid
Provincial Delegate Limburg / Gedeputeerde Provincie Limburg

Wim Dries
Member/ Lid
Mayor City of Genk / Burgemeester van de stad Genk

Anniek Nagels
Member / Lid
Alderman City of Genk / Schepen van de stad Genk

Allard Huizing
Board Member International Foundation Manifesta
Attorney / Advocaat

Evert Rodrigo
Member / Lid
State Collection Advisor; Advisor Cultural Heritage Agency of the Netherlands / Adviseur Rijkscollectie; Adviseur bij de Nederlandse Rijksdienst voor het Cultureel Erfgoed

Alexander van Grevenstein
Member / Lid
Former Director Bonnefantenmuseum Maastricht / Voormalig directeur van het Bonnefantenmuseum in Maastricht

Dirk De Wit
Member / Lid
Director Flemish Institute for Visual, Audiovisual and Media Art (BAM) / Directeur van het Instituut voor Beeldende, Audiovisuele en Mediakunst (BAM)

Curators / Curatoren

Cuauhtémoc Medina (Curator)
Dawn Ades (Co-Curator)
Katerina Gregos (Co-Curator)

Management Team / Managementteam

Hedwig Fijen
Director of Manifesta / Directeur Manifesta

Ann Vanderheyden
General Coordinator / Algemeen coördinator

Fanny Smelik
Business Manager / Zakelijk directeur

Relations Manifesta Foundation – M9 / Relaties Stichting Manifesta – M9

Diana Hillesheim
Liaison Officer

Lisa Mazza
Liaison Officer until June 2011 / Liaison Officer tot juni 2011

Georgia Taperell
Office Manager and Public Programs Officer / Officemanager en verantwoordelijke Publieke Programma's

George König
Financial Controller / Financieel toezichthouder

Office Management / Officemanagement

Carine Daenen
Office Manager

Leo Kenzeler
Bookkeeper / Boekhouder

Inge Schiepers
Hospitality Officer

Anke van Wijck
Start up and Special Program Coordinator / Coördinator Start-Up en Speciale programma's

Astrid Nowak
Coordinator Volunteers / Vrijwilligers coördinator

Communication And Marketing Department / Communicatie- En Marketingafdeling

Kathrin Luz
Head of Communication and Marketing / Hoofd Communicatie en Marketing

Julia Wack
Communication Assistant / Assistent Communicatie

Diana Hillesheim
Communication Traffic Management / Trafficmanager Communicatie

Rinske Brand
Marketing Consultant until December 2011 / Marketingconsultant tot december 2011

Adrienne Peters
Marketing Assistant / Assistent marketing

Jonathan Turner
English Editor / Engelstalige redacteur

Campana (vertaal- en tekstbureau),
Translations / Vertalingen

Pietje Tegenbosch
Proofreading Dutch / Corrector Nederlands

Patrizio Lo Forte
Webmaster / webmaster

Jordi Ostir
Traffic Manager (Digital Catalogue)

Press Department / Persafdeling

Karen Swyngedauw
Local, Regional, National PR, Press Officer / Verantwoordelijke lokale, regionale en nationale Public Relations en Pers

Daniel Bouw en Taco De Neef
International PR and Events Officer / Verantwoordelijke Internationale Public Relations en event

Production Department / Productieafdeling

Tatiana Tarragó
Head of Production / Hoofd Productie

Mieke Mels
Assistant Curator / Assistent Curator
Project Coordinator / Projectcoördinator

Frank Lubbers
Project Coordinator Historical Section / Projectcoördinator Historisch Luik

Edgar Hermans
Co-Curator and Project Coordinator Heritage Section / Co-Curator en Projectcoördinator Erfgoedluik

Thomas Engelbert
Project Coordinator / Projectcoördinator

Linde Hermans
Scenography and Production Heritage Section / Scenografie en Productie Erfgoedluik

Linda Jansen
Transport and Loan Officer and Registrar / Verantwoordelijke transport en bruiklenen

Artouché – Bettina Bouttens
Consultant Conservation and Preservation / Consulent Behoud en Beheer van Kunstwerken- en collecties

Ine Metalidis
Project Assistant Heritage Section / Projectassistent Erfgoedluik
Coordinator Heritage Symposium / Coördinator Erfgoedsymposium

Andre de Kam
Venue Coordinator / Locatie coördinator

Charles Gohy & Cedrik Toselli
with
Younes Baba-Ali
Matthieu Bollaert
Benoît Police
Gaia Carabillo
Olivier Ernoud
Simon Jaffrot
Frédéric Oulieu
Installation team

Pascal Willekens
Multimedia Advisor / Multimedia-adviseur

Fiona Anderson
Research Assistant, Historical Section/ Onderzoeksassistent Historisch Luik

Adriana Melchor & Aline Hernández
Assistants of curator in Mexico / Assistenten in Mexico van de curator

Nika Dings
Rayleen Forester
Intern / Stagiair

Architecture / Architectuur

2012Architects, Césare Peeren, Jeroen Bergsma, Jan Jongert, Andrea Prins, Karola van Rooyen, Benjamin Stainier, Jos de Kriege
On Site Design and Implementation Facilities / Ontwerp en implementatie faciliteiten

REFUNC
On Site Design and Implementation Facilities / Ontwerp en implementatie faciliteiten

Tak Promotions
Production and Implementation Facilities / Productie en implementatie faciliteiten

DBV Architects, Hasselt, Bertie de Gauquier, Katrien Gonnissen
Building Advisors / Adviseurs Constructie

Christoph Maria Van Damme
Advisor / Adviseur

Grants Department / Subsidieafdeling

Gemma Jelier
Head of Grants / Hoofd Subsidies

Sofia Patat
Grants Officer until July 2011 / Verantwoordelijke Subsidies tot juli 2011

Solange Roosen
Grants Coordinator / Coördinator Subsidies

Education Department / Vormingsafdeling

Yoeri Meessen
Head of Education / Hoofd Educatie

An Leemans
Education Coordinator / Coördinator Educatie

Lies Caeyers
Education Assistant / Assistent Educatie

David Smeulders
Audience Development Assistant / Assistent publiekswerving

Gawan Fagard
Lisa Heinis
Liesbeth Indeherberge
Louise Osieka
An Van Hertum
Juliette Teekman
Niels Klerkx
Ilse Van Lieshout
Rob Versteeg
Sandrien Wansink
Art Mediators

Tim Vos
Wim Lismont
Marjolein van der Loo
Interns / Stagiairs

Lauren Alexander
Design & development Soundwalk / Concept & Ontwikkeling Soundwalk
Volunteer / Vrijwilliger

Publication Department / Publicatieafdeling

Andreas Hapkemeyer
Head of Publications / Hoofd Publicaties

Mieke Mels
Final Editor Subcyclopaedia Dutch / Nederlandstalige eindredacteur Subcyclopaedia

Campana (vertaal- en tekstbureau)
Translations / Vertalingen

InOtherWords, Maria van Tol
Translations / Vertalingen

Pietje Tegenbosch
Proofreading Dutch / Corrector Nederlands

Emanuela Di Lallo
Jos van Beeck
Proofreading English / Corrector Engels

Photography / Fotografie

Kristof Vrancken

Graphic Design and Website / Grafische Vormgeving en Website

Thonik, Amsterdam
Graphic Design

Leukeleu, Utrecht
Web Construction / Webontwikkeling

Parallel Events

Lies Daenen
Coordinator Parallel Events / Coördinator Parallel Events

Katja Noelmans
Graphic Design Parallel Events / Grafische vormgeving Parallel Events

Manifesta 9 Office / Kantoor Manifesta 9
Dennenstraat 5
3600 Genk
Belgium / België
Tel: +32 89 71 04 40
E-mail: m9@manifesta.org
Web: www.manifesta9.org

Manifesta Foundation Offices and Archive / Kantoor en archief van de stichting Manifesta
Prinsengracht 175 hs
1015 DS Amsterdam
The Netherlands / Nederland
Tel.: +31.20.67211435
Fax.: +31.20.4700073
E-mail: secretariat@manifesta.org
www.manifesta.org

Manifesta Foundation Board / Raad Stichting Manifesta

Viktor Misiano
Chair / Voorzitter
Independent curator and Chief Editor of *Moscow Art Magazine;* Curator Manifesta 1 / Onafhankelijk curator en hoofdredacteur van *Moscow Art Magazine*; Curator Manifesta 1

Paul Domela
Treasurer / Penningmeester
Program Director Liverpool Biennial / Programmadirecteur Biënnale van Liverpool

Andreas Hapkemeyer
Secretary General / Secretaris-generaal
Curator and Writer; Coordinator Manifesta 7 / Curator en schrijver; Coördinator Manifesta 7

Allard Huizing
Member / Lid
Attorney at Law / Advocaat

Jan Boelen
Member / Lid
Director Z33, Hasselt / Directeur Z33, Hasselt

Esther Reguiera
Member / Lid
Curator and Writer; General Coordinator Manifesta 8 / Curator en schrijver; Algemeen coördinator Manifesta 8

Ole Bouman
Member / Lid
Director the Netherlands Architecture Institute / Directeur van het Nederlands Instituut voor Architectuur

Raqs Media Collective
Member / Lid
Artistic and Curatorial Collective / Artistiek en curatorieel collectief

Jota Castro
Member / Lid
Artist and Chief-Curator of the first Dublin Contemporary, Dublin / Kunstenaar en hoofdcurator van de eerste Dublin Contemporary, Dublin

Manifesta Journal / Manifesta tijdschrift

Nataša Petrešin-Bachelez
Chief Editor / Hoofdredacteur

Virginie Bobin
Associate Editor / Redacteur

Lisa Mazza
Managing Editor / Hoofdredacteur

Shannon D'Avout
Copy Editor / Copywriter

Honorary Committee / Erecomité

Herman Van Rompuy
Permanent President of the European Council / Permanent voorzitter van de Europese Raad

Sandra Fuentes-Berain
Ambassador of Mexico to the Kingdom of Belgium and the Dukedom of Luxemburg / Ambassadeur van Mexico in het Koninkrijk België en het Groothertogdom Luxemburg

Willy Claes
Minister of State, Belgium / Minister van Staat, België

Patrick Dewael
Minister of State, Belgium / Minister van Staat, België

Herman Reynders
Provincial Governor Limburg (B) / Provinciegouverneur van Limburg (B)

Jos Claessens
Chairman of the Provincial Delegation of Limburg (B) / Provincieraadsvoorzitter Limburg (B)

Gilbert Van Baelen
Provincial Delegate Limburg (B) / Gedeputeerde van de provincie Limburg (B)

Walter Cremers
Provincial Delegate Limburg (B) / Gedeputeerde van de provincie Limburg (B)

Jean-Paul Peuskens
Provincial Delegate Limburg (B) / Gedeputeerde van de provincie Limburg (B)

Mieke Ramaekers
Provincial Delegate Limburg (B) / Gedeputeerde van de provincie Limburg (B)

Frank Smeets
Provincial Delegate Limburg (B) / Gedeputeerde van de provincie Limburg (B)

Marc Vandeput
Provincial Delegate Limburg (B) / Gedeputeerde van de provincie Limburg (B)

Renata Camps
Provincial Clerk, Limburg (B) / Provinciegriffier, Limburg (B)

Hilde Houben-Bertrand
Honorary Provincial Governor Limburg (B) / Eregouverneur provincie Limburg (B)

Leo Delcroix
Chairman Hasselt University; Commissioner General of the Belgian Government for Expos / Voorzitter Universiteit Hasselt; Commissaris-Generaal van de Belgische regering bij Internationale Tentoonstellingen

Wim Dries
Mayor City of Genk (B) / Burgemeester van de stad Genk (B)

Hilde Claes
Mayor City of Hasselt (B) / Burgemeester van de stad Hasselt (B)

Onno Hoes
Mayor Maastricht (NL) / Burgemeester van de stad Maastricht (NL)

Anniek Nagels
Alderman City of Genk (B) / Schepen van de stad Genk (B)

Jef Gabriels
Honorary Mayor City of Genk (B) / Ereburgemeester van de stad Genk (B)

Adri Duivesteijn
Alderman City of Almere (NL) / Schepen van de stad Almere (NL)

Léon J.P.M. Frissen
F. MP, F. Mayor, F. Governor Limburg (NL); Founder Floriade 2012 / Voormalig minister, voormalig burgemeester, voormalig gouverneur van Limburg (NL); Oprichter Floriade 2012

Jos Van Rillaer
Administrator-General, Agency for Arts and Heritage of the Flemish Government / Administrateur-Generaal, Bureau voor Kunst en Erfgoed van de Vlaamse Overheid

Peter De Wilde
CEO Tourism Flanders (B) / CEO Toerisme Vlaanderen (B)

Hugo Leroi
Chairman of the Board, LRM nv (Limburgse Reconversie Maatschappij) (B) / Voorzitter Raad van bestuur, LRM nv (Limburgse Reconversie Maatschappij) (B)

Thérèse Legierse
President Visual Arts Council Flanders (B) / Voorzitter commissie beeldende kunsten (B)

Anya Niewierra
General Director Tourist Board South Limburg (NL) / Algemeen directeur VVV Zuid-Limburg (NL)

Ernest Van Buynder
Chair Board M HKA (Museum for Contemporary Art), Antwerp / Voorzitter raad van bestuur M HKA (Museum voor Hedendaagse Kunst), Antwerpen (B)

Huub Smeets
Chairman Foundation Maastricht Capital of Culture 2018 (NL) / Voorzitter van de Stichting Maastricht Culturele Hoofdstad 2018 (NL)

Joop van Caldenborgh
Former CEO Caldic Chemie and owner Caldic Collections / Voormalig CEO Caldic Chemie en eigenaar van de Caldic-collectie

Gijs van Tuijl
Founding Director Kunstmuseum, Wolfsburg and Former Director Stedelijk Museum, Amsterdam / Oprichter en directeur Kunstmuseum, Wolfsburg en voormalig directeur Stedelijk Museum, Amsterdam

Luc De Schepper
Professor-Rector University of Hasselt; Campus Diepenbeek (B) / Professor-Rector Universiteit Hasselt, campus Diepenbeek (B)

Bernard Rentier
Professor-Rector University of Liège (B) / Professor-Rector Universiteit Luik

Rein de Wilde
Professor-Doctor, Faculty of Arts and Social Sciences, Maastricht University (NL) / Prof. dr., faculteit humane en sociale wetenschappen, Universiteit Maastricht (NL)

Paul-Emile Mottard
Provincial Delegate Liège (B) / Gedeputeerde van de provincie Luik (B)

Noël Lebens
Provincial Delegate Limburg / Gedeputeerde van de provincie Limburg (NL)

Manifesta 9 Ambassadors Committee / Manifesta 9 Ambassadeurscomité

Wilfried en Yannicke Cooreman
Art Collectors (B) / Kunstverzamelaars (B)

Albert Groot
Art Collector (NL) / Kunstverzamelaar (NL)

Gaby & Wilhelm Schuermann
Art collectors (GE) / Kunstverzamelaars (D)

Chantal Blatzheim
Art Collector (LU) / Kunstverzamelaar (LU)

Maria Rus Bojan
Independent Curator – Art Collector (NL) / Onafhankelijk curator; kunstverzamelaar, (NL)

Ami Barak
Independent Curator – Art Advisor, France / Onafhankelijk curator; kunstadviseur, Frankrijk

Publisher and Distribution / Uitgever en Distributie

Silvana Editoriale, Milano

Produced by / Gemaakt door
Arti Grafiche Amilcare Pizzi Spa

Dario Cimorelli
Direction / Directie

Giacomo Merli
Art Director / Artistiek Directeur

Michela Bramati
Production Coordinator / Productiecoördinator

Emma Altomare
Editorial Assistant / Assistent Redactie

Alessandra Olivari
Iconographic Office / Iconografische afdeling

Lidia Masolini
Press Office / Persafdeling

Barbara Belloli
International distribution / Internationale Distributie

Flavio Caprera
Distribution Italy / Distributie Italië

ISBN 9788836623266

Copyright Images / Photocredits

p. 10/11, 21, 59, 60, 62/63, 66/67, 92/93, 97, 100/101, 113, 122, 128/129, 136, 140/141, 158/159, 160, 173, 181, 196/197, 202, 229, 230, 240/241, 254, 260/261, 263, 264, 268/269, 274/275, 282, 290/291, 320 Photo: Kristof Vrancken; p. 38 © Roger Anthoine; p. 40, 126, 147, 253 Photo: Andy Keate; p. 44 © Hilla Becher 2012; p. 46 © reserved Musée de la Photographie Charlerois (gift family Godet-Wilson); p. 50 © Christian Boltanski, by SIAE 2012; p. 52 © Bill Brandt Archive; p. 80 ©Northumbria University Gallery on behalf of Norman Cornish; p. 53 © Marcel Broodthaers, by SIAE 2012; p. 95 Cécile Douard © Musée des Beaux-Arts de Liège; p. 96 Josef Breitenbach, International Exposition du Surrealisme Paris 1938 © The Josef and Yaje Breitenbach Charitable Foundation, New York, courtesy The Josef Breitenbach Archive, Center for Creative Photography, Tucson, AZ, USA; © Succession Marcel Duchamp, by SIAE 2012; p. 102 © Don McPhee, by Guardian News & Media LTD. 1985; p. 102 © Max Ernst, by SIAE 2012: Photo: Lukasweb; p. 126 © Josef Herman, Tate London 2012 © Josef Herman, by SIAE 2012; p. 146 © Willy Kessels, by SIAE 2012; p. 149 Gustav Klutsis, by SIAE 2012; p. 161 © Richard Long, by SIAE 2012; p. 162 © Maximilien Luce, by Musée des Beaux-Arts de Charleroi, Photo: Luc Schrobiltgen; p. 173 © Frans Masereel, by SIAE 2012; p. 176 © Don McCullin; p. 177 © Constantin Meunier, by Réunion des Musées Nationaux Grand Palais; p. 177 © the family of the late Tom McGuinness; p. 178 © Sergius Ruegenberg, by Bildarchiv Foto Marburg/Ruegenberg; p. 185 © Henry Moore, by Henry Moore Foundation; p. 236 © Heath Robinson, by Pollinger Ltd. and The Estate of JC Robinson; p. 246 © Sidney Sime, by University of South Carolina Libraries, Columbia, South Carolina, USA; p. 247 © Merle Travis, by Capitol Records; p. 256 © Graham Vivien Sutherland, by The Estate of Graham Vivien Sutherland; p. 260 © Denis Thorpe, by Guardian News & Media Ltd. 1985; p. 276 © Bernar Venet, by SIAE 2012; p. 277 © George Vercheval.

Silvana Editoriale Spa
Via Margerita De Vizi 86
20092 Cinisello Balsamo
Tel. + 39 02 836337
Fax. + 39 02 6172464
www.silvanaeditoriale.it

Reproduction, print and binding by /
Reproductie, druk en binding door
Arti Grafiche Amilcare Pizzi Spa
Cinisello Balsamo, Milano
Printed in May 2012 / Gedrukt in mei 2012

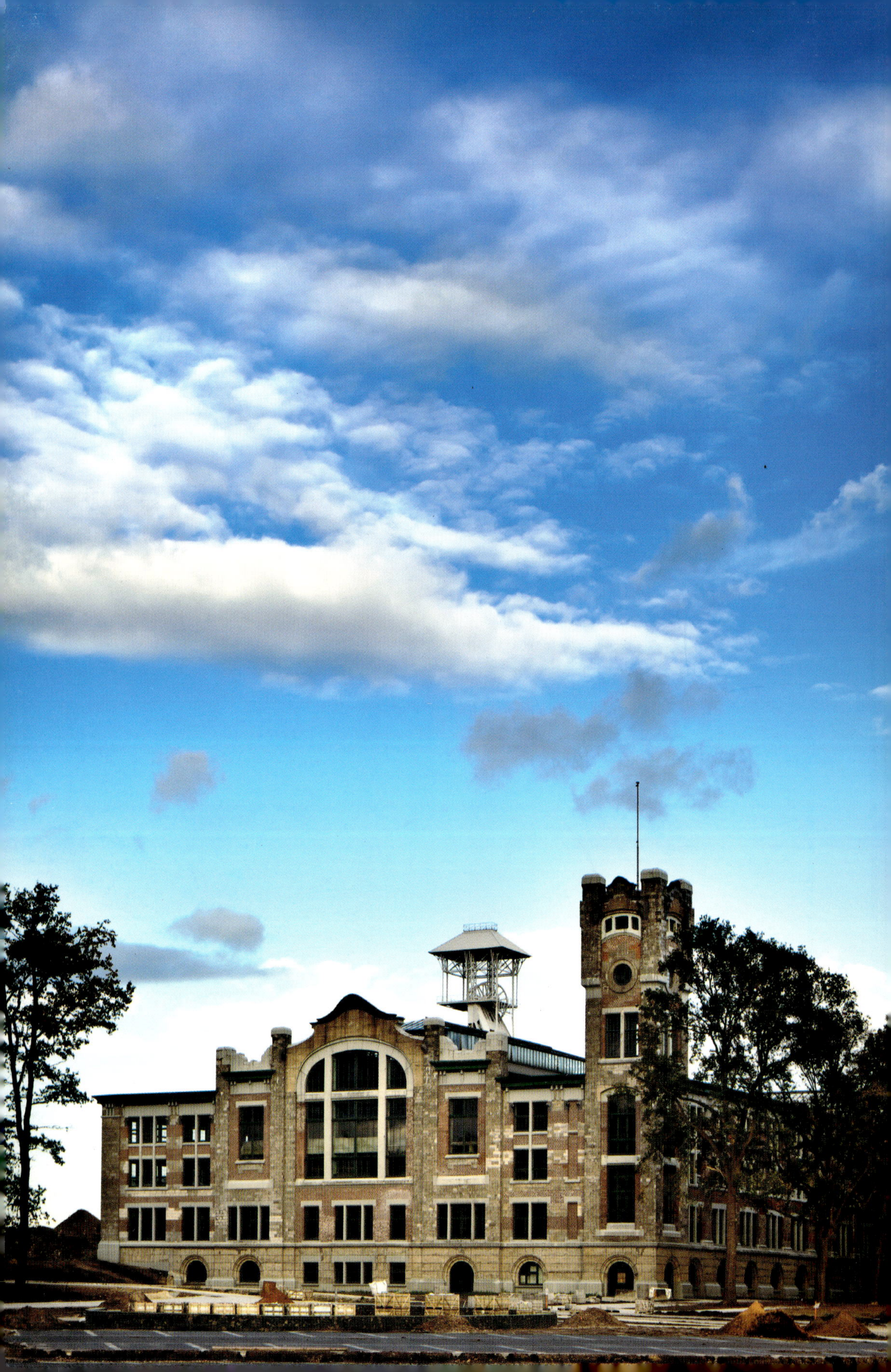